HISTOIRE

DE LA

CONQUÊTE D'ALGER

ÉCRITE SUR DES DOCUMENTS INÉDITS
ET AUTHENTIQUES

PAR

M. ALFRED NETTEMENT

NOUVELLE ÉDITION

REVUE ET CORRIGÉE

LIBRAIRIE JACQUES LECOFFRE

LECOFFRE FILS ET CIE, SUCCESSEURS

PARIS | LYON
90, RUE BONAPARTE, 90 | ANCIENNE MAISON PERISSE

HISTOIRE

DE LA

CONQUÊTE D'ALGER

PARIS. — IMP. SIMON RAÇON ET COMP., RUE D'ERFURTH, 1.

HISTOIRE
DE LA
CONQUÊTE D'ALGER

ÉCRITE SUR DES DOCUMENTS INÉDITS
ET AUTHENTIQUES

PAR

M. ALFRED NETTEMENT

NOUVELLE ÉDITION
REVUE ET CORRIGÉE

LIBRAIRIE JACQUES LECOFFRE
LECOFFRE FILS ET Cⁱᴱ, SUCCESSEURS
PARIS | LYON
90, RUE BONAPARTE, 90 | ANCIENNE MAISON PERISSE

1867

PRÉFACE

La conquête d'Alger mérite à tous les points de vue de rencontrer un historien. Son importance propre, ses difficultés réelles, ses périls, les souvenirs néfastes et les appréhensions de tous genres dont elle était entourée; la manière dont elle fut préparée et conduite, la part qu'eurent les deux grandes forces militaires de la France, l'armée et la marine, à cette expédition qui nécessita une navigation et un débarquement difficiles dans le temps où la vapeur naissait à peine, une grande bataille et un siége; le rôle important qu'y remplit l'administration, pour laquelle cette expédition fut le signal d'une nouvelle ère, suffiraient à fournir la matière d'un utile et intéressant récit. Mais d'autres circonstances encore viennent lui prêter un plus puissant intérêt. Outre sa partie militaire, maritime, administrative, l'expédition d'Alger offre une partie parlementaire, à cause des débats qu'elle provoqua dans les Chambres ; une partie diplomatique, à cause des négociations qu'elle motiva entre le gouvernement de Charles X et les principales puissances européennes, surtout l'Angleterre. Elle occupa l'attention de toutes les contrées maritimes, remua les intérêts les plus chers de nos provinces méridionales et, en même temps, ceux de toutes les nations chrétiennes assises autour du bassin de la Méditerranée, car toutes les populations riveraines de cette mer avaient eu et avaient encore à souffrir de la piraterie, et les peuples même riverains de mers plus lointaines avaient été atteints par les déprédations des corsaires. Les idées religieuses, qui s'alanguissent quelquefois, mais ne meurent jamais, se réveillèrent à l'aspect de la lutte que la civilisation chrétienne engageait contre la barbarie musulmane sur cette terre d'Afrique, où le catholicisme avait fleuri pendant la domination romaine, où saint Augustin, ce flambeau de l'Église d'Hippone et de l'Église universelle, avait brillé ; où, bien des siècles plus tard, saint Louis, souvenir cher et douloureux au cœur de la France, était venu mourir.

Les graves conséquences du succès de cette expédition achèvent d'en faire un événement considérable. La Méditerranée affranchie du tribut que levaient les corsaires, l'esclavage chrétien aboli sur cette longue ligne de côtes inhospitalières occupées par les puissances barbaresques, un nouvel ébranlement apporté à la puissance mahométane, une porte ouverte à la domination française et à la civilisation européenne, introduites par la même victoire en Afrique; les efforts énergiques et persévérants de la France sous le gouvernement de Juillet, pour faire fructifier cette victoire et compléter la conquête de la ville par celle de tout le territoire de la Régence, les longues luttes militaires et les brillants combats qui en furent la suite, l'admirable école qu'y trouva notre armée, les talents des généraux qui s'y formèrent, la forte discipline, l'activité infatigable et intrépide des soldats initiés au métier des armes par ces rudes campagnes où la vigilance, la rapidité des mouvements, l'habitude de la fatigue, les mépris des intempéries des saisons, sont non pas seulement des conditions de victoire, mais des conditions de vie ; les grandes traditions militaires ainsi continuées et même perfectionnées dans notre armée, malgré la prolongation de la paix européenne ; les résultats agricoles et industriels déjà remarquables de cette nouvelle possession : il y a dans cet ensemble de faits quelque chose qui rehausse encore l'importance de la première expédition, source principale d'où sont sorties toutes les conséquences ultérieures.

L'époque où nous sommes semble bien choisie pour écrire l'histoire de la conquête d'Alger. On n'est ni trop près des événements pour pouvoir dire toute la vérité sur les hommes et les choses, ni trop loin pour la savoir tout entière. Ceux qui ont eu la principale part dans ces événements ont disparu de la scène du monde. Le roi Charles X a terminé dans l'exil, en 1836, sa longue et laborieuse vie. Son adversaire vaincu, Hussein-Pacha, dernier dey d'Alger, ne lui a survécu que deux ans. Vingt-six jours seulement après la chute du deylik, la monarchie française disparaissait en trois jours, comme ces tentes qu'on dresse dans le désert et qu'un ouragan emporte. M. de Bourmont, qui prépara l'expédition militaire comme ministre de la guerre et commanda l'armée comme général ; l'amiral Duperré, qui conduisit la flotte, ont cessé de vivre. M. d'Haussez, le dernier ministre de la marine de la Restauration, qui fit les préparatifs de l'expédition maritime avec une activité sans égale et qui, par la décision de son esprit et la vigueur de son caractère, eut une grande part à la résolution prise par le roi Charles X de conquérir Alger, est allé depuis peu les rejoindre. M. Denniée, l'intendant général qui eut la direction supérieure du mouvement de l'administration pendant la campagne, est mort comme eux. Tant les années marchent vite, en emportant les générations que nous avons vues se mouvoir sous nos yeux, les hommes que nous avons connus, écoutés, suivis ou combattus! L'historien se trouve donc, par rapport à la conquête d'Alger, dans les conditions de la véracité et de l'impartialité la plus complète.

C'est dans ces circonstances que la petite-fille du baron d'Haussez, madame la duchesse d'Almazan, prenant une honorable et pieuse initiative, a bien voulu nous faire proposer la communication des papiers politiques laissés par son grand père, afin de nous aider à connaître et à faire connaître la vérité historique sur la conquête d'Alger. Nous avons été heureux de répondre au sentiment à la fois si filial et si français qui avait dicté la démarche bienveillante de madame d'Almazan, et nous avons cru que le meilleur moyen de justifier sa confiance était de faire un livre rigoureusement impartial, complet, soigneusement étudié, puisé aux sources les plus authentiques.

Nous n'avons rien omis pour ajouter aux lumières que nous trouvions dans les papiers politiques du baron d'Haussez, celles que pouvaient nous donner tous les coopérateurs de cette grande entreprise.

M. l'amiral Dupetit Thouars[1], capitaine de frégate

---

[1] Depuis la publication de la première édition de cet ouvrage,

sous la Restauration, et qui, consulté par tous les ministères qui songèrent à l'expédition d'Alger, eut, si jeune encore, le rare mérite d'en apercevoir, d'en exposer, d'en démontrer la possibilité contre l'avis des officiers généraux de mer, a bien voulu mettre à notre disposition des copies certifiées des rapports qu'il présenta en 1827, sur la fin du ministère Villèle, au comte de Chabrol ; en 1830, au baron d'Haussez. Il nous a donné en outre de vive voix les détails les plus précieux sur les discussions qu'il eut à soutenir dans le conseil de l'amirauté et dans les commissions où il fut appelé avec son collègue, M. Gay de Taradel, par le comte de Chabrol et le baron d'Haussez.

M. le duc de Clermont-Tonnerre, successivement ministre de la marine et ministre de la guerre pendant l'administration de M. de Villèle, a bien voulu mettre dans nos mains une copie du remarquable rapport qu'il présenta au roi en son conseil au mois d'octobre 1827, pour lui proposer, dès cette époque, d'attaquer Alger par terre avec une armée de débarquement.

M. le baron Hyde de Neuville [1], ministre de la ma-

M. l'amiral Dupetit-Thouars a été enlevé à la marine française. Parmi les autres chefs militaires qui ont pris part à l'expédition, et qui ont cessé de vivre, nommons encore le duc de Clermont-Tonnerre, le maréchal Magnan et M. le général Rulhière.

[1] M. le baron Hyde de Neuville est également mort depuis la

rine pendant l'administration de M. de Martignac, nous a fourni toutes les lumières désirables sur la conduite suivie dans la question d'Alger par le ministère dont il faisait partie et sur les incidents du blocus. Il nous a mis à même de résoudre un problème historique jusque-là impénétrable, et qui occupa les Chambres et la presse, celui de la mission du commandant la Bretonnière à Alger en 1829.

M. Thierry-Dufougeray, élève consul à Alger auprès de M. Deval, ou consul général et envoyé par ce dernier à la Calle pour y surveiller la pêche du corail, nous a fourni pour cette nouvelle édition des notes qui nous ont permis de préciser plusieurs points.

Nous avons consulté en outre, sur les épisodes du blocus, les officiers qui y prirent part.

Les papiers politiques du baron d'Haussez nous ont permis de suivre, sous le dernier ministère de la Restauration, les dernières phases politiques et administratives de la question d'Alger, et la partie secrète comme la partie publique de cette entreprise.

Nous avons eu recours, pour compléter et contrôler les documents diplomatiques publiés par M. le duc de Valmy, à M. de Bois-le-Comte, qui, sous le dernier mi-

---

publication de la première édition, comme M. Bois-le-Comte, dont nous parlons plus bas.

nistère de la Restauration, était directeur de la division politique des affaires étrangères.

M. le contre-amiral de Martineng, en 1830 préfet maritime de Toulon, nous a communiqué des états qui ont fixé pour nous d'une manière certaine l'étendue des préparatifs maritimes.

Pour tout ce qui regarde la campagne de 1830, nous avons eu les lumières les plus abondantes.

M. le comte Louis de Bourmont nous a communiqué les archives de sa famille.

Nous avons eu sous les yeux tous les renseignements administratifs, tous les documents, tous les rapports dont le général en chef s'était entouré, pour ne rien laisser au hasard dans cette difficile entreprise ; sa correspondance avec les émissaires chargés de missions secrètes en Afrique et les rapports de ceux-ci ; sa correspondance autographe avec le commandant en chef de la flotte et les réponses également autographes de l'amiral Duperré ; ses correspondances et celles du général Després, son chef d'état-major général, avec les généraux de division pendant la campagne et les rapports de ceux-ci : sa correspondance officielle et secrète avec le gouvernement français, avec M. le Dauphin, avec le baron d'Haussez, et jusqu'aux rapports de police après la conquête d'Alger.

En outre, M. le duc des Cars, qui commandait la

troisième division de l'armée expéditionnaire, a bien voulu nous permettre de prendre communication de son journal militaire. Les lettres et rapports du lieutenant général Loverdo, que nous avons trouvés dans les papiers communiqués par M. le comte Louis de Bourmont, et les documents publiés par M. le lieutenant général Berthezène, nous ont permis de contrôler utilement les rapports du général en chef. Enfin nous avons trouvé des renseignements précieux dans la correspondance inédite des généraux Danrémont et Valazé avec le comte de Bourmont, et dans les détails qu'a bien voulu nous communiquer M. le général Colomb d'Arcines.

L'abondance des sources inédites ne nous dispensait pas de compulser les divers écrits publiés sur ce sujet. Nous avons consulté les *Annales maritimes*, le *Précis administratif* de M. le baron Denniée, intendant en chef de l'armée d'expédition, les publications du général Berthezène, les relations de MM. Fernel, Pélissier, Barchou de Penhoen, d'Ault-Dumesnil, de Quatrebarbes, officiers d'état-major, et le livre de M. le prince de Schwarzenberg, qui prit comme volontaire une part brillante à l'expédition.

Il nous reste peu de mots à dire sur le plan et l'ordonnance de l'ouvrage.

Avant de raconter la prise d'Alger, il fallait donner

une idée assez complète de ce qu'avait été Alger sous la domination turque, pour que l'on pût mesurer l'étendue du service rendu par la France à la chrétienté et à l'humanité tout entière. Ceci nous a amené à esquisser un tableau de la domination turque à Alger et, par suite, de la piraterie dont cette ville fut le centre, de l'esclavage que tant de milliers de chrétiens y subirent pendant trois siècles, des entreprises qui furent faites pour renverser cette puissance monstrueuse, des raisons qui la firent durer, des procédés du gouvernement turc sur la côte d'Afrique.

Nous avons consulté, pour cette partie préliminaire de notre livre, les ouvrages qui font autorité dans la matière, et principalement le père Dan, Sandoval, l'*Histoire du royaume d'Alger*, par Laugier de Tassy; l'*Histoire d'Alger*, par M. de Rotalier; *la Domination turque*, de M. Walsin-Esterhazy; les relations des pères rédemptoristes, le Tachrifat ou recueil des choses nobles, publié par M. de Voulx, conservateur des archives arabes des domaines; les tableaux publiés par le ministère de la guerre, l'*Histoire des Morisques*, par M. le comte Albert de Circourt, etc.

Dans cette édition, soigneusement revue, nous avons réparé plusieurs omissions et rectifié les erreurs dont toute notre sollicitude n'avait pu préserver notre premier travail.

Il nous a semblé que ce livre, consacré à retracer une expédition dont la gloire disparut dans les préoccupations soulevées par la révolution qui la suivit de si près, était une dette de justice nationale payée à l'armée expéditionnaire, dont la victoire demeura sans récompense, presque sans retentissement, une satisfaction donnée à cette armée d'Afrique qui a complété vaillamment son œuvre, et qui est devenue une des gloires de la France par les combats qu'elle a livrés, les généraux sortis de ses rangs, et les ressources admirables qu'elle a préparées à la patrie pour le jour où des champs de bataille plus vastes se sont ouverts devant nos drapeaux, et où il a fallu déployer les vertus militaires les plus hautes dans les circonstances les plus difficiles, au milieu de toutes les fatigues, comme de tous les périls. C'est donc à l'armée française que nous dédions cet ouvrage.

HISTOIRE
DE LA
CONQUÊTE D'ALGER

LIVRE PREMIER

ÉTABLISSEMENT DES TURCS A ALGER. — BARBARIE. — PIRATERIE.

I

ORIGINES DE LA PIRATERIE.

Quarante ans avant l'époque où Grenade tombait (1492) et où la domination musulmane expirait en Espagne, un fait grave s'était produit sur la côte septentrionale de l'Afrique. C'est alors qu'une course de guerre et de piraterie commença à y être organisée sur une grande échelle. On comprend tout ce que l'humiliation et la colère qu'éprouvèrent les musulmans à la nouvelle des défaites de leurs coreligionnaires, et de la disparition prévue ou réalisée du mahométisme, proscrit par les rois espagnols, put ajouter d'ardeur et de violence au fanatisme musulman et à l'attrait de la cupidité. La nouvelle destinée de cette côte d'Afrique commençait à se dessiner, et la piraterie, qui devait y établir pour plusieurs siècles le centre de ses entreprises, s'y essayait.

Bientôt les côtes de l'Espagne et de l'Italie furent désolées par des incursions subites, inattendues, qui, menaçant une vaste étendue de littoral, ne pouvaient être prévenues nulle part. Des expéditions, parties de Velez-de-Gomera, de Djigelly, de Cherchel, d'Oran, de Bougie, de Tunis, sur la Méditerranée ; de Salé, Rabat, Azamor, Saffi, Mahmore sur l'Océan, allaient porter partout le ravage.

Les Portugais essayèrent les premiers de mettre un terme à ces entreprises. Don Manuel de Portugal échoua, en 1501, dans ses efforts. Les Espagnols, qui avaient vaincu les Maures en Espagne et qui en avaient repoussé les Berbères, ne pouvaient souffrir patiemment cette nouvelle forme de guerre. Pleins de confiance dans leur supériorité, il était indiqué qu'ils viendraient chercher en Afrique ces adversaires qu'ils avaient domptés en Europe. Les rôles étaient intervertis : l'Espagne chrétienne, jadis conquise, entreprenait de faire des conquêtes sur le sol de l'Afrique, d'où étaient partis ses anciens conquérants.

Don Diego de Cordoue ouvrit la voie par un succès suivi d'un grand revers provoqué par l'imprudence des Espagnols. Ce qu'il avait commencé fut achevé par un homme plus fort que lui ; le cardinal Ximenès, qui joua un si grand rôle en Espagne, entreprit de mettre un terme aux déprédations des Maures et des Berbères, en faisant assiéger l'une après l'autre les villes du littoral africain d'où partaient les expéditions des pirates, ou en bâtissant devant ces villes des forteresses qui les commandaient. Ses efforts furent couronnés de succès. Dans la Méditerranée, Oran, Velez de Gomera, l'île du phare d'Alger, tombèrent ainsi à la merci des Espagnols ; Tunis seul conserva son indépendance. A la même époque, don Manuel de Portugal détruisait, au moins pour un temps, la piraterie sur l'Océan, en s'emparant de Safli et d'Azamor. Ximenès avait voulu lui-même prendre part à une de ces expéditions, pour laquelle le roi d'Espagne fit, par son conseil, des préparatifs considérables, car il réunit dix mille hommes d'infanterie, quatre mille de cavalerie et une flotte de quatre-vingt-dix vaisseaux. Il semblait que ce grand homme d'État, prévoyant les dévastations que les pirates devaient commettre pendant trois siècles, se hâtait de consacrer ce qu'il avait de force, de vie et de génie à écraser la piraterie dans ces nids d'oiseaux de proie, d'où elle allait sortir plus redoutable, au moment où l'on croyait l'avoir pour jamais vaincue.

Quel était donc l'événement qui, donnant des proportions inattendues à la piraterie sur la côte septentrionale de l'Afrique, créait ce nouveau péril que le cardinal Ximenès s'efforçait de conjurer dans les derniers temps de sa vie? Un nouvel élément apparaissait sur cette côte occupée par les Arabes et les Berbères; les Turcs, vers le milieu du quinzième siècle, jetaient les bases de leur établissement.

C'est ici que l'histoire d'Alger commence, et elle s'ouvre sur la vie des deux pirates les plus terribles dont les mers aient conservé le souvenir, nous voulons parler des Barberousse[1]. Quelle était leur origine, leur pays? D'où venait leur nom? Questions controversées et controversables. On a fait d'eux tour à tour les fils d'un Lesbien, d'un Albanais, d'un Sicilien, d'un Français. On a longtemps répété que leur nom venait de la couleur de la barbe de l'aîné ; puis on a dit

[1] Pour tout ce qui concerne les Barberousse, la part prise par eux aux guerres de leur temps et les expéditions de Charles-Quint, nous nous sommes très-utilement servi du consciencieux ouvrage de M. de Rotalier, intitulé *Histoire d'Alger*.

plus récemment que ce nom de Barberousse pourrait être dérivé de ces mots arabes *Baba-Haroudj*, mal prononcés par les Européens. Les Arabes, en effet, faisaient précéder le nom de l'aîné des deux frères *Haroudj* du mot *Baba*, qualification qu'ils donnaient et donnent encore à tous les Turcs. Toujours est-il que Baba-Haroudj, que nous appelons Barberousse, était un de ces génies singuliers entre le grand homme et le brigand, souillé de trop de crimes pour mériter entièrement le premier de ces titres, doué de trop éminentes qualités pour être flétri d'une manière absolue de la seconde de ces deux appellations, un de ces caractères vigoureux et entreprenants qui, dans les époques troublées, s'ouvrent une large place, comme ces boulets que rien n'arrête.

Les premières années de Baba-Haroudj sont remplies d'entreprises hardies, de coups de main violents, d'aventures. Il connut les hauts et les bas de la fortune. Chef de la chiourme à bord d'une galère turque, il est pris à la hauteur de Candie par les chevaliers de Rhodes. Après deux ans de captivité, pendant lesquels il rame sur les galères de l'ordre, il parvient à briser sa chaîne au milieu d'une tempête, et atteint, à travers mille périls, la côte à la nage. De retour à Constantinople il est repoussé par les trésoriers de la marine, qui lui reprochent sa galère perdue et, pour gagner son pain, il devient successivement portefaix, journalier, conducteur de barque. Un meurtre et un vol lui fournissent les moyens de commencer sa vie de pirate. Engagé comme timonier à Constantinople, à bord d'une galère armée en corsaire avec un brigantin, il tue d'un coup de hache son maître endormi, soulève l'équipage, et se fait reconnaître par lui comme chef. Avant de commencer ses courses, il aborde à l'île Métélin, sa patrie, dit-on, et où du moins résidait sa mère ; il promet à celle-ci de grandes richesses, emmène son frère Khaïr-el-Dinn, aussi audacieux que lui, lui confie son brigantin, fait monter sur son propre navire Ishaac, un autre de ses frères. Il est, dans ce moment, l'ennemi des Turcs, dont il redoute la justice, comme l'ennemi des chrétiens ; c'est un outlaw à qui tout est bon comme proie.

Sa première prise est même une galiote turque. A grand'-peine il laisse la vie au capitaine qui la lui demande en promettant d'être, jusqu'à la fin de sa vie, son fidèle esclave. Sa fortune commence avec sa seconde prise, qui est bien plus importante ; c'est un navire qui transportait à Naples trois cents Espagnols, et parmi eux soixante gentilshommes. La rencontre eut lieu devant l'île de Lipari. Le combat dura trois jours. Après une résistance acharnée, les pirates triomphèrent. Le butin était considérable. Baba-Haroudj, habile à profiter de ses avantages, entre en grande pompe à Tunis, conduisant en triomphe son butin, ses esclaves, au nombre desquels on remarque quatre jeunes filles d'une grande beauté, montées sur des mules ; les corsaires, couverts de riches habits, fermaient le cortége, en agitant leurs étendards. Cette espèce d'ovation, qui avait l'avantage de frapper vivement l'esprit des populations, se termina par un beau présent en esclaves et en marchandises offert au souverain de Tunis, qui reconnut cette offrande politique en permettant à Barberousse de choisir, parmi ses navires, celui qu'il jugerait le plus propre à la course.

L'histoire de Barberousse est, à partir de ce moment, une suite d'entreprises hardies jusqu'à la témérité, tentées avec le concours d'hommes sans foi ni loi, mais aussi sans peur. Tantôt ce sont des rencontres de mer qui mettent l'intrépide pirate aux prises avec des bâtiments supérieurs en force et en nombre, les galères du pape, les vaisseaux de l'Espagne, dont cependant il s'empare par des prodiges de courage, de ténacité, de présence d'esprit ; tantôt ce sont des descentes imprévues sur le littoral de la Méditerranée et de ses îles, avec des pointes rapides vers des châteaux que l'on pille après des combats sanglants.

Barberousse trouve dans les pirates de l'île de Gelves d'utiles auxiliaires pour ses entreprises. Ce n'est point seulement un voleur de mer, c'est un énergique soldat, un habile capitaine qui compte pour rien le danger, les obstacles, quand il s'agit d'atteindre une riche proie. L'intuition de son avenir jette déjà de brillants reflets sur sa vie de brigandage. Il étudie en passant les fortifications d'Alger, comme s'il pressentait que ce lieu sera le théâtre de sa puissance. Il propose au roi de Tunis le siége en règle de Bougie, occupé par les Espagnols depuis l'expédition du cardinal Ximenès. C'est ainsi qu'il s'apprête à franchir la limite qui sépare la fortune du pirate de celle du conquérant.

Le trait le plus marqué de ce singulier caractère, c'est une énergie indomptable, une infatigable ténacité. Il échoue une première fois dans le siége de Bougie, tenté de concert avec le roi de Tunis et un cheik arabe, son allié ; il y perd même un bras atteint par un biscaïen. Depuis ce temps, les chrétiens l'appelèrent *Barberousse le Bras coupé*. Loin de céder au découragement, il tente, tout blessé qu'il est, une descente sur la côte d'Espagne, et, l'année suivante, il recommence le siége de Bougie. Cette fois son frère Ishaac y périt ; la canonnade, les assauts, tout demeure inutile, et une expédition partie d'Espagne le menaçant du côté de la mer, il ne lui reste qu'à brûler ses vaisseaux engravés par la baisse des eaux, dans l'Oued-el-Kebir. Pour le coup, sa situation semblait désespérée. La plupart de ses compagnons, enchaînés à leur chef par le succès seulement, l'avaient abandonné, lui-même il se croyait perdu sans retour, quand le cheik arabe Ben-el-Kady lui demanda s'il voulait le suivre à Gigel.

Ce fut pour Barberousse un port de salut où il put attendre un retour de fortune. La difficulté de sa position consistait en effet dans la nécessité où il était de tenir sans cesse la mer sans avoir d'autre refuge que les ports du littoral africain, ouverts devant ses succès et ses prises, mais qui se fermaient devant ses revers. L'obligation de toujours réussir est une obligation pesante aux hommes les plus forts, quand on considère l'inconstance naturelle des choses humaines, et ce qu'il y a de plus malheureux pour un individu ou pour un gouvernement, c'est de ne pouvoir vivre qu'à condition d'être toujours heureux.

De là sans doute ce désir si vif de s'emparer de Bougie et cette préoccupation clairvoyante qui avait engagé de bonne heure Barberousse à étudier la situation d'Alger. C'était à Gigel, comme l'a dit l'historien espagnol Sandoval, que « la fortune devait venir le chercher pauvre et affligé pour le faire roi. »

Quand les habitants d'Alger apprirent, en 1516, la mort de Ferdinand roi de Castille, le vainqueur des Maures de Grenade, ils espérèrent secouer le joug des Espagnols qui, du château construit par eux sur le rocher qui commandait la ville [1], la tenaient en échec. Leur seule industrie était la piraterie; depuis qu'elle leur était interdite, la ville était appauvrie. C'est en vain que, dans l'espoir de chasser les Espagnols, elle s'était donnée à un cheik arabe puissant dans la plaine, Selim Eutémy. Le nom de Baba-Haroudj était populaire dans toutes les villes barbaresques ; les Algériens et Eutémy lui-même pensèrent que seul il pourrait faire réussir une entreprise à laquelle la mort de Ferdinand et l'âge avancé du cardinal Ximenès semblaient devoir donner des chances. Barberousse mesura d'un coup d'œil la grandeur de l'occasion offerte à son audace et accepta la proposition sans hésiter. Il arma ce qu'il put de bâtiments et fit voile pour

---

[1] Le *Peñon* d'Alger, aujourd'hui réuni à la ville par une jetée.

Alger, tandis que son hôte, Ben-el-Kady, à la tête d'un certain nombre des siens, s'y rendait par terre.

Alger, dont l'enceinte était, au seizième siècle, ce qu'elle est restée de nos jours, n'avait ni le port qu'elle devait avoir sous la domination des Turcs, ni les forts qu'ils élevèrent sur les différents points de la côte pour en défendre les approches, ni les formidables batteries qu'ils dressèrent sur le Pegnon, ni le château de l'Empereur. La ville devait s'embellir en raison des richesses qui y affluèrent ; mais sa situation en amphithéâtre au bord de la mer, sur la rive ouest d'une rade foraine, dont le cap Matifou et le cap Caxine forment les deux extrémités, était ce qu'elle est encore aujourd'hui, avec les hautes montagnes qui l'avoisinent, l'aspect pittoresque de leurs pentes ravinées et, derrière le massif qui la porte, la vaste plaine de la Mitidjah, qui longe l'Atlas pendant une étendue de vingt-cinq lieues, et dans laquelle de nombreuses tribus arabes plaçaient leurs demeures, à la proximité des immenses pâturages où ils envoyaient leurs troupeaux. Les gorges les plus abruptes de l'Atlas étaient, comme elles le sont aujourd'hui, occupées par des tribus de Kabyles ou Berbères, jaloux de leur indépendance maintenue sous les diverses dominations qui avaient passé sur ce pays, dont ils étaient vraisemblablement les habitants primitifs, comme on le reconnaît à la forte empreinte du type de leur race, si différente de la race arabe.

En arrivant à Alger, Barberousse avait déjà conçu la pensée de s'en emparer. Mais il fallait essayer d'abord de délivrer ses habitants de la forteresse espagnole dont la vue, dit la chronique arabe, « était pour eux comme une épine qui leur perçait le cœur. » Barberousse l'entreprit. Il ne lui était pas réservé de réussir, mais le siége de Pegnon lui servit de prétexte pour appeler de tous côtés des Turcs que l'appât d'une solde élevée, le goût de la guerre, l'espoir d'arriver promptement à la fortune sous le commandement d'un homme de cette trempe, attiraient en foule dans Alger. Son frère Khaïr-el-Dinn qui, depuis leur désastre commun devant Bougie, habitait Tunis, lui en envoya un grand nombre, et vint bientôt l'aider de sa personne.

Le cheik arabe Eutémy s'aperçut trop tard qu'il avait introduit dans Alger un auxiliaire plus dangereux pour lui que les Espagnols eux-mêmes. Les Turcs, supérieurs aux Arabes par leurs armes (car ceux-ci ne se servaient encore que d'arbalètes et de lances et n'avaient point de canons), par leur discipline, par leur habitude de la guerre, étaient en réalité les maîtres d'Alger. Barberousse, qui avait la conscience de sa force, s'empara de la ville, qui devait être le centre de sa domination, comme il s'était emparé de sa première barque, par la trahison et le meurtre. Il étrangla Eutémy avec la toile de son turban, se fit proclamer roi d'Alger et, pour affermir son pouvoir naissant il le plaça, par une inspiration vraiment politique, sous la protection de la Porte, en demandant l'investiture au Grand Seigneur, qui la lui accorda. Maître d'Alger, il abandonna le siège du Pegnon pour fonder d'abord sa domination sur ce point de la côte d'Afrique, fortifia la Casaubah, l'arma de pièces d'artillerie, appela sous son drapeau tous les Turcs qui voulurent s'enrôler. Sans cesse en guerre avec les tribus voisines et avec les villes situées sur la côte, il triomphe des unes et s'empare des autres, tantôt par la force, tantôt par la trahison. C'est ainsi que Tenez et Cherchel tombent dans ses mains. De sanglantes exécutions établissent son pouvoir et le maintiennent. Les Arabes de la plaine et les habitants d'Alger, poussés au désespoir, regrettent les Espagnols, entrent en pourparler avec eux pour se délivrer de leur nouveau tyran; Barberousse, qui découvre leurs menées, fait tomber des têtes et éteint les révoltes dans le sang. Le brigand et le pirate se laissent toujours voir derrière le soldat, le souverain et le conquérant.

Bientôt un péril plus grand le menace. Le cardinal Ximenès, voyant les côtes d'Espagne de nouveau insultées et pillées par les corsaires qui avaient trouvé une rade assez éloignée du Pegnon pour y abriter leurs navires, fait les préparatifs d'une expédition. Mais les troupes, levées à la hâte, mal disciplinées, mal conduites par Diego de Vera, qui s'était pourtant fait une réputation dans les guerres d'Afrique, ne reparaissent devant Alger que pour essuyer un désastre (1516). Trois mille Espagnols sont tués, quatre cents faits prisonniers, et Diego de Vera, qui n'a pas même honoré son malheur par son courage, étant de retour dans son pays, entend les enfants répéter à ses oreilles des refrains populaires dans lesquels on lui reproche de s'être laissé battre, lui qui avait ses deux bras, par Barberousse le Bras coupé. Le désastre des Espagnols met le comble à la renommée de celui-ci. Son pouvoir grandit par la terreur qui s'attache à son nom et par le prestige du succès, puissant partout, plus puissant encore chez des populations qui admettent le dogme de la fatalité.

Ce centre de force qu'Haroudj, aidé de son frère Khaïr-el-Dinn, avait créé au milieu de l'anarchie qui régnait sur cette côte d'Afrique, exerce une puissante attraction, et c'est ainsi que sa domination tend sans cesse à s'accroître. Il est appelé à Tlemcen par une des factions qui déchirent cette ville ; il y entre après avoir gagné une bataille sur les Arabes, qui tiennent pour le parti dominant ; l'autre parti se confie dans le serment qu'il a prêté sur le Coran de rendre le pouvoir à Abou-Zian, le prince détrôné. Qu'était-ce qu'un serment pour la conscience d'un pirate qui avait monté le premier degré de sa fortune par la trahison et par le meurtre et qui, depuis, n'avait cessé de s'élever par les mêmes moyens ? Il viole son serment, fait périr indistinctement tous les princes de la famille régnante en les faisant jeter dans un lac, et prend, au spectacle de leur agonie, un plaisir de bête féroce. Il couronne ces exécutions en faisant mettre à mort les soixante-dix principaux habitants de la ville afin, dit-il, qu'ils ne trahissent pas leur nouveau maître comme ils ont trahi leur roi naturel. En même temps, ses exactions et ses violences contre les Arabes de la plaine augmentent chaque jour.

Cette politique de crime et de sang, qui lui a réussi jusque-là, tourne enfin à sa perte. La crainte qu'il inspire devient moins forte que l'indignation et le désespoir; les tribus arabes se soulèvent et demandent le secours des Espagnols.

Don Carlos, depuis Charles-Quint, qui venait de monter sur le trône, ordonne à don Diego Fernandez de Cordova, qui commandait pour lui à Oran, de leur porter secours. Barberousse est assiégé, en 1518, dans le méchouar ou citadelle de Tlemcen par les Arabes et les Espagnols unis. Les Turcs envoyés à son secours par son frère Kheïr-el-Dinn, qu'il a préposé à la garde d'Alger, ne peuvent arriver jusqu'à lui; après un premier succès qui les enivre et leur ôte toute prudence, ils sont surpris à leur tour et exterminés à Kala des Beni-Rached[1] par Martin d'Argote, parti d'Oran à la tête de deux mille Espagnols. Il n'y a plus d'espoir pour Barberousse. La ville où il se défend le hait, la plaine qui l'entoure est au pouvoir des tribus d'Arabes ses ennemis. Martin d'Argote et ses Espagnols, après avoir détruit le corps auxiliaire que le Turc attendait, se sont hâtés de marcher sur Tlemcen pour concourir à sa perte. Il faut fuir. Barberousse s'échappe avec les fusiliers turcs et quelques Kabyles qui lui restent, par une

[1] C'est une petite ville suspendue aux flancs d'une montagne abrupte et située à une journée Est de Mascara, sur la route qui conduit de cette ville dans les vallées de la Mina et du Chelif.

brèche faite dans la muraille et mal surveillée ; mais, bientôt découvert, il est suivi de près par ses ennemis. Quinze mille Arabes ou Kabyles, armés seulement d'arbalètes, sont tenus à distance par la crainte des fusiliers turcs ; mais les Espagnols sont plus audacieux. Dans cette extrémité, Ben-el-Kady, cet utile et constant ami qui lui était resté fidèle après et depuis son désastre devant Bougie, se sépare de lui. C'est le signal de sa perte. En vain, pour retarder la poursuite des Espagnols, fait-il répandre sur la route de l'ouest où ils le suivent les trésors qu'il avait emportés avec lui. « Les Espagnols, dit Sandoval, s'ils avaient des mains pour prendre, avaient des pieds pour courir. » Barberousse, atteint par eux à vingt-trois lieues de Tlemcen, probablement près de la rivière de l'Ouchda, dans sa fuite désespérée, se jette accablé de fatigue, mourant de soif, dans un ancien parc à bestiaux entouré d'un mur de pierres sèches où, suivi d'un petit nombre des siens, il se retranche et ne songe plus qu'à vendre chèrement sa vie. Après une résistance à outrance, il est jeté à terre d'un coup de lance par un enseigne espagnol, Garcia Fernandez de la Plaza [1], et, combattant encore, quoique blessé, il ne cesse de frapper ses ennemis qu'en cessant de vivre. Sa tête, coupée, fut portée à Oran comme un trophée. S'il faut en croire un historien, on fit plus, on l'envoya en Espagne. « La tête de Barberousse, lit-on dans une ancienne traduction de Paolo Jovio, transmise et portée sur une lance

---

[1] On a encore la lettre de Charles-Quint qui accorde des armoiries à l'enseigne de la Plaza pour ce fait d'armes : « Vous, Garcia Fernandez de la Plaza, enseigne dans la compagnie de Pedro de Andrada, un de nos capitaines, lui dit-il, nous vous accordons par ces présentes pour armoiries, un écu avec la tête et la couronne dudit Barberousse, sa bannière et son cimeterre au naturel et avec cinq autres têtes de Turcs, pour orle ledit écu, le tout en signe et souvenir que vous avez gagné ces armes au service de Dieu et au nôtre de la manière suivante. » La lettre de Charles-Quint, à laquelle sont empruntés ces détails, se trouve tout au long dans la *Cronica de los Barbarojas* de Gomara.

tout à l'entour de l'Espagne, apporta liesse singulière aux
peuples, et principalement maritimes, pour ce que la sûreté, dès longtemps souhaitée, semblait être rendue à leur
rivage. »

Ainsi finit, en 1518, à l'âge de quarante-quatre ans, cet
homme de combat et de lutte, haï et craint par ses ennemis,
aimé et suivi avec enthousiasme par les compagnons de ses
aventures, qu'il récompensait magnifiquement et qui avaient
foi dans son courage à toute épreuve, sa fortune et son génie. Soldat intrépide, capitaine expérimenté, politique habile, rusé, perfide, sans scrupule et sans entrailles, c'était
une forte intelligence ; mais il lui a manqué un grand cœur
pour être un grand homme. Ses vices, comme ses qualités,
trouvèrent leur emploi dans le temps et le milieu social où il
parut, et c'est à cette circonstance qu'il dut de pouvoir fonder sur la côte d'Afrique ce gouvernement étrange comme
lui, et profondément empreint de son génie, dans lequel la
souveraineté et le brigandage, la guerre et la piraterie, la
politique et la violence, le fanatisme et le pillage, se trouvaient si singulièrement et cependant si puissamment mêlés,
que l'œuvre de Barberousse a duré trois cents ans.

Il est vrai qu'il eut pour successeur un homme aussi intrépide que lui, peut-être plus habile à se concilier les populations arabes en s'appuyant sur le ressort religieux et en
gardant pour les chrétiens toutes ses rigueurs, son frère
Khaïr-el-Dinn, qui avait d'ailleurs l'avantage de partir d'un
échelon plus élevé de la fortune et de profiter des efforts
heureux tentés par son prédécesseur, de sa position acquise,
de la renommée attachée au nom des Barberousse. Différence considérable, il ne commençait pas, il continuait.

Son premier mouvement, en apprenant la mort de Baba-Haroudj, avait été d'abandonner Alger et de recommencer sa
vie de pirate ; mais, encouragé par les conseils des corsaires

dont il était entouré et surtout par la lenteur des Espagnols, qui ne profitèrent pas de leur succès, il reprit confiance, excita les passions religieuses de la population de la ville en lui livrant un grand nombre de prisonniers chrétiens qui furent mis à mort, et se fit proclamer souverain d'Alger. Suivant la politique de son frère, il demanda au Grand Seigneur et obtint de lui la confirmation de son titre. Il est remarquable que les Barberousse ne faisaient qu'étendre la pensée première qui avait présidé à leur fortune naissante ; ils s'appuyaient sur Constantinople, comme ils s'étaient d'abord appuyés sur Tunis, et se servaient à peu près de l'appui moral du Grand Seigneur, comme les chefs barbares s'étaient servis du patronage moral des empereurs romains, auxquels ils demandaient le titre de patrice pour se rendre plus recommandables aux yeux des populations.

II

ALGER SOUS LE SECOND BARBEROUSSE. — SON HISTOIRE MÊLÉE
A L'HISTOIRE GÉNÉRALE.

Khaïr-el-Dinn tira de Constantinople un concours plus efficace. Il comprit qu'avec ses seules ressources il ne pourrait longtemps résister à une puissance comme l'Espagne et à des forces militaires bien disciplinées, surtout tant que la ville où il commandait serait dominée par le fort du Pegnon, qui livrait, pour ainsi dire, la porte d'Alger aux Espagnols. Il revint à la première pensée de son frère, qui avait été de s'emparer à tout prix de cette position. A l'avantage de le rendre maître chez lui, cette conquête devait ajouter celui de donner une éclatante satisfaction aux populations mauresques, singulièrement gênées dans leurs courses par la forteresse espagnole. Il eut l'adresse de persuader au Grand Seigneur que la prise du Pegnon serait d'une grande utilité à l'islamisme, qui acquerrait dans Alger affranchi une puissante position d'offensive et de défensive contre le christianisme. Le Grand Seigneur envoya à Khaïr-el-Dinn deux mille Turcs bien disciplinés, et promulgua un firman pour autoriser les hommes de bonne volonté à s'embarquer aux frais de l'État, en leur promettant à Alger une organisation semblable à celle des janissaires. L'esprit de religion, l'esprit militaire, l'esprit d'aventure, allaient donc concourir à former autour des chefs d'Alger une formidable milice, leur force dans les jours de lutte, leur danger dans les jours de calme, et l'instrument de leur puissance jusqu'au jour où elle devenait l'instrument de leur perte.

Khaïr-el-Dinn avait bien jugé sa situation. Charles-Quint, averti du succès de ses armes à Tlemcen, résolut d'expulser définitivement les Turcs de la Barbarie, et une flotte portant une armée de sept mille hommes de débarquement vint mouiller dans la rade d'Alger, au mois d'août 1518, sous les ordres d'Hugo de Moncade, vice-roi de Sicile. Le général de cette armée, Marino de Ribera, au lieu de presser le débarquement, prit position, avec un corps de quinze cents hommes seulement, sur l'emplacement où l'on construisit depuis le château de l'Empereur ; il laissa le reste de l'armée sur la flotte, en attendant le concours promis par le chef de Tlemcen, allié et vassal de l'Espagne, qui venait de le rétablir dans sa puissance. Ce fut la cause de sa perte : une tempête effroyable s'éleva le jour de la Saint-Barthélemy, jeta à la côte la plus grande partie des navires, noya quatre mille hommes de l'armée espagnole, et ne laissa aux quinze cents qui étaient à terre que la ressource de se rembarquer, au milieu de mille difficultés, sur les vaisseaux qui avaient échappé au naufrage. Ce désastre des Espagnols vaincus, sans combat, par la mer, cette fidèle gardienne d'Alger la bien gardée, comme l'appelaient les Arabes, augmenta le prestige de Khaïr-el-Dinn et la faveur dont il jouissait à Constantinople. Les populations crurent que la destinée prononçait en sa faveur. Le Grand Seigneur déclara son territoire province turque et l'autorisa à battre monnaie.

Khaïr-el-Dinn se hâta de profiter de ce souffle de la fortune, et résolut de tenter l'œuvre où son frère avait échoué, c'est-à-dire la conquête de la riche province de Tlemcen. Le chef rétabli par l'Espagne était mort, et l'ambition avait divisé ses deux fils. Khaïr-el-Dinn favorisa le cadet au préjudice de son frère, et l'aida à s'emparer du pouvoir; l'Espagne protégea l'aîné et le rétablit. Mais, après une courte lutte, celui-ci, abandonné par la population qui ne pouvait lui pardonner d'être le protégé des chrétiens, dut laisser le pouvoir à son frère, le sultan Messoud qui, obligé de s'appuyer sur les Turcs, les reçut d'abord comme auxiliaires, bientôt comme maîtres. Mostaganem, où régnaient les Arabes Mehal, subit peu de temps après le sort de Tlemcen. La puissance de Khaïr-el-Dinn s'agrandissait ainsi avec sa renommée.

Ses succès lui créèrent de nouveaux dangers. Le souverain de Tunis prit ombrage de cette puissance qui ne cessait de grandir, et parvint à soulever les Arabes de la plaine contre la domination de Khaïr-el-Dinn, dont se sépara alors le plus ancien allié des Barberousse, le cheik Hamed-ben-el-Kady.

En même temps une conspiration fut tramée dans Alger. C'était le flux et le reflux de la destinée de ces souverainetés échafaudées sur la force. Les efforts qu'elles faisaient pour s'étendre amenaient des coalitions entre les intérêts lésés ou menacés, et elles retrouvaient contre elles, à un jour marqué, toutes les inimitiés qu'elles avaient accumulées derrière elles. Les Turcs envoyés par Khaïr-el-Dinn contre les Arabes et les Tunisiens furent battus, et un lieutenant de Khaïr-el-Dinn, qui avait obtenu sur eux quelques avantages, fut amené par les intrigues du cheik à séparer sa cause de celle de Barberousse.

Mais la conspiration éventée fut réprimée par des exécutions sanglantes. Après quoi, Khaïr el-Dinn, assiégé, dans une ville sur laquelle il ne pouvait compter, par de puissants ennemis, abandonné en partie par les Turcs découragés, et menacé par la disette, résolut de quitter Alger pour un temps. Il reprit sa vie de pirate, en emmenant avec lui douze galiotes armées. La mer lui était un plus sûr asile que la terre.

Les trois années qu'il passa loin d'Alger comptèrent parmi les plus mauvaises qu'eurent à traverser les populations riveraines de la Méditerranée, et le commerce européen, profondément troublé, en conserva un long souvenir. Pendant l'absence de Khaïr-el-Dinn, Hamel-ben-el-Kady s'était emparé de la ville, et les bâtiments des corsaires avaient été plusieurs fois reçus à coups de canon. Au bout de trois ans, Khaïr-el-Dinn, qui s'était associé les pirates de l'île de Gelves, tira une sanglante vengeance de ses ennemis. Chose étrange, il dut surtout son succès à soixante Espagnols que l'expédition de Moncade avait laissés dans ses mains et qui, armés de mousquets, chargeaient résolûment les Maures au cri de *Saint-Jacques!* La confusion commençait à se mettre parmi les diverses forces engagées les unes contre les autres sur la côte d'Afrique. Ben-el-Kady voulut renouveler la lutte; mais sa tête avait été achetée par Khaïr-el-Dinn aux Arabes : elle fut livrée. Le lieutenant, qui s'était séparé de lui et qui avait établi sa puissance à Cherchel, fut également abandonné par la plupart des siens et décapité avec ses principaux complices. La terreur reconstruisit ainsi la puissance qu'elle avait créée.

Redevenu maître d'Alger et de la plaine qui l'entoure, le second des Barberousse qui, par les vicissitudes de sa fortune, égalait et surpassait celles de la fortune de son frère, réussit, en 1529, treize ans après le jour où celui-ci était devenu maître d'Alger, à s'emparer de cette citadelle du Pegnon, objet de terreur pour les Maures d'Alger, obstacle permanent à la puissance des pirates obligés d'abriter leurs navires et leurs prises dans des anses sans sûreté, et enfin pierre d'attente sur laquelle la domination espagnole pouvait sans cesse se relever.

C'était moins la force réelle de cette citadelle que l'ignorance profonde des corsaires dans l'art des siéges qui avait si longtemps retardé sa chute. Elle fut défendue avec une rare intrépidité par Martin de Vargas, à la tête d'une garnison de cent cinquante hommes, vaillants soldats qui suppléèrent au nombre par le courage et la discipline. Par surcroît, les munitions leur manquèrent bientôt, car Charles-Quint, quoique averti par Vargas, ne prêta point une assez prompte attention au message pressant de ce vaillant capitaine, sentinelle perdue placée sur la côte d'Afrique, tant l'empereur était absorbé à cette époque, par les grandes affaires de l'Europe [1]! Les Espagnols n'en firent pas moins

---

[1] Le secours fut envoyé tardivement au Pegnon d'Alger. On en a la preuve dans une lettre écrite de Barcelone, le 12 mai 1529, par l'empereur Charles-Quint à l'impératrice, pièce qui porte le numéro 24 dans l'Appendice de la *Chronique* de Gomara.

Par lettre du 8 mai, l'impératrice avait annoncé à son mari que Kheir-ed-Din assiégeait le Pegnon d'Alger et les mesures qu'elle avait prises à ce sujet. L'empereur approuve et ajoute que la personne chargée de conduire le secours sera Jorge Ruiz de Alarcon, corrégidor de Murcie et Carthagène; attendu qu'il a été pourvu de ces fonctions précisément en prévision d'éventualités de guerres de ce genre. Il dispose qu'au lieu des deux navires de 300 tonneaux désignés par l'impératrice pour cette expédition, on enverra deux caraques génoises, actuellement à la solde de l'Espagne dans le port de Carthagène et qui sont bien armées et pourvues d'artillerie. « Jorge Ruiz s'y embarquera, dit-il, avec deux cents hommes

leur devoir : tant qu'ils eurent des munitions, ils s'en servirent ; quand elles vinrent à manquer, leur commandant refusa la capitulation avantageuse qui lui était offerte. Enfin le moment arriva où Khaïr-el-Dinn, qui avait lui-même manqué de boulets, ayant appris d'un juif l'art de les fabriquer, battit les murs du fort, dont les feux étaient éteints ; il y ouvrit une large brèche. La garnison, bien réduite déjà, la défendit pendant tout un jour contre cinq mille hommes, et à la fin Martin de Vargas, demeuré seul sans blessures, se plaça sur cette brèche, armé d'une épée à deux mains et, renouvelant les exemples de prouesse des temps héroïques, il la défendit seul, jusqu'à ce que, couvert de sang, il fut renversé par quatre Turcs. On ne trouva dans la place que vingt-cinq soldats presque tous atteints de blessures mortelles. Quant à leur chef, Barberousse, frappé d'abord d'admiration pour sa valeur surhumaine, lui avait laissé la vie ; mais l'année suivante, lui ayant donné, dans un instant de colère, l'option entre l'apostasie et le supplice, le noble et pieux Espagnol, qui avait eu l'honneur de prodiguer son sang pour sa patrie et pour son roi, eut le bonheur de le donner

valides qui soient bons escopetiers et arquebusiers avec les vivres et munitions nécessaires... Si don Beltran de la Cueva, qui levait 500 hommes dans le marquisat de Villena pour cette expédition, n'est pas parti, qu'ils s'embarquent sur ces navires... Vous manderez à ceux qui ont charge d'envoyer des vivres et des munitions au Pegnon d'Alger, qu'ils préparent leur envoi sans délai, afin que le secours qu'on envoie ne soit pas retardé par ce fait...

« J'écris aussi à l'archevêque de Bari, pourvoyeur général de l'armada de Malaga, et au comte don Hernando de Andrada, notre capitaine général de ladite armada, qu'il mette une grande diligence à embarquer son monde et mette à la voile le plus tôt qu'il pourra et que s'il leur est possible de venir dans la direction d'Alger sans perte de temps ni navigation inutile, qu'ils le fassent, parce que la seule vue et l'importance de cette armada suffiraient pour dégager le Pegnon. »

Pendant que Charles-Quint prenait ces dispositions, le Pegnon d'Alger soutenait depuis quelques jours les attaques de Barberousse et n'était pas éloigné de tomber aux mains de l'ennemi.

tout entier pour son Dieu. Les membres palpitants de ce martyr héroïque furent traînés par les rues.

La prise du Pegnon d'Alger était un événement considérable pour l'islamisme, pour les Maures et les Arabes, pour les pirates, pour la fortune de Barberousse lui-même. C'était une position d'offensive que le christianisme et l'Espagne perdaient sur la côte d'Afrique ; un arsenal, un port de refuge pour la piraterie qui allait y préparer ses armements et devait y trouver un abri pour ses prises ; une satisfaction pour les Maures et les Arabes, qui y avaient vu flotter, pendant si longtemps, le drapeau espagnol ; un danger pour les côtes d'Espagne et même pour l'intérieur de ce pays [1] ; enfin pour Barberousse, la consolidation de sa domination, toujours menacée, toujours précaire, tant que le fort chrétien menaçait la ville musulmane.

On vit bientôt se dessiner les conséquences de cet événement. Les chefs les plus fameux parmi les pirates de Gelves accoururent à Alger, entre autres Cacchi Diablo, Salahh, Tabac, Hassan et Soliman. Plus que jamais l'Espagne et les autres côtes de la Méditerranée furent désolées par ces hardis corsaires. La population d'Alger se recruta d'hommes intrépides et dévoués au maître de cette ville, et le jour arriva bientôt où Cacchi Diablo vainquit et prit le général des galères d'Espagne, Rodrigo Portondo, avec huit de ses galères. La piraterie installée dans Alger n'était plus seulement un fléau pour le commerce, elle devenait une puissance militaire.

---

[1] Le duc de Calabre, vice-roi de Valence, écrivait à l'impératrice dans une lettre datée du 12 novembre 1529 : « Très-puissante dame, les ennemis de notre cause demeurent forts et puissants et en possession incontestée de ces mers. On prépare contre nous de nouvelles entreprises. Les nouveaux convertis relèvent la tête et songent à se réunir et à s'embarquer... Les classes populaires sont gâtées, et paraissent voir dans ces malheurs un acheminement vers des troubles qui leur permettraient de reprendre les armes. » (Appendice de la *Chronique de Gomara*.)

Barberousse, enivré par ce succès qui avait porté la joie jusqu'à Constantinople, où il avait envoyé l'étendard royal de l'Espagne, pris sur la galère capitane, ne balança point à tenter une entreprise plus considérable que les coups de main qu'il avait jusque-là essayés. Il s'agissait de sortir de la Méditerranée, théâtre ordinaire des expéditions des pirates, de traverser le détroit de Gibraltar avec une flotte de soixante bâtiments, dans laquelle se trouvaient dix galères, pour aller assiéger Cadix. Dans ce moment même, Doria, le plus illustre marin de cette époque, cherchait par les ordres de Charles-Quint, jaloux de venger l'échec récent de ses armes, les vaisseaux des pirates, avec une flotte de trente-huit galères portant le drapeau de l'empire et celui de la France ; car François Ier, en vertu de l'alliance récemment jurée, venait d'unir contre les Barbaresques ses forces maritimes à celles de Charles-Quint. Doria eut avis qu'une division de Barbaresques attendait l'autre dans le port de Cherchel ; il ne resta à Ali-Caraman, qui la commandait, d'autres ressources que de faire couler bas ses navires, de faire enfermer les esclaves chrétiens dans une caverne, et de s'enfermer lui-même dans la Casaubah avec ses Turcs, en envoyant des émissaires dans les campagnes pour appeler les Arabes à la défense de la ville. Doria entra donc sans coup férir dans le port, s'empara du petit nombre de bâtiments qui y restaient, fit délivrer les captifs chrétiens dont on découvrit la prison, et il aurait terminé cette heureuse expédition sans perdre un homme, si les soldats italiens qu'il avait débarqués pour atteindre ce dernier but, indociles, comme de nouvelles levées, à ses ordres précis et à l'appel du canon, ne se fussent pas répandus dans la ville pour la piller. Les Arabes accourus en foule et les Turcs qui sortirent de la citadelle, pour se joindre à eux, firent une boucherie de ces hommes surpris, chargés de butin, et d'ailleurs peu aguerris. Néanmoins l'expédition de Cadix fut manquée. Barberousse s'en vengea en véritable corsaire, en faisant périr dans les supplices les captifs chrétiens qui avaient formé le complot de s'emparer d'Alger; ce complot n'échoua que par la dénonciation d'un Espagnol qui, déjà deux fois, avait renié. C'est alors que périt Martin de Vargas, égorgé avec Domingo de Portondo, fils du général de galères dont la présomption avait amené le désastre de l'année précédente. Ce grand nombre de captifs enfermés dans le bagne, et les projets continuels qu'ils formaient naturellement pour recouvrer leur liberté, étaient un des périls permanents de la puissance algérienne.

Barberousse avait conquis une si éclatante renommée, que le Grand Seigneur, cherchant un homme de mer digne d'être opposé à l'illustre André Doria, qui venait de s'emparer de Coron, de Patras, du château de Lépante, et de battre la flotte turque, songea à l'habile et heureux pirate. C'était le plus grand honneur qui fût réservé à Barberousse. Il reçut, avec une joie qu'il ne déguisa pas, le message du sultan et, après avoir réuni dans un divan les officiers de la milice, les muftis, les cheiks, les imans, les gardiens des mosquées, il leur communiqua les ordres qui lui arrivaient, sa résolution d'y obéir sans retard, et les mesures qu'il avait prises, afin de pourvoir au gouvernement pendant son absence. Tchélébi-Kadaman, son parent, et l'eunuque Hassan-Aga, qui jouissait de toute sa confiance, devaient exercer le pouvoir et veiller sur son fils, trop jeune pour qu'il lui confiât le gouvernement. Par une prévoyance digne d'un politique, il avait, avant de partir, signé la paix avec le frère de Ben-el-Kady et une trêve de trois ans avec François 1er, en rompant ainsi la coalition qui l'avait menacé peu de temps auparavant.

Barberousse parut devant le Grand Seigneur avec un éclat

qui rappelle les féeries des contes orientaux. Il avait utilisé son voyage en vrai corsaire ; parti avec sept galères et onze fustes, il avait rallié dans la mer Tyrrhénienne le pirate Delizuf, qui commandait quinze fustes et une galère et, de concert avec lui, il avait surpris dans l'île d'Elbe la ville de Rio, dont il réduisit tous les habitants en esclavage ; puis, à la hauteur de Piombino, il attaqua et prit onze galères aux Génois ; Delizuf périt dans cette affaire, et les pirates, qui soupçonnèrent Barberousse de l'avoir fait assassiner, le quittèrent. Il n'en arriva pas moins dans le port de Constantinople avec quarante bâtiments chargés de butin. Quand il parut devant le sultan, il reproduisit sur une plus grande échelle les magnificences de l'entrée de son frère à Tunis, au début de sa carrière : deux cents femmes, pompeusement parées et tenant chacune un vase d'or, des eunuques, des jeunes garçons, marchaient derrière lui ; venaient ensuite des chameaux chargés des dépouilles de l'Espagne et de l'Italie, et enfin les lions du désert, digne présent d'un pareil homme, fermaient la marche.

Quoique le sultan eût reçu Barberousse avec faveur, son élévation au poste éminent qu'il devait remplir rencontra des obstacles. Un parti s'était formé contre lui dans le divan; on rappelait son origine, ses brigandages, ses crimes, en représentant qu'il y aurait honte à confier une des premières dignités de l'empire à un pirate. Barberousse, sans se décourager, entreprit, malgré l'hiver et le poids des années (il avait alors soixante-six ans), un voyage en Syrie, pour aller y trouver Ibrahim, le plus zélé de ses protecteurs auprès du sultan. Il lui exposa avec tant de supériorité ses plans, tant pour combattre les chrétiens que pour réduire l'Afrique sous la domination de la Porte, qu'Ibrahim écrivit à l'instant même à Soliman que Khaïr-el-Dinn seul pouvait rendre l'ascendant à ses flottes. Ce témoignage détermina Soliman.

Barberousse fut nommé quatrième pacha avec l'autorité la plus étendue. Les arsenaux, le trésor, furent mis à sa disposition; le droit de lever tous les hommes de mer nécessaires à une grande expédition lui fut conféré, en même temps qu'il recevait des mains du Grand Seigneur, l'étendard, le sceptre et le glaive, marques de sa dignité. Une nouvelle ère s'ouvrait ainsi dans la vie du pirate; il entrait dans l'histoire générale de son temps. Il allait jouer son rôle dans la lutte du mahométisme contre le christianisme, de l'empire ottoman contre la chrétienté, et aussi de l'empire d'Allemagne contre la France, de Charles-Quint contre François Ier. Le théâtre s'agrandissait avec l'acteur.

Vers le milieu de l'année 1533, Khaïr-el-Dinn sortit de Constantinople avec une des plus formidables flottes qui eussent encore pris la mer; elle ne comptait pas moins de quatre-vingts galères et vingts flûtes, montées par huit cents janissaires et sept mille hommes de débarquement. Le but caché de cette expédition était Tunis, et Khaïr-el-Dinn avait préparé les voies à l'établissement de l'autorité du Grand Seigneur sur ce royaume, en emmenant avec lui à Constantinople le souverain dépossédé de Tunis, auquel il avait fait espérer la restauration de son gouvernement, car la ruse s'alliait à la force dans toutes ses entreprises. Néanmoins, tant pour donner le change au nouveau chef de Tunis qu'afin de frapper de terreur les États chrétiens que les dernières victoires d'André Doria avaient remplis de sécurité, il fit d'abord voile vers le littoral de l'Italie et la Sicile, qu'il ravagea, détruisant les villes et réduisant les habitants en esclavage. Lucideo, Capello, Citrario, Spelonca, furent détruits. Naples trembla, comme les jours où le Vésuve jette ses flammes. Fondi, quoique située à trois lieues dans les terres, et Terracine, furent pillées et saccagées. On dit qu'un des motifs de Barberousse pour attaquer la première de ces deux villes était l'espoir de s'emparer de Julia Gonzaga, jeune femme célèbre par sa merveilleuse beauté, dont il comptait faire un agréable présent au Grand Seigneur. C'est ainsi qu'il mêlait toujours les idées de pirate aux projets de politique et aux plans de campagne de l'homme de mer. Heureusement pour elle, la jeune femme, objet de ce dangereux empressement, put sauter à cheval, à moitié nue, et s'éloigner à temps de cette ville désolée. La nouvelle de tant de dévastations arriva à Rome qui, sans défense, croyait voir déjà les hordes de Barberousse à ses portes. Mais, après avoir laissé ainsi des traces de son passage sur la côte d'Italie, il cingla tout à coup vers Tunis [1].

Moitié par ruse, moitié par violence, il s'empara de cette ville et, après avoir livré plusieurs combats sanglants aux habitants, qui reconnurent trop tard qu'il ne leur amenait pas leur ancien souverain, il y fit proclamer l'autorité du Grand Seigneur. Trois mille Maures périrent dans cette lutte, qui resta quelque temps indécise. Barberousse, soit par les armes, soit par les négociations, dans lesquelles il excellait, réussit en peu de temps, à étendre sa domination aux autres villes du royaume et à se concilier les tribus arabes. Ainsi tombait le royaume de Tunis, après avoir duré quatre cents ans. On conservait encore dans la ville les trophées de sa victoire sur le saint roi Louis, mort en cette terre infidèle.

---

[1] Tout le bassin de la Méditerranée se trouvait exposé aux mêmes déprédations. Aussi voit-on au seizième siècle les Génois élever une soixantaine de tours sur les promontoires de la Corse, pour défendre les rivages de l'île contre les incursions des corsaires. Un poste de quatre soldats en formait la garnison. Sur les plates-formes, il y avait des amas de bois qu'on allumait dès qu'une barque suspecte pointait à l'horizon, et les habitants s'enfuyaient à l'intérieur ou couraient aux armes. On avait pris des précautions analogues sur le littoral napolitain. (Voir Berbrugger, *le Pegnon d'Alger*, et de Mercey, *la Toscane*.)

Ses souverains se vantaient d'avoir reçu d'Omar lui-même le titre d'émir; mais leur amour pour le luxe, leurs pompes efféminées et leur mollesse en avaient fait une proie facile.

Khaïr-el-Dinn s'occupait déjà d'améliorer le port de cette ville, qu'il venait de conquérir au sultan et qu'il comptait posséder en son nom, lorsqu'un orage terrible fondit sur lui. Charles-Quint, en personne, vint assiéger Tunis. La chrétienté s'était émue à la nouvelle des succès de Barberousse. L'Italie, la Sicile, les côtes d'Espagne, Malte, Rhodes, étaient dans l'effroi. En même temps, l'empereur pressentait que la paix conclue avec François Ier ne serait pas de longue durée. Le roi de France armait de tous côtés, et maintenait ses prétentions sur le Milanais et sur Gênes. L'empereur voulut se hâter pour prévenir la coalition de ses ennemis chrétiens et musulmans. Il réunit une flotte de quatre cents voiles, qui ne comptait pas moins de quatre-vingt-dix galères : Marmol la compare à une forêt flottant sur les eaux. Elle portait vingt-cinq mille hommes de débarquement, presque tous vieux soldats; deux mille cavaliers complétaient cette armée conduite par Charles-Quint, suivi de l'élite de la noblesse. Il écrivait avant de partir au comte de Nassau : « J'ai bon espoir, avec l'aide de Dieu, que ladite armée fera tel exploit, qui peut-être retirera le roi de France de sa mauvaise volonté. »

On voit percer ici le changement encore inaperçu qui s'opérait dans les affaires générales. D'abord la lutte s'était franchement dessinée entre le christianisme et le mahométisme; la chrétienté craignant pour son existence, chacun se rangeait sous son drapeau, les nations chrétiennes sous la croix, les nations musulmanes sous le croissant : c'était l'époque des guerres religieuses. Puis le péril s'étant amoindri, surtout depuis la fin de la domination arabe en Espagne, les intérêts tendaient à dominer les sympathies et les antipathies de croyances. Dans les cabinets, sinon parmi les populations, on commençait à considérer l'empire ottoman moins comme une menace perpétuelle contre le christianisme que comme une force qui pouvait entrer dans le jeu des affaires européennes et dans l'équilibre des puissances. On ne peut dissimuler que François Ier n'ait réglé sa conduite sur cette idée, d'une moralité équivoque ; mais il faut ajouter que Charles-Quint, de son côté, cherchait à faire des intérêts catholiques un auxiliaire de son ambition, un instrument de sa puissance. Il s'en servait plus encore qu'il ne songeait à les servir. C'est ainsi qu'on allait entrer dans les guerres politiques. Néanmoins il y avait là un indice certain de l'amoindrissement de la puissance mahométane. Elle arrivait peu à peu, sans s'en douter, à ne plus être qu'une pièce sur l'échiquier des affaires de la chrétienté qu'elle avait voulu détruire. Le changement que nous signalons n'éclatait pas encore au grand jour. Il y eut, dans l'expédition de Charles-Quint, quelque chose du mouvement d'une croisade. La bénédiction solennelle donnée par le pape à la flotte et à l'armée dans les derniers jours d'avril 1535, l'empressement de tous les gens de guerre, l'enthousiasme des populations, prêtaient encore à cette expédition l'aspect d'une guerre religieuse.

Barberousse n'était point en mesure de disputer longtemps Tunis aux forces imposantes que Charles-Quint conduisait contre lui. Néanmoins il fit avertir le Grand Seigneur de la position critique où il allait se trouver et, bien que la Porte, engagée dans une guerre en Asie, ne pût lui donner aucun secours, il résolut de résister. L'effort des assiégeants, débarqués sans coup férir vers la mi-juin de l'année 1535, se porta d'abord contre le fort de la Goulette, placé en dehors de la ville de Tunis, et dont on fit le siége en règle ; car, si les fortifications étaient insuffisantes, il contenait une garnison de sept mille hommes aguerris, parfaitement approvisionnés, et commandés par les chefs les plus intrépides des corsaires. Il y eut des sorties fréquentes, des surprises, des combats sanglants, et les troupes impériales firent des pertes sensibles jusqu'au 15 juillet, jour où les travaux du siége étant assez avancés, les canons commencèrent à battre les murailles, qui ne purent résister longtemps au feu de quarante-six pièces tonnant en même temps, sans parler des galères qui leur envoyaient des bordées. Bientôt la brèche fut praticable, et, à midi, les trois colonnes espagnole, allemande, italienne, commandées pour l'assaut, s'y précipitèrent, « précédées, dit une relation contemporaine, par un frère franciscain portant à la main un crucifix. » Les assiégés essayèrent en vain de résister au flot des assaillants, qui les emporta en un moment, et il ne leur resta plus qu'à opérer, à travers un étang, une difficile et périlleuse retraite, dans laquelle ils perdirent quinze cents hommes. Charles, qui entra dans le fort avec le roi de Tunis, dépossédé par Barberousse, put voir que les voiles des corsaires, et jusqu'aux boulets, étaient marqués de fleurs de lis, ce qui révélait l'entente secrète de Barberousse avec François Ier.

Le fort de la Goulette une fois pris, le marquis de Guast, général de l'armée de terre, fut d'avis de ne pas pousser plus loin la campagne. Les difficultés d'une marche à travers des terrains boisés d'oliviers, sous un soleil brûlant, en présence d'un ennemi qui disposait d'une cavalerie nombreuse, car les Arabes faisaient cause commune avec Barberousse, alarmaient la prudence de l'homme de guerre espagnol. Il alléguait, en outre, que la prise du fort de la Goulette, dont on avait relevé et complété à la hâte les fortifications, avait amené celle de la plus grande partie des vaisseaux de Barberousse, et qu'elle assurerait, dans un temps donné, la prise de Tunis ; qu'il était dès lors inutile de commettre l'armée pour obtenir un résultat qui viendrait plus tard de lui-même.

Charles-Quint, arrivé sur la côte d'Afrique pour frapper un grand coup, et comprenant que les résultats devaient être proportionnés à la grandeur des préparatifs, refusa d'accéder à cet avis. Il était venu pour prendre Tunis et abattre la puissance de Barberousse ; il déclara qu'il était résolu d'accomplir jusqu'au bout son œuvre, et il annonça à l'armée que, le 1er juillet, à la pointe du jour, il se mettrait en marche sur Tunis, dont il avait fait reconnaître le chemin, entre les oliviers et l'étang ; chaque soldat devait porter avec lui des vivres et de l'eau pour trois jours.

Quoique les historiens fassent monter à quatre-vingt-dix mille hommes les troupes à la tête desquelles Barberousse attendait Charles-Quint devant Tunis pour lui livrer bataille, le combat ne fut ni long ni indécis. La force réelle de cette armée consistait dans les neuf mille Turcs placés à l'avant-garde. Ils ne purent tenir contre les vieilles bandes que Charles-Quint conduisait en personne et qui les chargèrent à grands coups de pique, d'épées, après en avoir couché à terre un grand nombre par une décharge faite à propos et à portée. Dès que les Turcs culbutés eurent fui en désordre, en laissant leur artillerie aux mains des vainqueurs, ce ne fut plus qu'une déroute. La confusion passa bientôt de l'armée dans la ville. Chacun songea à la fuite, et les esclaves chrétiens, toujours si nombreux à Tunis, profitèrent du désordre général pour s'armer et s'emparer de la citadelle qu'ils livrèrent à Charles-Quint. On ne put préserver la ville du pillage qui avait été promis aux soldats pour exciter leur ardeur et qu'ils réclamèrent hautement. Pendant trois jours et trois nuits, Tunis fut livré à toutes les misères d'une ville prise d'assaut. On y commit tous les excès et tous les crimes que peuvent commettre des hommes exaltés par les périls qu'ils ont courus et l'ivresse des passions à laquelle viennent s'ajouter celle du vin et celle du sang, la plus terrible de toutes les ivresses. Ces soldats qui, au commencement de l'expédition, étaient animés de sentiments chrétiens, n'étaient plus même des hommes. Maître de Tunis, Charles-Quint y rétablit le souverain dépossédé, mais en l'obligeant à un tribut et en mettant garnison espagnole au fort de la Goulette.

Cependant Barberousse, suivi d'une partie des Turcs, était parvenu à effectuer sa retraite, à travers mille fatigues et mille dangers, longtemps harcelé par les Arabes prompts à se tourner contre le vaincu. A la fin, la fière contenance des Turcs leur imposa, et leur supériorité militaire, constatée dans tant de combats, parut encore dans cette retraite. Ils purent arriver à Bone, où Barberousse avait fait cacher dix galères dans la rivière. Les retirer du fleuve, les équiper pour les réunir à trois galères qui étaient dans le port, remplir d'enthousiasme ses soldats si récemment vaincus, en leur annonçant qu'il allait reprendre avec eux la mer, construire une batterie pour défendre les approches du port, tout cela fut l'œuvre de deux jours. Quand le capitaine, envoyé par André Doria, à la tête de quatorze galères, pour achever la ruine de Barberousse qu'on croyait sans ressources, le trouva à la tête d'une flotte égale à la sienne et prêt à accepter la bataille, il n'osa l'attaquer et se retira. Barberousse, après avoir songé un moment à le poursuivre, se rangea à l'opinion de ses officiers, qui jugeaient plus opportun et plus prudent de profiter de la mer restée libre pour cingler vers Alger. Plus tard, au moment où André Doria lui-même, envoyé par Charles-Quint, arriva devant Bone avec trente galères, le port était vide.

L'empereur eut la pensée de suivre Barberousse jusque dans Alger, car il comprenait que tant que le grand corsaire aurait là une place d'armes et un port de refuge, la victoire des chrétiens demeurerait incomplète. Mais il rencontra encore une fois les objections qu'il avait dû repousser pour marcher contre Tunis, après la prise du fort de la Goulette ; et cette fois les objections étaient plus vives, plus spécieuses, présentées avec un assentiment plus général : la saison qui avançait, les vivres qui commençaient à manquer, les fatigues des soldats, l'inconvénient de compromettre, par une nouvelle tentative, un premier succès.

Ces objections pouvaient avoir de la force. Cependant la première impression de Charles-Quint était juste, son expédition restait incomplète ; il devait être obligé de la renouveler, et il devait apprendre, par une chère expérience, qu'il vaut mieux achever une victoire qu'avoir à recommencer une expédition.

L'année n'était pas encore terminée que Barberousse, reprenant la mer, s'emparait, par une surprise, de Mahon, emmenait tous ses habitants en esclavage, et, après avoir déposé à Alger un immense butin, faisait voile vers Constantinople. Il laissait sa domination toujours debout en Afrique. Alger, en effet, conservait son nom d'Imprenable, et même plusieurs villes du royaume de Tunis avaient déjà secoué l'autorité de Muley-Hassim, le protégé et le vassal des chrétiens, pour rappeler les Turcs, dont la domination était plus sympathique à leur croyance, plus favorable à leurs intérêts, à cause des marchandises et des esclaves que les corsaires leur vendaient à vil prix, à la suite de leurs courses. La mer, comme le prouvait le voyage même de Barberousse, restait ouverte devant les navires algériens.

Ici l'histoire particulière d'Alger se perd dans l'histoire générale. La grande lutte de François Ier contre Charles-Quint, de la France contre l'empire, remplace la lutte de la chrétienté unie contre les Ottomans. Ceux-ci entrent dans cette lutte comme une force aveugle, mue par la politique de la France. La capitulation de 1536 entre François Ier et le sultan ouvre une nouvelle ère. Barberousse et les corsaires d'Alger sont donc entraînés dans ce mouvement nouveau qu'ils servent sans le comprendre. L'influence de la réforme protestante qui a compromis l'unité du monde catholique, là où elle ne l'a pas détruite, se faisant partout sentir, le cabinet français commençait à ne considérer l'empire turc que comme un contre-poids à l'empire d'Allemagne. Quant aux ravages terribles que commirent les flottes turques, commandées par Barberousse, sur toute la côte de l'Italie, où Castro et tout le pays furent dévastés jusqu'à Tarente, il les acceptait comme une diversion politique, que l'infériorité des forces et des alliances de la France explique, sans l'absoudre.

Cette guerre fit grandir encore la puissance de Barberousse. Plusieurs fois il se trouva en face d'André Doria et, dans le golfe de Larta, l'attaquant par une manœuvre aussi brusque qu'habile, avant que sa flotte fût en ordre de bataille, il lui fit éprouver des pertes considérables (1538), et eut l'honneur de faire fuir devant lui, tous ses fanaux éteints, l'illustre homme de mer dont s'honorait la chrétienté, et auquel le corsaire railleur n'épargna pas les ironies. Les années 1539 et 1540 furent remplies d'entreprises et d'engagements, dont la côte d'Italie fut souvent le théâtre, et c'est alors qu'un élève et un lieutenant de Barberousse, le pirate Dragut, destiné à de grands succès, commence à faire ses premières armes. Les avantages furent balancés. Castelnuovo perdu et reconquis par les Turcs; Dragut surpris sur le rivage de Corse pendant qu'il partageait son butin, et fait prisonnier par Gianottino Doria, neveu du grand amiral; la côte de Gibraltar insultée et pillée; les corsaires d'Alger qui avaient accompli ce hardi coup de main vaincus à leur tour, après un combat acharné, à la hauteur de l'île d'Arbalon, par le général des galères d'Espagne, Bernard de Mendoza, qui leur tua sept cents hommes, leur reprit sept cents esclaves chrétiens et une grande partie de leur butin ; Venise bientôt lassée de son alliance avec Charles-Quint, qui l'avait entraînée dans une coalition contre les Turcs, afin de l'appauvrir et de l'affaiblir, sans lui prêter un concours sincère : tels furent les principaux épisodes de la lutte.

Ce n'était point là un dénoûment. Après des succès partagés, les corsaires reparaissaient toujours. Charles-Quint résolut, en 1541, de mettre un terme à leurs entreprises par une expédition dirigée contre Alger. La guerre qu'il entretenait contre François Ier n'était interrompue que par de courtes trêves, décorées du nom de paix ; il voulut profiter d'une de ces trêves pour ruiner la position d'offensive que les Turcs, alliés de son ennemi, occupaient dans la Méditerranée, et à l'aide de laquelle, menaçant à la fois ses possessions espagnoles et italiennes, ils opéraient, pendant ses guerres continuelles, des diversions dont l'expérience lui avait révélé le danger. Cette expédition lui paraissait un coup de partie, à tel point que rien ne put l'en dissuader, ni le danger que semblait courir l'Allemagne menacée par les armées de Soliman, qui envahissait la Hongrie, ni les remontrances de Doria, qui l'avertissait, avec son expérience de marin, qu'à l'époque de l'année où l'on était arrivé, et avec les vents qui régnaient pendant cette saison sur la côte d'Afrique, un débarquement devenait une entreprise chanceuse jusqu'à la témérité. « Il n'y a que deux ports en Afrique, répétait ce grand homme de mer, juin et juillet. »

On comprend que l'empereur ne s'émut pas beaucoup du péril plus apparent que réel que courait l'Allemagne, où la présence du Turc servait à éteindre l'esprit de contention et de discorde, et à rallier les populations autour de l'étendard du saint-empire. Mais les représentations d'André Doria, sanctionnées par sa haute expérience, étaient plus graves.

Seulement, en demandant du temps à l'empereur, il lui demandait ce que celui-ci n'avait pas ; car laisser le temps courir, c'était donner à François Ier le moyen de commencer la guerre et, en remettant l'expédition d'Alger à une saison plus favorable, on la rendait impossible. Il fallait donc la faire immédiatement, malgré les chances redoutables de la mauvaise saison, ou y renoncer. L'empereur s'arrêta au premier parti.

Des préparatifs furent faits sur la plus grande échelle. La flotte était de plus de trois cent soixante bâtiments, au nombre desquels on comptait deux vaisseaux et soixante-quatre galères. Elle portait une armée de vingt-cinq mille hommes, fantassins et cavaliers, parmi lesquels il y avait un contingent espagnol, un contingent italien, un contingent allemand, recruté parmi les bandes formées par les guerres continentales, cinq cents chevaliers de Malte, trois mille volontaires des premières familles d'Espagne et d'Italie, et parmi eux Fernand Cortès, le conquérant du Mexique, suivi de ses trois fils. Les préparatifs s'étaient faits simultanément sur les côtes espagnoles et italiennes de la Méditerranée, qui forment, avec le littoral de la France, le grand arc de cercle irrégulier dont la côte de Barbarie est la corde. André Doria, estimé le premier marin du monde, avait le commandement suprême de cette flotte, formée de vaisseaux génois et espagnols. Les plus grands hommes de guerre du temps, Pierre de Tolède et Ferdinand de Gonzague, vice-roi de Naples et de Sicile, le duc d'Albe, destiné à une si haute célébrité militaire, et parmi les Italiens, les Colonna, les Doria, les Spinosa, accompagnaient l'empereur, comme Fernand Cortès.

L'empereur avait eu, le 16 septembre 1541, une entrevue avec le pape Paul III, qui l'avait vainement conjuré de renoncer à une expédition devenue trop tardive. Du Guast, à Gênes, Doria, jusqu'au dernier moment, renouvelèrent inutilement les mêmes instances. Charles-Quint s'embarqua le 1ᵉʳ octobre 1541, à Porto Venere. Le rendez-vous général des flottes combinées était à Majorque.

Pendant quinze jours Doria, qui conduisait la flotte italienne et avait l'empereur à son bord, fut retenu par les vents dans les parages de Corse et de Sardaigne. Le 14 octobre, il entra à Mahon par un mauvais temps. Le 15, il trouva la flotte de Malte à Majorque ; le 17, il y rallia la flotte espagnole, sauf quelques bâtiments qui avaient cinglé directement vers Alger et, continuant sa route, il était le 21 octobre en vue des rivages d'Afrique, à l'ouest d'Alger, après avoir essuyé de violents coups de vent le 19 et le 20. Dans les journées des 21 et 22, il fit explorer la côte pour découvrir les meilleurs points de débarquement, qui furent signalés à l'est. Alors la flotte passa devant la ville, et vint jeter l'ancre dans la rade au point indiqué.

L'empereur, qui voulait opérer le débarquement le lendemain 23 octobre, fit sommer Hassan, l'eunuque renégat auquel Barberousse avait confié la ville, « de la livrer à l'empereur Charles, seigneur du monde terrestre, » offrant aux Turcs la faculté de se retirer où ils voudraient, aux Maures le libre exercice de leur culte et le maintien de leurs usages, à Hassan des avantages particuliers. D'après plusieurs récits contemporains, il y eut un moment d'hésitation dans l'esprit d'Hassan ; mais le danger qu'il aurait couru de la part des Turcs et des renégats dont il était entouré, s'il avait voulu capituler, acheva de le décider à une résistance énergique. Il répondit qu'il y avait folie à suivre l'avis d'un ennemi, et qu'Alger, célèbre déjà par la ruine des Espagnols, verrait grandir sa gloire par le résultat de cette nouvelle expédition. Les récits contemporains ajoutent que les prédictions d'une vieille devineresse arabe, qui avait déjà pronostiqué le désastre de Diego de Vera et de Hugo de Moncade, et qui annonçait qu'un sort plus terrible était réservé à la flotte conduite par l'empereur des chrétiens, exercèrent de l'influence sur l'esprit d'Hassan, ou du moins furent exploitées par lui pour encourager les siens. Les histoires sont remplies de faits de ce genre, toujours douteux, car il est difficile de constater la date de ces prophéties, souvent nées après coup de l'événement dont on veut qu'elles aient été la préface, tant l'esprit humain est avide de merveilleux!

Hassan n'avait que des forces bien insuffisantes pour résister à la formidable armée qui le menaçait. Les échecs qu'avaient subis récemment les corsaires d'Alger, l'expédition qui occupait en ce moment une partie de ses forces, employées dans le Maroc à combattre les Portugais, ne lui laissaient que sept ou huit cents Turcs, cinq ou six mille Maures originaires d'Alger, et les nombreuses tribus arabes, ennemis incommodes dans une marche, redoutables dans une retraite, mais incapables de tenir en ligne. Il disposa avec intelligence ces forces insuffisantes; mais il avait un allié qui devait faire plus que tous ses soldats ensemble, la mer, si redoutable en cette saison sur la côte inhospitalière d'Afrique.

Pendant ces pourparlers, le vent, recommençant à souffler avec violence, avait obligé la flotte d'aller se placer de l'autre côté du cap Matifou, pour avoir moins à en souffrir. Le 24 octobre, Fernand de Gonzague et Jacob Bosse, deux hommes expérimentés, reconnurent d'une manière plus précise, sur la plage choisie, les points les plus favorables au débarquement. Le 25, le temps étant meilleur, la flotte reprit son mouillage dans la rade. Le 26, le débarquement commença à une demi-lieue à l'est d'Alger. Les boulets balayèrent en un instant la plage et mirent en fuite les Arabes qui voulurent s'opposer à cette opération. Les embarcations portant sans obstacle les troupes à la côte, dans la matinée même vingt et un mille hommes étaient débarqués. Les chevaux et les canons, sauf neuf pièces, ne furent débarqués que le lendemain 27 octobre.

L'empereur divisa ses troupes en trois corps, dont chacun menait trois pièces d'artillerie de petit calibre, et se porta, le jour même, à trois milles dans les terres[1]. A minuit, il y eut une alerte et une vive canonnade qui dura une heure; les Maures étaient venus attaquer le camp. Le lendemain 27 octobre, les chrétiens se remirent en marche et posèrent leur camp à 2,000 mètres de la Porte Bab-Azoum. Cette position était couverte par un profond ravin qu'on passait sur un pont. L'infanterie espagnole, formant la gauche de l'armée, occupait le plateau le plus élevé de la montagne; les Allemands furent placés au centre sur le versant; les Italiens occupèrent la plaine jusqu'au bord de la mer; l'empereur prit son poste au milieu des Allemands, dans un terrain planté de vignes, et choisit son logement dans le marabout de Sidi-Jacob. Les Espagnols qui, d'après cette disposition, étaient les plus voisins de l'ennemi, escarmouchèrent toute la journée du 27, et arrivèrent ainsi, en montant résolûment des pentes escarpées, jusqu'à la colline qui, couronnant la montagne, commande la citadelle d'Alger. C'est précisément sur ce plateau que l'on construisit plus tard le fort à quatre bastions, appelé le fort de l'Empereur.

Jusque-là l'expédition avait marché de succès en succès; tout semblait annoncer un triomphe. L'empereur ordonna de débarquer le matériel du siège; les galères devaient en outre battre la place, en enfilant dans sa longueur le rempart que, de la mer, on découvrait tout entier.

Le vent sauta, dans la soirée du 27, au nord-est; la pluie commença à tomber vers neuf heures, et la tempête, qui avait

---

[1] Relation de Vandenesse.

régné toute la nuit, devint horrible le matin. Les soldats, dont les tentes étaient restées à bord de la flotte, souffraient cruellement sous cette pluie glacée qui pénétrait leurs vêtements, avariait leur poudre, éteignait et mettait hors d'état les mèches de leurs mousquets, en inutilisant leurs armes dans leurs mains, et défonçait sous eux le terrain, dans lequel ils entraient jusqu'à mi-jambe. Le lendemain 28, à la pointe du jour, les Italiens qui, sous la conduite de Prosper de Colonne, avaient dépassé le ravin, furent rudement chargés par un corps de Turcs et de Maures, cavalerie et infanterie, qui sortit de la place. Ces Italiens étaient de nouvelles levées, et les fatigues de la nuit jointes à l'état où se trouvaient leurs armes les rendaient peu capables de résister à un ennemi qui n'avait pas eu à souffrir des intempéries, et dont les arbalètes étaient en état, malgré la pluie. Ils reculèrent en désordre, après avoir éprouvé des pertes sensibles; les piquiers, qui seuls essayèrent de résister, furent accablés de traits par les Turcs.

L'empereur envoya plusieurs enseignes d'infanterie pour soutenir les siens, et obligea les ennemis à la retraite. Alors Fernand de Gonzague, exhortant les soldats à réparer cet échec, les entraîna dans un mouvement offensif très-vif qui les fit arriver jusqu'aux portes d'Alger en même temps que les Turcs; un chevalier de Malte de la nation française y planta même son poignard. Cette témérité héroïque leur devint fatale. Les portes se refermèrent sur les Turcs. Les traits et les pierres lancés du haut du rempart accablèrent ces troupes inexpérimentées, prises en flanc par la partie des Turcs qui, n'ayant pu rentrer dans la place, avait filé le long des fossés, et Hassan lui-même les ayant pris en tête par une charge vigoureuse, ce ne fut plus qu'un sauve-qui-peut. Quelques vieux soldats, ralliés autour de Spinosa en bataillon carré, tinrent seuls ferme, et les Arabes se mirent bientôt à distance de ces forteresses vivantes, hérissées de lances, contre lesquelles ils étaient venus se briser. On reconnut aussi, à leurs cottes d'armes violettes portant une croix blanche, et plus encore à leur courage, les chevaliers de Saint-Jean de Jérusalem qui, serrés les uns contre les autres, reculèrent lentement, sans cesser de combattre, en repoussant tous les assauts. Là se distinguèrent le brave Savignac, qui mourut d'un coup d'arbalète, et le chevalier Villegagnon, destiné à une grande renommée. Ils donnèrent le temps à Charles-Quint d'envoyer les lansquenets allemands, au milieu desquels il se trouvait, au secours du corps d'armée italien presque détruit. Encore furent-ils entraînés dans la retraite, et l'empereur dut s'élancer avec les gentilshommes de sa maison pour les ramener au combat, en leur disant que le moment était venu de combattre pour le salut de l'armée et l'honneur du nom allemand, devant leur empereur. « Aussitôt le maudit de Dieu, disent les récits arabes, prit ses armes, ses gardes l'entourèrent, et il s'avança pour arrêter les progrès des Algériens. Les musulmans reculèrent. »

Cet échec militaire, partiel et bientôt réparé, n'était rien auprès du désastre qui frappait la flotte au même moment. La tempête, de plus en plus violente, battait les navires, qui chassaient sur leurs ancres ; les navires de transport finissaient par aller se briser à la côte, occupée par des nuées d'Arabes qui massacraient sans pitié les naufragés. Les galères, plus fortement construites et plus habilement manœuvrées, résistèrent mieux ; cependant on en perdit quinze, et le nombre des bâtiments de transport brisés à la côte s'éleva à cent quarante. Doria sur la mer, et sur la terre l'empereur, assisté de Fernand de Gonzague, du duc d'Albe et de Cortès, firent tout ce qu'il était humainement possible à de grands cœurs et à de fermes esprits de faire pour sauver la flotte et l'armée. Ils y parvinrent. Mais, à partir du 28 octobre, la tempête durant toujours, et rendant impossible le débarquement des vivres et des munitions, il fallut songer à la retraite. Charles-Quint fit un mouvement en arrière, et le lendemain 29 octobre, la tempête, qui avait un peu faibli, ayant permis à une embarcation d'arriver à terre, André Doria envoya prévenir l'empereur qu'il avait conservé assez de navires pour suffire au réembarquement de l'armée, en ajoutant que, dans l'état où était la mer, cette opération ne pourrait s'effectuer qu'au cap Matifou.

Dès le jour même, l'armée se mit en mouvement pour atteindre l'endroit fixé, qui n'était distant que de 6 lieues. Les difficultés du chemin devaient rendre cette marche pénible et périlleuse, car on eut à traverser deux cours d'eau, l'Haratch et l'Hamiz, sur lesquels il fallut jeter des ponts. Deux jours furent employés à cette pénible retraite, pendant lesquels l'armée, sans vivres, vécut d'abord de quelques chevaux que l'empereur fit abattre, puis de racines ; elle eut à repousser, jusqu'après le passage de la seconde de ces rivières, les attaques incessantes des Turcs et des Arabes qui, conduits par Hassan en personne, ne cessèrent de l'inquiéter, égorgeant les traînards et massacrant les blessés. Les soldats, rendus impitoyables par leurs propres souffrances, abandonnèrent les blessés pour ne pas ralentir leur retraite.

L'armée atteignit le cap Matifou le 31 octobre, reçut des vivres de la flotte, et put prendre quelque repos. Cortès proposa alors de retourner à Alger, en promettant, si l'empereur voulait lui confier les forces qui restaient, de s'emparer de la ville. Cet avis, qui montre de quelle trempe était le caractère de celui qui le donnait, ne fut point accueilli, et l'état de démoralisation où était l'armée en eût rendu l'exécution bien difficile. L'embarquement, commencé le 1er novembre, fut interrompu par une tempête aussi violente que la première, et les navires qui avaient reçu leur chargement prirent le large ; ils allèrent répandre dans les ports d'Italie la nouvelle du dénoûment funeste de cette grande expédition. L'empereur s'embarqua le 8 novembre, quitta le dernier le cap Matifou, et fut obligé deux fois, par l'état de la mer, de rentrer à Bougie, où il séjourna, la première fois quatorze jours, la seconde, six. Ce ne fut que le 23 novembre 1541 qu'il put atteindre l'île de Majorque, d'où il était parti cinq semaines auparavant.

Telle fut l'issue de cette expédition, qui avait donné de si grandes espérances, et dont Charles-Quint s'était promis de si vastes résultats. Non-seulement cette issue funeste exerça dans le présent une influence considérable, mais cette influence s'étendit à un avenir lointain. Alger vit grandir son renom d'invincible. Le souvenir de Charles-Quint malheureux et vaincu la garda contre de nouvelles entreprises. L'opinion s'établit que personne ne pouvait réussir là où ce grand empereur avait échoué. C'est ainsi qu'un obstacle moral vint s'ajouter à des obstacles matériels déjà considérables, et ce mot puissant qui a empêché tant de choses, transmis de génération en génération, reparut toutes les fois qu'il s'agit d'une expédition contre Alger : impossible! Les Turcs, de leur côté, exaltés par leur succès, mirent désormais dans la puissance de la ville une confiance superstitieuse, qui fut une force jusqu'à ce qu'elle devint une imprudence.

Le Grand Seigneur, instruit par Khaïr-el-Dinn lui-même, alors à Constantinople, du triomphe de son lieutenant, en ressentit une grande joie, accorda à celui-ci le titre de vizir, lui envoya une magnifique pelisse, et fit distribuer aux chefs de la milice et aux habitants qui s'étaient distingués des cafetans d'honneur. « Alger, dit le Gazewat, depuis ce glorieux événement, semblable à une jeune épousée qui contemple avec complaisance sa beauté et ses ornements, jouit d'un bonheur inaltérable ; la renommée publia sa gloire d'un pôle à l'autre, et la terreur du nom musulman resta gravée dans le cœur des infidèles. »

Cependant on fait dater de cette époque même une prédiction qui ne devait recevoir son accomplissement que trois siècles plus tard : c'est qu'Alger succomberait un jour devant des hommes rouges ; prédiction revenue à la mémoire de tous à l'aspect du pantalon garance de nos soldats, et vérifiée par leur épée.

Les échecs de Charles-Quint étaient des succès pour la France. François Ier et sa cour se réjouirent du revers des Impériaux devant Alger, et la coalition, que l'empereur avait voulu prévenir par son expédition, éclata. Le Grand Seigneur et François Ier conclurent une alliance offensive et défensive, dans laquelle Venise refusa d'entrer ; le sultan écrivit au roi : « J'ai livré à Polin (c'était l'ambassadeur de France) une armée maritime de telle qualité et quantité que vous l'avez demandée. Il est commandé à l'amiral Barberousse qu'il mène la guerre contre l'ennemi à votre vouloir. » Pendant que le roi très-chrétien s'alliait avec le croissant, le chef du saint-empire s'alliait avec l'hérésie dans la personne de Henri VIII. Désormais, aux yeux des gouvernements, les intérêts politiques dominaient tout.

On vit, en 1543, Barberousse paraître à Marseille avec une flotte de cent cinquante bâtiments. Il avait, en passant, fait le sac de Reggio, et enlevé la fille du gouverneur, dont la beauté l'avait frappé, et qu'il contraignit à embrasser le mahométisme pour l'épouser. L'âge n'éteignait point les passions chez le fougueux pirate. Avec ce faste qui lui était naturel, il menait le cortége d'un roi et en prenait le titre ; on lui rendit en France les plus grands honneurs : toute la cour de François Ier, conduite par le comte d'Enghien, nommé à vingt ans commandant des forces réunies à Marseille, accourut dans cette ville pour voir de près les Turcs et l'homme extraordinaire qui les commandait. Barberousse était avant tout un homme d'action ; or rien n'était prêt à Marseille pour agir ; il s'en plaignait avec la violence d'un corsaire et l'amertume d'un homme de guerre qui voit sa renommée compromise. Au moment d'agir, François Ier hésitait. Il sentait ce qu'il y avait d'odieux dans son alliance avec les Turcs, et surtout dans la coopération des flottes barbaresques et françaises ; il craignait l'exécration qu'attacheraient à son nom les excès commis par ses sauvages alliés, qui ne faisaient la guerre que pour le pillage qu'elle procure et pour les excès qu'elle entraîne. Il se décida cependant à la fin, et les armées combinées se dirigèrent contre Nice. La ville fut prise, mais on ne put forcer la citadelle. Bientôt les Français, mal approvisionnés, manquèrent de munitions, et Barberousse, à qui ils en demandèrent, leur répondit par d'injurieuses et de cuisantes railleries, en leur disant qu'ils avaient mieux aimé, sans doute, charger leurs navires de barils de vin que de barils de poudre. Le marquis du Guast arrivait au secours de la citadelle avec des forces nombreuses ; on se rembarqua après avoir pillé la ville. L'expédition, mal conçue, mal conduite par des alliés qui ne s'entendaient pas et qui, au fond, se haïssaient, finissait mal. On remarqua seulement la supériorité des Turcs sur les chrétiens dans l'art de construire les batteries de siége et de les diriger : les Français et les Impériaux furent unanimes à la reconnaître.

Du reste, cette guerre révéla de plus en plus la tendance des cours à laisser prévaloir les intérêts sur les croyances. Tandis que François Ier était, comme on l'a dit, l'allié des Turcs, Charles-Quint celui de l'hérétique, Barberousse se montrait avant tout l'ami de son plus glorieux adversaire, André Doria. Ces deux hommes de mer semblaient se ménager réciproquement, comme s'ils comprenaient que l'existence de l'un importait à l'influence et au crédit de l'autre.

Doria avait laissé Barberousse sortir de Bone après son désastre de Tunis, Barberousse refusa d'attaquer la flotte impériale dispersée par une tempête, et les officiers turcs lui dirent, en le raillant à se sujet, qu'on se ménageait, ils le voyaient bien, de corsaire à corsaire. En outre, Gênes rendit sans rançon, à Barberousse, le célèbre pirate Dragut, pour lequel il avait précédemment offert jusqu'à trois mille ducats d'or, et le lui renvoya comblé de présents. Il est vraisemblable qu'on achetait ainsi son abstention de toute grande opération militaire. Tout le monde y trouvait son compte : l'empereur, que les Turcs n'affaiblissaient pas, tout en pillant ses sujets; les Turcs qui, préférant le pillage à la guerre, dévastèrent sans péril les côtes d'Espagne, et portèrent un riche butin à Alger.

François Ier seul y perdit. Il eut l'inconvénient moral de l'alliance des Turcs, sans en avoir les avantages militaires. Le comte d'Enghien gagna, pendant l'hiver, la sanglante et inutile bataille de Cérisoles, en Italie. Barberousse hiverna avec sa flotte à Toulon, hôte à la fois compromettant, dangereux, incommode, inutile, onéreux et insolent. Charles-Quint rallia toute l'Allemagne contre François Ier, à la diète de Spire, avec ce mot : « L'alliance des Français et des infidèles, » et le scandale de sa propre alliance avec un prince hérétique et qui venait de répudier sa tante, disparut dans ce scandale plus grand. L'opinion, cette force morale qu'il faut faire entrer même dans le calcul des forces matérielles, fut pour lui. D'un autre côté, Barberousse se conduisit en Provence plutôt en conquérant qu'en hôte. Les écumeurs de mer qui montaient sa flotte traitaient presque la population française en population conquise; le pillage, la violence, les dévastations, les excès de tout genre, signalaient leur présence. Leur chef poussa l'insolence jusqu'à interdire les sonneries de cloche à l'occasion des offices, comme si son séjour à Toulon eût transformé cette cité en ville musulmane.

Il fallut acheter son départ, après avoir acheté sa venue. Il réclamait, en effet, en se répandant en plaintes sur son inaction forcée, le congé du roi pour commencer une guerre maritime, et le payement préalable des subsides promis. François Ier, qui venait de signer la paix avec l'empereur, ne put obtempérer qu'à la seconde de ces demandes, et il ne parvint qu'avec peine à y satisfaire, tant ses finances étaient obérées. Enfin on compta à Barberousse plus de 800,000 écus de France, et il quitta Toulon, toujours mécontent et en tenant contre les Français des propos pleins d'aigreur.

En sortant de Toulon, il rançonna ou pilla sur le littoral d'Italie : Talamone, l'île d'Ischia, Pouzzoles, toute la côte de la Calabre, Lipari ; emmenant en esclavage la population tout entière des villes qu'il surprenait ; puis, cinglant vers Constantinople, il ramena, chargée de captifs et de butin, sa flotte qui, sans servir réellement la France, avait atteint les deux seuls résultats qu'eût en vue son redoutable chef : enrichir les pirates, nuire aux chrétiens.

Telle fut l'issue de cette coopération malheureuse des Barbaresques et des armées de la France, issue funeste, mais aisée à prévoir. Le fruit matériel de cette combinaison ne pouvait, quel qu'il fût, équivaloir au tort moral qu'il faisait à François Ier. En outre, ce résultat matériel ne devait pas être considérable. On voit sans cesse ces coalisés mal assortis différer de vues comme d'intérêt et de caractère. Barberousse cherchait surtout des prises faciles et sans périls sérieux, et les Français ne lui offraient guère que des périls et des difficultés sans prises, des batailles à livrer, des villes à emporter pour les réduire à la domination du roi. On ne pouvait s'entendre, et l'on ne s'entendit pas.

A peu de temps de là, Barberousse mourut à Constantinople, au faîte de sa fortune et de sa renommée, avançant à quatre-vingts ans sa fin par les délices de son harem, où dominait la jeune femme qu'il avait enlevée à Reggio, et rêvant, jusque sur son lit de mort, de nouvelles expéditions contre les chrétiens. .Sa vie avait suffi à tous les excès. Homme puissant par le génie qui conçoit et le caractère qui exécute, pirate par goût, soldat dans l'occasion, grand marin, courageux, violent, rusé, perdu de mœurs, cruel, impitoyable, insolent, railleur, ressentant jusqu'à la mort une injure, capable aussi de ressentir un bon office, cher à ses officiers et à ses soldats, et leur rendant l'affection qu'il leur inspirait, comme on le vit par ses efforts pour racheter Dragut et plusieurs autres. C'était une de ces organisations d'élite qui, abusant à l'intellectuel comme au physique de leur puissance, croient pouvoir aller jusqu'aux extrêmes limites de leurs facultés, et pour lesquelles le droit commence et finit avec la force. Il était digne après tout d'être avec son frère, homme de même trempe, mais arrivé moins haut parce qu'il était parti de plus bas, le fondateur de cette étrange puissance des deys d'Alger qui, sans peur comme sans foi, sans pitié comme sans scrupule, rançonna pendant des siècles la Méditerranée, en élevant la piraterie au rang des souverainetés établies et reconnues, et fit du pillage une politique traditionnelle.

Khaïr-el-Dinn, pour lui rendre son vrai nom, qui disparaît pour les Européens dans un sobriquet, fut enseveli, ce qui n'arrive pas à tous les conquérants, dans le tombeau qu'il s'était élevé, à peu de distance d'une superbe mosquée qu'il avait bâtie dans le faubourg de Bissistade, à 5 milles de Constantinople. Son souvenir était resté en si grand renom parmi les musulmans que, longtemps après sa mort, jamais un vaisseau n'appareillait à Constantinople sans que l'équipage fût allé visiter son tombeau; et vraiment ce saint d'un nouveau genre était digne de figurer dans la légende dorée des corsaires et de devenir l'objet de leurs pèlerinages.

Pendant que Khaïr-el-Dinn portait si loin la renommée du roi d'Alger, le gouvernement qu'il avait créé dans cette ville restait confié au fidèle lieutenant devant lequel la fortune de Charles-Quint avait échoué. Sous Hassan-Aga, comme sous le fils de Khaïr-el-Dinn, Hassan-Pacha, qui gouverna Alger après sa mort, la politique de ce gouvernement fut la même : une lutte tantôt à ciel découvert, tantôt sourde et cachée, de la domination turque dont le siége était à Alger, contre la domination espagnole dont le siége était à Oran. Tunis, Tlemcen, plus tard Mehédiah, ne sont guère que les champs de bataille de ces puissances rivales qui fomentent des intrigues, excitent des révoltes contre les chefs qui représentent l'intérêt opposé. Les maîtres d'Alger ont, dans cette lutte, l'avantage de la communauté de la religion, qui les rend plus populaires que les Espagnols dans ces pays musulmans ; en outre, puissance africaine présente sur le théâtre de la lutte, et y disposant de toutes ses forces, ils n'ont affaire qu'à des lieutenants, séparés de la métropole par la mer, et souvent oubliés dans l'ardeur des guerres européennes, mal ravitaillés et mal soutenus. On remarque, dès ce temps, un fait prématuré sans doute, mais présage d'un assez prochain avenir. Quand Hassan-Aga mourut, la milice d'Alger lui donna un successeur, sans attendre le choix du Grand Seigneur. Cet essai d'initiative tombe plus tard devant le choix d'Hassan-Pacha, nommé par le sultan ; mais il révèle déjà cet esprit d'indépendance qui régnait parmi la milice.

III

SUITE DE L'HISTOIRE D'ALGER APRÈS LES BARBEROUSSE.
EXPULSION DES ESPAGNOLS.

Le véritable successeur de Khaïr-el-Dinn, selon le génie, fut le corsaire Dragut. Ses luttes de mer contre André Doria, qu'il vainquit, le concours qu'il prêta à Henri II, roi de France, ses ravages, les ressources que lui fournirent son esprit ingénieux et son audace pour sortir des situations les plus difficiles, la prise de Mehédiah qui, depuis que Tunis avait subi l'influence des Espagnols, se gouvernait elle-même, en maintenant également son indépendance contre les Espagnols et contre les Turcs ; la défense de cette ville qui, occupée par un de ses lieutenants, tint pendant soixante-quatorze jours contre une puissante armée de Charles-Quint et contre sa flotte, commandée par Doria, rendirent son nom célèbre entre tous les noms. Ses entreprises ne s'arrêtèrent point là. L'île de Malte fut dévastée par une armée immense qu'envoya Soliman, et si les Turcs renoncèrent à s'emparer de la cité noble, le fort de l'île de Gozo capitula presque sans combat. Aussitôt après, les Turcs s'emparèrent de Tripoli, l'une des places des Hospitaliers. Henri II suivait la politique de François Ier, son prédécesseur, et la connivence de la politique de la France avec les Turcs troublait l'unité de l'ordre de Malte, jetait des défiances profondes entre les chevaliers de la langue d'Espagne et les chevaliers de la langue de France, devenus, malgré leur loyauté, suspects à leurs frères, à cause des alliances de leur pays. La prise de Tripoli, mal défendu au milieu de ces défiances, fut ainsi le résultat indirect de la politique française, qui nuisit, sans le vouloir, à la chrétienté, en acceptant passionnément tous les moyens de nuire à l'empereur.

Dragut commanda à Tripoli, comme les Barberousse avaient commandé à Alger. L'on tentait sur de nouveaux points du littoral ce qui avait réussi à Alger, et les corsaires devenaient les instruments de la domination turque sur la côte d'Afrique. L'opinion européenne, d'abord indignée de l'alliance de la France avec les Turcs, avait fini par se familiariser avec ce spectacle. Henri II put faire impunément ce que François Ier avait tenté quelques années auparavant, à son dam. Les flottes combinées des Turcs et des Français ravagèrent les côtes de l'Italie et les îles de la Méditerranée, en faisant des milliers d'esclaves, sans que la clameur de réprobation unanime qui s'était fait entendre se renouvelât. Le sens religieux s'affaiblissait en Europe.

Il y a cependant une chose remarquable, c'est qu'on trouvait dans la coopération de Dragut les mêmes inconvénients que dans celle de Barberousse, le défaut de suite, la difficulté de s'entendre sur un plan de campagne, l'impossibilité de faire opter le pirate pour une entreprise difficile et utile à la France, quand il se présentait une expédition facile et lucrative pour lui. Au fond, ce n'était pas un allié réel, c'était un associé indépendant, un ennemi des chrétiens qui profitait des divisions de l'Empire et de la France, pour faire du mal au premier, mais à son heure, à sa manière, à son propre avantage, sur le point de son choix. C'est là le caractère que l'on retrouve dans toute cette période de guerre, qui dura de 1545 à 1555, et pendant laquelle les vaisseaux d'Alger parurent à côté de ceux de Dragut. Elle ne servit à la France que comme une diversion. La disparité des buts empêcha l'unité des efforts, et l'on ne réussit pas plus avec

Dragut contre la Corse, que l'on n'avait réussi avec Barberousse contre Nice.

Après avoir exposé l'origine de la fondation de la domination turque sur la côte d'Afrique par l'alliance de deux forces, l'une irrégulière, celle des pirates, l'autre régulière, celle de la Porte, réunies par un intérêt politique commun et par la communauté de la religion, il convient de serrer de plus près l'histoire du royaume d'Alger, et d'indiquer les principales phases du développement de cette puissance. Elle avait deux adversaires sur la côte d'Afrique, les Espagnols, qu'elle aspirait à en chasser, les Maures et les Berbères, qu'elle voulait dominer en affaiblissant ou en détruisant les principautés indépendantes qui représentaient ces trois nationalités. En même temps, elle était dans un état de guerre permanent avec la chrétienté, guerre nécessaire à une puissance dont les finances étaient alimentées par la piraterie et le pillage. Ses rapports avec le Grand Seigneur sont, dès cette époque, plutôt encore des rapports de déférence que de sujétion. Le troisième successeur de Barberousse, Hassan, Corse d'origine, fait emprisonner Yahia, désigné par Salahh-Reiss pour lui succéder dans la régence d'Alger et, une fois en possession du gouvernement, fait confirmer son titre par le Grand Seigneur. Il était impossible que la force et la violence, qui étaient à Alger les deux principaux mobiles du gouvernement, ne se retrouvassent pas dans l'institution même de ce gouvernement.

La lutte des maîtres d'Alger contre les Espagnols fut longue et opiniâtre. D'abord les premiers ruinèrent l'influence des seconds dans les villes où ils exerçaient un protectorat, s'emparèrent de Tlemcen et en restèrent maîtres, établirent à Fez une de leurs créatures, et enfin chassèrent les Espagnols de Bougie, qu'ils occupaient depuis quarante-cinq ans. Oran, siége de la puissance espagnole, tint plus longtemps.

EXPULSION DES ESPAGNOLS.

Tous les efforts des Turcs échouèrent, en 1563, contre cette ville vaillamment défendue. Tunis tomba, en 1574, sous les efforts des corsaires barbaresques, assistés par le sultan Selim, et Aluch-Ali, qui gouvernait Alger, prit une grande part à cette expédition, qui détruisit l'œuvre de la conquête de Charles-Quint.

Oran ne devait échapper complétement aux Espagnols que lorsque leur décadence graduelle et constante sur le continent les eut rendus impuissants à conserver cette possession africaine, et presque indifférents à sa perte, qui ne demeura un fait définitif que dans les dernières années du dix-huitième siècle, en 1792. En effet, Oran, évacué une première fois en 1708, pendant les difficultés de la guerre de succession, avait été assiégé après l'affermissement de Philippe V sur le trône d'Espagne, et repris par le comte de Montenar, général des forces espagnoles. Ce capitaine habile et prudent, à la tête d'une flotte de douze vaisseaux de ligne, deux frégates, trente autres bâtiments de guerre et cinq cents transports, portant vingt-cinq mille hommes d'infanterie et trois mille hommes de cavalerie, partit de Carthagène le 5 juin 1732, et débarqua le 29 juin seulement sur la plage de *las Aguadas*, à cause des vents contraires. Cette expédition, sagement et énergiquement conduite par cet homme de guerre expérimenté qui devait gagner plus tard la bataille de Bitonto, et en porter le nom avec le titre de duc, eut un rapide et plein succès. Après une échauffourée dans laquelle l'armée algérienne, commandée par le dey en personne, et composée d'environ vingt-quatre mille hommes, parmi lesquels on comptait deux mille Turcs seulement, ne tint pas, la ville se rendit aux Espagnols, qui la gardèrent jusqu'à la fin du siècle.

Pendant qu'elle était encore en leur posssession, ils tentèrent contre Alger la grande expédition de 1775, qui fut le dernier effort sérieux de l'Espagne sur la côte d'Afrique. Cette expédition avait été conçue et organisée sur la plus grande échelle. Six vaisseaux de ligne, quatorze frégates, vingt-quatre galiotes à bombes, avaient été réunis dans le port de Carthagène. Vingt et un mille cinq cents hommes d'infanterie, onze cents hommes de cavalerie, les meilleures troupes de l'Espagne, cent bouches à feu, furent embarqués sur trois cent quarante bâtiments de transport. A cette armée il manquait une tête. Le chef de la flotte, Castejon, et le général de l'armée, O'Reilly, ne s'entendaient pas. Le premier, après avoir fait mouiller pendant six jours, sans raison, dans la baie d'Almazarron, la flotte sortie le 23 juin 1775 de Carthagène, parut le 1er juillet en vue d'Alger. Il y eut huit jours encore de perdus en tâtonnements, sans que le vent ait paru s'opposer au débarquement. Le tir des vaisseaux espagnols, faible et incertain, ne fit aucun mal aux Algériens ni à leurs fortifications.

Le 8 juillet, le débarquement se fit à une lieue de l'Haratch, du côté de la ville ; les Algériens n'y mirent aucun obstacle. Ils occupaient plusieurs camps établis l'un à la porte Bab-al-Oued, les autres vers Bab-Azoum, près de la rivière de l'Haratch, le cap Matifou, à la Marine, dans la ville même. Les récits arabes, toujours disposés à exagérer, élèvent à cent mille hommes le chiffre de ces différents corps, que les Espagnols, encore plus excessifs dans leurs évaluations, portent à cent quatre-vingt mille. O'Reilly ne montra pas plus d'habileté dans la conduite de l'armée que Castejon dans celle de la flotte. L'armée, débarquée partiellement, fut engagée sans ensemble, sans prudence, à mesure que les différents corps, débarquaient ; la division d'avant-garde marcha sans artillerie et se sépara du reste de l'armée; on ne commença point, ce qui aurait dû être fait avant tout, par établir un camp retranché qui aurait assuré la position de l'armée sur le littoral. Mal engagés, mal conduits, les Espagnols se battirent bravement; mais, obligés de céder et ramenés vers la mer par des forces plus nombreuses qui, les égalant en courage, connaissaient mieux le pays, et sur lesquelles ils avaient bientôt perdu, par l'inhabileté de leurs chefs, les avantages de la tactique, ils ne purent tenir dans un camp commencé trop tard, inachevé, mal retranché, et placé dans un terrain dominé par des positions sur lesquelles les Algériens dressèrent des batteries qui foudroyèrent l'armée chrétienne, d'autant plus cruellement décimée qu'elle était resserrée dans un espace plus étroit.

O'Reilly déclara que l'expédition était manquée et qu'il fallait songer au rembarquement. On ne put l'opérer sans abandonner à peu près toute l'artillerie qui avait été mise à terre, au nombre de vingt pièces, et une grande partie du matériel.

Cet échec grave, venant s'ajouter aux catastrophes précédentes que les Espagnols avaient éprouvées sur cette côte de l'Afrique, raviva les souvenirs de tant de pertes subies, de tant d'entreprises terminées par des désastres, et acheva de jeter le gouvernement espagnol dans le découragement. Le ressort que le succès du comte de Montenar avait donné à la politique espagnole, s'alanguit. On s'accoutuma de plus en plus à regarder la côte d'Afrique comme une côte fatale. En 1785, l'Espagne acheta des Algériens une paix sans dignité et sans sûreté. Quelques années après, un tremblement de terre ayant renversé une partie des maisons d'Oran, et le dey Hassan ayant fait assiéger par trois fois, par le bey de Mascara, cette ville dont les fortifications formidables, restées debout, ne purent être forcées, le gouvernement espagnol, qui s'affaiblissait de plus en plus et dont l'attention était d'ailleurs absorbée par la révolution française, se

décida, en 1792, à signer une convention par laquelle
cédait Oran au dey d'Alger. La population chrétienne aba
donna la ville et fut transportée à Carthagène. Oran dése
et bientôt démantelé en partie par le dey, qui craignait de la
ser une place aussi forte dans les mains du bey qui pouv
aspirer à l'indépendance, fut repeuplé par des musulma
venus de tous les points du beylik. Alors les derniers vestig
de la domination espagnole disparurent de la côte d'Afriqu
On peut donc dire que les possessions africaines de l'Espag
lui échappèrent peu à peu, comme une proie tombe d'u
main affaiblie qui s'ouvre insensiblement à mesure que
vie, en se retirant, laisse les muscles sans force, la volor
sans énergie.

La part que prirent les Algériens aux grandes luttes
l'empire turc contre la chrétienté eut pour limite extrême
bataille de Lépante (1572), dans laquelle Aluch-Ali, sang
d'Alger, qui passait pour le plus grand homme de mer
son temps, joua un rôle brillant, car l'aile qu'il commanda
habilement reployée sur les Espagnols vainqueurs à l'au
aile et au centre, faillit changer la fortune du combat.
milice d'Alger avait antérieurement pris une grande part
siége de Malte (1565), immortalisé par l'héroïsme des cl
valiers qui soutinrent une longue lutte contre une armée
trente mille Turcs, envoyée par Soliman, parmi les chefs
laquelle figuraient Dragut, gouverneur de Tunis, et Hassa
Pacha, fils de Barberousse, qui donna l'assaut à la tête
« l'invincible milice, » comme elle s'appelait elle-mên
Secourus enfin, les chevaliers de Malte forcèrent les ass
geants à se retirer, après quatre mois d'une lutte sanglan
dans laquelle les Turcs perdirent vingt mille hommes.

IV

ORGANISATION DE LA PUISSANCE TURQUE A ALGER.
LE DEY. — LA MILICE. — LES CORSAIRES. — LES KOULOUGLIS.
LES BEYS. — LES MAGHZEN.

Il reste à dire comment la puissance algérienne se constitua en Afrique, ses procédés de politique et de gouvernement avec les Arabes, les Maures, les Berbères, plus encore que la suite monotone d'événements à peu près toujours semblables, de guerres mêlées de succès et de revers, de révoltes continuelles parmi les populations, un moment domptées, toujours frémissantes, de paix qui n'étaient que des trêves, tous les faits qui accompagnent une conquête sans cesse contestée et qui recourt sans cesse au titre de sa souveraineté, la force. Enfin il convient d'exposer les rapports d'Alger avec les diverses puissances maritimes de l'Europe, surtout celles qui sont assises sur le bassin de la Méditerranée, et l'état de choses qui résulta de ce fait étrange de la piraterie se perpétuant en face des côtes de France, d'Espagne, de Portugal, d'Italie et des îles si riches situées dans cette mer intérieure.

On se souvient du type primitif de l'organisation de la puissance algérienne telle que Barberousse l'avait conçue ; elle contenait trois éléments : l'initiative d'un chef vigoureux, dont le caractère et le génie étaient le pivot principal du mécanisme, et qui prenait son point d'appui sur la race turque et, à l'époque où Constantinople conservait encore toute sa puissance, était désigné ou agréé par le Grand

Seigneur ; une milice turque, formée à l'instar de celle des janissaires, animée à la fois de leur intrépidité et de leur esprit remuant ; enfin, les corsaires, ces aventuriers hardis qui furent la principale force de Barberousse, et des rangs desquels il était sorti ; hommes redoutables, animés, dans leurs expéditions, par le triple mobile du fanatisme, de la cupidité et des séductions de cette vie de hasard, de jouissances et de périls qui rend le repos fastidieux à ceux qui l'ont goûtée.

Ce sont ces trois éléments, l'unité du commandement, la supériorité d'une milice recrutée parmi des hommes aguerris, mais dans une race unique, l'esprit d'entreprise des corsaires qui, modifiés, combinés, diversement représentés, mais toujours représentés dans l'organisation de la puissance algérienne, expliquent la vigueur et la durée de cet étrange gouvernement.

La concentration du pouvoir dans les mains d'un homme qu'on appela tantôt pacha, tantôt sangiac, tantôt dey, prévenait l'anarchie des volontés, toujours si fatale, et imprimait aux efforts l'unité et la suite sans lesquelles ils sont inutiles. L'institution de l'odjack, formé de soldats d'élite recrutés dans la même race et dans une race conquérante, créait une force militaire redoutable, parce qu'elle était unie par la solidarité des intérêts et des périls, toujours menaçante, toujours menacée, contrainte à se faire redouter pour pouvoir subsister, aguerrie par des combats continuels, et par conséquent supérieure, dans le métier des armes, aux populations dont elle était entourée, obligée de ne se permettre que de courtes anarchies, car, inférieure en nombre aux peuples qu'elle gouvernait, elle eût été bientôt exterminée, si elle ne s'était hâtée de se rallier autour d'un chef. Sans doute ce n'était point une aristocratie militaire, ce nom est trop beau pour ce ramas d'aventuriers sans passé, sans avenir ; mais c'était au moins une milice aristocratique, redoutable dans la main de son chef, redoutée par ce chef lui-même, qu'elle empêchait de s'endormir dans l'oisiveté fatale aux despotismes orientaux, car un dey endormi était un dey appauvri, et par là même condamné aux yeux de la milice, qu'il eût été incapable d'enrichir.

Tandis que la milice était la force du gouvernement d'Alger au dedans, les corsaires étaient sa force au dehors, et lui apportaient un élément nécessaire, la richesse. Il lui devait les dépouilles du commerce européen, les esclaves chrétiens, esclaves non-seulement du gouvernement, mais des indigènes eux-mêmes, qui se réconciliaient ainsi avec la domination des Turcs, à laquelle ils devaient les marchandises à bon marché, le travail à prix réduit et, par le rachat des esclaves que les chrétiens firent bientôt sur une grande échelle, une nouvelle source d'opulence.

Il arriva dans l'institution de la souveraineté d'Alger une modification inévitable, qui n'a pas de date précise dans l'histoire, parce que ce fut l'habitude qui en fit un droit, mais qu'on peut cependant placer vers le commencement du dix-septième siècle. Lorsque l'affaiblissement de l'empire turc, déjà sensible après la bataille de Lépante, eut fait de nouveaux progrès, l'odjack d'Alger qui, dès l'origine, avait tenté d'intervenir dans l'élection du chef, dont le choix était d'une si grande importance pour ses intérêts les plus chers et pour son existence même, se lassa vite de recevoir ce chef des mains du sultan, dominé par les intrigues du sérail, et trop éloigné, d'ailleurs, pour bien juger les hommes et les choses. Une première tentative à force ouverte avait eu lieu en 1556, contre Thecheli, nommé par la Porte en faveur d'Hassan-Corse, et elle n'avait échoué que grâce au concours prêté à l'élu de la Porte par les corsaires plus intéressés, à cause de leurs courses, à ne pas s'aliéner la bienveillance du

Grand Seigneur, dans les ports duquel ils trouvaient un refuge. Les janissaires prirent leur revanche en acclamant Isuf, alcade de Tlemcen qui, venu à la tête de ses soldats, tua Thecheli de sa main. Puis, à la mort d'Isuf, Hassan-Pacha, fils de Barberousse, qui avait été déposé par la milice et envoyé à Constantinople, ayant été une seconde fois nommé gouverneur d'Alger par le sultan, fut reçu sans difficulté.

Cette lutte devait se perpétuer, tant qu'une modification grave ne viendrait pas changer les rapports établis entre le chef politique d'Alger et la milice. Indépendante de lui dans les premiers temps, elle se personnifiait dans l'aga, son chef militaire sorti de ses rangs, qui seul avait pouvoir sur elle; et ses officiers, réunis en divan, formèrent une espèce de directoire qui discutait tous les grands intérêts de l'État, les questions de paix et de guerre surtout. Pour que ce gouvernement durât, deux choses étaient nécessaires : que le chef de l'État devînt le chef de la milice ou, dénoûment plus logique et plus probable, que le chef de la milice devînt le chef de l'État et que, par une conséquence qui se rattachait au premier fait, le pouvoir, mal exercé par cette oligarchie tumultueuse, se concentrât dans les mains du souverain qu'elle se donnait.

Ce double fait se produisit. La milice élut son aga à vie, et lui donna le nom de dey. Il y eut dès lors un aga des soldats, qui fut le plus ancien des janissaires et dont les fonctions ne duraient que deux mois. La Porte continua à nommer un pacha, titre sans pouvoir réel. Ce pacha continua jusqu'en 1710 à résider à Alger, sans avoir voix dans le divan, astreint à ne sortir de sa maison qu'avec la permission du dey, qui le surveillait d'un œil défiant, et recevant seulement une somme de deux mille pataques, de deux lunes en deux lunes, avec les provisions nécessaires pour défrayer sa maison. Le dey, sortant de la milice, ne lui inspira plus les mêmes défiances; il marcha rapidement vers le pouvoir absolu, condition inévitable d'un gouvernement entouré de tant de périls et de difficultés, et qui ne pouvait y pourvoir que par une initiative prompte, une action vigilante, rapide, et que rien n'entraverait. Ce pouvoir, si absolu en apparence, avait cependant des limites; il était contrôlé par la révolte et l'assassinat. Le dey, entouré de conseillers de son choix, du kaznadji ou trésorier, du bach-chaous ou chef des chaous, du kodjdah ou écrivain, de l'aga ou chef de la milice, et ne prenant leur avis que selon son bon vouloir, savait qu'il exerçait ce pouvoir absolu, au risque de sa tête. La milice, qui l'avait élu, le déposait, et sa déposition était presque toujours sanglante. Ce pouvoir, qui faisait tout trembler, avait donc à trembler à son tour, et quand on étudie l'histoire des deys, on croit trouver la réalisation de cette dictature, votée dans nos assemblées révolutionnaires par un de leurs membres les plus violents, qui demandait la nomination d'un dictateur condamné à gouverner, un boulet aux pieds et la tête sous le couperet.

C'est ainsi que, décidant seul de toute chose, tant pour le civil que pour le criminel, le dey venait s'asseoir chaque jour, depuis cinq heures du matin jusqu'à midi, et depuis une heure jusqu'à quatre, pour entendre tous les particuliers, donnant ainsi dix heures de sa journée aux affaires judiciaires, sans préjudice du temps qu'il donnait aux affaires d'État. Ce despotisme esclave, dont le palais était une forteresse, dont les volontés étaient sans contre-poids, les arrêts sans appel, devait se garder avec autant de soin d'une indulgence qui bientôt excitait le mépris de la milice altière dont il était entouré, que d'une tyrannie tracassière qui suscitait dans son sein des haines dangereuses. Il fallait que son pouvoir, à l'égard de cette milice, fût ferme sans être pesant, redouté sans être haï, qu'il sût prévenir avec sagacité et vigueur, réprimer d'une manière rapide et terrible : à toutes ces conditions, il devait en joindre une troisième aussi indispensable que les autres, et encore plus difficile, celle d'être toujours heureux. Le malheur était un crime à peu près irrémissible aux yeux de cette milice fanatique, dont la seule croyance, si elle en avait une, était la croyance à la fatalité. Un dey vaincu, malheureux dans ses entreprises, était coupable et presque inévitablement perdu.

Il fallait donc dans ces fonctions une équité relative, une prudence consommée, qui engageait les deys à consulter, dans les affaires difficiles, leur divan formé des officiers de la milice ; pour couvrir leur responsabilité, une fermeté implacable, une vigilance de tous les instants, une rare énergie de caractère, avec beaucoup de décision d'esprit, d'habileté et de bonheur. Aussi les deys mouraient-ils rarement dans leur lit.

Le père Gomelin, de l'ordre de la Sainte-Trinité, dit dans la relation d'un voyage qu'il fit à Alger, en 1720, pour la rédemption des captifs[1] : « De six deys qui ont régné depuis 1700 que j'en partis, il y en a eu quatre de tués, et un qui, menacé du même sort, se démit du gouvernement ; un seul est mort dans sa dignité. »

Quand un dey mourait ainsi dans l'exercice de sa charge, le cas paraissait si singulier et si beau, qu'il était honoré comme un saint. Ce fut ce qui arriva à Hali, qui commença à gouverner en 1710, après le meurtre de Dely-Ibrahim.

Ce dey eut l'habileté de débarrasser le gouvernement algérien d'un rouage qui, comme tous les rouages inutiles, gênait le mécanisme politique. C'était le pacha que la Porte continuait à nommer, et qui venait résider à Alger, sans pouvoir

[1] *Voyage pour la rédemption des captifs aux royaumes d'Alger et de Tunis*, fait en 1720, par les PP. François Gomelin, Philémon de la Motte et Joseph Bernard, de l'ordre de la Sainte-Trinité. (Paris, 1721.)

effectif il est vrai, mais comme un témoin incommode, qui devenait dangereux pour l'existence du dey ; car toutes les conspirations se nouaient autour de cette autorité nominale, opposée de souvenir et de vanité à la puissance des deys, et se consolant de son pouvoir perdu en entravant le pouvoir existant. Il fit saisir le pacha, le renvoya à Constantinople sur un vaisseau, en le menaçant de le faire mettre à mort s'il reparaissait à Alger ; en même temps, un émissaire habile, chargé par lui de ses intérêts auprès de la Porte, gagna les hautes influences du sérail par des présents, et parvint non-seulement à faire agréer au sultan les excuses d'Hali-Baba, sur le fait en lui-même, qu'il motiva par les intrigues du pacha, qui avaient rendu sa présence à Alger incompatible avec l'existence du gouvernement, mais à obtenir que désormais le titre de pacha serait accordé au chef élu par la milice. Le titre se trouvait ainsi joint au pouvoir, et le sultan bornait son action, dans la création de ce pouvoir, à une investiture morale, ce qui était dans la nature des choses.

La milice nomma dès lors le dey d'une manière absolue, et le plus souvent la violence se mêlait aux élections de cette soldatesque qui, toujours armée, agissait plus qu'elle ne délibérait. Ordinairement il se formait dans la milice un parti contre le dey régnant, et quand le dey ne parvenait point à surprendre le secret de cette conspiration et à la réprimer par des mesures impitoyables, elle éclatait et il était lui-même mis à mort. Alors les conjurés se hâtaient de proclamer leur candidat, en le revêtant du cafetan de son prédécesseur, cafetan qui souvent, au bout de quelques minutes, était teint de son propre sang, car il était rare que les dissentiments qui existaient sur le choix du nouveau souverain ne s'exprimassent point dans des luttes meurtrières, parmi des hommes de violence et d'exécution qui discutaient les armes à la main. Lorsque enfin les voix des soldats s'étaient réunies sur la même tête, ou que les dissidents avaient cessé de faire obstacle à la volonté d'une majorité bien constatée, tous s'écriaient ensemble : « A la bonne heure ! qu'il soit ainsi ! que Dieu protége le dey appelé au gouvernement du royaume et de la milice victorieuse d'Alger ! » Puis le cadi, ou juge de la loi, venait lui rappeler les obligations qu'il contractait : « Effendi, lui disait-il, Allah vient de t'appeler au gouvernement du royaume et de l'invincible milice ; souviens-toi que c'est pour rendre à tous une exacte justice, pour punir les méchants et soutenir les bons, veiller tandis que les autres dorment, fixer avec équité le prix des denrées, payer exactement la solde, entretenir la marine, et travailler à toutes les heures du jour et de la nuit au bien du pays. Pour cela, nous te jurons obéissance et fidélité. »

Après la lecture de cette espèce de charte algérienne, qui insistait plus sur les devoirs du dey que sur ses droits, plaçait le payement de la solde au nombre de ses devoirs constitutionnels, et indiquait dans quelles limites le serment allait lui être prêté, le cadi, bientôt suivi des officiers et de toute la milice, lui prêtait le premier ce serment et lui baisait la main. Aussitôt le canon tiré à boulet tonnait, digne héraut de cette souveraineté de la force, au faîte de la Casaubah, et annonçait à la ville d'Alger qu'elle avait un nouveau maître.

Le dey constituait sur-le-champ son gouvernement. Il renouvelait le corps des chaous, gardiens de sa personne, et distribuait à ses créatures les premières charges de l'État, précaution non moins nécessaire à la préservation de son existence qu'à l'unité du gouvernement. Aveuglément obéi par tous, il n'obtenait presque toujours, quand il demandait des avis, que ces paroles de soumission, qui s'expliquent sous un pouvoir absolu à qui l'on ne donnait pas impunément des avis susceptibles de lui déplaire : « Vous êtes notre maître et notre père, vous seul pouvez savoir ce qui nous convient. Si vous faites bien, vous serez récompensé ; si vous faites mal, le mal tombera sur vous. » La soumission sans bornes envers le dey, exprimée par ces paroles, durait jusqu'à ce qu'on l'étranglât.

Après tout, ces paroles étaient au fond assez raisonnables. Il est dans la fatalité du pouvoir absolu de ne jamais être bien conseillé, parce que les avis sincères coûtent trop cher à ceux qui les donnent. La responsabilité se mesure à la puissance ; qui peut tout, doit être infaillible et ne jamais être malheureux. On ne dérobe pas impunément à Dieu un de ses attributs.

Le moment est venu d'expliquer la composition de cette milice, qui jouait un si grand rôle dans le gouvernement d'Alger, par l'élection et la déposition des deys, et souvent aussi par la pression qu'elle exerçait sur eux. Cette composition varia. Le chiffre total de la milice s'élevait à douze mille hommes. Dès l'origine, la plus grande partie était recrutée sur la côte de la Turquie d'Europe et de la Turquie d'Asie, du consentement du Grand Seigneur ; les renégats chrétiens lui fournissaient un assez grand nombre de membres ; mais jusqu'en 1629 elle resta ouverte aux fils de Turcs, nés de femmes du pays, et qu'on appelait Koulouglis, et même à un certain nombre de Maures, qui pouvaient parvenir aux premiers emplois.

En 1629, la milice, s'affranchissant de l'autorité du Grand Seigneur, devint de fait souveraine. Alors elle eut les ombrages de la souveraineté. Elle craignit les Maures qui occupaient des emplois élevés dans le divan ; elle craignit jusqu'aux fils des Turcs qui, nés dans le pays, fils de femmes du pays, avaient des rapports directs avec les indigènes. Le jour vint où les Turcs, qui formaient le fonds de la milice, se persuadèrent, sur quelques avis, ou admirent comme vraisemblable que les Koulouglis, étant puissants en alliances et en fortune, voulaient se rendre maîtres d'Alger ; ils se rassemblèrent en armes au nombre de dix-huit cents, et décrétèrent que tous les Koulouglis, officiers du divan, seraient bannis de la ville et du royaume et, sous peine de mort, en sortiraient dans le délai d'un mois.

Les Koulouglis obéirent d'abord ; puis, au bout de quelques mois, croyant ces ombrages tombés, ils rentrèrent. Les Turcs saisirent tous ceux sur qui ils purent mettre la main, les lièrent dans des sacs et les jetèrent impitoyablement à la mer. Les Koulouglis restèrent deux ans sans rien entreprendre. Au bout de ce temps, un petit nombre d'entre eux rentrèrent secrètement à Alger, avec des armes cachées sous leurs vêtements et, par un audacieux coup de main, s'emparèrent, au nombre de cinquante seulement, de la Casaubah, en appelant les Maures aux armes. Ceux-ci, façonnés à la servitude, ne bougèrent pas. Alors les Turcs investirent de toute part la citadelle occupée par ces cinquante intrépides jeunes gens, et lui donnèrent l'assaut. L'étendue des murailles était trop vaste pour être défendue par cette poignée d'hommes. Il ne leur restait qu'à mourir : ils vendirent du moins cher leur vie ; plutôt que de se rendre, ils mirent le feu aux poudres dont les caves étaient remplies. L'explosion renversa cinq cents maisons et fit périr six mille personnes. Quelques Koulouglis seulement tombèrent dans les mains des Turcs, qui leur firent subir les plus cruels tourments. Enterrés vivants, empalés, cloués sur des échelles, jetés sur des crocs de fer où, dévorés par des insectes, ils attendirent pendant plusieurs jours la mort : on épuisa sur eux tous les raffinements de la cruauté.

C'était la politique qui cherchait à imprimer la terreur ; mais c'était aussi une fureur véritable, une fureur de race à race, comme celle des nègres contre les mulâtres. Le père

Dann rapporte qu'un boulouch-bachi, voyant passer un de ces malheureux, qu'on promenait par les rues, lui mordit le bras, avala le lambeau de chair qu'il en arracha, en s'écriant qu'il voudrait qu'on le lui laissât dévorer tout entier.

Depuis cette révolution, l'élément turc, dominant la milice, maintint de sévères conditions contre les Koulouglis comme contre les Maures. On finit avec le temps par les admettre dans la milice ; mais les hauts grades leur furent fermés. Ils purent déployer leur courage et leur talent comme raïs dans la marine ; mais l'entrée du grand divan leur resta interdite, et ils ne purent occuper les premiers emplois de l'État, sauf ceux de bey et de kaïd. On les craignait d'autant plus, qu'ils étaient d'intrépides soldats. Dès ce jour, la race turque, mélangée seulement d'un certain nombre de renégats chrétiens, alimenta la milice d'Alger. Il résulta de là que l'esprit militaire, conquérant, dominateur, ne fut point modifié par le patriotisme local. Les Maures n'eurent plus, dans la milice qui les gouvernait, des pères et des frères, ils n'eurent que des maîtres.

C'était ordinairement un des grands officiers du pachalik qui était chargé de l'enrôlement, sorte de presse militaire et, pendant toute la durée de sa mission, il prenait le titre de *bach-adour*. Tous ceux qui venaient s'inscrire, fussent-ils chargés de crimes, devenaient inviolables dès qu'ils étaient sous pavillon algérien. Cette circonstance explique le mépris et la haine des Turcs de Constantinople pour les Turcs d'Alger, qu'ils considéraient comme les derniers des hommes [1], et qui

---

[1] On lit ce qui suit, à l'appui de ce fait, dans une *Histoire du royaume d'Alger*, par M. Laugier de Tassy, commissaire de la marine pour S. M. T. C. en Hollande, publiée en 1727, à Amsterdam : « Deux dames turques, qui passaient de Marseille au Levant sur une barque française, furent obligées de relâcher à Alger. Pendant que la barque resta dans le port, ces dames se réfugièrent au palais du consul de France. Quelque instance que leur fît Assan-Dey, d'accepter un palais apparte-

au fait étaient le plus souvent recrutés dans la lie sanglante de la population européenne et asiatique de la Turquie, hommes de main, du reste, et suffisants pour le rôle de force, de violence et d'audace qu'ils avaient à remplir.

Embarqués à Smyrne ou à Constantinople, les Turcs étaient, aussitôt leur arrivée, incorporés dans un des régiments de la milice, qui conserva sa division par *oudjacs*, telle que l'avait établie Khaïr-el-Dinn, et classé dans une de ses sept casernes [1]. A partir de ce moment, il était soldé, il prenait le titre d'*aniiouldach*, jeune soldat. Au bout de trois ans, il devenait vétéran, et sa solde était augmentée. Outre la solde, il y avait des gratifications ou *saïmas*, tant obligées que volontaires qui, une fois reçues, constituaient un droit acquis pour l'avenir; c'était le génie du pays, où l'on poussait si loin cette singulière habitude de transformer les bienfaits en dette, qu'on cite l'exemple d'un pauvre qui plaida devant le dey et obtint gain de cause contre un marchand grec qui, lui ayant donné pendant un mois la charité tous les jours, refusait à son retour, après six mois d'absence, d'acquitter cent quatre-vingts réaux que le pauvre réclamait comme un arriéré de charité laissé en souffrance [2].

---

nant au deylik, elles le refusèrent et ne voulurent avoir aucune communication avec les Turcs d'Alger. »

Ce qui donne de l'autorité à ce témoignage, c'est qu'il vient d'un homme qui avait séjourné longtemps à Alger, et qu'il est consigné dans un ouvrage dédié à M. Durand de Bonnel, résidant pour le roi à Alger.

[1] Ces détails et les suivants sont, pour la plupart, empruntés à l'ouvrage remarquable de M. Walsin-Esterhazy sur la *Domination turque*.

[2] Ce fait curieux, qui eut lieu en 1691, sous le règne de Hagi-Chaban, est raconté fort au long dans l'*Histoire du royaume d'Alger*, par M. Laugier de Tassy. L'auteur fait remarquer que si un étranger invite à dîner un Turc qui vient le voir par honnêteté ou pour ses affaires, ce Turc se considère comme prié, toutes les fois qu'il se trouve à l'heure du dîner, dans la maison de l'étranger.

Il y avait un maximum que le montant des sommes touchées ne dépassait pas. Le vétéran, suivant M. Walsin-Esterhazy, ne recevait pas au delà de soixante-deux francs pour quatre mois, ou deux cent quarante-huit francs par an. Cependant nous voyons un écrivain des premières années du dix-huitième siècle, qui avait vu les choses de près, M. Laugier de Tassy, évaluer la paye arrivée à son maximum, la paye ferrée, comme on l'appelait, à quatre-vingts saimes, ou six piastres courantes pour deux lunes, ce qui fait par an trente-six piastres, chacune valant deux pistoles et demie, ou vingt-cinq francs. La solde annuelle du vétéran de la milice eût donc été, au commencement du dix-huitième siècle, de neuf cents francs de notre monnaie.

Il faut remarquer qu'à cette paye venaient s'ajouter de grands avantages. Les soldats, bien logés aux casernes, par chambrée de trois, servis par des esclaves payés sur le trésor public, recevaient chacun par jour quatre pains, et achetaient la viande à un tiers meilleur marché que le prix fixé par le gouvernement pour le public. Le service militaire se divisait ainsi : une année sur trois, le soldat devait le service de garnison, une autre année le service à l'armée, et enfin la troisième, sauf une prise d'armes générale, il avait droit au repos. Dans les deux premières années, il était complétement nourri. En outre, les soldats pouvaient faire tel commerce, exercer telle industrie qui leur convenait, en achetant toute chose à prix réduit, parce qu'ils étaient affranchis de tous droits. Puis, quand les membres de l'Odjack montaient sur les navires, ils avaient leur part des prises.

Au fond, cette milice était une redoutable aristocratie de race et d'armes, qui participait à l'organisation des janissaires de Constantinople, devait tout entière le service militaire en temps de guerre, s'exerçait aux armes en temps de paix, mais n'était pas retenue toujours tout entière sous le drapeau. Elle avait des lois à part, une justice à part, car jamais un Turc n'était puni publiquement ; elle s'élevait au-dessus de toute la population, habituée à respecter et à craindre tout membre de la milice comme un maître, à ne lui résister en rien, comme à ne lui rien refuser. Elle vivait sur le pied de l'égalité avec le dey lui-même qui, premier soldat de la milice, recevait le jour de la paye sa solde avec les soldats et seulement avant eux. Enfin l'usage des armes à feu lui était exclusivement réservé ; elle ne laissait aux Maures pour armes que des lances, des sabres et des couteaux. Les cavaliers, à qui l'État fournissait des chevaux, n'hésitaient pas à échanger leur cheval contre celui du premier Maure qu'ils trouvaient mieux monté qu'eux, sans que celui-ci osât faire la moindre résistance. Tout était donc combiné pour leur assurer la supériorité morale et physique. Afin de maintenir parmi eux l'esprit de corps qui aurait pu être amoindri par l'esprit de famille, on diminuait les avantages du Turc qui épousait une femme du pays.

Cette organisation de la milice était si forte, qu'elle domina et absorba bientôt le troisième élément de la puissance algérienne, les corsaires, sans cependant le détruire, ce qui aurait affaibli cette puissance qui, dès lors, aurait été privée d'un de ses mobiles. On a vu que, dans les commencements, les corsaires avaient l'action principale, la direction, et qu'ils donnaient l'impulsion à tout. Les deux Barberousse étaient sortis de leurs rangs ; ils avaient employé la milice turque comme un moyen qu'ils voulaient toujours retenir dans leur dépendance. Lors de la nomination de Thecheli par la Porte comme pacha d'Alger (1556), les corsaires, favorables à cette nomination, l'avaient fait prévaloir par leur ascendant, contre le gré des janissaires. Il fallait que de ces deux puissances rivales l'une prévalût, sans quoi l'anarchie, se perpétuant dans les forces de l'État algérien, les eût annihilées l'une par l'autre, et eût bientôt amené sa perte.

La milice avait, par sa constitution même, une cohésion et une force qui devaient lui donner la supériorité sur les corsaires, qui représentaient l'esprit d'initiative individuelle et d'aventure. En 1567, Mahomed-Pacha décida que les janissaires seraient admis comme soldats à bord des navires envoyés en course. A partir de ce moment, les corsaires levantins, qui avaient joué un si grand rôle dans les années précédentes, et qui régnaient en maîtres absolus sur leur bord, et formaient à leur gré leurs équipages soumis à leur pouvoir discrétionnaire, firent place à de simples armateurs et à des officiers de mer. L'invincible milice (c'est ainsi qu'elle s'appelait) était trop fière pour obéir à d'autres qu'à ses officiers. Quand elle fut à bord des vaisseaux corsaires, elle y domina. Le raïs ou armateur, capitaine du navire, ne put rien faire sans l'avis préalable de l'officier ou aga turc, le plus ancien des Turcs embarqués à son bord, qui, au retour, rendait compte au dey de sa conduite. C'est ainsi que le raïs Mezzomorto, plus tard élu lui-même dey d'Alger, ayant été accusé par l'officier turc qui était à son bord de n'avoir pas fait son devoir, reçut cinquante coups de bâton sur la plante des pieds et fut immédiatement renvoyé en course.

A partir de ce moment, la piraterie, sans cesser d'être exercée sur une très-vaste échelle, donna lieu à moins de ces grands coups qui avaient été frappés dans les temps précédents. Elle prit un caractère plus prudent et plus systématique ; ce fut une industrie plutôt qu'une guerre. Ne rien donner au hasard, prendre chasse à égalité de forces, n'attaquer qu'à coup sûr, dans la proportion de deux contre un, ou avec un grand navire contre un petit, telle fut la règle à peu près invariable de cette industrie malfaisante. Cependant Alger conserva de bons marins, parce que, sans leur donner aucune influence dans l'État, on les ménageait à cause des services qu'ils rendaient. En rentrant au port, la prise était vendue, et le produit de la vente était ainsi partagé, en 1663 : douze pour cent pour le dey, un pour l'entretien du môle, un pour la nourriture des marabouts qui servaient dans les mosquées, la moitié du butin restant aux raïs et aux armateurs, l'autre aux janissaires, soldats et officiers du vaisseau, la part de chacun étant proportionnée à son grade. Ces proportions n'avaient rien d'invariable, car, en 1724, le deylik avait un huitième, et l'autre moitié était partagée entre l'équipage turc et les armateurs ; la part des Maures et des chrétiens qui composaient le reste de l'équipage se trouvant probablement comprise dans cette seconde moitié. Un historien rapporte que, lorsqu'il y avait dans un vaisseau d'Alger, au moment où il faisait une prise, des passagers, quelles que fussent d'ailleurs leur nation et leur religion, on leur faisait leur part, parce que, disaient les Algériens, c'était peut-être leur présence qui, par un effet caché de la volonté de la Providence, avait porté bonheur à l'entreprise [1].

La puissance algérienne, ainsi constituée, trouva un mode d'organisation simple et puissant pour gouverner ses conquêtes dans l'intérieur du pays, ce fut l'institution des beys. Le bey était le mandataire armé du dey. Collecteur militaire de l'impôt en argent et en nature, il représentait la puissance turque au milieu des tribus arabes ; il faisait sentir, quand il en était besoin, la pointe du glaive aux tribus insoumises, comme il étendait sa protection sur les tribus dociles. Le premier beylik, fondé par les deys algériens, fut celui d'Oran, qui remonte à l'année 1563 ; le premier bey d'Oran, fut un soldat de la milice, Bou-Krididja, homme d'intelligence et d'énergie, auquel Hassan-Baba-Haroudj avait donné

---

[1] *Histoire du royaume d'Alger*, par M. Laugier de Tassy.

quatre-vingts tentes turques [1]. Comme la ville d'Oran était sous la puissance des Espagnols, le siége du beylik fut d'abord établi dans l'intérieur du pays, à Mazouna, petite ville entre Mostaganem et Tenez.

Le bey devait, une fois tous les ans ou tous les deux ans, plus tard tous les trois ans, car les époques varièrent, venir en personne à Alger, pour y rendre compte de son administration et y porter les impôts prélevés par lui. On voit le premier bey d'Oran se rendre à Oran dès la seconde année de son gouvernement, avec ses Turcs et les cavaliers maghzens; il porte lui-même le tribut, qui consistait alors en huit cents ziani d'or, trois cents mesures de blé, trois cents mesures d'orge, quatre-vingts tass de beurre, soixante-dix chevaux ou mulets de bât, et trois chevaux de premier choix. En général, les beys évitaient, autant que possible, le voyage d'Alger, malgré les honneurs qui leur étaient rendus dans cette ville, et envoyaient à leur place un kaïd. Ce voyage, en effet, représentait pour eux d'une manière effective ce qu'on appelle la responsabilité ministérielle dans les gouvernements modernes, et il arriva plus d'une fois aux beys d'être saisis et décapités à leur entrée dans la ville. Il est remarquable cependant que, lorsque les beys s'acquittaient exactement de leur charge, les deys nouveaux ne leur ôtaient pas leurs pouvoirs, quoiqu'ils eussent l'habitude de distribuer les grandes charges entre leurs créatures lors de leur avénement. L'intérêt qu'ils avaient à faire administrer les beyliks par des hommes habiles, énergiques, et dont l'influence fût acceptée par les populations, prévalait sur toute autre considération. Cela remédiait un peu à l'instabilité du pouvoir central, dans un pays où les révolutions étaient si fréquentes et les règnes si courts.

---

[1] Chaque tente turque se composait de vingt-trois hommes. C'était donc un camp de dix-huit cent quarante hommes qui dominait toute la province d'Oran. (*Domination turque*, par M. Walsin-Esterhazy.)

Outre le beylik d'Oran, qui fut le premier établi, les beys en établirent deux autres. On appelait bey du couchant celui qui résidait dans le district d'Oran, bey du levant celui qui résidait à Constantine ; le troisième, nommé bey du midi, résida d'abord dans un camp, parce qu'il n'y avait point de ville dans toute l'étendue de son gouvernement ; plus tard il s'établit à Tittery. Ces beys étaient aussi absolus dans leur gouvernement que le dey à Alger Seulement ils lui répondaient de l'impôt qu'ils levaient à leur manière sur les tribus, et dont ils avaient leur part. Cette levée des impôts était la grande affaire de ces représentants locaux de la souveraineté turque. La crainte ou la force pouvaient seules les faire payer et, chaque année, la perception des contributions ressemblait à une campagne.

Il faut indiquer les moyens par lesquels les Turcs étaient parvenus, malgré leur petit nombre, à maintenir leur domination sur une vaste étendue du pays et à lever, chaque année, les impôts[1]. Ils avaient profité des divisions continuelles des tribus et ils les avaient distinguées, dans les trois beyliks, en tribus maghzen et en tribus rayas. Les premières, qui étaient les plus influentes, les plus belliqueuses et les plus fortes, se chargeaient de lever l'impôt sur les autres, à condition d'y avoir part, et d'être elles-mêmes exemptées de toute contribution, excepté de la contribution religieuse. Elles payaient leur quote-part par cette espèce de service public, et toute la charge fiscale retombait sur les tribus rayas.

A cette force, qui ne coûtait rien au gouvernement turc et qui était considérable, car les tribus maghzen du beylik d'Oran seul mettaient six mille cavaliers en campagne pour la perception de l'impôt, il fallait ajouter une force d'une

---

[1] Tous ces détails sont empruntés à l'ouvrage de M. Walsin-Esterhazy.

autre nature : c'était celle des noubas ou garnisons turques qui, dans les derniers temps de la régence, étaient ainsi distribuées : quinze seffaris étaient à Alger[1], en total trois cent quarante-cinq hommes de garnison ; il faut se souvenir que ce chiffre ne représentait que les Turcs dans les casernes, et qu'il y avait douze mille Turcs à peu près faisant partie de la milice et présents à Alger. Il y avait trois seffaris, total soixante-neuf hommes, à Mers-el-Debban ; trois, avec le même effectif, à un fort du côté de l'Harach, qu'on appelait Tizz-Ouzzou ; trois à Boughni, dans le pays des Kabiles-Zouwawas ; trois à Hamza, sur la route d'Alger à Constantine ; trois à Sour-el-Ghozlan, entre Medeah et Alger ; trois à El-Kol ; trois à Zamoura, sur la route de Constantine ; cinq à Bone ; cinq à Tebessa, entre Tunis et Constantine ; cinq à Biscra ; cinq à Bougie ; cinq à Tlemcen ; dix, total deux cent trente hommes, à Oran ; cinq à Mascara ; cinq à Mostaganem. C'était donc mille neuf cent soixante-dix-huit Turcs en tout répandus sur les points les plus importants de la régence, et occupant des postes militaires habilement disposés et la plupart situés sur l'emplacement des anciens postes romains, tant ces anciens maîtres du monde étaient habiles à choisir les dispositions les meilleures pour dominer un pays !

En outre, lorsque les trois beys arrivaient, chaque année à Alger pour apporter les impôts recueillis l'année précédente, et plus tard, lorsqu'au lieu d'y venir eux-mêmes ils y envoyaient leur premier officier ou khalifat, trois corps d'armée turcs, de deux mille hommes à peu près chacun, se formaient dans les environs d'Alger au dehors de la porte Bab-Azoum, et repartaient en même temps que le khalifat pour chaque

---

[1] La seffara, à proprement parler, la table-escouade, se composait de vingt-trois hommes, comme la kheubba-tente. En garnison, on comptait par *table* ; en campagne, par *tente*.

beylik, afin de faciliter par leur présence l'opération de la perception de l'impôt et de prêter dans l'occasion main-forte aux maghzens. Cette armée, qui se divisait en plusieurs corps pour suivre les maghzens dans les districts divers entre lesquels le pays se trouvait partagé, rappelait, en même temps, aux populations, la puissance des dominateurs du pays et, par des coups de main rapides, la leur faisaient rudement sentir, s'ils essayaient de secouer le joug.

C'est à l'aide de cette organisation militaire puissante que la domination turque s'établit et se maintint si longtemps sur l'Algérie, malgré les avanies et les exactions de toute espèce qu'elle fit peser sur le pays. L'institution des beys, leur influence, leur intérêt à soutenir la domination turque au service et avec le concours de laquelle ils s'enrichissaient ; la création des maghzens, ces tribus puissantes, présentes sur les lieux, toujours prêtes à opérer de rapides et impétueuses razzias contre les tribus récalcitrantes, dont elles connaissaient les habitudes et les campements, et en outre intéressées à augmenter le nombre des tributaires, puisque leur profit s'accroissait proportionnellement à ce nombre ; l'institution des garnisons turques qui occupaient les points fortifiés ; les promenades militaires des trois corps d'armées turcs, qui se montraient sur tous les points des trois beyliks pendant la perception des impôts ; enfin, chaque fois que quelqu'un des marabouts, personnages réputés saints dans le pays, excitait un soulèvement parmi les Arabes ou les Kabiles, une répression prompte et terrible exercée par une armée composée d'un noyau d'infanterie turque et d'une nombreuse et agile cavalerie arabe : tels furent les principaux moyens de la domination turque, dans un rayon si éloigné du centre de sa puissance, puisqu'elle s'étendit à la province de Constantine, à celle d'Oran et à celle de Titery.

Il faut ajouter que, lorsque les deux contrées voisines où les Maures avaient la plus grande part au gouvernement, c'est-à-dire Maroc et Tunis, essayèrent de lutter contre les deys d'Alger, ceux-ci maintinrent avec une grande vigueur la supériorité de la race turque et leur firent éprouver, notamment à la fin du dix-septième siècle, des échecs graves, avec des forces très-inférieures, ce qui contribua à entretenir le prestige des armes turques dans tout le pays[1]. Sans doute ces succès furent mêlés de revers, mais on doit reconnaître qu'en science militaire, en discipline, comme en habileté politique, les Turcs se montrèrent très-supérieurs aux autres races de l'Algérie. C'est là le secret de leur longue domination dans la contrée.

V

RAPPORTS D'ALGER AVEC LES PUISSANCES EUROPÉENNES. — COURSES. PRISES. — ESCLAVES. — CHARITÉ CATHOLIQUE.

Il est plus difficile de comprendre comment cette domination a pu subsister dans un état de guerre presque continuel avec toutes les puissances maritimes de la chrétienté. Les Algériens, en effet, avaient autant d'intérêt à être en guerre que les autres puissances ont d'intérêt à être en paix. La guerre les enrichissait et la paix les ruinait. L'Algérie avait toujours au

[1] Ce furent Muley-Ismaël, roi de Maroc, et Méhémet, bey de Tunis, qui éprouvèrent ces échecs. Le dey d'Alger n'avait, dans la première affaire, que six mille Turcs et quatre mille Maures contre soixante mille hommes ; et, dans la seconde, trois mille cinq cents Turcs et quinze cents Maures contre vingt-cinq mille hommes. (*Histoire d'Alger*, par M. Laugier de Tassy.)

moins vingt vaisseaux de guerre, nombre qui ne pouvait pas diminuer, car, lorsqu'un de ces vaisseaux était capturé ou se perdait, les armateurs étaient obligés de le remplacer par un bâtiment d'égale force, pour que la puissance maritime du deylik ne déclinât pas. En 1724, la force maritime d'Alger se composait de vingt et un bâtiments dont le plus fort était armé de cinquante-deux canons, cinq en comptaient entre quarante et cinquante ; il y en avait six de trente à quarante canons ; quatre de vingt à trente ; le reste entre dix et vingt.

Ces bâtiments formaient des croisières sur les routes commerciales, comme les pêcheurs tendent leurs filets dans les eaux poissonneuses. Dans la Méditerranée les principales croisières surveillaient le détroit de Gibraltar, le cap de Gate, le cap de Palos, le cap Saint-Martin, le cap de Creux, les îles Mayorque et Minorque, Nice, le cap Corse, les îles de Saint-Pierre, la rivière de Gênes, la côte de Naples, la côte Ecclésiastique, la Sicile, Trapani, le golfe Adriatique ; dans l'Océan, Cadix, Lagos, le cap Saint-Vincent, le cap de la Hogue, le cap Finistère, les îles Canaries, les îles Madère, les Açores. Les vaisseaux algériens pénétraient quelquefois jusqu'à Terre-Neuve, et il y en eut d'assez hardis pour venir jusqu'au Texel, où ils prirent des bâtiments.

Ce chiffre de vingt vaisseaux représentait le minimum des forces des corsaires algériens; ils étaient plus nombreux quand le temps était favorable à la course. Il y avait en outre un certain nombre de barques latines, et de bâtiments à rames qui prenaient la mer, pendant l'été, afin de pratiquer la piraterie.

Il est facile de se faire une idée de la perturbation que jetait dans le commerce européen ce brigandage permanent et systématique qui infestait les mers, aussi peu sûres que les grandes routes à la même époque, sans que le service de la maréchaussée y fût aussi facile. Les Algériens avaient l'avantage de n'avoir pas de commerce, de sorte qu'on ne pouvait leur rendre le mal qu'ils faisaient. Leur commerce, c'était la guerre. Ils la faisaient, non aux bâtiments armés, qu'ils évitaient autant que possible en se cachant sous un des pavillons européens, mais aux bâtiments marchands trop faibles pour se défendre avec chance de succès.

Il résultait de ces prises continuelles, de grandes richesses à Alger, richesses acquises non par l'échange, comme dans une situation normale, mais par la violence. Ces richesses étaient de deux genres : les marchandises et les esclaves, qui étaient aussi au nombre des marchandises. Ce n'était pas la moins précieuse de toutes, tant par le travail qu'on en tirait que par leur rachat, que le zèle et la douleur des familles tentèrent dès le début, et que cette sublime charité chrétienne, puissance des temps modernes qui trouve des remèdes à toutes les misères, organisa bientôt sur une grande échelle.

En Espagne comme en France, des ordres se fondèrent pour la rédemption des captifs ; les pères de la Merci et ceux de la Sainte-Trinité quêtèrent partout afin de réunir les ressources nécessaires pour affranchir chaque année un certain nombre d'esclaves chrétiens, de sorte que les aumônes des fidèles donnaient les moyens de payer la rançon d'une partie de ceux que leurs familles, trop pauvres, ne pouvaient rendre à la liberté.

On sait la tendre pitié que les esclaves chrétiens des puissances barbaresques inspirèrent aux saintes âmes, et le souvenir de saint Vincent de Paul, pris par les corsaires sur le golfe de Lyon, conduit sur les côtes de Barbarie, étudiant les misères des esclaves chrétiens en les éprouvant, et fondant des missions pour les racheter et les soulager, est resté populaire.

Ces captifs étaient de toutes les nations, de toutes les

classes, de tous les âges, de tous les sexes, suivant les hasards de la mer. Il existe, dans les récits des ordres rédempteurs, des légendes touchantes sur les aventures et les misères de ces prisonniers, au nombre desquels on compta le célèbre Cervantes qui, avant d'écrire son *Don Quichotte*, fut longtemps esclave à Alger, esclave peu résigné, car il avait conçu la pensée de s'emparer de la ville en se mettant à la tête de ses compagnons de misère, et les Algériens disaient que tant que ce hardi chrétien serait dans le bagne, il n'y aurait pas d'évasion d'esclaves, tant il avait réussi à donner à tous ses compagnons l'espoir de surprendre Alger. Parmi ces légendes, il en est qui racontent les épreuves, le courage, quelquefois, le triomphe, tant la vertu a de puissance même sur les natures les plus farouches, d'autres fois le martyre de saints prêtres, de braves chevaliers de Malte, de jeunes filles, de jeunes hommes, et même de jeunes enfants [1].

Ces prises continuelles et le grand nombre d'esclaves chré-

---

[1] C'est ainsi qu'on trouve dans le *Voyage de la rédemption des captifs aux royaumes d'Alger et de Tunis en* 1720, par les PP. François Gomelin, Philémon de la Motte et Joseph Bernard, de l'ordre de la Sainte-Trinité, la relation touchante des aventures de mademoiselle de Bourk. Âgée de neuf à dix ans, et partie de Cette en octobre 1719, elle allait avec sa mère, fille du marquis de Varennes, rejoindre en Espagne son père, le comte de Bourk, lorsqu'elle fut prise par un corsaire algérien, à la vue des côtes de Palamos. Après avoir fait preuve d'un sang-froid et d'un courage au-dessus de son âge, elle n'échappa qu'à grand' peine à la mort. Elle avait échoué à la suite d'un naufrage fait par le corsaire, sur la côte de Gigelli, habitée par une population féroce et fanatique; et le consul de France, M. Desault, averti de sa captivité, eut beaucoup de peine à la tirer de cette triste situation. On trouve dans le même *Voyage* le récit non moins touchant des aventures d'Anne-Marie Fernandez, jeune Espagnole d'une grande beauté et d'une vertu plus grande encore qui, tombée dans la puissance du dey, en 1715, résista à toutes les séductions et à tous les sévices, et finit par exciter l'admiration de son maître lui-même, qui consentit à la laisser racheter par les pères de la Merci, en même temps que deux cent trente esclaves chrétiens.

tiens que les corsaires amenaient à Alger introduisaient dans la population un nouvel élément. La condition de tous ces captifs n'était pas la même. On a vu que le dey prenait une part de toutes les prises, soit qu'elles consistassent en marchandises ou en prisonniers. Il y avait donc des esclaves du gouvernement et des esclaves des particuliers.

La situation de ceux-ci, comme il arrive toujours, dépendait beaucoup du caractère plus ou moins rude de leur maître. Mais il y avait un danger général qu'ils ne pouvaient éviter. Quand ce maître croyait, à tort ou à raison, qu'ils possédaient, eux ou leur famille, une fortune assez grande pour payer une riche rançon, il n'y avait pas de mauvais traitement qu'on ne leur fît subir pour leur rendre la captivité intolérable, afin de les contraindre à mettre à leur liberté le prix considérable exigé par leur maître. Dans ce cas, la brutalité systématique devenait une spéculation. Quand il en était autrement, il arrivait souvent que leur position était supportable, pourvu qu'ils fussent laborieux et obéissants. Il est même remarquable que, l'esprit du lucre passant avant l'esprit du prosélytisme, les Algériens, après avoir fait l'épreuve que les esclaves catholiques travaillaient avec plus d'ardeur quand ils approchaient des sacrements, ne les empêchaient point de remplir leurs devoirs religieux. Il faut cependant faire la part des mauvaises passions qui rendaient la position des jeunes filles, des jeunes femmes et des jeunes garçons extrêmement périlleuse chez une population doublement perdue de mœurs.

La seconde classe des esclaves était celle des esclaves du deylik. Ceux-ci étaient enfermés ensemble, chaque soir, dans des bagnes ou prisons, après avoir répondu à l'appel et avoir été soigneusement comptés. Le jour, on les employait soit au service particulier du dey, soit aux services publics. Les plus durs travaux étaient leur partage. Ils portaient les bagages aux camps, travaillaient aux remparts, traînaient les charrettes remplies de matériaux, construisaient et démolissaient. On autorisait ceux qui ne pouvaient trouver l'emploi de leur temps dans ces travaux à se louer aux particuliers ; dans ce cas, les deux tiers de leur salaire appartenaient à la Régence, le tiers seulement leur restait acquis. Tous les esclaves du deylik portaient un anneau de fer au pied et recevaient, pour toute nourriture, trois petits pains par jour. Ils étaient à demi nourris, surmenés de travail et logés dans des cellules basses, sombres, malsaines, infectées de vermine, d'insectes et de scorpions. La régence et les particuliers louaient souvent leurs esclaves aux armateurs pour faire la manœuvre à bord des vaisseaux de course ; alors il était stipulé que les esclaves chrétiens auraient part aux prises et, suivant la règle adoptée pour le salaire, les deux tiers de cette part revenaient au propriétaire de l'esclave, un tiers seulement à l'esclave lui-même.

Cette présence d'un si grand nombre d'esclaves chrétiens à Alger [1] détermina les gouvernements européens à s'y faire

---

[1] Depuis la prise d'Alger, M. de Voulx, conservateur des archives arabes des domaines, a publié, parmi des notes très-intéressantes, le recensement annuel des esclaves chrétiens, depuis l'année 1736 jusqu'à l'année 1816. Il est évident que ce recensement ne mentionne que les esclaves du deylik. L'année où le nombre de ces esclaves fut le plus élevé fut l'année 1767, où il atteignit le chiffre de deux mille soixante-deux. L'année où ce chiffre descendit le plus bas fut l'année 1740, où l'on ne compte plus que quatre cent quarante-deux esclaves chrétiens dans les bagnes. Dans les dix dernières années, c'est-à-dire de 1807 à 1817 exclusivement, le maximum fut de seize cent soixante-cinq (en 1813), et le minimum de mille seize (en 1816). Malgré les décès, les rachats, on peut dire qu'il y avait presque toujours en moyenne, au moins mille esclaves chrétiens dans les bagnes du dey. Or, on sait que le dey n'avait qu'un huitième et souvent un dixième des prises. M. Louis de Baudicour évalue à trente mille le nombre des esclaves répandus dans toute la régence d'Alger. (Voir le *Tachriferat*, publié par M. de Voulx. Alger, 1853.)

représenter par des consuls, et la religion, qui est toujours là où il y a des secours à donner, une œuvre de dévouement à accomplir, voulut aussi avoir ses représentants à Alger. Les consuls étaient les protecteurs politiques de leurs nationaux. Quand un bâtiment corsaire entrait dans le port avec une prise, les consuls se rendaient immédiatement à la maison du dey, où les captifs étaient directement conduits. S'il y avait parmi eux des gens de leur nation, les consuls s'enquéraient d'eux, s'ils étaient engagés ou passagers sur le vaisseau capturé. Lorsqu'ils pouvaient établir qu'ils étaient seulement passagers, on les rendait au consul qui les réclamait. Dans le cas contraire, comme lorsqu'ils avaient été pris les armes à la main, ils demeuraient esclaves. La protection du consul s'étendait, autant que possible, sur les esclaves mêmes. Parmi ces consuls, le premier, sans contredit, était le consul de France. Il était le protecteur naturel de toutes les nations qui n'avaient point de représentants à Alger, comme celui des juifs étrangers, des Grecs et des Arméniens. Le commerce lui était interdit. Sa maison était le refuge commun de tous les esclaves, quelle que fût d'ailleurs leur nationalité ; dans leurs nécessités, dans leurs souffrances, c'était là qu'ils venaient chercher secours. Dans les fêtes de Noël et de Pâques, le consul français donnait à manger à tous les esclaves qui se présentaient ; image touchante de la patrie absente, qui recevait à son foyer, deux fois par an, aux deux plus grandes solennités de la religion, ces enfants perdus pour elle ! Les fonctions de consul étaient délicates et difficiles, et demandaient un caractère ferme, un esprit conciliant et une longue connaissance des habitudes et des mœurs du pays. L'Angleterre et la Hollande avaient aussi des consuls à Alger.

A côté de ces représentants des intérêts des diverses puissances, le catholicisme, ce grand consolateur des misères humaines, qui pénètre partout où il y a du bien à faire, avait

5.

aussi, on l'a dit, ses représentants. La charité chrétienne avait même devancé la politique. Dès 1551, les religieux de l'ordre de la Rédemption, témoins des misères des captifs qu'ils ne pouvaient pas racheter, et voulant au moins soulager dans leurs maladies ceux auxquels ils ne pouvaient pas encore rendre la liberté, érigèrent quelques chapelles dans les bagnes mêmes où étaient enfermés les esclaves du deylik. Les Espagnols, fondateurs du plus grand de ces établissements, ne cessèrent de l'augmenter. Ce fut un religieux espagnol, le père Sébastien Duport, du couvent de Burgos, qui prit l'initiative de cette œuvre de charité vraiment évangélique. Il était allé pour la première fois à Alger, en 1546, pour y racheter deux cents esclaves ; touché de la misère et des souffrances de ceux qui tombaient malades pendant leur captivité, ce saint prêtre, pour lequel Charles-Quint avait une vénération particulière et qu'il emmena avec lui, en 1541, dans son expédition contre Alger, fit de nouvelles quêtes afin de leur assurer des secours, et fonda un hôpital pour les recevoir.

En 1612, cet hôpital, presque ruiné, fut complétement réédifié par les soins des pères Bernard de Monroy, Jean d'Aquila et Jean de Palacio. Il faut dire à quelle occasion. Ces pères étaient allés, comme à leur ordinaire, à Alger pour y racheter des esclaves, et ils allaient en repartir avec cent trente captifs chrétiens dont ils avaient payé la rançon, lorsqu'une nouvelle, venue de Corse, excita la colère du dey, qui les fit arrêter. Quelque temps auparavant, une jeune fille musulmane appartenant à une des familles les plus considérables d'Ager avait été prise en mer et conduite dans l'île de Corse ; là, instruite dans le christianisme, et touchée des vérités de la religion, elle demanda le baptême, se maria à un chrétien et refusa, par conséquent, de suivre à Alger les Turcs qui étaient venus lui apporter le prix de sa rançon.

Ceux-ci, dans leur colère, publièrent faussement qu'on lui avait imposé violemment le baptême. Le dey, par représailles, fit arrêter les trois pères espagnols, au moment de leur embarquement, confisqua la somme payée par eux pour la mise en liberté des cent trente esclaves chrétiens, qu'il fit remettre aux fers, enferma les trois prêtres dans un cachot, et les menaça de les faire brûler vifs. Cependant leur innocence, leur patience à souffrir ces rigueurs injustes, finirent par toucher le dey; au bout d'un peu de temps, il les fit tirer de leur cachot, et leur permit de remplir, auprès des captifs, les devoirs de leur ministère et les inspirations miséricordieuses de leur zèle, mais en leur annonçant qu'ils ne sortiraient jamais d'Alger. On mesurait à la charité de ces trois apôtres le champ où elle devait travailler, ils voulurent au moins le féconder. Disciples du Dieu qui a dit que la foi transporterait les montagnes, ces bienfaiteurs indigents des captifs, qui avaient la fortune des apôtres partant pour la conquête du monde, entreprirent de réédifier l'hôpital, qui tombait presque en ruines. Les aumônes leur vinrent de tout côté en aide; ils réparèrent le bâtiment, y installèrent de nouveaux lits, pourvurent à l'acquisition des médicaments, rachetèrent plusieurs captifs, consolèrent ceux qu'ils ne pouvaient racheter, soignèrent les malades, obtinrent pour ceux dont la santé résistait aux fatigues la permission d'assister aux cérémonies du culte et de recevoir les sacrements, exhortèrent les mourants et ensevelirent les morts. C'est dans ces exercices que se consuma leur vie, et quand Dieu les appela à lui, les prisonniers les honorèrent comme des saints.

L'hôpital fut considérablement augmenté par le frère Pierre de la Conception qui, ayant ramassé beaucoup d'aumônes en Espagne et au Pérou, les consacra à cette bonne œuvre, passa plusieurs années au service des esclaves, et finit par être brûlé vif, parce que, poussé par son zèle, il était entré dans une mosquée, le crucifix à la main, et y avait annoncé la vérité du christianisme.

Cet hôpital était trop étroit encore, malgré tant d'agrandissements, pour le nombre de ceux qu'on y présentait ; de sorte que les lits des malades arrivaient jusqu'à l'autel où l'on célébrait les saints mystères du Dieu leur hôte et leur protecteur. On y recevait les chrétiens libres, comme les chrétiens esclaves, de toutes les nations sans distinction ; touchante conformité avec la volonté du Christ, qui est mort pour tous les hommes, afin que la différence des nationalités, barrière désormais vaincue, ne s'élevât plus devant la charité universelle de tous pour chacun et de chacun pour tous. Un médecin, un pharmacien, attachés à l'établissement, allaient visiter en ville les femmes car, d'après la règle conforme aux mœurs du pays, elles n'étaient pas reçues dans l'hôpital. Le prix des médicaments qu'on fournissait aussi aux Turcs, quand ils en demandaient, revenait à l'établissement. La prière du matin et du soir se faisait en commun ; tous les soirs on récitait le rosaire. Les religieux attachés à l'hôpital étaient soumis à la règle des couvents réformés. Comme les revenus, qui étaient de deux mille piastres, ne suffisaient pas à la dépense, les commerçants convinrent d'un commun accord que tout navire chrétien entrant dans le port d'Alger payerait trois piastres au profit de l'hôpital.

La charité, proportionnant son zèle aux besoins, après avoir songé aux vivants, songea aussi aux morts. La plupart du temps, les musulmans laissaient les corps des captifs chrétiens sans sépulture. Un père capucin, confesseur de don Juan d'Autriche, ayant été pris sur mer et conduit comme esclave à Alger, fut vivement ému de cette profanation des restes mortels de ses coreligionnaires, sanctifiés par l'âme à laquelle le corps a servi pour un temps et doit servir un jour éternellement de temple. Don Juan lui ayant envoyé une somme considérable pour se racheter, le saint prêtre préféra exercer un acte de charité et de piété envers les dépouilles de ses frères. Il acheta hors de la porte Bab-al-Oued, un terrain sablonneux, langue de terre assez étroite, mais d'une longue étendue, qui côtoie la mer. C'était là qu'on ensevelissait les esclaves chrétiens. Ainsi la charité avait tout créé à Alger, le rachat des esclaves, l'hôpital, l'église, le cimetière. L'auteur de cette belle et sainte action employa ce qui lui restait sur sa rançon à racheter quelques captifs et mourut lui-même en captivité, comme un digne disciple du Dieu crucifié.

Outre cette fondation du grand hôpital d'Alger, il y avait, au dix-huitième siècle, dans la maison de la mission de France, deux prêtres dont l'un avait la commission de vicaire apostolique des royaumes d'Alger, Tunis et Tripoli ; ils avaient avec eux deux frères. Cette fondation était due à la duchesse d'Aiguillon, et elle avait pour objet le soulagement spirituel des esclaves chrétiens. Les vicaires apostoliques étaient tous choisis dans la congrégation de Saint-Lazare. C'était saint Vincent de Paul qui, touché de voir les secours spirituels manquer souvent aux Français à Alger, avait provoqué l'établissement de cette congrégation dans la ville [1].

Ces fonctions, aussi saintes qu'honorables, étaient périlleuses. Quand une rupture intervenait entre le dey et la France, c'était sur le consul et le vicaire apostolique, qui cumulait souvent les deux fonctions, que tombaient les premiers coups de ce gouvernement de barbares. En 1685, M. Vacher, vicaire apostolique et consul à Alger, fut attaché

---

[1] Les lazaristes s'employaient à soulager les esclaves et à leur administrer les sacrements ; ils leur distribuaient des aumônes, et, quand ils le pouvaient, payaient leur rançon. Environ douze mille ont été rachetés durant la vie de ce saint, et l'on évalue à plus d'un million les sommes fournies par lui aux chrétiens d'Afrique. (*La Guerre et le Gouvernement de l'Algérie*, par Louis de Baudicour, p. 110, Paris, 1853.)

à la bouche d'un canon, pendant le bombardement de cette ville par Duquesne. En 1688, le maréchal d'Estrées ayant renouvelé ce bombardement, M. de Montmasson, son successeur, éprouva le même sort et fut attaché à un canon avec le consul de France. Tant que le bombardement dura, ces exécutions se renouvelèrent. Quarante Français, capitaines de navires ou esclaves, périrent ainsi. On appela la pièce de canon à l'embouchure de laquelle les victimes avaient été attachées, la *Consulaire*. Le jour devait venir où une armée française irait chercher la *Consulaire* à Alger et la transporterait à Toulon, comme un monument auquel se rattachent d'immortels souvenirs d'héroïsme chrétien, d'horreur, de piété et de victoire.

Ces actes de dévouement et ces merveilles enfantées par la charité catholique à Alger consolent le cœur et reposent la vue, au sortir de cette histoire de crimes, de violence, de meurtre et de sang, comme une de ces fraîches oasis qu'on rencontre, avec leur verdure et leurs fontaines, au milieu des sables brûlants du désert. Après avoir déploré les vices et les misères des hommes, on admire l'inépuisable fécondité du catholicisme, pour lequel ces misères et ces vices sont une occasion d'œuvres vraiment divines. La barbarie et la cupidité placent à Alger, devenu un nid de pirates, des bagnes d'esclaves chrétiens ; le catholicisme crée les ordres des Rédempteurs pour les soutenir dans la foi, les soulager dans leurs misères et les racheter. Ces ambassadeurs de la charité catholique traversent les villes et les villages de toute la chrétienté en quêtant pour les captifs ; puis, chaque année, ces hommes de Dieu vont dans les villes barbaresques porter le fruit de leurs quêtes et racheter les pauvres prisonniers. Leur retour dans le pays auquel ils rendent les captifs affranchis par leurs soins est le signal d'une allégresse universelle et l'occasion de fêtes touchantes. On sonne toutes les cloches, on marche processionnellement au-devant d'eux ; ils font leur entrée solennelle au milieu d'un immense concours, et la vue des esclaves qui rapportent en triomphe les fers qu'ils ont portés, les larmes de joie de leur famille qui les ont crus perdus, excitant l'attendrissement de tous, deviennent l'occasion de nouvelles aumônes qui serviront, l'année suivante, à racheter les compagnons de leur captivité. C'est ainsi que les bonnes œuvres enfantent les bonnes œuvres, et que l'arbre immortel de la charité, nourri au lieu d'être épuisé par les fruits qu'il porte, refleurit, d'année en année, en étendant sur le monde des rameaux plus féconds.

Les scènes dont nous résumons les détails dans ce tableau bien insuffisant se renouvelèrent, il ne faut pas l'oublier, pendant trois siècles en Espagne, en Italie et en France. Pendant trois siècles, on vit les mêmes souffrances et les mêmes misères produites par la piraterie, dont le siége principal était Alger, et secourues par la charité catholique. Les historiens des ordres rédemptionistes sont pleins de récits navrants à ce sujet. Plus d'une fois la chaire sacrée en retentit, et nous trouvons dans l'oraison funèbre du duc de Beaufort [1], un des premiers qui ait châtié par mer les pirates algériens, un passage dans lequel Mascaron constate ce triste état de choses en le déplorant : « Pour trouver ce temps malheureux, disait-il, il ne faut remonter plus haut de dix ou douze années où les armements de mer, négligés pour d'autres soins, exposaient toutes nos côtes et toute la mer Méditerranée aux incursions des infidèles. Vous l'avez ouï dire, vous l'avez appris par des relations. Hélas ! je l'ai vu de mes propres yeux. Quand je me souviens qu'il n'arrivait point de vaisseau dans nos ports qui ne nous apprît la perte de vingt autres ; quand

---

[1] Oraison funèbre du duc de Beaufort, prononcée par Mascaron, évêque et comte d'Agen en 1670

je songe qu'il n'y avait personne qui ne pleurât ou un parent massacré, ou un ami esclave, ou une famille ruinée ; quand je me rappelle, dans ma mémoire, l'insolente hardiesse avec laquelle ils faisaient des descentes presque à la portée de notre canon, où ils enlevaient tout ce que le hasard leur faisait rencontrer de personnes et de butin ; que les promenades mêmes sur mer n'étaient pas sûres ; qu'on craignait toujours que, de derrière les rochers, il n'en sortît quelque pirate ; quand je me représente les cachots horribles d'Alger et de Tunis remplis d'esclaves chrétiens, et de Français plus que d'autres nations, exposés à tout ce que la cruauté de ces maîtres impitoyables leur faisait souffrir, ou pour ébranler leur foi ou pour les obliger à grossir le prix de leur rançon ; quand je me rappelle, dans ma mémoire, toutes les railleries sacriléges et piquantes que faisaient ces insolents, d'un Dieu et d'un roi qui défendaient si mal, l'un ses adorateurs et l'autre ses sujets, mon imagination me rend ces temps malheureux si présents, que je ne puis m'empêcher de m'écrier : *Usquequo, Domine, improperabit inimicus?* »

LIVRE DEUXIÈME

RAPPORTS, TRAITÉS ET GUERRES DE LA FRANCE AVEC ALGER AVANT 1789.

I

ÉTABLISSEMENT FRANÇAIS SUR LA COTE SEPTENTRIONALE DE L'AFRIQUE. TRAITÉS AVEC LES PUISSANCES BARBARESQUES.

Il était impossible que, de temps à autre, les États chrétiens ne se fatiguassent point des insultes faites à leurs pavillons par les Barbaresques, du préjudice causé à leurs intérêts commerciaux par les navires algériens armés en course, des violences exercées contre leurs nationaux, et de l'insolence naturelle à un gouvernement qui, fondé sur la force, s'exagérait sa puissance, et ne connaissait guère, tant son ignorance était grande, celle de ses adversaires. Cette situation devait amener contre Alger une suite d'entreprises militaires et, les forces de la civilisation croissant, et celles des Ottomans diminuant de plus en plus, il était indiqué qu'Alger périrait par ce côté.

De toutes les puissances européennes, celle qui avait toujours eu les intérêts les plus importants engagés avec la régence d'Alger, c'était la France. Ces intérêts étaient de plus d'un genre. De temps presque immémorial, la France avait des établissements sur la côte d'Afrique. Avant même de devenir française, c'est-à-dire dès le douzième siècle, la ville de Marseille avait eu des consuls indépendants aux échelles du Levant et dans les différents ports de Barbarie; cependant l'institution de ces magistrats ne paraît avoir été arrêtée d'une manière permanente et régulière que vers le milieu du treizième siècle. A la date de la rédaction des statuts principaux de la cité [1], Marseille entretenait surtout des relations suivies avec les ports de Bougie et de Ceuta, car les deux chapitres de ces statuts destinés à régler le mode d'élection et les droits des consuls marseillais établis dans les ports de la Méditerranée, indiquent ces deux villes comme celles où les commerçants de Marseille apportaient habituellement leurs cargaisons. Les consuls étaient nommés par le viguier de Marseille au nom de la commune et du roi de Sicile. Ces priviléges se maintinrent jusqu'à la réunion du comté de Provence à la couronne de France.

Après la mort de saint Louis, Philippe le Hardi conclut, ainsi que les rois de Sicile et de Navarre, un traité avec le roi de Tunis. Ce traité assurait aux sujets des parties contractantes la liberté du commerce et de la navigation dans leurs États respectifs, et les laissait entièrement libres de suivre, dans leurs établissements ou comptoirs, la religion et les usages de leur pays.

Le commerce français se maintint et s'accrut sur les côtes septentrionales de l'Afrique durant le treizième et le quator-

---

[1] *Tableaux de la situation des établissements français en Algérie*, publiés par le ministère de la guerre en 1838.

zième siècle ; mais, dès le siècle suivant, les guerres des Anglais au nord et à l'ouest de la France, et les luttes soutenues par les comtes de Provence pour conserver les droits de la maison d'Anjou à la couronne de Naples et de Sicile, ayant fait monter le taux de l'argent à vingt pour cent, rendirent le commerce périlleux et peu productif. Venise, parvenue à l'apogée de sa prospérité, l'absorba presque entièrement.

Après l'expulsion des Anglais, le commerce, favorisé par Charles VII et Louis XI, prit un nouvel essor. Marseille s'ouvrit alors des communications directes avec les côtes de la Méditerranée, où elle avait d'abord envoyé ses vaisseaux, et rétablit partout ses comptoirs et ses consuls. Les pavillons de France et de Venise jouirent alors seuls, dans la Méditerranée, de priviléges spéciaux.

Plusieurs chartes, bulles et diplômes de la première moitié du quinzième siècle parlent des possessions du roi de France en Mauritanie. Mais, à partir de 1450, on peut suivre sans interruption l'histoire de ces possessions. A cette époque, deux marchands de Marseille, Thomas Linché et Martin Didier, y conduisirent un assez grand nombre de leurs compatriotes. Ils payaient aux Arabes certaines redevances pour se concilier leur amitié ; cependant ces espèces d'étrennes en usage dans le pays où tout se fait au moyen de présents, et où les présents prennent facilement un caractère périodique, n'impliquaient point, de la part du gouvernement français, l'abdication du droit de souveraineté sur ces possessions. On en trouve la preuve dans deux faits dignes de remarque : le roi de France nommait les chefs de plusieurs tribus, d'accord avec les gouvernements de Bougie, d'Alger et de Constantine, usage qui s'est perpétué jusqu'au dix-neuvième siècle, et notre gouvernement fit élever des forts sur le littoral, pour assurer la conservation de ces possessions et protéger les sujets français qui venaient commercer dans le pays ou s'y livrer à la pêche du corail.

Les Turcs trouvèrent les Français ainsi établis sur la côte d'Afrique quand ils y parurent eux-mêmes. En 1518, le sultan Sélim Ier ayant conquis la Syrie et l'Égypte et répandu l'épouvante sur tout le littoral méridional de la Méditerranée, les consuls français au Caire et à Alexandrie demandèrent à ce prince la reconnaissance des propriétés françaises sur la côte de Barbarie; Sélim les reconnut par un acte dans lequel il les déclarait très-anciennes.

Plus tard, Barberousse, après avoir fait la conquête de Constantine, s'empara du Bastion de France, centre militaire de nos établissements de pêche et de commerce, et emmena comme prisonniers de guerre les Français qui y résidaient; mais, peu de temps après, ils furent relâchés par ordre exprès du sultan Soliman et remis en possession du Bastion de France, des forts qui en dépendaient et de la pêche du corail.

Ce fait est important dans l'histoire des relations du gouvernement français avec la régence d'Alger. En effet, les circonstances générales qui le portèrent à faire entrer dans les principes de sa politique l'alliance de la Porte Ottomane exercèrent une influence naturelle sur ses rapports avec Alger, lorsqu'un gouvernement turc s'établit dans cette ville. Dès 1525, il y avait des relations amicales entre la Porte et la France. En 1536, Jean de Laforêt, chevalier de l'ordre de Malte, conclut un traité de commerce entre François Ier et Soliman. Ce traité garantissait la libre navigation des deux bâtiments des puissances sur leurs côtes respectives, l'inviolabilité des consuls, jusque-là considérés comme des otages responsables, la juridiction souveraine des consuls dans toutes les affaires civiles; la mise en liberté des esclaves faits antérieurement; l'engagement pour l'avenir de ne plus réduire les prisonniers de guerre en esclavage. Ce traité servit de base à tous ceux que les rois de France conclurent dans la suite, soit avec la Porte, soit avec les puissances barbaresques, et quand la violation de ces clauses rendit nécessaires de nouveaux accords, on ne fit guère que confirmer ou reproduire l'esprit de ces dispositions.

Les relations amicales que la cour de France entretenait avec la Porte et, par suite, avec les pachas d'Alger, favorisèrent l'établissement et les progrès du Bastion de France, bâti au nord-est de Bone et centre principal du commerce français, qui fut plus tard transporté à la Calle, à cause de l'avantage que présentait la disposition des lieux.

La Calle, située à 465 kilomètres à l'est d'Alger, sur un roc entouré presque complétement par la mer, s'agrandit bientôt et devint, grâce à l'influence du commerce français, un établissement important dans ses jours de prospérité, car, exposée à être ruinée par les tribus qui l'entouraient ou par les Turcs d'Alger chaque fois qu'il y avait une rupture avec le gouvernement français, elle eut ses bons et ses mauvais jours. Elle comptait un grand nombre de beaux magasins, des quais, une église, un hôpital, un lazaret, quatre postes militaires, quatre bastions armés de canons, enfin tout ce qui pouvait être nécessaire à l'approvisionnement et à la défense d'une ville de deux mille âmes. Une reconnaissance poussée dès mars 1831 vers cette ville a permis de constater son étendue et sa situation. « A cette époque, dit la relation officielle, la Calle ne présentait que des masures abandonnées et inhabitables. Les batteries avaient beaucoup souffert, cependant quelques merlons étaient restés intacts. La tour du Moulin, construite sur une hauteur isolée et munie de retranchements, était seule dans un assez bon état de conservation. Il n'est pas inutile de faire remarquer que, si le poste de la Calle était rétabli, il ne serait plus aussi nécessaire de fortifier la presqu'île sur laquelle il est bâti, et dont les principales défenses étaient tournées contre les attaques par mer des corsaire algériens ou tunisiens [1]. »

Ces détails topographiques éclairent, ce semble, d'une assez vive lumière la nature de nos établissements sur la côte septentrionale de l'Afrique. Leur origine était commerciale; mais, comme dans le pays où ils étaient situés on ne pouvait trouver quelque sécurité qu'à l'abri de la force, il fallut de bonne heure fortifier nos comptoirs, de même qu'on arme les caravanes, et les populations indigènes, qui trouvaient avantage à échanger leurs produits avec nous, n'y mirent point obstacle. Quand les armes des sultans de Constantinople parurent dans ces contrées, la Porte reconnut nos établissements, dont un long usage avait déjà fait un droit. Les Turcs venant à dominer en Algérie avec les Barberousse, qui proclamèrent la suzeraineté du Grand Seigneur sur ces parages, les capitulations ou traités que nos rois signèrent avec la Porte Ottomane, à partir du règne de François Ier, s'étendirent moralement sur ces contrées soumises, sinon toujours de fait, au moins de droit, au gouvernement du Grand Seigneur. Plusieurs de ces traités nous reconnurent la faculté de châtier nous-mêmes les pirates barbaresques qui se mettraient, par leurs agressions, hors la paix qui régnait entre la France et la Porte Ottomane. Il en résultait que notre situation sur la côte septentrionale d'Afrique était mixte. Elle résultait à la fois d'un usage immémorial, de la prescription, cette origine de presque toutes les propriétés, du consentement primitif des populations, de la reconnaissance de cet usage et de nos droits par la Porte, de nombreux traités avec le gouvernement turc d'Alger. Elle était à la fois commerciale, politique et militaire.

Malgré les traverses perpétuelles que lui suscitèrent les

---

[1] *Tableau des établissements français en Afrique*, publié par le ministère de la guerre en 1838. Voir les pages 98 et suivantes.

deys d'Alger, et bien que les guerres nous obligeassent souvent à abandonner nos établissements, que les beys de Constantine faisaient livrer aux flammes, les négociants qui jouissaient des concessions, firent des bénéfices considérables en étendant leur commerce et leurs comptoirs du cap Negro au cap Rosa, à Bone, Stora, Collo, et jusqu'à Djijelly. La position privilégiée dont le gouvernement français jouissait à Constantinople auprès de la Porte, son ancienne alliée, ses relations avec les Barberousse, au temps des grandes luttes de François Ier contre Charles-Quint, assurèrent à notre pavillon des avantages particuliers.

On voit, en 1569, Claude Dubourg, trésorier de France, ambassadeur de Charles IX, renouveler avec le sultan les dispositions du traité de 1539, par un traité contenant quelques dispositions particulières pour faciliter le rétablissement et la sûreté du commerce français dans la régence d'Alger, etc.

Le commerce européen se faisait à cette époque, dans tout le Levant et dans les États-Barbaresques, sous le nom et l'autorité des consuls français, comme le rappelle M. de Noailles, évêque de Dax et ambassadeur de Charles IX près la cour ottomane. « Il n'y a aujourd'hui, dit-il, si petite province en Italie, en Espagne, qui ne guette l'opportunité d'avoir un consul à part soi, et par ce moyen à se séparer de la protection qui leur a été toujours si utile sous le nom et la bannière de France. »

M. de Noailles fut chargé, auprès de la Porte, d'une négociation délicate, dont la réussite pouvait neutraliser la puissance des Espagnols établis à Oran, et avoir de grands effets sur le développement de la marine et du commerce de la France. C'était la cession du royaume même d'Alger en faveur de Henri, duc d'Anjou, depuis roi de Pologne et ensuite roi de France sous le nom de Henri III. Les ouvertures de l'ambassadeur surprirent le divan de Constantinople, et mirent quelque froideur dans les rapports du gouvernement turc avec la France ; mais Gilles de Noailles, prudent diplomate, qui succéda à François de Noailles, rassura la Porte, un moment mise en émoi, fit oublier une demande trouvée indiscrète, et rétablit une entière harmonie entre les deux cours.

M. de Germigny, qui succéda à Gilles de Noailles, ménagea à l'Angleterre les premières capitulations qu'elle a obtenues de la Porte en 1579. Hume rapporte à cette occasion que les Turcs avaient cru jusque-là que la Grande-Bretagne dépendait de la France. M. de Germigny, étant ambassadeur à Constantinople, renouvela, le 6 juillet 1581, nos capitulations ou articles de paix et de commerce avec le sultan Amurat, souverain d'Alger, de Tunis et de Tripoli, par un traité dont les premières dispositions établissent la préséance des ambassadeurs de France et garantissent toute sécurité aux marchands de Venise, d'Angleterre, de Portugal, de Sicile, de Catalogne, d'Ancône et de Raguse, et de tous les autres pays qui naviguaient alors sous la bannière de France.

Notre situation générale étant devenue moins forte pendant les troubles de la Ligue, nos établissements en Afrique furent encore une fois ruinés.

Les grandes capitulations du 20 mai 1604, données par le sultan Achmet, fils de Mahomet III, et signées lors de l'ambassade de François Savary, sieur de Brives, rétablirent et confirmèrent nos priviléges. La régence de Tunis accepta ces capitulations, mais la régence d'Alger, qui tendait de plus en plus à se rendre indépendante de la Porte, les repoussa.

Cet incident, qui révèle le progrès d'une situation qui exerça une grande influence sur les établissements français en Afrique, mérite une attention particulière.

A mesure que les liens d'Alger avec la Porte se relâchèrent, la France, d'abord respectée par les corsaires algériens à cause de ses anciennes alliances avec l'empire ottoman, se vit en butte à leurs attaques comme les autres peuples. En 1600, l'établissement de la Calle, connu sous le nom de Bastion de France, fut détruit de fond en comble. En 1604, Henri IV, ayant enfin mis un terme aux troubles de la Ligue, voulut essayer de rendre la sécurité au commerce français, en renouant les anciennes alliances de la France avec les Algériens. Il obtint facilement des ordres de Mahomet III, avec lequel il renouvela les capitulations qui unissaient autrefois les deux gouvernements. Mais ces ordres demeurèrent inobéis. Quand l'ambassadeur de France de Brives les produisit devant le divan d'Alger, la colère de la milice fut si vive, qu'il fut obligé de quitter en toute hâte la ville, où sa vie n'était pas en sûreté. Les janissaires repoussaient, comme attentatoire à leurs intérêts, tout traité dont l'objet était de limiter leurs droits à la piraterie, source de leurs richesses. Tout ce que de Brives avait pu obtenir, à force de présents, c'était la restitution des esclaves chrétiens.

Il faut rappeler ici un événement qui exerça une grande influence sur la côte septentrionale de l'Afrique, sur les ravages toujours croissants de la piraterie, et sur la passion comme sur les moyens avec lesquels les Barbaresques l'exercèrent. Depuis la prise de Grenade, en 1492, jusqu'aux premières années du dix-septième siècle, la position des Maures d'Espagne n'avait cessé d'empirer. Suspects à leurs nouveaux maîtres par leur religion, leur origine, leurs mœurs, leurs intelligences naturelles avec les Barbaresques de la côte septentrionale de l'Afrique, ils avaient été violemment gouvernés, gênés dans leurs croyances, rançonnés et, plusieurs révoltes ouvertes ayant détruit leurs capitulations, ils avaient subi la religion du vainqueur. Ces révoltes, durement réprimées, avaient été suivies d'émigrations partielles qui avaient déjà fortifié sur la côte d'Afrique les foyers de piraterie. Les émigrés revenaient avec les corsaires sur la côte d'Espagne, dont ils connaissaient parfaitement les abords, et les Barbaresques trouvaient à l'intérieur des indications, un appui et des dépôts secrets d'armes et de munitions. Les mesures de rigueur n'ayant fait qu'envenimer les rapports entre les deux races, et l'antipathie des origines, des mœurs et des religions dominant la politique, le gouvernement espagnol prit, sous le règne de Philippe III, une mesure radicale : il décréta, en 1609, l'expulsion en masse des Maurisques [1]. Cette loi de proscription, en privant l'Espagne d'au moins 600,000 habitants, augmenta la population d'Alger, de Tunis, de Tripoli, et fit paraître à Salé un nouveau foyer de piraterie. Les sauvages tribus qui erraient sur le rivage reçurent, il est vrai, comme une proie, cette épave de l'islamisme que la mer leur apportait. Elles reprochaient aux Maurisques leur longue soumission aux rites chrétiens et, au dire des historiens, un grand nombre de ces réfugiés périrent massacrés par leurs coreligionnaires. Mais ceux qui échappèrent vinrent grossir la population des villes barbaresques ; ils ajoutèrent à sa force et, perdant l'espoir de reconquérir l'Espagne, ils n'aspirèrent plus qu'à la désoler.

Cet événement donna une nouvelle et vive impulsion aux courses des corsaires. La barbarie algérienne, fondée sur le despotisme d'une soldatesque qui gouvernait par le sabre les populations subjuguées, ne laissait point de place à la civilisation. Alger lui emprunta seulement certains perfectionnements pour les instruments de ses brigandages [2]. C'est

---

[1] Voir le livre intéressant et plein de recherches publié par M. le comte Albert de Circourt, sous ce titre : *Histoire des Arabes d'Espagne sous la domination des chrétiens.*

[2] On retrouve la trace des Mores d'Espagne à Alger dans le nom de mur des Tagarins, que portait la partie occidentale de l'enceinte de la

de cette époque que date l'agrandissement de la marine algérienne, qui jusque-là ne se servait que de galères ; elle commença à employer des vaisseaux pontés et à voiles et étendit le cercle de ses entreprises. En 1630, les Barbaresques possédaient jusqu'à cent vingt-deux bâtiments de toute grandeur ; Alger seul en comptait soixante-dix.

La France qui, rétablie par Henri IV, continuait sa progression ascendante sous le ministère du cardinal de Richelieu, essaya de nouveau, en 1625, de conclure un traité avec Alger. La situation de notre commerce et celle de notre littoral méditerranéen devenaient intolérables. On voit dans le rapport rédigé par M. de Séguiran, chargé par Richelieu de parcourir les ports français de la Méditerranée, que « les attaques des pirates étaient alors si fréquentes en Provence, que les bâtiments marchands n'allaient en mer qu'armés en guerre, et que les habitants des côtes, fortifiés dans leurs maisons, avaient été obligés d'établir des signaux de nuit et de jour pour prévenir au loin de l'arrivée des corsaires. »

Richelieu, pour rendre quelque sécurité aux populations du Midi, établit des croisières sur les côtes de France et ordonna quelques attaques contre les Barbaresques. Les soins qu'il donna à la marine royale lui permirent d'appuyer les négociations entamées à Tunis et à Tripoli par des expéditions maritimes, qui facilitèrent la conclusion de plusieurs traités souvent violés, mais qui cependant procurèrent aux populations méridionales et au commerce français, sinon une sécurité complète, au moins une situation plus tolérable.

Les Algériens se montrèrent les plus difficiles. Sanson

---

ville. Les Morisques d'Aragon se désignaient par cette dénomination, qui venait de l'ancienne division de l'Espagne sous les califes ommiades *El-Thagr*, la frontière. C'était le pays conquis depuis par les rois d'Aragon sur les émirs de Saragosse.

Napollon, chargé, en 1625, de négocier un traité direct avec le dey et la milice d'Alger, qui ne voulaient plus reconnaître les capitulations de la France avec la Porte, rencontra les mêmes obstacles, les mêmes périls, que son prédécesseur de Brives. Les lettres de jussion du Grand Seigneur ne furent pas plus admises cette fois que dans la précédente ambassade. Les janissaires ne parlaient de rien moins que de brûler le chrétien insolent qu'ils regardaient naïvement comme un spoliateur, parce qu'il leur demandait de renoncer à leurs spoliations.

Napollon allait désespérer de sa mission, quand la ville de Marseille, particulièrement intéressée au traité, s'entendit avec toutes les villes du littoral pour réunir des sommes considérables qui mirent l'ambassadeur de France en position d'acheter la paix qu'il ne pouvait obtenir. Douze mille piastres pour la milice, quatre mille piastres pour le pacha, mille piastres pour l'intendant du pacha, deux mille piastres pour l'aga, plusieurs milliers de piastres pour les raïs, membres influents du divan : tel fut le prix vénal de ce traité, promptement violé, comme tout traité passé à prix d'or ; car la puissance qui vend la paix est plus que jamais en état de la faire acheter encore.

Les principales stipulations du traité de 1628 consistaient dans la restitution réciproque des esclaves, l'engagement pris par les Algériens de n'enlever des navires français qu'ils rencontreraient en mer ni câbles, ni voiles, ni canons, ni munitions de guerre ; la promesse, en cas qu'il y eût incertitude sur le pavillon, de conduire le navire suspect à Alger, et d'interroger sans violence l'équipage ; l'engagement mutuel des deux peuples de ne point faire d'esclaves l'un sur l'autre, et de se rendre tous les bons offices qu'on se doit entre alliés. En même temps, le rétablissement du Bastion de France était autorisé. Les Français pouvaient donc, sans crainte d'être inquiétés, relever les fortifications de la Calle, et occuper les points du littoral où étaient situés leurs anciens établissements. La liberté de pêcher le corail, pêche qui occupait vingt-trois bateaux, montés chacun par sept hommes ; celle de faire le commerce des cuirs, de la laine, de la cire, du blé, des chevaux, étaient restitués à la France.

Elle renoua facilement ses anciennes relations avec les Berbères, parce que cet établissement était pour ceux-ci un précieux débouché ; si précieux que, quelques années plus tard, ils prirent les armes contre les Turcs, leur firent éprouver deux sanglantes défaites, et refusèrent de consentir au payement du lisme, ou redevance, jusqu'à ce que le Bastion de France fût rétabli. C'est ainsi que cet établissement, qui avait subsisté de 1628 jusqu'en 1637, malgré les contestations continuelles des gouvernements de France et d'Alger sur les autres clauses du traité, et qui avait été ruiné par les Algériens à la fin de cette année, parce qu'une flotte de guerre avait paru devant Alger, demandant satisfaction pour les griefs du roi de France, sortit de ses ruines en 1640.

En 1635, Louis XIII ayant ordonné au chevalier Lepage, gouverneur de nos possessions d'Afrique, d'en faire l'inspection générale, cette inspection constata l'état de choses suivant : il y avait au Bastion de France huit cents hommes de garnison, au fort la Calle trois cents, au cap Roux cent cinquante, au cap Rose cent cinquante. On abandonna bientôt après un cinquième fort, élevé sur le cap Nègre et qui dès lors tombait en ruines.

Il est facile de voir, par ces détails, que la position de la France sur la côte d'Afrique continuait à demeurer mixte. Elle y faisait un grand commerce de grains avec les Berbères, et le Bastion de France était le centre de ce commerce;

elle affermait la pêche du corail moyennant des redevances, et exerçait sur quelques points du territoire, pour protéger son commerce, une souveraineté souvent contestée, qu'elle maintenait tantôt par la crainte de ses armes, moyen efficace dans un pays où il n'y avait guère d'autre droit que la force, tantôt et plus fréquemment par une bonne entente avec le gouvernement algérien, qu'elle gagnait à ses intérêts par de riches présents.

Cependant il y avait, au milieu de ces intérêts un peu mêlés, quelque chose de distinct ; la portion de côte qui s'étendait depuis la frontière de Tunis jusqu'à la rivière de Seybouse était plus particulièrement celle sur laquelle la France prétendait à un droit de souveraineté ; la portion de côte qui s'étendait de la rivière de Seybouse jusqu'à Bougie était celle où notre commerce faisait moyennant une concession payée par une redevance[1], la pêche du corail. Au-dessus de toutes ces distinctions, s'élevait un fait matériel qui les dominait et portait la France à préférer la bonne entente avec Alger à la lutte ouverte : c'est que, les forces dont elle disposait sur la côte d'Afrique n'étant point suffisantes pour lutter contre la puissance algérienne, il était préférable, pour ses intérêts, de conserver de bonnes relations avec le gouvernement de ce pays, afin de n'avoir à les employer que contre les tribus et les autres villes barbaresques qui entraveraient son commerce ou voudraient piller ses comptoirs. On accommodait donc, autant que possible, les difficultés, pour éviter les frais d'une expédition sans laquelle nos forts, comme l'événement l'avait plusieurs fois prouvé, étaient à la merci de la puissance algérienne.

---

[1] Cette redevance n'était primitivement que de 17,000 livres.

II

EXPÉDITIONS FRANÇAISES CONTRE ALGER SOUS LE RÈGNE DE LOUIS XIV.

Cet état de choses dura longtemps. Mais quand la France, sortie de ses embarras intérieurs, entra dans la plénitude de sa force, on put prévoir que la guerre succéderait à ces querelles sans cesse apaisées et sans cesse renaissantes. Les principales expéditions de la France contre les puissances barbaresques, et en particulier contre Alger, eurent lieu sous le règne de Louis XIV. Il n'y a rien là qui puisse surprendre. La vigueur et la hauteur du gouvernement de la France, à cette époque, se retrouvèrent naturellement dans ses rapports avec toutes les puissances étrangères, et notamment avec les corsaires qui, malgré les traités, ne pouvaient se décider à renoncer à la piraterie, source de toutes leurs richesses. Ces expéditions qui, au fond, ne furent que l'application de la même pensée, et se continuèrent les unes les autres jusqu'à ce que cette pensée eût prévalu, prirent place depuis 1663 jusqu'à 1688. Dans ce quart de siècle, Louis XIV, malgré les grandes affaires qui l'occupèrent en Europe, trouva le temps et les moyens de réduire la régence d'Alger à subir les traités qu'il lui imposa et à les respecter.

Dès 1663, le duc de Beaufort, avec six vaisseaux de ligne et six galères, avait donné la chasse aux corsaires algériens et leur avait fait éprouver de grandes pertes. Il avait été précédé sur ces mers par de braves chevaliers qui, continuant la gloire de l'ordre de Malte, alors déjà dans son déclin, armèrent à Marseille quelques bâtiments pour réprimer l'insolence des corsaires. C'est à bord d'un de ces bâtiments et contre les corsaires algériens que Tourville commença, comme volontaire, sa carrière maritime, prédestinée à tant de gloire.

Ces répressions, dont l'effet n'était que passager, ayant été jugées insuffisantes, Louis XIV conçut la pensée de conquérir sur la côte d'Afrique une position militaire et maritime assez forte pour protéger, d'une manière efficace et constante, notre commerce et nos intérêts.

Le point choisi, d'après les avis du célèbre ingénieur Clerville, fut Djijelly, situé entre Alger et Tunis; il présentait de rares avantages pour l'établissement qu'on songeait à y fonder. On y trouvait, en effet, dans la disposition du littoral, les moyens d'établir deux ports sans beaucoup de frais, parce qu'ils étaient commencés par la nature; la ville, bâtie sur un rocher plat, ne tenait à la terre que par une langue étroite et, par conséquent, elle était facile à défendre contre les attaques venant de l'intérieur du pays; enfin, à l'extrémité du bassin ovale que présentait le rivage vers le couchant d'Alger, s'élevait un rocher où l'on pouvait construire une citadelle commandant la ville et les deux ports : l'eau douce ne manquait pas dans le pays[1].

L'affaire, bien conçue et vigoureusement commencée, fut mal conduite après des succès au début. L'expédition, qui se composait de huit galères, dix-sept vaisseaux et soixante barques, portait six mille hommes de débarquement. Elle avait pour généralissime et amiral le duc de Beaufort; le commandant des troupes de terre était M. de Gadagne, officier de réputation, qui avait appris la guerre sous Gustave-Adolphe; l'ingénieur Clerville leur avait été adjoint comme maréchal de camp, membre du conseil et chef des ingénieurs,

---

[1] Nous avons utilement consulté, pour toutes les expéditions de la France contre Alger dans le dix-septième siècle, l'*Histoire d'Alger*, par M. Ch. de Rotalier.

parmi lesquels se trouvaient Deshoulières et Mesgrini. L'unité de direction manquait à l'expédition, par suite de cette composition de l'état-major.

Le gros de la flotte fit voile de Toulon le 30 juin 1664. Le 8 juillet, elle rallia dans le port de Mahon huit galères françaises et sept galères de Malte qui devaient prendre part à l'expédition. Les vents, peu favorables, ne permirent de mettre à la voile que le 17 juillet. La flotte fit une démonstration sur Bougie le 21, et la contrariété des vents empêcha de paraître devant Djijelly [1] avant le 23. Il y avait vingt-quatre jours qu'on était parti de Toulon.

Le débarquement se fit, ce jour-là même, avec ordre et sans grandes difficultés, quoique les Maures occupassent le rivage. Vivement poussés, ils se retirèrent. Le lendemain 24 juillet, ils évacuaient Djijelly, et les Français l'occupèrent.

C'est ici que commencèrent les fautes. La division se mit parmi les chefs de l'expédition. Ils prêtèrent trop facilement l'oreille aux propositions des Maures, qui, pour gagner du temps, leur soumirent plusieurs projets de traités et obtinrent ainsi des trèves qu'ils rompaient bientôt en surprenant nos postes. Les nuits froides et les journées brûlantes de l'Afrique leur servirent d'auxiliaires et fatiguèrent l'armée, qui avait montré beaucoup de valeur et d'entrain dans ces luttes journalières. Les volontaires que Gadagne n'employait pas demandèrent à retourner en France, et les galères de Malte, qui ne s'étaient engagées à concourir à l'expédition que jusqu'au débarquement, affaiblirent aussi l'armée par leur retraite. L'ingénieur Clerville, par trop de mépris de l'ennemi, et dans la conviction qu'il n'avait pas de canons de

---

[1] Les auteurs du dix-septième siècle appellent cette place Gigeri ou Gigel.

gros calibre, ne donna point de force aux ouvrages provisoires qu'il entreprit en attendant qu'on approuvât le projet de citadelle qu'il avait envoyé au roi. Or les Maures, qui avaient reçu des Turcs d'Alger des pièces de trente-six et de quarante-huit, firent un tel dégât dans nos ouvrages, que le 31 octobre, trois mois et sept jours écoulés depuis le débarquement, on fut obligé d'abandonner l'expédition et de se rembarquer, après avoir encloué les canons, car on manquait des appareils nécessaires pour les hisser à bord.

Ce ne fut point un désastre comparable à celui de Charles-Quint, mais ce fut un échec. Louis XIV, loin de se laisser abattre par ce revers, ordonna au duc de Beaufort de reprendre la mer, et, l'année suivante, en 1665, ce vaillant homme, assisté du commandeur de Saint-Paul, joignit la flotte algérienne à la hauteur de Tunis, et lui infligea une si grave défaite dans deux combats successifs, qu'elle périt presque tout entière, et que seize ans se passèrent sans qu'on fût obligé d'armer dans les ports de France pour réprimer les insultes des Barbaresques.

En 1681, les actes de piraterie se renouvelèrent. Le dey ayant fait appeler le père Levacher, vicaire apostolique à Alger, lui déclara que la paix était rompue, et qu'il venait d'ordonner la sortie de deux vaisseaux de course. En même temps, les corsaires de Tunis et de Tripoli couraient sur nos bâtiments de commerce.

Les Barbaresques payèrent cher ces insultes. L'année ne s'était point écoulée avant que Duquesne, et sous lui Tourville, eussent détruit la flotte de Tunis et de Tripoli. Il fallut que les chefs de ces deux pays subissent les conditions imposées par Louis XIV. Au nombre de ces conditions était la mise en liberté de tous les esclaves chrétiens. Ce fut alors qu'eut lieu cet incident qui témoigne de l'orgueil national des Anglais. Parmi les esclaves remis au comte d'Amfreville, capitaine de vaisseau chargé de cette négociation, il y avait beaucoup d'Anglais. Ils soutinrent à d'Amfreville que c'était par considération pour le roi d'Angleterre qu'ils étaient mis en liberté. « Puisque cela est ainsi, dit d'Amfreville, qu'on fasse venir les Turcs ; » et, leur remettant les Anglais : « Ces gens-ci, dit-il, prétendent n'être délivrés qu'au nom de leur roi ; le mien ne prend pas la liberté de leur offrir sa protection, je vous les rends ; c'est à vous de montrer ce que vous devez au roi d'Angleterre. » Les Anglais furent remis aux fers, châtiment bien dur d'un orgueil déplacé [1].

Alger était plus difficile à frapper. Il fut un moment question d'opérer la conquête de cette ville, et les raisons ne manquaient point aux partisans de ce plan hardi. Sa belle position sur le littoral de la Méditerranée, sa situation sur la route de l'Inde par l'isthme de Suez, sa proximité de la France, la fertilité de son pays, célèbre au temps des Romains, frappaient les esprits. Mais les frais de l'expédition, ses difficultés attestées par l'expérience du passé, le désastre de Charles-Quint, encore présent aux mémoires, le souvenir tout récent de l'échec éprouvé à Djijelly, empêchèrent de donner suite à cette idée. On renonça à conquérir Alger, on se borna à le châtier.

Duquesne, avec sa hardiesse ordinaire, proposait d'attaquer de vive force les forts de la marine, projet difficile et dangereux avec des forts aussi redoutables que ceux de Bab-Azoum, de Bab-al-Oued, qui montraient, le premier quinze canons, le second douze, et les batteries rasantes du Môle, qui présentaient soixante-dix à quatre-vingts bouches à feu. On n'avait point encore adopté de plan d'attaque, lorsqu'un pauvre gentilhomme de Gascogne, Renaud d'Eliçagarray, connu sous le nom de Petit-Renaud, proposa un moyen nou-

---

[1] Ce fait est raconté par Voltaire dans *le Siècle de Louis XIV*.

veau et audacieux : c'était de tenter, entreprise inouïe dans les fastes de la marine, le bombardement d'Alger avec des mortiers placés sur les vaisseaux. Cette idée, ingénieusement hardie, eut, devant le conseil du roi, le sort de toutes les idées nouvelles, quand elles sont présentées devant les corps dépositaires des traditions de la science : elle fut rejetée à l'unanimité. Heureusement Petit-Renaud trouva dans Louis XIV, qui, avec son esprit juste et droit, fut frappé de la manière lumineuse dont ce gentilhomme développait son plan, un appréciateur moins esclave de la routine. L'essai fut résolu. Renaud d'Eliçagarray, autorisé par le roi, fit construire cinq navires à fond plat, de moyenne grandeur et d'un fort échantillon, pour résister à la réaction de la bombe. Chacun de ces navires, appelés galiotes, embarqua deux mortiers de douze à quinze pouces coulés sur une semelle fixe inclinée de quarante-cinq degrés pour obtenir la plus grande portée, et reposant sur une charpente solide supportée par des lits de madriers et de câbles. C'est ainsi que la marine fut dotée, à l'occasion d'Alger, d'une nouvelle puissance de destruction.

Le 23 juillet 1682, la flotte française, forte de onze vaisseaux de ligne, quinze galères, cinq galiotes, deux brûlots et quelques tartanes, mouilla en rade d'Alger. Des vents violents et une grosse mer obligèrent Duquesne d'ajourner le projet d'attaque, et ce ne fut que le 15 août qu'on put faire une première tentative. Elle ne réussit point, parce que l'inexpérience et l'insuffisance des dispositions prises amenèrent des accidents. La tentative, renouvelée le 30 août, avec plus de précautions, réussit complétement ; cent-vingt bombes tombèrent dans la ville et y portèrent le ravage et la destruction. Le 3 septembre, la mer étant belle, le bombardement recommença. Les Algériens essayèrent d'enlever la ligne d'embossage des Français ; reçus par un feu bien nourri d'artillerie et de mousqueterie, ils furent obligés de regagner en désordre leur port. Ils envoyèrent, le 4 septembre, le père Levacher à Duquesne pour traiter de la paix ; les conditions imposées par la France parurent trop dures, les Algériens refusèrent de les accepter. Le bombardement recommença pendant la nuit ; mais l'époque avancée de la saison, et le vent qui devint tout à coup mauvais, obligèrent Duquesne à rentrer à Toulon, en laissant Alger à demi ruinée. Ce n'était que partie remise : le moyen de la soumettre était trouvé.

En juin 1683, une nouvelle expédition fit voile de Toulon, sous les ordres de Duquesne, et parut le 20 juin en vue d'Alger, devant laquelle elle trouva la croisière commandée par le marquis d'Amfreville. Cette expédition se composait de seize vaisseaux, sept galiotes à bombes et deux brûlots. Cette fois on arrivait plein de confiance dans un moyen éprouvé, et avec l'expérience de la première expédition, qui indiquait les précautions à prendre pour éviter les accidents et les avaries. Sept ancres furent portées à six cents toises du Môle ; deux autres ancres, servant à deux vaisseaux destinés à flanquer les galiotes et à les protéger contre les attaques de l'ennemi, furent mouillées à trois cents toises, la première vis-à-vis l'extrémité nord du Môle, la seconde à l'extrémité sud ; au bout des amarres qui servaient aux galiotes, se trouvaient amarrés des vaisseaux, hors de la portée du canon, de sorte que chacune des galiotes, qui formaient un demi-cercle en face du Môle, avait derrière elle un vaisseau qui portait son amarre. Ces mesures préliminaires furent prises en présence de l'ennemi, qui n'essaya pas de les contrarier.

Dans la nuit du 26 au 27 juin, les galiotes se halèrent sur leurs câbles ; quatre chaloupes canonnières, armées chacune d'un gros canon, se placèrent entre les bombardes et les forts, et le bombardement commença. Il dura pendant une partie de la journée du 27, et reprit le soir avec une nouvelle intensité. L'effet en fut terrible. Plusieurs milliers de personnes périrent; les mosquées, le palais du dey et un grand nombre de maisons furent renversées. Le peuple, désespéré et furieux, ne savait où trouver un asile. Le dey, ne pouvant prolonger la lutte, envoya vers Duquesne, pour traiter de la paix, le père Levacher et le commandant de Beaujeu, alors prisonnier. Duquesne exigea, comme condition préalable de tout arrangement, la mise en liberté des esclaves chrétiens. On lui en avait rendu cinq cent quarante-six, et la négociation continuait, lorsqu'une de ces révolutions si communes à Alger changea la face des affaires.

Parmi les otages exigés par Duquesne, se trouvaient Mezzo-Morto, amiral de la flotte algérienne, et Hali, raïs de la marine. Le mécontentement de la population, de plus en plus menaçante, et qui, depuis que le feu avait cessé, passait de la crainte à la fureur, ayant empêché le dey de souscrire à la seconde condition imposée par Duquesne, le payement d'une indemnité pour les prises faites, à différentes époques, par les corsaires sur le commerce français, on se rendit, de part et d'autre, les otages. Mezzo-Morto, qui avait promis à l'amiral français d'agir sur la milice dans le sens de la paix, agit dans le sens contraire. A peine à terre, il représenta aux janissaires, aux groupes desquels il se mêla, que Baba-Hassan ne méritait pas de commander à l'invincible milice. — « Il la déshonorait, disait-il, par une paix honteuse. N'avait-il pas déjà ruiné l'État et les particuliers en rendant les esclaves aux Français, qui refusaient de rendre les Turcs enchaînés à bord de leurs galères? » Les passions de la soldatesque, enflammées par ces discours, devaient bientôt faire explosion. Les janissaires se répandirent en groupes armés dans la ville et, le soir, à dix heures, Baba-Hassan, qui rentrait dans son palais, fut atteint de quatre coups de feu. Aussitôt Mezzo-Morto fut proclamé à sa place.

Duquesne, qui le croyait encore favorable à la paix, le fit complimenter et, sur sa demande, lui envoya par écrit les conditions à souscrire. Deux jours se passèrent sans réponse ; alors Duquesne hissa le pavillon rouge, en l'appuyant de deux coups de canon à boulet. Les Algériens répondirent par une manifestation semblable. La guerre recommençait. Cependant, avant de reprendre les hostilités, le chef de l'expédition voulut mettre à l'abri des représailles la population française qui résidait à la Calle. Quatre galères, envoyées par lui, revinrent chargées de quatre cent vingt personnes. Depuis le rétablissement du Bastion de France en 1640, le commerce avait continué sur ce point, malgré des guerres presque continuelles entre la France et Alger. La nuit suivante, le bombardement fut repris et en même temps, on lança des brûlots sur le port. Deux vaisseaux, une galère, plusieurs bâtiments marchands coulés à fond, les édifices qui restaient debout dans la ville incendiés ou renversés, un grand nombre de morts : tels furent les résultats de cette nuit.

Les Algériens se défendaient avec courage. Éclairé la nuit par de grands feux, leur tir devenait plus juste et faisait éprouver des pertes sensibles aux Français, qui étaient venus s'embosser, avec une grande hardiesse, sous le canon de l'ennemi, pour bombarder la ville de plus près. Les ravages qu'ils y faisaient croissant d'heure en heure, la fureur de la population ne connut plus de bornes et, le 29 juillet, Mezzo-Morto, partageant cette fureur, ordonna au père Levacher, conduit devant lui par ses satellites, de choisir entre le turban et la mort. Le généreux prêtre n'hésita point, et fut attaché à la pièce dite la Consulaire. Un jour, la victoire devait, nous l'avons dit, mettre aux mains de la France cet instrument de meurtre consacré par un martyre. Une fois les exécutions commencées, elles continuèrent. Mais, au milieu de ces actes atroces, vient s'encadrer un trait de magnanime courage qui console le cœur. Un officier français, M. de Choiseul, pris deux jours auparavant dans une ronde de nuit, venait d'être attaché à la bouche d'un canon, lorsqu'un capitaine de corsaire, peu de temps avant son prisonnier, et plein de gratitude pour la bonté qu'il avait trouvée en lui, traverse la foule, le proclame son bienfaiteur et demande sa vie. La foule, prompte à passer de la colère à la pitié, s'attendrit; mais Mezzo-Morto, demeurant inflexible, commande le feu au canonnier. Alors le corsaire, se serrant contre Choiseul et le tenant embrassé : « Eh bien, tire, crie-t-il au canonnier; puisque je ne puis sauver mon bienfaiteur, j'aurai du moins la consolation de mourir avec lui. » La beauté de l'action, la surprise, le courage du corsaire, l'émotion de tous, touchèrent Mezzo-Morto lui-même, car l'homme le plus endurci est toujours homme par quelque endroit, et n'échappe point à l'admiration involontaire qu'excite, dans le cœur humain, la vertu. M. de Choiseul fut sauvé.

Le bombardement dura jusqu'au 18 août, en faisant dans Alger d'immenses ravages. Près de mille bombes étaient tombées dans la ville. Cependant Mezzo-Morto tenait encore. Tout en continuant à répondre au bombardement, il avait eu à défendre, les armes à la main, son pouvoir contre la population, que le paroxysme du désespoir et de la terreur poussait à la révolte. Entouré de la milice, il fit face à ce double péril, et il était maître d'Alger en ruines, lorsque les bombes manquèrent à Duquesne, qui n'avait point voulu faire embarquer un grand nombre de ces projectiles dangereux à bord des vaisseaux, dont l'aménagement était loin d'égaler la perfection d'installation obtenue dans les temps modernes.

Il fallut donc repartir pour Toulon, en laissant encore une fois l'œuvre inachevée. Mais Duquesne établit Tourville en croisière devant la ville, et fit avertir le dey qu'il ne tarderait pas à revenir. Cette fois, les Algériens ne l'attendirent pas.

Épouvantés à l'idée de voir recommencer, l'été suivant, le bombardement qui avait déjà fait tant de victimes, ils se soulevèrent contre Mezzo-Morto, qui n'eut que le temps de fuir pour éviter le sort de son prédécesseur.

Une première paix fut alors signée le 16 avril 1684. Elle fut moins dure qu'on aurait pu le supposer. Tourville renonça à obtenir les frais de la guerre, et rendit même aux Algériens les soldats de la milice, prisonniers à bord des galères de France. L'obstination intrépide des janissaires dans le dernier bombardement leur avait conquis de meilleures conditions; on voulut sans doute aussi faire quelque chose pour la population, qui avait contraint Mezzo-Morto à la fuite, afin de traiter avec la France; enfin, les difficultés et les hasards des expéditions tentées sur cette côte dangereuse durent contribuer à décider Louis XIV à sanctionner un traité dont il avait été d'abord mécontent.

Ce traité dura peu. La leçon n'avait pas été assez complète, et les Algériens revenaient presque irrésistiblement à la piraterie, qui était pour eux une habitude et un besoin. Ils crurent qu'on les ménageait parce qu'on les craignait et, dès 1685, Louis XIV était obligé de renvoyer Tourville devant Alger pour demander réparation de diverses infractions au traité. Ils promirent de faire droit aux représentations de la France; mais loin de là, ils recommencèrent leurs déprédations dans les années suivantes avec les corsaires tripolitains et tunisiens placés sous l'influence du dey, et firent éprouver les plus grandes pertes au commerce de France, d'Espagne et d'Italie.

Le roi, déterminé à mettre un terme à cette piraterie, chargea le maréchal d'Estrées de châtier d'abord Tunis et Tripoli : ces deux villes se soumirent, après un bombardement, aux conditions qui leur furent dictées. Elles payèrent une contribution de guerre, et Tunis assura à la France, à l'exclusion de l'Angleterre qui le convoitait, le droit de faire le commerce sur sa côte et d'y pêcher le corail. Le tour d'Alger était venu. Vers la fin du mois de juin 1688, le maréchal d'Estrées parut devant cette ville et, du 1er au 16 juillet, il y jeta dix mille bombes.

Cette fois l'orgueil d'Alger fut vaincu. Pendant cette épouvantable exécution, la population se livra d'abord à ses fureurs accoutumées. Le successeur du père Levacher, le père de Montmasson, le père François Francillon, le consul de France et quarante autres Français à peu près furent attachés à la bouche des canons[1]. Mais, quand cette fureur se fut assouvie, les Algériens comprirent qu'il y allait de l'existence de la ville, qui ne pouvait résister à cette force de destruction que possédait le roi de France, et dont il était résolu à

[1] On trouve des détails curieux et touchants sur ces exécutions dans une lettre écrite par le frère Jacques le Clerc, de la congrégation de Saint-Lazare, résidant alors à Alger, pour y servir de compagnon au vicaire apostolique, et qui vit lui-même de près la mort dans cette occasion. On le prit en effet le 7 juillet 1688 pour le conduire au lieu du supplice. Il devait, comme le vénérable père de Montmasson, être attaché à la bouche d'un canon. « Mon heure n'était pas encore venue, ajoute-t-il; il plut à la divine Providence de me réserver à quelque autre fin à elle connue. Je fus donc conduit pour aller sacrifier à Dieu la vie qu'il m'avait donnée; mais je n'eus pas plutôt fait deux cents pas, que je me vis reconduire au lieu d'où j'étais parti. » Le frère raconte ensuite comment le gardien Bachi lui dit de n'avoir point peur et de rester là en repos; comment il écrivit au révérend père d'Espinosa, administrateur du grand hôpital espagnol, pour l'avertir de la triste situation où il se trouvait; comment celui-ci envoya un Majorquin de ses amis, nommé Plumel, homme d'esprit et adroit, qui négocia sa délivrance, en promettant au gardien Bachi deux cent vingt piastres; comment on le fit conduire, après lui avoir fait couper les cheveux et l'avoir fait changer d'habits, au jardin du père administrateur, qui avait reçu également dans son jardin huit ou dix capitaines, qui sauvèrent leur vie à force d'argent. La cruauté tempérée par la cupidité, tel était le trait principal du caractère de ces barbares : nous avons trouvé quelque chose de cela dans nos révolutions. On trouve la lettre du frère Jacques dans le *Voyage pour la rédemption des captifs*, par les PP. François Gomelin, etc.

se servir jusqu'au bout pour les réduire. Ils se soumirent donc à leur destinée et, bien que le maréchal d'Estrées, à bout de munitions, fût rentré à Toulon, ils demandèrent la paix et renoncèrent à une lutte impossible.

Louis XIV exigea cette fois qu'une ambassade solennelle vînt lui porter la soumission d'Alger. Le 26 juillet 1690, Méhémet Fléming, envoyé du dey, fut présenté au roi par le marquis de Seignelay dans la galerie de Versailles. Il prononça sa harangue en turc, et Lacroix-Petit, secrétaire interprète du roi, la traduisit aussitôt. C'était le temps des pompes triomphales auxquelles le royal palais de Versailles servait de cadre majestueux. Déjà le doge de Gènes était venu s'incliner devant la grandeur de la France personnifiée dans le grand roi et, à plus juste titre encore que lui, Méhémet Fléming aurait pu répondre à qui lui aurait demandé ce qui l'étonnait le plus à Versailles : « C'est de m'y voir. »

Voici le discours prononcé dans cette mémorable circonstance par Méhémet Fléming :

« Très-puissant, très-majestueux et très-redoutable empereur, dit Fléming, Dieu veuille conserver Votre Majesté avec les princes de son sang, et augmenter de un à mille les jours de votre règne !

« Je suis envoyé, ô très-magnifique empereur toujours victorieux, de la part des seigneurs du divan d'Alger et du très-illustre dey, pour me prosterner devant le trône impérial de Votre Majesté, et pour lui témoigner l'extrême joie qu'ils ont ressentie de ce qu'elle a eu la bonté d'agréer la publication de la paix qui vient d'être conclue entre ses sujets et ceux du royaume d'Alger.

« Les généraux et les capitaines, tant de terre que de mer, m'ont choisi, Sire, d'un commun consentement, nonobstant mon insuffisance, pour avoir l'honneur d'entendre, de la bouche sacrée de Votre Majesté, la ratification de cette paix, étant persuadé que c'est de cette parole royale que dépendent son éclat et sa durée qui sera, s'il plaît à Dieu, éternelle.

« Ils m'ont ordonné d'assurer Votre Majesté de leur très-profond respect, et de lui dire qu'il n'y a rien au monde qu'ils ne fassent pour tâcher de se rendre dignes de sa bienveillance. Ils prient Dieu qu'il lui donne la victoire sur tant d'ennemis de toutes sortes de nations qui se sont liguées contre elle, et qui seront confondues par la vertu des miracles de Jésus et Marie, pour le droit desquels nous savons que vous combattez.

« Je prendrai la liberté, Sire, de dire à Votre Majesté qu'ayant eu l'honneur de servir longtemps à la Porte Ottomane, à la vue de l'empereur des musulmans, il ne me restait, pour remplir mes désirs, que de saluer un monarque qui, non-seulement par sa valeur héroïque, mais encore par sa prudence consommée, s'est rendu le plus grand et le plus puissant prince de toute la chrétienté, l'Alexandre et le Salomon de son siècle, et enfin l'admiration de tout l'univers.

« C'est donc pour m'acquitter de cette commission qu'après avoir demandé pardon à Votre Majesté, avec les larmes aux yeux, et avec une entière soumission, au nom de notre supérieur et de toute notre milice, à cause des excès commis pendant toute la dernière guerre, et l'avoir priée de les honorer de sa première bonté, j'ose lever les yeux en haut, et lui présenter la lettre des chefs de notre divan en y joignant leurs très-humbles requêtes dont je suis chargé et, comme ils espèrent qu'elle voudra bien leur accorder leurs prières, il n'y a point de doute qu'ils ne fassent éclater dans les climats les plus éloignés la gloire, la grandeur et la générosité de Votre Majesté, afin que les soldats et les peuples, pénétrés de son incomparable puissance, soient fermes et constants à observer, jusqu'à la fin des siècles, les conditions de la paix qu'elle leur a donnée.

« Je ne manquerai pas aussi, si Votre Majesté le permet, de rendre compte par une lettre à l'empereur ottoman, mon maître, dont j'ai l'honneur d'être connu, des victoires que j'ai appris avoir été remportées par vos armées de terre et de mer sur tous vos ennemis, et de prier Dieu qu'il continue vos triomphes. Au reste, toute notre espérance dépend des ordres favorables de Votre Majesté. »

Louis XIV répondit : « Je reçois agréablement les assurances qu'il me donne des bonnes intentions de ses maîtres ; je suis bien aise d'entendre ce qu'il me vient dire de leur part, et je confirme le traité de paix qui leur a été accordé en mon nom. J'oublie ce qui s'est passé, et pourvu qu'ils se comportent de la manière qu'ils doivent, ils peuvent s'assurer que l'amitié et la bonne intelligence augmenteront de plus en plus et qu'ils en verront les fruits. »

Déjà Bossuet — car, dans ce siècle béni du ciel, la grandeur des paroles égalait la grandeur des actions — s'écriait en 1685, en annonçant ce triomphe définitif de la France, préparé par les premières expéditions et que relevaient les tributs que les autres puissances européennes continuaient à payer aux Algériens : « Avant lui [1], la France presque sans vaisseaux tenait en vain aux deux mers ; maintenant on les voit couvertes depuis le levant jusqu'au couchant de nos flottes victorieuses, et la hardiesse française porte partout la terreur avec le nom de Louis. Tu céderas ou tu tomberas sous ce vainqueur, Alger, riche des dépouilles de la chrétienté. Tu disais en ton cœur avare : Je tiens la mer sous mes lois, et les nations sont ma proie. La légèreté de tes vaisseaux te donnait de la confiance ; mais tu te verras attaquée dans tes murailles comme un oiseau ravissant qu'on irait

---

[1] C'est-à-dire avant Louis XIV. C'est dans l'oraison funèbre de la reine Marie-Thérèse, le 1ᵉʳ septembre 1683, que Bossuet prononça ces paroles.

7.

chercher parmi ses rochers, et dans son nid où il partage son butin à ses petits. Tu rends déjà tes esclaves ; Louis a brisé les fers dont tu accablais ses sujets, qui sont nés pour être libres sous son glorieux empire. Dans ta brutale fureur tu te tournes contre toi-même [1], et tu ne sais comment assouvir ta rage impuissante. Mais nous verrons la fin de tes brigandages. Les pilotes étonnés s'écrient par avance : *Qui est semblable à Tyr? et toutefois elle s'est tue dans le milieu de la mer.* »

Le génie, regardant de haut, voit de loin. C'est ainsi que le grand orateur chrétien, dans le premier avantage de Louis XIV, voyait le triomphe plus complet de 1688 et la conquête définitive accomplie, un siècle et demi plus tard, par un de ses lointains descendants, dont les armes victorieuses devaient répondre à la question des pilotes : « Qui est semblable à Tyr? et toutefois elle s'est tue dans le milieu de la mer. »

A partir du traité de 1688, Alger renonça à exercer, d'une manière systématique, la piraterie contre la France, et continua ses déprédations contre les autres puissances européennes, qui ne surent pas lui imposer, par les mêmes moyens que Louis XIV, le respect de leur pavillon. La Méditerranée, relativement sûre pour notre commerce, malgré des violations de détail qui amenèrent de nouveaux traités, demeura donc dangereuse et inhospitalière pour le commerce espagnol, italien, anglais, ce qui nous assura le négoce à peu près exclusif du littoral. Les Espagnols, après l'échec de l'expédition d'O'Reilly, en 1775, avaient tenté, en 1783 et 1784, des bombardements, sans y donner assez de suite pour réduire les Algériens. L'Espagne, sur son déclin, n'a-

---

[1] Allusion à l'insurrection dans laquelle périt le dey pendant le bombardement de 1683.

vait plus la hardiesse de conseil et la vigueur d'action nécessaires pour mener une entreprise difficile à fin. L'Angleterre, la Hollande, un moment affranchie par son Ruyter, la Suède, le Danemark, l'Espagne, l'Amérique, payaient tribut et n'affranchissaient qu'à demi leur commerce par cette concession. Les États italiens n'obtenaient à aucun prix de traités ; les Algériens les regardaient comme leur proie.

Les dates du renouvellement des traités de la France avec le dey suffiraient, au besoin, pour indiquer, par les réparations exigées et obtenues, les infractions qui troublaient la bonne harmonie des rapports.

Dans le mois de mai 1694, un traité, connu sous le nom de *traité Hely*, avait confirmé les droits et les possessions du Bastion de France.

Le 27 mai 1693, M. Dusault, gouverneur du Bastion de France, signait un traité pour cent ans avec le dey de Tripoli. Il était convenu qu'on remettrait à M. Dusault trois vaisseaux désignés par lui, avec leurs armes, équipement et chargement de blé, trente chevaux barbes des plus beaux, tous les prisonniers faits sous pavillon français. Ce traité était confirmé en 1720, dans un nouvel accord négocié par M. Dusault, en qualité de ministre plénipotentiaire.

Le 50 mars 1752, un article supplémentaire était ajouté à ces conventions, pour menacer de la peine de mort les corsaires qui troubleraient la navigation des bâtiments de la France ou insulteraient son pavillon. Si ces gouvernements de pirates observaient peu la foi jurée, il faut dire aussi qu'ils étaient mal obéis par leurs sujets, et que la police des mers n'était point facile à faire. De là ces peines terribles édictées contre les contrevenants.

Dans tous les actes diplomatiques négociés pendant le règne de Louis XIV, le roi de France n'était pas désigné comme traitant directement avec les puissances barbaresques. Le roi, trouvant au-dessous de sa dignité de paraître comme l'égal de ces puissances, autorisait seulement une personne à négocier et à conclure en son nom.

Sous Louis XV, les conventions, les traités et les renouvellements de traités avec les puissances barbaresques furent fréquents. Ces confirmations, obtenues par la force ou l'intimidation, attestent à la fois les violations commises par les corsaires et leur terreur devant les armes de la France. Mais il est remarquable qu'on eut plus rarement à renouveler les traités avec Alger qu'avec les autres Barbaresques.

En 1764, il y eut un traité signé par le chevalier Fabry, major des armées navales du roi, commandant l'escadre mouillée à Alger. Ce traité stipulait que tous les griefs passés seraient oubliés ; qu'un délai de trois mois serait donné aux marchands français résidant à Alger, s'il survenait une rupture ; que, dans le cas d'une collision entre un navire français et un navire algérien, le coupable serait sévèrement puni par le dey, s'il était Algérien, par le consul, s'il était Français ; que les corsaires de Salé ne pourraient vendre leurs prises ni même être reçus dans le port d'Alger ; que, s'il y avait combat entre les corsaires d'Alger et un bâtiment français, aucun mal ne serait fait aux Français résidant à Alger.

L'expérience avait appris au gouvernement français qu'il fallait prévoir, comme des accidents inévitables, les cas de violence exercés sur la mer par les corsaires sans permission de leur gouvernement, et ne pas faire dépendre de ces accidents la sécurité générale du commerce français à Alger et la paix.

Les dates des traités et renouvellement des traités avec les autres puissances barbaresques sont plus nombreuses. En 1720, 1729, 1742, 1763, 1770, on retrouve la trace de négociations de ce genre avec Tunis et Maroc. Les droits de la

France étaient souvent violés ; mais la terreur qu'inspiraient les armes françaises les rétablissait toujours.

Cet état de choses dura jusqu'à la Révolution de 1789. On voit encore sous Louis XVI les puissances barbaresques attacher un grand prix à l'amitié de la France. L'éclat avec lequel son pavillon venait de paraître sur les mers était de nature à lui concilier le respect des puissances barbaresques, et c'est à cette époque que l'empereur de Maroc fit racheter, habiller à ses frais, et renvoyer au roi des matelots français qui avaient fait naufrage sur ses côtes et avaient été dépouillés et réduits en esclavage par les tribus nomades. La France occupait cette situation privilégiée quand la Révolution française éclata.

LIVRE TROISIÈME

RUPTURE DE LA FRANCE AVEC ALGER EN 1827

I

ALGER DANS LES PREMIÈRES ANNÉES DU DIX-NEUVIÈME SIÈCLE. — SES RAPPORTS AVEC L'EUROPE. — EXPÉDITION AMÉRICAINE. EXPÉDITIONS ANGLAISES. — L'AMIRAL EXMOUTH. — L'AMIRAL NEAL.

Nous entrons avec la fin du dix-huitième siècle dans le vif de cette histoire. Les faits qui amenèrent la rupture définitive de la France avec la Régence d'Alger remontent aux guerres révolutionnaires qui éclatèrent à cette époque. La Révolution de 1789, qui ouvre l'ère contemporaine, devait changer notre situation à Alger. Il était impossible que le contre-coup de l'affaiblissement de la marine française, à laquelle les décrets de la Convention portaient un coup funeste en détruisant ce magnifique corps d'officiers que nous enviait l'Europe entière, ne se fît point ressentir chez les puissances barbaresques. L'influence de l'Angleterre, dont la marine grandissait de jour en jour, tendit dès lors à se substituer à la nôtre. Elle aspira à prendre notre position dans la Méditerranée, et elle devait, au moins momentanément, y parvenir, car elle jouissait auprès des puissances barbaresques du crédit de la force.

Lorsqu'en 1798 le général Bonaparte entreprit l'expédition d'Égypte, les Algériens, à l'instigation de la Porte, nous déclarèrent la guerre. Ils s'emparèrent de notre établissement de la Calle, défendu seulement par une vingtaine de canons et une garnison de deux cents hommes, et le détruisirent ; pendant les années troublées qui avaient précédé, on avait laissé tomber en ruines les forts du cap Rose, du Bastion de France et du cap Roux. Ce fut là cependant le seul acte d'hostilité que les Algériens commirent contre la France, et l'on peut apprécier par un seul fait le relâchement des anciens liens qui unissaient la Porte et Alger : une partie des approvisionnements de l'expédition d'Égypte fut tirée d'Alger, et c'est l'origine partielle d'une créance du commerce algérien sur la France qui devait jouer un si grand rôle dans les événements ultérieurs.

Le général Bonaparte, devenu premier consul, ayant rétabli la paix entre la France et la Porte, entra en négociation avec le dey d'Alger, et le 17 décembre 1801, M. de Talleyrand étant ministre des affaires étrangères, un traité fut signé entre la République française et la Régence d'Alger. Ce traité, par ses principales clauses, rétablissait les relations des deux peuples sur l'ancien pied. « Les concessions d'Afrique, disait-il, sont restituées de la même manière et aux mêmes conditions que la France en jouissait avant la rupture. » Le renouvellement des relations politiques et commerciales, l'interdiction de retenir les Français comme esclaves dans la Régence, toutes les anciennes clauses enfin, reparaissaient. En outre, le dey, dans une lettre datée du 13 août 1802, consentait à respecter le pavillon de *la Ré* publique italienne, « proposition, ajoutait-il, qu'il n'aurait pas accordée pour un million de piastres si elle lui avait été faite par un autre que le premier consul [1]. » Il renonçait aux 200,000 piastres fortes qu'il avait d'abord réclamées comme dédommagement des pertes essuyées pour l'aide accordée au premier consul ; car la Porte, disait-il, avait exigé de lui une amende, à cause des fournitures faites à l'expédition d'Égypte. Mais, à la fin de sa lettre, il insistait en ces termes sur le payement de la dette contractée de 1793 à 1798 pour le gouvernement français envers la maison de commerce algérienne Busnach et Bacri : « Faites-moi le plaisir de donner des ordres pour faire payer à Bacri et à Busnach ce que leur doit votre gouvernement, puisqu'une partie de cet argent m'appartient, et j'attends d'être satisfait, comme l'a promis, en votre nom, votre consul Dubois-Thainville [2]. »

Le gouvernement consulaire fut trop occupé sur le continent pour tirer parti du traité du 17 décembre 1801 ; de 1801 à 1806, il ne fit rien pour relever nos établissements de la Calle, comme il ne prit aucune mesure pour faire payer Busnach et Bacri.

En 1807, nos priviléges nous furent enlevés de nouveau, au profit de l'Angleterre, dont la domination sur les mers devenait irrésistible. Ce fut alors que, nous remplaçant complétement à Alger, elle jouit de la pêche du corail et de tous nos avantages commerciaux, moyennant une redevance annuelle de 267,000 francs : cet état de choses devait se prolonger pendant dix années.

Napoléon, devenu empereur, s'inquiéta de cette nouvelle

---

[1] Cette lettre est reproduite tout au long, ainsi que le traité, dans une brochure de M. de Laborde, publiée en 1830.
[2] Voir, à la fin de l'ouvrage, aux pièces justificatives, le texte complet de cette lettre et du traité du 17 décembre 1801, sous les numéros 1 et 2.

position que l'Angleterre acquérait sur la côte africaine, et d'où elle menaçait à la fois ses États français et italiens, riverains de la Méditerranée. Parmi les projets qui traversèrent sa puissante imagination, il faut mettre celui d'une expédition française en Afrique. Il envoya à cet effet le chef de bataillon de génie Boutin reconnaître les fortifications de la ville, ses approches et le point du littoral qui présenterait le plus de facilités pour un débarquement. Cet observateur, plein de sagacité, trouvant la rade d'Alger trop bien fortifiée pour qu'il fût prudent d'y renouveler les tentatives des Espagnols, signala la presqu'île de Sidi-Ferruch comme le meilleur point de départ d'une attaque contre Alger, et évalua à 35,000 hommes, dans le plan qu'il traça, le chiffre des forces nécessaires pour réduire cette ville.

L'Empire tomba avant que l'Empereur eût pu donner aucune suite à cette idée. En 1814, à l'époque de la première Restauration, les puissances réunies dans le congrès de Vienne songèrent à mettre un terme à la piraterie exercée par les États barbaresques; mais l'Angleterre montra peu de disposition à entrer dans cette voie, et son représentant dans le congrès opposa, comme fin de non-recevoir, les traités existants et les difficultés d'une entreprise contre Alger. Il est permis de supposer que l'Angleterre, sûre d'être à l'abri des insultes des corsaires par la force de sa marine, ou du moins de les réprimer, voyait sans trop de déplaisir les obstacles qu'ils mettaient au commerce des autres puissances maritimes.

A la même époque, le consul général de France à Alger, M. Dubois-Thainville, le même qui, en 1801, avait signé le traité du 17 décembre, et qui avait fait renouveler ce traité au nom du roi en 1814, recevait du dey l'ordre impératif d'arrêter définitivement les comptes de plusieurs sujets algériens créanciers de la France; et, comme le consul représentait qu'il ne pouvait le faire sans y être autorisé par son gouvernement, le dey lui commanda de quitter immédiatement Alger.

Sur ces entrefaites les Cent-Jours arrivèrent, et les choses restèrent naturellement dans la même situation, jusqu'à ce que le sort de la France fût fixé. Les rapports entre le gouvernement français et la Régence d'Alger étaient au moins interrompus.

Vers la fin des Cent-Jours, dans la seconde moitié de l'année 1815, les États-Unis d'Amérique, qui avaient jusque-là payé un tribut au dey pour assurer la sécurité de leur commerce, ayant décidé en congrès que ce tribut cesserait d'être payé, envoyèrent dans la Méditerranée une force navale destinée, soit à forcer la Régence à conclure la paix, soit à protéger le commerce américain contre la piraterie.

M. Shaler, consul général des États-Unis, raconte ainsi cet épisode maritime, dans lequel il joua le rôle principal : « A cette occasion, dit-il, je fus nommé, par le président, commissaire pour traiter de la paix avec Alger, et les capitaines Bambridge et Decatur, commandants des forces maritimes destinées à appuyer les négociations, me furent adjoints. Je fis voile de New-York, en mai 1815, avec M. Decatur, qui commandait la première division, laquelle consistait en trois frégates, un sloop, un brick et trois schooners. Nous arrivâmes dans la Méditerranée au commencement de juin et, le 16 du même mois, nous rencontrâmes et nous prîmes une frégate algérienne à la hauteur du cap de Gate ; deux jours après, nous fîmes rencontre et capture d'un grand brick ; le 28 juin, nous parûmes à la hauteur d'Alger et, conformément à nos instructions, nous proposâmes à la Régence les conditions auxquelles elle pouvait renouveler ses relations pacifiques avec les États-Unis. Les Algériens furent tout à fait déconcertés par ces événements et, tous leurs croiseurs étant en course, ils accédèrent, presque sans discussion, aux termes de la paix que nous leur dictâmes. Le traité fut signé le 31 juin et, le soir du même jour, je débarquai à Alger, en qualité de consul général des États-Unis, poste auquel j'avais été également nommé par le président, le cas échéant de la conclusion de la paix. Ces événements se succédèrent si rapidement, que j'avais peine à y croire. Il m'avait semblé impossible que cette fameuse Régence pût se rendre à discrétion dès ce premier coup de vigueur; mais un léger examen me fit voir que ce n'était qu'un ridicule fantôme, et m'amena à regretter que nos instructions ne nous permissent pas de lui infliger un châtiment plus exemplaire[1]. »

Dans ces lignes, empreintes de la hauteur confiante qui caractérise la politique des États-Unis, le représentant de ce grand pays s'exagérait la portée de l'avantage obtenu et la facilité d'une expédition contre Alger. Le difficile n'avait jamais été d'obtenir des Algériens des clauses favorables, surtout quand on les surprenait dans un moment propice, comme cela était arrivé à l'escadre américaine paraissant à l'improviste devant Alger, dont les croiseurs étaient en course, de sorte que la ville se trouvait mal préparée à la défense, et que sa marine militaire, dispersée, était à la merci de l'escadre américaine. Le difficile, c'était de faire exécuter un traité obtenu, et d'obliger la Régence, une fois le péril passé, à exécuter les conditions acceptées sous le coup du péril.

L'Angleterre en fit l'expérience l'année suivante. Au commencement de 1816, lord Exmouth s'était présenté en rade d'Alger avec une division anglaise composée de six vaisseaux

---

[1] Cette lettre est citée dans l'*Aperçu historique, statistique et topographique sur l'État d'Alger*, rédigé au dépôt général de la guerre, page 77 (1830).

de haut bord, quatre frégates et deux bricks, pour demander, au nom des sept grandes puissances de l'Europe, l'abolition de l'esclavage des Européens. Le dey répondit qu'il ne pourrait souscrire à une pareille condition sans exciter contre lui l'animadversion du divan et faire éclater une révolution à Alger. Il proposa, comme terme moyen, de mettre quelques chrétiens en liberté, en considération du roi d'Angleterre. Lord Exmouth fit connaître à son gouvernement cette proposition et, passant outre, il se présenta successivement devant Tunis et Tripoli qui, effrayés des préparatifs d'attaque faits par la flotte anglaise, souscrivirent à la condition imposée. Encouragé par ce premier succès, lord Exmouth revint devant Alger, et renouvela ses réclamations. Débarqué lui-même avec son frère, sir Israel Pellew, major général de la flotte, et un capitaine de frégate, pour présenter en personne ses sommations, il courut, ainsi que ses compagnons, les plus graves périls. Les janissaires le menacèrent de mort, l'un d'eux appuya son pistolet sur sa poitrine, et l'amiral dut mettre l'épée à la main. Quant au dey, il se retrancha, comme la première fois, dans les difficultés de sa position, et refusa d'acquiescer à la réclamation des sept puissances.

L'amiral, de retour à son bord, donna l'ordre d'attaquer immédiatement ; mais, le vent s'y étant opposé, le dey fit de nouvelles ouvertures. Il avoua que, croyant la paix rompue, il avait donné l'ordre à Oran et à Bone d'arrêter tous les sujets anglais ; mais il expédia devant le négociateur anglais, sir Israël Pellew, deux courriers vers ces villes, pour révoquer ses ordres, avec menace de les faire étrangler s'ils n'arrivaient pas dans un temps marqué. Il ajouta qu'il proposait de remettre la question de la suppression de l'esclavage à l'arbitrage de la Porte Ottomane. Lord Exmouth crut devoir communiquer cette proposition à son gouvernement, et se retira avec son escadre. Mais les courriers envoyés par le dey à Oran et surtout à Bone étaient arrivés trop tard ; sur ses premiers ordres, les Anglais qui se trouvaient à Bone ou à Oran avaient été non-seulement jetés dans les bagnes, mais massacrés. Une vive indignation se répandit en Angleterre à cette nouvelle.

Le public, comme la marine, demandait une satisfaction. Le gouvernement britannique, résolu de punir sévèrement la Régence, décida qu'une expédition serait dirigée contre Alger.

Le 14 août 1816, lord Exmouth, d'autant plus apte à remplir la mission dont il était chargé qu'il avait trois fois, en une année, débarqué dans le port d'Alger, sortit de Gibraltar avec une escadre composée de 12 vaisseaux ou frégates, 4 galiotes à bombes, 1 brick, 1 schooner, 2 pataches. Une escadre des Pays-Bas, composée de 5 frégates et 1 corvette, rallia l'amiral anglais sous les ordres du vice-amiral baron Van der Capellen.

L'amiral, mouillé dans la baie d'Alger [1], envoya la *Severn*,

---

[1] Nous devons à l'obligeance de M. le comte Albert de Circourt, officier de marine à bord de la frégate la *Didon*, à l'époque de la conquête d'Alger, la communication d'un document intéressant : c'est le journal réglementaire tenu, les 21-28 août 1816, à bord de la *Reine-Charlotte*, vaisseau de 100 canons monté par l'amiral Exmouth. Ce journal fut communiqué, en 1830, à M. le commandant de Villeneuve, par un officier de marine anglais, M. Mansell, qui, embarqué comme lieutenant de vaisseau à bord de la *Reine-Charlotte*, pendant l'expédition de 1816, avait reçu l'hospitalité, en 1830, à bord de la *Didon*, commandée par M. de Villeneuve. M. de Circourt, chargé par celui-ci de traduire cette page intéressante, en a conservé une copie. Ces notes, prises pendant l'action même, établissent un fait, souvent contesté, c'est que lord Exmouth se servit du pavillon parlementaire pour prendre la position d'où il foudroya Alger. En effet, le journal des observations faites à bord de la *Reine-Charlotte* constate que, le 27, à six heures du matin, l'amiral Exmouth, mouillé dans la baie d'Alger, envoya la frégate la *Severn* sous pavillon parlementaire à Alger ; qu'à sept heures, on disposa tout pour le combat ; qu'à neuf heures un quart, on mit en panne le canot avec le

frégate de 48 canons, sous pavillon parlementaire, porter l'ultimatum de son gouvernement. Il exigeait l'abolition immédiate de l'esclavage des Européens, et une réparation suffisante des insultes et des dommages que les sujets d'Angleterre venaient d'éprouver dans les États d'Alger. Le dey repoussa l'ultimatum de l'amiral anglais. Celui-ci, à la faveur de ces négociations, avançant toujours dans la baie, finit par s'embosser à l'embouchure du port, à trois cents pieds seulement des premières batteries du Môle, que la *Reine-Charlotte* prenait à revers. En même temps les galiotes occupèrent leur poste de combat. A deux heures vingt-deux minutes de l'après-midi, toutes ces dispositions étant exécutées, on amena le pavillon parlementaire. A deux heures cinquante minutes, le feu commença. La *Reine-Charlotte* s'était tellement approchée du rivage, que, du tillac, on découvrait tout le Môle et la partie d'Alger appelée la Marine. Ils étaient couverts de plus de trois mille spectateurs, qui ne paraissaient point se douter du péril dont ils étaient menacés. Lord Exmouth, debout sur la poupe, leur fit, selon la relation officielle anglaise, signe de se retirer. Dans ce moment, le dey, qui arrivait dans les batteries du Môle, ayant donné le signal du feu, la *Reine-Charlotte* riposta, et sa première bordée, tombant dans cette foule, emporta plus d'un millier d'hommes. Les bordées, se succédant presque sans interruption, réduisirent bientôt au silence les forts de la Marine, la flotte algérienne mouillée dans le port, et les chan-

pavillon parlementaire ; qu'à midi, l'escadre était rassemblée ; qu'à une heure cinquante minutes, par un beau temps, l'amiral fit gouverner et servir sur la ville d'Alger ; qu'à deux heures vingt-deux minutes, il fit amener le pavillon parlementaire ; qu'à deux heures trente minutes on battit la générale ; qu'à deux heures quarante-huit minutes, on était mouillé à cent yards (trois cents pieds) des premières batteries du Môle et qu'à deux heures cinquante minutes, le feu commença par tribord.

tiers. A trois heures vingt-cinq minutes, on détacha un canot pour mettre le feu à une frégate algérienne de 44 canons, mouillée le plus au large du Môle. A cinq heures, une seconde régate fut incendiée par des carcasses [1] que lançaient les chaloupes canonnières et bombardières. A sept heures trente minutes, plusieurs autres frégates, amarrées au dedans du Môle, éprouvèrent le même sort. Une de ces frégates, s'étant détachée, vint, poussée par le vent, sur le vaisseau amiral de lord Exmouth, et l'on dut manœuvrer et changer de position pour l'éviter. Le feu des Algériens commença dès lors à se ralentir. Les batteries du Môle, en général, et les batteries supérieures étaient éteintes ; mais les batteries inférieures, fortement casematées, continuèrent un feu bien nourri jusqu'à onze heures et demie du soir. Le péril que l'incendie de la flotte algérienne en feu créait à l'escadre anglaise devint si imminent à dix heures un quart du soir, par une brise de N. O , que l'amiral donna à ses vaisseaux l'ordre de couper les câbles et d'appareiller. A onze heures quarante-cinq minutes, le feu cessait des deux côtés ; la flotte anglaise, pour éviter l'incendie, avait dû se replier à la hâte de l'autre côté de la baie.

Les Algériens avaient fait des pertes cruelles ; un grand nombre d'habitants avaient péri, la flotte entière avait été incendiée, les batteries supérieures du fort de la Marine, prises à revers, avaient été démontées et leurs canonniers tués. Mais les remparts de la ville et les parties basses du fort, construites en pierre de taille, avaient peu souffert. La ville, dont les maisons, depuis les bombardements de Louis XIV,

---

[1] *Carcasse*, terme de marine : « Autrefois on donnait le nom de carcasse à une espèce de bombe percée de trois trous ; aujourd'hui c'est ainsi que l'on appelle l'enveloppe en fer d'un projectile creux destiné à recevoir des artifices. *Carcassière*, synonyme de chaloupe canonière. » (*Dictionnaire de marine*, par le baron de Bonnefoux.)

sont terrassées, et presque entièrement construites de pierres et de briques, n'avait pu être incendiée par les fusées à la Congrève. Les avantages obtenus par lord Exmouth n'avaient donc rien de décisif, et ils avaient été chèrement payés. La *Reine-Charlotte* seule comptait quatre-vingt-huit morts et cent vingt-neuf blessés ; en outre, elle avait éprouvé de graves avaries. Tous ses mâts étaient très-endommagés. Elle avait perdu sa grande vergue et sa vergue de misaine, une ancre de bossoir et plusieurs autres ancres, et son gréement était, en plusieurs endroits, coupé. Les pertes du reste de l'escadre étaient proportionelles à celles du vaisseau amiral : elles offraient un total de huit cent quatre-vingt-trois morts et de plus de quinze cents blessés.

Heureusement pour lord Exmouth, le dey, menacé d'une de ces conspirations si communes à Alger dans un jour de revers, lui envoya, le lendemain, des parlementaires. La diminution de ses équipages, les fatigues des survivants, les avaries de ses navires, le défaut de munitions, car il avait, la veille, brûlé trois mille quintaux de poudre, ne lui auraient pas permis de recommencer les hostilités. Le dey signa un traité stipulant l'abolition absolue de l'esclavage des chrétiens, la délivrance sans rançon des captifs de toutes les nations européennes, la restitution de 370,000 piastres fortes, que le dey avait reçues deux mois auparavant pour rachat de cinq cent soixante-dix esclaves napolitains, l'abolition du tribut précédemment imposé au pavillon hollandais, qui jouirait désormais des avantages résultant des traités entre l'Angleterre et Alger. Mille esclaves furent rendus par le dey, en exécution de ce traité.

Malgré la sévérité de la leçon, l'effet moral qu'elle avait produit ne dura pas longtemps. Ce fut en vain, en effet, qu'en septembre 1819, une escadre anglo-française, sous les ordres des amiraux Jurien et Freemantle, se présenta devant Alger pour signifier à la Régence la résolution prise par les grandes puissances européennes, réunies en congrès à Aix-la-Chapelle, de mettre un terme aux pirateries des Barbaresques. Le dey refusa obstinément une réponse écrite, et déclara de vive voix qu'il ferait la guerre, comme de coutume, au pavillon des nations qui négligeraient de faire payer le tribut à Alger, et que les corsaires continueraient, malgré les représentations des grandes puissances, à envoyer des détachements de leurs équipages à bord des bâtiments de commerce pour examiner leurs passe-ports ; visites sujettes à des abus, à des avanies et à des violences de toute espèce.

Cinq ans plus tard, en mars 1824, lorsque l'amiral sir Harry Neal parut devant Alger avec une escadre, pour demander quelques additions au traité de 1816, il éprouva un refus péremptoire. L'Angleterre voulait que l'on étendît à la maison de campagne du consul anglais l'inviolabilité consulaire assurée à sa maison de ville, qu'il eût droit d'arborer le pavillon national sur la première comme sur la seconde, qu'il fût reconnu comme le premier des consuls chrétiens et qu'il jouît des prérogatives attachées à ce titre ; qu'il ne fût jamais mis empêchement à l'embarquement et au débarquement de ce consul ; que les personnes attachées à son service fussent exemptées de toute contribution. Elle insistait pour que ce traité fût signé par le consul Macdonald, qui avait quitté la ville sur un premier refus. Le dey accueillit quelques-unes de ces conditions, mais il rejeta péremptoirement les autres, notamment l'article qui avait trait au pavillon national, celui qui attribuait au consul anglais un droit de primauté et de préséance consulaire, et par-dessus tout, l'article d'après lequel M. Macdonald serait appelé à signer le nouveau traité. Le dey exigea son rappel et la nomination d'un nouveau consul. Les deux parties persistant, sur ce point surtout, dans leurs prétentions contradictoires, les hostilités s'ouvrirent le 11 juillet 1824. A trois reprises différentes l'amiral Neal essaya de bombarder la ville, mais il fut obligé de se retirer en désordre devant le feu supérieur des forts ; enfin, après une dernière tentative, faite le 24 juillet, il renonça à son ultimatum, se contenta des premières conditions souscrites au mois de mars précédent par le dey et, renonçant à faire accepter M. Macdonald, nomma un nouveau consul pour signer le traité[1]. Le dey fit donc la loi, l'Angleterre la subit.

Telles étaient les dispositions du gouvernement algérien au moment où de graves difficultés allaient s'élever entre lui et la France. Il n'avait changé ni de nature, ni de procédés. Il n'avait profité qu'à un point de vue des attaques récentes dirigées contre Alger ; elles lui avaient indiqué les points faibles de la ville, et il les avait fortifiés.

Ce fut le continuel souci d'Omar-Pacha, le dey sous lequel le coup de main de l'escadre américaine et l'attaque de vive force de lord Exmouth avaient humilié la puissance algérienne. Lorsqu'il périt, comme tant d'autres deys, dans une révolte militaire, il avait réparé les fortifications, construit de nouvelles batteries, nettoyé le port, acheté et équipé quatre navires corsaires et mis Alger à l'abri de toute attaque par mer.

Un sourd mécontentement grondait dans la milice turque depuis le double échec que les États-Unis et l'Angleterre avaient infligé au dey. Il avait réussi à prévenir une première insurrection, il fut moins heureux contre une seconde. Surpris par les conspirateurs, qui l'attaquèrent à l'improviste dans son palais, il n'essaya point une défense inutile et, après

---

[1] Nous empruntons ces détails à la *Note extraite des archives du consulat de France à Alger en* 1827 et envoyée au ministère à cette époque par M. Deval, consul général dans cette ville. Nous devons la communication de cette note intéressante à l'obligeance de M. l'amiral Dupetit-Thouars.

quelques représentations demeurées sans effet, il tendit le cou au lacet.

Ali-Codjia, chef de la conspiration, fut élu à sa place et, prévoyant de bonne heure pour lui-même le sort de son prédécesseur, il s'attacha à répandre autour de lui la terreur. C'était un homme lettré, mais cruel par caractère autant que par politique; ses mœurs dissolues menaçaient le repos de toutes les familles; les Européens et les consuls eux-mêmes n'étaient point à l'abri de ses caprices effrontés. Un témoin oculaire de ses violences et de ses excès, le consul général des États-Unis Shaler, les a ainsi racontés : « Les consuls étrangers qui se rendaient auprès de lui dans les cérémonies publiques n'arrivaient à sa salle d'audience qu'après avoir passé sur vingt cadavres. Entouré de gardes et magnifiquement vêtu, il affectait de tenir toujours un livre à la main, et il montrait en effet quelque goût pour la littérature. Mais il ne connaissait ni frein ni obstacles à ses passions. On assure que la femme et la fille du consul hollandais, menacées d'être enlevées et enfermées dans son harem, n'échappèrent à ce péril que par la mort d'Ali, frappé de la peste. »

Les conspirations contre un pouvoir aussi violent et aussi tyrannique avaient été nombreuses. Mais Ali-Codjia sut les faire échouer par la précaution qu'il prit, au premier mouvement tenté contre lui, de transférer sa résidence et le trésor de l'État à la Casaubah. Enfermé dans cette citadelle, inaccessible à tous, entouré d'une garde formée de Maures, il essaya de secouer le joug de la milice turque, qui avait fait périr un si grand nombre de ses prédécesseurs. On reconnaît ici l'influence du mouvement qui, se communiquant de Constantinople à Alger, poussait les gouvernements turcs à détruire les janissaires, cette milice à la fois turbulente et intrépide, nerf des armées turques, mais aussi redoutable à ses souverains qu'à ses ennemis. Les moyens qu'il employa furent les mêmes que ceux dont se servait, à la même époque, le sultan Mahmoud. Il prit contre la milice turque des mesures d'extermination. Plus de quinze cents janissaires périrent dans les supplices, et cependant son règne fut court ; commencé le 8 septembre 1817, il se termina au bout de quelques mois, au commencement de 1818. En voulant assurer la durée de son gouvernement, il avait énervé la puissance turque, qui résultait de la supériorité de la milice sur les Maures et de l'esprit militaire dont elle était animée.

Il laissa donc à son successeur Hussein-Pacha deux héritages importants, les nouvelles fortifications de la marine pour la défense de la place, et l'usage de la résidence du château pour le dey, qui continua à l'habiter et à y garder le trésor de l'État. Mais, en même temps, il lui laissa la milice turque affaiblie par les vides que tant d'exécutions sanglantes avaient faits dans ses rangs.

Or, après trois siècles de durée, la domination turque n'était guère plus assise qu'au premier jour dans le pays ; elle n'y était que campée. C'était toujours un pouvoir militaire qui se défendait par l'épée contre les révoltes périodiques que sa mauvaise administration et ses exactions excitaient parmi les tribus arabes et chez les tribus berbères soulevées par les marabouts, ces personnages à la fois religieux et politiques qui exerçaient un grand empire sur ces populations remuantes et fanatiques. Quand le dey d'Alger ne parvenait point à se concilier les marabouts par des présents, il ne restait que la ressource de rétablir la domination turque par la force des armes et la terreur des supplices.

En 1808, Mustapha, dey d'Alger, avait encore eu à combattre une redoutable insurrection dont le signal avait été donné par les Kabyles des montagnes de Constantine, soulevés par le marabout Ben-Arach. Le bey d'Oran, en marchant contre eux, éprouva une sanglante défaite. Ben-Chériff, autre marabout, prêcha aussitôt la guerre contre les Turcs, et bientôt, à la tête d'une armée, il fit éprouver une nouvelle défaite au nouveau bey d'Oran, car le bey précédent, demeuré prisonnier dans la première bataille, avait eu la tête tranchée. L'insurrection se répandant de proche en proche, Ben-Chériff devint maître de Mascara, de Tlemcen, de Mazouna, de Callah ; sa domination s'étendait de Miliana jusqu'à Ouidjeda. Un nouveau bey, homme d'action et d'énergie, Mohammed-Mckallech, comprima cette formidable insurrection par le glaive et la politique, car, après un premier succès, il ébranla l'union des tribus par ses menaces et ses promesses. Mais la terreur fut, comme à l'ordinaire, le principal moyen de compression. Les Arabes divisés furent plusieurs fois vaincus et impitoyablement exterminés pendant et après la bataille. Douze cents têtes furent exposées sur les murailles d'Alger, et les ossements des révoltés demeurèrent dans la plaine, comme un terrible enseignement. Cependant, en 1813, une insurrection s'allumait encore à la voix des marabouts, pour être encore éteinte dans le sang. Le père de cet Abd-el-Kader qui devait jouer un si grand rôle dans l'avenir, n'échappa qu'avec peine au supplice, à l'occasion d'une conspiration qu'un des derniers beys d'Oran réprima par de sanglantes exécutions.

La domination turque, sous les derniers deys comme sous les premiers, se maintenait ainsi, sans s'établir définitivement, au milieu de populations remuantes, sans cesse vaincues, mais toujours prêtes à reprendre les armes. Hussein, le dernier dey d'Alger, avait à combattre les mêmes ennemis indigènes qu'avait combattus Barberousse, et il ne les contenait, sans les assujettir, que par la supériorité des armes et de la politique, situation précaire qui mettait la durée de la domination turque à la merci d'un revers éprouvé au centre de sa puissance.

II

DERNIERS RAPPORTS DU GOUVERNEMENT FRANÇAIS AVEC ALGER. — RUPTURE.
DÉLIBÉRATION DANS LE CONSEIL DU ROI.

Hussein-Pacha était ministre de l'intérieur lorsqu'il succéda, le 1er mars 1818, à Ali-Codjia. Il avait alors quarante-cinq ans, et passait pour un homme d'une humeur facile. A Alger, comme partout ailleurs, les situations dominent les hommes : une fois dey, Hussein ne put se maintenir que par la terreur et les précautions les plus rigoureuses. Renfermé dans la Casaubah, dont il augmenta considérablement les fortifications, il n'admettait dans cette citadelle que ses ministres et ses favoris, et en sortait rarement, dans la crainte d'être assassiné. Cette espèce de séquestration d'une tyrannie à la fois terrible et terrifiée n'était qu'un acte de conservation prévoyante, justifiée par l'expérience. Un jour qu'Hussein avait quitté son palais pour inspecter les travaux de fortifications, il n'échappa qu'à grand'peine à une tentative d'assassinat. On cite parmi les exécutions sanglantes qu'il ordonna celle de l'agha de la milice, son parent, que vers la fin de 1827, il fit étrangler sur un soupçon, pendant qu'il jouait aux échecs avec lui. Néanmoins, il passait pour un prince généralement équitable dans l'administration de la justice et dans les actes de son gouvernement, et la férocité de son prédécesseur Ali-Codjia le faisait paraître, comparativement, humain et juste.

Il avait, lors de son avénement, permis à son drogman, le juif algérien Bensamon, qu'Ali-Codjia avait contraint de se faire mahométan, de retourner à la religion de ses pères. Le même jour, en vertu d'une décision du pacha, appuyée de l'opinion des cadis turcs et maures, portant que *nul ne pouvait être contraint à embrasser le mahométisme*, trois jeunes garçons, huit filles juives et une chrétienne, ravis à leurs parents par Ali-Codjia, furent également rendus à leurs familles et à la religion de leurs pères. L'une des jeunes filles juives, et Rose Ponsibinio, fille d'un aubergiste piémontais, reçurent même chacune du pacha, en rentrant chez leurs parents, une dot de 5,000 piastres fortes d'Espagne, environ 27,000 francs de notre monnaie [1].

Hussein-Pacha, malgré ces actions louables, avait les défauts de sa position et ceux de sa nation. Chef d'un gouvernement de corsaires, il ne pouvait volontairement mettre fin à la piraterie, source de richesses pour lui et la milice. Despote, il avait les exigences, l'entêtement, l'insolence et l'aveuglement d'un pouvoir arbitraire et absolu. Turc, il éprouvait pour les puissances européennes, dont il ne connaissait pas les forces, tout le mépris de l'ignorance et, plein de confiance dans les fortifications d'Alger, confirmé dans cette confiance par le souvenir de tant d'expéditions demeurées infructueuses, il se reposait sur ses canons et sur la fatalité pour le défendre contre tous les périls.

Ce fut sous ce dey que les difficultés qui existaient déjà entre la France et la régence d'Alger achevèrent de s'envenimer. Le moment est venu d'indiquer la nature de ces difficultés. Il y en avait de plusieurs genres. Les unes rappelaient les différends qui s'étaient élevés, à toutes les époques, entre le gouvernement algérien et les gouvernements civilisés. C'étaient des saisies de cargaisons, des visites de navires faites à

---

[1] Nous empruntons ces détails à l'écrit de M. Bianchi, interprète du roi, sur la mission du contre-amiral de la Bretonnière à Alger.

force ouverte, malgré l'esprit et la lettre des traités, des dénis de justice envers nos nationaux ou envers des alliés couverts de notre pavillon. Mais le principal objet de ces différends, c'était le défaut de payement de la créance que le premier consul Bonaparte avait été invité à liquider par la lettre du dey, écrite en août 1802.

C'est ce que constate le discours prononcé, dans la séance du mardi 20 juin 1820, par le ministre des affaires étrangères de France. « A son retour en France, disait ce ministre, le roi trouva la nation dépouillée des priviléges de la pêche et du commerce dont elle avait joui à Alger depuis plus de deux siècles. Sa Majesté se fit aussitôt rendre compte des circonstances qui avaient amené ce fâcheux résultat. Elle reconnut que la principale cause de l'interruption de nos relations avec Alger était l'inexécution de l'article du traité de 1801, qui avait garanti le payement des créances des sujets algériens. Le roi promit ce que la justice exigeait impérieusement. Il fit déclarer à la Régence d'Alger qu'il serait satisfait aux réclamations de ses sujets. La Régence, convaincue de la sincérité des propositions du gouvernement français, rétablit aussitôt les relations de la bonne intelligence entre les deux pays, et la restitution à la France des concessions suivit de près cet heureux changement. Il restait à la France à remplir ses engagements [1]. »

Le ministre expliquait ensuite comment, après une négociation assez laborieuse, les commissaires du gouvernement, nommés à cet effet, et qui étaient MM. le baron Mounier et Hély d'Oissel, avaient, d'accord avec le fondé de pouvoir de Busnach et Bacri, réduit à sept millions le chiffre de la somme que la France aurait à payer, pour compléter l'exécution du

[1] M. le baron Pasquier était, à cette époque, ministre des affaires étrangères.

traité de 1801, et comment il avait été formellement stipulé, dans l'intérêt des sujets du roi, que le trésor royal retiendrait le montant des oppositions et transports de créance qui lui auraient été signifiés à la charge des créanciers envers lesquels la France s'acquittait, et que les contestations qui pourraient s'élever seraient portées devant nos tribunaux. Le roi avait approuvé cet arrangement, et le dey, de son côté, y donnant son adhésion, avait déclaré, après avoir pris lecture de cet acte, que le gouvernement français avait pleinement satisfait à tous les engagements du traité de paix du 17 décembre 1801 [1]. La convention du 28 octobre 1819 devenait donc la loi des deux parties, et son exécution, assurée par le vote de la loi de finances du 24 juillet 1820, qui ouvrait un crédit de sept millions au ministre des finances, semblait rétablir sur une base solide les bons rapports de la France et de la Régence d'Alger.

Il en fut autrement. Le payement de la créance devint la cause de la rupture qu'il était destiné à prévenir. En vertu d'un article de la transaction, les sommes pour lesquelles il y aurait des oppositions devaient être séquestrées à la caisse des consignations, jusqu'à ce que les tribunaux français eussent prononcé sur la validité de ces oppositions. Une somme de 2,500,000 francs fut ainsi mise en réserve, une somme de 4,500,000 remise à Busnach et Bacri. Il semble que le dey, qui avait fourni lui-même, par l'intermédiaire de Busnach et Bacri, une partie des approvisionnements qui étaient devenus l'origine de la créance de ces juifs algériens sur la France, avait entendu que l'affaire serait conduite avec cette justice sommaire et expéditive qu'il appliquait dans ses États. L'apurement des nombreux procès soulevés par la signification des

---

[1] Voir aux pièces justificatives la *Transaction sur réclamations des sieurs Bacri et Busnach, d'Alger*, sous le numéro 3.

oppositions durant encore en 1824 et en 1825, il perdit patience, et sa politique envers la France se ressentit de l'irritation qu'il éprouvait. Cette irritation était d'autant plus vive, que Busnach et Bacri n'étaient point retournés à Alger, et que le gouvernement français, sommé par le dey de lui livrer ces deux hommes, qu'il regardait comme coupables, de destituer le consul de France, M. Deval, qu'il signalait comme leur complice, et enfin de remettre aux mains du dey la somme séquestrée à la caisse des dépôts et consignations, en renvoyant les sujets français se pourvoir devant la Régence, n'avait pu accéder à aucune de ses prétentions.

Il résultait de là qu'on ne pouvait s'entendre, et ce défaut d'entente s'aggravait par les nombreux griefs que le dey donnait à la France pour lui témoigner son mécontentement. Enfin, en 1826, le dey écrivait dans les termes les plus vifs au gouvernement français et, selon une version, au roi lui-même. Il exigeait ce qu'il avait jusqu'alors seulement demandé. Le roi de France ne pouvait entrer en correspondance avec un chef de pirates. Le ministre des affaires étrangères de cette époque, M. le baron de Damas, crut qu'il ne pouvait répondre lui-même par écrit à une lettre aussi arrogante ; il se contenta donc de charger le consul de dire au dey que ses demandes n'étaient point admissibles, parce qu'elles étaient directement contraires à la convention qu'il avait approuvée.

M. Deval, qui voyait avec peine les droits de la France sur la Calle tomber en désuétude par suite de ces débats, y avait envoyé d'abord M. Guys, son vice-consul, puis celui-ci ayant été enlevé par les Arabes avec lesquels il avait fallu traiter de sa rançon, il confia la même mission (10 mai 1826), à M. Thierry Dufougeray, nommé élève consul à Alger en 1825, en lui prescrivant d'y surveiller la pêche du corail, d'y traiter directement avec les scheicks et, tout en évitant de donner l'éveil au dey, d'y faire acte de possession vis-à-vis des Arabes.

M. Thierry Dufougeray remplit avec un courage intelligent ces instructions difficiles, et s'installant dans la cave de l'ancien palais du gouverneur, il profita de quelques incidents pour ébaucher, à l'aide des ouvriers qu'on lui envoya de Marseille, un logement pouvant recevoir une petite garnison fournie par les équipages des corailleurs, et un système de défense composé de quelques pierriers[1].

Les choses en étaient là, et le dey attendait toujours la réponse à la lettre qu'il avait adressée au gouvernement français, lorsque le consul général, M. Deval, pour lequel il avait une véritable antipathie, se présenta, dans le printemps de 1827, à la Casaubah pour saluer le dey, comme c'était l'usage, la veille des fêtes musulmanes. Il voulait profiter de cette visite pour faire valoir quelques réclamations au sujet d'un navire des États du saint-siége qui, bien que couvert par le pavillon français, avait été récemment capturé. Le dey accueillit fort mal cette réclamation. Il se plaignit des travaux faits à la Calle, et s'écria qu'il ne souffrirait jamais un seul canon infidèle sur le territoire algérien. Puis, il dit au consul qu'au lieu de lui adresser des observations au sujet d'une affaire qui ne le regardait pas, il ferait mieux de lui remettre la réponse à la lettre que le dey avait écrite au roi, et lui demanda, avec colère si cette réponse était arrivée, et s'il recevrait enfin son argent, en menaçant le consul, dans le cas contraire, de l'envoyer en prison. M. Deval, qui parlait avec une égale facilité le turc et l'arabe, s'exprimait sans l'intermédiaire d'un interprète dans le premier de ces idiomes ; ce fut dans cette occasion un inconvénient. La conversation était directe, la réplique suivait de près la question, et la traduction de l'interprète ne s'interposait pas pour adoucir l'amertume des paroles et donner le temps à la réflexion. Le dialogue devint des deux cô-

---

[1] Documents fournis par M. Thierry Dufougeray.

tés très-vif. Menacé par le dey, le consul le menaça à son tour de l'indignation de son gouvernement. Alors Hussein-Pacha, transporté de colère, frappa le consul français au visage avec le chasse-mouches formé de plumes de paon, qu'il portait à la main selon l'usage du pays. Le consul s'écria aussitôt : « Ce n'est pas à moi, c'est au roi de France que l'injure a été faite. » D'après les relations officielles, le dey répondit « qu'il ne craignait pas plus le roi de France que son représentant, et ordonna à M. Deval de sortir à l'instant. »

Cette scène se passait le 30 avril 1827.

Le gouvernement français prescrivit à son consul de demander au dey une satisfaction immédiate et, s'il ne l'obtenait pas, de quitter sans délai Alger. Un des meilleurs officiers de la marine française, le capitaine Collet, sortit de Toulon dans les premiers jours du mois de juin 1827, à la tête d'une division navale, et alla porter les instructions du gouvernement au consul. M. Deval, dès qu'il eut reçu cette dépêche par la goëlette *la Torche*, qui parut dans la rade le 11 juin 1827 au matin, se rendit à bord et fit parvenir dans la ville une ordonnance pour enjoindre, de par le roi, à tous les Français résidant à Alger de quitter cette ville et de s'embarquer sur les vaisseaux français prêts à les recevoir. Cette précaution était justifiée, quoi qu'en aient dit les écrivains de l'opposition de cette époque [1], par les précédents de violence du gouvernement algérien, si peu soucieux du droit des gens. N'avait-il pas, en effet, fait jeter les consuls étrangers au bagne, ainsi que les sujets des gouvernements dont il croyait avoir à se plaindre? Bien heureux encore quand la milice ou la populace algérienne ne leur faisaient pas un plus mauvais parti, comme il était arrivé dans les derniers démêlés de l'Angleterre et de la Régence.

[1] Voir l'ouvrage de M. de Laborde, intitulé : *Au roi et à la Chambr sur les véritables causes de la rupture avec Alger.*

Les satisfactions demandées pouvaient être partagées en deux catégories distinctes. Les premières avaient pour objet la réparation due à la France pour l'injure récente faite à son consul ; les autres n'étaient que la reproduction des réclamations incessantes présentées, depuis plusieurs années, pour la sauvegarde des intérêts français, et qui devaient être discutées ultérieurement.

On avait laissé à la prudence du commandant Collet le soin de choisir entre trois projets de satisfaction. Celui-ci, une fois en mer, les communiqua au capitaine de frégate Dupetit-Thouars, bien posé pour lui donner un bon avis, car il connaissait parfaitement les mœurs et les usages de l'Algérie, où il avait fait déjà jusqu'à dix-sept voyages.

Le premier projet consistait à obliger le dey à venir en personne présenter des excuses au consul, sur le vaisseau *la Provence*, pendant que toutes les batteries salueraient de cent coups de canon le pavillon français arboré sur tous les forts.

Le second ne demandait pas la présence du dey. Il devait être remplacé par les principaux personnages de la Régence, qui viendraient, à sa place, présenter des excuses au consul. On maintenait la condition relative au pavillon et au salut exigé.

Dans le troisième projet, les excuses ne devaient être portées que par un interprète, mais les deux autres conditions subsistaient.

Le capitaine Dupetit-Thouars, après avoir pris communication des instructions du commandant Collet, lui conseilla de s'en tenir au troisième projet. — « Non seulement il est impossible de faire accepter les conditions contenues dans les deux premiers, lui dit-il, mais il n'est pas possible de les proposer. Si le dey se soumettait à une pareille humiliation, il y aurait, le jour même, une révolution à Alger. Le troisième projet ne sera pas accepté, mais il est moins inacceptable que les deux autres. Ici il faut commencer par où l'on veut finir. Avec les Turcs, on doit, sous peine de ne rien obtenir, ne se relâcher jamais d'une exigence exprimée[1]. »

Le commandant Collet suivit l'avis du capitaine Dupetit-Thouars. La satisfaction demandée ne fut pas donnée dans les vingt-quatre heures. Dès lors la négociation fut considérée comme rompue.

Le refus du dey d'obtempérer aux réclamations de la France fut suivi de deux actes qui devinrent le signal de la guerre. Le commandant Collet commença le blocus le 15 juin 1827, et à peine le consul Deval avait-il eu le temps de faire embarquer les Français établis à la Calle et M. Thierry Dufougeray, que le bey de Constantine, agissant par les ordres du dey, descendit à la tête des tribus vers cet établissement et le détruisit de fond en comble. Le gouvernement français avait dès lors à choisir entre deux partis, ou déclarer la guerre à la Régence et frapper un coup décisif, par mer ou par terre, ou se contenter d'entraver les opérations de ses croiseurs, en continuant le blocus d'Alger.

Cette question fut agitée dans les conseils du gouvernement royal, alors présidés par M. de Villèle. M. le duc de Clermont-Tonnerre, ministre de la guerre à cette époque, avait mis à l'étude ce problème difficile ; après l'avoir envisagé sous toutes ses faces et s'être entouré de tous les renseignements écrits, il avait voulu avoir l'avis des hommes les plus compétents.

Le capitaine Collet, commandant la station navale devant Alger, était certainement l'homme qui pouvait le mieux donner au ministre une opinion motivée. Il avait passé, on peut le dire, sa vie à la mer, usant sous lui les navires, et quit-

---

[1] Détails communiqués par M. l'amiral Dupetit-Thouars.

tant celui qui succombait à la peine pour en monter un nouveau, comme ces cavaliers infatigables qui tuent sous eux leurs chevaux. D'une intrépidité si prodigieuse qu'elle finissait par conjurer le péril à force de le braver, il avait un jour, dans la rade de Rochefort, demandé à l'amiral commandant de la flotte française la liberté de manœuvrer et, l'ayant obtenue, il était allé avec sa frégate droit au vaisseau amiral anglais ; celui-ci l'avait laissé venir, ne soupçonnant pas qu'il pût avoir l'idée de se heurter, avec son bâtiment si inférieur, contre un colosse. Le capitaine Collet s'était donc approché à portée de pistolet et, bord à bord, avait envoyé toute sa bordée dans les flancs de l'anglais ; puis, passant de l'autre côté, avait renouvelé la même manœuvre ; après quoi il s'était tranquillement éloigné, déjà hors d'atteinte avant que l'ennemi fût revenu de sa stupeur. Ce Jean Bart, à qui les occasions avaient manqué, avait autant de sang-froid dans l'appréciation que d'énergie et d'ardeur dans l'exécution. On pouvait être sûr qu'il irait jusqu'aux limites extrêmes du possible dans l'estimation de ce qui pouvait être fait par mer contre Alger.

Voici la réponse qu'il adressa aux questions du ministre, à la date du 10 août 1827 ; il écrivait devant Alger même, à bord de *la Provence :*

« Monseigneur, par ma dépêche du 7 juillet, j'ai eu l'honneur de rendre compte à Votre Excellence que les renseignements que j'avais pris sur la position d'Alger et ses moyens de défense ne me permettaient pas de supposer qu'il fût possible de tenter, avec quelque espérance de succès, une entreprise sur ses bâtiments dans le port ou contre la ville elle-même. Votre Excellence remarquera, d'après le mémoire de M. Deval, consul général, adressé au ministre des affaires étrangères, et dont je joins ici un double, que le résultat de toutes les expéditions qui ont précédé ou suivi celle de lord

Exmouth en 1816, ont toujours tourné à l'avantage des Algériens ; que celle même de lord Exmouth, qui a été la plus formidable, ne leur a pas fait un notable dommage, et qu'au lieu d'abaisser l'orgueil du dey, elle lui a appris à connaître combien il pouvait braver les efforts d'une escadre. Elle se convaincra facilement que recourir aux mêmes moyens pour obtenir raison de tous les griefs que la France a envers le dey ne serait prendre qu'une demi-mesure qui, probablement, n'amènerait à aucun résultat favorable, et pourrait, au contraire, retarder la fin de cette guerre.

« Une escadre, d'après tout ce qui est dit dans ce mémoire, ne peut être destinée à attaquer Alger que pour faire diversion et soutenir des troupes de débarquement au moment où elles escaladeraient les murailles. Les Algériens sont loin de penser à une entreprise aussi hardie, à une attaque aussi vigoureuse. On peut croire qu'ils ne la supposent pas possible, si l'on en juge par le peu de soin qu'ils ont mis à fortifier la ville du côté de terre. Le colonel du génie Boutin, qui fut envoyé à Alger en 1806 et 1807 pour examiner la place et ses environs, doit avoir déposé au ministère de la guerre des mémoires sur les résultats de son travail et de ses observations. Alger [1], depuis cette époque, n'a rien changé à ses moyens de défense du côté de la terre. Le gouvernement du roi saura, d'après toutes ces données, s'il lui importe de s'emparer de cette place, et jugera de la quantité d'hommes à y envoyer, si toutefois il prend cette détermination.

« Une expédition de cette nature n'étant praticable que pendant la belle saison, on pourrait employer au transport des troupes tous nos vaisseaux condamnés qui sont pourtant ca-

---

[1] Ce passage de la lettre du commandant Collet, et la note envoyée le 1er juillet 1827 par le consul général Deval, mirent sur la trace du travail du chef de bataillon du génie Boutin, dont les plans devinrent le point de départ du projet d'expédition.

pables, malgré leur mauvais état, de tenir la mer pendant quelque temps, n'ayant surtout que la batterie haute ; je dis d'employer ces vaisseaux, parce que je sais combien il est difficile de rallier des bâtiments de transport lors d'un débarquement. Il faudrait, si la chose était possible, que toutes les troupes fussent transportées par les bâtiments du roi. On serait sûr de leur navigation et de l'activité que les officiers mettraient pour concourir à la réussite de l'expédition. Les capitaines du commerce n'y portent pas le même intérêt. Les bâtiments sont souvent mal commandés, ce qui ne peut arriver sur les bâtiments du roi.

« Je crois même que, sur chaque navire de commerce qu'on serait obligé d'employer comme moyen de transport, il conviendrait de mettre un enseigne de vaisseau. Cette mesure éviterait l'armement d'un grand nombre de bâtiments légers, nécessaires pour éviter les séparations et les rallier au moment du débarquement.

« M. le capitaine de frégate Dupetit-Thouars, qui a été chargé du service de la pêche à Bone lorsqu'il commandait *la Torche*, connaît aussi la ville et les environs d'Alger ; il a dernièrement suivi de très-près toute la côte à l'ouest du cap Caxine, et m'a assuré qu'elle présentait plusieurs points très-favorables pour un débarquement. J'ai cru devoir vous expédier cet officier à Paris, pour qu'il réponde aux questions que Votre Excellence pourra lui adresser, tant sur le mémoire de M. le consul général, que sur les moyens à prendre pour le transport des troupes et leur débarquement, et que je n'indique que très-succinctement [1]. »

---

[1] Document communiqué par M. le duc de Clermont-Tonnerre. Pendant que M. Dupetit-Thouars se rendait auprès du ministre de la marine, M. Thierry Dufougeray, qui avait rejoint le consul général Deval à bord de *la Provence*, recevait de ce dernier une mission analogue pour le ministre des affaires étrangères.

La lettre de M. le capitaine Collet confirmait tous les documents écrits que M. le duc de Clermont-Tonnerre avait consultés. Les explications données d'abord verbalement, puis consignées dans des mémoires par M. le capitaine Dupetit-Thouars, qui avait fait une étude particulière de la côte d'Alger, devaient achever de fixer les convictions du ministre sur les points principaux du problème.

Le voyage de M. Dupetit-Thouars à Paris avait deux buts. D'abord, ce jeune et habile officier devait, comme l'indiquait la lettre de son chef, répondre à toutes les questions qui lui seraient posées sur Alger et, comme il était l'officier de la marine française qui connaissait le mieux la ville et la côte, nul mieux que lui ne pouvait donner toutes les lumières et résoudre toutes les difficultés. Ensuite il devait justifier son chef et ses compagnons d'armes, contristés des reproches à demi voilés que commençait à leur attirer l'inefficacité du blocus. Plusieurs membres du ministère, ne connaissant point la difficulté des lieux et, d'ailleurs, attaqués à ce sujet par l'opposition, s'étonnaient de ce qu'une force aussi considérable ne pût réduire un chef de pirates à donner la satisfaction demandée. « Point de prise sur le commerce algérien ! point de destruction de navire de guerre ! » répétait-on autour d'eux ; et la correspondance officielle avec le commandant Collet offrait quelquefois un reflet de ces reproches.

Sur ce premier point, la tâche de M. Dupetit-Thouars fut facile. Il n'y avait point destruction de navire de guerre algérien, parce qu'aucun de ces navires ne prenait la mer ; point de prise sur le commerce d'Alger, parce qu'Alger n'avait pas de commerce ; le blocus ne réduisait pas le dey, parce qu'un blocus était nécessairement inefficace pour réduire Alger.

Alors l'interrogatoire arriva au fond des choses. M. le contre-amiral de Mackau, membre du conseil de l'amirauté et chef du personnel de la marine, demanda au jeune capitaine quelles seraient ses idées sur les moyens à employer pour amener cette question à fin. Le capitaine Dupetit-Thouars répondit, sans hésiter, qu'une expédition par terre conduirait seule à ce résultat. Interrogé sur le plan à adopter, il exposa son opinion. M. le contre-amiral de Mackau, après l'avoir écouté, l'invita à rentrer chez lui, à mettre ses idées en ordre, et à revenir le lendemain, parce qu'il y aurait conseil de l'amirauté présidé par le ministre, et que, sans doute, on voudrait l'entendre.

Le lendemain, en entrant dans le salon des aides de camp, le capitaine Dupetit-Thouars rencontra le capitaine Guay de Taradel, qu'on avait aussi appelé. Après quelques mots échangés : « Vous êtes probablement mandé pour la même cause que moi, lui dit M. Dupetit-Thouars, et c'est pour m'interroger sur Alger qu'on m'a fait venir. — Et moi aussi. — Je dois la vérité au gouvernement, je la lui dirai. — Et moi aussi. » Après ce rapide dialogue, les deux officiers se promirent de s'attendre après la séance pour déjeuner ensemble.

M. Dupetit-Thouars, ancien de grade de M. Guay de Taradel, fut introduit le premier. Le conseil de l'amirauté, peu favorable aux idées de débarquement qu'il venait développer, le reçut avec froideur. Il comparut, non comme un officier supérieur qui, en sa qualité de capitaine de frégate, grade équivalent à celui de lieutenant-colonel, a, sinon voix délibérative, au moins consultative, mais comme un témoin, presque comme un accusé : on le laissa debout. Il répondit à toutes les questions, déclara que, dans sa conviction, on ne pouvait rien faire du côté de la mer [1], mais qu'un débarquement était possible et que, par terre, on arriverait à réduire Alger.

[1] Cette impossibilité de rien faire du côté de la mer avait été démontrée jusqu'à l'évidence par le mémoire du 1er juillet 1827, dont le commandant Collet parle dans sa lettre.

L'interrogatoire fini, on lui dit qu'il pouvait se retirer et faire entrer M. de Taradel ; mais qu'il devait attendre dans le salon des aides de camp, car le conseil pouvait avoir besoin de l'entendre encore. C'est ce qui arriva. M. Dupetit-Thouars, introduit de nouveau, maintint ses affirmations, et compléta les témoignages de son camarade qui, ayant seulement parcouru la côte, sans jamais descendre à Alger, n'avait pu donner aucune notion sur les fortifications de la ville. Les deux jeunes capitaines de frégate se retirèrent alors tristement. La froideur et la hauteur avec lesquelles venait de les traiter le conseil de l'amirauté les avait affligés et humiliés. Ils ne savaient pas que, par leur fermeté à rendre témoignage à la vérité et à soutenir, contre les traditions de la routine, leur conviction fondée sur une observation intelligente, attentive, ils venaient d'attacher leur nom à une expédition glorieuse dont il ne sera jamais séparé.

M. Dupetit-Thouars dit à son compagnon en le quittant : « Si on me rappelle encore, j'aurai ma revanche. » On le rappela en effet, et l'on voulut recommencer l'interrogatoire, sans suite, qu'il avait déjà subi. « Monsieur le ministre, dit le capitaine Dupetit-Thouars à M. de Chabrol, qui présidait le conseil de l'amirauté, je crois que des questions se succédant sans ordre ne peuvent mener à aucun résultat. M. le contre-amiral de Mackau m'a engagé en votre nom à rédiger un mémoire sur les moyens de diriger une expédition contre Alger. J'ai mis dans ce mémoire tout ce que je savais. Quand vous l'aurez entendu, vous saurez tout ce que je sais et je n'aurai rien de plus à vous apprendre. Voulez-vous l'entendre ? — Donnez-le, dit le ministre, je me charge de le lire. » Le capitaine Dupetit-Thouars répondit que son manuscrit était tellement chargé de ratures, qu'il pourrait seul le déchiffrer. Il était arrivé à ses fins. Le ministre ordonna qu'on lui apportât un fauteuil, et le fit approcher de la table du conseil. Il avait conquis son droit de séance. Il lut son mémoire, qui concluait à une expédition contre Alger du côté de la terre, en indiquant quelle devait être la part de la marine dans une semblable expédition [1].

Ce mémoire complétait la lettre du commandant Collet, et le mémoire du chef de bataillon Boutin qui, sur les indications données par le consul général Deval, dans la note du 1er juillet 1827, fut retrouvé dans les archives du ministère de la guerre. Les communications verbales du capitaine Dupetit-Thouars, que M. le duc de Clermont-Tonnerre voulut entendre, après avoir lu ces documents, achevèrent pour son esprit la démonstration de ces trois questions importantes : une entreprise par mer contre Alger était impossible ; un débarquement praticable ; le siége n'offrirait pas de grandes difficultés.

M. le duc de Clermont-Tonnerre rédigea dans ce sens un rapport très-remarquable, qui fut lu au conseil à la date du 14 octobre 1827. Dans ce rapport, le ministre, examinant la question à tous ses points de vue, établissait qu'une satisfaction devait être obtenue du dey d'Alger, qu'elle pouvait l'être, mais seulement par l'influence de la terreur ; qu'il fallait faire une expédition contre Alger, et attaquer par terre cette ville, inattaquable du côté de la mer depuis la construction des nouvelles fortifications ; que l'expédition, accomplie dans la saison favorable, avec les forces nécessaires, réussirait ; qu'elle ne serait pas moins utile à cause de l'influence qu'elle exercerait sur l'opinion à l'intérieur, qu'à cause de ses avantages intrinsèques, et que le roi, après le succès, aurait à considérer s'il devait conserver sa conquête dans l'intérêt de la France, ce qu'il pouvait faire sans qu'aucun gouvernement européen eût une objection légitime à élever, ou se contenter de détruire

---

[1] Nous donnons aux pièces justificatives, sous le numéro 4, le Mémoire de M. Dupetit-Thouars, à l'obligeance duquel nous devons ces renseignements.

ce repaire de pirates. Les difficultés de l'expédition étaient soigneusement pesées dans ce beau travail, les moyens de succès indiqués. La saison la plus favorable, le port d'embarquement, le lieu de débarquement, le nombre et la composition de l'armée, la direction des opérations, les frais de la campagne, les avantages politiques, militaires, commerciaux, agricoles de la conquête, l'insuffisance du blocus, rien n'était oublié. Le rapport se terminait ainsi : « Les circonstances intérieures militent en faveur de l'expédition ; l'opinion publique l'appelle et, si le gouvernement ne l'entreprend pas, il faudra qu'il rende compte des motifs qui l'auront déterminé à rester dans une situation dont l'orgueil du pays s'indigne, et qui ne froisse pas moins les intérêts commerciaux que la dignité nationale. Si, au contraire, un résultat glorieux vient couronner cette entreprise, ce ne sera pas pour le roi un léger avantage que de clore la session de 1828 et de demander ensuite des députés à la France, les clefs d'Alger à la main. C'est pour tous ces motifs, Sire, que je supplie Votre Majesté, au nom des plus chers intérêts du pays, au nom de l'honneur français, au nom de sa propre gloire, de prendre une détermination par suite de laquelle vous vengerez la chrétienté, en même temps que vos injures, qui sera utile à la France autant qu'honorable pour votre règne, et à laquelle il faudra peut-être renoncer pour toujours, si Votre Majesté diffère [1]. »

Le ministre de la guerre, comme il l'a raconté lui-même depuis, ne trouva d'abord pour appui dans le conseil que la voix solitaire de M. Frayssinous, ministre de l'instruction publique et des cultes. M. de Chabrol, ministre de la marine, se rallia, un peu plus tard, à sa proposition ;

[1] Nous transcrivons cette conclusion sur une copie, certifiée conforme, du rapport du 14 octobre 1827, dont nous devons l'obligeante communication à M. le duc de Clermont-Tonnerre lui-même.

mais ce fut tout. Le cabinet, présidé par M. de Villèle, en butte à cette époque, à une opposition qui grandissait de jour en jour, et en outre préoccupé des affaires de Grèce et de l'éventualité d'un conflit avec la Turquie, sentait que la vie politique se retirait de lui, et évitait plutôt qu'il ne cherchait de nouvelles complications. M. de Clermont-Tonnerre fit les plus grands efforts pour faire prévaloir son opinion dans l'esprit du roi, et il raconte ainsi lui-même les motifs de son insistance, ses démarches, ses prières et l'échec définitif de sa proposition : « Les circonstances intérieures me paraissaient surtout déterminantes. D'abord, c'était retarder une dissolution intempestive à laquelle je m'opposais de toutes mes forces ; en second lieu, je n'insistais pas moins sur la nécessité d'offrir une direction nouvelle à l'activité des esprits. Je rappelai même au roi une chose sur laquelle j'invoquais ses propres souvenirs, et qui est mon premier souvenir politique : c'est qu'au moment où la révolution était imminente, en 1788, beaucoup d'hommes sages appelaient de leurs vœux une grande guerre ; j'ajoutai que j'avais alors entendu mon père et M. de la Porte discuter cette question. Non-seulement le roi se rappela ce que j'avais retenu des temps antérieurs, mais il ajouta que son opinion personnelle le faisait pencher pour ma proposition, soutenue alors par l'évêque d'Hermopolis seul. M. de Villèle demandait la dissolution de la chambre et une nomination de pairs ; il était soutenu par les autres ministres et M. le Dauphin. Dans cette situation, je demandai au roi de vouloir bien entendre mon rapport tout entier. Il me l'accorda. Lorsque j'eus terminé, il réfléchit et me dit :
« Mon cher Clermont-Tonnerre, je ne vous cacherai pas
« qu'intérieurement je suis de votre avis. En général, je crois
« que, lorsqu'on a une semblable expédition à faire, il vaut
« mieux la faire sans tarder ; mais, vous voyez, nous sommes
« en minorité. — Sire, répondis-je, le roi sait bien que mes

« collègues et moi nous avons dit au roi que nous lui soumet-
« trions nos opinions, mais que nous obéirions tous, quelle que
« fût sa détermination, et qu'il n'y aurait pas de division dans
« le conseil. Votre Majesté peut donc ordonner en toute sécu-
« rité, sa volonté sera suivie. » Le roi hésita un moment et
dit ensuite avec un profond soupir: « C'est égal, j'ajourne-
« rai.—Sire, lui dis-je, je fais des vœux bien sincères pour que
« le roi n'ait pas lieu de se repentir de cette détermination;
« mais il m'est impossible de ne pas le craindre [1]. »

Le roi ayant rejeté, peut-être dans la prévision de la chute
prochaine d'un ministère qu'il ne défendait plus qu'à demi,
la proposition d'envoyer une armée expéditionnaire débarquer sur la côte d'Afrique, et l'attaque par mer étant impossible, il ne restait plus qu'à continuer le blocus.

[1] Notes et documents communiqués par M. le duc de Clermont-Tonnerre. Cet ancien ministre, ayant l'année suivante (1828) communiqué
son rapport à M. de Sémonville, recevait de lui la lettre suivante :

« Mon cher voisin, je vous remercie. Je lirai avec l'intérêt que je porte
à vous, à la chose elle-même ; car je crois fermement que cette expédition,
bien faite à temps, eût été la plus utile pour la stabilité et la gloire du
trône. De toutes celles qu'on pouvait entreprendre, il n'en est aucune
qui s'accordât aussi bien avec les opinions de l'époque, ses besoins et les
principes du souverain. Si ceux de l'Europe étaient éclairés autant qu'ils
le sont peu sur leurs véritables intérêts, ils comprendraient que leurs
turbulentes nations s'en prendront à eux aussi longtemps qu'on n'ouvrira
pas à leur population, toujours croissante, et à leur ambitieuse industrie,
une large porte pour s'établir sur des rives que l'antiquité a vues fleurir.
On n'a pas suivi vos conseils ; on y reviendra, mais trop tard. »

III

BLOCUS DE 1827 A 1830.

L'histoire, qui, lorsqu'elle remplit sa mission, est la conscience écrite de la postérité, doit entrer dans quelques détails sur ce blocus, campagne presque déshéritée de gloire, œuvre pleine de dévouement, de périls, de fatigues qui, commencée le 16 juin 1827, ne se termine que le 14 juin 1830, le jour où l'escadre du blocus fut relevée de sa faction obstinée sur cette mer dangereuse par le débarquement de l'armée française. Ce fut dans cette rude campagne que le brave capitaine Collet acheva d'user ce qui lui restait de force et de vie. Sa santé, ruinée par les fatigues de la mer, n'était point au niveau de la mission laborieuse qu'il avait acceptée; mais cette âme énergique commandait au corps qu'elle animait, comme un bon marin prête ses qualités mêmes à un mauvais navire. Collet ne devait quitter Alger que pour aller mourir.

Par suite de l'attitude de la Turquie dans les affaires de Grèce et de la rupture de nos rapports avec Alger, le gouvernement du roi rassembla en juillet 1827, dans la Méditerranée, des forces beaucoup plus considérables que celles que la France a coutume d'y employer. L'escadre du Levant, forte de vingt-trois bâtiments, parmi lesquels on comptait quatre vaisseaux, dut se tenir prête à opérer sous le commandement du contre-amiral de Rigny, en cas d'hostilité avec la Porte. Une division navale de bâtiments, bientôt portée à douze, s'établit en croisière devant les ports de la Régence d'Alger, sous le commandement du capitaine Collet; six autres bâtiments croisèrent sur les divers points de la Méditerranée, tels que le cap Bon, les côtes d'Italie et les iles Baléares. Quatre bricks et des goëlettes furent employés à convoyer les navires du commerce sur les deux lignes principales, de Marseille à Cadix et de Marseille à l'Archipel. La Méditerranée seule occupa donc près de cinquante bâtiments de la marine royale[1].

Dans les premiers mois qui suivirent le blocus, la marine algérienne essaya un vigoureux effort[2]. Les plaintes de cette partie nombreuse et remuante de la population qui, subsistant par la piraterie, se trouvait condamnée par le blocus à une vie d'inaction et de misère, arrivaient comme une rumeur menaçante aux oreilles du dey, singulièrement offusqué, d'ailleurs, par la vue de l'escadre, semblable à une sentinelle vigilante posée par la France devant Alger. Il ordonna que la flotte algérienne se préparât à prendre la mer afin de forcer le passage. Aussitôt onze bâtiments corsaires furent disposés pour la lutte ; plus de mille volontaires s'y embarquèrent. On choisit la nuit du second jour de la Naissance illustre, c'est-à-dire l'anniversaire de la naissance du Prophète, pour frapper ce grand coup ; le fanatisme musulman venait ainsi s'ajouter aux rancunes de l'intérêt lésé et à l'ardeur de l'esprit de rapine. Pleins de confiance dans le succès de leurs marins, les habitants d'Alger montèrent, à la pointe du jour, sur les terrasses des maisons, pour être témoins du combat. Les Barbaresques avaient levé l'ancre pendant la nuit, par

---

[1] *Armements dans les ports de France contre le dey d'Alger et les ports algériens.* (*Annales maritimes*, tome XXXIII, p. 93.)

[2] Nous empruntons les détails de la version algérienne sur ce premier combat au journal d'un captif chrétien, alors prisonnier à Alger, et qui assista à l'action, la lunette à la main, du haut du palais du dey, dont il était médecin. C'était un Allemand, nommé Pfeiffer, qui a publié en 1823 un opuscule intéressant intitulé : *Mes Voyages et ma Captivité de cinq ans à Alger.*

un superbe clair de lune ; ils naviguaient sous pavillon anglais.

Le 4 octobre 1827, à la pointe du jour, le commandant Collet, étant à 7 milles au nord d'Alger, avec les frégates *l'Amphitrite* et *la Galatée*, les bricks *le Faune* et *la Cigogne*, et la canonnière *la Champenoise*[1], vit sortir du port les onze bâtiments de guerre algériens, dont une grande frégate portant des canons de 18, quatre corvettes de vingt à vingt-quatre canons de 18, et six bricks ou goëlettes de six à huit pièces de 12. Tous ces bâtiments se dirigeaient vers l'ouest, en serrant la côte. Le vent était fort et la houle portait à terre. Cependant le capitaine Collet, pénétrant bientôt la ruse des Algériens, courut à l'instant avec ses cinq bâtiments sur l'ennemi, qui manœuvra pour combattre près des batteries de la côte. Pendant quelques heures les deux escadres louvoyèrent, en essayant de gagner le vent : les Français finirent par prendre cet avantage. A midi, le combat s'engagea avec beaucoup de vivacité. Quatre bâtiments barbaresques attaquèrent la frégate montée par le capitaine Collet ; *la Galatée* et *le Faune* eurent affaire à deux ennemis. Pendant la lutte les Algériens plièrent deux fois en faisant vent arrière. Enfin, à deux heures et demie, ils abandonnèrent le combat, se jetèrent sous la protection des forts et, à la nuit, ils rentrèrent dans le port, en renonçant à prendre la mer ; *la Cigogne* avait été fort maltraitée. Le commandant Collet disait dans son rapport que, sans la proximité de la côte et la grosse mer, il aurait entièrement détruit cette division, et qu'il espérait être plus heureux à l'avenir et pouvoir profiter de l'ardeur et du dévouement extrêmes déployés dans cette circonstance par

---

[1] *L'Amphitrite* était un vaisseau rasé de 60 canons ; *la Galatée*, une frégate de 44 ; *le Faune* (capitaine de Taradel), un brick de 16 ; *la Cigogne*, un brick-goëlette également de 16, et *la Champenoise*, une canonnière de 6.

les officiers et les équipages. Il ajoutait que la frégate algérienne et deux grosses corvettes avaient beaucoup souffert, et qu'il s'était assuré que les onze navires algériens étaient tous rentrés dans le port et qu'aucun d'eux n'avait pu s'échapper pour courir sur les bâtiments du commerce[1].

A partir de cet instant, les Algériens n'espérèrent plus faire lever le blocus par la force. Tout rentra dans l'immobilité.

---

[1] *Annales maritimes*, 1827. IIe part., IIe vol., p. 655. Pfeiffer, qui donne la version algérienne, raconte autrement l'issue du combat du 4 octobre 1827. D'après lui, ce serait la division française qui aurait abandonné le combat, et les Algériens auraient seulement renoncé à la poursuivre. Nous retrouvons la même version dans le *Daftar Tachrifat* (Recueil des choses nobles). « Le prince, dit cette espèce de *Moniteur algérien*, donna l'ordre de préparer les navires pour le départ. Les préparatifs furent promptement terminés, et les guerriers, combattant pour la gloire de la religion, s'embarquèrent dans la soirée du mercredi, treizième jour du mois de rabia-l'ouel de l'année 1243 (1827) et le second jour de la Naissance illustre. Ils partirent après le coucher du soleil, confiants en Dieu et pleins de courage et de résolution. Le lendemain, jeudi, dès la pointe du jour, ils se trouvèrent en présence de l'ennemi ; ensuite le combat s'engagea et se prolongea pendant plus de trois heures. Par la grâce de Dieu, le zéphyr de la gloire souffla sur le parti de la foi, et le souffle de la honte et de la calamité atteignit ses ennemis. Leur commandant donna le signal de la retraite en tirant trois coups de canon à poudre, et ils s'enfuirent couverts d'opprobre. »
Nous avons préféré la version française, non-seulement parce que le loyal et intrépide capitaine Collet était incapable d'altérer la vérité à son avantage, mais parce que la version algérienne est contraire au bon sens et aux détails même donnés par Pfeiffer, qui cependant la reproduit. Que voulaient obtenir les bâtiments algériens en présentant le combat ? Ils voulaient gagner la haute mer de vive force, pour exercer la piraterie. S'ils avaient été vainqueurs, pourquoi donc seraient-ils rentrés dans le port d'Alger ? et d'où vient qu'à partir de ce jour ils se seraient résignés à subir le blocus ? En outre, Pfeiffer nous a transmis l'opinion du dey lui-même sur l'issue du combat, et elle est peu conforme au récit officiel inscrit dans le *Tachrifat*. « Le dey, transporté de fureur, dit-il, manda près de lui les capitaines, les accabla de reproches, les traita de lâches, et leur dit qu'il éprouvait la tentation de leur faire couper la tête. » Ce n'est pas ainsi qu'on reçoit des victorieux.

Pendant trois ans la division navale chargée du blocus demeura en vue du rivage d'Afrique, surveillant tous les points de la côte d'où pouvaient sortir des bâtiments corsaires, Alger et Oran surtout. Les Arabes, connaissant la perfidie de leurs côtes, la puissance de leurs vents et l'instabilité de leur mer, comptaient sur ces alliés naturels, qui avaient vaincu Charles-Quint. Ils espéraient que la mauvaise saison mettrait inévitablement un terme au blocus. Ce fut en vain qu'ils l'espérèrent. Les saisons se succédèrent sans lasser la constance de ces intrépides marins : ni les coups de vent de décembre, ni les calmes plats de janvier, ni l'équinoxe de mars n'éloignèrent la division française, et les Arabes ne cessèrent point d'apercevoir à l'horizon la grande figure du vaisseau amiral, entouré des mêmes frégates et des mêmes corvettes, comme une image menaçante de l'inévitable fatalité, si puissante sur les imaginations orientales.

Cette obstination héroïque, ce dévouement d'autant plus méritoire qu'il était, sauf de rares occasions, sans compensation de gloire, contribua certainement au succès de l'expédition en donnant aux Turcs et aux Arabes la conviction que rien n'était impossible à la marine française, capable de triompher de la mer et des vents. Nos jeunes marins avaient encore à triompher d'un ennemi inconnu aux populations paresseuses de l'Orient, ennemi né de la civilisation raffinée de l'Occident qui a imprimé à l'activité des esprits un si vif essor, l'ennui. Pendant trois mortelles années, mener la même vie sur la même mer, se promener sur le même tillac, en vue de la même côte, avec les mêmes compagnons, savoir d'avance que le lendemain ressemblera au jour, comme le jour ressemble à la veille, c'est là, pour de jeunes marins, chose plus difficile que de braver les périls de la tempête ou les dangers enivrants de la guerre. Aussi c'était une joie parmi eux quand un incident inattendu venait interrompre la monotonie de cette vie immobile, surtout quand cet incident fournissait un aliment à leur courage. Ils étaient tellement fatigués de leur inactivité, qu'un jour quelques-uns de ces jeunes gens descendirent sur le rivage et tentèrent, pour se distraire, d'escalader le fort d'Arzeu, et ne se rembarquèrent qu'après avoir échangé avec les Bédouins des coups de pistolet, pendant qu'il ventait frais et que la mer brisait ses vagues écumantes sur les rochers du cap Carbon.

Cette bonne fortune si rare d'un péril de guerre à courir, d'un coup de main militaire à tenter, échut au brick *l'Adonis*, en mission devant Oran, et commandé par le capitaine Ropert, homme d'activité, d'audace, d'énergie, à qui le repos pesait [1]. Le 14 mai 1828, il apprit par un navire toscan qui sortait du port d'Oran, et dont le capitaine fut mandé à bord du brick français, qu'il y avait dans ce port un navire de Marseille, capturé sur la côte d'Espagne. Le navire français était amarré à quatre amarres, bord à quai, au fond du port d'Oran, sous le canon de Mars-el-Kibir. Dès que le capitaine Ropert eut reçu cette information, il réunit les officiers sur la dunette, et leur fit connaître sa résolution d'aller enlever aux Algériens leur capture ou, en cas d'impossibilité, la brûler sous le feu de leurs batteries. Cette nouvelle sembla ranimer la vie à bord de *l'Adonis*. A l'instant, les ordres furent donnés, les dispositions prises. Pendant qu'on achevait les derniers préparatifs, une voile parut à l'horizon. C'était le brick *l'Alerte*, capitaine de Nerciat. Les deux commandants, bien dignes de s'entendre, s'associèrent pour l'entreprise, et en partagèrent les hasards et l'honneur. *L'Alerte* fournit sa chaloupe et sa barge ; *l'Adonis*, sa chaloupe et son grand canot ; chacun des bricks, cinquante hommes et ses officiers.

[1] Nous devons plusieurs de ces détails sur la croisière à notre ami M. le comte Albert de Circourt, alors embarqué sur le vaisseau amiral *la Provence*.

Après s'être rapprochés et avoir couru des bordées devant le port d'Oran, pendant trois jours, pour lasser la surveillance de l'ennemi, l'expédition française, qui était réunie le 21 mai dans la petite baie située entre le cap Falcon et la pointe de Mars-el-Kibir, profita des premières ombres du crépuscule, si court dans ces latitudes, pour s'avancer. Il y avait à bord d'un de ces bâtiments un jeune homme qui portait un nom de bon augure, nom populaire dans la marine française, et qui allait dignement recevoir le baptême de feu, c'était l'aspirant Jean Bart. A une heure du matin, les matelots reprenant leurs avirons garnis d'étoupes pour amortir le bruit, les canots recommencèrent à marcher ; le grand canot de *l'Adonis*, qui était le meilleur marcheur, précédait les autres, sous la conduite de l'enseigne de vaisseau de Vitrolles, en sondant à chaque brasse. C'est ainsi qu'on entra dans la baie, où tout était silencieux. Pendant trois quarts d'heure, on côtoya le rivage à la distance d'un jet de pierre ; les hommes retenaient leur haleine, les avirons tombaient avec précaution : le moindre bruit eût suffi pour donner l'alerte. A deux heures un quart, Mars-el-Kibir dressait sa masse colossale devant nos marins. Deux bâtiments, au nombre desquels était celui que l'on voulait enlever, étaient amarrés au pied du fort. Un *Qui vive!* retentit à bord d'un de ces bâtiments ; l'escadrille française continua à avancer vers le second sans répondre. En moins d'un instant l'enseigne de Vitrolles, donnant l'exemple, sautait sur le bâtiment objet de l'expédition ; nos marins, s'élançant à sa suite, surprenaient les Maures qui, gardiens de la prise, s'étaient attardés pour fumer, parce qu'on était dans le ramazan, où la nuit dédommage du jeûne sévère de la journée ; ceux-ci, effrayés de cette brusque attaque, s'enfuirent à terre en poussant de grands cris qui, répétés de proche en proche, répandirent l'alarme. Les coups de fusil commencèrent à retentir ; cependant les quatre embarcations se jetaient comme des oiseaux de proie sur le brick capturé, le prenaient à la remorque après avoir coupé les amarres à coups de hache et, faisant force de rames, s'éloignaient rapidement en entraînant leur conquête. Dans ce moment, les canons de Mars-el-Kibir commencèrent à tirer ; puis les forts, s'éveillant de proche en proche, Grégorio, Lamouna, Sainte-Croix, le Château-Vieux d'Oran, le Château-Neuf, jusqu'à Top-Hana-el-ben-Mohammed, s'appelèrent et se répondirent, et la côte s'alluma sur plus d'une lieue. Pendant ce temps, l'escadrille française s'éloignait toujours ; mais on n'était que quatre à l'arrivée, on était cinq au retour : *l'Arlequin* était redevenu français. Reconquis par ce coup de main héroïque, au fond du port ennemi, le brick marseillais, sur lequel on avait placé une voile, fut bientôt hors de la portée des batteries, et *l'Adonis* et *l'Alerte* qui, prêts à entrer dans le port, en cas de besoin, et à s'embosser pour engager avec les forts une action décisive, attendaient sous petites voiles l'escadrille, s'éloignèrent bientôt avec de joyeux hourras, aux premiers rayons du jour, et allèrent reprendre leur position.

Dans son rapport sur ce hardi coup de main, le capitaine Ropert s'exprimait ainsi :

« Commandant par intérim le blocus d'Oran, et après avoir eu connaissance que le brick *l'Arlequin*, capturé l'année dernière sur notre commerce, était mouillé dans ce port, je pris la résolution de l'enlever ou de le brûler. Après deux tentatives, le 22 de ce mois (mai 1828), je fis pénétrer quatre embarcations de *l'Adonis* et de *l'Alerte*, lesquelles, malgré de grands obstacles à vaincre pendant une heure sous le feu des batteries, l'ont remorqué hors du port. Pendant l'action, les deux bricks, sous petites voiles, près des fortifications, étaient disposés, pour une affaire décisive, à rentrer dans le port au besoin, en s'embossant. L'ordre le plus parfait a régné dans l'expédition, mes ordres ont été exécutés ponctuellement. Je dois l'attribuer à la franche coopération du capitaine de frégate de Nerciat, qui m'a secondé de tous ses efforts, à la belle conduite des officiers qui commandaient les embarcations, et au dévouement de nos jeunes marins, qui recevaient les boulets et la mitraille aux cris de *Vive le roi !*

« Dans mon grand canot, commandé par l'enseigne de vaisseau de Vitrolles, qui le premier est monté à bord de *l'Arlequin*, se trouvait le jeune Massas, qui s'est très-bien conduit. »

Le contre-amiral Collet (son beau combat contre l'escadre algérienne lui avait valu ce grade), ajoutait, en envoyant ce rapport au ministre de la marine : « M. Ropert m'a fait à ce sujet l'éloge de MM. Danguillecourt, de Sandford, lieutenants de vaisseau, de Vitrolles, enseigne, Jean Bart, élève de première classe. »

A la suite de ce brillant fait d'armes, il y eut des décorations données aux officiers indiqués, et le jeune Jean Bart fut nommé enseigne de vaisseau[1].

Peu de temps après, le contre-amiral Collet fut obligé, à son grand regret, de quitter son commandement. Cette année de labeur avait achevé d'user sa vie. Depuis quelques mois déjà, on ne le voyait plus paraître sur le pont de son vaisseau, et les marins, dont il était à la fois la terreur et l'idole, prononçaient son nom avec inquiétude. Cependant, comme l'âme, sans cesser d'être invisible, est présente dans tous les mouvements du corps, le contre-amiral Collet, sans sortir de sa chambre, imprimait partout le mouvement. Il ne quitta le vaisseau que pour aller mourir. Ce furent de tristes adieux. Ses officiers défilèrent tous successivement devant lui, il leur serra la main, après les avoir remerciés de leurs bons services

---

[1] *Annales maritimes*, tome XXXV, page 949.

et leur avoir exprimé le regret d'être obligé de se séparer d'eux. — « Je serai, leur dit-il, bientôt là-haut (il voulait dire à Paris), et j'y demanderai justice pour tous. » Quand le dernier des aspirants passa devant lui et lui présenta la main, il la saisit, la serra, puis la repoussa comme un homme à bout de forces et de courage ; cette rude nature était vaincue par l'émotion, et on l'entendit éclater en sanglots. Il fallut le porter et le passer à bras comme un cadavre par le sabord d'arcasse. Cette scène d'adieu avait lieu à Mahon. On conduisit le contre-amiral à Toulon ; le 20 octobre 1828, il était mort.

Le capitaine de la Bretonnière lui succéda dans le commandement de la division navale devant Alger. Il s'était fait remarquer à Navarin par un trait honorable. Le vaisseau qui avait précédé le sien avait mouillé un peu en arrière de son poste de bataille, de sorte que, lorsque le tour du capitaine de la Bretonnière arriva, sa place se trouva hors de portée. « Mon commandant, dit le lieutenant de vaisseau Bruat, officier de manœuvre, vous êtes à votre poste. — Monsieur, reprit le capitaine de la Bretonnière, mon poste est au milieu du feu. — Il suffit, je vous y conduirai, mon commandant. » Il tint parole et le conduisit fort avant. Le vaisseau du capitaine de la Bretonnière fut de ceux qui se distinguèrent le plus dans la journée.

Le 25 octobre 1828, le nouveau commandant de la division navale devant Alger détruisit quatre corsaires algériens, montés chacun par soixante hommes et armés de six pièces de canon qui, naviguant dans la baie de Sidi-Ferruch, cherchaient à se mettre à l'abri sous les batteries du port Caxine. *La Provence*, capitaine de la Bretonnière ; la frégate *la Constance*, capitaine de Kergrist ; le brick *l'Alerte*, commandé par M. de Nerciat, capitaine de frégate, qui avait eu une part si honorable dans la reprise de *l'Arlequin* ; le brick *la Cham-*

penoise, commandé par M. Vallin, lieutenant de vaisseau, et la frégate *la Flore*, qui venait de Mahon, donnèrent la chasse à ces corsaires, en firent sauter deux, obligèrent les deux autres à s'échouer à la côte, balayèrent, par leurs décharges, la plage couverte de Bédouins, envoyèrent des embarcations pour appliquer aux bâtiments échoués des chemises soufrées, et firent taire deux batteries de quinze canons de gros calibre dont étaient armés les forts, qui protégeaient de leur feu les bâtiments corsaires. « La nuit commençait à se faire, dit le commandant la Bretonnière dans son rapport, et la brise à mollir. Je fis signal de ralliement, en témoignant à ma division ma satisfaction du résultat de notre engagement. Sans ces deux circonstances, qui m'ont forcé de m'éloigner, je me proposais d'effectuer un débarquement pour enclouer les pièces et achever de démolir les batteries[1]. »

On n'obtenait pas toujours des résultats aussi heureux, en parvenant à ménager le sang français. La division du blocus dut payer plus d'une fois son tribut aux périls de cette côte inhospitalière et de cette mer difficile[2].

Le 18 juin 1829, le capitaine de vaisseau Latreyte, commandant la frégate *l'Iphigénie*, et par intérim la station devant Alger, ayant aperçu dans la brume une felouque qui longeait la côte, lui donna la chasse, de concert avec la frégate *la Duchesse-de-Berry*. Comme la felouque algérienne s'était réfugiée à la côte, il fit armer en guerre trois de ses embarcations et trois de celles de *la Duchesse-de-Berry*, et les envoya vers la felouque pour la détruire, en prescrivant d'éviter de descendre à terre. La tradition maritime rapporte qu'une omission grave avait été commise : on n'avait point mis à bord des embarcations les grappins qui leur sont né-

---

[1] *Annales maritimes*, tome XXXVI, page 654.
[2] Mare sævum, importuosum. (SALLUSTE.)

cessaires pour se haler au large et ne pas dériver vers la côte. Un des canots commandés par l'enseigne de Lalande-Calan fut porté à terre par la lame et, les Bédouins assaillant en force nos marins jetés sur le rivage, les trois canots de *la Duchesse-de-Berry* firent debout à terre pour aller secourir de plus près leurs camarades engagés. Là commença une lutte très-vive. Les Bédouins, au nombre de cinq cents, furent mis en fuite par cette poignée d'hommes, et la felouque brûlée. Mais ce succès fut chèrement acheté, à cause de la difficulté extrême qu'éprouvaient les embarcations à s'éloigner de terre. « Deux élèves de la marine, disait le commandant Latreyte, MM. Bargignac et Cassius, ont payé de leur vie l'impétuosité de leur courage : ils méritaient de périr dans une occasion plus importante. Un autre, M. de Trédern, a été légèrement blessé. MM. Destrémau et Kerlero de Rosbo, aussi élèves, non moins braves, mais plus heureux, ont mérité de justes éloges[1]. » Le commandant signalait à la bienveillance du gouvernement le lieutenant de vaisseau Chicusse, qui s'était rendu à la nage à la côte pour hâter l'exécution de ses ordres, et le jeune enseigne de Sercey qui, atteint d'une balle près du genou, n'avait pas cessé de donner des soins à l'embarquement de ses marins. Notre perte s'était élevée à vingt-cinq hommes, et nous fûmes obligés d'abandonner trois de nos canots.

Si les ordres supérieurs n'avaient point été irréprochables dans cette circonstance, et si l'omission de précautions essentielles rendit le réembarquement difficile, impossible pour plusieurs, le dévouement des officiers et des matelots fut au-dessus de tous les éloges. Il y eut des traits d'héroïque abnégation dignes d'être mentionnés par l'histoire. L'aspirant Cassius, pressé par un de ses matelots de se jeter à la mer

[1] *Annales maritimes*, tome XXXIX, page 74.

pour échapper aux Bédouins, dont le nombre grossissait à vue d'œil, et regagner le brick à la nage, répondit qu'il ne savait pas nager. « Venez toujours, mon lieutenant, répliqua le matelot ; je sais nager et je vous porterai. » Cassius jeta sur lui un long regard. « Merci, lui dit-il ; tu ne me sauverais pas et tu te perdrais. Va-t'en, je t'ordonne de te jeter à la mer et de regagner le bord. » En même temps, il se jeta lui-même, le sabre au poing, au milieu d'un groupe de Bédouins, et mourut en soldat.

Le blocus, maintenu devant Alger pendant trois ans, devait se fermer sur un épisode plus douloureux encore. Au mois de mai 1830, deux bâtiments qui faisaient partie de la station navale, le brick *le Silène*, commandé par le lieutenant Bruat, et *l'Aventure*, commandé par le lieutenant d'Assigny, naviguant par une brume épaisse et un vent très-fort, échouèrent près du cap Bengut, à trente-six milles du cap Caxine[1]. Le sauvetage des deux équipages, dont l'effectif s'élevait à peu près à deux cents hommes, se fit avec ordre ; mais, les poudres étant mouillées, les officiers, consultés, crurent que le meilleur parti à prendre était de se rendre aux Kabyles qui descendaient par bandes de leurs montagnes, et de demander à être conduits à Alger, en se faisant passer pour Anglais. Un matelot, originaire de l'île de Malte, leur avait suggéré cette ruse, et il leur servit d'interprète auprès des Kabyles, dont il parlait assez couramment la langue. La ruse réussit d'abord. Les Kabyles conduisirent les Français dans un de leurs villages, peu éloigné de la mer, et ils envoyèrent un exprès pour avertir le dey de l'événement. Quels ordres

[1] Rapport adressé à S. E. le ministre de la marine et des colonies, par M. d'Assigny, lieutenant de vaisseau, contenant les détails et les résultats du naufrage, le 15 mai 1830, près le cap Bengut, à trente-six milles du cap Caxine, des deux bricks *l'Aventure* et *le Silène*, qui faisaient partie de la station navale devant Alger. (*Annales maritimes*, tome XLII, page 711.)

reçurent-ils d'Alger, et quelle part le dey eut-il dans le sinistre dénoûment de cette aventure? Il est assez difficile de le démêler. Ce qu'il y a de certain, c'est que, le surlendemain de l'échouement des deux bricks, les Kabyles séparèrent les naufragés en deux bandes, dont l'une fut conduite dans un village situé dans l'intérieur des terres, à plusieurs lieues du premier, où la seconde bande continua à séjourner. Le troisième jour, les Kabyles s'élancèrent vers le village situé dans l'intérieur des terres et égorgèrent leurs prisonniers. Deux hommes, un sous-officier et un matelot, échappèrent seuls au carnage; attaqués par trois Kabyles dans la chambre où ils étaient enfermés, ils s'armèrent d'une pioche et d'une cognée, tuèrent les assaillants, se réfugièrent dans les bois et parvinrent, au bout de huit jours, à gagner Alger. Tous les autres périrent. Quant à la bande de prisonniers demeurée dans le premier village, l'ordre arriva, dans la soirée du huitième jour, de les remettre au bourreau en chef de l'agha-effendi, envoyé pour conduire les prisonniers à Alger, et qui s'acquitta de sa mission.

D'après la version officielle répandue à Alger, le dey, quoiqu'il ne doutât pas un moment que les navires naufragés fussent des navires français, avait envoyé l'ordre de respecter la vie de tous les prisonniers et de les conduire devant lui; mais le courrier, retardé par la crue du Buberah, dont la pluie avait gonflé les eaux, arriva trop tard pour la moitié des naufragés. Dans l'intervalle, un navire français s'étant approché de la côte, canonna les Kabyles qui achevaient de piller les deux bricks ensablés, et tua le fils d'un de leurs cheiks. Ce fut alors qu'une tribu de ces Kabyles, devenus furieux, massacra les Français qui étaient dans son village. D'après une autre version plus secrète, rapportée par le jeune Allemand qui, alors médecin du dey et captif à Alger[1], as-

---

[1] Simon Pfeiffer.

sure la tenir d'un Maure chargé de lui enseigner l'arabe, et dont le rhum avait délié la langue, un ordre secret avait prescrit aux Kabyles de mettre à mort la moitié des naufragés.

Quoi qu'il en soit, quatre-vingt-six des prisonniers arrivèrent sains et saufs à Alger. Les têtes de leurs malheureux compagnons, empilées dans des sacs, les y avait précédés. Le dey les avait payées aux Kabyles sur le pied de cinq cents francs pièce. MM. Bruat, d'Assigny, et ceux de leurs compagnons échappés au massacre, trouvèrent, en arrivant, cent dix têtes, tristes et sanglants trophées, déjà exposées sur la petite place qui précède la Casaubah, et livrées aux insultes de la populace. Le lendemain, comme ces débris humains, entrés en décomposition sous une chaleur de 40 degrés, répandaient une odeur insupportable, le dey fit cadeau de ces têtes coupées à la multitude, qui les traîna jusqu'à la porte de la ville et s'en fit un jouet. Ce ne fut que plus tard, et lorsqu'elle fut lasse de les outrager, que le consul de Sardaigne qui, en l'absence de tout agent français, avait accepté la mission de protéger nos nationaux, put envoyer des janissaires pour racheter ces têtes et leur donner la sépulture. Les survivants furent envoyés au bagne, et MM. Bruat et d'Assigny purent faire parvenir leur rapport au commandant de la station par l'intermédiaire du consul sarde.

Le blocus, malgré la persistance de la marine française, n'avait pas vaincu la résistance du dey. Le ministère de M. de Martignac, succédant à celui de M. de Villèle en janvier 1828, avait essayé, un an avant l'événement dont nous venons de parler, d'arriver à une transaction. Quoique la mission donnée, à la fin de juin 1829, au capitaine de la Bretonnière, commandant le blocus, eût un caractère diplomatique, nous sommes amené à en parler ici, parce qu'elle fut l'occasion d'un incident grave qui prend place parmi les faits militaires les plus importants du blocus.

Au mois de juin 1829, M. de la Bretonnière reçut de M. Hyde de Neuville, ministre de la marine, des instructions qui le chargeaient de faire de nouvelles tentatives pour amener le dey à demander la paix[1]. Il devait donner à M. le capitaine de vaisseau Andréa de Nerciat, commandant le brick *l'Alerte*, la mission de se rendre en parlementaire à Alger, afin de se concerter avec M. d'Attili, consul sarde, sur les moyens d'obtenir du dey la remise des prisonniers français qui étaient encore en sa puissance. Le but réel, mais secret, de la mission de M. de Nerciat à Alger devait être d'amener les choses au point que la présence de M. de la Bretonnière parût indispensable pour le succès de la mission apparente qu'il y aurait commencée.

« Arrivé près du dey, M. de la Bretonnière lui ferait entendre qu'indépendamment du sort de nos prisonniers, un intérêt non moins puissant le portait à répondre à son désir d'avoir une entrevue avec lui; que le roi était disposé à croire qu'il avait pu s'élever quelque méprise sur le fait grave qui avait occasionné la guerre entre la France et la Régence. Dès lors la conférence devait rouler sur les trois points suivants : 1° la mise en liberté des prisonniers français, si elle n'avait déjà été accordée; 2° l'envoi à Paris d'un officier de marque, chargé d'exprimer au roi que, dans ce qui s'était passé, le 30 avril 1827, entre lui et le consul général de France, le dey n'avait eu aucunement l'intention de l'insulter, encore moins de manquer de respect à Sa Majesté; 3° la conclusion d'un armistice[2]. »

Dans ces propositions, qui allaient jusqu'à l'extrême limite de la modération, le gouvernement royal, accusé par l'opposition des chambres et celle de la presse d'élever des

---

[1] Renseignements et documents communiqués par M. le baron Hyde de Neuville.

[2] Documents communiqués par M. le baron Hyde de Neuville.

10.

prétentions inadmissibles, diminuait beaucoup ses premières exigences. Il ne demandait plus ni le salut pour son pavillon arboré sur les forts d'Alger, ni la réparation personnelle envers le consul français, mort déjà depuis quelque temps, ni l'envoi de tous les grands personnages de la Régence sur un vaisseau en vue d'Alger, mais l'envoi d'un simple ambassadeur chargé de porter au roi plutôt des explications que des excuses. Ce n'était plus une réparation faite sur les lieux et de nature à frapper l'esprit des populations, c'était une réparation faite à distance.

Parti le 30 juillet 1829 au matin de sa ligne de croisière, et précédé du brick *l'Alerte*, portant pavillon parlementaire, le vaisseau français *la Provence* arriva vers les deux heures du même jour dans la rade d'Alger[1]. A trois heures, les deux bâtiments jetèrent l'ancre et mouillèrent par 22 brasses, à environ un quart de lieue de la ville. M. de la Bretonnière avait à son bord M. Signoret, capitaine d'artillerie de marine, officier distingué, qui écrivit au retour un mémoire intitulé : *Coup d'œil sur les moyens de défense de la ville d'Alger par mer*. Le même jour, M. de la Bretonnière s'embarqua dans son canot, accompagné de MM. Bianchi, secrétaire-interprète du roi; de Nerciat, capitaine de frégate, et Gabrié, secrétaire du commandant. Quand le canot, couvert de ses voiles et poussé par une légère brise d'est, eut atteint la première ligne des batteries de la marine, on put apercevoir ces batteries, ainsi que les rochers qui les bordent, couverts d'une populace immense dont on entendit bientôt les cris tumultueux. Parvenu à l'entrée de la darse, le commandant la Bretonnière trouva une embarca-

[1] *Relation de l'arrivée dans la rade d'Alger du vaisseau de Sa Majesté* la Provence, *sous les ordres du comte de la Bretonnière, commandant les forces navales du roi dans ces parages;* par M. Bianchi, secrétaire.

tion algérienne, dans laquelle étaient le liman-reis ou capitaine du port, et M. Bensamon, premier drogman de la Régence. Le comte d'Attili, consul général de Sardaigne et chargé des affaires de France depuis la rupture, attendait le canot au lieu de débarquement. Si grande était la foule sur les quais et les avenues du port, que jamais M. de la Bretonnière et sa suite n'auraient pu avancer, si les janissaires, qui marchaient devant lui, n'eussent ouvert un passage en distribuant à droite et à gauche des coups de bâton. Ce jour-là, le commandant ne fut reçu que par le ministre de la marine, que l'on savait être contraire aux intérêts de la France, mais qui n'en fit rien paraître. Il fut convenu que le lendemain 31 juillet 1829, à une heure, le dey admettrait le commandant dans son palais de la Casaubah, pour entendre les propositions qu'il était chargé de lui communiquer. Après cette visite préalable, M. de la Bretonnière retourna à son bord.

Le lendemain, 31 juillet, il était arrivé avec les mêmes personnes sur le quai d'Alger. Dans le trajet du littoral à la demeure du ministre de la marine, où le consul général de Sardaigne devait venir le prendre, un spectacle affligeant pour des regards français avait été ménagé à l'envoyé de France et à sa suite. « Les trois chaloupes des frégates françaises *l'Iphigénie* et *la Duchesse-de-Berry*, dit un témoin oculaire, tristes débris de la malheureuse entreprise du 18 juin 1829, avaient été rangés sur notre passage, de manière à ne pas échapper à nos regards. De jeunes Algériens frappaient dessus et s'efforçaient, par leurs gestes, d'attirer notre attention sur ces objets qu'ils considéraient, ainsi que toute la population d'Alger, comme les trophées d'une victoire signalée [1]. »

---

[1] *Relation de l'arrivée dans la rade d'Alger du vaisseau* la Provence; par M. Bianchi, page 18.

M. de de la Bretonnière et sa suite mirent à peu près trois quarts d'heure à faire le trajet du port à la Casaubah. On les fit attendre quelques instants, dans la première cour du palais, le retour d'un officier qui était allé avertir le dey de leur arrivée. Au fond de cette cour, destinée aux audiences publiques, on apercevait, sous une galerie, le trône sur lequel s'asseyait le dey : c'était un sofa dressé sur une petite estrade en bois et couvert de drap rouge. Derrière le sofa paraissait un grand miroir de Venise, encadré dans une large bordure qui conservait à peine quelques traces de son ancienne dorure. Averti que le dey l'attendait, le commandant la Bretonnière et sa suite montèrent un escalier assez large et parvinrent à une galerie longue et étroite, à l'extrémité de laquelle ils trouvèrent le dey, assis sur un fauteuil, entouré de ses grands officiers et des principaux chefs de sa milice.

Le drogman du dey ayant fait observer au commandant la Bretonnière que, d'après l'usage établi, les consuls ne doivent pas se présenter devant le dey avec leur épée, M. de la Bretonnière repoussa vivement cette insinuation et garda son épée, ainsi que toutes les personnes de sa suite. Le visage du dey, empreint d'une vive agitation, était sévère et sombre. Cette première conférence, qui dura deux heures, fut employée aux compliments d'usage, à des explications préalables, à la vérification des pleins pouvoirs, et à l'exposition des conditions proposées par la France, conditions modérées, on l'a vu, présentées avec une grande modération de langage. Après une discussion animée, le dey ajourna au surlendemain 2 août 1829 sa réponse à l'ultimatum. Il s'exprimait en turc, et ses paroles, ainsi que celles du commandant la Bretonnière, étaient interprétées par M. Bianchi, contrôlées par le drogman du dey ; mais, intimidé par la nature même des discussions, ce drogman prit rarement la parole.

En sortant de l'audience du dey, M. de la Bretonnière alla visiter les membres les plus influents du divan qui lui furent indiqués par le consul de Sardaigne. C'étaient le khaznadji ou premier ministre ; le mufti, chef de la religion ; le beïtulmali ou intendant général du fisc ; le vékililhardj ou ministre de la marine et des affaires étrangères, et enfin l'agha ou commandant de la milice. Sauf l'agha, gendre du dey, qui témoigna des dispositions favorables à la France, tous ces personnages parurent contraires au succès de la mission dont M. de la Bretonnière était chargé.

Le dey avait autorisé M. de la Bretonnière et les personnes de sa suite à visiter Alger et les environs, en attendant l'audience décisive qu'il lui avait promise pour le surlendemain. La journée du 1ᵉʳ août fut employée par M. de la Bretonnière à visiter la maison de campagne du consul général de Sardaigne, qui avait appartenu autrefois à M. Deval, consul général de France à Alger, mort peu de temps après avoir quitté cette ville. Ils y virent plusieurs capitaines de navire français, arrêtés depuis la rupture, et le seul survivant du désastre des canots de *la Duchesse-de-Berry* et de *l'Iphigénie*, sauvé par un Arabe auquel il s'était rendu, et qui l'avait défendu, les armes à la main, contre ses compatriotes, belle action récompensée par le dey, qui avait fait don au libérateur de deux cents piastres, tandis qu'il n'avait payé que cent piastres chaque tête coupée ; il est vrai qu'on ne rachète point les morts, et qu'on rachète les vivants. Les autres prisonniers français logeaient en partie chez les consuls des nations européennes, en partie dans une maison que le gouvernement leur avait assignée près de la Marine ; en général, il n'étaient pas maltraités. Ces prisonniers faisaient des vœux ardents pour la conclusion de la paix, car l'expérience était là pour les avertir qu'une expédition dirigée contre Alger pouvait devenir le signal de leur supplice.

Le 2 août, le commandant de la Bretonnière, quittant de nouveau son bord, se rendit à midi chez le ministre de la marine. La mission qu'il allait remplir était périlleuse, car le gouvernement algérien, étranger aux plus simples notions du droit des gens, avait souvent attenté à la liberté, même à la vie des ambassadeurs. Ceux qui entouraient l'envoyé de France remarquèrent l'air triste et abattu du drogman du dey et la physionomie sombre des dignitaires qui l'entouraient, comme un symptôme de mauvais augure. Introduit auprès du dey avec le même cérémonial qu'à l'audience précédente, la conversation, après les compliments d'usage, s'établit sur les points en discussion. Elle se termina, après de longs débats, par le rejet absolu que fit le dey des propositions du gouvernement français.

« Après avoir fait les plus grands efforts, dit M. Bianchi, secrétaire-interprète du roi, pour remplir, par la délivrance des prisonniers, les vues personnelles de Sa Majesté, et avoir inutilement employé tous les moyens de persuasion pour amener Hussein-Pacha à consentir aux justes réclamations de la France, le commandant des forces navales du roi, dont le langage avait été celui d'un négociateur conciliant et courageux, lui fit observer la terrible responsabilité qu'il assumait sur sa tête, en se rendant, aux yeux de Dieu et des hommes, la cause des malheurs de son pays, et il n'hésita pas à lui déclarer que désormais le roi de France, après avoir épuisé tous les moyens de conciliation, emploierait les forces que le Tout-Puissant avait mises entre ses mains pour défendre ses droits et la dignité de sa couronne.

« — J'ai de la poudre et des canons, répliqua Hussein-Pacha ; et, puisqu'il n'y a pas moyen de s'entendre, vous êtes libre de vous retirer. Vous êtes venu sous la foi du sauf-conduit, *aman-ilé*, je vous permets de sortir sous la même garantie.

« Nous prîmes immédiatement congé de ce prince, et sortîmes du palais [1]. »

Quand M. de la Bretonnière, après avoir traversé une multitude curieuse et inquiète, qui essayait de lire sur son visage le résultat de sa mission, fut au moment de se rembarquer dans son canot, le consul général de Sardaigne et l'interprète du dey le prièrent de différer, jusqu'au lendemain midi, son départ de la baie, dans l'espoir que quelques heures de réflexion pourraient vaincre l'obstination du dey. M. de la Bretonnière y consentit ; mais il dit, en parlant au drogman de la Régence : « Rappelez à votre maître, monsieur, que passé cette heure, s'il ne se rend pas aux justes réclamations du roi, toute négociation est rompue, et je ne serai plus pour lui que le commandant des forces navales de Sa Majesté, chargé de continuer les opérations de la guerre jusqu'à pleine et entière satisfaction [2]. »

Le vent était debout et la mer affreuse. Ce ne fut qu'avec peine que le commandant de la Bretonnière arriva à son bord, après trois heures d'efforts et de périls. La position de *la Provence* dans la baie n'était point sans danger, à cause de l'état de la mer, du sens des courants et de la nature corailleuse du fond, qui rend l'atterrage difficile. Mais le commandant avait donné sa parole de ne partir que le lendemain, il fallait la tenir. Vers neuf heures du soir, on s'aperçut que le vaisseau avait chassé de deux encâblures sur son ancre, et on découvrit bientôt que le câble était coupé. Une seconde ancre fut immédiatement mouillée avec la chaîne. Peut-être ne fut-ce qu'à la faveur de cette précaution que le vaisseau échappa au danger d'échouer sous les batteries du fort Bab-Azoun, où sa perte et celle de l'équipage eussent été inévitables.

[1] *Relation*, etc.; par M. Bianchi
[2] *Ibidem*.

Ici, nous laissons la parole au témoin oculaire qui a raconté la nouvelle insulte à laquelle la France fut en butte de la part des Algériens.

« Le lendemain 3 août 1829, dit-il, vers midi, le commandant ordonna au brick *l'Alerte*, mouillé à peu de distance de nous, et qui avait suivi le vaisseau dans cette mission, d'appareiller et de sortir de la baie couvert du pavillon parlementaire. Forcé par le vent de passer sous les batteries de la ville et à portée du canon, M. le capitaine de Nerciat exécuta cette manœuvre avec habileté et prit le large. A une heure, le vaisseau, après avoir également appareillé, suivait la même route ayant les basses voiles, les huniers et les perroquets, portant le pavillon parlementaire au mât de misaine, le pavillon du roi arboré à la corne, et le guidon de commandement au grand mât. Plein de confiance sur la foi du sauf-conduit, nous naviguions pour sortir de la baie, lorsqu'un coup de canon à poudre, parti de la batterie du Fanal, fixa notre attention. Peu de temps après, on entendit un deuxième et un troisième coup, et l'on vit beaucoup de monde courir aux batteries. C'était probablement l'ordre de faire tirer, car aussitôt une canonnade à boulets, partie des batteries de la ville et du môle, et dirigée sur le vaisseau, ne laissa plus de doute sur l'attentat qui allait être commis. En effet, dès ce moment, de deux heures et demie jusqu'à trois, c'est-à-dire pendant une demi-heure, jusqu'au moment où le vent nous permit de nous éloigner de la côte, le vaisseau du roi *la Provence* a essuyé le feu d'environ quatre-vingts coups de canon et celui de plusieurs bombes, qui tombèrent à peu de distance de l'arrière du vaisseau.

« Un heureux hasard voulut que onze boulets seulement atteignissent le corps du bâtiment, c'est-à-dire trois dans la coque, un dans la grande vergue, qui fut percée d'outre en outre, entre le milieu et le bout de tribord, et plusieurs dans la voilure et le gréement. La corvette de guerre anglaise *le Pilorus* et la goëlette espagnole *la Guadaleta*, mouillées à peu de distance du port, ont été témoins de cette insulte. Nous dûmes probablement à la position du premier de ces bâtiments, placé entre nous et une partie des batteries, de ne pas avoir reçu le feu de celles qu'il nous masquait[1]. »

M. le capitaine Signoret, homme de l'art, a constaté les mêmes faits avec une précision scientifique. « Le feu des batteries ennemies, dit-il dans son mémoire, a commencé à la distance de 600 toises ; mais, la route du vaisseau croisant un peu la direction des forts de la Marine, cette distance a diminué jusqu'à 450 toises environ. Puis le vaisseau ayant doublé le fort de la pointe nord du môle, cette même distance s'est accrue jusqu'au moment où il s'est trouvé hors de portée. La direction donnée aux pièces a généralement été bonne ; presque tous les boulets ont passé sur le vaisseau et entre les mâts ou à peu de chose près. Le pointage n'a donc été fautif que dans l'angle d'élévation de la pièce. La distance aura été appréciée plus grande qu'elle n'était réellement. Toutefois nous observerons que la même pièce de canon n'a pas tiré deux coups de suite sur le vaisseau, et que c'est lorsqu'il passait devant la fortification que quelques pièces faisaient feu. »

Cet attentat contre le droit des gens et cette nouvelle insulte au gouvernement français ne furent réparés par aucune démarche officielle du dey[2]. Seulement, le 6 août 1829, le

---

[1] M. Bianchi : *Relation*, etc., page 61.
[2] Il y eut sur cet incident, comme sur tous les faits de cette histoire, une version algérienne à côté de la version française. Dans la version algérienne que nous a transmise Simon Pfeiffer, on assure que le vaisseau *la Provence* dériva vers les grands forts ; que trois fumades, faites, selon l'usage, avec de la poudre brûlée à l'air libre, lui donnèrent inutilement avis de s'éloigner ou de mettre en panne, sans qu'il répondît à cette invitation, et que ce fut alors que la canonnade commença. Il y a contre cette

capitaine Quin, commandant de la corvette anglaise *le Pilorus*, fit tenir au comte de la Bretonnière un pli renfermant une lettre personnellement adressée à cet officier anglais par le drogman du dey, parlant en son propre et privé nom. Ce drogman écrivait donc au commandant anglais que, non-seulement Hussein-Pacha avait désapprouvé l'attentat du 5 août, mais que, mécontent, disait-il, de ce qu'on avait agi contre sa volonté, il avait destitué le ministre de la marine et chassé tous les chefs des batteries. Cet avis indirect, sans aucun caractère officiel, adressé à un tiers qui le communiquait officieusement, ne pouvait être accepté comme une réparation. Le capitaine Quin, en le transmettant, exprimait hautement son admiration pour le commandant français et l'intrépide impassibilité avec laquelle il avait maintenu son équipage demandant à répondre au feu des Algériens, et était resté fidèle au devoir imposé par le pavillon parlementaire, au moment où l'ennemi en violait les droits. Cette admiration était sincère, comme le prouve une lettre écrite par un de ses compatriotes qui se trouvait avec lui au moment de l'événement. « *La Provence*, dit-il, mit à la voile hier à deux heures. Ce bâtiment sortit majestueusement sous pavillon parlementaire et passa environ à une demi-portée de canon des batteries de la ville qui, à l'étonnement général, firent feu sur lui. Le capitaine Quin, le maître Martin et moi, nous étions au consulat, en ville ; nous montâmes sur la ter-

---

version deux objections décisives : c'est que les Algériens, qui connaissaient leur mer, savaient très-bien que les courants portaient à la côte, et que le navire n'était pas libre de ne pas dériver ; au lieu de continuer sa route, s'il se fût arrêté pour se mettre en panne, il aurait été infailliblement perdu. Les Anglais qui, à cette époque, étaient fort hostiles à la France, jugèrent, on le verra, l'action des Algériens et la conduite du commandant français comme nous les jugeons. Il n'y eut qu'en France, dans l'opposition, que la version algérienne rencontra de l'écho. L'amiral Verhuel eut le malheur de l'adopter à la Chambre des pairs.

rasse qui, comme vous le savez, commande toute la vue de la rade. La position de ce vaisseau de guerre était fort critique; si, d'après l'état du vent, il eût été atteint, il pouvait être chassé vers la terre, près du consulat américain. Heureusement le feu des batteries fut si mal dirigé, que nous pensons qu'il n'a pu éprouver beaucoup de mal. Nous sommes tous d'avis que M. de la Bretonnière s'est conduit, dans cette circonstance, avec la plus grande dignité, en traitant ces pirates avec le mépris qu'ils méritent. Il a gardé son pavillon parlementaire et, à la satisfaction générale, il n'a pas tiré un seul coup de canon. Ce sang-froid et ce jugement ont été ici admirés de tout le monde. Pendant cette crise, je n'ai jamais vu un homme plus agité que le capitaine Quin. Son anxiété sur le sort de ce beau vaisseau était au delà de ce qu'on peut concevoir. Se figurant qu'il était lui-même à bord, il ne cessait de dire : *Don't fire, my boys ; keep up close to the wind* (Ne faites pas feu, mes enfants ; serrez le vent). L'infamie de cette violation était, en effet, si flagrante que, dans ce moment, nous étions tous Français. La brise d'ailleurs était faible, et il était à craindre, si le vaisseau français eût tiré, qu'il eût fait tomber le vent ; et il se serait mis, par ce seul fait, dans une position désespérée. Aussi jamais commandant n'a mieux mérité de son gouvernement que M. le comte de la Bretonnière ; sa conduite fut pleine de prudence, de noblesse et de dignité. Nous rendons grâces à Dieu de l'avoir vu échapper à ces barbares[1]. »

---

[1] M. Bianchi, en citant cette lettre dans sa *Relation*, page 69, ajoute ce qui suit : « J'ai entre les mains l'original de cette lettre en anglais, adressée à madame Bowen par son mari, médecin actuel du dey d'Alger. » M. Bowen est père de madame la marquise de Faudoas, veuve du lieutenant général de ce nom.

IV

LA QUESTION D'ALGER DANS LES CONSEILS DU ROI, DEVANT LES CHAMBRES, DANS LA PRESSE.

La dernière tentative faite par le gouvernement français pour sortir pacifiquement d'une situation difficile l'avait aggravée. Il fallait évidemment prendre un parti. Le blocus, qui coûtait sept millions par an, n'avait pas amené la solution, et l'on pouvait calculer qu'à la fin de la troisième année on allait avoir dépensé vingt et un millions sans résultats décisifs. L'insulte faite, contre toutes les lois du droit des gens, au pavillon parlementaire, avait envenimé la querelle ouverte entre la France et la Régence d'Alger. Ou le gouvernement français devait se résigner à une situation que ni les États-Unis ni l'Angleterre n'avaient voulu tolérer, il devait renoncer à des droits commerciaux fondés sur une possession si ancienne qu'elle se perdait dans la nuit des temps, et que de nombreux traités avaient confirmée [1], accepter l'outrage que lui avait fait le dey dans la personne du consul représentant de la France, et l'insulte faite au pavillon parlementaire dans la personne d'un second ambassadeur de la France, le capitaine

---

[1] On lit dans *le Moniteur* du 13 mai 1830 : « Dans l'audience où le dey insulta notre consul, il lui déclara publiquement qu'il ne voulait plus permettre qu'il y eût un seul canon français sur le territoire d'Alger, et qu'il ne nous y reconnaissait plus que les droits généraux dont jouissaient les autres négociants européens qui viennent y trafiquer. — Ce sont les propres expressions qu'il employa, et il fit aussitôt après raser les forts appartenant à la France, et détruire les établissements de commerce fondés sous leur protection. »

de la Bretonnière, et donner à ces barbares, qui n'estiment que la force, l'opinion que la France supportait tout : les coups d'éventail sur la joue de ses consuls, les coups de canon dans les flancs de ses vaisseaux ; ou bien le moment était venu d'agir.

Il ne restait qu'un moyen de rétablir les intérêts commerciaux de la France et de sauvegarder son honneur, c'était de revenir à l'idée mise en avant, dès le mois d'octobre 1827, dans les conseils de la couronne, par M. de Clermont-Tonnerre, alors ministre de la guerre. Une expédition continentale dirigée contre Alger, invulnérable du côté de la mer, pouvait seule mettre fin à une situation intolérable, en mettant fin à l'existence de cet établissement de pirates, dont la durée était un outrage pour la civilisation, un fléau pour le commerce, et désormais une tache pour l'honneur français.

C'était là chose si évidente, qu'on s'étonnerait qu'il pût y avoir un doute sur une question aussi simple, si l'on ne connaissait, par expérience, le mirage que produisent les passions politiques et les préventions de l'esprit de parti. La question d'Alger était tombée de bonne heure dans le domaine de la publicité, et l'on s'en était naturellement occupé dans les conseils du roi, à la tribune et dans la presse. Le moment est venu d'expliquer les diverses phases qu'elle traversa.

On a vu, à l'origine de l'incident qui amena la rupture de nos rapports avec Alger, un seul membre du ministère présidé par M. de Villèle proposer une grande expédition, et le reste du cabinet préférer l'idée d'un blocus. Deux faits expliquent cette attitude du ministère de M. de Villèle : il tirait à sa fin, et il avait sur les bras, dans ce moment, la question helléno-turque qui, s'aggravant de jour en jour, allait amener la bataille de Navarin. Les dates ici ont leurs enseignements. La rupture d'Alger avec la France est du 14 juin 1827 ; la bataille de Navarin, du 20 octobre de la même année. En outre, le ministère, déterminé à tenter des élections générales à la fin de l'année, ne voulait point commencer les préparatifs d'une grande expédition, avant de savoir s'il resterait aux affaires.

Le cabinet présidé par M. de Villèle eut donc peu de part dans la question d'Alger. Il n'eut point à en entretenir les Chambres, dissoutes quelques jours après la rupture des deux États (14 juin 1827), et devant lesquelles il ne se représenta pas, jusqu'au jour de sa retraite, 5 janvier 1828. Pendant les six mois qu'il demeura aux affaires, depuis l'ouverture des hostilités, il organisa le blocus, et put croire que la vigueur avec laquelle le capitaine Collet réprima la tentative faite par les Algériens pour le forcer, suffirait à arracher au dey une satisfaction convenable.

Le ministère dans lequel M. de Martignac tenait, par son éloquence, la principale place, hérita, le 5 janvier 1828, de la question d'Alger. La situation de ce cabinet, au dedans comme au dehors, était difficile. Au dedans, il trouvait les passions violemment émues, l'esprit d'opposition arrivé au dernier degré de l'excitation, après sept années de lutte ; le principe de l'autorité affaibli, la majorité dissoute à droite, presque impossible à reformer dans les autres fractions de la Chambre. Au dehors, il avait la question grecque à terminer, et il dut entreprendre, en août 1828, l'expédition de Morée, pour chasser l'armée égyptienne qui occupait les principaux points du pays. Bientôt après, une autre question, tout autrement redoutable, surgit : ce fut la rupture et la guerre de la Russie avec l'empire ottoman, pendant laquelle l'Europe entière demeura en suspens, se mettant en mesure de prendre part à une lutte générale qui pouvait s'élever à l'occasion du partage de la Turquie d'Europe.

La conduite du ministère Martignac vis-à-vis d'Alger se ressentit inévitablement de ces difficultés intérieures et extérieures. Il évita de compliquer une situation déjà embarrassée, en élargissant le différend de la France avec la Régence, et tout dans ses actes annonça l'intention et l'espoir d'arriver à une solution diplomatique.

Le 5 février 1828, c'était la première fois que, dans le discours de la couronne, le roi Charles X avait occasion de parler officiellement au pays de la rupture avec Alger, cette question n'obtint qu'une mention laconique. Le roi disait aux Chambres : « Un blocus rigoureux, dont le terme est fixé au jour où j'aurai reçu la satisfaction qui m'est due, contient et punit Alger, et protége le commerce français. »

Le 9 mars de la même année, la Chambre des députés lui répondait : « Nous nous reposons sur la vigueur des mesures que Votre Majesté a prescrites pour protéger efficacement notre commerce et venger le pavillon français, toujours uni dans son honneur, à la fortune de nos rois. »

La réponse de la Chambre des pairs était à peu près identique.

Le comte de la Ferronays, alors ministre des affaires étrangères, avait développé devant cette Chambre, dans la séance du 15 février 1828, à l'occasion de la discussion du projet d'adresse, la politique que le cabinet dont il était membre comptait suivre dans la question d'Alger :

« L'attitude de la France dans les affaires d'Orient et dans la Péninsule, disait-il, rendrait inexplicable la patience qu'elle a gardée avec la Régence d'Alger, si l'on pouvait confondre dans les mêmes règles de diplomatie les relations des États européens entre eux et celles qu'ils sont contraints d'entretenir avec les États barbaresques. Il faut sortir des règles ordinaires pour apprécier les rapports de ce genre, et le gouvernement du roi a besoin de pardonner à ces barbares un premier tort, celui de ne pas comprendre la gloire de la France. Toutes les puissances ont été forcées, tour à tour, de ne considérer que sous le point de vue de l'intérêt leurs rapports avec des populations qui se tiennent sans cesse en dehors du droit commun. Ce sont les intérêts de notre commerce compromis par la violation des traités existant entre la France et la Régence d'Alger, c'est aussi notre honneur national, qui réclament aujourd'hui une satisfaction que le roi exige et qu'il n'exigera pas en vain. Cette satisfaction, indépendante du rétablissement des traités antérieurs dans toute leur force, le roi la proportionne au pays qui la donne plutôt qu'à la puissance qui l'exige. L'Archipel vous est témoin, nobles pairs, que le pavillon de la France a désormais besoin d'être indulgent. »

On entrevoyait, à travers ces paroles, le dessein d'écarter ou d'assoupir la question d'Alger, devenue une question secondaire, pour laisser disponibles l'attention et les forces de la France dans le cas où les progrès de la question turco-russe amèneraient le partage de l'empire ottoman et le remaniement de l'Europe, au milieu d'une crise générale dans laquelle la France aurait un vaste rôle à remplir et un agrandissement considérable de territoire à revendiquer. C'était le moment, en effet, où le gouvernement français ouvrait des négociations avec la Russie, afin d'arriver à dominer, par une alliance franco-russe, le remaniement de l'Europe, et d'assurer la possession de la Belgique à la France, dans la supposition du partage de la Turquie d'Europe et de l'érection d'un nouvel empire chrétien à Constantinople.

La politique du ministère de M. de Martignac vis-à-vis d'Alger devait donc être nécessairement une politique d'atermoiement et de conciliation. Telle était, en effet, sa tendance. On en trouve une nouvelle preuve dans les instructions générales données le 9 août 1828, par le ministre de la marine, au capitaine de la Bretonnière, destiné à remplacer le contre-amiral Collet, dans le commandement des forces navales françaises employées devant Alger. Ces instructions portaient que « des démarches indirectes avaient été faites auprès du dey, afin de connaître s'il consentirait à donner satisfaction au roi pour les outrages dont il s'était rendu coupable envers la France; que jusqu'alors il n'en était rien résulté qui pût donner l'espoir fondé d'une paix prochaine; que de nouvelles tentatives pourraient être faites encore, mais que ce serait l'objet d'instructions particulières qui lui seraient remises par le ministre des affaires étrangères[1]. » Le 28 août 1828, en effet, le ministre des affaires étrangères avertit M. de la Bretonnière qu'il avait chargé M. d'Attili de Latour, consul de Sardaigne, d'ouvrir une négociation avec le dey. Cette négociation n'ayant pas réussi, les ministres des affaires étrangères et de la marine prescrivirent, les 3 et 4 octobre 1828, à M. de la Bretonnière de s'abstenir désormais de toutes nouvelles tentatives près du dey pour l'amener à de nouvelles négociations. Cependant, par une lettre du 27 novembre suivant, M. le baron Hyde de Neuville lui faisait connaître que, si des demandes étaient faites par le dey, ou de la part du dey, dans l'intention de renouer les pourparlers, il devait s'en tenir avec persévérance à la première demande qui avait été faite par le consul de Sardaigne, c'est-à-dire qu'il continuerait à exiger du dey une réparation solennelle, qui seule pourrait conduire à une négociation de paix. C'est ainsi que, depuis son avénement jusqu'à sa chute, le ministère de M. de Martignac ne cessa de chercher et de prévoir des occasions de paix.

La question d'Alger devenait pour lui un embarras réel devant la Chambre. En 1828, la discussion du budget du ministère des affaires étrangères ramena encore l'attention sur

---

[1] Renseignements communiqués par M. le baron Hyde de Neuville, ministre de la marine en 1828 et 1829.

cette question. Le thème que l'opposition devait développer plus tard fut indiqué par M. Bignon, qui s'exprima ainsi : « Quant à ce qui concerne la Régence d'Alger, le ministère nouveau peut sans crainte répudier les actes de ses prédécesseurs qui, après s'être dégradés par une humilité servile auprès des nations policées, sont devenus tout à coup orgueilleux et superbes envers un petit État, et l'ont contraint à recourir à la force des armes à propos d'une rupture dont on ignore la véritable cause. On l'attribue aux prétentions trop élevées d'un agent français, au remboursement mal dirigé d'une créance, ou à l'instigation d'un prince italien. Si ces bruits sont faux, le ministère doit les démentir ; il doit savoir qu'une exposition franche des faits est toujours accueillie par une nation franche et généreuse. »

Tel est, dans tous les temps, le langage des passions politiques. Elles admettaient ici, comme un fait acquis à la discussion, que le ministère qui avait accompli l'expédition d'Espagne malgré l'Angleterre, et tenu le drapeau de la France dans la question grecque, avait été d'une docilité servile envers l'étranger. Elles présumaient que les torts devaient être du côté du gouvernement français, les griefs du côté d'un gouvernement de pirates, qui a toujours violé le premier les stipulations convenues entre lui et les autres États. Le prince italien auquel M. Bignon faisait allusion était le père commun des fidèles, dont la France, suivant sa politique traditionnelle, avait couvert les sujets sous son pavillon.

M. le comte de la Ferronays, ministre des affaires étrangères, se contenta de répondre « que, sans rechercher quelles ont été les causes de la guerre d'Alger, de telles mesures étaient prises que la France obtiendrait les justes réparations qui lui étaient dues. »

L'année 1828 se passa sans que l'attention du gouvernement du roi, fixée sur les incidents de la guerre qui avait

éclaté en Orient entre la Russie et la Turquie, pût se tourner
vers Alger. On se contenta de maintenir sévèrement le blocus et de faire quelques tentatives de négociations ; c'est pendant cette année que l'enlèvement de *l'Arlequin* dans le port d'Oran, et l'engagement du capitaine de la Bretonnière, nouveau commandant du blocus, avec quatre corsaires algériens, eurent lieu.

Le 27 janvier 1829, le roi, se trouvant en présence des Chambres, disait dans le discours de la couronne : « L'espérance que je conserve encore d'obtenir du dey d'Alger une juste réparation a retardé les mesures que je puis être forcé de prendre pour le punir ; mais je ne négligerai rien de ce qui pourra mettre le commerce français à l'abri de l'insulte et de la piraterie, et d'éclatants exemples ont déjà appris aux Algériens qu'il n'est ni facile ni prudent de braver la vigilance de mes vaisseaux. »

La Chambre des députés répondait, dans son adresse du 7 février 1829 : « Dans les mesures qui ont pour but d'obtenir du dey d'Alger une prompte et satisfaisante réparation, et de mettre un terme au fléau de la piraterie, nous retrouvons la sollicitude de Votre Majesté pour l'honneur de la France et pour la protection de son commerce. »

L'adresse de la Chambre des pairs contenait une réponse analogue.

Ce ne fut, à vrai dire, que dans la discussion des lois de finances de cette année 1829 que s'ouvrit, devant les Chambres, une discussion approfondie sur la question d'Alger. L'interruption de nos rapports avec cette Régence était une source de pertes pour le commerce français, surtout pour le commerce de Marseille. Cet intérêt commercial en souffrance trouva des interprètes à la Chambre. En outre, plus on allait, plus il devenait évident que le blocus, lourde charge pour le trésor, ne suffirait pas pour réduire le dey ; il y avait donc quelque chose de juste dans l'argumentation de l'opposition, lorsqu'elle combattait la prolongation d'un *statu quo* coûteux et stérile. Enfin on trouvait dans la question d'Alger une occasion d'attaques posthumes contre le ministère de M. de Villèle, dont le parti libéral craignait encore le retour, et l'on avait soin d'exposer les faits, alors mal connus, de manière à lui donner tous les torts.

C'est ainsi que le thème indiqué par M. Bignon dans la session de 1828 reçut dans la session de 1829 tous ses développements. On avait trouvé ce qu'on appelle dans la langue parlementaire un terrain d'opposition. Les attaques passaient par-dessus la tête du ministère Martignac, pour aller frapper le ministère Villèle ; mais elles compliquaient gravement la situation du gouvernement français, et devaient encourager la résistance du dey, en lui donnant à penser qu'une partie de la Chambre, peut-être une partie de la France, mettait le droit de son côté, les torts du côté du gouvernement de Charles X. Cela est si vrai, qu'on voit, après le naufrage du *Silène* et de l'*Aventure*, le dey d'Alger demander au capitaine Bruat, son prisonnier, s'il croyait que les soldats français consentiraient à partir pour l'expédition d'Afrique[1].

Le premier des orateurs de l'opposition qui fit allusion aux événements d'Alger fut M. Eusèbe de Salverte, qui siégeait sur les bancs de la gauche. Il s'exprima ainsi, dans la séance du 5 mai 1829 : « L'expédition contre Alger a pour origine une faute grave de l'ancien ministère : il devait désavouer un agent coupable d'avoir compromis les intérêts et la dignité de la France pour soutenir les prétentions d'une autre puissance. »

D'autres orateurs ayant exprimé de vives impatiences sur

---

[1] Voir, dans les *Annales maritimes*, le rapport de cet officier, nommé amiral en 1855.

la durée de la question algérienne et sur les dépenses qu'elle entraînait, M. Portalis répondit en ces termes, au nom du ministère : « Nous déclarons à la Chambre que, si l'état d'hostilité dans lequel nous nous trouvons avec le dey d'Alger continue, il n'en faut accuser ni l'activité de notre marine ni la négligence de nos agents diplomatiques, mais seulement la nature des choses et la difficulté des rapports avec un État barbare qui, placé hors la civilisation moderne, jeté au sein des déserts et sous les climats brûlants de l'Afrique, fort de sa faiblesse et de son indigence, est riche en moyens d'insulte et pauvre en moyens de réparation. Que la Chambre se souvienne qu'à l'époque la plus brillante de la grandeur romaine, Pompée dut s'armer de toute la force de l'empire pour réduire quelques pirates, et qu'elle soit assurée que le roi ne néglige rien pour finir un état de choses qui pèse sur ses sujets, et pour obtenir enfin la satisfaction qui lui est due. »

Cette réponse ne mit pas fin au débat. MM. Charles Dupin et Duvergier de Hauranne le relevèrent dans la séance du 6 mai 1829. M. Dupin exprima l'opinion qu'Alger, mis à l'abri du côté de la mer par de fortes batteries, était facilement attaquable du côté de la terre. Il ajoutait que l'armée expéditionnaire de Morée, jointe à quelques régiments, aurait pu prendre Alger, qui renfermait des trésors et un matériel assez considérable pour payer les frais d'expédition. M. Dupin ne faisait pas même mention des difficultés du débarquement. M. Duvergier de Hauranne manifesta son étonnement de ce que le ministère n'avait pas donné des explications positives sur la nature du différend survenu entre le roi et le chef de cette Régence.

M. Portalis, devenu ministre des affaires étrangères par la retraite de M. de la Ferronays, répondit ainsi : « Lorsque l'administration à laquelle j'ai l'honneur d'appartenir est arrivée aux affaires, les hostilités étaient ouvertes, le blocus formé ; il s'agissait donc d'aviser aux moyens d'amener à un dénoûment prompt et honorable une affaire commencée sous de fâcheux auspices. Néanmoins je ne veux pas laisser supposer que le gouvernement du roi a pris fait et cause pour une injure qui n'aurait pas été la sienne. Le chargé d'affaires du roi a eu à se plaindre d'un manque d'égards grave, dans l'exercice de ses fonctions. Il ne s'agit pas d'examiner si l'affaire qu'il était appelé à traiter était particulière ou non à la France. En effet, le représentant du roi de France dans ces contrées exerce non-seulement le droit de protection sur les sujets français, mais, comme par la nature de ses relations politiques, la France est appelée à protéger la navigation des puissances faibles, lorsque le chargé d'affaires du roi fait entendre en son nom des représentations dans l'intérêt de ses alliés, c'est comme représentant du roi de France qu'il parle. Les voies de négociation n'ont pas été abandonnées. Le roi de France, toujours économe du sang et des trésors de ses sujets, ne veut recourir à la force que lorsque les moyens de conciliation sont épuisés. Ce ne sera qu'après s'être assuré qu'il n'y a pas d'autres moyens pour amener ces barbares à la satisfaction qui nous est due, qu'on emploiera l'attaque à main armée. Jusqu'à présent on n'a employé que des moyens propres à les faire rentrer en eux-mêmes, en détruisant leur commerce, en paralysant l'horrible industrie à laquelle ils se livraient, et en les condamnant, par des privations, à faire ce que la justice et la raison auraient dû leur commander beaucoup plus tôt. »

Le ministre ajoutait, en répondant aux orateurs de l'opposition qui représentaient une expédition contre Alger comme facile : « Depuis l'expédition de lord Exmouth, le rivage d'Alger est couvert de forteresses et hérissé de bouches à feu, qui de toutes parts repoussent et empêchent l'approche des vaisseaux. Le bombardement, praticable sous

Louis XIV, est devenu aujourd'hui impossible. Quant à un projet de descente, ce moyen n'a pas été perdu de vue ; mais on n'a pas pensé que deux régiments suffiraient pour enlever une forteresse comme Alger et pour soumettre plusieurs provinces, surtout lorsqu'ils auraient à dos une population animée par le fanatisme religieux. »

M. Portalis terminait en mettant au nombre des fictions orientales le fameux trésor de la Casaubah, qu'on présentait comme une indemnité des frais de l'expédition.

Il y avait dans l'attitude du ministère, pendant cette discussion, une nuance d'embarras dont l'opposition tira parti et que l'histoire doit expliquer. Le ministère auquel M. de Martignac donna son nom était au fond une concession au mouvement d'opinion qui s'était prononcé contre M. de Villèle, et en particulier à l'esprit de la Chambre sortie des élections générales de 1827. La position de ce ministère était par cela même très-délicate vis-à-vis de la royauté. Tandis qu'il était accusé souvent par la Chambre de ne pas assez faire pour l'opinion, il était constamment accusé par les débris encore puissants de l'ancienne majorité d'être un ministère de concessions, comme on disait alors, et de sacrifier les prérogatives royales. Il était donc obligé de montrer beaucoup de zèle à les défendre, sous peine de prêter le flanc aux attaques de ses adversaires, et de devenir suspect au roi. Or il y avait une prérogative royale engagée dans cette affaire, où il s'agissait de la question de paix ou de guerre réservée au roi par la Charte. Le ministère tenait donc à montrer qu'il ne consentait pas facilement à accepter la discussion sur une question tranchée à ses yeux, puisque la guerre était ouverte, et il affectait de limiter les débats à la question de subsides, en se tenant sur la réserve toutes les fois qu'on cherchait à remonter aux circonstances qui avaient amené la guerre.

Les orateurs de l'opposition profitèrent, au mois de juillet 1829, de cette réserve du ministère, qui laissait planer des doutes sur la question, et renouvelèrent le débat. M. Alexandre de Laborde, qui devait, l'année suivante, publier une brochure très-vive sur les affaires d'Alger, abordait, dans la séance du 10 juillet 1829, un des points en litige, celui qui avait amené la rupture : le payement de la créance Bacri sur le gouvernement français. Il s'exprimait en ces termes :

« Le premier devoir du ministère, à l'époque du premier payement, était de garantir, dans l'intérêt de la France, les intérêts de la Régence, en séquestrant pour son compte tout ce qui pouvait appartenir au dey d'Alger, ou du moins de le prévenir d'agir dans ses intérêts; on ne l'a pas fait. Le premier cri du dey au ministère français fut qu'il avait été trompé et il priait, en conséquence, le gouvernement français de rappeler le consul qu'il ne pouvait plus voir, d'examiner sa conduite, ainsi que celle de Nicolas Pléville, fondé de pouvoir des Bacri, et d'un des Bacri, qui venait de se faire naturaliser Français pour échapper à ses réclamations. On ne fit rien de ce qu'il demandait. En outre, on prétendit couvrir de la protection de la France les sujets des États romains et napolitains, contrairement à tous les traités passés avec la Régence d'Alger, et qui n'ont pas été même révoqués pendant le temps où Rome faisait partie du territoire français. Aux termes de la dernière ordonnance qui régit la matière, il ne saurait convenir à la dignité du roi, ni à l'intérêt de ses sujets, que ses officiers aient des missions et des commissions des autres puissances. Comment donc le consul de France a-t-il pu agir au nom d'une puissance étrangère? C'est en cette qualité qu'il a eu sa violente discussion avec le dey et, à la suite, qu'il a reçu l'affront qui a motivé la rupture. »

L'orateur terminait en demandant une enquête sur cette affaire *mystérieuse*, au nom du commerce, de la marine, et peut-être même, ajoutait-il, de l'honneur du pays.

C'est ainsi que les orateurs de l'opposition, en engageant le débat plus avant que le ministère Martignac ne l'aurait voulu, l'obligeaient, au nom de la prérogative parlementaire, à sortir de la réserve où il aurait désiré se tenir pour sauvegarder la prérogative royale.

Dans la même séance, un autre membre de l'opposition, M. Thomas, serrant de plus près encore la question, toujours au nom de la prérogative parlementaire, pressait le ministère de ces vives interpellations :

« La guerre contre Alger dure depuis deux ans, et cependant ses causes premières ne sont pas encore bien connues. Les ministres se sont bornés à nous apprendre que le dey d'Alger avait outragé le consul de France ; mais ils ne nous ont appris ni en quoi cet outrage a consisté, ni quels avaient été ses antécédents, ni quelles furent ses circonstances.

« Dans les ports de la Méditerranée on croit, d'après les rapports venus du lieu même de la scène, que la brutalité du dey était étrangère à tout esprit d'injure envers le roi de France, et n'avait d'autre cause qu'un ressentiment particulier contre la personne chargée de fonctions consulaires. On indique même les motifs de ce ressentiment. On dit que le dey avait adressé au gouvernement français une dépêche importante que le ministre qui dirigeait alors les affaires étrangères avait laissée sans réponse. On assure enfin que ce potentat africain n'a pas cessé de protester de son respect pour le roi de France, et a constamment déclaré n'avoir jamais eu l'intention de l'offenser dans la personne de son consul.

« La réserve où M. le ministre s'est tenu lorsqu'il a été pressé par M. Duvergier de Hauranne de nous faire connaître si le consul n'a pas été insulté, lorsqu'il interposait ses bons offices pour les sujets d'un autre gouvernement auxquels le roi accordait sa protection, m'autorise à penser que c'est, en effet, en intervenant pour des étrangers que notre consul a reçu l'insulte qui a décidé les conseillers de la couronne à déclarer la guerre au dey. Le patronage du roi pour des étrangers est un acte de bienveillance qui ne doit jamais devenir une cause de guerre et de dommages pour le pays. La vie de nos marins et la sûreté de nos vaisseaux sont exposées dans une querelle dont l'origine se rattache à la protection d'intérêts qui ne sont pas les nôtres. Quatorze millions sont déjà dépensés, on nous en demande aujourd'hui sept autres. A ces pertes de l'État, joignez celles de notre commerce. Un blocus stérile n'empêche pas l'ennemi de mettre ses corsaires en mer et d'alarmer notre navigation jusque sur nos côtes.

« Je demande que la Chambre soit instruite des circonstances qui ont amené la déclaration de guerre. Sans doute le consul outragé par le dey a fait, au moment de l'insulte, un rapport au gouvernement. Il a dû entretenir une correspondance suivie avec le ministre des affaires étrangères. Avant de commencer les hostilités, le ministère français a certainement demandé des explications et une réparation à la Régence d'Alger. Des notes ont été remises à la Régence : elle a dû répondre suivant les formes usitées. Ces divers documents, la lettre même du dey, qu'on dit être restée sans réponse, existent au ministère des affaires étrangères. Pourquoi ne nous les communiquerait-on pas ? Si on le refuse, je me réserve de faire une proposition spéciale pour obtenir cette communication. Je ne sais si je me trompe, mais j'ai la conviction que cette guerre est le résultat d'une série de fautes successives. »

Il devenait impossible de refuser la discussion. Le ministère le comprit. Le ministre des affaires étrangères, qui porta la parole, eut seulement soin de réserver les droits de la prérogative royale par quelques mots. « Le droit de faire la guerre et la paix, dit-il en commençant, appartient au roi. Il n'est soumis par aucune des dispositions de la Charte à justifier ses résolutions à cet égard devant la Chambre. Mais, lorsqu'il déclare la guerre, cette déclaration entraîne des demandes d'hommes et d'argent. Ces demandes d'hommes et d'argent sont portées aux Chambres et doivent être appuyées des documents qui les justifient. C'est en ce sens seulement que ces documents peuvent être réclamés. »

Cette précaution prise, le ministre continua ainsi : « Un exposé succinct des faits suffira pour rectifier les fausses notions qui se sont répandues. Propagées d'abord par des hommes blessés dans leurs intérêts, elles ont été accueillies par cette disposition naturelle qui porte les esprits à juger sévèrement les actes du pouvoir et à se dédommager ainsi, par la désapprobation et la censure, de la nécessité de s'y soumettre.

« Ce n'est point un fait isolé qui amena la rupture entre la France et la Régence d'Alger. Nos griefs remontent jusqu'à l'époque de l'accession au pouvoir du dey actuel, Hussein-Pacha, en 1818; mais c'est surtout depuis 1824 qu'ils ont acquis plus de gravité. A cette époque, contre la teneur expresse des traités, des perquisitions furent exercées dans la maison consulaire de France à Bone, sous prétexte de contrebande. Des autorisations illicites de séjourner et de commercer dans cette ville et sur les côtes de la province de Constantine furent accordées à des négociants anglais et mahométans. Un droit arbitraire de dix pour cent fut établi sur les marchandises introduites dans ces contrées pour le compte de l'agent des concessions françaises. En 1826, des navires, appartenant à des sujets du saint-siége, mais couverts du pavillon blanc et de la protection de la France, furent injustement capturés, et la restitution en fut refusée. Des propriétés françaises, saisies à bord d'un navire espagnol, furent confisquées. Ainsi furent violés les deux principes qui ont servi de base à nos transactions avec les Régences d'Afrique : que le pavillon français couvre la marchandise quelle qu'elle soit, et que la marchandise française est inviolable même sous le pavillon ennemi. Des visites arbitraires et des déprédations furent commises à bord de navires français. La souveraineté de la France sur cette portion de territoire qui se trouve comprise entre la rivière de Seybouse et le cap Roux, et dont elle est en possession depuis le milieu du quinzième siècle, fut méconnue. Une somme de 2,500,000 francs, reste d'une créance déjà remboursée à des juifs algériens; pour des fournitures de grains qu'ils avaient faites dans les premières années de la République, versée dans la caisse des dépôts et consignations pour y servir de gages aux créanciers français des sieurs Busnach et Bacri, en exécution d'une transaction passée le 28 octobre 1819, entre les commissaires du roi et les fondés de pouvoir de ces sujets algériens, fut violemment réclamée en termes fort inconvenants, ainsi que le remboursement d'une autre somme de 2,000,000 de francs que le dey d'Alger accusait le consul général à Alger d'avoir reçue, pour prix de prétendus bons offices qu'il aurait accordés à Bacri, alors privé de la liberté et chargé de fers par son maître. Enfin, pendant que le gouvernement se disposait à faire à ces réclamations une réponse qui aurait contenu l'énumération de nos griefs et la demande de leur redressement, le 30 avril 1827, lorsque le consul général de France venait de se rendre auprès du dey, dans une occasion solennelle, pour le complimenter, suivant l'usage, la veille des fêtes musulmanes, une insulte grossière répondit seule à cet hommage accoutumé. Vous savez, messieurs, quelles furent les suites de l'offense, et si vous admettez les conséquences onéreuses des mesures que le gouvernement du roi se vit forcé d'adopter pour obtenir la réparation qui lui est due, et pour arrêter le cours toujours croissant de la violation de nos priviléges et de nos droits, de l'honneur et du pavillon du roi, vous l'absoudrez du reproche de précipitation qui lui a été adressé. Vous ne voudrez pas déserter une cause si française, et réduire l'administration à l'impossibilité de terminer, d'une manière conforme à la dignité de la couronne et du pays, un différend d'une nature si pénible. »

Après avoir abordé plusieurs points moins importants de la discussion, le ministre terminait ainsi : « Sans doute, il est temps de mettre un terme à la durée de ces hostilités prolongées, dont la dignité et les intérêts matériels de la France ont également à souffrir. Nous en recherchons les moyens avec activité et constance. De nouvelles mesures sont prises, et le courage et l'intelligence exercée de nos marins nous permettraient d'en espérer un heureux succès. Mais ce serait une économie mal entendue que celle qui indiquerait d'une manière fatale le terme de nos efforts : elle encouragerait le dey d'Alger dans son obstination et sa résistance ; elle pourrait nécessiter un jour de bien plus larges sacrifices, car les offenses faites à la couronne de France ne se prescrivent jamais. »

Des marques d'adhésion générale suivirent la fin du discours du ministre des affaires étrangères. Après cet exposé calme et concluant, la question semblait tranchée. A moins d'admettre que le gouvernement français eût représenté inexactement tous les faits, et que le ministère Martignac eût menti au profit du ministère Villèle, dont, il avait eu soin de le dire dès le début, il était le successeur irresponsable, et non l'héritier solidaire ; que le récit circonstancié et si vraisemblable des nombreux griefs de la France fût appuyé sur des faits controuvés, quoique ces faits ne fussent que la reproduction de ceux qui avaient été l'occasion de fréquentes ruptures de la France avec les Barbaresques, il devenait inutile de demander la production des pièces. Ce n'eût été qu'un acte de défiance contre le cabinet, qui aurait dû se retirer si la Chambre eût adopté les conclusions des deux orateurs de l'opposition. Elle ne les adopta pas. Le crédit fut voté sans indication précise d'une date fatale au delà de laquelle il cesserait. Le ministère Martignac dut tenter auprès du dey d'Alger une dernière démarche de conciliation. Ce fut à bien peu de jours de là, le 30 juillet 1829, que le capitaine de la Bretonnière alla porter, comme on l'a vu, les propositions si modérées et si conciliantes du gouvernement français, auxquelles le dey répondit par un nouvel outrage.

Dix jours ne s'étaient point écoulés depuis cette démarche, demeurée inutile, lorsque le ministère de M. de Martignac, succombant aux difficultés intérieures de sa tâche, tomba devant le vote d'une majorité formée de la droite et de la gauche, qui s'étaient coalisées contre le cabinet de la transaction. Le 8 août 1829, le ministère qui prit plus tard le nom du prince de Polignac, appelé à le présider, fit son avénement.

Ce ministère arrivait dans des conditions fâcheuses. L'opinion, profondément surexcitée, la presse enivrée de colère, la Chambre élective engagée dans la lutte de la prérogative parlementaire contre la prérogative royale, ne voyaient plus dans toutes les questions qu'un terrain d'opposition. Partout, toujours, au dehors, au dedans, on cherchait des armes contre un ministère condamné à périr. Par cela seul qu'il devait avoir la direction d'une expédition contre Alger, si cette expédition était tentée, les objections allaient devenir plus nombreuses, les obstacles plus grands. Chose triste à dire, l'esprit de parti portant atteinte au patriotisme, il y eut des hommes qui craignirent les succès du ministère, au point de craindre ceux de la France.

Lors de l'avénement du ministère du 10 août 1829, l'expédition d'Alger était inévitable. Tous les moyens de transaction étaient épuisés. Des menaces étaient sorties de la bouche même du roi dans les discours d'ouverture des deux précédentes sessions. Si elles ne recevaient point une prompte exécution, la dignité royale était compromise, et l'influence morale de la France éprouvait un grave échec, car il restait démontré aux yeux de l'Europe que sa volonté allait au delà de sa puissance. L'expédition d'Alger devait donc être et fut en effet une des préoccupations les plus vives du nouveau cabinet, et surtout des deux ministres qui devaient avoir la part principale à cette entreprise, le général de Bourmont, comme ministre de la guerre, le baron d'Haussez, comme ministre de la marine.

Il convient de dire ici quelques mots des deux hommes qui eurent une si grande part à l'expédition d'Alger.

Le baron d'Haussez, initié aux affaires dès le début de la Restauration, soit comme membre des assemblées élues, soit comme fonctionnaire public, avait déployé des talents administratifs du premier ordre, dans plusieurs préfectures importantes, entre autres celles des Landes, du Gard, de l'Isère et de la Gironde. Il s'était trouvé dans l'Isère et le Gard, au milieu de circonstances difficiles, et il les avait dominées par le rare assemblage d'un esprit froid, ferme, conciliant et avisé, et d'un caractère ardent et vigoureux. Il entrait donc au ministère de la marine avec l'expérience des affaires, ce coup d'œil net et prompt qui va au fond des questions d'exécution, sans se laisser arrêter par les fins de non-recevoir bureaucratiques, l'habitude d'approprier les moyens aux obstacles; enfin, qualité essentielle aux hommes d'État, il savait vouloir.

La vie de M. de Bourmont avait été traversée de bien des vicissitudes. L'un des derniers qui eût tenu le drapeau blanc dans les guerres révolutionnaires de l'Ouest, il avait connu la proscription, la captivité, l'exil. Enrôlé malgré lui dans les armées impériales, il avait acquis et déployé dans les grandes guerres des talents remarquables, qui jetèrent un nouvel éclat dans la campagne d'Espagne de 1823. C'était un esprit sagace, ingénieux, lucide, un caractère doux, aimable, mais tenace et ferme. Il avait cette aptitude naturelle que rien ne remplace et qui, dès son entrée au ministère de la guerre, lui fit prendre les mesures les plus utiles et les plus agréables à l'armée. Il souhaitait passionnément illustrer son passage aux affaires par une glorieuse entreprise et, soit comme ministre, soit comme général, il était capable de la préparer et de l'accomplir.

Les papiers laissés par le baron d'Haussez fournissent à l'histoire de précieuses lumières sur la suite donnée à cette grande affaire, dans les conseils de la couronne, par les deux membres du ministère dont l'accord était nécessaire pour la conduire au but.

« Le ministre de la guerre, dit-il, étendit ses soins avec beaucoup d'intelligence et de succès sur diverses branches de son administration, et son ministère prit une excellente direction ; mais les affaires courantes ne l'occupèrent pas tellement qu'il ne songeât à exécuter cette entreprise sur Alger, solennellement annoncée dans les discours d'ouverture des deux précédentes sessions. Il fit donc ses dispositions et, lorsqu'il fut assuré que son département serait prêt, il proposa au conseil de donner enfin de la suite à des menaces sorties de la bouche même du roi.

« De mon côté, j'avais donné beaucoup de soins et d'attention à l'examen de cette question, et j'avais consulté tout ce qui avait été écrit à ce sujet dans mon ministère. Je m'étais surtout arrêté à un rapport très-détaillé fait par une commission composée de plusieurs officiers généraux de la guerre et de la marine, et à un autre rapport du conseil de l'amirauté, desquels il résultait que, pour le transport de 22,000 hommes d'infanterie, de 2,200 chevaux, du train d'artillerie et des munitions de guerre et de bouche et, en outre, pour la coopération de la marine à l'attaque de la place, il fallait une soixantaine de bâtiments de commerce jaugeant 12,000 tonneaux, six vaisseaux de ligne, quinze frégates et une trentaine d'autres bâtiments de guerre. On évaluait à huit mois le temps nécessaire pour les préparatifs de l'expédition, et on considérait le mois de mai comme le plus opportun pour son départ.

« Dès les premiers jours du mois d'octobre, j'appelai l'attention du conseil sur cette importante question, que je désirais faire décider afin d'avoir le temps de faire mes dispositions. Le roi adopta d'abord la proposition du prince de Polignac, d'entamer des négociations avec la Porte, dans le but de l'amener à contraindre le dey d'Alger, son feudataire, à faire au roi la réparation qu'il était en droit d'exiger. Je fis observer que ce moyen entraînerait des lenteurs incompatibles avec les dispositions que les ministres de la guerre et de la marine, ce dernier surtout, auraient à faire; que ces négociations dureraient plusieurs mois, et que la saison convenable pour entreprendre l'expédition s'écoulerait sans aucun résultat; que cependant la France continuerait un blocus dont la dépense annuelle s'élevait à sept millions, sans que, depuis trois années, il eût en rien modifié les dispositions du dey, tandis qu'avec le double au plus de la dépense déjà faite, on aurait obtenu la conquête d'Alger et de ses dépendances, et trouvé, soit dans la possession de ce pays, soit même dans une occupation momentanée, la compensation d'une grande partie de ces dépenses, lors même que cet immense trésor que l'on disait exister ne se trouverait pas. Le prince de Polignac répondit que le roi avait prononcé. On se mit donc en disposition de transmettre des instructions au général

Guilleminot, ambassadeur du roi à Constantinople. Un mois s'écoula avant cet envoi. »

Le baron d'Haussez raconte ensuite comment M. Drovetti, consul général de France à Alexandrie, proposa un nouveau plan.

« Ce plan, dit-il, consistait à charger de l'expédition contre Alger le pacha d'Égypte, qui recevrait, à titre d'avance, une somme de vingt-huit millions, remboursable en dix années, et comme don absolu quatre vaisseaux de ligne. Un semblable traité me parut tellement en opposition avec la dignité et les intérêts de la France, que je crus devoir le combattre avec la plus grande énergie. Je terminai en déclarant au roi que je me refusais à l'exécution de la clause relative à la cession des quatre vaisseaux, et que je suppliais Sa Majesté d'accepter ma démission si cette cession était consentie. Le comte de Bourmont me soutint avec chaleur, et nous obtînmes l'ajournement de la décision. M. Drovetti m'envoya le marquis de Livron, général français au service du pacha d'Égypte, et employa tout pour vaincre ma résistance ; il ne put y parvenir. Plus heureux auprès du prince de Polignac, il obtint de lui l'envoi d'un officier chargé d'un projet de traité. On m'engagea à donner, par le télégraphe, l'ordre de tenir à Toulon un bâtiment prêt à transporter le négociateur. L'ordre fut effectivement donné, mais dans des termes tels, qu'il ne fut pas compris, et que le bâtiment ne se trouva pas prêt au moment fixé pour le départ. Cet incident, auquel je n'étais pas étranger, donna au comte de Bourmont et à moi le temps et les moyens de ramener la délibération du conseil et l'attention du roi sur cette affaire, et de démontrer que, en eût-il la volonté, Méhémet-Ali ne pourrait jamais exécuter le traité ; qu'il n'avait pas plus de 15,000 hommes de troupes régulières et de 20,000 Arabes ; qu'il ne serait pas assez malavisé pour les éloigner de l'Égypte, qu'il exposerait soit à des troubles intérieurs, soit à une invasion de la part de la Porte ; qu'en supposant qu'il ne fût pas arrêté par cette considération trop importante cependant pour être négligée, il le serait certainement par l'impossibilité de faire en temps convenable, avec des moyens qui ne pouvaient pas se comparer aux nôtres, une expédition pour laquelle il nous restait à peine le temps nécessaire ; qu'ainsi nous nous placions dans l'alternative, ou de lui voir prendre notre argent sans remplir les engagements qu'il aurait contractés, ou de perdre un temps précieux et d'être forcés d'ajourner encore l'expédition.

« J'avais, dans un entretien particulier, préparé le roi à goûter ce raisonnement. Il l'accueillit avec beaucoup de faveur, et il ordonna au prince de Polignac d'arrêter le cours des négociations. On n'eut pas de peine à y parvenir; le négociateur attendait à Toulon des moyens de départ, que j'avais eu soin de ne pas lui ménager. MM. Drovetti et de Livron ne voulurent point renoncer entièrement à leur idée. Sur leurs instances, le prince de Polignac proposa et obtint, malgré l'opposition unanime de ses collègues, l'autorisation de faire offrir au pacha une somme de dix millions, à la condition qu'il enverrait par terre une armée assez forte pour s'emparer d'Alger, dont la possession lui serait garantie. La France s'engageait à fournir une flotte suffisante pour protéger par mer l'opération, un parc de siége avec les hommes et les munitions nécessaires, et des officiers de génie pour diriger l'attaque. Heureusement que cette négociation échoua. Le bon sens du pacha d'Égypte lui fit comprendre l'impossibilité de faire ce qu'on lui demandait, et sa bonne foi l'engagea à ne pas accepter les dix millions. M. Drovetti et le marquis de Livron furent désavoués, et nous nous trouvâmes au point de départ, avec une perte de quatre mois, temps bien précieux dans cette circonstance. Il fut convenu dès lors qu'on s'occuperait sans délai des mesures nécessaires pour en finir avec Alger[1]. »

L'histoire doit ici compléter et rectifier sur quelques points les documents laissés par M. le baron d'Haussez. Ce fut au mois d'octobre 1829 que l'idée d'accomplir par les mains du pacha d'Égypte l'expédition devenue nécessaire contre Alger fut accueillie par le prince de Polignac, qui la fit agréer au roi. Méhémet-Ali s'engageait à réduire Alger, ainsi que Tunis et Tripoli, à prendre possession de ces trois Régences, à les gouverner en payant un tribut au sultan, et à y établir une administration régulière et protectrice du commerce de toutes les nations. On représentait, à l'appui de ce projet, que la France aurait avantage à voir grandir dans la Méditerranée l'influence de l'Égypte qui, formée par ses exemples et ses hommes depuis le commencement du siècle, était disposée à accepter son impulsion, tandis que Constantinople, peu accessible à notre politique, obéissait tour à tour à l'ascendant de la Russie ou à celui de l'Angleterre. Quoique cette considération ne fût pas sans valeur, elle ne rachetait point le double inconvénient de donner une solution musulmane au lieu d'une solution chrétienne à la question d'Alger, ce qui diminuait singulièrement l'importance et la durée du résultat, et de faire venger par une épée d'emprunt l'injure de la France. Ce ne fut point, comme le baron d'Haussez semble l'indiquer, uniquement par la sagesse du pacha d'Égypte que la combinaison manqua. Il n'avait été d'abord question que de prêter à Méhémet-Ali des vaisseaux français pour transporter ses troupes. Il objecta qu'il ne pourrait se présenter devant des populations musulmanes sous un pavillon chrétien, et demanda qu'on lui donnât les vaisseaux en toute propriété. Le roi re-

[1] Papiers politiques de M. le baron d'Haussez, communiqués par madame la duchesse d'Almazan.

poussa d'une manière absolue cette demande, en disant que jamais des bâtiments qui avaient porté le pavillon français ne porteraient, de son aveu, un autre pavillon. Ce fut alors que l'on songea à une armée d'expédition égyptienne, se dirigeant sur Alger par terre. L'Angleterre, jalouse de voir la puissance égyptienne prendre des accroissements sur la Méditerranée, et son intimité avec nous se resserrer, fit inutilement des démarches très-pressantes auprès du cabinet des Tuileries pour le déterminer à renoncer à cette idée, puis s'adressa directement à Méhémet-Ali et, moitié par conseil, moitié par menaces, elle l'obligea à demander l'agrément de la Porte, et plus tard, à renoncer au traité qu'il avait signé avec nous[1]. Dans le conseil du 31 janvier 1830, l'expédition directe faite par la France elle-même contre Alger fut résolue, et on laissa à Méhémet-Ali le soin de réduire Tripoli et Tunis. Ce ne fut que dans le mois d'avril suivant que le pacha d'Égypte nous avertit qu'il renonçait à coopérer, même dans cette mesure, à notre entreprise.

Ainsi, dans les conseils du roi Charles X, la question d'Alger avait traversé trois phases. Dans la première, on avait espéré arriver à une solution par un blocus, et cet espoir s'était prolongé jusqu'à l'échec de la mission du comte de la Bretonnière. Dans la seconde, on avait cherché les moyens de réduire Alger sans entreprendre une grande expédition, et c'est alors que l'idée de recourir à la Porte Ottomane, bientôt modifiée par de nouvelles instructions, puis celle d'acheter le concours militaire du pacha d'Égypte, avaient été accueillies. Ce ne fut que lorsque ces deux expédients eurent échoué qu'on en vint nécessairement à la pensée de diriger une grande expédition française vers la côte d'Afrique. Ce récit curieux des délibé-

---

[1] Voir les documents contenus dans le discours de M. le duc de Valmy, écrit pour être prononcé à la Chambre, et publié par *la Quotidienne* dans son numéro du 15 mai 1841.

rations intimes du conseil révélées par les papiers du baron d'Haussez, et les témoignages des hommes les plus activement mêlés aux affaires, mettent hors de doute un point d'histoire générale jusque-là controversé : c'est que l'expédition d'Alger ne fut point entreprise par la Restauration comme une mesure de politique intérieure, commandée par les circonstances difficiles où se trouvait le ministère de M. de Polignac, mais comme une mesure d'honneur et d'intérêt national, devant laquelle le gouvernement, qui avait tenté toutes les autres voies, ne pouvait plus reculer sans déserter ses devoirs.

Quand le ministère nouveau eut résolu de faire l'expédition d'Alger, exclusivement avec les forces de la France, il voulut naturellement prendre l'avis de l'homme de mer qu'on regardait, non sans raison, comme le plus compétent dans la question. M. Dupetit-Thouars, déjà consulté par le précédent cabinet, se trouvait indiqué. Ce fut à lui et à M. Gay de Taradel que le baron d'Haussez s'adressa.

Il introduisit M. Dupetit-Thouars dans une commission réunie sous sa présidence et composée du vice-amiral Jacob, du contre-amiral Roussin, du contre-amiral de Mackau, directeur du personnel, du baron Tupinier, directeur des ports, et du capitaine de vaisseau Latreyte. Cette commission avait adopté un plan qui consistait à envoyer une armée de 30,000 hommes sur 400 navires de commerce, escortés par six frégates. Le capitaine Dupetit-Thouars qui, fortement appuyé par le ministre de la marine, obtint cette fois de prime abord les honneurs de la séance, combattit vivement ce plan. Il exposa que la condition essentielle du succès était de jeter tout d'abord sur la plage un grand nombre d'hommes organisés et prêts à combattre : or ce n'était qu'en embarquant la plus grande partie de l'armée et du matériel sur des vaisseaux de guerre qu'on pouvait remplir cette condition. Ces vaisseaux, en outre, offriraient seuls les garanties nécessaires, soit par leurs qualités qui leur permettaient de se maintenir contre les courants ou le mauvais temps, pendant que la flotte resterait ralliée sur la côte en attendant le moment favorable au débarquement, soit par leur aptitude à rester en bon ordre ou à obéir aux signaux de ralliement, ce qui était essentiel pour laisser à l'amiral la facilité de saisir le premier moment opportun. S'il eût été possible de mettre un régiment à bord d'un vaisseau, c'eût été le mieux. Puisqu'on ne le pouvait pas, il faudrait mettre un demi-régiment par navire de guerre. Douze vaisseaux débarqueraient ainsi, en un instant, 12,000 hommes. Ces 12,000 hommes, une fois jetés dans la presqu'île de Sidi-Ferruch, tiendraient en échec toutes les forces de la Régence.

Dans son rapport, M. Dupetit-Thouars développait ainsi ses idées :

« L'escadre d'expédition semble devoir être composée de trois divisions bien distinctes, ayant chacune une mission bien spéciale à remplir :

« Une division d'attaque contre la place ;

« Une division de transport de l'armée et du matériel ;

« Enfin une division de bombardes, brûlots et canonnières.

« Chacune de ces divisions devra avoir un chef spécial, placé sous les ordres de l'amiral en chef, mais au moment de l'action n'agissant plus que d'après les indications reçues et d'après lui-même, à raison de la distance des points d'opération et de la difficulté de se faire suffisamment comprendre à de si grandes distances.

« M. l'amiral n'étant destiné avec sa division qu'à canonner la place pour faire rester aux batteries de mer les canonniers et les Turcs qui en composent l'armement, il ne sera pas nécessaire que cette division soit d'une force considérable ; par exemple, quatre vaisseaux, quatre frégates, quatre bricks, ceux-ci, non pour canonner la place, la portée de leur artillerie ne le leur permettrait pas, mais pour la transmission des ordres de M. l'amiral.

« La division des bombardes et brûlots ralliée sous le vent de la division d'attaque (je suppose les vents à l'est, c'est une condition indispensable) sera en mesure de se porter au feu entre l'armée d'attaque et la pointe Pescade.

« La division du transport de l'armée mouillera, lorsque le moment d'agir sera venu, de la pointe de Sidi-Ferruch, en allant vers l'ouest, les vaisseaux par ordre de bataille. Le premier et le deuxième vaisseau portant le premier régiment (je suppose les régiments portés au complet de guerre de 2,000 hommes), le troisième et le quatrième portant le second régiment, et ainsi de suite.

« Cette opération étant celle d'où dépendra surtout le succès de l'expédition, il convient d'entrer dans des détails. Je suppose qu'on ait décidé le passage de l'armée sur des vaisseaux armés en flûtes, ayant leurs batteries basses seulement et 350 matelots et surnuméraires, tout compris : on pourra facilement, sans trop d'encombrement, embarquer 1,000 hommes sur chaque vaisseau, ou deux bataillons d'un même régiment ; deux vaisseaux pourront donc porter le régiment, plus l'artillerie de campagne qui lui est affectée, ainsi que les batteries de fusées à la Congrève qui leur seront attachées ; les effets de campement distribués à l'avance par compagnies, les munitions de guerre nécessaires à chaque régiment, et enfin deux ou trois mois de vivres de campagne pour le même nombre d'hommes qu'ils auront transportés, en sorte que chaque division de deux vaisseaux pourra, en débarquant le régiment qu'elle portera, lui fournir immédiatement tout ce qui lui sera nécessaire pour entrer en campagne.

« Si nous armions douze vaisseaux ainsi, on aura réuni dans

un espace aussi petit que possible près de 12 à 14,000 hommes, qu'il est important de jeter, en même temps et promptement sur la côte, pour pouvoir s'y maintenir pendant le reste de l'opération.

« J'adjoindrais à ces douze vaisseaux douze frégates aussi armées en flûtes, par 180 ou 200 hommes, ce qui permettrait d'embarquer 400 hommes sur chacune d'elles, et portant également tout ce qui serait utile à l'immédiate entrée en campagne des troupes qu'elles auraient à débarquer. Ces deux divisions donneraient un effectif de 17 à 18,000 hommes qui pourraient être mis à terre le premier jour, parce que les vingt-quatre bâtiments qui les porteraient pourraient mouiller dans la baie de Sidi-Ferruch, sans confusion, sur une seule ligne.

« Cette division, qui serait la seule importante à tenir ralliée et en disposition d'opérer, ne serait pas trop nombreuse pour tenir la mer avec ordre, si le temps ne permettait pas d'agir immédiatement. »

M. Dupetit-Thouars proposait ensuite de charger une partie du matériel du siège et 3,000 hommes sur douze grandes flûtes qui se tiendraient au large, et opéreraient leur débarquement aussitôt que celui des vaisseaux et des frégates serait terminé. Les 7,000 restant pourraient être embarqués à bord de quarante navires de commerce de grande dimension. Il ajoutait que deux bateaux à vapeur seraient fort utiles à la division de débarquement, tant pour accélérer la mise à terre des troupes que pour remorquer les vaisseaux qui pourraient être avariés. Il résumait ainsi les avantages de l'emploi des vaisseaux : « Une division de vingt-quatre bâtiments se maintient facilement ralliée ; elle peut mouiller avec ordre et célérité, agir simultanément, offrir des corps tout ralliés en mettant pied à terre. »

Il calculait qu'un vaisseau mouillé à huit heures du matin

peut facilement débarquer, à la distance d'un mille ou deux milles au plus, 1,000 hommes en cinq heures, en calculant sur le pied de 200 hommes par embarcation et d'une heure par voyage. D'après ce calcul, à deux heures on aurait mis à terre les 18,000 hommes embarqués sur les vaisseaux et frégates. Les mêmes vaisseaux auraient donc à disposer du temps qui leur resterait de deux heures de l'après-midi jusqu'à huit heures du soir, pour débarquer l'artillerie et les vivres sur la presqu'île de Sidi-Ferruch.

M. Dupetit-Thouars indiquait ensuite la première chose à faire après le débarquement : « Les troupes s'occuperont immédiatement à fortifier contre la terre la presqu'île de Sidi-Ferruch, qui domine la plage, et à se retrancher sur ce point, qui doit devenir le lieu du dépôt général du matériel, des vivres et des munitions. »

La dernière partie du rapport était consacrée à justifier le choix du point indiqué pour le débarquement :

« Ce qu'on ne saurait trop remarquer, c'est que sur toute la côte d'Alger, la position de Sidi-Ferruch et de la baie de l'ouest est la plus convenable à une grande opération ; que c'est aussi le point le plus rapproché de la ville d'Alger ; que le chemin qui y conduit est le plus sûr, puisqu'on évite le défilé que l'on aurait à passer si l'on débarquait à l'est de la ville ; et qu'enfin, en prenant les dispositions convenables, une opération militaire de ce genre doit réussir sur ce point, mieux que sur une foule d'autres où cependant on en a déjà tenté avec succès.

« C'est avec infiniment de raison que cette baie a été choisie pour point de débarquement ; lorsque le temps est favorable, la côte peut être abordée comme un quai ; les bâtiments chargés du matériel peuvent être amenés assez près pour qu'avec quelques précautions que j'indiquerais, il devienne plus facile de les décharger que sur tout autre point de la baie d'Alger elle-même, le port excepté.

« Les motifs qui ont dû faire cesser toute espèce d'incertitude sur le choix du lieu du débarquement sont que, mises à terre dans la baie d'Alger, les troupes se trouveraient sur un terrain marécageux et qui deviendrait malsain si l'on éprouvait des pluies; que la route pour arriver sur les hauteurs d'Alger est plus longue que celle de Sidi-Ferruch; qu'enfin cette route oblige à traverser un défilé dangereux qui a été une des causes de la perte du comte d'O'Reilly, lorsque avant de se rembarquer il voulut tenter un coup de main. On pourrait encore ajouter que, la plaine que l'on aurait à traverser étant coupée par différents ruisseaux qui se jettent dans la rivière de l'Aratch, les difficultés du transport du matériel en seraient de beaucoup augmentées[1]. »

Ce mémoire lumineux, où l'intuition aidée par l'expérience du littoral et de la mer indique avec une si remarquable précision le plan à suivre pour l'expédition, le mode de transport, les précautions à prendre, les avantages du point choisi, le mode et le lieu de débarquement, le temps qu'il durera, les mesures à appliquer aussitôt qu'il sera opéré, fit une impression profonde sur la commission. Une seule objection fut présentée : « Est-il possible, demanda un des membres, de débarquer 12,000 hommes en un seul jour? » Le capitaine Dupetit-Thouars répondit : « J'ai vu lord Cochrane, qui n'avait pas l'honneur de commander à la marine française, faire, avec la marine brésilienne, un débarquement de 18,000 hommes en cinq heures. » L'objection tomba devant cette réponse, et personne ne dit plus mot.

M. le baron d'Haussez, dont l'esprit vif et décidé courait aux solutions, appela M. l'amiral Jacob dans l'embrasure d'une

[1] Nous transcrivons ces deux passages d'après une copie du rapport de M. Dupetit-Thouars, certifiée conforme à l'original, et qui nous a été communiquée par M. l'amiral Dupetit-Thouars.

croisée. « Que pensez-vous du plan de M. Dupetit-Thouars? demanda le ministre de la marine à l'amiral. — Qu'il est bon. » La même question renouvelée par le ministre à chaque membre de la commission, amena la même réponse. Alors M. d'Haussez dit en levant la séance : « Messieurs, à l'unanimité le plan de M. Dupetit-Thouars est adopté. »

A quelques jours de là, M. Dupetit-Thouars eut l'honneur d'être reçu par M. le Dauphin en audience particulière. « Le roi, lui dit le prince, a été fort content des vues que vous avez présentées, et il m'a chargé de vous exprimer sa satisfaction. — Si le roi est content, je suis content aussi, répondit avec sa franchise bretonne M. Dupetit-Thouars en s'inclinant. — Ce n'est pas tout, reprit le prince en le regardant fixement; si vous étiez ministre de la marine, à qui donneriez-vous le commandement de l'expédition? »

A cette brusque question, le capitaine de frégate Dupetit-Thouars demeura un moment interdit. « Monseigneur, répondit-il enfin, je suis bien jeune d'années et de grade pour décider une pareille question. Je prie Votre Altesse Royale de permettre que je me borne à lui répondre ce qui est ma conviction profonde : c'est que tous les officiers généraux sont très-capables de mener à bonne fin cette entreprise, qui n'a rien de bien difficile.

« — Ce n'est pas ce que je vous demande, reprit M. le Dauphin avec cette espèce de trépignement nerveux qui lui était ordinaire. Je vous ai fait une question précise, je veux une réponse précise. Si vous étiez ministre de la marine, qui nommeriez-vous commandant en chef de la flotte? Je vous ordonne de répondre. »

Le capitaine Dupetit-Thouars se recueillit un instant, puis il répondit d'une voix assurée : « Je nommerais l'amiral Duperré. »

Une ombre de contrariété passa sur le front du prince.

M. Duperré était regardé comme hostile au gouvernement; toutes ses liaisons étaient avec des hommes appartenant à l'opposition. Cependant M. le Dauphin se remit bientôt.
« Quelles seraient vos raisons pour le nommer? demanda-t-il.
« — La première, répondit M. Dupetit-Thouars, c'est qu'il a eu les plus beaux combats de mer dans les dernières grandes guerres ; la seconde, c'est que, parmi tous les amiraux, c'est lui qui inspirera le plus de confiance à la marine. »

L'audience se termina sur ces paroles. C'est certainement dans cette conversation que germa l'idée de la nomination de l'amiral Duperré. Sans doute le Dauphin le croyait peu favorable au gouvernement royal; mais, lorsque ce prince put penser qu'il était l'homme de l'entreprise, l'intérêt du service et celui du pays l'emportèrent à ses yeux sur toute considération, et les chances furent en faveur de l'officier général indiqué par M. le capitaine Dupetit-Thouars.

Le gouvernement n'avait rien omis pour entourer sa résolution de toutes les lumières qui pouvaient assurer le succès de l'entreprise. Trois commissions avaient été nommées pour étudier la question : l'une à la marine, comme on vient de le voir ; l'autre à la guerre; la troisième aux affaires étrangères, à cause des difficultés diplomatiques que soulevait l'expédition. Ces trois commissions avaient travaillé séparément.

Quand le plan du capitaine Dupetit-Thouars eut été adopté par la commission de la marine, il y eut une réunion générale des trois commissions. La séance eut lieu sous la présidence du prince de Polignac et en présence du ministère tout entier, par une très-froide journée du mois de janvier 1830, dans le grand salon de l'hôtel du ministère des relations extérieures situé alors rue des Capucines. Une table immense, recouverte d'un tapis vert, occupait une grande partie de la pièce, et ne laissait accès qu'à dix ou douze personnes auprès de la cheminée. Le prince de Polignac, aidé de quelques autres personnes, voulut reculer cette table qui, n'étant plus en équilibre sur ses étais, tomba avec fracas. Les anciens auraient pris ce léger incident pour un signe de mauvaise augure. On releva avec quelque peine la table, et la discussion commença.

M. de Bourmont prit la parole et demanda si, au lieu de se diriger sur Alger, il n'y aurait pas avantage à s'emparer d'abord d'Oran, sauf à marcher ensuite sur Alger.

Le capitaine Dupetit-Thouars, voyant que personne ne prenait la parole, la demanda. « Il est aussi difficile de prendre Oran que de prendre Alger, dit-il ; et d'Oran vous aurez cent cinquante lieues à faire pour arriver à Alger, dans un pays sans routes, difficile, montueux. Quand vous enverriez cent mille hommes à Oran, il n'en arriverait pas cinq mille à Alger.

« — Mais quel effet produirait sur le dey d'Alger la prise d'Oran ? demanda le ministre de la guerre.

« — Il continuera à fumer sa pipe, répliqua M. Dupetit-Thouars, sans plus s'inquiéter de la présence des Français à Oran que ses prédécesseurs de celle des Espagnols, qui y sont restés un siècle et demi sans pouvoir faire un pas à l'intérieur. C'est à Alger qu'il faut aller pour avoir raison d'Alger. L'affaire, si elle est bien conduite, est sûre. Il suffit de jeter douze mille hommes d'un coup sur la plage de Sidi-Ferruch : le débarquement est très-praticable ; quand le vent souffle de l'est, avec certaines circonstances bien connues des marins qui ont navigué dans la Méditerranée, la mer est parfaitement calme dans la baie de Sidi-Ferruch.

« — Mais nous ne pouvons avoir que onze vaisseaux de ligne prêts à temps, interrompit le baron Tupinier, directeur des ports.

« — Qu'à cela ne tienne. Vous remplacerez le vaisseau manquant par deux frégates. Une fois débarqués, vous avez à prendre le château de l'Empereur, qui ne peut opposer une longue résistance. Maîtres du château de l'Empereur, vous dominez la ville obligée de se rendre. »

A mesure que la conférence s'animait, M. Dupetit-Thouars devenait l'interlocuteur obligé de quiconque faisait une question, soulevait une difficulté ou présentait une objection. Cela se comprend. Il représentait dans ces conférences la connaissance pratique des lieux, des circonstances de la mer, des obstacles et des moyens. Tout jeune qu'il fût, il était, dans cette question, l'expérience. Un des amiraux présents fit au prince de Polignac la réflexion que tout le monde s'adressait à M. Dupetit-Thouars et que la parole lui revenait toujours. Sans doute, ajouta-t-il, il avait, ainsi que ses collègues, beaucoup d'estime pour cet officier ; mais enfin on ne pouvait oublier qu'il était le plus jeune et le moins élevé en grade de la réunion ; lorsqu'il s'agissait d'une question de marine, c'était à ses supérieurs et à ses anciens en grade que l'on devait s'adresser. On l'essaya, ce fut en vain. Il y avait une chose que la hiérarchie des grades ne pouvait ni remplacer ni empêcher. De 1812 à 1814, M. Dupetit-Thouars avait croisé sur la côte de Barbarie ; en 1821, il avait pris le commandement de la goëlette *la Torche*, pour surveiller la pêche du corail entre Tabarque et Bone ; il avait alors visité la baie de Sidi-Ferruch et la presqu'île de ce nom, et débarqué souvent à Alger ; en 1827, il avait fait partie de la croisière sous les ordres du commandant Collet, il avait levé une carte de la côte ; en 1828, il avait été encore une fois envoyé au blocus d'Alger. C'était là sa force. Il était pratique dans une réunion où il n'y avait que des théoriciens.

Quand la discussion fut terminée, le prince de Polignac leva la séance ; les diverses commissions se retirèrent, et le conseil des ministres resta seul assemblé. Un d'entre eux fit observer qu'il n'y avait dans l'assemblée que le capitaine Dupetit-Thouars et le neveu du consul Deval qui sussent quelque chose de précis sur Alger, et il ajouta que, pour lui, il se ralliait au plan de M. Dupetit-Thouars. Tout le conseil opina de même, et c'est ainsi que le rapport de M. Dupetit-Thouars devint le point de départ du plan de l'expédition d'Alger.

Le 2 mars 1830, le roi, dans le discours de la couronne, annonçait ainsi sa résolution aux Chambres :

« Au milieu des grands événements dont l'Europe était occupée, j'ai dû suspendre les effets de mon juste ressentiment contre une puissance barbaresque; mais je ne puis laisser plus longtemps impunie l'insulte faite à mon pavillon; la réparation éclatante que je veux obtenir en satisfaisant l'honneur de la France, tournera, avec l'aide du Tout-Puissant, au profit de la chrétienté. »

L'opposition que le ministère Martignac, vers les derniers temps de son existence, commençait lui-même à éprouver dans les Chambres et dans la presse, à l'occasion de la question d'Alger, prit alors de plus grandes proportions et reçut une nouvelle et vive impulsion de l'opposition générale que rencontrait le ministère présidé par le prince de Polignac. Les anciens griefs furent reproduits, aggravés. On y ajouta une objection : c'est que le cabinet ne ferait l'expédition qu'avec la permission de l'Angleterre, et qu'il s'était engagé d'avance avec le cabinet de Londres à quitter la côte d'Afrique aussitôt après un succès obtenu. On accusait à la fois le gouvernement français d'injustice envers le dey, de témérité à cause de la difficulté de l'entreprise, représentée comme très-périlleuse, presque comme impossible, de faiblesse devant l'étranger. La passion politique, peu difficile avec elle-même, s'attache plus, dans tous les temps, à multiplier les reproches qu'à les choisir et à les concilier.

Les esprits étaient si animés, que l'on vit à la Chambre des pairs un marin illustre, l'amiral Verhuel, qui dans d'autres temps avait noblement servi la France, prendre la parole pour chercher des excuses à l'insulte faite au pavillon parlementaire porté par *la Provence*, lors de la mission du commandant de la Bretonnière, et pour représenter un débarquement comme impossible, au moment où l'expédition était décidée ; de sorte que la confiance du dey s'augmentait et que le découragement pouvait se répandre dans la marine, avertie par une voix si autorisée qu'on l'engageait dans une entreprise à peu près impossible.

L'amiral Verhuel insistait ensuite sur les difficultés de l'expédition : « En admettant, disait-il, l'arrivée sans encombre, sans dispersion, de la totalité de la flotte, elle trouvera sur la côte d'Afrique une plage ouverte, sans aucun port, sans aucun abri, où le plus léger mouvement de la mer rend toute opération de débarquement extrêmement difficile, même dans les plus beaux jours d'été. La brise de mer y survient régulièrement le matin et dure jusque très-tard dans l'après-midi ; la mer brise fortement sur la plage et les rochers, et n'est souvent calmée que par les vents de terre et du soir ; ainsi on n'aura que la nuit pour opérer le débarquement. Et qu'on ne perde pas de vue qu'un seul coup de vent, qui sont assez fréquents sur les côtes de la Barbarie, même au milieu de l'été, peut disperser et mettre à la côte tous les bâtiments de transport et exposer l'armée à la plus affreuse détresse. J'ai enduré dans la baie d'Alger une tempête si violente et qui avait tellement élevé la mer, que la bôme de la voile d'artimon enfonçait le grand canot qui traînait derrière le vaisseau. »

En présence de ces objections, de ces récriminations, de ces reproches, le gouvernement comprit la nécessité de reproduire, en les complétant, les explications données, et d'établir que l'expédition, déjà en voie de préparation, était nécessaire, juste, possible. Le baron d'Haussez, ministre de la marine, s'acquitta de cette tâche dans la séance du 18 mars 1830, à l'occasion de la discussion du projet d'adresse :

« La France, dit-il, possédait depuis plusieurs siècles sur la côte d'Afrique un vaste territoire et un établissement important destiné à protéger la pêche du corail, qu'elle faisait sur une étendue de 60 lieues, lorsque, dès l'époque de la Restauration, le gouvernement d'Alger manifesta par des déclarations et des actes l'intention de la troubler dans cette possession ;

« Ces actes sont : le projet, annoncé depuis longtemps d'avance et exécuté plus tard, de nous chasser d'une possession française, et la destruction de nos établissements sur la côte d'Afrique ;

« La violation des priviléges de la pêche du corail qui nous était assurée par les traités ;

« Le refus de se conformer au désir général des nations et de cesser un système de piraterie qui rend l'existence actuelle de la Régence d'Alger dangereuse pour tous les pavillons qui naviguent dans la Méditerranée ;

« De graves infractions aux règlements arrêtés d'un commun accord avec la France pour la visite des bâtiments en mer ;

« La fixation arbitraire de différents droits et redevances malgré les traités ;

« Le pillage de plusieurs bâtiments français et celui de deux bâtiments romains, malgré l'engagement pris de respecter ce pavillon ;

« Le renvoi violent du consul général du roi à Alger en 1814 ;

« La violation du domicile de l'agent consulaire à Bône en 1825 ;

« Et, au milieu de ces faits particuliers, une volonté constamment manifestée de nous dépouiller des possessions, des avantages de tout genre, des priviléges acquis à titres onéreux que les traités nous assurent, et de se soustraire aux obligations que ces traités imposent.

« Enfin, arriva la prétention qui décida la rupture des deux États.

« Une convention, passée le 18 octobre 1819, avec les maisons algériennes Bacri et Busnach, approuvée par le dey, avait arrêté à sept millions de francs le montant des sommes que la France devait à ces maisons. L'article 4 de cette convention donnait aux sujets français qui se trouvaient eux-mêmes créanciers de Bacri et de Busnach le droit de mettre opposition au trésor royal sur cette somme pour une valeur équivalente à leurs prétentions, et ces prétentions devaient être jugées par les cours royales de Paris et d'Aix.

« Les sujets du roi ayant déclaré pour deux millions et demi de réclamation, quatre millions et demi furent payés à Bacri et Busnach, et le reste laissé à la caisse des dépôts et consignations, en attendant que nos tribunaux eussent prononcé.

« Les années 1824 et 1825 se passèrent dans l'examen de ces réclamations portées devant nos cours royales; mais le dey, impatient de voir arriver les sept millions, écrivit, en octobre 1826, au ministre des affaires étrangères du roi, une lettre par laquelle il le sommait de faire passer immédiatement à Alger les deux millions et demi, prétendant que les créanciers français vinssent justifier devant lui leurs réclamations.

« M. le baron de Damas, alors ministre des affaires étrangères, n'ayant pas jugé à propos de répondre lui-même à une lettre si peu convenable, se borna à faire connaître au consul général que la demande du dey était inadmissible, attendu qu'elle était directement contraire à la convention du 18 octobre 1819. Ce fut dans ces circonstances que, le consul général s'étant présenté, le 30 avril 1827, à l'audience du dey, pour le complimenter, selon l'usage, la veille des fêtes musulmanes, le dey lui demanda avec emportement s'il n'avait pas reçu la réponse à sa lettre et, celui-ci ayant annoncé qu'il ne l'avait pas encore, le dey lui porta plusieurs coups d'un chasse-mouches qu'il tenait à la main, et lui ordonna de se retirer.

« Le gouvernement du roi, informé de cette insulte, envoya au consul général l'ordre de quitter Alger.

« Celui-ci étant parti le 15 juin, le dey ordonna au gouverneur de Constantine de détruire les établissements français en Afrique, et notamment le fort de la Calle, qui fut dépouillé complétement et ruiné de fond en comble, après que les Français l'eurent évacué le 21 juin.

« Ce fut alors que commença le blocus, qui depuis cette époque nous coûte, sans amener aucun résultat, sept millions par an.

« Au mois de juillet 1829, le gouvernement du roi, reconnaissant l'inefficacité de ce système de répression, et pensant à prendre des mesures plus décisives pour terminer la guerre, crut cependant devoir, avant d'arrêter sa détermination, faire une nouvelle démarche vis-à-vis du dey. M. de la Bretonnière fut envoyé à Alger et porta au dey, jusque dans son palais, nos justes réclamations. Le dey refusa d'y faire droit et, lorsque M. de la Bretonnière se disposait à s'éloigner du port, les batteries les plus voisines firent toutes à la fois feu sur le bâtiment parlementaire, à un signal parti du palais même occupé par le dey.

« Telle est la suite des griefs, telle est la peinture fidèle de l'état des choses qui forcent aujourd'hui le roi à recourir à l'emploi des moyens que la Providence a mis entre ses mains pour assurer l'honneur de sa couronne, les priviléges, les propriétés, la sûreté même de ses sujets, pour délivrer enfin la France et l'Europe du triple fléau que le monde civilisé s'indigne d'endurer encore, la piraterie, l'esclavage des prisonniers et les tributs qu'un État barbare impose à toutes les puissances chrétiennes. »

M. d'Haussez répondait ensuite aux objections qu'on élevait, à trois points de vue, contre l'expédition : le défaut de temps pour faire les préparatifs, les difficultés du débarquement, les chances plus ou moins favorables des opérations de terre. Après avoir épuisé toutes ces objections, M. d'Haussez repoussait ainsi les insinuations tendant à faire croire que le gouvernement français avait sollicité de l'Angleterre l'autorisation de venger l'honneur de la France : « Je ne défendrai pas le gouvernement de l'étrange inculpation d'avoir sollicité d'une puissance étrangère l'autorisation de venger l'insulte faite au pavillon français. La dénégation la plus complète serait ma seule réponse, si l'invraisemblance de l'accusation ne suffisait pas pour en détruire l'effet. Pas plus que leurs nobles devanciers, nos jeunes capitaines ne sont disposés à demander à quelque puissance que ce soit une feuille de route pour marcher à la victoire. Un doute serait une grave injure; la seule indication d'un tel doute serait un moyen parlementaire peu en usage dans une Chambre française. »

Il semblait que la discussion dût s'arrêter. Tout avait été dit pour et contre. Les motifs donnés étaient concluants, l'expédition définitivement résolue, les préparatifs déjà en pleine activité. Toute opposition ultérieure dirigée contre l'entreprise, outre qu'elle était inutile, devenait un encouragement, un espoir apporté à l'ennemi, une difficulté de plus ajoutée aux difficultés de l'expédition française.

Les passions politiques ne s'arrêtèrent point devant ces considérations. Après la prorogation de la session de 1850, c'est-à-dire dans le mois d'avril de la même année, au moment où la flotte et l'armée se réunissaient à Toulon, M. Alexandre de

Laborde, député de la Seine, publia un écrit dans lequel étaient résumés et aggravés, par l'amertume du langage, toutes les objections, tous les reproches, toutes les préventions, tous les blâmes accumulés par les journaux de l'opposition contre l'expédition d'Afrique [1]. Cet écrit était adressé au roi et aux Chambres, « seuls juges de ce grand procès, » disait l'auteur. Mais le roi avait pris sa résolution, puisque les vaisseaux et les troupes se rassemblaient ; les Chambres provoquées étaient absentes et ne devaient se réunir qu'après le succès ou l'échec de l'expédition. Ces paroles ardentes n'arrivaient donc qu'aux passions émues, qu'elles excitaient encore, aux gouvernements étrangers opposés à notre entreprise, et enfin à l'ennemi, qu'elles encourageaient.

L'auteur disait, dans la préface : « Il est plus facile de surprendre la religion d'un prince généreux que le bon sens d'un peuple éclairé. La vérité se fait jour avec peine à travers les murs d'un palais et les rigueurs de l'étiquette ; mais le bon sens circule dans les masses, est accueilli partout, et partout il dit aujourd'hui qu'avant de sacrifier trente mille hommes, soixante millions, il faut savoir pourquoi et comment. La guerre d'Alger ne fait éprouver qu'un étonnement pénible, comme d'une chose qu'on ne saurait comprendre, dont on cherche en vain la cause et le but ; mais bientôt, en l'examinant davantage, on la trouve injuste dans son origine, imprudente dans sa précipitation, infructueuse dans ses résultats et, depuis quelques jours, coupable et criminelle dans son exécution..... La destruction d'Alger ne vaut pas la perte de la moindre de nos libertés, et surtout l'empiétement du plus cher de nos droits. C'est d'institutions que la France a besoin, et non pas de conquêtes ; c'est d'un territoire com-

---

[1] *Au Roi et aux Chambres sur les véritables causes de la rupture avec Alger et de l'expédition qui se prépare*, par Alexandre de Laborde, député de la Seine. Paris, 1830.

pacte, libre, fertilisé par le travail, et non d'une colonisation superflue ; que dis-je? d'une promenade militaire, car on ne lui permet pas même de colonisation. Je sais particulièrement qu'il a été donné parole au gouvernement anglais que, sitôt Alger détruit, l'armée française se retirerait [1]. »

C'était le style du temps. Du reste, l'embarras de l'auteur de cet écrit, cherchant à ménager à la fois les intérêts de l'opposition et la bonne renommée de son patriotisme, se trahissait dans cette singulière phrase, dont les premiers mots affirment, tandis que les mots suivants doutent : « Oui, *sans doute*, il faudra *peut-être* reporter sur la terre d'Afrique l'étendard de saint Louis ! » Cette concession de mots n'ôtait rien à la violence systématique des attaques. Sans considérer que trois ministères sucessifs, différents de nuance, séparés par leur origine comme par leur politique, et parmi lesquels il y en avait deux dégagés de toute responsabilité dans la rupture des rapports de la France avec Alger, le ministère de M. de Villèle, celui de M. de Martignac et le ministère de M. de Polignac, étaient venus apporter les mêmes affirmations, les mêmes témoignages sur la question d'Alger, l'auteur de cet écrit persistait à maintenir que tous les torts étaient du côté du gouvernement français, la raison du côté du dey, et il reprochait tout à la fois au pouvoir de ne pas avoir efficacement défendu les intérêts commerciaux de la France, en consentant à payer des droits plus élevés pour la pêche du corail, et d'avoir lésé les intérêts du dey par la manière dont avait été payée la créance Busnach et Bacri ; d'avoir empiété sur ses droits en prétendant à une souveraineté sur la côte d'Afrique, occupée par les établissements français de la Calle, mal à propos armés de canons ; d'avoir violé les traités en

---

[1] On verra, dans le livre suivant, combien cette affirmation était dénuée de fondement.

voulant protéger le commerce des sujets du saint-siége contre la piraterie, d'avoir exigé une réparation trop éclatante pour l'outrage fait à la France sur la joue de son consul; d'avoir eu le tort de maintenir, en la personne de celui-ci, un représentant personnellement désagréable au dey.

L'écrit de M. de Laborde se terminait ainsi : « Cette guerre est-elle juste? Non. Le dey réclame, on le vole; il se plaint, on l'insulte; il se fâche, on le tue! Cette guerre est-elle utile? Est-il avantageux à la France de prendre Alger sans pouvoir le garder? Qui pourrait le penser? Cette guerre est-elle légale? Le texte littéral de la Charte se prêterait-il à l'opinion que, dans l'absence des Chambres, on peut dépasser le budget de cent millions? Une voix s'élèverait plus ancienne, plus haute que la Charte, celle de la morale publique et du droit naturel. Elle assignerait les ministres à comparaître à la barre de la France et de l'humanité : à la barre de la France, qui a droit de leur demander compte de la vie et de la fortune de ses enfants; qui leur dirait : « Varus, rends-moi mes légions! « Varus, rends-moi mes trésors! » Elle prendrait pour témoins ces nouveaux Palinure laissés sans tombeaux sur une terre ennemie; elle accuserait les auteurs de cette entreprise, même si elle réussissait; elle les accuserait d'avoir trompé le roi et les Chambres sur des droits qui n'existaient pas, sur une insulte qui n'était pas une offense de la part d'un barbare; elle les accuserait d'avoir entrepris dans une saison défavorable, et en infraction à nos droits, une guerre dont rien ne démontre ni l'urgence ni l'opportunité. »

C'est au bruit de ces accusations, de ces attaques et de ces sombres pronostics, que le gouvernement du roi Charles X, prouvant qu'on peut faire de grandes choses avec la liberté politique, achevait les préparatifs d'une difficile expédition.

LIVRE TROISIÈME

EXPÉDITION DE 1830

PRÉPARATIFS, MISSIONS SECRÈTES, DIPLOMATIE.

I

PRÉPARATIFS.

Il était indiqué que la vive opposition de la presse, et surtout celle des Chambres, où des hommes compétents s'étaient fortement prononcés contre l'expédition d'Alger, se retrouverait dans le sein même de l'administration. La marine, surtout, dont les chefs les plus accrédités avaient élevé publiquement de si vives objections, devait les reproduire et les aggraver dans le sein du conseil.

Les divers expédients qu'on avait tour à tour tentés pour éviter les difficultés d'une grande expédition leur avaient fourni de nouveaux arguments, en faisant perdre du temps.

On était arrivé à la mi-janvier de l'année 1830 ; il fallait faire les plus grands efforts pour être prêt dans la saison la plus favorable, c'est-à-dire au mois de mai.

On doit, pour être juste, tenir compte d'une circonstance grave qui rendait cette entreprise tout autrement difficile alors qu'elle ne le serait aujourd'hui. On commençait à peine à appliquer la vapeur à la marine ; c'était donc avec des bâtiments à voiles qu'il fallait opérer. Lors de l'expédition d'Espagne on n'avait pu se procurer un seul vapeur[1], et l'on verra qu'il n'y en eut que sept dans la flotte destinée à conquérir Alger. La vapeur appliquée à la marine, c'est tout une révolution qui rend les embarquements et les débarquements faciles à des bâtiments qui portent en eux leur moteur, au lieu d'être obligés de le demander au vent. L'expédition d'Alger avait lieu la veille de cette révolution. Cette circonstance augmente singulièrement le mérite des hommes qui la firent, et explique en partie l'hésitation de ceux qui doutaient du succès.

M. le baron d'Haussez raconte ainsi les obstacles, les difficultés, l'incrédulité systématique qu'il eut à combattre dans son administration, et les moyens qu'il employa pour les vaincre :

« Seul, dans mon département, dit-il, je croyais pouvoir faire, dans les trois mois qui restaient jusqu'à l'époque favorable pour le départ de l'expédition, les immenses préparatifs auxquels j'avais à pourvoir. Le conseil d'amirauté, les amiraux, dont l'opinion devait avoir le plus grand poids, s'accordaient sur l'impossibilité d'être prêt. La plupart d'entre eux considéraient même l'entreprise comme tellement diffi-

---

[1] M. de Villèle écrivait à M. le Dauphin, le 7 juillet 1822 : « J'avais pensé à deux paquebots à vapeur que nous avons à Calais, aucun n'est en état de nous être envoyé. » Cette lettre est citée dans la *Vie de M. le comte de Villèle*, par M. le comte de Neuville.

cile, qu'en admettant, ce qu'ils niaient de la manière la plus absolue, que les dispositions pussent être complétées avant la fin du mois de mai, il resterait, dans les circonstances qui se rattachaient au département, assez d'obstacles pour engager à renoncer à l'expédition. Cette opinion fut établie et développée dans plusieurs réunions composées d'officiers généraux de la guerre et de la marine, et auxquelles les ministres assistèrent.

« L'unanimité de cette opinion chez les marins, la similitude des motifs sur lesquels chacun d'eux s'appuyait, me les faisaient au contraire considérer comme le résultat d'une cabale ou d'une de ces préventions qui souvent aveuglent les corps. Trop étranger aux connaissances théoriques de la marine pour pouvoir discuter sur les spécialités dont on se faisait des armes afin de me combattre, j'opposais un fait à tous les raisonnements de mes adversaires : c'est qu'aussi loin que remonte l'histoire, depuis nous jusqu'aux Romains, aucune des nombreuses expéditions tentées sur les côtes d'Afrique n'a manqué par le fait du débarquement. J'en concluais qu'il était impossible qu'au dix-neuvième siècle, avec ces immenses ressources, en personnel et matériel, la France ne fît pas ce que les Romains, l'Europe du moyen âge, les Espagnols, les Français et les Anglais en Egypte avaient fait avec succès. Cette opinion fut confirmée par les renseignements que me fournirent MM. Dupetit-Thouars et Gay de Taradel[1], capitaines de frégates et excellents officiers que j'avais fait appeler du blocus d'Alger, où ils étaient employés depuis deux ans, et qui me citaient des faits si positifs et si favorables à ma manière de voir, que ma résolution fut immédiatement prise.

« La question fut cependant discutée en présence des mi-

---

[1] On a vu, dans le livre précédent, quelles étaient les idées de M. Dupetit-Thouars.

nistres, dans une conférence à laquelle assistaient plusieurs officiers généraux de l'armée de terre, les membres du conseil d'amirauté et les amiraux qui se trouvaient à Paris. Les deux officiers que je viens de citer soutinrent leur opinion avec fermeté et de manière à la faire prévaloir. L'amiral Roussin, qui s'était chargé de la combattre, termina son discours en disant que je ne trouverais pas un officier général qui voulût assumer la responsabilité de l'expédition. « Monsieur, lui
« dis-je, j'avais compté sur vous pour la commander. Voici
« un projet d'ordonnance qui vous conférait le grade de
« vice-amiral, en voici un autre qui vous donnait le comman-
« dement. Comme je ne veux présenter au roi qu'un amiral
« qui ait confiance dans le succès, j'en chercherai un autre. »
Ce disant, je déchirai les deux ordonnances. « Je doute, re-
« prit l'amiral, que vous en trouviez. — S'il ne s'en présente
« pas parmi les amiraux, j'en trouverai parmi les officiers
« d'un grade inférieur. L'expédition ne manquera pas faute
« d'un officier qui veuille la commander. »

« Cette manière de poser la question fit taire les opposants. »

Deux choses sont ici à remarquer : les préventions habituelles des corps qui représentent les idées traditionnelles de la science contre toutes les nouveautés hardies, la timidité des survivants de la marine impériale, malgré toute leur bravoure personnelle, lorsqu'il s'agissait d'assumer la responsabilité d'une entreprise difficile, disposition fâcheuse dont l'empereur Napoléon s'était plaint avec amertume à l'amiral Decrès[1], à l'époque de l'expédition de Boulogne, et qui s'explique par le sentiment de l'état d'infériorité dans lequel la Révolution avait jeté la marine française. Par un contraste singulier, tandis que les amiraux qui dataient de la marine

---

[1] Voir l'*Histoire du Consulat et de l'Empire*, par M. Thiers.

impériale étaient remplis de circonspection et de défiance, la jeune marine, représentée par MM. Dupetit-Thouars et Gay de Taradel, était pleine de confiance et d'ardeur. Les premiers ne voyaient que le passé, les autres sentaient le présent et pressentaient l'avenir.

Le ministre de la marine eut le bon esprit de se ranger du côté de ceux-ci qui, connaissant la côte d'Alger, avaient dans la question en litige une expérience pratique et spéciale qui valait mieux que l'expérience théorique et générale des vieux amiraux.

La question ainsi débattue sous toutes ses faces, et les généraux Valazé et Lahitte ayant exprimé un avis favorable sur l'entreprise, au point de vue des armes de l'artillerie et du génie, le conseil, suffisamment éclairé, arrêta, à l'unanimité, la résolution suivante et la présenta au roi :

1° Le débarquement dans la presqu'île de Sidi-Ferruch est praticable ;

2° Le trajet entre Sidi-Ferruch et Alger, avec un équipage de siége, n'offre pas des obstacles invincibles ;

3° Les fortifications d'Alger, du côté de la terre, ne tiendront pas plus de trois semaines contre les attaques bien dirigées d'une artillerie aussi nombreuse que celle dont pourra disposer le chef de l'expédition ;

4° Les préparatifs de l'expédition peuvent être achevés dans l'espace de six mois. Le jour où la flotte mettra à la voile, il ne faut pas plus de deux mois pour opérer la réduction d'Alger ; tout peut donc être terminé dans le mois d'août, en se conformant au conseil donné par André Doria à Charles-Quint : « Il y a trois ports excellents en Afrique : juin, juillet et août. »

Le roi admit les conclusions de son conseil après les avoir entendu de nouveau discuter devant lui, et l'expédition d'Alger fut résolue à la fin de janvier 1830.

« Je n'étais plus arrêté, continue le baron d'Haussez, que par la question de temps. Dans les mémoires rédigés sur cette question importante, on présentait un espace de huit mois comme nécessaire pour compléter les préparatifs maritimes [1]. Cependant le directeur des ports reconnaissait que six mois seraient suffisants. Or, il me semblait qu'en tirant du temps actuel tout le parti possible, en supprimant les jours fériés, et en ajoutant les nuits aux jours, ce qu'il serait facile de faire en ne se laissant pas arrêter par des considérations de dépenses, on pourrait produire dans trois mois la somme de travail pour laquelle on en demandait six. Ce raisonnement prévalut, et dès ce moment ma résolution fut prise.

« On était alors aux premiers jours de février. A chaque conseil, le roi exprimait son impatience d'être en mesure de s'arrêter à un parti. Le ministre de la guerre lui disait que son département était prêt, mais que tout était tenu en suspens par la marine, à laquelle, le ministre excepté, il supposait, non sans quelque vraisemblance, les dispositions les moins favorables à l'expédition. Le 8 février, le roi renouvela sa question, et le comte de Bourmont sa réponse. Dès qu'il l'eut terminée, je dis au roi que le besoin de bien constater les moyens dont je pouvais disposer m'avait forcé de lui faire attendre mon rapport, que l'examen approfondi auquel j'avais cru devoir me livrer était terminé, et que le résultat était tel, que je n'hésitais pas à contracter l'engagement de fournir pour le 15 mai la totalité des bâtiments de guerre et de

---

[1] Tandis que les hommes de l'art demandaient huit mois pour les préparatifs, *le National* publiait, au mois de mars 1830, les lignes suivantes : « Tout est en mouvement dans nos ports depuis deux mois, pour un armement que l'Angleterre achèverait en quinze jours, puisqu'il ne s'agit que de transporter 25,000 hommes à 160 lieues. »

transport qui m'étaient demandés, d'y joindre des vaisseaux de débarquement propres à rendre plus certain le succès de l'expédition, et sur lesquels on n'avait pas compté. Si l'étonnement du roi et celui du conseil furent grands, celui du comte de Bourmont le fut encore davantage. Il ne comptait plus sur la coopération de la marine, et il avait ralenti ses préparatifs. Néanmoins il affirma que, de son côté, il ne ferait pas attendre. « Je ne veux pas agir par surprise, lui dis-je, j'ai
« porté jusqu'au 15 mai le délai que j'ai demandé, parce que
« j'ai voulu faire une part aux événements de mer. S'ils ne
« me contrarient pas, je serai prêt le 1er. — Nous vous don-
« nons jusqu'au 1er juin, me dit M. le Dauphin. — Monsei-
« gneur me permettra de ne pas accepter. — Vous en êtes le
« maître, mais vous auriez tort de refuser. »

« Dès le lendemain, le roi avait approuvé les rapports que les ministres de la guerre et de la marine lui avaient présentés, et dans chaque département on se mit au travail, avec un entrain, avec une activité, un zèle, une harmonie qui ne se sont pas un instant démentis. Mes ordres furent transmis le 12 février. Les réponses que je reçus des ports me firent entrevoir la possibilité de porter l'armement beaucoup au delà de mes prévisions, quant au nombre et la force des bâtiments, sans les dépasser relativement à la dépense, qui avait été évaluée d'une manière fort large (environ dix-huit millions). L'occasion était belle de donner à l'Europe une idée avantageuse de la force maritime de la France ; je ne la négligeai pas. A cette considération, déjà très-puissante, s'en joignait une autre qui ne permettait pas d'hésiter : c'est que, dans son désir de faire décider une guerre nécessaire, le ministre de la guerre avait d'abord dissimulé l'étendue des forces en hommes et en matériel qu'il comptait employer, et qu'au moment de l'embarquement, l'effectif sur lequel on aurait calculé les moyens de transport serait dépassé de beaucoup.

Cette présomption fut justifiée par l'événement. On n'avait indiqué comme devant être embarqués que 22,000 hommes et 2,200 chevaux, et un matériel évalué en poids et en encombrement à 30,000 tonneaux ; il sortit des ports de Marseille et de Toulon 35,000 hommes, 4,000 chevaux et des transports jaugeant 70,000 tonneaux. »

L'expédition d'Alger entraînait des préparatifs de plusieurs genres qui peuvent se diviser en trois grandes catégories. Il fallait réunir sur le littoral de la Méditerranée les forces de terre et de mer, et le matériel de guerre nécessaires pour cette grande entreprise ; il fallait rassembler sur ce littoral les munitions de guerre et de bouche, indispensables à une armée nombreuse et à une flotte considérable ; il fallait concentrer un assez grand nombre de bâtiments de guerre, de transport et de débarquement, pour porter les hommes, le matériel, les munitions, sur la côte d'Afrique. Toutes les questions que soulevait cette triple nécessité avaient été étudiées et préparées dans une grande commission, composée d'officiers de la marine et d'officiers de l'armée de terre, lorsque, le 5 février 1830, le gouvernement royal, résolu de pousser activement les préparatifs de l'expédition, manda au vice-amiral Duperré, alors préfet maritime à Brest, et qui jouissait, dans la marine, d'une réputation justifiée par de brillants combats dans les mers de l'Inde, à l'époque de l'Empire, de se rendre à Paris. On remarqua que cet officier, mandé le 5 février 1830, n'arriva que le 15, et l'on craignit dès lors qu'il ne partageât les préventions de ses contemporains et de ses collègues contre le succès de l'expédition dont on lui destinait le commandement maritime, sur le refus de l'amiral Roussin.

On ne se trompait point. Ses dispositions en arrivant n'étaient point mauvaises, mais l'air de Paris le gâta, et l'influence de ses camarades de grade, tous opposés à l'entreprise, exerça une action considérable sur son esprit. Au lieu de s'associer de prime abord à la pensée du gouvernement, il voulut la faire remettre en question.

Aussitôt après son arrivée, plusieurs conférences eurent lieu chez le ministre de la guerre. Tous les chefs d'administration qui devaient concourir à l'entreprise y furent réunis. Le comte de Bourmont, le baron d'Haussez, l'amiral Duperré, le lieutenant général Desprez, destiné aux fonctions de chef d'état-major général, les officiers généraux Valazé et Lahitte, représentants du génie et de l'artillerie, l'intendant en chef baron Denniée, le contre-amiral Mallet, le capitaine de vaisseau Hugon, le directeur de la comptabilité Martineau, assistèrent à ces séances, où toutes les bases de l'opération furent arrêtées. Dans ces conférences, l'amiral Duperré et les officiers de marine représentaient surtout les difficultés, l'objection ; les deux ministres de la guerre et de la marine et les officiers généraux de l'armée de terre, l'esprit d'initiative, de ressource, d'expédient, le moyen, la solution. Il y eut de très-vifs débats entre le général de Bourmont, à qui son expérience militaire donnait une grande autorité, et l'amiral Duperré. Le premier rappelait au second toutes les grandes expéditions qui avaient sans difficulté effectué leur débarquement en Afrique, dans des temps où la marine était encore dans l'enfance de l'art, et il lui demandait avec insistance si la marine française en était arrivée à cet état de décadence de ne pouvoir faire aujourd'hui, après tant de progrès et de perfectionnements, avec tant de ressources, ce que l'on avait fait deux et trois siècles plus tôt[1]. Le baron d'Haussez apportait le témoignage favorable des officiers les plus distingués du blocus, observateurs assidus, depuis deux ans, de la mer et de la côte d'Afrique, et les développait avec une grande auto-

---

[1] Documents communiqués par la famille du maréchal comte de Bourmont.

rité de bon sens. Les deux éléments présents à ces conférences se contrôlant l'un par l'autre, on se trouvait dans de bonnes conditions, car l'ardeur était tempérée par une prudence pessimiste, et la prudence était surexcitée par cette généreuse ardeur qui, pleine d'une confiance raisonnée dans le succès, trouvait des moyens pour surmonter toutes les difficultés signalées.

L'amiral Duperré, s'il n'allait point jusqu'à conseiller l'abandon de l'entreprise comme impossible, en conseillait au moins l'ajournement, en affirmant qu'on ne pourrait être prêt, cette année, pour accomplir l'expédition dans la saison favorable. Il écrivait, à la date du 2 mars 1830, au ministre de la marine, une lettre dans laquelle sont résumées toutes ces objections et toutes celles des adversaires de l'expédition. Cette lettre appartient à l'histoire.

« A mon arrivée à Paris, disait-il, lorsque vous m'avez fait connaître le motif qui m'y avait fait appeler, et ma destination au commandement des forces navales d'une expédition contre Alger, je n'ai point dissimulé à Votre Excellence toutes les difficultés d'une pareille entreprise, lorsque surtout les dispositions préparatoires et non prévues en feraient remettre l'exécution à une époque de l'année où le temps et le vent promettraient peu de chances de succès. J'ai cru devoir, pour répondre à la marque de haute confiance dont en cette circonstance le roi m'honorait, d'abord me mettre de ma personne, par devoir comme par dévouement, tout à sa disposition, mais ensuite ne pas lui taire, ainsi qu'à M. le Dauphin, mon opinion faite sur les chances douteuses de cette entreprise, dont le beau temps et une série prolongée de beau temps pouvaient seuls faire espérer le succès.

« Je ne connaissais point encore la nature de l'expédition, les forces et les moyens qu'on y emploierait. Il faut aujourd'hui la réunion d'une flotte de soixante et quelques bâtiments de guerre grands et petits, de plus de quatre cents de transports et d'une nombreuse flottille de bateaux de débarquement. Cette réunion, jointe à celle de tous les moyens en personnel et en matériel à fournir par le département de la guerre, ne pourra avoir lieu à Toulon, sans faire même la part des obstacles produits par les éléments ou par toute autre cause, avant le courant du mois de mai. L'embarquement, le classement avec ordre d'un immense matériel à répartir sur cinq cents bâtiments environ, doit prolonger jusqu'en juin le départ de l'expédition.

« L'impossibilité de tenir ralliée, avant sa navigation sur la côte d'Afrique, une semblable flotte, et surtout le convoi ; celle de la conserver sous voiles, à vue de terre, faute d'ancrage, et la crainte de voir disperser une partie des bâtiments par l'effet des vents et des courants, nécessiteront la formation du convoi en plusieurs divisions, qui toutes successivement devront aller prendre le mouillage de la baie de Palme, pour la quitter ensuite suivant l'ordre qui sera établi. Il faudra toutefois être bien certain qu'il n'y sera pas fait d'opposition de la part de l'Espagne.

« Le point sur lequel on projette le débarquement n'a été ni exploré ni sondé. On n'a aucune notion sur les moyens d'ancrage que peut offrir la petite baie sise entre la presqu'île de Sidi-el-Ferruch et la rivière de Mazafran : on ignore surtout, et ce qui serait de la plus haute importance à connaître, à quelle distance de la plage se prolonge en mer le fond. En le supposant à 3 milles, ce qui est fort douteux par la configuration de la côte, on pourrait trouver un lieu d'ancrage de 3 milles de longueur sur 3 milles de largeur ; mais cette dernière se trouverait réduite à 1 mille, par l'obligation d'établir la première ligne à 2 milles du rivage. En classant donc symétriquement au mouillage les bâtiments sur une étendue de 2,400 toises et de 800 de profondeur, et sur six lignes parallèles en donnant à chacun d'eux 200 toises sur la longueur et 130 sur la largeur, on en placera soixante-douze au mouillage, et au moyen de bâtiments placés en interlignes endentées, on pourra en porter le nombre à cent.

« La première division qui abordera la côte doit être celle des bâtiments de guerre. Après avoir pris position, elle devra détruire, faire évacuer ou disperser les divers ouvrages et les moyens de défense qui lui seront opposés, opérer ensuite le débarquement d'une première division de troupes forte de 20 à 22,000 hommes, avec les outils de campagne, les munitions, quelques jours de vivres, les outils et ustensiles nécessaires pour la formation des camps, quelques effets de campement, etc. Ces opérations, quoiqu'en supposant de grands moyens de débarquement, ne prendront pas moins de quatre jours avec du beau temps.

« Une seconde division, arrivant du point du rendez-vous à jour nommé, succédera à la première, et opérera le débarquement de la seconde division de troupes. Le temps de prendre position d'ancrage et de faire la descente exigera deux jours.

« Les troisième et quatrième divisions, fortes chacune de cent bâtiments avec les chevaux et mulets, opéreront de la même manière, et chaque division emploiera pour le débarquement trois jours, c'est-à-dire six pour les deux.

« La cinquième division, forte également d'environ cent bâtiments, sera celle des vivres et fourrages ; le débarquement en sera long ; on ne peut guère espérer de débarquer de chacun plus de 20 tonneaux par jour ; c'est quatre voyages d'une embarcation chargée de 5 tonneaux. L'opération exigera donc dix jours, les bâtiments étant, terme moyen, d'environ 200 tonneaux.

« La sixième division aura à débarquer la partie du gros

matériel d'artillerie qui ne sera pas à bord des bâtiments de guerre, des objets de campement, d'administration, etc., etc. L'opération doit durer au moins cinq jours.

« En récapitulant le tout, et dans la supposition que la marche des divisions ne soit nullement contrariée par les vents ni les courants, ce qui est difficile à croire, tout le débarquement de l'expédition, en personnel et en matériel, exigera environ vingt-sept jours de beau temps consécutifs. Nous mordrons donc et peut-être de beaucoup sur le mois de juillet. Or pouvons-nous raisonnablement espérer cette longue série de temps favorables qui nous est nécessaire, à cette époque avancée de la saison? Les brises variables du nord au nord-ouest, qui déjà ont pris naissance en juin, auront pris de la force et de la régularité en juillet, et peuvent rendre la plage inabordable. D'un autre côté, les troupes, obligées d'attendre pendant près d'un mois le débarquement du matériel, des approvisionnements, des munitions et de tout ce qui sera nécessaire pour commencer leurs opérations sérieuses d'attaque contre les diverses positions occupées et fortifiées par l'ennemi, auront consommé la moitié de leurs deux mois de subsistances ; il ne leur en restera plus qu'un, à l'expiration duquel elles devront être maîtresses d'Alger pour y recevoir des moyens de ravitaillement, sinon elles s'en trouveront entièrement dépourvues, dans un pays barbare, n'offrant aucune ressource sur laquelle on puisse compter. Une fois le mois d'août arrivé, la côte ne sera plus abordable qu'à des intervalles très-courts et très-rares ; on sera donc privé de tout moyen de ravitaillement extérieur. Pendant son séjour prolongé dans un camp retranché, l'armée expéditionnaire ne peut compter sur la flotte si les moyens de l'abreuver venaient à lui manquer ; la chose est de toute impossibilité, je le déclare. Cependant le peu de notions qu'on a sur le pays, l'assèchement présumable en juillet de la petite rivière de

Mazafran qui, d'ailleurs, est à plus d'une grande lieue ; la situation aride et rocailleuse de la presqu'île, tout ne semble-t-il pas donner quelque crainte à ce sujet ?

« Voilà donc les difficultés que présente en masse l'opération, exécutée à l'époque pour laquelle elle est projetée. Je ne puis, pour mon compte, m'empêcher de les considérer comme insurmontables. Il ne m'appartient point de préjuger de celles qui se trouvent en dehors de la tâche qui incombe au commandant des forces navales. Les intérêts du roi et ceux du pays, l'honneur de nos armes, du moins tel que je le sens, m'ont fait un devoir de vous expliquer franchement ma pensée tout entière. Je dois même vous supplier de la porter au pied du trône, si vous le jugez convenable, tout en assurant Sa Majesté de tout mon zèle dans l'exécution de ses ordres et de mon entier dévouement à sa personne, aux intérêts de sa couronne et à ceux de la France. J'ai développé la même pensée à Son Excellence le ministre de la guerre, dans une longue entrevue qu'elle a daigné m'accorder.

« La même opération préparée d'avance, de manière à pouvoir agir dès le 1ᵉʳ mai, éprouverait toujours des difficultés, mais avec bien d'autres chances de succès. On aurait préparé tous les moyens de lutter avec avantage contre des obstacles que la saison, d'ailleurs, rendrait bien moindres. C'est donc au 20 avril que la réunion de tous ces moyens devrait avoir lieu, pour agir au 1ᵉʳ mai ; mais, pour cette année, cela est impossible. C'est au gouvernement du roi qu'il appartient d'examiner et de préparer les combinaisons les plus propres à maintenir la dignité de la couronne et à préserver la gloire de nos armes. En toute circonstance, j'obéirai, et je servirai en sujet et serviteur zélé et dévoué[1]. »

---

[1] Ce document curieux a été publié par M. Chasseriau, ancien chef du cabinet de M. l'amiral Duperré. — Voir la *Vie de l'amiral Duperré*, par M. Chasseriau, annexe LXIX, p. 423. (Imprimerie nationale, 1848.)

Ce chef-d'œuvre de prévoyance pessimiste, où toutes les mauvaises chances de l'entreprise sont résumées, amplifiées, la puissance des moyens d'exécution calculée au minimum, celle des obstacles au maximum, le temps nécessaire à l'embarquement et au débarquement si prodigieusement exagéré, l'opposition de l'Espagne prévue, le manque d'eau allégué dans un pays couvert de jardins, était moins un mémoire sur l'expédition d'Alger qu'une protestation contre cette expédition, au moins pour l'année où l'on était entré. L'amiral Duperré, en calculant qu'il faudrait deux mois encore avant qu'on pût commencer l'opération de l'embarquement du matériel, près d'un mois pour l'embarquement de l'armée et près d'un mois, de juillet en août, pour celle du débarquement, qui devait être réalisé en huit heures, calomniait, sans le vouloir, sa propre habileté et celle de la marine française. L'événement, en tournant à la gloire de son habileté, devait démentir ses prévisions sinistres. Ses exagérations chagrines témoignaient des mauvaises dispositions de la vieille marine impériale, qui ne voyait l'expédition d'Alger qu'avec défiance. Ce brave officier, alliant un talent distingué et un cœur intrépide à un esprit timide, se proposait plutôt comme une victime dévouée, prête à s'ensevelir dans le désastre d'une entreprise impossible, que comme le coopérateur résolu d'une grande expédition qui, conduite avec énergie et habileté, devait être couronnée d'un glorieux succès.

Le baron d'Haussez, en voyant ces hésitations de mauvais augure, balança un moment à proposer au roi de confirmer la nomination de M. l'amiral Duperré. Il a lui-même exposé les motifs qui, après une mûre délibération, le déterminèrent à persister dans cette pensée.

« L'importance de l'expédition, dit-il, la plaçait nécessairement sous les ordres d'un vice-amiral. L'âge et les infirmités de la plupart des officiers de ce grade ne pouvaient laisser le choix incertain qu'entre MM. de Rigny, Duperré et Halgan.

« Le premier devait à des circonstances heureuses un avancement qui l'avait rendu, dans son corps, l'objet d'une envie à laquelle il convenait de ne pas donner de nouveaux et justes prétextes en le chargeant d'une expédition dont les résultats, très-probablement, auraient encore ajouté à sa rapide et prodigieuse fortune militaire. Le roi d'ailleurs, lui gardait rancune du refus qu'il avait fait du portefeuille de la marine, et il se montrait peu favorablement disposé pour lui.

« Le second s'était fait une brillante réputation par sa campagne dans l'Inde, une des plus glorieuses dont s'honore la marine française. C'était un homme d'action, mais qui, lent à concevoir, ne puisait sa décision et son énergie qu'au milieu des événements. Hors de là il ne montrait qu'avec une affectation de brusquerie et de rudesse, une disposition à la contradiction, une hésitation dans les idées, qui ne le faisaient point apprécier à sa juste valeur.

« Quoique bon et brave officier, l'amiral Halgan devait son avancement à ses talents comme administrateur, plutôt qu'à ses services militaires.

« Je crus devoir accorder la préférence à l'amiral Duperré en raison de ce qu'il valait réellement malgré les apparences, et de l'assentiment que ce choix rencontrerait dans la marine. Je le proposai donc au roi, qui l'agréa, et je lui transmis, par le télégraphe, l'ordre de se rendre immédiatement à Paris. La réponse, qui se fit attendre huit jours, ne me fut apportée que par lui. Satisfait intérieurement de la distinction dont il était l'objet, il sembla n'obéir qu'à regret. Bientôt vinrent les indécisions, les doutes sur la possibilité d'être en mesure à l'époque voulue. Ces doutes, exprimés sans ménagements, renouvelèrent l'opposition que j'avais fait cesser. Ils frappèrent même M. le Dauphin qui, tout en désirant le succès, n'était pas fâché, dans le fond, qu'il rencontrât, dans l'exécution, des obstacles propres à justifier la constante improbation qu'il avait exprimée sur l'expédition.

« L'accroissement d'embarras qui résultait pour moi de ces contrariétés, loin de me décourager, ajoutait à mon zèle. Je commençai par me délivrer de l'opposition de l'amiral Duperré en lui donnant l'ordre de partir pour Toulon. Je ne me laissai point arrêter par l'assurance qu'il me donnait que le départ de la flotte ne pouvait avoir lieu avant le 15 juin, que le débarquement ne s'effectuerait que dans les premiers jours de juillet et qu'il durerait un mois, qu'ainsi sa présence à Toulon était inutile. J'insistai, il partit. Les événements firent bonne et prompte justice de ses sinistres pronostics. »

Le roi, par une lettre close du 12 mars 1830, avait confirmé la nomination de M. le vice-amiral Duperré au commandement en chef de l'armée navale, qui commençait à se réunir à Toulon, et l'avait revêtu en même temps de toute l'autorité attribuée au préfet maritime, dans le cinquième arrondissement maritime, jusqu'au jour où il prendrait la mer. Parti de Paris le 23 mars 1830, le vice-amiral Duperré s'arrêta quelques jours à Marseille pour inspecter l'affrétement des bâtiments de transport et l'installation des bâtiments de la flottille. Le 1ᵉʳ avril 1830, il était à Toulon.

Vers la même époque, le roi avait désigné le général qui devait avoir le commandement en chef de l'armée de terre et la direction générale de l'expédition.

« Ce commandement, dit M. le baron d'Haussez, était vivement sollicité par le duc de Raguse, qui n'épargna ni démarches ni prières pour l'obtenir. Il m'avait souvent entretenu de l'expédition et des moyens de la faire réussir, et je dois déclarer que ses vues me parurent fort justes et que je mis à profit toutes celles qui pouvaient s'appliquer à la marine. Je regarde comme un devoir d'ajouter que sans les rendre moins pressantes, M. le duc de Raguse savait donner à ses demandes la dignité qui convenait à sa position.

« M. le Dauphin, à qui il s'était adressé, l'avait renvoyé au roi, qui semblait vouloir laisser à son fils la désignation du chef de l'expédition. Le prince s'en défendit longtemps et finit par proposer trois officiers généraux en déclarant au roi qu'il ne lui laisserait pas même soupçonner le nom pour lequel il désirait une préférence. C'étaient le maréchal duc de Raguse, le général Clausel et le comte de Bourmont.

« Nous savions que M. le Dauphin mettait de côté les antécédents politiques. Nous n'aurions donc pas été surpris si nous ne nous étions pas rappelé les opinions actuelles de M. le général Clausel et sa conduite personnelle envers Madame la Dauphine à l'époque des Cent-Jours. Notre étonnement fut remarqué du prince ; il déclara qu'il s'y attendait, mais qu'il n'en avait pas moins passé outre. Nous apprîmes le lendemain que le commandement était donné au comte de Bourmont. Tout en applaudissant à ce choix, nous regrettions de nous voir privés de ses conseils et de sa coopération dans des circonstances où il était aisé de prévoir qu'ils nous seraient bientôt utiles [1]. »

Le comte de Bourmont ne quitta Paris, pour se rendre à Toulon, que le 19 avril 1830.

Pendant que les dernières objections soulevées contre l'expédition étaient ainsi vaincues, et que le choix du roi s'arrêtait définitivement sur les deux chefs qui devaient la conduire, l'administration de la guerre, à laquelle le comte de Bourmont imprimait une activité féconde, et le ministère de

---

[1] Papiers politiques du baron d'Haussez, communiqués par madame la duchesse d'Almazan.

PRÉPARATIFS.

la marine, auquel le baron d'Haussez donnait une intelligente et énergique impulsion, continuaient à agir. Une circonstance favorable avait permis à M. d'Haussez de compter d'une manière plus absolue, sur le zèle et l'activité du contre-amiral major général de Martineng qui, en l'absence du vice-amiral de Rigny, exerçait par intérim les fonctions de préfet maritime de Toulon. Il avait, avec M. de Martineng, qui occupait ce poste important, une alliance de famille qui, en rendant les rapports plus directs, plus intimes, entre le ministre et ce fonctionnaire, permettaient à celui-ci d'avertir, à chaque instant et avec toute liberté, son supérieur des moyens qu'il trouvait, des obstacles qu'il rencontrait, et au ministre averti de donner au préfet maritime toute la latitude d'action nécessaire pour triompher de la lenteur formaliste des bureaux. Aussi, à la marine comme à la guerre, les choses marchaient vite et bien.

« L'hésitation que j'avais rencontrée chez les personnages les plus marquants de la marine, dit le baron d'Haussez, avait cessé dès que la résolution de faire l'expédition avait été prise. Tous montraient une égale ardeur à me seconder, et le télégraphe, sans cesse en mouvement, portait des ordres dont l'exécution n'éprouvait ni retards ni obstacles. Dans les ports, où l'on avait augmenté le nombre et le salaire des ouvriers, la nuit même n'interrompait pas les travaux. Les arsenaux, dont les approvisionnements avaient été complétés depuis qu'il avait été question de cette guerre, furent en état de fournir la totalité des objets nécessaires, sauf une centaine de câbles-chaînes qui furent achetés en Angleterre. Telle fut l'activité des armements que, dès le 15 mars, les ports de l'Océan avaient fait partir près de la moitié des bâtiments qui leur étaient demandés, et qu'avant la fin du mois il ne restait plus que deux vaisseaux et trois frégates à partir des ports de Brest et de Lorient. Encore furent-ils en état de prendre la mer et d'arriver à Toulon avant le départ de la flotte, et d'y occuper le rang qui leur avait été assigné [1]. »

M. l'amiral Duperré, en arrivant à Toulon, trouva l'œuvre de la marine beaucoup plus avancée qu'il n'espérait la trouver en quittant Paris. Aussi, après avoir félicité M. le contre-amiral de Martineng de l'activité qu'il avait déployée dans les préparatifs et des résultats obtenus, il le pria de continuer à commander dans le port, tandis que l'amiral, arborant son pavillon sur *la Provence*, s'occuperait de la flotte. Du reste, tous les chefs de service avaient montré le même zèle. Le colonel baron de Gerdy, directeur de l'artillerie de la marine à Toulon, officier plein de capacité et d'énergie, qui avait fait ses preuves dans les guerres de l'Empire, et dont le dévouement à la famille de Bourbon devait éclater quelques mois plus tard d'une manière touchante, s'était distingué dans cette occasion, et M. le Dauphin lui fit témoigner sa satisfaction. MM. Bonard, directeur des constructions ; Lecoat de Kervéguen, directeur du port ; de Montluisant, directeur des travaux maritimes ; Bérard qui, en qualité de commissaire général, dirigeait l'administration, s'étaient associés, chacun pour sa part, aux efforts de M. le contre-amiral de Martineng.

Le lieutenant général Després écrivait de Toulon au ministre de la guerre, à la date du 23 avril : « On a fait hier des épreuves pour l'embarquement des hommes et de l'artillerie. Le résultat a surpassé les espérances de l'amiral. Aussi le trouverez-vous plein de confiance. Un appareil fort simple a rendu extrêmement prompt et facile le débarquement des pièces de siége. Un chaland porte sans embarras deux pièces de campagne, leurs avant-trains et un corps de caisson. Chaque

---

[1] Papiers politiques du baron d'Haussez, communiqués par madame la duchesse d'Almazan.

pièce se trouve par conséquent approvisionnée à 64 coups[1]. »

Le ministère de la guerre, sous la main ferme et exercée du général de Bourmont, faisait, on l'a vu, des prodiges d'activité, comme le ministère de la marine sous celle du baron d'Haussez. A la fin d'avril 1830, toutes les troupes de l'armée d'expédition étaient réunies dans leurs cantonnements. La première division d'infanterie occupait Toulon, Hyères, Cuers, Solliès, Ollioules et quelques communes moins considérables ; son quartier général était à Toulon. La seconde division était répartie à Marseille, Aubagne, Auriol, Tretz, Barjols et dans les villages environnants ; son quartier général était à Marseille. La troisième division était cantonnée à Aix, Saint-Chamas, Salon, Lambesq, Orgon et lieux circonvoisins ; son quartier général était à Aix.

Deux escadrons de guerre du 17e régiment de chasseurs étaient à Tarascon et, réunis avec l'escadron de guerre du 13e régiment, ils formaient un régiment sous la dénomination de régiment de chasseurs de l'armée d'Afrique.

Quatre batteries d'artillerie montées, arrivées à Toulon le 28 et le 29 avril, se trouvaient cantonnées à Hyères, Solliès-le-Pont et dans quelques autres communes situées entre la route d'Italie et celle de Draguignan.

Il y avait dix batteries non montées, dont huit étaient cantonnées à la Ciotat, Cassis et la Cadière. Deux avaient été dirigées sur Toulon pour aider la marine dans les opérations de l'embarquement, et l'on exerçait les canonniers au tir à la cible et au tir des fusils de rempart.

Les compagnies de pontonniers et celles d'ouvriers avaient été aussi concentrées à Toulon.

Quatre compagnies d'artillerie de la marine venues de

---

[1] Correspondances et documents communiqués par la famille du maréchal de Bourmont.

Brest, étaient casernées dans les bâtiments de la marine. M. le général de Lahitte les employait à l'embarquement du matériel.

Six cents chevaux destinés à transporter, du littoral jusqu'aux approches d'Alger, le matériel du siége, étaient à Arles et à Saint-Remy, attendant l'époque de l'embarquement.

Huit compagnies de génie réunies à Arles, depuis plus d'un mois déjà, avaient mis le temps à profit pour leur instruction. Le général Valazé les avait exercés au travail de la sape pleine, et de nouveaux procédés avaient été essayés avec succès. En même temps, les sapeurs étaient parvenus, dans ces exercices préparatoires, à obtenir une rapidité jusque-là inconnue dans l'érection des blockhaus destinés à défendre la ligne de communication entre le point de débarquement et le camp de siége (ils les avaient montés en six heures), et à établir avec une égale promptitude les lignes continues de chevaux de frise.

Les 100 gendarmes à pied et les 23 gendarmes à cheval destinés à composer la force publique de l'armée d'expédition, après avoir été réunis et organisés à Carpentras, avaient été dirigés sur Toulon[1].

L'effectif de l'armée de terre donnait les chiffres suivants :

États-majors, 110 hommes et 246 chevaux.

Infanterie, 30,410 hommes et 219 chevaux.

Cavalerie, 539 hommes et 493 chevaux.

Artillerie, 2,815 hommes et 1,246 chevaux.

Génie, 1, 345 hommes et 117 chevaux.

Train des équipages militaires, 882 hommes et 1,302 chevaux.

[1] Documents communiqués par la famille du maréchal comte de Bourmont.

Ouvriers d'administration, 688 hommes

Gendarmerie, 125 hommes, 31 chevaux.

Officiers d'administration et employés, 429 hommes, 354 chevaux.

Ce qui donnait un total de 37,331 hommes, 4,008 chevaux.

Le parc d'artillerie de siége se composait de 82 pièces de gros calibre et de 9 mortiers[1].

Il y avait eu une vive émulation parmi les officiers de tout grade comme parmi les soldats, pour faire partie de l'armée expéditionnaire. Les demandes affluaient. On fut obligé de refuser des officiers qui demandaient à servir sans aucun grade, et des sous-officiers qui auraient voulu partir comme simples soldats[2]. Toute l'armée aurait voulu entrer dans les trois divisions formant l'armée expéditionnaire placée sous le commandement en chef du lieutenant général comte de Bourmont.

Le lieutenant général baron Berthezène commandait la première division. Les trois brigades dont elle se composait étaient sous les ordres des généraux Poret de Morvan, baron Achard, baron Clouet. Le colonel de Brossard était chef d'état-major du général commandant la première division. Le colonel de Frecheville commandait le 2e et le 4e léger, et le colonel Roussel, le 3e de ligne, formant la première brigade. Le colonel d'Armaillé commandait le 14e de ligne, et le colonel de Feuchère, le 37e, formant la deuxième brigade; le colonel Horric le 20e de ligne et le colonel Mounier le 28e, formant la troisième brigade.

Le lieutenant général comte de Loverdo était à la tête de la

---

[1] *Précis historique et administratif de la campagne d'Afrique*, par le baron Denniée, intendant en chef de l'armée d'expédition. (Paris, 1830.)

[2] *Campagne d'Afrique*, par le chef de bataillon Fernel. (Paris, 1831.)

deuxième division. Les trois brigades dont elle se composait étaient sous les ordres des généraux Danrémont, Munck d'Uzer, Colomb-d'Arcines. Le colonel Jacobi était le chef d'état-major du général Loverdo. Le 6ᵉ de ligne, colonel de la Villegille ; le 49ᵉ de ligne, colonel Magnan, formaient la première brigade. Le 15ᵉ de ligne, colonel Mangin ; le 48ᵉ de ligne, colonel Léridan, formaient la seconde brigade. Le 21ᵉ de ligne, colonel de Goutefrey, et le 29ᵉ, colonel de Lachau, formaient la troisième.

La troisième division avait été confiée au lieutenant général duc des Cars ; ses trois brigades étaient sous les ordres des généraux vicomte de Berthier, baron Hurel, comte de Montlivaut. Le colonel Pétiet était son chef d'état-major. Le 9ᵉ et le 1ᵉʳ léger, colonel de Neuchèze ; le 35ᵉ de ligne, colonel baron Rulhière, formaient la première brigade. Le 17ᵉ de ligne, colonel Duprat ; le 30ᵉ de ligne, colonel Beaupré, formaient la seconde. La troisième se composait du 23ᵉ de ligne, colonel de Montboissier, et du 34ᵉ de ligne, colonel de Roussy.

Le maréchal de camp vicomte de Lahitte, commandait l'artillerie.

Le maréchal de camp baron Valazé commandait le génie.

Le lieutenant général Després était chef d'état-major général de l'armée, et le maréchal de camp baron Tolozé était sous-chef d'état-major.

Le baron Denniée était intendant en chef.

Le général en chef comte de Bourmont, consulté naturellement sur le choix de ses coopérateurs dans l'armée de terre, comme l'amiral Duperré sur le choix de ses coopérateurs dans l'armée de mer, avait essayé, par la composition de l'armée d'Afrique, de donner satisfaction aux services de toutes les dates, sans distinction d'opinion, et de réunir, à l'occasion d'une grande expédition, les officiers, quelle que fût leur origine militaire, dans l'unité d'un dévouement commun au roi et à la France. Le lieutenant général Berthezène venait de Waterloo ; le maréchal de camp Poret de Morvan, vieux soldat de l'Empire, avait, malgré ses infirmités, réclamé avec insistance la faveur de commander une brigade. Le lieutenant général Valazé, un des officiers les plus distingués du génie, avait des idées d'opposition. Le lieutenant général des Cars, le lieutenant général de Loverdo, qui, en 1815, au moment du retour de l'île d'Elbe, avait commandé dans le Midi une des colonnes de la petite armée du duc d'Angoulême, le maréchal de camp de Bertier, le maréchal de camp de Lahitte, officier distingué de l'artillerie, particulièrement estimé par M. le Dauphin, et le maréchal de camp Colomb d'Arcines, qui, tout en appartenant par de beaux services militaires aux armées impériales, était dévoué de cœur au roi comme à la patrie, représentaient l'autre élément.

La marine, de son côté, grâce à l'énergique volonté et la haute capacité administrative du baron d'Haussez, était en mesure.

« Le 25 avril, dit-il, j'annonçai au roi que dix vaisseaux, vingt-deux frégates et soixante-dix bâtiments de guerre de moindre force étaient réunis dans le port de Toulon, et que l'on n'attendait plus que deux vaisseaux et deux frégates, dont on pourrait se passer si leur arrivée tardait trop ; que cinq cents transports, rendus nécessaires par les exigences sans cesse croissantes du département de la guerre, étaient également rassemblés dans les ports de Toulon et de Marseille ; que je venais en outre de faire construire soixante bateaux plats destinés au débarquement des hommes, des chevaux et de l'artillerie de campagne ; que j'avais affrété cent cinquante bateaux plats, servant au cabotage de la Méditerranée que leur forme permettait aussi d'affecter au débarquement ; et que cet immense armement était aux postes qui lui avaient été assignés; qu'ainsi j'avais rempli mes engagements en devançant même de quinze jours l'époque fixée. Ce fut ma seule réponse aux doutes qui s'étaient élevés, ma seule vengeance des contrariétés que j'avais éprouvées [1]. »

La flotte s'élevait en tout à 675 bâtiments, qui se décomposaient ainsi :

3 vaisseaux de 74 armés en guerre;

8 vaisseaux armés en flûtes;

5 frégates de premier rang (vaisseaux rasés) armées en guerre;

5 frégates de premier rang armées en guerre;

6 frégates de deuxième rang armées en guerre;

3 frégates de troisième rang armées en guerre;

7 frégates armées en flûtes;

7 corvettes de 20 canons;

14 bricks de 20 canon;

12 bricks de 16 canons et au-dessus [2];

1 canonnière-brick;

7 corvettes de charge;

7 gabares;

8 bombardes;

7 bateaux à vapeur;

2 goëlettes;

1 transport;

1 balancelle.

Les bâtiments du roi s'élevaient ainsi au nombre de 103.

Il fallait ajouter aux bâtiments du roi : 357 transports, non compris ceux affrétés par M. Sellières, munitionnaire général de l'expédition;

---

[1] Papiers politiques du baron d'Haussez, communiqués par madame la duchesse d'Almazan.

[2] Deux de ces bricks, *le Silène* et *l'Aventure*, qui faisaient partie de la division du blocus, naufragèrent, on l'a vu, sur la côte d'Afrique, avant le départ de l'expédition.

124 bateaux catalans de l'Ile, bœufs[1] et génois, en deux divisions commandées par MM. de Vitrolles et Bernard, lieutenants de vaisseau, composant la flottille destinée au débarquement des troupes ;

55 chalands spécialement affectés au débarquement des troupes et de l'artillerie. Ils avaient été construits sur les plans de M. Bonnard, directeur du génie maritime à Toulon. 30 étaient destinés à recevoir chacun 140 hommes de troupes, 12 installés pour recevoir une pièce de campagne en batterie, à l'avant et sur coulisses, pouvant loger à l'arrière une seconde pièce, les deux affûts, leurs avant-trains et les canonniers affectés au service des pièces ; enfin, 13 pourvus d'armes et destinés au débarquement de l'artillerie de siège et des chevaux, pouvant porter 150 hommes, armes et bagages ;

30 bateaux plats ou radeaux également destinés au débarquement du matériel et des troupes.

C'est ainsi qu'on arrivait à un total général de 675 bâtiments de guerre et du commerce, armement immense qui, dans les premiers jours de mai, devait prendre la mer.

Parmi les 103 bâtiments du roi, il y en avait 51 venus des ports de l'Océan, 52 des ports de la Méditerranée[2].

Le vice-amiral Duperré, commandant en chef de cette belle flotte, avait demandé et obtenu, pour commandant en second, le contre-amiral de Rosamel. Le contre-amiral Mallet était major général. Le capitaine de vaisseau baron Hugon commandait la flottille et le convoi. MM. Villaret de Joyeuse, Villeneuve-Bargemont, Cassy, Massieu de Clerval, Dupetit-

---

[1] *Bateau-bœuf*, embarcation à un mât portant les voiles latines ; elle sert pour le transport des animaux et elle peut être fort utile dans une descente. (BONNEFOUX, *Dictionnaire de marine*.)

[2] États communiqués par M. de Martineng, ancien préfet maritime de Toulon.

Thouars, Gay de Taradel, de Robillard, avaient des commandements.

L'armement maritime se divisait en trois parties : la flotte, la flottille de débarquement, le convoi. Pour prévenir l'encombrement, on avait organisé la flotte à Toulon, la flottille et le convoi à Marseille. Le commerce de Marseille et le commerce étranger avaient fourni des transports nolisés jusqu'à la concurrence de 71,000 tonneaux, au prix de 16 fr. et 16 fr. 50 cent. par tonneau et par mois [1].

« Tout avait été disposé avec tant d'ordre, dit le baron d'Haussez, que rarement les objets étaient déposés sur les quais. Presque toujours ils passaient des voitures qui les avaient transportés sur les bâtiments destinés à les recevoir. Ces bâtiments, rangés par divisions et indiqués par des flammes de couleurs différentes, portant des numéros que leurs dimensions permettaient de reconnaître à de grandes distances, quittaient le port de Marseille et allaient prendre dans la rade de Toulon la place qu'ils devaient occuper dans l'ordre de marche et de débarquement [2]. »

« Toutes mes prévisions, dit le baron Denniée lui-même, ont été conçues en présence d'un souvenir qui expliquera suffisamment à quel point ces prévisions ont dû être attentives : — Si vous faites jamais cette expédition, m'avait souvent répété l'amiral de Rigny, souvenez-vous que cette côte stérile n'offrira pas même de litière à vos chevaux, et que la mer, si capricieuse dans ces parages, submergera plus d'une fois vos embarcations [3]. »

---

[1] *Vie de l'amiral Duperré*, par M. Chasseriau, p. 191. Paris, 1848.
[2] Papiers politiques du baron d'Haussez, communiqués par madame la duchesse d'Almazan.
[3] *Précis historique et administratif de la campagne d'Afrique*, par le baron Denniée, intendant en chef de l'expédition, page 4. Paris, 1830.

Docile à ces avis, M. le baron Denniée, qui avait reçu, vers le 15 février, l'ordre de diriger les préparatifs de l'expédition sous le rapport des besoins de l'armée, en qualité d'intendant en chef, prenait, avec une énergique habileté, les mesures nécessaires. C'était un homme d'une activité rare et d'une présence d'esprit remarquable, qui avait choisi pour collaborateurs des jeunes hommes d'avenir, infatigables comme leur chef, et comme lui toujours à cheval : le baron de Sermet, le comte de Fontenay, MM. Saligny, Champigny, Lambert, d'Orville, Brugnières, d'Arnaud, Charpentier, Évrard de Saint-Jean, Behaghel, Frosté, de Limoges, Barbier, Dubois. Le service était organisé avec ce zèle et cette verve que rien ne remplace. La tâche était d'autant plus difficile que le temps pressait davantage. « On arrêta, dans les conférences, que l'armée emporterait avec elle deux mois de vivres, et qu'elle serait immédiatement suivie d'un pareil approvisionnement. On avait atteint le milieu du mois de février, et deux mois suffisaient à peine pour réaliser nos préparatifs. Dans cette occurrence, après avoir mûrement discuté la question du mode de fourniture des vivres, le ministre de la guerre prit, en dehors de ses bureaux, une décision par laquelle il adoptait le mode d'achat par commission [1]. Il consulta confidentiel-

---

[1] Cette décision, prise à la date du 22 février 1830, était ainsi motivée :

« La promptitude et la discrétion qu'exigent les préparatifs de la nature de ceux à faire, ne permet pas de recourir à la voie des adjudications publiques, ni même à une concurrence étendue ; on ne peut, d'ailleurs, confier au moins offrant des opérations desquelles peut dépendre le succès d'une opération importante. D'un autre côté, un marché passé sans concurrence, tel avantageux qu'il puisse être sous le rapport des prix et des garanties, ne serait jamais à l'abri des attaques de la malveillance ; enfin, ce mode aurait l'inconvénient de lier l'administration de l'armée et de la mettre dans l'impossibilité de profiter des avantages que les localités pourraient présenter. Ce moyen ne peut donc être admis. Les achats par commission offrant au contraire toutes les garanties possibles, en ce qu'ils doivent être justifiés par les mercuriales, certificats du comlement l'un des membres de la maison Delessert, certain, à défaut du concours de sa maison, de puiser près de lui d'utiles avis.

« La maison Sellières fut désignée ; ce choix resta toutefois secret pendant douze à quinze jours, dans l'intérêt de l'économie et du succès de l'opération. M. le sous-intendant militaire Brugnières reçut l'ordre de parcourir l'Espagne et les îles Baléares, non-seulement afin de reconnaître les ressources que pourraient offrir ces contrées, mais encore dans le dessein d'obtenir un point de comparaison pour le contrôle des achats que la maison Sellières aurait pu faire sur ces différents points. (Décision ministérielle du 28 mars.)

« Ce point réglé, le service des hôpitaux et celui des transports ne demandaient pas des soins moins pressants. Je proposai, et le ministre adopta l'établissement de constructions mobiles couvertes en toiles imperméables, propres à former

merce et autres documents exigés par les règlements, la seule responsabilité qui puisse résulter de ce mode est dans le choix des personnes auxquelles l'exécution en sera confiée. Le succès des opérations dépend entièrement du secret et de la bonne direction à donner aux achats. Les agents directs de l'administration militaire ont pu être employés avec avantage lorsqu'il s'agissait de petits approvisionnements, de localités dont le peu d'importance ne pouvait influer sur le prix des denrées ; mais, pour des achats aussi importants, le commerce seul peut agir avec succès. Ayant adopté ce dernier mode, il ne s'agit plus que de faire choix d'une maison qui présente toutes les garanties désirables sous les rapports des moyens d'exécution, de la moralité, du crédit et de la considération publique.

« Dès que cette maison aura été désignée et qu'elle aura accepté, on lui fera connaître les quantités d'approvisionnement de toute nature à acheter, les points de réunion et les époques auxquelles elles devront être réunies ; les conditions réglementaires imposées aux commissionnaires pour la justification de leurs achats, tant sous le rapport du contrôle de leurs opérations que pour la régularisation des achats et des livraisons, les modes de payement et les conventions quant aux commissions et aux frais accessoires. »

Cette décision ministérielle du comte de Bourmont se trouve *in extenso* aux notes de l'ouvrage de M. le baron Denniée, page 100.

des hôpitaux. Ces constructions mobiles étaient établies dans la proportion de quinze cents malades. Elles offraient l'aspect de hangars de la largeur de 16 pieds et d'une longueur indéfinie ; elles ont été scindées de manière à former des salles de cinquante lits. L'abri créé, je présentai au ministre un modèle de lits de fer, à fond sanglé, du poids de 18 kilogrammes ; nous emportâmes avec nous trois mille de ces lits avec leurs matelas, leurs couvertures et leurs draps.

« A l'égard des moyens de transport, il ne fallait pas perdre de vue que l'intérieur du pays que l'armée allait aborder n'était connu que par la relation du chef de bataillon Boutin. Cette incertitude sur la nature du terrain de la plage de Sidi-el-Ferruch à Alger, me fit songer à employer aux transports de l'armée une espèce de caisson dont l'attelage à deux fins donnerait, tour à tour, des voitures dans les parties praticables, et des bêtes de somme dans les passages les plus difficiles. On adopta le modèle d'un caisson à deux roues, à timon et à pompe ; et cent vingt-huit de ces caissons furent construits en moins de vingt jours. Le harnachement des chevaux ou mulets affectés à leur attelage était combiné de telle sorte, que la sellette pouvait recevoir deux crochets destinés à supporter les fardeaux pour les transporter à dos. Toutefois, nous ne renonçâmes pas au caisson à quatre roues.

« Les équipages militaires furent composés de 128 caissons à quatre roues, 128 caissons à deux roues, 654 chevaux de trait, tous de 6 à 8 ans, et de 626 mulets de bât.

« Pendant que toutes ces choses se préparaient, la maison Sellières devait pourvoir à de nombreux achats pour les deux mois de la première commande. Elle réunit 1,777 quintaux métriques de farine blutée à vingt-deux pour cent, 5,280 de biscuits, 5,333 de farine blutée à dix pour cent, 360 de riz, 720 de légumes secs, 400 de sel, 1,500 de bœuf salé, 1,200 de lard salé, 1,000 bœufs, 500 kilogrammes bruts chacun, qui furent réunis dans le port de Cette, 9,000 hectolitres de vin, 188 d'eau-de-vie, 14,400 quintaux métriques d'avoine ou d'orge, 14,400 de foin pressé, 28,800 de paille, 10,000 de bois, 8,000 de charbon de terre[1]. »

Dans sa sollicitude prévoyante, l'administration n'avait rien omis. C'est ainsi qu'on fit distribuer aux troupes un sac de campement par homme : un bidon en bois pour le vin, un en fer-blanc pour l'eau, une toile de shako en toile de coton blanche pour préserver la tête des effets du soleil, et une couverture pour trois hommes; 35,000 ceintures de laine, dans la prévision des froides nuits qui, sur la côte septentrionale de l'Afrique, succèdent aux jours brûlants, complétaient cette distribution. On fabriqua 21 fours en fer battu pour servir à la cuisson du pain pour les premiers besoins de l'armée, et 80 fours en tôle. On emporta 4,100 caléfacteurs destinés à la cuisson des aliments et installés de manière à recevoir la marmite de huit hommes. Dans les approvisionnements du service des hôpitaux, on comprit 3,000 kilogrammes de tablettes de bouillon.

On emportait tout, le bois, le charbon, jusqu'à 180,000 briques pour construire des fours, 4,840 tentes, des outils de campement pour 40,000 hommes.

Les deux mois d'approvisionnements, contenus dans des tonneaux, barils ou sacs, ne s'élevaient pas à moins de 78,645 colis. Tous ces colis avaient reçu une double enveloppe imperméable, afin de pouvoir être jetés à la mer, si la flotte était obligée par le temps de s'éloigner du rivage avant d'avoir débarqué les approvisionnements. On calculait que les courants qui portent à la côte se chargeraient, le cas

---

[1] *Précis historique et administratif*, par le baron Denniée, page 9. Paris, 1830.

échéant, de transmettre à l'armée les vivres nécessaires, prévision d'une sagacité singulière, justifiée par l'événement.

La plus grande partie des troupes, au nombre de 24,041 hommes furent embarquées sur les bâtiments du roi. L'artillerie de campagne et de siége, avec tout ce qui pouvait être nécessaire à son service, et une partie du génie, y furent également embarquées, ainsi que les 55 chalands spécialement affectés au débarquement des troupes et de l'artillerie, plus un approvisionnement de cent coups par pièce. Les bâtiments du roi portaient aussi des caisses de cartouches pour l'infanterie, des barils de pierres à fusil, des bois pour manœuvres de force, des engins à lever et à peser, des forges de campagne, des sacs à terre, plusieurs sections d'ambulance, des outils de campement, afin que tout se trouvât sous la main au moment du débarquement.

Le reste du personnel et du matériel de l'armée fut embarqué sur les transports nolisés à Marseille ; 120 de ces transports avaient été fournis par le commerce français, 237 par le commerce étranger[1].

II

MISSIONS SECRÈTES ET INFORMATIONS.

Avant et pendant ces préparatifs, le gouvernement royal n'avait rien omis pour faciliter le succès de l'expédition par des missions secrètes en Afrique, et il avait dû ouvrir avec les grandes puissances de l'Europe des négociations pour exposer

---

[1] Répartition définitive du matériel à embarquer à bord des bâtiments du roi, arrêté le 15 mai 1830. (Communiqué par M. de Martineng.)

l'objet de l'armement organisé, sur de si grandes proportions, dans les ports de la Méditerranée.

MM. Raimbert, d'Aubignosc et Gérardin avaient été envoyés à Tunis dans le courant du mois d'avril 1830, afin de sonder les dispositions du bey de Tunis, d'ouvrir une source féconde aux approvisionnements de l'armée, d'agir sur le moral des populations maures et arabes et de détacher du dey d'Alger Tunis, Maroc, et, s'il était possible, Oran et Constantine.

Ces trois émissaires connaissaient parfaitement le pays où ils étaient chargés d'opérer. M. Raimbert, homme pratique et doué d'un jugement solide, avait longtemps dirigé le service de nos possessions en Afrique, et il avait eu de nombreux rapports avec les tribus qui commerçaient avec le Bastion de France. M. d'Aubignosc, esprit inventif, ardent, plein d'activité, et en outre homme d'exécution et d'énergie, qui avait déjà rempli des missions dans le Levant, avait présenté, dès la mi-février 1830, à M. le comte de Bourmont, un mémoire où il établissait que les marins sardes et corses, expédiés annuellement pour la pêche du corail, n'arrivent sur les côtes de Barbarie qu'à la mi-juin et ne quittent ces parages que dans la dernière quinzaine d'août : d'où il concluait avec justesse qu'on avait devant soi le temps nécessaire pour faire l'expédition avant le mauvais temps. Il rappelait que toutes les descentes sur la côte d'Afrique avaient réussi et que, si l'on avait échoué après la descente opérée, c'était par l'absence de moyens suffisants ou par l'inhabileté des chefs qui conduisaient les expéditions. A cette objection de l'amiral Duperré qu'on manquerait d'eau, il répondait victorieusement par cette observation, qu'Alger était, dans un rayon de 3 lieues, entouré de jardins qui s'étendaient vers la côte, et qu'il n'y a pas de jardin sans eau. A ceux qui niaient l'existence du trésor de la Casaubah, il objectait que l'existence de ce trésor était un fait de notoriété historique et publique à Alger, comme il répondait à ceux qui prétendaient que le dey emporterait ce trésor dans l'intérieur des terres, que la milice turque ne le permettrait pas, et que le dey lui-même ne le voudrait pas, parce que le trésor serait pillé par les Arabes et par les Maures[1]. M. d'Aubignosc, quoiqu'il mêlât à ces idées nettes, pratiques, judicieuses, quelques conseils de politique générale qui indiquent la situation fâcheuse du gouvernement royal, bien exposé à périr puisque tous les empiriques se mêlaient de le sauver, était donc un excellent agent à envoyer en Afrique. M. Gérardin, qui connaissait à merveille le pays et qui parlait toutes les langues qui y ont cours, n'était pas un moins précieux auxiliaire.

Le 30 avril, M. d'Aubignosc envoyait au commandant en chef un rapport circonstancié, divisé en trois parties, sous les titres suivants : *Politique, Économie, Stratégie.*

Dans la première partie, il exposait ce qu'il y avait à espérer et à craindre des États voisins ou sujets d'Alger ; leur fidélité à l'alliance du dey était, comme toute fidélité qui ne repose que sur la terreur, à la merci d'un succès de l'armée française. C'était la disposition commune de Tunis, où l'on craignait d'être attaqué par le dey, de Maroc comme d'Oran et de Constantine. Un seul sentiment combattait celui-là : le sentiment religieux, qui faisait craindre la domination chrétienne. La proclamation que le commandant en chef avait adressée aux populations, et qui avait été répandue dans les États algériens par les soins de MM. de Lesseps, envoyé de France à Tunis, et Raimbert, d'Aubignosc et Gérardin, envoyés secrets, avait produit un bon effet pour atténuer les antipathies religieuses[2]. On pouvait compter sur la neutralité

---

[1] Documents communiqués par la famille du maréchal de Bourmont.
[2] Une de ces proclamations disait aux Arabes : « Nous Français, vos

sympathique de Tunis et de Maroc. Celle du bey de Constantine était plus douteuse et plus difficile à obtenir, parce qu'il était plus menacé par la puissance algérienne, dont il était le sujet; mais, si l'on n'obtenait point sa neutralité, on pouvait compter que sa fidélité au dey ne serait pas à l'épreuve du premier succès de l'armée française. Le cheik du territoire de la Calle avait conservé ses dispositions favorables pour la France, qui remontaient à l'existence du Bastion. Le plus jeune des fils de M. de Lesseps, très-versé dans la langue et la connaissance du pays, avait été envoyé par son père dans l'île de Tabarque, située sur les confins des deux Régences de Tunis et d'Alger. De ce point, il serait plus à portée d'introduire des proclamations dans les États algériens et de nouer des relations avec les habitants du pays.

Dans la seconde partie du rapport, M. d'Aubignosc annonçait que le bey de Tunis se prêterait à autoriser toute espèce d'achat dans ses États et à devenir lui-même fournisseur, pourvu que sa coopération restât secrète. « Le résident de Maroc, ajoutait-il, a déclaré que ces dispositions seraient aussi celles de son maître. » A ces détails était jointe l'indication des prix de tous les objets, écrite de la main de M. Vangaver, négociant français établi à Tunis commandité par l'ancienne maison Roux frères, de Marseille; cette espèce de mercuriale devait servir de comparaison pour fixer l'opinion sur l'opportunité de traités passés à Tunis par l'administration militaire ou par la maison Sellières, commissionnaire de l'armée. Des navires seraient prêts à partir de la Goulette, poste avancé de Tunis, au premier ordre donné par le commandant en chef; ils porteraient la viande, les légumes frais, le sel, dont le prix avait quadruplé dans la Régence algérienne depuis le blocus.

---

amis, nous partons pour Alger. Nous allons chasser les Turcs, vos tyrans, qui vous volent vos biens et ne cessent de menacer vos vies. »

La troisième partie du rapport, consacrée à la stratégie, contenait des détails moins précis et cependant intéressants. Le fort de l'Empereur était miné, disait-on. Ce n'était qu'un bruit, mais qu'il fallait cependant prendre en considération. Du cimetière de l'est on découvrait Alger. Le point de Torre-Chica serait propre au débarquement, s'il était attaqué en même temps qu'on prendrait terre à la presqu'île de Sidi-Ferruch, dont il forme le saillant. « La presqu'île, qui a deux de ses côtés fermés par le cours d'eau dont elle emprunte le nom, ne demanderait que peu de travaux sur ses deux autres côtés pour devenir un camp retranché, où l'on mettrait à terre le matériel de l'armée avant que des vents violents forçassent la flotte à s'éloigner. On aurait ainsi dans la presqu'île un dépôt général qui alimenterait le siége, et garantirait la sûreté du matériel jusqu'à la chute d'Alger [1]. »

Comme il arrive toujours dans les grandes affaires, les esprits chimériques et les fortunes besogneuses, la main ouverte pour recevoir, s'empressaient aussi d'apporter leur contingent d'idées et d'expédients. Un médecin anglais, fixé à Alger pendant quatre ans et alors résidant à Tunis, venait offrir à M. de Lesseps, consul général, des recettes merveilleuses pour assurer le succès de l'expédition. Si des avantages considérables lui étaient offerts, il consentirait à servir chaudement l'expédition, et il faisait grand bruit de l'étendue de ses moyens. Le principal consistait dans l'indication d'un point de débarquement et d'attaque qui ferait tomber la ville dans trois jours. Mais le silence qu'il avait gardé, lorsqu'on l'avait pressé d'objections, donnait à croire qu'il ne possédait aucune des connaissances nécessaires pour avoir un avis motivé sur ce point. Il prétendait en outre pouvoir amener le

---

[1] Rapport de M. d'Aubignosc sur la mission de Tunis. (Documents communiqués par la famille du maréchal de Bourmont.)

cheik, maître des Portes de Fer, à observer la neutralité. Enfin il s'engageait à faire découvrir des trésors cachés ; à désigner, pour la faire épargner par les feux de l'attaque, la maison où seraient, disait-il, exposés les prisonniers français ; enfin, à donner les moyens de prévenir la destruction du harem du dey, dont « ce monstre, assurait-il, avait juré de faire un holocauste à l'approche des Français. »

Le rapport ajoutait fort sensément : « M. de Lesseps, sans ajouter trop de foi à de pareils discours, n'a pas cru devoir cependant repousser, d'une manière absolue, les offres d'un homme instruit, adroit, insinuant, qui doit avoir beaucoup vu pendant quatre ans d'exercice de sa profession à Alger. Mais, en lui promettant de le faire connaître à Votre Excellence, il lui a fait sentir la convenance d'un service préliminaire quelconque qui devînt un titre à la confiance qu'il invoque. »

On savait en outre par d'autres rapports de M. d'Aubignosc qu'il n'y avait point à craindre que le trésor de la Casaubah fût emporté dans les terres, parce qu'il serait pillé par les Maures ; que le dey ne sortait pas de la Casaubah, dans la crainte d'être égorgé par la population alarmée ; que les Turcs seuls faisaient bonne contenance.

M. Gérardin, de son côté, envoyait des renseignements utiles. Les préparatifs de l'expédition française produisaient, disait-il, le meilleur effet sur toutes les Régences. Tandis qu'Alger était dans la consternation, les Européens n'avaient jamais joui d'une plus grande sécurité à Tunis. Le pacha de Tripoli lui-même, malgré ses premiers emportements, devenait affable envers les Français disséminés dans ses États. Cependant un bruit, qui s'accréditait de plus en plus, que la Porte allait intervenir dans la querelle de la France contre Alger, luttait contre ces bonnes dispositions. C'était une complication qu'il fallait prévoir, afin d'avoir, le cas échéant, un parti pris. Ce bruit, qui venait de recevoir une nouvelle confirmation de l'arrivée de Tahir-Pacha dans la rade de Tunis, agissait sur l'esprit du bey de Constantine et le rendait moins disposé à prêter l'oreille à nos propositions. Il fallait en outre ne pas oublier qu'on entrait dans l'année triennale où il devait porter le tribut accoutumé à Alger, et que tout délai de sa part l'exposait à être assassiné par les janissaires placés auprès de lui par le dey. On saisissait partout les fils des intrigues anglaises contre le succès de l'expédition. Les agents de l'Angleterre travaillaient presque ouvertement à empêcher les chefs arabes et maures de se détacher du dey. Ils mettaient en avant l'idée d'une alliance entre l'Angleterre, la Porte et les puissances barbaresques sur le point d'être conclue. Il faudrait, pour déjouer ce concours de circonstances fâcheuses, l'influence d'un premier succès [1].

M. Raimbert, agent actif et sévère sur l'origine de ses renseignements, tenait le commandant en chef au courant des modifications qui s'opéraient dans l'esprit mobile de ces populations.

M. de Lesseps, consul général de France à Tunis, contrôlait et complétait ces renseignements par sa correspondance, à laquelle son expérience des hommes et des choses dans les Régences barbaresques donnaient une grande autorité. C'était lui qui avait envoyé les prix régulateurs indiqués par approximation. Il résultait d'un état donné par demandes et par réponses (les demandes étant posées dans la correspondance du comte de Bourmont), qu'on pourrait se procurer à Tunis des bœufs, des chevaux, des mulets, des moutons, des chameaux, du riz, du sel, de l'huile, du savon, des cuirs, des planches, des poutres, des bois de chêne d'Albanie équar-

[1] Correspondances secrètes et documents communiqués par la famille du maréchal de Bourmont.

ris, des planches d'ormeau pour affût, des couvertures de laine, et par Bône du blé et de l'orge. Le prix des bœufs était évalué, rendu à bord, de 55 à 65 francs ; des mulets comme des chevaux, de 200 à 500 francs ; des chameaux, de 250 à 500 francs ; des moutons, de 7 à 9 francs ; du riz, de 50 à 60 francs les 100 kilogrammes ; du sel, de 2 à 4 francs les 100 kilogrammes ; du savon, de 70 à 74 francs les 100 kilogrammes ; de l'huile, de 55 à 60 francs les 100 litres, etc. Les points d'embarquement indiqués comme les plus avantageux étaient : Tunis pour les mules, le riz, le sel, l'huile, le savon, les planches, les bois divers, les peaux, etc. ; Biserte pour les bœufs, chevaux et chameaux ; Bône pour l'orge et le blé. Le laps de temps nécessaire pour opérer la traversée de ces trois points à Alger était évalué de six à dix jours, à moins qu'on ne fût contrarié par une série de vents d'ouest[1].

Le lieutenant général Després, chef d'état-major général de l'armée, dans sa correspondance avec le président du conseil, chargé du portefeuille de la guerre, résumait ainsi les lumières qui jaillissaient de ces différentes informations : « Les nouvelles que le ministre de la guerre a reçues de Tunis offrent des motifs de sécurité. MM. d'Aubignosc et Gérardin sont arrivés dans cette ville le 21 du mois dernier. Le 2 mai, le dernier était de retour à Toulon. M. Raimbert, qui a dirigé longtemps le service de nos concessions en Afrique[2], et dont

---

[1] Documents communiqués par la famille du maréchal de Bourmont.

[2] M. Raimbert était un ancien agent du consulat. Il habitait depuis longtemps Bône avec sa famille, connaissait toutes les tribus environnantes et leur était connu. Avant la mission donnée, comme on l'a vu, à M. Dufougeray, M. Raimbert partait chaque mois pour la Calle, afin de porter aux divers scheiks la petite redevance, souvent débattue au moyen de laquelle ils laissaient les coralleurs se livrer à la pêche, et surtout pour leur porter une provision de poudre de guerre, aussi précieuse à leurs yeux que l'argent de la France. (Renseignements fournis par M. Dufougeray.)

la sagacité a été reconnue dans plusieurs occasions importantes, a accompagné M. d'Aubignosc. Ils étaient porteurs d'une lettre de M. de Lesseps pour le ministre de la guerre. Le bey de Tunis montre les dispositions les plus favorables. Les menaces que le dey d'Alger lui a faites, il y a trois mois, paraissent avoir contribué à produire cet heureux résultat. Toutefois il évitera, dans l'intérêt même de la France, toute démarche de nature à le compromettre aux yeux de ses sujets musulmans. Sa bonne volonté ne sera point ostensible. Les individus chargés d'acheter et de faire exporter des subsistances pour l'armée expéditionnaire tiendront secret le véritable but de leurs opérations. Il paraît que des achats de bestiaux seront surtout faciles, et qu'il en résultera une économie considérable. M. Raimbert, qui a eu de nombreuses relations avec les principales tribus de l'intérieur, espère qu'elles garderont la neutralité et qu'elles ne tarderont pas à conduire dans le camp français des bœufs, des chevaux et des chameaux. Il a déjà écrit au chef de la tribu des Abd-el-Gebber et à ceux des tribus qui sont maîtresses d'un long défilé situé sur la seule route qui soit praticable entre Alger et Constantine. Ce défilé est connu sous le nom de Portes de Fer. C'est du 20 au 25 de mai que le bey de Constantine doit se mettre en marche avec le tribut que, tous les trois ans, il porte lui-même au dey d'Alger. MM. d'Aubignosc et Raimbert attachent une grande importance à ce qu'on parvienne à le détourner de ce voyage. M. le comte de Bourmont s'est décidé en conséquence à écrire au bey de Constantine. Il voudrait qu'Alger fût investi avant l'arrivée de ce bey. Ce motif l'a décidé à avancer, s'il était possible, l'époque du départ [1]. »

Le général en chef concluait avec raison des correspon-

---

[1] Rapport du 6 mai 1830.

dances et des rapports qu'il recevait que, le dey n'obtenant des secours que par la terreur qu'inspirait la domination turque, tous ceux qui ne seraient point arrivés sous les murs d'Alger au moment où l'expédition française débarquerait sur le littoral de l'Algérie n'arriveraient point. Il fallait donc se hâter et brusquer l'entreprise. Ôter le temps au dey, c'était lui ôter des forces. Ralentir l'expédition, c'était diminuer ses propres chances. Cette appréciation vraie de la situation fut le mobile de toute la conduite du général commandant en chef.

Il écrivait à M. de Lesseps, à la date du 10 mai 1830 : « Il est d'une grande importance que vous mainteniez le bey de Tunis dans ses bonnes dispositions. Des achats faits dans ses États pour la subsistance de l'armée produiront des économies considérables. J'ai causé avec MM. d'Aubignosc et Raimbert ; ils m'ont annoncé que le bey de Constantine devait partir de cette ville le 20 mai, pour porter à Alger le tribut qu'il est dans l'obligation d'offrir lui-même tous les trois ans. Tous deux attachent une grande importance à ce qu'on le détourne de ce voyage. Ils ont pensé qu'une lettre de moi pourrait augmenter le nombre des chances de succès. Je vous prie de lui faire parvenir celle que je vous adresse. Elle a été écrite par deux interprètes de l'armée d'expédition. Vous ferez faire les corrections que vous jugerez propres à la rendre plus intelligible. Si vous pensez qu'un présent offert au bey puisse le déterminer, vous pouvez le faire et élever la valeur jusqu'à cent mille francs, quand vous aurez des garanties suffisantes de sa bonne foi. J'espère que la nouvelle du débarquement aura plus d'influence encore que les négociations sur le parti qu'il croira devoir prendre. Il est vraisemblable que, du 20 au 25, l'armée sera en Afrique. Je suppose qu'à cette époque les négociations de M. Gérardin seront près de leur terme et que rien ne s'opposera plus à ce qu'il vienne me rejoindre devant Alger. Je ne pense pas que le médecin anglais de Tunis soit à portée de tenir parole. Il promet trop, et ses assertions sont trop invraisemblables pour qu'on puisse avoir en lui beaucoup de confiance. M. Thierry, qui le connaît de réputation, m'a confirmé dans cette opinion. Je vous engage toutefois à ne pas repousser complétement ses offres. Quant aux négociations à établir avec le chef de la tribu des Abd-el-Gebber et avec les peuplades des Nadis, Mazoules, etc., je pense qu'il faut les confier à M. Raimbert. La connaissance qu'il a du pays, sa capacité éprouvée et l'entretien que j'ai eu avec lui m'inspirent une entière confiance, et je vais le renvoyer à Tunis. Placé à Tabarque, monsieur votre fils rendra plus faciles les relations que nous aurons à établir avec Tunis pour la subsistance de l'armée. Je vous prie de profiter de son séjour dans cette résidence pour faire pénétrer mes proclamations dans l'intérieur. Je vous engage à profiter de la bonne volonté de l'envoyé de Maroc. J'attache beaucoup d'importance à l'exécution du projet qu'il a conçu d'établir, à l'aide de courriers, une correspondance entre Tunis et l'armée française[1]. J'ai trouvé dans les renseignements que vous m'avez adressés la solution de plusieurs questions importantes. Je vous en remercie. Je ferai valoir auprès du ministre des affaires étrangères ce service et ceux que vous rendrez par la suite à l'armée dont le commandement m'est confié[2]. »

C'est ainsi que tout était combiné pour préparer le succès de l'expédition. On travaillait en même temps à accumuler les moyens et à diminuer les obstacles, et on ne laissait rien au hasard de ce qu'on pouvait lui ôter par la prévoyance. Le

---

[1] Il s'agissait d'établir cette correspondance à l'aide de prétendus musulmans dévots, qui auraient parcouru l'espace situé entre deux camps en demandant l'aumône.

[2] Lettre du commandant en chef de l'expédition française en Afrique, adressée, à la date du 10 mai, à M. de Lesseps, consul général. (Documents communiqués par la famille du maréchal de Bourmont.)

gouvernement du roi avait noué des négociations avec le gouvernement espagnol, par l'intermédiaire du général vicomte de Saint-Priest, alors ambassadeur de France à Madrid, pour obtenir les facilités nécessaires dans les ports et sur toute la côte d'Espagne. M. le baron d'Haussez écrivait au général en chef, en date du 22 avril, que ces négociations avaient pleinement réussi. M. de Saint-Priest lui avait donné avis, par une dépêche du 17 avril 1830, « que les ordres allaient être expédiés pour que les Français trouvassent dans les ports d'Espagne l'accueil et toutes les facilités qu'ils pourraient désirer. » Le consul de France aux îles Baléares recevait, en effet, à la date du 18 avril 1830, communication d'une dépêche du ministre des finances d'Espagne, ainsi conçue : « Le roi, notre souverain a bien voulu ordonner que l'on permette aux agents français d'acheter des vivres et des munitions de toute espèce sur le territoire espagnol, de noliser des bâtiments, louer des magasins, établir des hôpitaux, et faire stationner dans nos ports les escadres et transports que cette nation destine à l'expédition projetée contre Alger. »

C'était là une grande et heureuse facilité donnée à l'entreprise. Les ports de refuge et de ravitaillement se trouvaient ainsi rapprochés de l'armée expéditionnaire. En même temps on assurait le service médical de l'armée, en établissant un grand hôpital à Mahon, où l'on devait être à portée de transférer les blessés et les malades, à mesure qu'il y aurait encombrement dans les hôpitaux provisoires établis dans le camp. L'Espagne avait mis à la disposition de la France l'hôpital militaire, qui reçut les appropriations nécessaires pour contenir 900 malades ; bientôt on s'assura les locaux nécessaires pour en recevoir 1,500. Vers la mi-mai, le personnel et le matériel de l'hôpital étaient partis de Marseille [1].

[1] Lettre du major général Després, datée de Toulon le 17 mai 1830. (Rapports officiels.)

Le comte de Bourmont se faisait en même temps présenter des rapports, par les hommes les plus compétents, sur la nature des difficultés qu'il allait rencontrer, et sur les meilleurs moyens de les vaincre [1]. Il avait sous les yeux la *Reconnaissance de la ville et des forts d'Alger* du chef de bataillon du génie Boutin [2] et il contrôlait et notifiait ce rapport à l'aide des informations qu'il recevait du pays. En même temps, il relisait et méditait les documents curieux contenus dans les archives du ministère de la guerre, sur les grandes expéditions tentées à la fin du dernier siècle, et dans lesquelles l'armée de terre et la marine avaient dû combiner leurs efforts : la correspondance du général Bonaparte avec le Directoire à l'occasion de l'expédition d'Égypte ; la correspondance du Directoire et celle de l'amiral Bruix avec le général Hoche, à l'occasion de l'expédition d'Irlande. En envoyant ces documents au général de Bourmont, le maréchal de camp directeur par intérim du dépôt de la guerre disait au ministre : « La correspondance de l'amiral Bruix, à l'époque de l'expédition d'Irlande qui devait être commandée par Hoche, est surtout très-curieuse. Elle prouve évidemment le besoin que doit ressentir la marine elle-même de l'unité du commandement dans de semblables expéditions ; elle démontre qu'il doit être

---

[1] Nous avons retrouvé, dans les documents qui nous ont été communiqués par la famille du maréchal de Bourmont, un mémoire intéressant de M. Préaux, chef de bataillon d'artillerie de marine, sur les *bombardements maritimes*, et un autre mémoire, du même, sur l'application de son système à Alger ; des *Considérations politiques et militaires sur la Régence d'Alger*, par le colonel Juchereau de Saint-Denys, qui avait occupé, vingt ans avant, les fonctions de chef du génie militaire à Constantinople ; un rapport circonstancié et puisé aux sources originales sur l'expédition de lord Exmouth en 1816 ; un travail du chef de bataillon d'état-major Prétot sur les préparatifs de l'expédition ; diverses lettres d'anciens consuls à Alger, et d'intendants militaires, etc., etc.

[2] Voir aux pièces justificatives, sous le numéro 5, un extrait très-étendu de ce document curieux.

déféré au général en chef des troupes de débarquement. » Cette idée prévoyante de la nécessité de l'unité dans le commandement devait trouver accès auprès du roi Charles X. C'est ainsi que, suivant les règles de la saine politique, le général en chef faisait servir au présent l'expérience et jusqu'aux fautes du passé. Sans doute le comte de Bourmont était obligé, pour recueillir un petit nombre de données utiles, d'écouter et de lire des projets souvent peu applicables ; mais la vérité, dans les grandes affaires, est à ce prix. C'est à celui qui doit conduire l'entreprise de discerner l'indication qui peut servir au milieu d'un déluge de détails oiseux. Quand un grand projet est à l'étude, il faut, dans l'espèce d'enquête ouverte pour recueillir les renseignements qui doivent le faire réussir, avoir tous les courages, même celui de l'ennui.

Le ministre de la marine, comme le ministre de la guerre, était assailli, au milieu de ses préparatifs, par des donneurs de conseils qui connaissaient des moyens infaillibles d'assurer le succès de l'expédition et, à l'instar du médecin de Tunis, avaient des recettes mystérieuses pour prendre Alger en trois jours. Le baron d'Haussez raconte spirituellement, dans ses notes, les empressements contre lesquels il eut à se défendre.

« Après MM. de Livron et Drovetti, dit-il, qui voulaient confier le soin de prendre Alger à une armée égyptienne, laquelle n'aurait eu à traverser que quelques centaines de lieues de désert, vinrent M. Margat, l'aéronaute, qui offrait de faire pleuvoir sur la ville, du haut d'un aérostat, des matières incendiaires ; et lord Cochrane qui, moyennant une prime de trois millions, payables le premier, au moment de la signature du traité, le second au moment de l'indication de la recette, le troisième après le succès, promettait de faire sauter Alger. Enfin parut sir Sidney Smith. Ce dernier arriva un matin chez moi, suivi de deux portefaix qui déposèrent dans mon cabinet un énorme panier, duquel il tira je ne sais combien de petits bateaux, de petites charrettes, de petits canons, de petits chevaux et de petits bœufs. Pour faire cette intéressante collection, il avait dû épuiser les boutiques de tous les marchands de bimbeloterie de Paris. Il rangea tout cela sur une table, et il m'apprit que ce que je voyais n'était rien moins qu'un plan de débarquement sur la côte d'Afrique. Dire tout ce que ce plan renfermait d'excentrique me serait impossible, quoique j'aie dû assister à une seconde explication que le roi eut la patience d'entendre jusqu'au bout. J'exprimai à l'auteur le regret que j'éprouvais de m'être arrêté à un autre système, dont l'exécution était trop avancée pour qu'il me fût possible de l'abandonner; mais ma politesse ne put faire trouver grâce à mon refus. L'amiral anglais jeta avec colère ses vaisseaux, ses chevaux et ses canons dans le panier qui avait servi à leur transport et, de ce jour, il rompit les relations très-actives qu'il avait eues avec moi[1]. »

C'est ainsi que la chimère, s'éveillant au bruit des grandes choses, vient mêler ses rêves à la réalité, comme ces papillons qui, attirés par l'éclat de la lumière, voltigent autour de la flamme jusqu'à ce qu'ils s'y soient brûlé les ailes.

III

COMMUNICATIONS DIPLOMATIQUES.

Le gouvernement français avait étudié, de bonne heure, le côté diplomatique de la question d'Alger.

[1] Papiers politiques du baron d'Haussez.

Il avait d'abord à prévoir et à prévenir une protestation directe de la Porte Ottomane contre les résultats de l'expédition française. La Turquie, en effet, depuis le seizième siècle, avait un droit de suzeraineté sur les régences barbaresques, droit périmé par une longue désuétude et que le cabinet français ne regardait plus que comme une prétention, mais que cependant une puissance jalouse pouvait évoquer pour s'en faire le prétexte d'une réclamation diplomatique. La politique adoptée, dès l'origine, par la France, fut dominée par une considération : incertain encore de ce que les événements de la guerre lui permettraient de faire d'Alger, le cabinet des Tuileries voulut se réserver la faculté toujours ouverte d'un arrangement avec la Turquie, si les circonstances et les intérêts de la France le lui conseillaient, sans jamais permettre que cette faculté devînt un engagement et une obligation. L'ambassadeur de France à Constantinople reçut donc, à deux époques successives et rapprochées, des instructions dans ce double sens, qui se modifiaient en se complétant. Les premières lui prescrivaient d'ouvrir une négociation avec la Turquie sur la question d'Alger, de lui exposer les torts du dey et nos griefs; les secondes, de tenir la négociation toujours ouverte, sans la faire aboutir à une solution, en demandant à la Turquie, sous la forme d'une question plutôt que sous la forme d'une réclamation directe, si elle serait en mesure de nous faire donner la satisfaction qui nous était due ; de l'amener à pressentir que, si cette satisfaction ne nous était pas donnée, nous l'exigerions par la force des armes, comme d'ailleurs nos anciens traités avec la Porte nous en reconnaissaient le droit, et de lui représenter les régences comme un sujet continuel d'embarras pour elle, sans être un élément de puissance.

La Turquie, ne croyant point au succès de nos armes, voyait sans déplaisir la France s'engager dans une expédition contre

Alger. Elle soutenait la conversation ouverte sur cette question, sans prendre à cœur cette affaire comme pouvant avoir des conséquences sérieuses. Ce furent là ses dispositions pendant toute la période de nos préparatifs. Tout se passa en pourparlers et, comme aucune des deux parties ne se croyait intéressée à ce que la question fût posée d'une manière catégorique, elle ne le fut pas. Cette attitude de la Turquie offrit de grandes facilités à la France.

Quant aux autres puissances, le gouvernement français avait compris que, dans la question de l'expédition d'Afrique, il pouvait avoir pour lui les États-Unis d'Amérique; les marines secondaires de l'Europe, intéressées à l'anéantissement de la piraterie, et qui nous autorisèrent, dès nos premières ouvertures, à passer des contrats avec leurs marines marchandes pour le transport de nos troupes en Afrique; les grandes puissances continentales, satisfaites de voir l'activité de notre politique entrer dans les voies maritimes et coloniales [1]. Il

---

[1] En 1841, une discussion s'étant élevée dans les Chambres sur les engagements diplomatiques pris par la Restauration au sujet d'Alger, M. le duc de Valmy fit paraître dans les journaux un discours rempli de citations empruntées aux documents originaux, qu'il n'avait pas pu prononcer dans la séance de la veille. Deux membres du ministère du 8 août 1829, le baron d'Haussez et M. de Guernon-Ranville, publièrent presque en même temps, dans le journal *la France*, numéro du 21 mai 1841, des documents authentiques, en les faisant précéder des lignes suivantes :

« Qu'il soit permis à deux membres du ministère qui ont eu l'insigne honneur de s'associer à la pensée de Charles X, dans cette brillante affaire d'Alger, de rapporter quelques faits qui ne seront pas sans intérêt pour l'histoire. Tous deux s'étaient, à l'insu l'un de l'autre, imposé la tâche de noter, jour par jour, les délibérations du conseil et les événements de quelque gravité. Les pages où les faits se trouvent consignés avec plus ou moins de détails, selon leur degré d'importance, mais toujours avec la plus scrupuleuse exactitude, pourraient être communiquées, et leur ensemble, leurs formes extérieures, ne laisseraient aucun doute sur leur sincérité. »

Nous avons confronté ces documents avec les papiers politiques du baron d'Haussez, les papiers et correspondances communiqués par la famille

avait aperçu non moins clairement, dès le principe, qu'il avait contre lui l'Angleterre, alarmée par le projet d'une expédition française en Afrique.

Cette conviction motivée devint le mobile de toute sa politique. A l'origine, elle consista à opposer les sentiments sympathiques des États-Unis et de toutes les puissances chrétiennes au mauvais vouloir de l'Angleterre et, dans la suite, à faire de la question d'Afrique une question de politique générale et chrétienne, pour éviter de la laisser dégénérer en une question d'intérêt personnel entre la France et l'Angleterre.

De là ces mots de *politique chrétienne,* de *question de civilisation chrétienne,* de *puissances chrétiennes,* qui reviennent dans toutes les notes diplomatiques. Les organes de l'opposition de ce temps accusèrent le gouvernement du roi Charles X d'avoir voulu faire de la guerre d'Alger une guerre religieuse. Ils ne comprirent pas que, à l'aide des termes adoptés, on introduisait dans la question les États-Unis qu'on avait intérêt à y faire entrer, et qu'on en excluait la Turquie dont la présence eût été un grand embarras ; tandis que, si l'on s'était adressé aux puissances européennes, les États-Unis seraient restés en dehors, et la Turquie eût été nécessairement admise.

A l'époque où le gouvernement français négociait avec Méhémet-Ali, pacha d'Égypte, pour qu'il se chargeât de diriger une expédition contre la régence d'Alger, c'est-à-dire vers la fin de 1829, il avait trouvé l'Angleterre en travers de sa politique. Le gouvernement anglais fit entendre au duc de

---

du maréchal de Bourmont, et nous avons en outre exercé un dernier contrôle sur les pièces diplomatiques, en consultant les archives et les souvenirs d'hommes qui occupaient alors le rang le plus élevé au ministère des affaires étrangères. C'est le résultat de ce travail que nous offrons au lecteur.

Laval, notre ambassadeur à Londres, « que l'Angleterre considérerait comme irrégulière et menaçante pour la Porte l'alliance conclue par un de ses sujets avec une puissance étrangère ; qu'elle n'approuvait pas la France d'étendre sa vengeance aux Régences de Tunis et de Tripoli, et qu'elle l'engageait à se charger de vider elle-même son différend [1]. »

Le cabinet français, qui s'attendait à cette opposition, y répondit par une fin de non-recevoir, exprimée dans les termes les plus catégoriques. Le prince de Polignac écrivait au duc de Laval à la date du 25 janvier 1830 :

« Sa Majesté n'a pas demandé à ses alliés leurs conseils, mais leur appui, dans la poursuite d'un projet dont l'exécution est trop avancée et qui est, d'ailleurs, trop favorable aux intérêts de la chrétienté pour qu'il puisse être abandonné. Le roi a accueilli avec reconnaissance l'assistance de ceux qui ont bien voulu la lui accorder ; il remettra à une occasion plus favorable à recevoir, les preuves de la bonne volonté des autres. La mesure dans laquelle il veut se tenir est celle de l'absolue liberté qu'il convient à un grand État de conserver dans toutes les occasions [2]. »

L'Angleterre, prévoyant que ses efforts auprès du cabinet français n'aboutiraient pas, prit un biais : elle intimida le pacha d'Égypte et, par ses insinuations comminatoires, l'amena à rompre le traité, déjà plusieurs fois modifié. Ce fut alors que le roi Charles X, prenant au mot le conseil de l'Angleterre, résolut de conquérir Alger en employant exclusivement les forces de la France, sauf à laisser au pacha d'Égypte le soin de réduire Tunis et Tripoli. Mais, averti par une première expérience du mauvais vouloir du cabinet anglais, le gouvernement français comprit plus que jamais l'utilité d'im-

---

[1] Dépêche de l'ambassadeur de France à Londres, du 24 janvier 1830.
[2] Dépêche du ministre des affaires étrangères à l'ambassadeur de France à Londres, du 25 au 30 janvier.

primer à l'expédition d'Afrique le caractère d'une satisfaction donnée aux intérêts généraux de la chrétienté tout entière, de manière à créer en faveur de cette expédition une opinion générale qui pût tenir en échec la malveillance prévue du gouvernement britannique. Il résolut donc de faire sortir la question d'Alger du cercle diplomatique des cinq grandes puissances, dans lequel se traitaient les affaires générales de l'Europe depuis 1814 et 1815, et il appela toutes les puissances chrétiennes, y compris les États-Unis, à délibérer en commun, et pour ainsi dire en public, comme devait le dire plus tard une dépêche, sur cette grande question.

C'est pour cela que, dès le 4 février 1830, le cabinet des Tuileries envoya à toutes les puissances chrétiennes, grandes ou petites, une note où la politique de la France était ainsi résumée : « Le but de l'entreprise est la destruction de l'esclavage, de la piraterie et des tributs sur toute la côte d'Afrique ; la sécurité de la navigation de la Méditerranée à rétablir ; le besoin de rendre le rivage méridional de cette mer à la production, à la civilisation, au commerce, à la libre fréquentation de toutes les nations. Heureuse et fière d'avoir à accomplir cette noble tâche et de pouvoir contribuer ainsi au progrès de la civilisation et au bien-être de tous les peuples, la France recevra avec plaisir l'expression des sentiments que son entreprise fera éprouver aux autres nations. »

Les puissances riveraines de la Méditerranée s'expliquèrent de manière à permettre au gouvernement français de compter sur leur adhésion, dans le cas où des conférences viendraient à s'ouvrir pour la solution des affaires d'Afrique. C'est ainsi que s'explique la nouvelle note envoyée sous forme de circulaire, le 12 mars 1830, à tous les cabinets de la chrétienté.

Deux jours avant l'envoi de cette note, à la date du 10 mars 1830, M. de Guernon-Ranville, ministre de l'instruction publique, écrivait, dans le journal qu'il tenait des séances du conseil, les détails suivants, entièrement conformes à ceux qui sont contenus dans le journal du baron d'Haussez, ministre de la marine : « Dans le conseil de ce jour, le prince de Polignac a rendu compte au roi d'une communication que lui a faite l'ambassadeur d'Angleterre, au nom de son gouvernement. Il paraît que nos préparatifs pour l'expédition d'Alger intriguent fort le ministère anglais; ces préparatifs lui semblent trop considérables pour ne tendre qu'au simple châtiment du dey; il soupçonne des intentions conquérantes et demande des explications précises à cet égard.

« Le roi a ordonné de répondre :

« Qu'il n'est guidé par aucune vue d'ambition personnelle; que le pavillon français a été insulté et qu'il saura le venger, comme il convient à l'honneur de son peuple; que si, dans la lutte, le gouvernement actuel venait à être renversé, il s'entendrait volontiers avec ses alliés sur les moyens de substituer à ce gouvernement barbare un nouvel ordre de choses, plus approprié aux progrès de la civilisation et aux véritables intérêts de la chrétienté; mais qu'à cet égard il n'entend prendre aucun engagement contraire à la dignité de la France. »

La note du 12 mars fut rédigée dans ce sens et, pour demeurer fidèle à la pensée que le gouvernement de Charles X avait adoptée de s'assurer le concours moral de toutes les puissances chrétiennes et, en même temps, pour éviter jusqu'à l'apparence d'une concession aux exigences de l'Angleterre, il fut arrêté que les explications relatives à cette affaire seraient adressées, sous la forme d'une circulaire diplomatique, à tous les cabinets de la chrétienté. Dès lors ce n'était que la reconnaissance, formellement énoncée, du droit naturel qu'ont tous les cabinets de présenter des observations, lorsqu'un gouvernement voisin commence une entreprise de nature à augmenter sa puissance ou à agrandir son territoire, sans qu'on pût en induire aucun engagement spécial envers le cabinet de Londres.

La note du 12 mars 1830 [1] est ainsi rapportée dans les *Recueils des traités* de Martens :

Le Prince de Polignac au duc de Laval.

« Monsieur le duc,

« Lorsque nous avons confié à nos alliés quelle était la destination des armements qui se préparaient dans les ports de France, nous nous sommes exprimés sur les résultats qu'ils pouvaient amener, avec une réserve qui nous paraissait être commandée par l'incertitude des chances de la guerre. Plusieurs cabinets nous ayant invités à leur indiquer d'une manière plus précise le but que nous nous proposions d'atteindre dans notre expédition contre la régence d'Alger, Sa Majesté se plaît à répondre, autant qu'il dépend d'elle, à ce désir, et elle m'autorise à leur donner les explications suivantes :

« L'insulte publique que le dey a faite à notre consul a été la cause immédiate d'une rupture, que de nombreuses infractions aux traités, la violation des droits qu'une possession de plusieurs siècles avait consacrés, la lésion d'intérêts importants et précieux, ne justifiaient d'ailleurs que trop.

« Obtenir une satisfaction pour l'insulte faite à un de ses agents, une réparation légitime des préjudices éprouvés par la France et l'accomplissement des engagements que le dey se

---

[1] Cette note, que nous transcrivons d'après le *Recueil des traités* de Martens, fut envoyée à tous les ambassadeurs français, sauf une variante à cette phrase : « Vous pourrez, monsieur le duc, les adresser au gouvernement de Sa Majesté Britannique. »

refusait à remplir, tel a été d'abord le but que le roi s'est proposé d'atteindre.

« Les événements ont donné ensuite un développement plus étendu aux projets de Sa Majesté.

« Le dey a détruit et ruiné de fond en comble tous nos établissements de la côte d'Afrique ; trois ans de blocus n'ont fait qu'accroître son insolence et, au lieu de réparation à nous donner, il n'a plus parlé que des exigences et des prétentions qu'il comptait faire valoir lui-même contre la France ; enfin, il n'a répondu aux propositions pacifiques qu'un des commandants de notre marine a été lui porter jusque dans son palais que par un refus absolu et, au moment où le vaisseau parlementaire se disposait à sortir du port, ce bâtiment s'est vu tout à coup assailli par le feu de toutes les batteries les plus rapprochées, sur un signal parti du château même occupé par le chef de la Régence.

« Le roi a donc été forcé de reconnaître qu'aucun arrangement n'était praticable avec le dey et que, quand bien même on parviendrait à l'amener à conclure un traité quelconque, la conduite précédente de la Régence, rapprochée des événements plus récents, ne laissait aucune garantie que cet arrangement fût mieux observé que ne l'avaient été nos conventions tant de fois renouvelées, et violées tant de fois par le gouvernement algérien.

« Ces considérations nous ont convaincus de la nécessité de donner à la guerre un plus grand développement. Dès lors nous avons dû aussi penser à assigner à cette guerre un but dont l'importance répondît à l'étendue des sacrifices qu'elle allait nous imposer, et le roi, ne bornant plus ses desseins à obtenir la réparation des griefs particuliers de la France, a résolu de faire tourner au profit de la chrétienté tout entière l'expédition dont il ordonnait les préparatifs, et il a adopté, pour but et pour prix de ses efforts :

« La destruction définitive de la piraterie ;

« L'abolition absolue de l'esclavage des chrétiens ;

« La suppression du tribut que les puissances chrétiennes payent à la Régence.

« Tel sera, si la Providence seconde les armes du roi, le résultat de l'entreprise dont les préparatifs se font en ce moment dans les ports de France. Sa Majesté est résolue à la poursuivre par le développement de tous les moyens qui sont nécessaires pour en assurer le succès et si, dans la lutte qui va s'engager, il arrivait que le gouvernement même existant à Alger vînt à se dissoudre, alors le roi, dont les vues, dans cette question, sont toutes désintéressées, se concerterait avec ses alliés pour arrêter le nouvel ordre de choses qui, pour le plus grand avantage de la chrétienté, devrait remplacer le régime détruit, et qui serait le plus propre à assurer le triple but que Sa Majesté s'est proposé d'atteindre.

« Vous pouvez, monsieur le duc, porter ces communications à la connaissance du gouvernement de Sa Majesté Britannique ; et, si lord Aberdeen désirait avoir une copie de la présente dépêche, le roi vous autorise à la donner. »

Pour ceux qui connaissent la langue diplomatique, l'objet de cette dépêche était de refuser poliment l'engagement réclamé par l'Angleterre, qui insistait, dès cette époque, pour que le gouvernement du roi Charles X fit la promesse formelle de ne pas conserver sa conquête, dans le cas où l'expédition réussirait. On répondait par une formule courtoise, de nature, sans lier l'avenir, à ne point irriter les susceptibilités jalouses d'une puissance rivale, et à écarter les obstacles immédiats qui auraient pu être suscités à une expédition résolue, mais dont les préparatifs n'étaient pas encore achevés. Sans doute, il n'est pas moralement permis, même en diplomatie, de mentir à sa pensée, mais il y a une habileté diplomatique très-permise, et quelquefois nécessaire, qui consiste à ne la laisser voir que peu à peu. Ici le gouvernement du roi Charles X était d'autant plus dans son droit envers l'Europe et dans son devoir envers la France, que (les documents les plus intimes l'indiquent) il n'était pas, à cette époque, fixé d'une manière absolue sur sa détermination ultérieure en cas de conquête. Il attendait l'éventualité glorieuse qui le mettrait en demeure de prendre une résolution définitive, et les circonstances au milieu desquelles la victoire s'accomplirait, pour prendre cette résolution. Il voulait connaître les dispositions des populations, les facilités et les difficultés, les moyens et les obstacles. Jusque-là il se bornait à ne pas engager la parole de la France, et à conserver toute sa liberté pour l'avenir.

En offrant de se concerter en conseil avec toutes les puissances « sur le nouvel ordre de choses qui, pour le plus grand avantage de toute la chrétienté, devrait remplacer le régime détruit, » le gouvernement de Charles X était donc sincère. En outre, il savait qu'il avait tout à gagner si les choses entraient dans cette voie. En effet, dans un congrès général de la chrétienté, réuni relativement à la conquête d'Alger, les États-Unis, l'Autriche, la Prusse, la Russie, n'ayant aucun motif de craindre les accroissements de la France dans la Méditerranée, et les petites puissances riveraines de cette mer ayant toutes sortes de raisons pour les souhaiter, eussent voté en sa faveur. La voix solitaire de l'Angleterre, seule intéressée à ne point laisser dans nos mains ce point important qui sépare Malte de Gibraltar, se serait donc trouvée annulée par la coalition de toutes les autres voix de la chrétienté.

Le cabinet de Saint-James le comprit. Dans la note du 12 mars 1830, il ne vit ni une garantie, ni un engagement de nature à rassurer la politique anglaise et à engager la France. Le duc de Wellington répondit au duc de Laval, notre ambassadeur, quatre jours après l'envoi de la circulaire : « La promesse de se concerter avec toutes les puissances ne nous semble nullement rassurante ; il serait possible que quelques-uns des alliés, et notamment la Russie et la Prusse, fussent d'opinion d'établir une colonie française, et qu'alors la France fût tentée de s'en prévaloir [1]. »

A quelque temps de là, le duc de Wellington, entrant plus avant dans la question, disait au duc de Laval : « Il se pourrait que la France pensât à faire tourner la conquête d'Alger au profit de la Sardaigne ou de tout autre État ; nous ne voulons pas avoir à débattre ces questions dans des réunions ou dans des congrès. Nous sommes les plus intéressés et les seuls intéressés à conserver dans la Méditerranée l'équilibre de force et d'influence tel qu'il existe et sans altération [2]. »

Ainsi la France offrait ce que refusait l'Angleterre, pour refuser catégoriquement ce que l'Angleterre demandait.

Le procès-verbal intime des séances du conseil des ministres, tenu par le baron d'Haussez et le comte de Guernon-Ranville, achève de mettre cette situation en lumière. Le prince de Polignac rendit compte, dans la séance du 21 mars 1830, des réponses des puissances à la note circulaire de la France. Voici le récit de cette séance, consigné par les deux ministres dans le journal qu'ils tenaient des délibérations intérieures du cabinet : « Les puissances continentales du Nord approuvent sans réserve aucune, et nous félicitent du service que nos succès rendront à l'humanité entière ; elles seconderont loyalement les mesures que nous voudrions prendre.

« Le roi de Sardaigne voudrait bien être affranchi du tribut qu'il paye aux pirates et des avanies continuelles qu'ils font éprouver au commerce de ses sujets ; mais il voit avec inquiétude l'accroissement de la puissance française dans la Méditerranée ; il voudrait du moins avoir part au gâteau, en concourant d'une manière quelconque à l'entreprise.

[1] Dépêche de M. de Laval, du 16 mars 1830.
[2] Dépêche de M. de Laval, du 21 avril 1830.

« Les petites puissances d'Italie sont à merveille.

« L'Espagne est embarrassée : elle craindrait notre voisinage en Afrique presque autant que celui des Barbaresques ; elle ne peut cependant nous refuser l'abri de ses ports dans une entreprise aussi éminemment utile à toute la chrétienté ; elle serait aussi fort tentée d'y prendre part d'une manière active, mais la dépense serait au-dessus de ses moyens, et force lui sera de se borner à nous fournir un lieu de dépôt pour nos malades et un port de ralliement au besoin.

« Sur le reste, elle fera ce que nous voudrons.

« Quant à l'Angleterre, sa jalousie naturelle ne lui permet pas de voir sans inquiétude notre marine s'engager dans une entreprise dont le succès sera si glorieux, si profitable ; elle nous suscite des obstacles, elle prétend avoir le droit d'exiger des explications sur le but de l'entreprise et les résultats que nous espérons en obtenir.

« A toutes ces demandes les réponses de notre président ont été nobles et fermes, le roi les a complétement approuvées. Sa Majesté a trouvé les prétentions de la Sardaigne et de l'Espagne inadmissibles et a terminé par ces paroles : « La « France insultée n'a besoin de l'aide de personne pour se « venger... Quant aux Anglais, nous ne nous mêlons pas de « leurs affaire, qu'ils ne se mêlent pas des nôtres. »

Ces renseignements intimes, corroborant les dépêches, achèvent d'établir que l'Angleterre ne s'était point trompée sur le sens de la circulaire diplomatique envoyée par le cabinet des Tuileries, et que le cabinet des Tuileries à son tour avait habilement manœuvré, en répondant à la chrétienté tout entière toutes les fois que l'Angleterre lui adressait une interpellation, puisque, dans les conseils de la chrétienté, l'Angleterre se trouvait en minorité sur cette question d'Alger, la France en majorité.

A la date du 14 avril 1830, le gouvernement, fidèle au

plan de conduite qu'il avait adopté, adressait aux cours d'Europe une nouvelle note pour les avertir que, bien que Méhemet-Ali eût renoncé à conquérir Tunis et Tripoli, le gouvernement du roi ne changeait rien à ses projets relativement aux régences orientales, et que la promesse qu'il avait faite de détruire la piraterie sur toute la côte d'Afrique n'en serait pas moins remplie.

La mauvaise humeur de l'Angleterre augmentait de jour en jour. Son ambassadeur à Paris, lord Stuart, ne se contentait plus de remettre notes sur notes au ministre des affaires étrangères; il poursuivait tous les membres du cabinet, dans ses conversations particulières, d'observations auxquelles son caractère violent et altier donnait quelquefois le ton de la menace. Le baron d'Haussez qui, en sa qualité de ministre de la marine, était plus exposé qu'aucun autre de ses collègues à ces obsessions, raconte ainsi une conversation qu'il eut avec lord Stuart : « Plusieurs fois, dit-il, l'ambassadeur d'Angleterre chercha à entamer la question avec moi, quoique je lui disse que, le côté diplomatique de cette affaire n'étant pas dans mes attributions, je ne pouvais ni ne voulais m'en occuper. Un jour qu'il m'avait pressé fortement, et sans plus de succès que de coutume, il ajouta que ses questions n'avaient pour objet que la confirmation de ce qu'il savait ; qu'il avait découvert que nous ne songions pas sérieusement à l'expédition, et que nos préparatifs ne tendaient qu'à faire peur au dey et à l'amener à composition. — Ce serait peine perdue, lui répondis-je ; dans son insouciance turque, le dey ignore peut-être que nous nous proposons de l'attaquer et, s'il le sait, il s'en remet à Dieu du soin de le défendre. Au reste, je puis vous déclarer, parce que nous n'en faisons pas mystère, que c'est très-sérieusement que nous faisons des préparatifs. Le roi veut que l'expédition se fasse, et elle se fera. — Vous croyez donc que l'on ne s'y opposera pas? —

Sans doute. Qui l'oserait? — Qui? Nous les premiers! — Milord, lui dis-je avec une émotion qui approchait fort de la colère, je n'ai jamais souffert que, même vis-à-vis de moi, simple individu, on prît un ton de menace ; je ne souffrirai pas davantage qu'on se le permette à l'égard du gouvernement dont je suis membre. Je vous ai déjà dit que je ne voulais pas traiter cette question diplomatique ; vous en trouverez la preuve dans les termes que je vais employer... La France se moque de l'Angleterre... La France fera, dans cette circonstance, ce qu'elle voudra, sans souffrir de contrôle ni d'opposition. Nous ne sommes plus au temps où vous dictiez des lois à l'Europe. Votre influence était appuyée sur vos trésors, vos vaisseaux et une habitude de domination. Tout cela est usé. Vous ne compromettrez pas ce qui vous reste de cette influence en allant au delà de la menace. Si vous voulez le faire, je vais vous en donner les moyens. Notre flotte, déjà réunie à Toulon, sera prête à mettre à la voile dans les derniers jours de mai. Elle s'arrêtera pour se rallier aux îles Baléares ; elle opérera son débarquement à l'ouest d'Alger. Vous voilà informé de sa marche : vous pourrez la rencontrer si la fantaisie vous en prend ; mais vous ne le ferez pas ; vous n'accepterez pas le défi que je vous porte, parce que vous n'êtes pas en état de le faire. Ce langage, je n'ai pas besoin de vous le répéter, n'a rien de diplomatique. C'est une conversation entre lord Stuart et le baron d'Haussez, et non une conférence entre l'ambassadeur d'Angleterre et le ministre de la marine de France. Je vous prie cependant de réfléchir sur le fond que le ministre des affaires étrangères pourrait vous traduire en d'autres termes, mais sans rien changer au fond [1]. »

Le baron d'Haussez ajoute, en terminant le récit de cette

---

[1] Papiers politiques du baron d'Haussez.

conversation, dont il fixe la date à la fin d'avril 1830 : « Lord Stuart ne me parla plus de cette affaire. »

Les réponses officielles du ministre des affaires étrangères furent, comme M. le baron d'Haussez l'avait annoncé, conformes, sinon pour les termes, au moins pour la substance, aux réponses officieuses du ministre de la marine. Plus on avançait, plus l'irritation du cabinet de Saint-James grandissait. Au commencement du mois de mai 1830, le cabinet des Tuileries eut à répondre à la menace que fit le duc de Wellington de porter la question d'Alger devant le parlement et de jeter l'alarme dans toute l'Europe sur les vues de la France. Voici la réponse du prince de Polignac, empruntée textuellement à la dépêche ministérielle, datée du 5 mai 1830 : « Il est évident qu'après la publicité et l'effet qu'aurait une manifestation de cette nature, la France, loin de céder à ces exigences qu'elle n'aurait pas crues fondées dès le principe, serait forcée au contraire de revendiquer le libre exercice de tous les droits qui découlent de l'état de la guerre, et de se renfermer, quant aux chances de l'avenir, dans une réserve qu'elle n'a quittée que par un sentiment de bienveillance pour ses alliés [1] ».

A quelques jours de là, lord Aberdeen ordonnait à lord Stuart de lire au prince de Polignac une dépêche dans laquelle se trouvait la phrase suivante : « La persistance de la France à refuser les explications qu'on lui demandait fera retomber sur elle toutes les conséquences de son refus. »

Le ministre français, après avoir entendu lire cette dépêche, dit froidement à l'ambassadeur d'Angleterre : « Toutes les cours de l'Europe ont été satisfaites de nos communications ; si notre refus d'en donner d'autres devait entraîner des conséquences, la responsabilité appartiendrait tout entière

---

[1] Dépêche ministérielle du 5 mai.

à ceux qui les auraient provoquées par leurs exigences [1]. »

Quand la flotte française fut au moment de son départ, le gouvernement du roi Charles X crut devoir renouveler ses communications aux puissances chrétiennes. La note suivante fut envoyée à tous les ambassadeurs français, pour être communiquée aux cabinets. Nous la transcrivons d'après le *Recueil des traités* de Martens, telle qu'elle fut expédiée à M. le duc de Laval, ambassadeur de France en Angleterre.

Paris, le 12 mai 1830.

« Monsieur le duc,

« Au moment où la flotte qui porte en Afrique notre armée s'éloigne de France, le roi éprouve le besoin de faire savoir à ses alliés combien il a été sensible aux témoignages d'intérêt et d'amitié qu'il en a reçus, dans les graves circonstances qui ont précédé le départ de l'expédition qui se dirige contre Alger. Sa Majesté a invoqué leur concours avec un entier abandon; elle a traité pour ainsi dire publiquement une question qu'elle s'est plu à rendre commune à toute l'Europe. Ses alliés ont répondu à sa confiance et lui ont donné une approbation et des encouragements dont le souvenir ne s'effacera jamais de son esprit.

« Pour répondre à leur conduite loyale et bienveillante, Sa Majesté désire aujourd'hui leur présenter de nouveau, au moment du départ de la flotte française, l'objet et le but de l'expédition qu'elle envoie contre la Régence d'Alger.

« Deux intérêts qui sont distincts par leur nature, mais qui se concilient dans l'esprit du roi, ont motivé les armements qui se sont faits dans nos ports. L'un concerne plus particulièrement la France, c'est de venger l'honneur de

---

[1] Dépêche ministérielle du 8 mai 1830.

notre pavillon, d'obtenir le redressement des griefs qui ont été la cause immédiate des hostilités, d'assurer nos possessions contre les agressions et les violences dont elles ont été si souvent l'objet, et de nous faire donner une indemnité pécuniaire qui puisse, autant que l'état d'Alger le permettra, diminuer pour nous les dépenses d'une guerre que nous n'avons pas provoquée ; l'autre, qui touche la chrétienté tout entière, embrasse l'abolition de l'esclavage, celle de la piraterie et celle des tributs que l'Europe paye encore à la Régence d'Alger.

« Le roi est fermement résolu à ne pas poser les armes, à ne pas rappeler ses troupes d'Alger, que ce double but n'ait été atteint et suffisamment assuré ; et c'est pour s'entendre sur les moyens d'y parvenir, en ce qui concerne les intérêts généraux de l'Europe, que Sa Majesté a fait annoncer à ses alliés, le 12 mars dernier, son désir de se concerter avec eux, dans le cas où le gouvernement actuellement existant à Alger viendrait à se dissoudre au milieu de la lutte qui va s'engager. On rechercherait alors en commun quel serait l'ordre de choses nouveau qu'il serait convenable d'établir dans cette contrée pour le plus grand avantage de la chrétienté. Sa Majesté doit, dès ce moment, donner l'assurance à ses alliés qu'elle se présenterait à ces délibérations, prête à fournir toutes les explications qu'ils pourraient encore désirer, disposée à prendre en considération tous les droits et tous les intérêts, exempte elle-même de tout engagement antérieur, libre d'accepter toute proposition qui serait jugée propre à assurer le résultat indiqué, et dégagée de tout intérêt personnel. Et, le cas prévu par Sa Majesté pouvant se réaliser très-prochainement, si la Providence daigne protéger nos armes, le roi invite dès cet instant ses alliés à donner à ce sujet des instructions éventuelles à leurs ambassadeurs à Paris.

« Vous voudrez bien, monsieur le duc, en adresser particulièrement l'invitation à lord Aberdeen et, si ce ministre le désire, vous pourrez lui laisser une copie de la présente dépêche. »

La conduite diplomatique du gouvernement français demeurait invariable. Ce qu'il offrait le 4 février 1830, au début des préparatifs, l'entente européenne, le concert de la France avec toutes les puissances sur les moyens de réaliser la pensée chrétienne et civilisatrice qui était un des deux buts de l'expédition française, il l'offrait encore le 12 mai de la même année, au moment où la flotte mettait à la voile. Rien de plus, rien de moins. Il ajoutait seulement, déclaration grave, que le roi était fermement résolu à ne pas poser les armes, à ne pas rappeler ses troupes d'Alger tant que le but national aussi bien que le but général de l'expédition ne serait pas réalisé, par le redressement de nos griefs, le rétablissement de nos droits, le payement d'une indemnité de guerre. Ce qui annonçait à l'avance, à tous les cabinets, non-seulement une expédition, mais une occupation dont la France se réservait de fixer seule la durée. Enfin, et c'est le mot le plus décisif, il déclarait à la chrétienté tout entière, et à l'Angleterre elle-même, qui n'avait cessé de vouloir le lier par des engagements, qu'il entrerait dans les conférences, s'il s'en ouvrait, *libre de tout engagement antérieur.*

L'Angleterre le comprit ainsi. Le 17 mai 1830, notre ambassadeur à Londres, M. le duc de Laval, transmettait au gouvernement du roi Charles X la première réponse faite par les ministres anglais à la circulaire du 12 mai : « Toutes les protestations de désintéressement, avaient-ils dit, disparaissent devant un système qui, sous prétexte d'indemnité, admet toutes les chances d'envahissement et de conquête, et arrive à une occupation indéfinie des pays envahis, en leur imposant le payement de charges supérieures à leurs ressources.

C'est une imitation de la politique russe. Nous n'ignorons pas que l'esprit d'ambition et de conquête est en France un sentiment naturel, réveillé avec une nouvelle ardeur, et que le gouvernement, de quelque couleur qu'il soit et qu'il puisse devenir, sera forcé de céder à une impulsion si générale et si impérieuse. »

Quelques jours après, pendant que notre flotte voguait déjà vers l'Afrique, le cabinet anglais envoya au cabinet français une nouvelle note, dans laquelle il cherchait à établir le droit de suzeraineté de la Porte sur la Régence d'Alger, et « appelait la plus sérieuse attention du cabinet français sur la nécessité où il était de respecter ce droit. » C'était une mise en demeure. Le prince de Polignac, qui commençait à perdre patience, l'écarta par ce simple et laconique billet : « Le soussigné a l'honneur d'accuser réception à Son Excellence de la note qu'elle a bien voulu lui faire passer, en réponse aux communications que la France avait faites à l'Angleterre, ainsi qu'aux autres puissances alliées, relativement aux affaires d'Alger. Ces communications ne demandent aucun nouveau développement ; le soussigné ne peut que s'y référer[1]. »

On trouve dans ce simple exposé des communications diplomatiques la preuve et la contre-preuve que le gouvernement du roi Charles X n'avait voulu prendre aucun engagement envers l'Angleterre au sujet de la question d'Alger. La preuve en est dans la diplomatie française, où l'on ne rencontre pas la trace d'une promesse ; la contre-preuve dans la diplomatie anglaise, qui se plaint de n'obtenir aucune des promesses qu'elle réclame.

L'habileté du gouvernement français consista à ne s'engager

---

[1] La copie de ce billet se trouve dans la dépêche ministérielle du 11 juin 1830.

sur aucun point, et cependant à éviter une rupture avec l'Angleterre, au moins jusqu'au moment où les préparatifs seraient achevés. Le moyen qu'il employa fut de parler à la chrétienté tout entière au nom des intérêts de la civilisation chrétienne, toutes les fois que l'Angleterre l'interrogea au nom de l'intérêt anglais ; d'offrir à tous les cabinets les explications qu'elle seule exigeait, ce qui nous permit de ne pas aller, dans ces explications, au delà de ce qu'on pouvait dire, sans s'éloigner de la prudence diplomatique, sans compromettre les intérêts de la France et sans manquer en rien aux lois morales de la bonne foi ; enfin d'offrir à la chrétienté entière, sympathique à notre domination en Afrique, de s'entendre avec elle sur l'avenir de la conquête, et de refuser toute entente spéciale et directe avec l'Angleterre, dont le mauvais vouloir se trouvait ainsi noyé dans le bon vouloir de tous les peuples.

Sur la fin, cependant, la volonté de la France de réserver tous ses droits devenant de plus en plus manifeste, par les efforts réitérés et infructueux que fit le gouvernement anglais pour lui arracher la promesse toujours réclamée, toujours déclinée de ne point établir la domination française en Afrique, les rapports s'envenimèrent. A chaque refus, la sommation était devenue plus directe et plus impérative ; à chaque sommation, les refus avaient été plus positifs et plus fermes. A la fin de la négociation, le gouvernement du roi Charles X en était arrivé jusqu'à ne plus vouloir donner qu'un simple récépissé des notes de l'Angleterre, sans consentir à lui accorder une réponse. On touchait à une rupture, comme au commencement de la guerre d'Espagne. Les dispositions hostiles de l'Angleterre devenaient si marquées, que l'ambassadeur de France reçut ordre de demander des explications au cabinet anglais. La réponse de lord Aberdeen au duc de Laval fut loin d'être rassurante : « Nous avons eu jusqu'à présent, lui dit-il, la modération de ne pas adresser des ordres à notre escadre, que nous eussions pu envoyer croiser vers les côtes qui sont menacées, et prendre station à Gibraltar ; mais nous serions prêts au besoin [1]. »

Tels étaient les auspices sous lesquels notre flotte allait partir. La première phase des négociations diplomatiques était terminée. On était entré dans les faits ; les paroles devenaient inutiles.

La France agissait ; il fallait de deux choses l'une : ou que l'Angleterre ordonnât à sa flotte de courir sur la nôtre, ou qu'elle se résignât à voir l'expédition d'Alger s'accomplir.

IV

DERNIERS JOURS PASSÉS A TOULON.

On était au 1er mai 1830. Les préparatifs étaient achevés, l'embarquement du matériel arrivé à son terme, les renseignements nécessaires à l'expédition réunis, toutes les puissances de la chrétienté diplomatiquement averties de la résolution de la France, cette résolution maintenue malgré la vive opposition et les menaces de l'Angleterre : le moment de l'embarquement des troupes et celui du départ approchaient. Avant que l'armée expéditionnaire quittât le rivage de la France, le roi voulut que M. le Dauphin passât l'armée et la flotte en revue.

« M. le Dauphin arriva le 5 mai à Marseille, dit le baron d'Haussez. Il fit son entrée à cheval, ayant à ses côtés le mi-

---

[1] Cité par M. le duc de Valmy, député de la Haute-Garonne. *Question d'Alger, Histoire des négociations* (Paris, mai 1841).

nistre de la guerre et moi. Les marques de l'enthousiasme le plus expressif lui furent prodiguées. Partout où il paraissait, c'était une affluence à laquelle les rues, les fenêtres des maisons, les toits même, ne suffisaient pas. Partout des cris, des larmes de joie, des mains étendues, des drapeaux agités. La population était, littéralement parlant, dans un état d'ivresse et de folie. Je fis remarquer à M. le Dauphin l'énergie des acclamations dont il était l'objet. « Je le vois comme « vous, répondit-il avec un léger accent de tristesse, mais « je doute qu'il y ait beaucoup d'électeurs parmi ceux « qui m'accueillent si bien. » Mot plein de sens dont la justesse put être appréciée quelques jours après.

« Le lendemain, le prince visita le lazaret nouvellement construit dans l'île de Pomègue et, à son retour, il voulut monter sur un des bâtiments de l'expédition qui remplissaient le port. Les habitants montrèrent un empressement égal à celui de la veille. Les quais, les maisons, les ports, et jusqu'aux vergues des navires, tout était couvert par une population animée de sentiments qui semblaient avoir conservé l'exaltation des premiers moments de la Restauration.

« Dans la nuit suivante, je partis pour Toulon, où je précédai le prince de quelques heures. Le premier accueil qui l'attendait dans cette ville fut moins chaleureux que celui qu'il avait reçu à Marseille. On attribua avec assez de raison cette différence au refus du prince de faire son entrée à cheval. Les princes ne devraient jamais oublier que le peuple aime les spectacles, et que, leur présence en étant un, il leur tient compte de l'éclat et de l'apparat dont ils s'entourent, et des occasions qu'ils cherchent de le voir et d'être vus de lui. M. le Dauphin put s'en apercevoir aux acclamations que sa présence excita lorsque, le surlendemain, il sortit à cheval pour passer en revue la première division de l'armée d'expédition. »

Lorsque le prince eut assisté au défilé des troupes, admirables de tenue et joyeuses de voir approcher le jour de leur entrée en campagne et de saluer l'héritier du trône, il dit plusieurs fois au général en chef : « Que vous êtes heureux, monsieur, d'avoir un pareil commandement[1] ! »

Le 5 mai avait été fixé pour la revue de la flotte.

« A son entrée dans la rade, dit le baron d'Haussez, le prince fut frappé du magnifique spectacle qu'elle présentait. Cent bâtiments de guerre, tous pavoisés et disposés dans un ordre admirable, six cents bâtiments de transport, entre lesquels circulaient des milliers de barques, occupaient le centre de cet immense tableau, dont le cadre était formé par des collines couvertes d'une innombrable population. M. le Dauphin monta à bord de *la Provence*, vaisseau amiral ; il se rendit ensuite au Polygone, où l'on fit exécuter un simulacre de débarquement, qui lui donna une idée exacte des moyens que la marine comptait employer dans cette opération. »

Un autre témoin oculaire de cette journée, M. Fernel, attaché à l'état-major général de l'armée, s'exprime ainsi : « La visite du prince dans la rade de Toulon fut une des plus belles choses qu'il soit possible de voir. Tous les bâtiments de la flotte étaient pavoisés ; les équipages montés dans les vergues et dans les hunes faisaient retentir les airs des cris de : *Vive le roi !* Les batteries des forts et celles des trois bâtiments chefs d'escadres saluaient le fils de France qui s'avançait lentement sur le canot royal, au milieu de cette armée flottante. Toute la population était en mer dans les embarcations ; elle était avide de contempler les traits de celui à qui tant d'hommages étaient rendus. Quand le ministre de la marine re-

---

[1] Campagne d'Afrique en 1830, par M. Fernel, chef de bataillon attaché à l'état-major général de l'expédition, page 6.

partit pour Paris, le Dauphin lui dit : « Vous allez revoir avant moi le roi mon père ; dites-lui que j'ai passé ici une des plus belles journées de ma vie, et que mon seul regret est de ne pouvoir rester pour commander une si belle expédition. »

M. le Dauphin avait trouvé le même enthousiasme à Marseille, où il avait passé en revue la seconde division de l'armée de terre, et il devait le retrouver à Aix, où il passa en revue la troisième. C'était le dernier sourire que la fortune adressait au prince objet de ces acclamations. Il y a de ces journées de joie après lesquelles il faudrait mourir, si le christianisme ne nous enseignait pas la grandeur et l'utilité morale des épreuves. Qui aurait vu cette flotte immense qui couvrait au loin la rade, cette belle et valeureuse armée, cette population enthousiaste du Midi qui, pleine du souvenir des maux qu'elle avait eus à souffrir des Barbaresques, saluait à la fois cette guerre comme une glorieuse entreprise et presque comme une sainte croisade, aurait promis, non-seulement à l'armée française un éclatant triomphe, mais à la monarchie française un long et brillant avenir. La fortune, comme le soleil, a quelquefois de si beaux couchants, qu'ils rappellent l'aurore.

Le moment était venu de parler à l'armée et à la flotte.

Le général en chef, comte de Bourmont, adressa aux soldats, le 10 mai 1830, l'ordre du jour suivant :

« Soldats,

« L'insulte faite au pavillon français vous appelle au delà des mers : c'est pour le venger qu'au signal donné du haut du trône, vous avez tous brûlé de courir aux armes et que beaucoup d'entre vous ont quitté avec ardeur le foyer paternel.

« A plusieurs époques, les étendards français ont flotté sur la plage africaine. La chaleur du climat, la fatigue des marches, les privations du désert, rien n'a pu ébranler ceux qui vous y ont devancés. Leur courage tranquille a suffi pour repousser les attaques tumultueuses d'une cavalerie brave, mais indisciplinée. Vous suivrez leurs glorieux exemples.

« Les nations civilisées des deux mondes ont les yeux fixés sur vous. Leurs vœux vous accompagnent. La cause de la France est celle de l'humanité ; montrez-vous dignes de votre noble mission ; qu'aucun excès ne ternisse l'éclat de vos exploits ! Terribles dans le combat, soyez justes et humains après la victoire ; votre intérêt le commande autant que le devoir. Trop longtemps opprimé par une milice avide et cruelle, l'Arabe verra en nous des libérateurs ; il implorera notre alliance. Rassuré par notre bonne foi, il apportera dans nos camps les produits de son sol. C'est ainsi que, rendant la guerre moins longue et moins sanglante, vous remplirez le vœu d'un souverain aussi avare du sang de ses sujets que jaloux de l'honneur de la France.

« Soldats, un prince auguste vient de parcourir vos rangs. Il a voulu se convaincre lui-même que rien n'avait été négligé pour assurer vos succès et pourvoir à vos besoins. Sa constante sollicitude nous suivra dans les contrées inhospitalières où vous allez combattre. Vous vous en rendrez dignes en observant cette discipline sévère qui valut à l'armée qu'il conduisit à la victoire l'estime de la France et celle de l'Europe entière. »

Le vice-amiral Duperré se borna, après la revue passée par le Dauphin, à adresser à l'armée navale l'avis suivant :

« Monseigneur le Dauphin a été pleinement satisfait de la marine. Le roi le saura. Que ce témoignage de haute satisfaction, que Son Altese Royale a daigné me permettre de transmettre à l'armée navale, soit pour chacun de nous l'avant-coureur de ceux dont nous devons encore nous rendre dignes. »

Ce ne fut que plus tard, en montant à bord de *la Provence*, que le commandant en chef de la flotte adressa à l'armée navale son ordre du jour, qui se terminait par ces mots : *Vive le roi !*

C'était à ce cri qui, pendant tant de siècles, avait été pour la France le cri du combat, du danger et de la victoire, que l'expédition d'Afrique allait s'accomplir.

Pendant que le général en chef de l'armée expéditionnaire et le vice-amiral commandant en chef de la flotte parlaient ainsi aux soldats et aux marins placés sous leurs ordres, le roi écrivait aux évêques pour les inviter à demander à Dieu de bénir nos armes. Cette lettre close du roi, écrite aux archevêques et évêques du royaume, était ainsi conçue :

« Monseigneur l'évêque, au moment où le pavillon français se déploie pour aller punir l'insulte d'une puissance barbaresque, nous aimons à nous souvenir des pieux exemples des rois nos ancêtres, qui placèrent toujours sous la protection divine leurs entreprises militaires. Nous avons la ferme espérance que, si les bénédictions du ciel accompagnent sur les rivages d'Afrique les nobles vengeurs de l'honneur de la France, le succès de cette guerre sera glorieux pour nos armes ; notre triomphe sera un bienfait pour la religion et l'humanité. Notre intention est que vous ordonniez des prières dans toutes les églises de votre diocèse, pour obtenir du Dieu des armées qu'il protége toujours la bannière des lis et qu'il nous donne la victoire, que semblent déjà nous promettre la justice de notre cause et la valeur de nos soldats. »

LIVRE CINQUIÈME

DÉPART DE TOULON, NAVIGATION, DÉBARQUEMENT

I

EMBARQUEMENT.

Au moment où l'expédition française se préparait à mettre à la voile, on peut dire qu'il y avait deux centres d'activité, deux esprits en France.

Tandis qu'à Paris et dans tous les départements du Centre, de l'Est et du Nord, la lutte ouverte entre la prérogative royale et la prérogative parlementaire absorbait exclusivement l'attention publique, à mesure qu'on se rapprochait de Toulon en particulier, et en général du littoral de la Méditerranée, on se trouvait entraîné dans le courant des idées qui se portaient vers l'Afrique. Il n'y avait là qu'une question ouverte, qu'un sujet de conversation, Alger. Quand partirait-on? Combien durerait la traversée? Quel jour descendrait-on sur le littoral algérien? Tels étaient les seuls objets de la préoccupation : on ne doutait pas de la victoire.

L'élan était le même parmi les troupes et dans la population. Pour la population méridionale, les Barbaresques étaient des ennemis personnels. C'était sa longue injure qu'on allait venger, ainsi que les douloureuses avanies subies par les générations précédentes. La foi catholique, si vive dans ces contrées, donnait une nouvelle intensité à ce sentiment, qui s'exaltait jusqu'à l'enthousiasme. Dans l'armée fatiguée d'une longue paix, on saluait l'expédition d'Afrique comme une glorieuse chance de combats, de périls, de triomphes, de faits d'armes héroïques, de fortunes militaires. La France, comme l'a dit Chateaubriand, est un soldat qui se réveille au bruit de la trompette. Cet esprit belliqueux s'était réveillé à la nouvelle de l'expédition d'Afrique. Le renom d'imprenable si longtemps mérité par Alger, le lointain mystérieux dans lequel on apercevait ces rivages mal connus, la différence des climats, des mœurs, des races, des productions du sol, devenaient un attrait de plus pour la curiosité belliqueuse des soldats français, qui allaient chercher des champs de bataille sur cette terre où tout paraissait nouveau et merveilleux. On savait qu'on trouverait un genre de guerre en dehors des habitudes européennes, des nuées de cavaliers rapides, des tribus intrépides mais indisciplinées, des chameaux, des sables, et les vives imaginations des jeunes marins et des jeunes officiers leur promettaient, sur cette terre d'Orient toute peuplée de prestiges, des surprises au-dessous desquelles, comme il arrive toujours, devait rester la réalité.

L'empressement avait été grand pour entrer dans l'armée expéditionnaire, et l'exemple était parti de haut. Le général en chef emmenait quatre de ses fils avec lui, comme s'il avait voulu offrir à la fois tout son sang au roi et à la France. Souvenir touchant des croisades, où des familles entières prenaient la croix pour délivrer le saint tombeau! Un seul restait au foyer, un valeureux enfant, querellant son âge qui l'empêchait de se joindre à ses frères, comme s'il prévoyait que, réservé à une mort prématurée, il ne retrouverait plus l'occasion de mourir les armes à la main pour son roi et son pays [1].

Les jeunes héritiers des plus grandes familles de France avaient brigué l'honneur de figurer dans les rangs de l'armée, afin d'aller chercher en Afrique ce baptême du feu qui sied si bien aux rejetons des races militaires. L'état-major général, grossi par les demandes adressées de toutes parts au roi, contenait beaucoup de ces grands noms, à côté d'autres noms à qui le passé avait déjà donné une auréole de gloire ou qui devaient en trouver une dans l'avenir. Là figuraient le colonel Juchereau de Saint-Denys, qui avait donné d'utiles renseignements pour l'expédition; le lieutenant-colonel Auvray; les chefs de bataillon L'Herminier, de Montlivault, Fernel, Perrin-Sollier, de Ligniville, Boyer, Chapelié, Pélissier, Berger, de Maussion, qui formaient l'état-major proprement dit. Les officiers à la suite du quartier général étaient MM. de Bartillat, colonel; de Carnet, chef de bataillon; le prince de Chalais, MM. de Bellevue, de Béthisy, de Noailles, lieutenants. Le commandant en chef avait deux aides de camp, le capitaine de Trélan et le capitaine de Bourmont, aîné de ses fils; cinq officiers d'ordonnances : MM. de la Myre et d'Artel, capitaines; MM. d'Ault-Dumesnil, de Maillé, de Biencourt, lieutenants. Le lieutenant général Després, chef d'état-major, avait deux aides de camp, M. de Moncarville, chef de bataillon, et M. Minangoy, capitaine, et un officier d'ordonnance, M. de Trelo, lieutenant. Le maréchal de camp Tolozé avait pour aides de camp le capitaine Sol et le lieutenant Bernard.

Ceux qui n'avaient pu trouver place dans l'état-major gé-

---

[1] Le comte César de Bourmont, mort depuis plusieurs années, encore à la fleur de l'âge.

néral avaient cherché à se faire agréer comme aides de camp ou officiers d'état-major ou d'ordonnance par les chefs de corps : MM. de Béarn, de Vogüé, de Surineau, de Saint-Mars, de Rougé, de Lorge, de Fezensac, Barchou de Penhoen, de Tourzel, de Tamnay, de Labouère, de Laverdine, de Sainte-Foy, de Foucault, étaient dans ce cas.

Les vieux soldats de l'Empire avaient, on l'a vu, ardemment sollicité la faveur de reprendre leur épée pour avoir part à cette guerre. Le général Berthezène, un des demeurants de Waterloo, reçut avec bonheur le commandement d'une division. Le maréchal de camp Poret de Morvan, autre débris des guerres impériales, mit une si vive insistance pour faire partie de l'expédition, que le général en chef, touché de ses sollicitations, lui confia, on l'a dit, une brigade. Parmi les officiers de cette catégorie, plusieurs devaient voir se rouvrir dans le courant de la campagne les blessures reçues à Wagram ou à Austerlitz [1], et d'autres rajeunir par des blessures nouvelles leurs vieilles cicatrices. En même temps, tous les officiers et tous les sous-officiers d'avenir demandaient à prendre part, sous quelque titre que ce fût, à cette grande entreprise. Ils étaient ravis de pouvoir dater de la campagne d'Alger leur carrière militaire. Un grand nombre d'entre eux ne soupçonnaient pas que leur première campagne serait en même temps la dernière : martyrs résignés, comme l'a écrit un auteur contemporain, de la religion du drapeau [2].

De ces aspirations multiples était sortie cette belle armée, formée à dessein d'un métal d'alliage qui, sous le feu, devait acquérir une forte unité, et dans les rangs de laquelle tout respirait la confiance, l'activité, la bravoure et l'honneur.

---

[1] Nous avons trouvé dans la correspondance du maréchal de Bourmont plusieurs demandes de congés motivés sur des accidents de ce genre.

[2] Alfred de Vigny, dans *Grandeur et Servitude militaire*.

Les puissances étrangères avaient presque toutes désiré que leurs armées fussent représentées dans l'armée expéditionnaire, et chaque gouvernement avait choisi pour cette honorable mission ses plus brillants officiers. Ce désir, accueilli avec empressement par le gouvernement français, conservait à la guerre le caractère européen qu'il avait voulu lui donner. Le commandant en chef recevait successivement des lettres des ambassadeurs qui, après avoir obtenu l'agrément du roi, accréditaient auprès de lui ceux dont leur gouvernement avait fait choix.

Le 13 mai 1830, le comte Pozzo di Borgo, ambassadeur de Russie, écrivait au commandant en chef une lettre qui contenait les passages suivants : « L'empereur a désiré qu'un officier de son armée pût être admis en qualité de volontaire à l'expédition dont Votre Excellence a le commandement, et le roi a bien voulu accorder à son ami et allié cette faveur. A la suite de cette entente réciproque, Sa Majesté impériale a nommé le colonel du génie Filosoloff, accompagné du lieutenant Doubensky, pour remplir une si honorable mission. M. de Filosoloff se fera un devoir de mériter l'estime et la bienveillance de Votre Excellence. Il sait que ce n'est qu'à cette condition qu'il pourra obtenir l'approbation de l'empereur. Permettez-moi, monsieur le comte, de réunir aux vœux les plus sincères pour le succès de l'expédition que le roi a confiée à votre fidélité et à vos talents, les sentiments[1], » etc.

L'Autriche était dignement représentée par le prince Frédéric de Schwartzenberg, major au régiment des chevau-légers de Hohenzollern et fils du feld-maréchal de ce nom.

Un des officiers anglais embarqués sur le bord de lord Exmouth, dans l'expédition de 1816, le capitaine Mansell,

---

[1] Documents et correspondances communiqués par la famille du maréchal de Bourmont.

avait sollicité du baron d'Haussez l'autorisation de faire la campagne d'Alger en qualité de volontaire, à bord d'un des bâtiments du roi. Il avait essuyé un refus assez vif qu'expliquait l'état des relations des deux pays. Sans se tenir pour battu, il insista en représentant qu'il n'y avait pas d'exemple d'une expédition tentée contre Alger sans qu'un Mansell en prît sa part. Le baron d'Haussez maintint encore son refus et dit qu'on n'avait pas besoin d'Anglais pour prendre Alger; mais le capitaine Mansell déclara qu'il fréterait plutôt un canot pour accompagner la flotte que de ne point coopérer à l'entreprise. Alors le ministre lui répondit d'un ton entre l'impatience et l'intérêt qu'excitait naturellement une si vive insistance, que s'il trouvait quelqu'un qui voulût le recevoir à son bord, il ne s'y opposerait pas. Le commandant Villeneuve reçut à bord de *la Didon* ce brillant volontaire.

L'Espagne avait voulu aussi que quelques-uns de ses officiers figurassent dans notre état-major, et M. le vicomte de Saint-Priest, alors ambassadeur de France en Espagne, écrivait au commandant en chef, à la date du 28 mai 1830 : « La lettre que j'ai l'honneur de vous adresser sera présentée à Votre Excellence par le colonel espagnol don Joseph Guerrero de Torres, directeur d'artillerie, que Sa Majesté Catholique a désigné pour conduire à l'expédition d'Alger ceux des officiers de ses armées qui doivent avec lui remplir l'honorable mission à laquelle le roi notre maître a déjà donné son approbation. Ces officiers sont don Antonio Lasanca, colonel du génie; don Joachim Villalonga, chef de bataillon de la garde royale; don Manuel Soria, commandant du régiment d'infanterie de Cordoue; le comte de Mirasol, capitaine de la garde royale. Le roi d'Espagne désire que je vous recommande ces officiers, afin que Votre Excellence veuille bien, en outre, les employer aux occupations qu'elle jugera leur convenir. Il m'est agréable d'avoir à vous exprimer les intentions de Sa Majesté Catholique. Vous y verrez une nouvelle preuve du concours loyal et empressé avec lequel ce monarque et son gouvernement favorisent l'expédition généreuse et toute chrétienne dont le roi vous a confié le commandement. Le choix que le cabinet espagnol a fait du colonel Guerrero et des officiers qui l'accompagnent rend de ma part toute recommandation superflue auprès de Votre Excellence qui, d'elle-même, leur accordera l'accueil et la confiance que leur mérite l'honneur d'appartenir au corps des officiers espagnols et d'être, en quelque sorte, appelés à le représenter dans cette mémorable circonstance [1]. »

Dans une autre lettre, d'un caractère plus intime, M. le vicomte de Saint-Priest écrivait au comte de Bourmont pour lui recommander le comte de la Porterie, alors au service de l'Espagne : « M. le comte de la Porterie, dont le cœur est tout français, disait-il, et dont l'âge n'a point diminué l'activité, se félicite de pouvoir être témoin de la noble et glorieuse entreprise dont le roi a confié la direction à Votre Excellence, et qui nous promet de si beaux résultats ; j'ose espérer qu'il sera accueilli avec bienveillance par ses anciens compagnons d'armes, et que vos bontés lui seront assurées d'avance ; un ancien serviteur des Bourbons comme lui ne saurait manquer de les éprouver. »

Le commandant en chef recevait des demandes analogues de Toscane, en faveur du chevalier Mazzi, par l'intermédiaire du vicomte de la Noue, chargé d'affaires du roi.

Il semblait que toutes les nations chrétiennes riveraines de la Méditerranée, qui avaient eu à souffrir des pirateries d'Alger, envoyassent des témoins pour assister à son châtiment et à sa chute.

---

[1] Documents et correspondances communiqués par la famille du maréchal de Bourmont.

Comme à l'époque de la campagne d'Égypte, un assez grand nombre d'artistes, enflammés du désir d'explorer à la suite de l'armée une contrée peu connue, avaient demandé à faire partie de l'expédition. On remarquait parmi eux le colonel Langlois, peintre d'histoire, et MM. Gudin et Isabey.

L'embarquement des troupes par divisions commença le 11 mai 1830. Le comte de Bourmont pressait vivement le vice-amiral Duperré, parce qu'il espérait investir Alger avant l'époque fixée pour le payement du tribut par le bey de Constantine, ce qui aurait permis à celui-ci de ne pas joindre ses troupes à l'armée du dey, dont les forces auraient été ainsi diminuées. Le vice-amiral Duperré motivait ainsi, dans une lettre adressée le 14 mai 1830 au ministre de la marine, les retards qu'éprouvait l'embarquement : « Le mauvais temps, disait-il, continue, il est fort animé ; c'est peut-être la fin du temps variable du printemps ; mais la prudence commande de le laisser passer. Il faut que l'été s'établisse ; une précipitation inopportune compromettrait tout. Il s'agit bien moins d'arriver vite que d'arriver à point. Avec du beau temps, l'opération peut avoir lieu le jour même ou le lendemain de l'arrivée. En voulant devancer le beau temps de vingt-quatre heures, on courrait le risque de faire disperser la flotte, d'en séparer au moins une partie des éléments utiles, sans lesquels on ne pourra agir. Sans attribuer précisément une influence à la lune sur le temps, au moins l'expérience a-t-elle fait reconnaître en marine que telle ou telle lune est mauvaise, et que celle qui commence avec du beau temps en garantit presque toujours la continuité. Un point de la plus haute importance pour le succès des opérations, et qui n'est ni systématique, ni incertain, c'est qu'en arrivant à l'époque où la lune sera pleine, ou du moins après son premier quartier, on aura l'immense avantage d'opérer de nuit comme de jour. Rien n'engage et tout au contraire commande de ne pas compromettre, par un départ précipité, les avantages de cette circonstance. Tout marin portera le même jugement. Ainsi donc, monseigneur, nous ne gagnons rien à tout vouloir hâter. On ne maîtrise point les éléments. J'ai à cœur, autant et peut-être plus que personne, puisque je suis en tête des parties intéressées, de ne pas laisser échapper le moment favorable. La hâte serait une faute immense [1]. »

Le caractère dont devait être marquée la conduite du commandant en chef de l'armée navale est indiqué dans cette lettre. C'est la lenteur circonspecte de l'expérience qui craint de laisser quelque chose au hasard. Il y a sans doute de la sagesse et de la prudence dans la circonspection ; mais, s'il y a des périls dans la hâte, il peut y en avoir aussi dans les atermoiements.

Le 11 mai 1830, à midi, deux brigades de la première division étaient embarquées : l'embarquement eut lieu aux cris de : *Vive le roi!* « Jamais, écrivait le commandant en chef de l'armée dans un rapport au ministre de la guerre par intérim, acclamations ne furent plus spontanées. C'est la plus éloquente réponse que l'on puisse opposer aux déclamations de l'esprit de parti. Si l'enthousiasme des troupes est la meilleure garantie du succès, il n'y eut jamais d'espérances mieux fondées que les nôtres [2]. »

Le général Després tenait, dans ses lettres intimes, le même langage que le comte de Bourmont dans ses lettres officielles. Il écrivait, à la date du 19 mai 1830, au marquis de Clermont-Tonnerre : « Nos soldats ont fait éclater, en s'embarquant, un enthousiasme difficile à peindre. Cela m'a vivement

---

[1] Lettre du vice-amiral Duperré au ministre de la marine. *Vie de l'amiral Duperré*, par Chasseriau, son chef de cabinet. Pièces justificatives, page 431.
[2] Rapports du commandant en chef.

ému. Clouet pleurait en entendant leurs cris de joie. Nous aurions voulu que vous fussiez là[1]. »

On fut obligé de suspendre l'opération après midi, parce que le vent devenait plus fort. La troisième brigade fut embarquée le lendemain 12 mai. Le même jour, *le Nestor*, *le Superbe* et *l'Aréthuse*, les seuls bâtiments de l'Océan qui ne fussent point encore dans la rade de Toulon, arrivèrent. L'armée d'expédition était désormais assurée de ne laisser aucun détachement en arrière. Le 13 mai, les troupes de la seconde division, arrivées de bonne heure de la ville, commençaient à s'embarquer à la pointe du jour et, à dix heures du matin, l'opération était achevée.

Le mauvais temps, qui fut continuel pendant trente-six heures, suspendit l'embarquement. « M. le général en chef, sur la demande du commandant de l'armée navale, écrivait le lieutenant général Després dans son rapport du 15 mai 1830, a décidé que la troisième division ne s'embarquerait que demain 16. M. l'amiral prétend que les embarcations de la flottille ont éprouvé de fortes avaries, et que trois jours au moins sont nécessaires pour leur réparation. Ce n'est point la seule cause d'un retard dont l'armée attend le terme avec une si vive impatience. Des câbles de fer, expédiés d'Angleterre, ont été chargés sur un bâtiment mauvais marcheur. Ce bâtiment est à Marseille, où des vents contraires l'ont retenu. Un bateau à vapeur est parti pour le remorquer. Toutefois il est vraisemblable que deux jours s'écouleront avant que les câbles soient arrivés à leur destination. Le même temps sera nécessaire pour les répartir. Ainsi on a lieu de craindre que l'armée navale ne soit pas sous voile le 17. » C'était presque le même jour que, trente-deux ans auparavant, la flotte française partait pour l'expédition d'Égypte, sous les ordres du

---

[1] Lettres et documents communiqués par M. le duc de Clermont-Tonnerre.

général Bonaparte. Ainsi s'éveillent, comme des échos, dans nos annales, les dates de gloire.

Le 16 mai, on procédait à l'embarquement de la troisième division d'infanterie et de ce qui restait encore à terre des troupes du génie et de l'artillerie. « Les troupes s'embarquent toujours avec la même allégresse, dit la correspondance officielle, où nous retrouvons notés, jour par jour, les incidents et les vicissitudes de l'embarquement. Un soldat du 50e de ligne a fait sur l'expédition une chanson que ses camarades ont chantée en chœur en quittant le rivage. »

Le 17 mai, le vent, qui avait été pendant tout l'embarquement au sud-est, continuait à souffler dans la même direction, ce qui rendait la sortie de la flotte impossible; toutes les troupes et tous les chevaux étaient embarqués.

Une dernière dépêche, datée de Toulon et partie de cette ville le 18 mai, avertissait le ministre de la guerre que le jour même les états-majors de terre et de mer allaient monter à bord et que l'on n'attendait plus qu'une brise favorable pour mettre à la voile. « Le vent est ouest-nord-ouest, ajoutait-on ; mais il faudrait qu'il soufflât avec plus de force pour qu'une flotte aussi nombreuse pût sortir de la rade en peu de temps. »

Le 18 mai 1830, en effet, le vice-amiral Duperré, montant avec le général comte de Bourmont à bord de *la Provence*, adressa l'ordre du jour suivant à l'armée navale :

« OFFICIERS, SOUS-OFFICIERS ET MARINS,

« Appelés avec vos frères d'armes de l'armée expéditionnaire à prendre part aux chances d'une entreprise que l'honneur et l'humanité commandent, vous devez aussi en partager la gloire. C'est de nos efforts communs et de notre parfaite union que le roi et la France attendent la réparation de l'insulte faite au pavillon français. Recueillons les souvenirs qu'en pareille circonstance nous ont légués nos pères. Imitons-les, et le succès est assuré. Partons ! *Vive le roi !* »

Dans la journée même du 18 mai, la flottille de débarquement sortit de la rade de Toulon, avec ordre de faire voile vers les îles Baléares et de se rallier dans la baie de Palma. Elle se composait de 124 petits bâtiments de différentes espèces. On n'attendait qu'un vent favorable pour faire appareiller les trois escadres et la première division du convoi. Ce vent favorable ne vint pas. Le 19, les brises solaires furent les seules qui se firent sentir. Le soir, elles soufflaient du nord-ouest, mais trop faiblement pour qu'on pût mettre hors la rade la flotte nombreuse qui s'y trouvait réunie. Le 22, un vent de sud-est se déclara et régna sans interruption les deux jours suivants. Sa force et sa direction étaient des obstacles encore plus difficiles à vaincre que le calme des jours précédents[1].

Ce furent, pour l'ardeur des jeunes officiers, sept jours d'impatience fiévreuse, presque de désespoir. Cette immobilité matérielle devenait un supplice pour leur activité morale. Cependant les rapports adressés au gouvernement du roi constatent que la gaieté des soldats n'était point altérée, et qu'il n'y avait pas de malades, quoique l'embarquement eût commencé le 11 mai, et qu'une partie des hommes fût à bord depuis onze jours. Avec la sagesse prévoyante qui fut le caractère de tous ses actes administratifs pendant cette campagne, l'intendant en chef avait fait ravitailler de dix jours de fourrage les bâtiments écuries, au moyen d'un approvisionnement de précaution qu'il avait à Toulon, de sorte que

---

[1] Rapport du 23 mai, à bord de *la Provence*, communiqué par la famille du maréchal de Bourmont.

EMBARQUEMENT.

le déchet produit par le séjour en rade se trouvait réparé [1].

Le 25 mai au matin, un changement eut lieu dans l'état de l'atmosphère. Le vent prit rapidement une nouvelle direction et, à onze heures, il soufflait du nord-est au sud-est. Peu à peu il fraîchit. Tous les yeux, depuis la pointe du jour, étaient tournés du côté du vaisseau amiral. On distingua bientôt des signaux. A une heure, l'ordre, impatiemment attendu, de mettre à la voile, fut donné à la première division du convoi. Elle était composée de 53 bâtiments de commerce, qui portaient trois bataillons d'infanterie, 310 chevaux et la partie du matériel qu'on avait jugée devoir être d'une nécessité plus urgente après le débarquement [2]. Le départ de cette première division causa dans l'armée une allégresse inexprimable. Il se fit un immense mouvement sur la flotte. On hissait les embarcations, les gabiers étaient dans les hunes, les voiles se déployaient, les soldats aidaient à l'envi les marins à lever les ancres. Enfin on partait! Celui qui dispose de la mer et des vents envoyait à cette vaillante armée la seule chose qu'elle demandât, la brise favorable qui devait la conduire à Alger.

Deux heures après, en effet, à trois heures de l'après-midi, les escadres appareillèrent, et à cinq heures tous les bâtiments du roi étaient au large.

Le coup d'œil que la flotte offrait à la terre et celui que la terre offrait à la flotte, au moment du départ, étaient magnifiques. La population de Toulon, grossie par des milliers d'étrangers, couvrait au loin les hauteurs du fort Lamalgue et toutes celles qui dominent la rade, et semblait assise sur

---

[1] *Précis historique et administratif de la campagne d'Alger*, par le baron Denniée, page 14.

[2] Le reste du convoi, formant deux autres divisions, ne devait partir que vingt-quatre heures et quarante-huit heures après. (Rapport du général en chef au ministre de la guerre.)

un immense amphithéâtre, diapré des couleurs les plus variées et éclairé par les tons d'un soleil d'été. La flotte s'ébranlait peu à peu ; chaque vaisseau levait l'ancre à son tour, en décrivant une courbe, et se rapprochait du rivage avant de le quitter, comme pour lui dire adieu ; puis il s'éloignait les voiles au vent, et allait prendre en pleine mer son ordre de bataille.

II

NAVIGATION.

Le vice-amiral Duperré avait profité du calme des jours précédents pour arrêter l'ordre de marche, qui fut fidèlement suivi par la flotte. L'armée s'avançait au centre, divisée en deux escadres, qui marchaient parallèlement. La première, tenant la gauche, était conduite par le vaisseau amiral *la Provence*, qui marchait en tête. La seconde, tenant la droite, était conduite par le vaisseau *le Trident*, sur lequel le contre-amiral Rosamel, amiral en second, avait mis son pavillon. Chaque escadre avait à sa suite une division de quatre bâtiments. En queue des deux escadres marchaient sur deux colonnes de front six bateaux à vapeur ; le septième, *le Hussard*, surveillait les poudres. C'étaient les courriers de la flotte, et comme les aides de camp de l'amiral.

Le convoi tenait la gauche de l'armée sous les ordres du commandant Hugon, et marchait ainsi sur deux colonnes à 4 milles de distance de l'escadre. Il ne formait qu'une seule division. Là se trouvaient les subsistances, les écuries ; le personnel était en tête.

A droite de l'armée, et à la distance de 4 milles, s'avançait la réserve. Elle était conduite par le capitaine de vaisseau Lemoine, de *la Thétis*, détachée de la seconde escadre ; il marchait en tête de la première division. La seconde division formait la seconde colonne. Il y avait plusieurs vaisseaux à la suite. Enfin, à 2 milles en arrière, naviguaient deux poudrières en laissant 2 milles de distance entre elles.

C'est dans cet ordre que la flotte prit le large. Elle couvrait une immense étendue. Le vent était bon ; mais, pour ne pas déranger l'ordre de marche, on naviguait très-lentement.

Le lendemain, 26 mai, le vent continuant à souffler au nord-ouest, l'ordre de marche sur deux colonnes par escadres acheva de se former et de se rectifier.

Au moment du lever du soleil, on signala, vers l'est, deux frégates qui venaient du sud : l'une était française, l'autre turque ; elle portait le pavillon amiral au grand mât. La frégate française, traversant à toutes voiles les colonnes de la flotte, gagna la tête pour communiquer avec *la Provence*, qui s'arrêta, tandis que le reste de l'armée navale continua à marcher. On vit bientôt l'officier qui commandait *la Duchesse-de-Berry* (c'était le nom de la frégate française) descendre de son bord dans un canot, puis monter sur le vaisseau amiral. Presque aussitôt après, un officier de *la Provence* fut envoyé vers la frégate turque, dont un personnage paraissant fort élevé en dignité descendit à son tour pour se rendre à bord du vaisseau amiral, qui salua le bâtiment turc de vingt et un coups de canon. Il y resta une demi-heure en conférence avec le commandant en chef de l'expédition et le vice-amiral Duperré.

Ces allées et ces venues avaient excité à un haut point la curiosité de l'armée. On se demandait quelle était cette frégate turque escortée par une frégate française, d'où elle venait, quel avait été le sujet de cette conférence tenue en pleine mer, quel en avait été le résultat. Déjà, sur plusieurs bâtiments, on craignait qu'une négociation ne fût ouverte pour arrêter la marche de l'armée, lorsqu'on vit le grand personnage turc descendre de *la Provence*, remonter sur la frégate qui portait le pavillon de son pays, et s'éloigner en marchant dans la direction de Toulon, toujours convoyé par *la Duchesse-de-Berry*.

Le capitaine de Kerdrain, commandant de *la Duchesse-de-Berry*, avait apporté au vice-amiral Duperré les dépêches de M. le capitaine de vaisseau Massieu de Clairval, commandant le blocus d'Alger, qui rendait compte de son refus de permettre l'entrée du port à Tahir-Pacha, envoyé de la Porte Ottomane près du dey ; du désir témoigné par ce personnage de se rendre à Toulon, et du parti pris par le commandant du blocus de le faire escorter par une frégate de sa division. Ce chef musulman avait reçu, dit-il à MM. de Bourmont et Duperré, l'ordre de se rendre à Alger pour décider le dey à demander la paix. N'ayant pu y pénétrer à cause du blocus, il se rendait en France afin de proposer la médiation de la Turquie au gouvernement français.

Le commandant en chef et le vice-amiral Duperré approuvèrent le refus de M. de Clairval, et invitèrent Tahir-Pacha à continuer sa route pour Toulon [1], afin de présenter au gouvernement français les propositions qu'il ne leur appartenait

---

[1] Le vice-amiral Duperré écrivait au ministre de la marine, le 26 mai 1830 : « J'ai rencontré aujourd'hui une frégate turque, ayant à bord Tahir-Pacha, qui s'était présenté à Alger et que, conformément à ses instructions, M. le commandant du blocus renvoyait à Toulon pour recevoir les ordres du gouvernement. J'ai dû, d'un commun accord avec Son Excellence M. le général en chef, lui intimer qu'il continuerait sa route dans le même but. » (Lettre citée aux pièces justificatives de la *Vie de l'amiral Duperré*, par Chasseriau, son chef de cabinet, page 432.)

pas de discuter, chargés qu'ils étaient de soumettre Alger par la force des armes, et non d'écouter les conditions conciliatrices que l'ambassadeur de la Porte pouvait avoir à présenter. On reconnaît ici le résultat des démarches de l'Angleterre. Tant que la France n'avait pas été en mesure d'agir, la Porte n'était point intervenue. Maintenant que l'expédition était en voie d'exécution, elle proposait sa médiation pour l'arrêter. M. le baron d'Haussez dit à ce sujet dans ses notes : « On présume que Tahir-Pacha avait ordre de faire couper la tête au dey et de prendre possession de la place au nom de son maître, ce qui aurait compliqué la question, et nous aurait commis avec la Porte, et par suite peut-être avec les puissances maritimes de l'Europe. Informé du départ de Tahir-Pacha, j'avais donné, au commandant du blocus, l'ordre de s'opposer à l'entrée de cet amiral ; l'exécution ponctuelle de cet ordre a écarté une des plus grandes difficultés que l'expédition pouvait rencontrer[1]. »

Tahir-Pacha, arrivé à Toulon, adressa inutilement à M. le prince de Polignac, pendant sa quarantaine, une longue dépêche dans laquelle, sans rien préciser, sans donner au gouvernement français aucune des satisfactions auxquelles il avait droit, il semblait mettre le roi de France et le dey d'Alger sur le pied d'une égalité injurieuse pour le premier, en conseillant la modération aux deux parties, et en se présentant comme un pacificateur chargé par le sultan d'arbitrer souverainement leur querelle[2]. Cette démarche tardive et cette

[1] Papiers politiques du baron d'Haussez.
[2] Dans cette lettre, datée du 5e jour de zilkadji 1245, répondant au 27 mai 1830, Tahir-Pacha disait : « La Sublime Porte a fait connaître, par une déclaration officielle dont l'ambassadeur de France résidant à Constantinople a rendu compte à sa cour, que Sa Hautesse avait désigné une personne chargée de concilier les différends qui existent entre la France et les Algériens; et c'est en raison des rapports inaltérables d'affection et de bonne intelligence qui subsistent entre la Sublime Porte et la cour de France, et aussi parce que les Algériens sont les sujets de la

proposition inacceptable demeurèrent sans résultat. Ce fut en vain que l'Angleterre fit de nouvelles remontrances sur la convenance qu'il y aurait eu, selon elle, à laisser Tahir-Pacha entrer dans le port d'Alger[1]. La France avait tiré l'épée. La flotte chargée de châtier le dey continuait à voguer vers Alger.

La flottille de débarquement, sortie de Toulon dès le 18 mai, s'était réunie dans la baie de Palma, île Majorque; la corvette *la Perle* reçut l'ordre de faire appareiller cette flottille et de la conduire, ainsi que ses bâtiments d'escorte, au point de rendez-vous de l'armée navale, sur la côte d'Afrique.

La mer devint grosse dans la soirée du 26 mai. Le lendemain 27, le vent soufflait du nord. La marche fut plus rapide

---

Sublime Porte, que Sa Hautesse a daigné me confier la mission de concilier les deux parties. La cour de France, en prêtant l'oreille à ces propositions conciliatrices, ne verra aucune atteinte portée à sa dignité. Elle trouvera, au contraire, des moyens de l'augmenter encore et, en préférant la paix à la guerre, elle donnera de nouvelles preuves de ses égards pour les droits de l'humanité et pour les transactions fondamentales qui doivent servir de règle au présent et à l'avenir. Indépendamment de certains sacrifices qu'il est d'ordinaire que tout gouvernement sache faire en cas d'urgence, le pouvoir et la force de la France restant, d'ailleurs, dans toute leur plénitude, comme les Algériens, de leur côté, se sont préparés à la résistance et ont réuni toutes leurs ressources, la prolongation de la guerre entraînera les combats les plus sanglants. La voie de la conciliation devant donc être préférable et meilleure pour tous les deux, la Sublime Porte, animée des intentions les plus amicales pour l'un et pour l'autre, fait connaître son désir et son vœu formel à cet égard. » Cette lettre était signée : *Mohamed Tahir, pacha à deux queues, envoyé comme pacificateur et conciliateur.*

Documents communiqués par la famille du maréchal de Bourmont.

[1] Lord Stuart écrivait à lord Aberdeen : « J'ai fait observer au prince de Polignac qu'il me paraissait étrange que Tahir-Pacha n'eût pas pu passer à travers l'escadre du blocus, et plus étrange encore, qu'après avoir communiqué avec le commandant de l'expédition, il ne l'eût pas accompagné à Alger, pour porter les ordres du sultan à la connaissance des autorités locales. » Cette dépêche est datée du 31 mai.

que les jours précédents; l'armée fit route pour passer au vent de Minorque. A l'approche de la nuit, elle se trouvait à 47 lieues maritimes de Toulon. La brise, qui avait été faible pendant la seconde partie du jour, fraîchit après le coucher du soleil. Sa direction était nord-ouest. Le 28, on craignit un coup de vent. *Le Voltigeur*, *l'Alacrity* et *le Dragon* furent expédiés avec l'ordre d'arrêter le départ de la flottille et de prescrire aux deux divisions du convoi qui, parties de Toulon les 26 et 27 mai, devaient se porter directement au point de rendez-vous de l'armée sur la côte d'Afrique, de relâcher dans la baie de Palma; le même ordre fut donné au capitaine Hugon, qui commandait la division du convoi sortie de Toulon en même temps que l'armée navale; mais, la brise étant devenue moins forte, la mer plus calme, l'amiral révoqua ce dernier ordre, et la première division du convoi continua à suivre la marche de l'armée navale.

Le 28 au soir, le ciel s'éclaircit, le vent faiblit de plus en plus, et pendant la nuit on fit peu de chemin. Le 29 mai, on signala le brick *le Rusé* venant du sud; à onze heures du matin, l'officier qui le commandait monta sur le vaisseau amiral; il avait quitté la station le 26 mai. A cette époque, aucun nouveau préparatif de défense n'avait été fait sur la côte. Le commandant du brick donna des détails sur la perte des deux bricks français *le Silène* et *l'Aventure*, dont la première nouvelle avait été donnée par le commandant de *la Duchesse-de-Berry*. Dans l'après-midi du 29, le vent passa du nord-est à l'est-sud-est. Le temps, qui s'annonçait très-beau au lever du soleil, présenta le même aspect toute la journée : la température était élevée; la brise, d'abord assez faible, devenait assez fraîche pour que la vitesse moyenne fût de quatre nœuds à l'heure. A dix heures du matin, le vice-amiral expédia, par le bâtiment à vapeur *le Sphinx*, l'ordre à la flottille et aux bâtiments escorteurs de quitter la baie de Palma pour rallier au point de rendez-vous. *Le Nageur*, autre bâtiment à vapeur, fut envoyé à la recherche du *Dragon* et de *l'Alacrity* pour leur prescrire de prolonger de quarante-huit heures leur croisière au vent et sous le vent de Minorque, afin de tâcher de rencontrer la division du convoi chargée de chevaux, et pour signifier à cette division l'ordre de retarder de quarante-huit ou soixante-douze heures sa marche, en se mettant sous le vent des îles [1].

La Perle et *le Voltigeur* se portèrent immédiatement sur le point du rendez-vous avec l'ordre de maintenir sous voiles la division, ainsi que la flottille, si elles arrivaient à ce point avant l'armée.

Le convoi, rallié, fit route avec l'armée dans l'ordre de deux colonnes par corps, le cap au sud-sud-est, pour atterrir sur la côte d'Afrique.

Le brick *l'Endymion* avait été chargé de porter au commandant de la division du blocus devant Alger l'ordre de rallier l'armée avant son atterrage sur le cap Caxine.

Le 30 mai, à six heures du matin, *la Provence* n'était qu'à 65 milles de la côte d'Afrique. A midi, la terre fut signalée. La joie était grande sur les bâtiments ; on croyait le moment du débarquement venu. Bientôt la brise augmente. « En continuant à faire route au sud, écrivait le commandant en chef au ministre de la guerre [2], nous serions arrivés pendant la nuit au point de débarquement. L'amiral donna ordre de gouverner à l'ouest. *La Provence* suivit cette direction depuis midi jusqu'à cinq heures. Elle fit voile ensuite vers le nord, et après une marche de trois heures on mit le cap sur Alger. A sept heures du soir, le bâtiment qu'on avait envoyé à la baie de Palma apporta la nouvelle que le 29 la flottille avait fait voile vers la côte d'Alger. On communiqua en même

[1] Nous empruntons ces détails à la narration de M. Chasseriau, biographe de M. l'amiral Duperré.
[2] Dépêche du 3 juin à bord de *la Provence* à Palma.

temps avec la frégate *la Sirène*, qui avait quitté la station pour venir reconnaître la flotte. Le 31 mai, à la pointe du jour, on aperçut le cap Caxine ; la brise était fraîche et soufflait de l'est, le temps était brumeux : l'amiral, n'ayant point encore rallié la flottille de débarquement, fit virer de bord ; un brick se dirigea vers la côte d'Afrique pour chercher des nouvelles de la flottille. A midi, le vent devint plus fort ; on continua de gouverner vers le nord. A la chute du jour, nous étions à 20 lieues de la côte. Pendant la nuit, le vent souffla sans interruption avec la même force ; sa direction était au sud-est. Le 1er juin, à six heures du matin, on était aussi près de Majorque que de la côte d'Afrique. L'amiral prit la résolution de continuer son mouvement rétrograde, d'aller mouiller dans la baie de Palma, d'y rallier les escadres et les divisions du convoi et d'attendre un moment favorable pour se rapprocher d'Alger. A six heures du matin, *la Provence* se trouvait à l'entrée de Palma. On attendra, pour reprendre la route d'Alger, que le temps soit devenu moins incertain. »

Cette marche rétrograde provoqua dans l'armée de terre une explosion de mécontentement contre le vice-amiral. Voir la terre de si près, attendre avec impatience le lendemain pour débarquer, s'endormir la main sur ses armes, pour ainsi dire, en rêvant de combat et de victoire et, le lendemain venu, être emporté loin de cette terre où l'on se mesurait déjà du regard des champs de bataille, et laisser derrière soi ce mirage de gloire pour retrouver la vie du bord, avec sa monotonie, ses ennuis, ses désagréments, c'était une cruelle épreuve pour de jeunes soldats et de jeunes officiers, embarqués depuis trois semaines déjà, et dont la patience était moins inépuisable que le courage.

Il faut tenir compte de cette disposition d'esprit, quand il s'agit de peser à distance les jugements si divers exprimés sur la conduite du vice-amiral Duperré, dans cette grave circonstance, par ceux qui firent partie de l'expédition. L'armée de terre et l'armée de mer avaient des devoirs différents : leurs chefs respectifs, des responsabilités distinctes. Le devoir de la flotte et de son chef était de débarquer de la manière la plus sûre possible, et en second lieu la plus prompte, sur le littoral d'Alger, l'armée expéditionnaire avec tout le matériel nécessaire à son entreprise : mais la promptitude n'était que la seconde condition, la sécurité passait avant. Jusqu'au moment du débarquement, la responsabilité pesait tout entière sur le vice-amiral Duperré. Le débarquement effectué, la mission et la responsabilité du général de Bourmont commençaient. Il était donc dans la nature des choses que l'armée de terre, juge peu compétent des difficultés de la mer, et impatiente d'ailleurs de voir commencer son rôle, pressât de tous ses vœux l'opération du débarquement, dont la responsabilité ne pesait pas sur elle, et s'indignât de tous les retards apportés à cette opération, comme d'un déni de justice fait à sa valeur. Elle n'avait besoin que d'avoir la hardiesse de cœur pour tout risquer. La marine, et, en particulier, le vice-amiral Duperré, avaient besoin, pour agir, de quelque chose de plus. Jusqu'au débarquement, il répondait au roi du succès de l'expédition et à la France de tant de vies qui lui étaient confiées. Il lui fallait quelque chose de plus que la hardiesse de cœur, que ce vaillant homme de mer avait à un très-haut degré ; il lui fallait cette hardiesse et cette tranquillité d'esprit qui savent, par un effort bien rare, s'élever au-dessus du trouble moral que jette dans les plus fermes intelligences le sentiment de la responsabilité. Le vice-amiral Duperré eut-il dans tout le cours de la campagne de 1830 cette hardiesse et cette sérénité d'esprit? Voilà, ce semble, maintenant que les passions contemporaines sont tombées, la seule question que l'histoire ait à examiner et à résoudre.

Il est permis de répondre d'une manière dubitative. Dès le

début, le vice-amiral Duperré avait envisagé au point de vue pessimiste l'expédition dont il était chargé. Il avait été particulièrement frappé des obstacles, et il avait même conclu à l'impossibilité de l'expédition dans l'année 1830. Ceux qui savent l'influence d'une opinion préconçue comprendront facilement qu'un esprit placé sous l'influence de ces dispositions ait été naturellement porté à tenir toujours plus compte des mauvaises chances que des bonnes, et à suspendre plutôt qu'à précipiter l'action. Quand on craint plus qu'on n'espère, on hésite, on tâtonne, on diffère : c'est là le caractère du commandement de l'amiral Duperré dans cette première partie de la campagne, qui s'étend jusqu'à la fin du second séjour de la flotte dans la baie de Palma. Il y a bien des ordres et des contre-ordres, des allées et des venues de la flottille de débarquement, et c'est une des causes de l'éparpillement de la flotte qui empêche le vice-amiral de profiter du beau temps, qui fut constant pendant les premiers jours de juin. « Le 6 juin, à quatre heures, dit le général en chef dans son rapport, deux bâtiments du roi, venant du sud, communiquèrent avec le vaisseau amiral : l'un d'eux, *la Badine*, appartenait à la station devant Alger, l'autre, *la Bayonnaise*, avait quitté Tunis le 2 juin. Depuis cette époque, le temps a été constamment beau sur la côte d'Afrique. Peut-être est-il à regretter que l'armée navale, au lieu de faire un mouvement rétrograde, n'ait pas attendu sous voiles que le retour du calme rendît le débarquement possible[1]. »

Cette opinion, exprimée par un homme dont la correspondance est partout favorable au vice-amiral Duperré, prend de l'autorité parce qu'elle a du vraisemblable. Cependant il faut toujours réserver la question pratique, dont les hommes du métier sont seuls juges, en cas qu'il soit possible de juger à

[1] Dépêche du général en chef au ministre de la guerre. Palma, 7 juin 1830.

cette distance. Nous avons donc interrogé la tradition maritime représentée par les hommes de mer les plus compétents qui aient fait partie de l'expédition. Il nous a été affirmé que l'amiral Duperré avait été induit en erreur, par une fausse interprétation donnée à une dépêche de M. Massieu de Clairval, commandant le blocus. Il lui avait envoyé demander comment était le vent. Celui-ci répondit qu'il ventait très-frais de l'est et qu'il avait été obligé de faire prendre deux ris. L'amiral, qui ne connaissait pas la côte, ignorait que ce temps était excellent pour débarquer dans la baie de Sidi-Ferruch, dont les eaux, tout à fait à l'abri de ce vent, sont, quand il souffle, unies comme de l'huile. Il est à remarquer en outre que la flottille composée de petits bâtiments et arrivée le 31 mai en vue de la côte, s'y maintint ralliée jusqu'au 4 juin, ce qui établit que la mer était loin d'être impraticable pour des bâtiments plus forts.

Néanmoins le vice-amiral Duperré était convaincu d'avoir pris le parti le plus sage. Il écrivait à ce sujet au ministre de la marine : « La flotte était le 30 mai, à quatre heures du matin, dans le cap nord du Caxine, à 5 ou 6 lieues au plus. Mais la côte était couverte de nuages ; l'horizon était chargé, la force du vent augmentait graduellement, tout annonçait du mauvais temps. L'obligation de tenir ralliée et en bonne route une masse de bâtiments de tant d'espèces et de qualités différentes, et naviguant au plus près du vent, devenait impossible. Aussi n'avons-nous pu nous maintenir sur le méridien d'Alger. La réserve, composée de gabares et autres bâtiments de qualités inférieures, a été entraînée sous le vent. Le convoi, que j'avais eu la prévoyance de maintenir à plusieurs milles dans le nord, s'y est assez bien maintenu. Mais trois jours de fort vent d'est-sud-est ne nous laissaient plus l'espoir de rencontre sur la côte d'Alger. Le seul parti à prendre était de rallier dans la baie de Palma la réserve, le convoi, et de maintenir l'armée sous le vent des îles, en attendant le beau temps, le ralliement et la réorganisation des convois. J'ai trouvé, monseigneur, les éléments contraires; je n'ai pu leur opposer que des efforts humains. J'ai puisé dans mon zèle et mon dévouement au service du roi ceux qui m'ont aidé à prévenir des malheurs, mais qui n'ont pu mettre à l'abri d'un retard dans l'exécution₂. »

Ces dernières lignes répondaient à l'impression de mécontentement que le commandant en chef de l'armée navale apercevait dans l'armée de terre, et à celle qu'il prévoyait à Paris et dans les conseils du roi. Les notes manuscrites de M. le baron d'Haussez ont conservé la trace de ce mécontentement : « Arrivé dans la rade de Palma, dit-il, l'amiral Duperré retomba dans ses hésitations habituelles. On s'en inquiétait en France, et les journaux et les lettres particulières répandaient à l'envi les bruits les plus alarmants. J'en éprouvais moi-même une extrême impatience; mais j'étais rassuré par les pleins pouvoirs donnés à M. de Bourmont, à la demande du Dauphin. Il avait été convenu entre le comte de Bourmont et moi qu'il ne ferait usage de ces pleins pouvoirs que dans le cas où il en reconnaîtrait la nécessité absolue. Mais j'étais certain qu'il n'hésiterait pas à le faire si l'intérêt du service l'exigeait[1]. »

L'impatience qu'on éprouvait à Paris n'égalait pas celle de l'armée de terre, surtout de la portion de cette armée qui n'avait pu quitter les bâtiments pour descendre à Palma. La situation de tous les corps n'était point en effet la même. L'escadre de réserve avait mouillé dans la baie de Palma, ainsi que le convoi et la flottille; le reste de la flotte croisait à l'entrée de la baie. Les troupes embarquées sur l'escadre de

---

[1] Dépêche du vice-amiral Duperré au ministre de la marine; Palma, 2 juin 1830. Voir sa vie par Chasseriau, page 433.
[2] Papiers politiques du baron d'Haussez.

réserve obtinrent seules des permissions pour aller à terre. L'expédition française excitait un vif enthousiasme ; l'intérêt naturel dont on entoure des hommes qui marchent résolûment à une entreprise difficile, l'imminence du départ, l'incertitude du retour, rendaient les Français l'objet de l'empressement universel. Le marquis de la Romana, gouverneur de l'île, ouvrit sa maison aux officiers, et cet exemple fut suivi. Il y eut des bals, des fêtes, ce fut comme une ovation continuelle pendant le séjour de la flotte ; les femmes surtout, passionnées en Espagne plus que partout ailleurs pour l'héroïsme et la gloire, se faisaient remarquer par leurs sympathies. On goûtait à la hâte ces rapides plaisirs que l'approche de l'action rendait plus vifs ; mais rien ne pouvait distraire l'armée de son but. L'impatience était bien plus grande encore parmi les deux autres divisions, condamnées à demeurer à bord. Les soldats, entassés dans les batteries et les entre-ponts, n'obtenaient pas toujours des officiers du bord, très-sévères sur la discipline, la permission de monter sur les caronades et les bastingages[1], ce qui augmentait leur malaise. Ce séjour dans la baie de Palma leur paraissait sans fin. Sur plusieurs bâtiments, on commençait à désespérer de la campagne[2].

La diplomatie n'aurait-elle pas soulevé des difficultés ? L'Angleterre, avec son mauvais vouloir, n'entraverait-elle pas

---

[1] Dans les communications qui m'ont été faites par M. Thierry-Dufougeray, embarqué à bord de *la Jeanne-d'Arc*, je trouve les lignes suivantes sur le séjour dans la baie de Palma : « Il n'était pas permis d'échanger, de bâtiment à bâtiment, une parole ou même un signe. Les bâtiments venant de France, et qui n'appartenaient pas à la flotte, faisaient souvent savoir aux généraux ou autres officiers, qu'ils reconnaissaient à notre bord, qu'il y avait des lettres pour eux. Ces lettres, qu'il n'aurait fallu que quelques minutes pour leur transmettre, ne leur étaient jamais envoyées, par l'amiral, qu'après plusieurs jours d'attente et d'inquiétude. »

[2] Campagne d'Afrique en 1830, par M. Fernel, chef de bataillon attaché à l'état-major général de l'expédition.

l'expédition? Le dey effrayé n'accepterait-il pas les conditions imposées? Telles étaient les suppositions et les craintes qui revenaient dans les longs entretiens du bord.

Cependant le moral de l'armée et son état sanitaire continuaient à être excellents. Le 2 juin au soir, on fit demander aux bâtiments des trois escadres quel était le nombre des malades à bord : sur 30,000 marins ou soldats, on comptait à peine 80 malades ; les meilleures garnisons en comptent proportionnellement davantage [1]. Les bâtiments du commerce où les aménagements étaient moins bons ne présentaient pas un nombre de malades plus considérable que les bâtiments du roi ; sur 2,500 hommes, on ne comptait que 25 malades. Le 10 juin, à la fin du séjour de l'armée à Palma, le commandant en chef écrivait au ministre de la guerre : « Il y a toujours peu de malades dans l'armée ; on en compte à peine 1 par 500 hommes ; les chevaux mêmes paraissent avoir peu souffert [2]. »

L'intendance, avec la sollicitude dont ses opérations furent toutes marquées, avait pourvu à ce retard, qui naturellement augmentait la consommation prévue des vivres et des fourrages, au moyen d'approvisionnements de précaution que l'intendant général Denniée avait eu la prévoyance de faire réunir sur ce point. On ravitailla en fourrage les bâtiments-écuries. On combla sur les bâtiments le défaut de vivres. Les 1,000 bœufs embarqués à Cette étaient arrivés dans la baie. Chose remarquable! pendant une traversée d'un mois suivie d'un débarquement difficile, on n'éprouva qu'une perte de six à huit chevaux, et la perte en bœufs ne fut pas plus considérable. Tous les autres arrivèrent en bon état à la côte [3].

---

[1] Dépêche du commandant en chef au ministre de la guerre. Baie de Palma, 5 juin 1830.

[2] *Id*. Baie de Palma, 10 juin.

[3] Précis historique et administratif de la campagne, par le baron Denniée, page 18.

Le commandant en chef de l'expédition reçut, pendant ce séjour forcé, des renseignements utiles de l'intérieur d'Afrique ; M. Gérardin, parti le 15 avril de Toulon, rapportait des nouvelles favorables de Tunis ; celles de Constantine étaient d'une nature moins rassurante. Les dispositions du bey de Tunis continuaient à être bonnes, mais la crainte d'une rupture avec le dey d'Alger l'empêchait de les manifester. Il consentait à autoriser les achats de subsistances, à condition que la destination resterait secrète. Le prix de la viande était peu élevé à Tunis. L'agent de la compagnie Sellières avait été autorisé à rester dans cette ville. M. Raimbert s'était rendu à Tabarque, où se trouvait déjà le fils du consul général, M. de Lesseps. Ils agissaient de concert pour préparer les achats de subsistances et suivre les négociations entamées avec les Mazoules et d'autres peuplades. Le bey de Constantine était parti le 22 mai pour Alger, où il était attendu le 5 ou le 6 juin. On assurait qu'un corps de 13,000 hommes, presque entièrement composé de cavalerie, marchait sous ses ordres. Le contingent du bey d'Oran était attendu vers la même époque ; on évaluait sa force à 30,000 hommes, évaluation vraisemblablement exagérée. La lenteur de la traversée faisait échouer ainsi une des combinaisons du général en chef, qui espérait surprendre Alger avant l'arrivée des contingents arabes.

La Badine apportait en même temps un rapport d'un des officiers naufragés de *l'Aventure* et du *Silène*, qui confirmait les renseignements antérieurs sur la faiblesse des moyens de défense d'Alger du côté de la terre. Aucun nouvel ouvrage n'avait été construit, et le fort de l'Empereur ne pourrait opposer qu'une courte résistance ; la plus grosse artillerie en était retirée ; le dey supposait que Sidi-Ferruch serait le point de débarquement ; 12,000 Arabes étaient campés à peu de distance de la presqu'île, 4,000 sur le plateau qui domine le fort de l'Empereur, un corps moins considérable sur les rives de l'Arrach ; on comptait 5,000 Turcs dans Alger, ils étaient vraisemblablement destinés exclusivement à la défense de la place. Il y avait de la fermentation et de l'inquiétude parmi les habitants et les soldats de la garnison ; la découverte d'un complot venait de donner lieu à plusieurs exécutions. Telle était la substance des nouvelles et des renseignements qui arrivèrent au commandant en chef pendant la relâche forcée de la flotte à Palma [1].

L'armée navale avait attendu plusieurs jours la flottille de débarquement d'abord envoyée directement sur la côte d'Afrique, où elle était restée jusqu'au 4 juin, puis rappelée par un contre-ordre tardif. Le 6 juin, la flottille arriva dans la baie. Dès le 7 juin, on songea au départ. On ne conservait plus que cinq bateaux à vapeur ; deux avaient dû être renvoyés à Toulon, avec des avaries irréparables à la mer [2].

A la date du 7 juin, le général comte de Bourmont adressait à l'armée l'ordre du jour suivant :

« L'armée, que des vents contraires avaient éloignée de la côte d'Afrique, va s'en rapprocher. Impatiente de combattre, elle ne tardera pas à voir ses vœux accomplis. Le général en chef vient d'apprendre que des hordes nombreuses de cavalerie irrégulière nous attendaient sur le rivage et se disposaient à couvrir leurs fronts par des milliers de chameaux. Les soldats français ne seront pas plus étonnés par l'aspect de ces animaux qu'intimidés par le nombre de leurs ennemis. Ils auraient regretté que la victoire leur coûtât trop peu d'efforts. Les souvenirs d'Héliopolis exciteront parmi eux une noble émulation. Ils se rappelleront que moins de 10,000

---

[1] Nous empruntons ces détails à la correspondance officielle du commandant en chef avec le ministre de la guerre. (Dépêches du 6 et du 7 juin.)

[2] Dépêche de l'amiral Duperré du 9 juin 1830.

hommes de l'armée d'Égypte triomphèrent de 70,000 Turcs, plus braves et plus aguerris que les Arabes dont ils sont les oppresseurs. »

L'armée accueillit avec enthousiasme l'ordre du jour qui annonçait le retour de la flotte sur la côte d'Afrique, qu'elle avait quittée avec désespoir, après l'avoir seulement entrevue. Le départ, annoncé pour le 8 juin au matin, fut encore suspendu pour vingt-quatre heures, à cause du calme presque absolu qui régnait et des dispositions à prendre pour l'approvisionnement de quelques bâtiments de la flottille [1]. Enfin, le 9 juin 1830, l'armée étant ralliée en vue, la réserve, le convoi et la flottille, au nombre de plus de cent quatre bâtiments, appareillèrent par un vent variable très-faible. La flotte et les bâtiments de la flottille, déjà sous voiles dès le matin du 10 juin, profitèrent, vers midi, d'un grain de l'est-nord-est, pour sortir de la baie sous la direction du vice-amiral commandant en chef, et pour rallier l'armée qui se tenait à 12 milles dans l'ouest.

Le 11 juin, le temps très-beau au lever du soleil, ne tarda pas à se gâter : les grains se succédaient; le vent devenait violent, et le baromètre était tombé tout à coup de trois lignes. Cependant l'armée et le convoi se maintenaient bien ralliés, ainsi que les bateaux restés en arrière. A midi la flotte s'estimait à 83 milles de la côte d'Alger, dans le nord quart nord-est. Le vent était à l'est-sud-est [2].

L'armée navale était pleine de confiance et d'espoir. Elle comptait que cette fois Alger ne lui échapperait pas. Malgré les menaces du gouvernement anglais, ses vaisseaux étaient demeurés immobiles et n'avaient point essayé de nous barrer le chemin. Vers le temps où notre flotte quittait pour la se-

---

[1] Dépêche du commandant en chef. Baie de Palma, 10 juin 1830, trois heures du matin.
[2] *Vie de l'amiral Duperré*. F. Chasseriau, page 206.

conde fois Palma, lord Stuart, ambassadeur d'Angleterre, était venu avertir le prince de Polignac que « l'amiral anglais commandant dans la Méditerranée lui avait mandé qu'il rappelait à lui tous les bâtiments de guerre qui se trouvaient dans la partie de la Méditerranée que devait traverser notre flotte, afin d'éviter tout soupçon que son gouvernement voulût entraver notre marche[1]. » Les chemins étaient donc ouverts.

« Le 12 juin, à la pointe du jour, dit une dépêche du commandant en chef, on découvrit la côte d'Afrique; mais la force toujours croissante du vent et l'agitation de la mer firent regarder le débarquement comme impossible. La flotte s'éloigna momentanément de la terre; des bâtiments légers furent dirigés vers la presqu'île de Sidi-Ferruch et les deux plages adjacentes. La certitude qu'on avait d'y trouver un mouillage favorable, l'abri qu'offraient contre les vents régnants la direction et le relief de la côte, la nature du terrain qui, découvert jusqu'à 4000 mètres de la mer, ne permet pas à l'ennemi de s'embusquer, avaient depuis longtemps appelé l'attention sur cette partie du littoral[2]. »

Les circonstances de mer ne se trouvaient guère plus favorables que lors de la première apparition de la flotte devant Alger. « Pendant la nuit du 11 au 12, dit un historien com-

[1] Voici le passage textuel que nous copions sur l'original de la lettre écrite par le prince de Polignac au général comte de Bourmont, à la date du 16 juin 1830 : « Le gouvernement anglais devient moins ombrageux au sujet de notre expédition d'Alger. L'amiral commandant dans la Méditerranée (et je m'imagine qu'il n'agit pas sans ordre) a mandé à lord Stuart qu'il rappelait à lui tous les bâtiments qui se trouvaient dans la partie de la Méditerranée que doit traverser notre flotte, afin d'éviter tout soupçon que son gouvernement voulût entraver notre marche. » Documents et correspondances communiqués par la famille du maréchal de Bourmont.

[2] Dépêche du commandant en chef. Sidi-Ferruch, 14 juin 1830.

pétent [1], dont le récit contrôle celui du général en chef, l'horizon de plus en plus chargé s'illumine d'éclairs partant du sud-ouest au sud-est ; des grains fréquents s'élèvent dans l'ouest ; ils passent au vent qui souffle de l'est avec force ; la mer grossit et mugit autour de la flotte, dont rien n'égale l'imposant aspect. Le 12[2] juin, au jour, Alger et le cap Caxine apparaissent du sud-sud-ouest au sud, à la distance d'environ 12 milles. »

Cette apparition d'Alger produisit un effet électrique sur l'armée. Enfin les deux adversaires se trouvaient en présence, la ville imprenable et l'armée française : un immense cri de *Vive le roi!* s'éleva sur la flotte ; puis un silence profond succéda comme dans les occasions solennelles. On espérait que l'action allait commencer, et l'on étudiait du regard cette côte pittoresque avec ses mouvements onduleux de terrains qui, couverts de jolies maisons de campagnes, montent doucement vers la ville bâtie en amphithéâtre. Pendant que l'armée, suspendue entre l'espérance et l'anxiété, attendait le signal, le vice-amiral en chef se demandait, dans un profond recueillement, s'il serait prudent, en présence d'une mer difficile et d'un vent violent, de conduire une flotte si nombreuse à un mouillage inconnu [3] :

« Il ne le pensa pas. Son opinion fut confirmée par celle de M. Massieu de Clairval, qui avait pu juger de l'état de la mer aux atterrages, avant de rallier l'armée avec *la Sirène*, à trois heures du matin. Au grand mécontentement de l'ar-

---

[1] M. Chasseriau dit : *Pendant la nuit du 12 au 13*, mais il y a évidemment une erreur de date. En effet, le biographe de l'amiral Duperré dit à la page suivante (p. 209) : « Le 13 juin, au jour,.... le vent était frais, le ciel nuageux ; mais le baromètre montait, et le temps paraissait s'embellir. M. le vice-amiral Duperré donne l'ordre de former la ligne de bataille.

[2] Nous rectifions la date.

[3] *Vie de l'amiral Duperré*, par Chasseriau.

mée expéditionnaire, qui brûlait de joindre l'ennemi, M. le vice-amiral Duperré donna l'ordre à la flotte de s'éloigner de la côte, en prenant le bord du nord. Aussitôt la flotte cherche, mais vainement, à s'élever dans le vent. L'anxiété est à son comble quand, par un retour de la fortune de la France, le vent s'établit à midi dans la région de l'est ; le temps s'embellit bientôt, la mer s'apaise. Sur l'ordre du vice amiral, la réserve et le convoi restent au bord de sud-sud-est, pour se maintenir au vent et rallier la flottille, tandis que l'armée vire lof pour lof par la contre-marche, mouvement qui s'exécute lentement en raison de l'étendue de la ligne. A une heure, les apparences du temps redeviennent encore inquiétantes. Cependant, faisant cette fois au hasard la part que le hasard s'attribue toujours dans les choses humaines, le vice-amiral laisse courir la flotte, qui découvre la terre à quatre heures du soir. A cinq heures, ordre de revirer pour ne pas approcher davantage de la terre, et pour qu'en se reportant sur elle à neuf heures, la flotte puisse s'en trouver à 10 ou 12 milles au point du jour [1]. »

Quoi qu'on eût fait, il fallait donc, comme dans toutes les grandes entreprises, en revenir à donner quelque chose au hasard. Les retards apportés au débarquement n'avaient pas affranchi de cette nécessité, ils ne l'avaient que reculée. Dans cette journée du 12 juin, il y eut entre le commandant de la flotte et le commandant en chef de l'expédition une explication qui décida du sort de l'entreprise. L'amiral Duperré se promenait sombre et soucieux sur le pont de *la Provence*, lorsque le comte de Bourmont se dirigea vers lui et lui dit : « Monsieur l'amiral, cette fois, il faut débarquer. » L'amiral répondit avec hésitation que cela dépendrait du vent. « Non, monsieur l'amiral, cela dépend de moi, et je vous assure que

[1] *Vie de l'amiral Duperré*, par Chasseriau.

cette fois nous débarquerons. » L'amiral renouvela ses objections, en alléguant que toute la responsabilité pesait sur sa tête, et qu'il tiendrait compte des circonstances de la mer. « Monsieur l'amiral, la mer n'est pas mauvaise ; vous savez que j'ai le droit de vouloir, et je veux que nous débarquions. » L'amiral Duperré ne répondit pas. Il continua à se promener de long en large avec des marques non équivoques d'impatience. Ce ne fut que lorsqu'on fut entré dans la baie de Sidi-Ferruch et que plusieurs vaisseaux eurent passé sans encombre devant la batterie, que la confiance revint à l'amiral. Il s'avança les bras ouverts vers le général en chef et lui dit : « Maintenant, c'est entre nous à la vie et à la mort ! Nous débarquerons demain. — Voilà qui est à merveille, monsieur l'amiral, reprit le comte de Bourmont avec ce sourire doux et fin qui lui était habituel. J'étais bien sûr que nous débarquerions[1]. »

Pendant la soirée, la flotte bien ralliée courut environ 30 milles sur terre. Le 13 juin, au point du jour, les montagnes, puis les murailles blanches d'Alger et le rivage couvert de jardins reparurent aux regards à travers la brume épaisse qui règne habituellement sur cette côte. Le moment était venu. Peu à peu, la brume tombée, les objets devinrent plus visibles. Les soldats, sortis de leur prison, étaient rangés en bon ordre sur le pont, le sac sur le dos, le fusil au pied, astiqués et leurs armes luisantes comme dans un jour

---

[1] En consultant les souvenirs d'un grand nombre d'officiers de l'armée d'Afrique, nous avons trouvé partout l'opinion accréditée que le général en chef avait été obligé de montrer ses pleins pouvoirs à l'amiral pour le déterminer à débarquer. Mais, en contrôlant cette rumeur générale par les souvenirs plus précis de M. le comte Louis de Bourmont, alors aide de camp de son père, et embarqué avec lui sur *la Provence*, nous avons pu rétablir la vérité historique.

Le général en chef faisait allusion, dans ce dialogue, aux instructions écrites que l'amiral avait reçues du ministre de la marine. On trouvera ces instructions aux pièces justificatives, sous le n° 6.

de revue. Quand cette terre d'Alger, qui déjà leur avait été montrée, mais pour échapper aussitôt à leurs empressements, leur apparut de nouveau, ils la saluèrent d'une acclamation immense ; toutes leurs impatiences généreuses, toutes leurs espérances héroïques, tous leurs dévouements au roi, cette vivante image de la patrie, vinrent se confondre encore une fois dans le cri de : *Vive le roi!* Il semblait qu'ils prévoyaient tous les champs de bataille que cette terre, destinée à être baptisée française par le sang français, réservait à leur courage et à celui de leurs successeurs. Chacun était à son poste et attendait le moment d'agir. Dès quatre heures du matin, le vice-amiral commandant en chef avait fait le commandement de branlebas de combat. Le vent était encore frais de la partie de l'est ; mais la mer était peu houleuse, et le temps était beau. A bord de *la Provence*, le général de Bourmont, le vice-amiral Duperré et l'état-major de terre et de mer étaient montés sur la dunette. On croyait généralement que la côte était hérissée de batteries et que les apprêts d'une vigoureuse défense attendaient l'armée française ; aussi toutes les lunettes étaient braquées sur la côte, où l'on n'apercevait aucun mouvement. N'était-ce point une embûche ? *Le Dragon*, capitaine Le Blanc, et *la Cigogne*, capitaine Barbier, reçurent l'ordre d'approcher de la côte pour reconnaître le mouillage.

Ici nous laissons la parole au vice-amiral commandant en chef de l'expédition : « Ce premier moment de répondre à la confiance de Sa Majesté, dit-il dans son rapport, m'a paru favorable ; je l'ai saisi. La flotte s'est présentée à huit heures du matin devant la ville d'Alger, a défilé le long des forts et des batteries ; le commandant de la station, accompagné de *la Bellone*, conduisant l'armée navale en tête, suivie de la réserve et du convoi, et à sept heures du soir, elle occupait la baie de Torre-Chica ; l'ennemi avait évacué la batterie de la pointe et le fort de la baie ; mais il avait couronné les hauteurs voisines des pièces d'artillerie et des mortiers qui en composaient l'armement. Quelques coups de canon ont été tirés et quelques bombes ont été lancées sur la première ligne des vaisseaux. Un matelot a été blessé par un éclat à bord du vaisseau *le Breslaw*. J'ai fait accoster la plage par le capitaine Louvrier, montant le bateau à vapeur *le Nageur*, qui est parvenu à faire évacuer une batterie en premier plan d'un mortier et d'un canon; la journée était trop avancée pour le débarquement; les dispositions ont été prises pour l'opérer à la pointe du jour. Les corvettes *la Bayonnaise*, capitaine Perrin; le brick *l'Actéon*, capitaine Hamelin, et le brick *la Badine*, capitaine Guindet, qui n'avaient point de troupes à débarquer, ont été prendre poste dans la baie située à l'est de Torre-Chica, pour prendre en flanc les batteries de l'ennemi et les battre par-dessus la presqu'île. Les bateaux à vapeurs *le Nageur* et *le Sphinx*, capitaine Sarlat, ont reçu l'ordre de couvrir de leur feu le débarquement dans l'ouest [1]. »

La relation du major général de l'armée de terre ajoute quelques détails. On aperçut, dans cette grande reconnaissance, un camp établi à une lieue environ du rivage. En avant de ce camp, on découvrait quelques batteries: c'étaient celles que fit taire *le Nageur*. Des groupes de cavaliers arabes galopaient le long du rivage, comme s'ils avaient voulu donner en spectacle la vitesse de leurs chevaux, et paraissaient et disparaissaient tour à tour dans les dunes. Peu à peu leur nombre s'accrut; du haut des hunes, on vit de longues colonnes se diriger vers le point du rivage menacé; on évalua le nombre de ces cavaliers à trois ou quatre mille. Du reste, aucun préparatif apparent de défense. Ceux qui, dans notre armée, avaient fait la campagne de Morée, signalaient seulement à leurs camarades des points blancs apparaissant dans

---

[1] Rapport du vice-amiral Duperré.

le lointain : c'étaient les tentes des Arabes. Nos soldats étaient remplis d'espérance et de joie; ils attendaient la journée du lendemain avec cette insouciance du danger, ce goût d'aventure et cette gaieté héroïque et pleine de saillie qui sont les caractères du courage français; les vieux soldats de l'Empire qui faisaient partie de l'expédition reconnaissaient à ces traits la grande race militaire d'où étaient sorties les puissantes armées dans lesquelles ils avaient combattu[1]. A huit heures du soir, les trois escadres, la première division de combat et la flottille de débarquement avaient jeté l'ancre. L'opération du mouillage s'exécuta sans que l'ennemi essayât de l'entraver, sans que les navires, pressés dans cet espace restreint, eussent fait aucune avarie.

Pendant que tout se préparait ainsi pour l'action du lendemain, que se passait-il dans le camp opposé? Quels étaient les préparatifs de défense? De quelles forces disposait le dey? Quelles étaient la situation de son esprit, ses craintes et ses espérances, les dispositions des Turcs et du reste de la population? Jusqu'ici le lecteur s'est trouvé placé au point de vue de la France, de la flotte et de l'armée françaises, au point de vue de l'attaque. Le moment est venu de le placer au point de vue de la défense, afin que son regard embrasse toute l'étendue du tableau, avant que ces forces ennemies se mêlent en s'entre-choquant[2].

---

[1] Campagne d'Afrique, par M. Fernel.
[2] Nous empruntons ces détails aux documents intéressants publiés par M. Alfred Michiels, dans la *Revue contemporaine* (numéro du 31 décembre 1854, page 240), sous ce titre : *la Prise d'Alger racontée par un captif;* ces documents sont tirés d'un petit livre allemand intitulé : *Mes Voyages et ma Captivité de cinq ans à Alger*, par Simon-Frédéric Pfeiffer, que nous avons déjà cité. M. Michiels raconte comment il trouva, dans un étalage de bouquiniste, ce livre volé à la bibliothèque de Louis-Philippe, aux journées de février 1848. Simon Pfeiffer, captif à Alger pendant cinq ans, de 1825 à 1830, donne *de visu* des détails curieux sur tout ce qui se passa à Alger pendant le blocus, à l'approche de la flotte

Si le long blocus qu'avait subi Alger n'avait pu vaincre l'obstination du dey, il avait réduit ses forces, diminué ses ressources et, à mesure que les préparatifs de l'expédition française avançaient, la confiance du dey, averti par les espions qu'il entretenait en Italie, à Marseille, à Toulon et à Paris, celle des Turcs et de la partie la plus riche de la population, avaient fait place à une sombre anxiété. Le commerce était arrêté, les opérations maritimes étaient suspendues ; les Turcs, naturellement haïs de la population, dont ils étaient les maîtres dédaigneux et les oppresseurs insolents, se trouvaient dans une situation critique. Ils avaient été jusqu'à douze et quatorze mille et, la sévérité du blocus et la rupture du dey avec le sultan les empêchant depuis trois ans de se recruter, ils étaient tombés un peu au-dessous de six mille : car beaucoup étaient morts ; d'autres craignant les événements, avaient émigré au Maroc, à Tunis, en Égypte. La population, courbée par la terreur sous leur joug, sentant diminuer la force de compression, relevait la tête et demandait, chaque jour, de nouveaux priviléges au dey. On avait vu dans les derniers temps, chose inouïe ! des Maures battre des janissaires. Le captif allemand qui a conservé à l'histoire ces détails dont il fut témoin oculaire, entendit plus d'une fois les Turcs se dire entre eux : « Le sort a

française, et pendant le siége ; c'est la version algérienne de cet épisode, qui sert à compléter la version française. Grâce à ce récit plein d'intérêt, on a vue dans Alger, l'on connaît les émotions, les illusions, les espérances, les craintes, les préjugés de la population. Simon Pfeiffer, après avoir été employé dans les cuisines du premier ministre, eut l'occasion de lui faire savoir qu'il était médecin, et le bonheur de le guérir d'une maladie, ce qui le mit en grand crédit, non-seulement auprès du premier ministre, mais du dey, auquel il donna des soins. Il était donc en position de voir et d'écouter. Il publia son livre en juillet 1832, dans la petite ville de Giessen, sur les confins de la Hesse électorale. Voici le titre allemand : *Mein Reisen und meine funfjæhrigen Gefangenschaft in Algier.*

changé. Laissons ainsi aller les choses pour le moment. Notre tour reviendra. Lorsque la guerre avec la France sera terminée, nous les forcerons de nouveau à plier le genou. »

Tandis qu'ils parlaient ainsi en secret, ils affectaient, par les ordres du dey, de traiter les Maures et les Arabes avec modération et douceur. Hussein-Pacha était triste et soucieux. Il connaissait les dispositions de la population, il voyait diminuer le nombre de la milice turque, craignait les périls du dedans autant que ceux du dehors. Plus d'une fois, pendant les dernières nuits qui précédèrent l'apparition de la flotte française, le captif chrétien qui nous fournit les éléments de ce récit vit l'émir, chassé de son harem par les soucis, se promener sur la terrasse de son palais, enveloppé de son manteau, et diriger une lunette d'approche sur la mer. Il caressait la population et ne ménageait envers elle ni les avances ni les promesses. C'était, lui faisait-il dire, dans l'intérêt de la religion qu'il soutenait la guerre, et pour sauver les musulmans du despotisme des mécréants, les mosquées de la profanation qu'ils voulaient leur infliger en y plantant la croix. Il avait appelé près de lui les cheiks les plus influents, leur avait fait distribuer des burnous rouges, des montres, des sabres au fourreau doré. Ses ministres avaient fait par ses ordres des pèlerinages aux tombeaux des marabouts en vogue, et y avaient sacrifié des moutons et des bœufs; on avait distribué de l'argent à la foule qui accourait à ces cérémonies. Rien n'avait été oublié pour surexciter le fanatisme musulman. Les imans avaient reçu des dons d'argent avec l'invitation d'implorer, par des prières publiques, l'assistance du Prophète. Pour donner une satisfaction à la nationalité arabe, le dey avait destitué le grand muphti, qui était d'origine turque, et n'avait pas hésité à le remplacer par un Arabe. Dans les mosquées et sur les places, les imans prêchèrent la guerre sainte, et promirent à la population la puissante intervention des marabouts Sidi-Abd-el-Kader, Sidi-Abderahman et Sidi-Ouled-Dede, ces protecteurs constants d'Alger, grâce aux prières desquels avaient échoué toutes les expéditions précédentes. Le fanatisme s'enflammait à ces discours.

Le peuple était généralement bien disposé pour le dey. Dans le district de Blidah seulement les esprits lui étaient moins favorables. Le kaïd (gouverneur) de la localité ayant fait arrêter deux cheiks des Kabyles dans les montagnes situées autour de Blidah, ceux-ci prirent les armes, s'emparèrent de Blidah et délivrèrent leurs chefs. Le dey voulut d'abord sévir, puis, dans la crainte de s'aliéner tout à fait les sympathies des populations indigènes au moment où il allait en avoir besoin contre l'armée française, il entra en composition avec les révoltés et, non content de leur pardonner, offrit à leurs principaux cheiks[1] des sabres magnifiques et des burnous rouges frangés d'or.

Ces événements se passaient dans le courant du mois d'avril 1830, et un court mécontentement grondait encore dans les tribus de cette partie de la Régence, lorsque, dans la seconde quinzaine de mai, un agent annonça au dey que la flotte française venait de sortir du port de Toulon. Hussein-Pacha fit publier la nouvelle dans la ville et dans la Régence, en exhortant les populations à ne point redouter les chrétiens et à compter sur l'appui d'Allah. Ceux des Maures qui n'avaient point le droit de porter des armes furent autorisés à s'armer. On donna avis partout que deux coups de canon tirés des forts d'Alger signaleraient l'approche de la flotte française ; qu'à ce signal toutes les tribus devaient marcher au rivage pour empêcher le débarquement et rejeter l'ennemi dans la mer.

---

[1] Il y avait entre les kaïds et les cheiks cette différence, que ceux-là étaient généralement désignés par l'autorité turque, ceux-ci choisis par les populations.

Ce n'était point des Arabes et des Maures seulement que le dey avait à redouter les attaques. Les Turcs étaient inquiets, sombres et mécontents. Les affaires d'Hussein semblaient prendre une fâcheuse tournure : dans cette espèce de gouvernement dont la force est le principe, l'affaiblissement est un titre de déchéance; le malheur, presque un crime. En outre, les avances du dey envers la population indigène déplaisaient à la milice. Enfin l'année précédente, lors de l'insulte faite au pavillon parlementaire arboré par le commandant de la Bretonnière sur *la Provence*, le dey, pour décliner la responsabilité de cet acte et persuader aux Européens qu'il y était demeuré étranger, avait exilé le ministre de la marine : cette disgrâce avait irrité vivement ses nombreux et puissants amis; un gendre du pacha osa même prendre hautement sa défense. Il haïssait le ministre de la guerre et le ministre de la justice, qui avaient contribué quelque temps auparavant à faire destituer et mettre à mort son oncle Yakia, longtemps favori et ministre du dey. Il accusa ces deux hommes d'avoir amené la rupture du dey avec les Français, et de l'avoir déterminé à faire tirer sur le vaisseau parlementaire. Le dey, irrité, commanda qu'on séparât de sa femme le jeune Hussein, qui l'aimait tendrement, fit chasser son gendre du harem et malgré les résistances de sa fille éplorée, il la donna pour femme au nouveau ministre de la marine, Mustapha.

Une conspiration mi-politique, mi-domestique, sortit de tous ces éléments de mécontentement. Les amis de Yakia, ceux du ministre de la marine exilé, ceux du jeune Hussein, s'unirent, et quarante-six janissaires se promirent de mettre à mort le dey pendant les fêtes du Kourban-Baïram. Une fois maîtres de la Régence, ils devaient proclamer un nouveau dey et entrer en négociation avec les Français, en leur faisant de larges concessions pour acheter le maintien de la domination turque; si la France leur imposait des conditions trop rigoureuses, ils se jetteraient dans les bras de l'Angleterre et achèteraient sa médiation à tout prix. C'était le dénoûment tragique offert, un an à peu près auparavant, à M. le baron Hyde de Neuville, alors ministre de la marine, et refusé par lui. Le dénoûment par le meurtre du despote, si fréquent dans l'histoire de la Régence algérienne, revenait jusqu'au bout. Cette conspiration était taillée sur le patron banal de tant de conspirations qui avaient réussi. Le premier jour de la fête du Baïram, les conjurés, armés chacun d'un poignard et d'un pistolet, devaient se rendre à la Casaubah, sous prétexte de porter leurs hommages au dey, qui recevait indistinctement, ce jour-là, tous ceux qui se présentaient pour lui baiser la main. Au milieu même de la cérémonie, ils se précipiteraient sur Hussein-Pacha et ses ministres, les mettraient à mort et proclameraient leur chef Mustapha-Fetcha. La trahison, comme cela arrive si souvent dans les complots de ce genre, fit échouer le projet. La veille même du jour marqué pour l'exécution, un des conspirateurs dénonça ses complices au dey. Au bout d'une heure, les sept principaux instigateurs du complot étaient étranglés : Hussein-Pacha se contenta d'exiler les autres ; mais, à partir de ce jour, il éprouva pour les janissaires une défiance profonde, mêlée de haine, et sa bienveillance se reporta sur ses esclaves et sur les Maures. Ces défiances et ces ressentiments mutuels affaiblissaient tout à la fois la situation du dey et celle des Turcs. Le bruit confus de ces complots et de ces exécutions sanglantes vint, on s'en souvient, chercher le commandant en chef de l'armée française dans la baie de Palma, pendant la relâche forcée de la flotte.

Tel était l'état des esprits à Alger, quand, le 12 juin 1830, la flotte française parut en vue de la ville. On avait fait de grands préparatifs du côté de la mer ; le port avait été mis dans un état de défense imposant ; une suite de forts et de bastions prolongée, à droite et à gauche, dans un espace de 6 ou 7 lieues, présentait une formidable ligne de batteries. L'entrée du port était fermée par trois fortes chaînes ; au fond se trouvaient les navires algériens, protégés par un bon nombre de chaloupes cannonières dont dix-huit armées de mortiers, douze de pièces de gros calibre. Mais les préparatifs faits du côté de la terre étaient moins bien entendus et insuffisants. Le dey avait sur la force de l'armée turque et l'infériorité des troupes françaises les illusions de l'ignorance : il croyait la milice invincible ; il n'avait aucune idée de l'art des siéges ; il pensait pouvoir tenir des années entières dans la Casaubah, où il avait entassé des provisions et des munitions. Il négligea donc de fortifier la ville. L'avarice venant s'ajouter aux illusions d'une confiance présomptueuse, il ne voulut pas réunir trop tôt les contingents arabes, pour ne pas avoir à les nourrir, de sorte qu'une partie des troupes étaient à 5 et même à 10 lieues du rivage, les autres dans les provinces attendant un ordre de marche, quand la flotte française fut signalée à l'horizon.

Quand cette nouvelle se répandit dans la ville, les habitants montèrent à la hâte sur leurs terrasses, pour voir de leurs propres yeux les vaisseaux s'avancer ; le trouble et l'émotion étaient dans tous les cœurs, comme il arrive lorsqu'un grand événement, longtemps prévu et redouté, se fait proche. Deux canons de 60 donnèrent le signal d'alarme, et des messagers à cheval coururent porter, dans toutes les directions, la nouvelle de l'arrivée des Français et l'ordre de marcher vers Alger. Le soleil venait de se lever, et quand ses rayons dissipèrent la brume qui couvre la côte comme d'un voile, les Algériens, dont les murailles blanches apparaissaient, en ce moment même, à nos marins et à nos soldats, virent la flotte française se déployer sur une immense étendue. A la fois spectacle et spectateur, Alger renvoyait les émotions qu'il éprouvait, mais les siennes étaient mêlées d'une crainte étrangère au cœur de nos soldats. Le tableau que présentait la flotte française vue des terrasses de la ville était admirable et terrible. Le vent du matin, qui soufflait dans un sens favorable, lui permettait de marcher toutes ses voiles déployées vers la ville; puis, lorsqu'elle ne fut plus qu'à quelques lieues, on la vit changer de direction, tourner vers l'ouest et défiler majestueusement devant Alger, comme si elle voulait mesurer du regard son ennemi avant de l'attaquer. Le nombre, la force des bâtiments de guerre frappèrent les musulmans d'épouvante; mais il y avait parmi les spectateurs des cœurs qui battaient d'une joie secrète : c'étaient ceux des prisonniers et des esclaves chrétiens, et le témoin oculaire qui a gardé à l'histoire ces souvenirs intéressants, raconte que, pour dérober son émotion aux Algériens, il fut obligé d'aller cacher dans sa chambre ses larmes de joie et ses espérances. Pour les musulmans, l'arrivée de la flotte française, c'était la domination étrangère et la conquête; pour les esclaves chrétiens et les prisonniers, c'était la patrie et la liberté.

III

DÉBARQUEMENT.

Pendant qu'Alger était dans l'attente, la nuit du 13 au 14 juin 1830 se passa, sur la flotte du roi, en préparatifs. On distribua à la troupe les cinq jours de vivres que chaque homme devait porter sur lui. Puis on prit les dispositions nécessaires pour mettre à la pointe du jour l'armée à terre. Le temps était beau, la mer calme et, à la faible clarté que jetait la lune, on voyait la mer se couvrir d'embarcations. Les troupes de terre quittaient peu à peu les vaisseaux qui les avaient amenées, et descendaient dans les chalands qui devaient les conduire au rivage; les officiers de marine chargés du commandement des embarcations destinées à remorquer les chalands étaient à leur poste. On n'entendait guère que le bruit des rames. D'affectueux adieux s'échangeaient à voix basse entre les soldats et les marins; un mois de séjour commun sur les mêmes bâtiments avait établi entre eux une fraternité militaire, et les premiers, joyeux de voir enfin s'ouvrir devant eux le champ de bataille, pardonnaient cordialement aux seconds les ennuis de la vie de bord; on leur avait rendu leurs armes, ils marchaient au combat, tout était oublié. La capote des soldats, au lieu d'être roulée sur le sac, était roulée autour du col, en sautoir, et la giberne placée dessous, pour empêcher la poudre de prendre l'eau, car on prévoyait que les embarcations n'arriveraient pas jusqu'au rivage. On avait défendu de charger les fusils, pour que la fusillade ne commençât point au hasard et avant qu'on eût mis de l'ordre. L'ardeur des troupes était extrême, et la marine rivalisait avec l'armée de zèle et de dévouement. C'était à qui planterait le premier le drapeau blanc sur le rivage africain. On s'attendait à une résistance vigoureuse, et chacun se promettait de faire son devoir envers le roi et envers la France. Tous avaient dans le cœur cette joie noble et grave qui remplit l'âme de ceux qui vont faire les grandes choses.

Nous retrouvons les émotions de cette nuit d'attente et d'espoir dans une lettre écrite la veille, le 13 juin au soir, par un ardent jeune homme dont le cœur, hélas! devait bientôt cesser de battre, heureux peut-être de mourir au début de la campagne et de saluer de ses derniers regards les derniers rayons de gloire qui devaient éclairer son drapeau. Amédée de Bourmont écrivait donc à M. de Clermont-Tonnerre, le 13 juin 1830, à bord du *Breslaw*, « le premier en ligne pour balayer le rivage, » disait la suscription, la lettre suivante[1] : « Mon général, cette belle campagne, à laquelle vous aviez si bien songé, et que depuis si longtemps vous regardiez comme si honorable et si utile pour la France, va enfin s'accomplir. Le mauvais temps nous avait retenus huit ou dix jours à Palma ; les allées et venues ont fait que nous arrivons seulement aujourd'hui en vue, à demi-portée de canon de Sidi-Ferruch. Déjà nous nous sommes salués avec messieurs les Africains. Ils n'ont point fait feu d'une batterie qu'ils ont sur la côte près de Sidi-Ferruch, ni de ce dernier endroit. Ils se servent de batteries placées à un quart de lieue, à une demi-lieue dans les broussailles. Il est quatre heures, et nous espérons débarquer ce soir. Ces gens-là ressemblent à de vrais sauvages, courent à cheval de droite et de gauche aux environs du rivage. Adieu, mon général ; je suis terriblement pressé. Il y a remuement pour les préparatifs de débarquement, chacun est à son poste. Je vous écris au milieu de tous ces bruits.

« Santé des troupes parfaite, esprit excellent. Il n'y a pas un seul malade à mon bord.

« Quel beau jour, mon général ! Tout est électrisé ! tout est grand ! tout est beau ! C'est aujourd'hui, le 13 juin, jour de la Fête-Dieu. Pouvait-on mieux choisir ? Bon vent qui nous promet prochain débarquement. »

Dans cette lettre au style brusque, saccadé, elliptique, où les mots courent, se précipitent sans s'attendre, on sent passer le souffle de guerre qui animait l'armée. Ces jeunes gens ont entendu le bruit de la trompette et s'écrient comme le

---

[1] Communiquée par M. le duc, alors marquis de Clermont-Tonnerre, ancien ministre de la guerre pendant l'administration de M. de Villèle, et auteur du rapport sur l'expédition d'Alger, dont nous avons reproduit des fragments.

DÉBARQUEMENT.

cheval dans la description de Job : « Allons ! » Ils vont par la pensée. Leur esprit et leur cœur sont déjà sur le rivage au milieu des combats. L'action qui va commencer dévore la parole et lui laisse à peine le temps de tomber sur le papier. La main serre la plume comme une épée. Puis, à la fin, un beau reflet de l'esprit des croisades, conservé dans cette famille chrétienne, vient mêler ses rayons à ceux de l'héroïsme moderne. La lettre, commencée avec une gaieté militaire, finit en s'élevant à la pensée de Dieu. Venger l'honneur de la France, voilà le premier sentiment de la lettre; offrir la victoire de la France à Dieu, tel est celui sous lequel elle se ferme.

Le soleil, en se levant, trouva l'armée prête à débarquer. La flotte occupait la baie ouest de Sidi-Ferruch en face de la plage qui, vue du bord, présentait l'aspect d'un amphithéâtre s'élevant lentement vers le sud-est. La pente méridionale de la colline, au sommet de laquelle s'élève le tombeau du marabout, apparaissait à gauche, avec ses accidents de terrain, formée d'un nombre infini de monticules d'un sable noirâtre, mouvant, presque impalpable, parsemé d'aloès, de lentisques et de plantes rampantes. De ce côté, non plus qu'au centre de la presqu'île, où pourtant ils avaient à fleur d'eau une batterie maçonnée, les Algériens ne s'étaient réservé aucun moyen de s'opposer à une descente. C'était à l'opposé de la colline, le long et en dehors de l'isthme, qu'ils avaient établi leur artillerie, à droite de la flotte, sur le premier gradin de l'amphithéâtre. Les bricks *la Bayonnaise, la Badine* et *l'Actéon*, mouillés dans la baie de l'est, étaient postés de manière à prendre à revers ces batteries de l'ennemi, tandis que *le Sphinx* et *le Nageur*, mouillés en face, attendaient le premier rayon du jour pour les attaquer de front, afin de protéger le débarquement. Les troupes étaient dans les chalands. Les deux premières brigades de la première division.

commandées par les généraux Poret de Morvan et Achard, devant descendre à terre les premières, étaient rangées en ligne et attendaient le signal. Les trois premiers bataillons de la brigade Poret de Morvan, formant l'avant-garde de l'armée, occupaient chacun huit embarcations, chaloupes ou chalands, qui faisaient face au rivage. Chaque embarcation était remorquée par un canot monté par douze rameurs, sous le commandement d'un officier de marine. Au centre, le 1er bataillon du 4e de ligne, à droite le 1er bataillon du 2e léger, à gauche le 1er bataillon du 3e de ligne. Un capitaine de frégate maintenait, autant que possible, l'alignement entre les remorqueurs. Au milieu du bataillon du centre, le général Poret de Morvan avait pris son poste de commandement. Là se tenait aussi le général Lahitte, commandant l'artillerie, avec son état-major, dans lequel se trouvait le capitaine Marey-Monge, nom d'avenir. La compagnie portant le drapeau du 2e léger était commandée par le capitaine Changarnier.

Les trois premiers bataillons de la brigade Achard étaient disposés de même.

A la petite pointe du jour, le signal, impatiemment attendu, est donné. Le canon tonne des deux côtés, les chalands s'avancent vers le rivage sous le feu de l'ennemi, auquel celui des bâtiments embossés répond ; à une certaine distance du littoral, on met des matelots dans l'eau, pour en mesurer la hauteur, et lorsqu'ils n'en ont plus que jusqu'à la ceinture, les capitaines font sauter leur compagnie à la mer ; marins, soldats, tous se jettent à la fois ; le colonel d'Armaillé donne l'exemple, malgré ses soixante-huit ans. En un instant le littoral est couvert de nos troupes, qui se forment promptement avec le plus grand ordre, sous le feu des batteries ennemies. Le fort de Sidi-Ferruch et la batterie de *Torre-Chica* (la petite tour) sont occupés, deux marins y arborent le drapeau blanc. A quatre heures et demie, la première division, commandée par le général Berthezène, était descendue avec huit pièces de campagne. A cinq heures et demie, la seconde division, commandée par le général Loverdo, commence son débarquement avec le reste de l'artillerie de campagne. A six heures et demie, le général en chef, qui, depuis la pointe du jour, était monté sur le canot amiral avec son état-major, aborde au rocher de la pointe de Torre-Chica, pendant que les chalands, chaloupes et canots, achèvent de mettre à terre les dernières compagnies, de la seconde division.

La première division était déjà formée par masse en bataillons et attendait ses ordres. Le général en chef commanda au général Berthezène de se porter en avant en pivotant sur sa gauche, pour débusquer l'ennemi qui, placé en dehors de l'isthme, sur les premières hauteurs de la rampe qui monte vers Alger, nous incommodait de son feu. Il était debout sur une dune et causait avec son chef d'état-major, le général Després, tout en suivant du regard le mouvement qu'il venait d'ordonner, lorsqu'un boulet vint tomber à ses pieds et le couvrit de sable, ainsi que tous ceux qui étaient à ses côtés. « Il fut aussitôt, dit un témoin oculaire [1], entouré par l'état-major général, qu'il rassura avec son sang-froid et sa bonté ordinaires. Ce mouvement précipité dut faire croire à l'ennemi que ses coups nous avaient été funestes, car les boulets se succédèrent à la même place avec une rapidité étonnante et une justesse remarquable. »

On n'avait pas eu le temps de débarquer un seul cheval, de

---

[1] *Campagne d'Afrique en* 1830, par M. Fernel, chef de bataillon attaché à l'état-major général de l'armée, page 36. (Paris, 1831.)

Nous trouvons le même fait mentionné dans une lettre écrite à M. le duc, alors marquis de Clermont-Tonnerre, par M. de Villaret-Joyeuse, capitaine de vaisseau. Cette lettre, écrite le 14 juin 1830, à bord de *la Provence*, porte ce qui suit : « D'après les rapports qui nous parviennent, cette première journée n'a pas coûté grand monde, mais peu s'en est fallu qu'au début, le même boulet n'enlevât le général en chef et l'excellent général Després. »

sorte que tout ce monde était à pied. Or l'état-major général était nombreux. Il se composait non-seulement des aides de camp du général en chef et de l'état-major proprement dit, mais des jeunes officiers de grandes familles qui avaient brigué l'honneur de faire partie de l'armée d'expédition, de plusieurs anciens officiers de mamelucks ayant qualité d'interprètes, de consuls français qui avaient habité le pays, et de volontaires russes, anglais, allemands, espagnols, représentant l'Europe auprès de l'armée française. Comme on ignorait quand les chevaux pourraient être débarqués, chacun portait un sac rempli de vivres et s'était équipé et armé à sa manière. Quelques-uns avaient leur manteau roulé autour du corps et des pistolets à la ceinture, d'autres des fusils de chasse. Il y avait là des savants qui ployaient sous le poids des livres et des cartes. Cette tenue peu correcte devenait le sujet intarissable de joyeuses plaisanteries, qui redoublaient chaque fois que les ordres du général en chef, se succédant avec rapidité, mettaient en mouvement un nouvel officier, obligé de courir dans le sable avec ses armes, sa tenue de cheval et sa charge de vivres.

Cependant le mouvement s'opérait. L'infanterie, s'avançant rapidement, poussait devant elle des groupes de cavalerie qui essayaient en vain de l'entamer. L'artillerie de campagne, construite sur le nouveau modèle, précédait partout nos colonnes en surmontant toutes les difficultés de terrain, et dispersait tous les groupes de cavalerie, de sorte qu'à partir de cette journée, sa supériorité sur l'ancien modèle demeura établie. Le général Poret de Morvan, à la tête de sa brigade, composée des 2e et 4e légers et 3e de ligne, débusqua rapidement l'ennemi de toutes ses positions et s'empara de ses batteries. « Charles de Bourmont, troisième fils du général en chef, continue l'officier plus haut cité [1], entra le premier

---

[1] M. Fernel, chef de bataillon attaché à l'état-major.
Nous trouvons, dans la lettre du général au ministre de la guerre,

dans une de ces batteries, accompagné du jeune Bessières, sous-lieutenant au 3ᵉ de ligne. Les généraux Achard et Clouet, à la tête de leurs brigades respectives, lièrent leurs mouvements à celui du général Poret de Morvan et prirent leur ordre de bataille, de sorte que le général Berthezène, une fois maître des positions ennemies, occupa avec sa division un arc de cercle dont la gauche s'appuyait à la mer et la droite se liait à la deuxième division. » En effet, les divisions Loverdo et des Cars, débarquées avec le même bonheur, avaient suivi le mouvement de la première division. A onze heures, le combat avait cessé, et l'ennemi fuyait de toutes parts, en laissant dans nos mains treize pièces de canon et deux mortiers.

Ainsi le premier pas de notre armée sur la terre d'Afrique était un succès. Ce débarquement, pour lequel le vice-amiral Duperré demandait un mois quand son esprit, ouvert aux objections de la théorie, mesurait de loin les difficultés, son habileté pratique, aux prises avec elles, l'avait exécuté en quelques heures. De quatre heures du matin à midi, le dé-

---

sous la date du 17 juin 1830, des détails précis sur la journée du 14 juin : « Lors du dernier rapport que j'ai eu l'honneur d'envoyer à Votre Excellence, dit le général en chef, ceux des lieutenants généraux ne m'étant pas encore parvenus, je n'avais pu évaluer que d'une manière approximative les pertes que nous avons éprouvées dans la journée du 14. 32 hommes ont été tués ou mis hors de combat, un officier a été blessé légèrement. Les régiments de la brigade Achard sont ceux qui ont le plus souffert. Le général Berthezène cite, comme s'étant particulièrement distingués, MM. Delaure, capitaine de voltigeurs du 4ᵉ léger ; Clouet, capitaine de carabiniers au même régiment ; Bèche, sous-lieutenant du 2ᵉ léger; Bellecart, capitaine au 32ᵉ de ligne ; Abadie, capitaine au 37ᵉ de ligne. MM. Bessières, sous-lieutenant au 3ᵉ de ligne, et Charles de Bourmont, aide-major dans le même régiment, sont entrés les premiers dans une des batteries ennemies. Le soldat Cermi, au 14ᵉ de ligne, a été blessé et renversé par un boulet qui avait tué son chef de file, et s'est relevé en criant · *Vive le roi !* »

Documents communiqués par la famille du maréchal de Bourmont.

barquement des trois divisions de l'armée et de son artillerie de campagne avait été opéré, l'ennemi débusqué de ses positions. Nous étions maîtres de la plage.

« Nos soldats, écrivait le général en chef, ont montré autant de sang-froid sur le champ de bataille que jusqu'alors ils avaient fait éclater d'enthousiasme. Nous avons perdu vingt hommes; aucun officier n'a été atteint. L'aspect du terrain en avant de la presqu'île répond parfaitement à la description qu'en a faite le colonel Boutin; il est sablonneux et légèrement onduleux; de fortes broussailles le couvrent dans presque toutes ses parties. La presqu'île est un rocher calcaire sur lequel s'élève un santon auquel les Espagnols ont donné le nom de Torre-Chica (petite tour). Elle est destinée à servir de place de dépôt pour nos approvisionnements de toute espèce. Le général Valazé y a tracé un retranchement qui aura peu de développement et dont la construction est déjà commencée. »

De son côté, le vice-amiral Duperré annonçait au ministre de la marine le débarquement de l'armée et l'heureux début des opérations militaires. *Le Sphinx* porta en France ses dépêches et celles du général en chef. Le commandant de la flotte écrivait ce qui suit : « La Providence a favorisé d'un succès complet les premières opérations de l'entreprise glorieuse ordonnée par Sa Majesté ; le pavillon du roi flotte sur le fort de Sidi-Ferruch et la tour de Torre-Chica. Parti de la baie de Palma le 10 de ce mois, avec la flotte sous mon commandement, dont j'étais parvenu à rallier les éléments séparés par les mauvais temps qui l'avaient assaillie en vue de la côte d'Afrique, pour la première fois le 31 du mois dernier, je l'ai abordée de nouveau le 12 au matin. De forts vents d'est-nord-est et une grosse mer m'ont forcé une seconde fois à prendre le large en conservant la flotte ralliée. Hier matin 13, le vent était encore frais de la partie de l'est, mais la mer était peu houleuse. Ce premier moment de répondre à la confiance de Sa Majesté m'a paru propice ; je l'ai saisi... Ce matin, à quatre heures et demie, la première division de l'armée a été mise à terre avec huit pièces de campagne sous le feu de l'artillerie ennemie qui a produit peu d'effet. Un marin de *la Surveillante* a eu la cuisse emportée[1] ; M. Dupont, lieutenant de vaisseau, a reçu une forte contusion par un boulet mort. Il ne m'est parvenu aucun autre rapport. L'artillerie des corvettes, placées dans l'est de Torre-Chica, a été bien servie et d'un bon effet sur les batteries ennemies ; deux matelots, en sautant à terre, ont arboré le pavillon du roi sur le fort et la tour. A six heures, la seconde division et toute l'artillerie de campagne était à terre ; à six heures et demie, le général en chef a débarqué à la tête de ses troupes ; il a exécuté de suite un mouvement pour tourner les batteries de l'ennemi, qui ont été enlevées après diverses attaques contre des masses de cavalerie. L'armée était entièrement débarquée vers midi ; elle occupe les hauteurs qui sont en avant de la presqu'île, et le quartier général est établi à Torre-Chica ; munitions, vivres, approvisionnements, etc., ont été débarqués, et l'opération va se continuer avec toute l'activité possible. La baie de Torre-Chica ou de Sidi-Ferruch offre à la flotte beaucoup plus d'abri que je n'osais l'espérer, bien qu'elle soit ouverte aux vents de l'est à l'ouest par le nord ; la tenue doit y être bonne, et les bâtiments doivent tenir sur leurs chaînes.

« Chacun a fait son devoir et s'estime trop heureux si le roi trouve que la marine a répondu à sa confiance[2]. »

[1] Ce marin se nommait François-Marie Guillevin ; il était matelot de première classe de Quiberon. C'était un Breton, un Morbihanais, qui recevait le premier boulet dans cette expédition française et chrétienne.
[2] Vaisseau *la Provence*, baie de Torre-Chica, le 14 juin 1830. Le vice-amiral commandant en chef de l'armée navale à Son Excellence le ministre de la marine. (Voir la *Vie de l'amiral Duperré*, par Chasseriau ; Annexes, page 458.)

Tandis que ces dépêches respirant la joie et la confiance partaient pour la France, l'aga-effendi, débusqué des hauteurs de Sidi-Ferruch, qu'il occupait avec plusieurs milliers d'hommes, envoyait, dans l'après-midi, un messager avertir le dey du débarquement des Français. Ils avaient détruit le fort de Sidi-Ferruch, disait le message, malgré la résistance opiniâtre des Turcs, et au moment du départ du courrier, vingt mille d'entre eux occupaient le rivage. Le dey répondit en envoyant à l'aga-effendi l'ordre de gagner les hauteurs de Staouéli, qui bornent et dominent la plaine de Sidi-Ferruch et de s'y maintenir à tout prix, en attendant les forces que les beys et les cheiks allaient lui amener : des courriers étaient en effet partis dans toutes les directions, on s'en souvient, depuis l'apparition de la flotte française devant Alger, et chaque jour, presque chaque heure, allait voir arriver les contingents d'Oran, de Constantine et de Titery. Le général algérien exécuta cet ordre. Il prit position sur le plateau de Staouéli, y dressa plusieurs batteries de canons de gros calibre, résolu à rester sur la défensive, ou du moins à ne point engager d'action décisive avant l'arrivée des renforts[1]. La position de Sidi-Ferruch forcée, et le débarquement effectué, Staouéli était la seconde position où l'on pouvait essayer d'arrêter notre marche vers Alger.

La nouvelle de l'heureux débarquement de notre armée sur la côte d'Afrique fut reçue avec acclamation dans la partie méridionale de la France qui regarde la Méditerranée ; mais elle fit à Paris moins d'impression qu'elle n'en aurait fait dans d'autres circonstances. Une opposition nombreuse et ardente était trop engagée dans la lutte pour ne point voir avec appréhension tous les événements de nature à donner au gouvernement de la confiance et de la force. Depuis le départ de la

---

[1] Relation de Pfeiffer, déjà cité.

flotte, la malveillance n'avait cessé de semer des bruits alarmants sur le sort de notre armée, et une crédulité passionnée les avait accueillis ; la nouvelle du débarquement, arrivée à Toulon le 17 juin au soir et transmise à Paris le lendemain 18 à quatre heures du matin [1], fit tomber pour un moment ces bruits, qui se renouvelèrent bientôt. Il y eut cependant de la joie parmi les nobles cœurs qui savent, à quelque opinion qu'ils appartiennent, sympathiser avec les événements utiles à la cause de l'humanité, de la justice, et à celle de leur pays. Le roi, qui avait tant de sujets de tristesse et d'appréhension à l'intérieur, qui voyait grandir les difficultés sous les pas d'un ministère plus propre à les provoquer et à les aggraver qu'à les dénouer ou à les surmonter, malgré ses bonnes intentions, apprit avec bonheur ce premier succès de ses armes. Il lui semblait que la satisfaction donnée à l'honneur français désarmerait l'opposition, et que la Chambre nouvelle, sortie d'élections accomplies au bruit de nos succès en Afrique, serait plus conciliante que la Chambre précédente [2].

---

[1] Le 18 juin 1830, le directeur du télégraphe de Toulon écrivait au général commandant en chef la lettre suivante : « Général, votre dépêche télégraphique, datée de Sidi-Ferruch le 14 juin, m'a été remise hier au soir à huit heures ; je l'ai transmise ce matin, par le télégraphe, à quatre heures. Les excellentes nouvelles que vous avez consignées étaient attendues avec une grande impatience ; elles ont calmé bien des inquiétudes et fait taire bien des bruits alarmants que la malveillance répandait sur le sort de l'expédition. »
Documents communiqués par la famille du maréchal de Bourmont.

[2] Nous trouvons dans les lettres et les documents qui nous ont été communiqués par la famille du maréchal de Bourmont une lettre du contre-amiral de Martineng, préfet maritime de Toulon, écrite à la date du 25 juin 1830, et qui contient le passage suivant, au sujet de la nouvelle de la bataille de Staouéli : « Profitant de la latitude que vous avez bien voulu me donner, j'ai fait demander au directeur du télégraphe une copie de la dépêche qu'il était chargé de transmettre à Paris. Au moment où elle m'est parvenue, je me trouvais au collège d'arrondissement, au

Le baron d'Haussez, qui vint apporter cette bonne nouvelle au roi, fut témoin de sa joie, et il reçut l'ordre de se rendre immédiatement auprès de M. le Dauphin, puis auprès de MADAME, duchesse de Berry, pour leur faire partager le bonheur de leur père. Le baron d'Haussez raconte d'une manière fort piquante l'accueil d'une bienveillance un peu brusque qu'il reçut de M. le Dauphin, qui se promenait, malgré une pluie d'orage, sous l'allée des marronniers, en face du cabinet du roi, et le charmant accueil qu'il reçut chez MADAME, duchesse de Berry : « Admis chez Madame la duchesse de Berry, dit-il, je la trouvai dans son parterre, occupée à tailler des rosiers. Sa robe était relevée avec des épingles ; une de ses dames, la comtesse de Noailles, tenait sur sa tête un parapluie, qui semblait ne l'avoir qu'imparfaitement abritée. « Voilà M. d'Haussez, s'écria la princesse, je suis sûre qu'il « vient m'annoncer une bonne nouvelle ! — Votre Altesse « Royale a deviné l'objet de ma visite : l'armée a débarqué « le plus heureusement du monde. — Je m'en veux bien « d'avoir une main de jardinière, j'aurais eu du plaisir à la « mettre dans la vôtre. — J'ose supplier Votre Altesse Royale « de ne pas me refuser une faveur si précieuse. — Tenez, » me dit-elle ; puis elle ôta son gant et me donna sa main à baiser. » M. d'Haussez termine par une dernière réflexion cette gracieuse idylle, jetée au bas d'une des belles pages de notre histoire : « MADAME est tout entière dans cet accueil, avec cette saillie de cœur toujours prête à éclater. »

C'est ainsi que, dans leur palais de Saint-Cloud, dont les bonnes nouvelles désapprenaient le chemin, les Bourbons se

milieu des débats d'une affaire électorale, et lorsque j'en ai donné connaissance, elle a été accueillie aux cris répétés de : *Vive le roi!* L'enthousiasme était à son comble, aussi nous avons obtenu un candidat royaliste à une grande majorité. Cette nouvelle, ayant été publiée à la ville et dans les théâtres, y a été accueillie avec les mêmes transports. »

réjouissaient des premiers succès de notre armée, gages heureux d'un succès plus décisif. Là les yeux, les oreilles, les esprits et les cœurs étaient tournés vers l'Afrique, d'où il semblait que viendrait le salut de la monarchie sous la forme d'une victoire.

LIVRE SIXIÈME

CAMPAGNE D'AFRIQUE, PRISE D'ALGER.

I

SIDI-FERRUCH. — STAOUÉLI.

L'armée avait conquis sa place sur le rivage. Elle était à un peu plus de 5 lieues d'Alger. Le territoire qui l'en séparait n'avait rien d'uniforme et pouvait être divisé en portions bien distinctes. Du littoral jusqu'à Staouéli, c'est le Sahel, la plage, le maquis indéfini, inhabité. Un peu au delà, vers Sidi-Khalef, commençait la banlieue d'Alger. C'est le Fhas, contrée verdoyante, accidentée, montagneuse, couverte de jardins, de haies, de maisons de campagne, entrecoupée de ravins profonds, boisés et presque impraticables, et habitée par une population de Turcs, de Maures d'origine andalouse, et de Koulouglis. Le terrain monte par une pente très-douce de la presqu'île de Sidi-Ferruch jusqu'à Sidi-Khalef, car la presqu'île est à 20 pieds au-dessus de la mer, et Sidi-Khalef, situé à 9,000 mètres de ce point à vol d'oiseau, n'est qu'à 154 pieds au-dessus de son niveau. Mais, à partir de Sidi-Khalef, la pente devient beaucoup plus abrupte. En avançant de 2,800 mètres de Sidi-Khalef vers Alger, on se trouve à 280 mètres au-dessus du niveau de la mer. Le Sahel et le Fhas sont traversés par plusieurs petits cours d'eau. Le premier, avec son terrain presque nu, sablonneux, légèrement onduleux, couvert de broussailles peu élevées et accidenté seulement par quelques ravins peu profonds, prête au développement de la cavalerie. Le second semble un théâtre mieux disposé pour l'infanterie et convient à une guerre de chicane.

Le moment de marcher en avant n'était pas encore venu. Il fallait attendre le débarquement du matériel et assurer à l'armée une position fortement retranchée. Aussitôt après le débarquement, le génie, sous la direction du général Valazé, commença des ouvrages qui, fermant à la gorge la presqu'île de Sidi-Ferruch, devaient la transformer en camp retranché.

Le commandant en chef, averti par l'issue funeste des expéditions précédentes, avait résolu d'asseoir fortement la position de l'armée, d'assurer ses communications avec la mer, de ne laisser rien au hasard pour lui garantir les vivres et les munitions. L'eau qui, suivant des prévisions alarmistes, devait manquer, abondait sur le rivage, et on l'avait rencontrée partout de 2 à 5 mètres de profondeur[1]. Dans sa

---

[1] On lit dans un rapport du maréchal de camp Valazé, portant cette date : *Depuis le débarquement jusqu'au 25 juin inclusivement*, et adressé au général en chef : « Les mineurs, dès leur installation dans leur camp, ont creusé des puits pour leur usage particulier ; ils se sont servis pour coffrages de quelques bois de démolition, de caisses d'emballages. L'eau a été rencontrée à 4 ou 5 mètres. Ce succès a donné l'idée d'envoyer un détachement de mineurs dans les positions occupées par les deux premières divisions, pour y procurer de l'eau, s'il était possible. D'anciens puits comblés ont été nettoyés ; de nouveaux ont été creusés, et les divisions ont trouvé près d'elles l'eau qu'elles allaient

prévoyante sollicitude, l'administration avait emporté avec elle des sondes artésiennes [1], qui demeurèrent ainsi inutiles.

Le soir même du débarquement, le lieutenant-colonel du génie Dupau reconnut le terrain le plus convenable pour établir la ligne des retranchements, qui fut immédiatement tracée ; le lendemain 15 juin, les chefs de bataillon Chambaud et Vaillant firent commencer les travaux. Ils marchèrent rapidement. Dans son rapport au général en chef, le maréchal de camp Valazé exposait ainsi leurs progrès du 15 au 18 juin : « Le tracé, quoique fait rapidement, s'est trouvé appliqué à la localité, de façon à ce que le terrain en avant se trouve entièrement soumis aux vues de la fortification et, les différents massifs saisissant les petites éminences que présentent les dunes, il en est résulté une grande économie dans les remblais. Quelques cavaliers ont été établis en arrière des parapets, particulièrement aux deux extrémités ; ils sont destinés à renforcer les points qu'ils occupent, à fouiller quelques plis de terrain et à masquer aux vues de la campagne quelques parties de l'intérieur du camp retranché. La fermeture de la plage, aux deux extrémités, a dû fixer notre attention. Un parapet a été pratiqué en retour, le long de chaque plage. On a fait, un peu en arrière, des coupures communiquant avec la mer. La marine a promis quatre bateaux génois pour en échouer deux de chaque côté, dans le prolongement des coupures ; ils seront armés de petits canons et compléteront la fermeture. Enfin des batteries, établies en arrière sur quelques points culminants des dunes, flanqueront ces branches

---

chercher au loin, et en quelques endroits en faisant le coup de fusil avec les Bédouins. Depuis, un grand nombre de puits et d'abreuvoirs ont été établis dans la presqu'île. »

Pièces et documents communiqués par la famille du maréchal de Bourmont.

[1] *Précis historique et administratif*, par le baron Denniée.

en retour et mettront ces points en équilibre de résistance avec tout le reste de la ligne.

« Nous attendons avec impatience l'arrivée des palissades pour en garnir tout le fond des fossés. On commencera par les environs des portes et par les deux extrémités le long des plages avec les coupures. Ce dernier palissadement est très-essentiel; aussi, dans le cas où les palissades n'arriveraient pas encore, on y a fait conduire des chevaux de frise que l'on disposera en ligne.

« Comme on suppose que le retranchement ne sera pas attaqué par le canon, on n'a donné, terme moyen, que 1^m 60 d'épaisseur au parapet. La mauvaise nature du terrain, qui est presque tout sable, a forcé d'avoir recours, pour les revêtements des talus intérieurs, à des couches de broussailles mélangées avec la terre : ce moyen a très-bien réussi. On l'a aussi employé pour quelques portions du talus extérieur, là où le terrain plus mauvais faisait craindre des éboulements.

« Telle a été d'abord la principale occupation du corps du génie depuis son débarquement; les officiers de l'état-major, indépendamment des deux chefs de bataillon qui ont toujours été de service, s'y sont succédé en commençant, quatre par quatre, nuit et jour ; nos troupes ont fourni tout le monde dont elles pouvaient disposer. Elles ont été aidées par des détachements de la ligne dont la force a varié de 600 à 2,000 hommes. C'est principalement la troisième division, commandée par M. le duc des Cars, qui les a fournis, avec une exactitude et un empressement qui n'a pas peu contribué à faire avancer les travaux. »

Le premier jour on avait éprouvé quelque difficulté à obtenir des soldats de la troisième division un travail auquel ils n'étaient pas habitués. Mais il suffit à leur général, pour leur donner toute l'activité désirable, de les avertir par un ordre du jour que, « si les travaux n'avançaient pas plus vite, les troupes de la troisième division seraient privées, pendant plusieurs jours, de l'honneur de repousser l'ennemi [1]. » A partir de ce jour, 1,500 travailleurs, relevés de six heures en six heures par un nombre égal, poussèrent vivement les travaux. En outre, le commandant de la troisième division mit 500 hommes à la disposition de l'intendant en chef pour aider au débarquement du matériel. Ce service ne fut interrompu que dans les occasions où la troisième division dut prendre les armes pour fournir des réserves aux deux premières divisions engagées contre l'ennemi.

On avait fait de prime abord dans le camp retranché la division du terrain, et marqué le quartier de chaque service. Dès le 15 juin, on commença à opérer le débarquement d'une portion de vingt jours de vivres et d'une partie du matériel du premier convoi. Des fanions de diverses couleurs, placés à quelque distance du rivage, indiquaient l'emplacement où les barils, les caisses et les ballots s'amoncelaient, selon la nature des denrées. Un pavillon rouge avec deux canons en croix indiquait l'endroit où les munitions de guerre devaient être portées.

« Comme le personnel de l'administration était alors fort peu nombreux, dit l'intendant en chef de l'armée baron Denniée, le général Valazé me donna des ouvriers du génie pour hâter l'installation de douze fours en tôle, et pour commencer la construction d'une manutention de huit fours en briques de cinq cents rations. Au surplus, le bon esprit qui animait l'armée offrait cela de remarquable que, concourant tous à un but commun et y apportant un désir égal de succès, l'artillerie, le génie et l'administration s'entr'aidaient réciproquement. En effet, dès le 16 juin, je mis à la disposition du

---

[1] Ordre du jour du 15 juin 1830, au camp de Torre-Chica. (Journal militaire, communiqué par M. le duc des Cars.)

général Lahitte quelques toises de hangars des hôpitaux pour abriter les poudres. Cet accord, cette harmonie, n'ont pas été un seul instant altérés, et plus d'une fois ·dans la campagne l'administration en a recueilli de précieux avantages. Le 16, on commença à donner du pain frais, et le 17 les distributions régulières eurent lieu, quoique nous n'eussions pas encore à terre la totalité des vingt jours de vivres[1]. »

L'armée occupa, en avant du camp retranché, les positions dont elle s'était emparée le 14 juin. Le général Clouet, qui avait poursuivi le plus longtemps l'ennemi, l'avait rejeté au delà de l'Oued-el-Bagrass. Notre gauche se trouvait accoudée sur la baie de l'est ; le centre était au mamelon qui domine les deux routes d'Alger ; la droite, à l'extrémité du plateau. La première division, commandée par le général Berthezène, formait la gauche et le centre ; la deuxième division, commandée par le général Loverdo, formait la droite ; la troisième division, sous les ordres du général des Cars, occupa le camp retranché ; sa troisième brigade seulement s'établit en dehors des retranchements que l'on construisait, de manière à couvrir les approches de la place de dépôt. Pour assurer les communications de l'armée, le génie exécuta, en même temps que le camp retranché, une route qui reliait la position occupée par la troisième division à celle qu'occupaient les deux premières. Pour établir cette route d'une largeur de 6 mètres, le génie avait rasé les broussailles, nivelé le terrain sur un grand nombre de points et comblé les ravins ; il fallut, pour raffermir le sol sablonneux qu'on eut à traverser, mélanger en plusieurs endroits les broussailles avec le sable.

Pendant que ces travaux s'exécutaient, l'armée se gardait militairement, en attendant que les progrès du débarquement du matériel lui permissent d'avancer. Les premiers bivouacs

[1] *Précis historique et administratif.*

PREMIÈRES OPÉRATIONS DE L'ARMÉE.

furent rudes. La fraîcheur humide des nuits parut aller au delà de ce qu'on en avait dit. L'ennemi montra environ 4,000 fantassins et 6,000 cavaliers tous armés de fusils, troupe incapable de tenir en ligne, mais redoutable dans les escarmouches et habile à faire la guerre d'embuscades et de surprises, surtout contre une armée dénuée de cavalerie, car on n'avait pu encore débarquer les chevaux. Dans les précautions qu'exigeait cette guerre nouvelle, on alla peut-être jusqu'à l'excès. Durant ces premières nuits, notre infanterie resta sous les armes, formée en carrés ; un rang de soldats assis sur leurs sacs, un debout, un couché. Sur trois hommes, il n'y en avait qu'un qui dormît. Il y eut, dans la nuit même du débarquement, une vive alerte vers une heure du matin : on crut à une attaque générale, parce que quelques tirailleurs s'étaient rapprochés des avant-postes ; les soldats tirèrent sans ordre. Une confusion assez grande s'ensuivit. Il fallait faire l'apprentissage de cette guerre nouvelle que nous ne connaissions pas, guerre excellente pour former des soldats doués de qualités individuelles précieuses, joignant la fermeté à l'ardeur, l'inspiration au sang-froid.

Dès le second jour, c'est-à-dire le 15 juin, toute l'artillerie de campagne était débarquée. On en profita pour écarter les tirailleurs ennemis qui, en rampant comme des serpents, se glissaient à travers les broussailles, arrivaient à une très-petite distance de nos bivouacs, et atteignaient de leur feu un certain nombre d'hommes. Les obusiers surtout, qui jetaient des obus au milieu des groupes de cavalerie, dès leur apparition dans le Sahel, produisirent un grand effet moral sur les Arabes, et les rendirent moins hardis à s'approcher de nos campements. Les fusils de rempart, dont la portée est très-grande et au tir desquels le général Lahitte avait exercé les artilleurs pendant leur séjour à Toulon, concoururent au même but. Ce brave et brillant général semblait se multiplier pour être partout à la fois; impatient de montrer la supériorité du nouveau matériel sur l'ancien, il parvenait avec ses pièces aux avant-postes, en traversant les terrains les plus difficiles. Enfin, pour protéger notre infanterie contre les attaques d'une cavalerie nombreuse, hardie, rapide et presque insaisissable, on essaya de couvrir le front des tirailleurs d'une ligne de hérissons : c'étaient des faisceaux de lances, assemblées et fixées solidement par des chevilles, et un anneau en fer, qui formaient un rempart mobile. Cet emprunt fait aux souvenirs de l'armée d'Égypte réussit peu et fut abandonné. Des deux côtés, on se tâtait avant d'en venir aux engagements sérieux. Les Arabes, étonnés de nos longues lignes qui se meuvent ensemble, habitués qu'ils étaient à combattre sans ordre et avec leur initiative individuelle, cherchaient à deviner notre manière de faire la guerre, et nous apprenions la leur. C'étaient de continuelles escarmouches, des combats d'avant-postes, des pointes impétueuses suivies de retraites rapides avec des retours offensifs. Les Arabes ne faisaient pas de prisonniers. Tout soldat qui s'écartait ne reparaissait plus. Ses camarades trouvaient son corps sanglant et mutilé; le tronc seul restait, la tête avait été portée au dey qui, les premiers jours du débarquement, payait de 200 à 250 francs ce sinistre trophée [1], de sorte que le fanatisme musulman était encore excité par l'attrait de la cupidité. Un peu plus tard, et quand cette sanglante denrée devint plus commune, le barbare réduisit à 50 francs ce tarif de primeur. Cette manière sauvage de faire la guerre devait accoutumer nos soldats à une vigilance constante et à une discipline exacte; mais, en attendant, elle les exaspérait et les disposait, à leur tour, à n'accorder aucun quartier.

Telle était la situation des deux armées le 16 juin 1830

---

[1] Relation de Pfeiffer.

au matin. Nos troupes restaient établies dans les positions dont elles s'étaient emparées en avant de Torre-Chica, où le général en chef avait établi son quartier général. La presqu'île se convertissait en place d'armes. Le débarquement des vivres, des munitions, du matériel, continuait avec une admirable activité. Le temps, qui était favorable depuis le débarquement, se gâta dans la nuit du 15 au 16 juin; à huit heures du matin, il devint orageux [1]. Le tonnerre gronda avec force; des grains violents se succédèrent jusqu'à onze heures environ. Dans un instant la mer devint monstrueuse; les lames croissaient à un tel point, qu'un navire du convoi, tirant 15 pieds d'eau et mouillé par vingt, talonna et démonta son gouvernail. « Si ce temps s'était prolongé deux heures de plus, disait l'amiral Duperré dans son rapport, la flotte était menacée d'une destruction peut-être totale. Le vent a sauté du nord-ouest à l'est, et aussitôt la mer a tombé. Le mal s'est borné à un gouvernail démonté par la gabare *la Vigogne* [2], que j'ai fait retirer des lames au milieu des grains, et trois navires du convoi ont éprouvé la même avarie; mais la leçon a été effrayante pour tout le monde, à terre comme à la mer. »

A terre, les inquiétudes furent grandes. Il n'y avait que quinze jours de vivres de débarqués, les pièces n'avaient que deux cent vingt coups chacune à tirer [3], et les grands approvisionnements de munitions étaient à bord, comme la plus grande partie des chevaux de trait et le matériel nécessaire pour le siége. La flotte portait la victoire, peut-être le salut de l'armée. Aussi tous les regards se tournaient-ils avec anxiété

---

[1] Pour le récit de la tempête du 16 juin, nous suivons la version du vice-amiral Duperré. Voir son rapport au ministre de la marine, à la date du 17 juin 1830. *Vie de l'amiral Duperré*, par Chasseriau; Annexes, page 441.
[2] Elle était commandée par M. de Sercey.
[3] Rapport du général en chef.

vers la mer pendant cette tempête. Vu du rivage, le spectacle qu'elle offrait avait quelque chose d'effrayant. Le vent poussait à la côte. Des torrents de pluie inondaient le camp ; les plus gros bâtiments chassaient sur leurs ancres ; les navires du commerce, moins en état de lutter contre la fureur des vagues, semblaient menacés d'une perte prochaine, et les bateaux-bœufs disparaissaient sous la lame. Les soldats étaient inquiets de ce qu'ils voyaient ; les officiers plus érudits étaient en outre tourmentés par le souvenir du désastre de Charles-Quint, dont les espérances, après un débarquement heureux, avaient été ainsi ruinées par une tempête, et la mémoire du passé ajoutait aux craintes du présent.

Dans ce péril, on n'oublia point la précaution prévoyante qu'on avait prise de donner de doubles enveloppes imperméables aux caisses et aux ballots, afin de les lancer à la mer si le mauvais temps empêchait les vaisseaux d'approvisionner l'armée. « Lancés à la mer avec une incroyable célérité, dit l'intendant en chef, les caisses de biscuits, les tonneaux de vin, d'eau-de-vie, de farine, de légumes, les ballots de foin, les sacs d'orge et d'avoine, vomis avec la vague, venaient échouer sur le rivage[1]. » Le baron Denniée ajoutait dans son rapport du 26 juin : « L'aspect de la plage offrait le plus triste spectacle ; tout était désordre et confusion, et cependant, à la fin du troisième jour, les approvisionnements, dont le rivage avait été jonché sur une étendue de plus de 2,000 toises, étaient classés en ordre dans l'enceinte du camp retranché. »

Ainsi la mer avait, pendant la tempête, continué, comme un serviteur soumis, le débarquement des approvisionnements que les embarcations ne pouvaient plus faire, et la prévoyance humaine s'était servie d'un obstacle comme d'un moyen.

[1] *Précis de la campagne d'Afrique*, par le baron Denniée, page 24.

Les 17 et 18 juin, on continua l'opération du débarquement. Le camp retranché ressemblait déjà à une ville pleine de mouvement, de bruit et de vie. Des constructions de toute espèce s'y étaient élevées comme par enchantement. C'étaient des baraques de feuillages, des cabarets, des guinguettes alignées au cordeau, parmi lesquelles on distinguait l'enseigne du *Pourvoyeur de Nantes*. Des hangars pour abriter les malades avaient été dressés avec des charpentes taillées d'avance et dont on n'avait eu qu'à rapprocher les morceaux ; comme il y avait peu de blessés et presque point de malades, l'intendant en chef avait pu prêter quelques-uns de ces hangars au lieutenant général Lahitte pour abriter ses poudres[1]. Tou était activité dans cette ruche militaire. Les fours y avaient été établis pour la cuisson du pain, les forges retentissaient sous le marteau, et l'alignement prolongé des caisses, des barils et des tonneaux formait des rues dans lesquelles on voyait circuler sans interruption les voitures qui transportaient l'immense matériel de l'armée.

Au dehors, jusqu'au 18 juin au soir, il n'y eut que des escarmouches. Cependant le feu était presque continuel. Les Arabes arrivaient sur nos avant-postes, de toute la vitesse de leurs chevaux, le corps penché en avant sur l'encolure pour donner moins de prise, s'arrêtaient à une petite distance, tiraient leur coup, puis, tournant bride, rejoignaient les leurs au galop. La longueur de leurs armes à feu leur donnait une supériorité de portée très-marquée sur nos fusils de munition. Ce ne fut qu'avec les fusils de rempart qu'on parvint à leur ôter cet avantage. Nos artilleurs, embusqués derrière des accidents de terrain ou de légers épaulements, prenaient le temps d'ajuster leurs adversaires, et faisaient de grands ravages dans leurs rangs. Ces engagements de tirailleurs, néces-

---

[1] Le général en chef disait dans son rapport du 17 juin : « L'état sanitaire est toujours satisfaisant, l'armée ne compte que cinq fiévreux. »

sairement amenés par le terrain accidenté et couvert de broussailles où nous opérions et par l'espèce de troupes qui nous étaient opposées, aguerrirent promptement nos soldats, à qui leur intelligence naturelle donne une aptitude merveilleuse pour ce genre de guerre. Malgré une chaleur de 28 degrés, augmentée pour eux par le poids de leurs sacs, de leurs vivres et de soixante cartouches, ils ne se démentirent pas un instant. Ces combats journaliers nous coûtaient de cinquante à quatre-vingts hommes ; la perte de l'ennemi, supposée plus considérable, ne pouvait être exactement évaluée, parce que les Arabes n'abandonnaient jamais un homme blessé ou tué sur le champ de bataille ; une corde attachée à la selle de leurs chevaux ou un bâton armé d'un crochet en fer leur servaient à entraîner ceux des leurs qui tombaient blessés ou tués. Ils aimaient mieux les avoir morts que de les laisser vivants dans les mains des chrétiens.

Au milieu de ces sanglantes escarmouches, on remarqua l'intrépidité insouciante des artistes français qui, comme à l'époque de l'expédition d'Égypte, avaient demandé à suivre nos drapeaux sur cette terre peu connue. On eût dit que le péril était pour ces vives imaginations un attrait de plus. Partout où il y avait un paysage à saisir, une scène militaire à retracer, un effet de lumière à surprendre, on était sûr de les rencontrer, et les coups de fusil n'étaient point un obstacle à ces études hardies, tant l'esprit militaire se confond naturellement avec l'esprit français. Là on voyait M. Langlois, à la fois officier supérieur de l'état-major et peintre de batailles, Gudin et Isabey, alors jeunes d'années, mais déjà maîtres dans leur art. Ils étaient les favoris de tous les bivouacs, les bienvenus de toutes les tentes ; et le prince de Schwarzenberg, ce vaillant volontaire qui n'avait besoin d'interroger personne pour savoir ce qui se passait aux avant-postes, emporta de ses rapports avec eux un long souvenir.

« L'ardeur de ces jeunes artistes, dit-il, les emportait jusque sous le feu des tirailleurs, et plus tard leurs tableaux témoignèrent, par la vérité de la couleur et l'exactitude de la reproduction, de l'expérience militaire qu'ils avaient acquise. Ces messieurs se distinguaient par le charme de leurs manières autant que par leur talent, dont le mérite était encore rehaussé par leur modestie [1]. »

L'immobilité forcée de l'armée française avait donné à l'armée algérienne le temps de réunir ses renforts et lui avait rendu la confiance. Dans la journée du vendredi 18 juin, plusieurs Bédouins, portant des bâtons surmontés d'étoffes blanches en signe de paix, se présentèrent aux avant-postes français. Ils venaient, disaient-ils, traiter pour leurs tribus, disposées à prendre l'engagement de se retirer dans leurs montagnes, pourvu qu'on leur promît de respecter la religion, les femmes, et de leur laisser la propriété de leurs troupeaux. Ce furent les généraux Loverdo et Munk-d'Uzer qui s'abouchèrent avec eux. Il était assez difficile de démêler si leurs propositions étaient sérieuses, ou si elles leur servaient de prétexte pour venir nous observer jusque dans notre camp. Quoi qu'il en fût, ils donnèrent à notre armée des renseignements importants. Des forces considérables étaient arrivées au camp de Staouéli. L'aga, gendre du dey, s'y trouvait avec les meilleures troupes de la Régence, l'infanterie des janissaires. Les beys de Titery et de Constantine l'avaient joint avec leurs contingents. On pouvait évaluer à 50,000 hommes les forces réunies sous son commandement.

Du reste, les Français étaient à portée de contrôler ces renseignements par leurs propres observations. Le camp de Staouéli, où se réunissaient les forces ennemies, était à moins d'une lieue de nos lignes. Des nuages de poussière soulevés

---

[1] *Ruckblick auf Algier*, par le prince de Schwarzenberg (Wien, 1837).

par les pieds des chevaux annonçaient, presque à chaque heure, l'arrivée de nouvelles troupes ; le nombre des tentes augmentait sensiblement. Dans la journée du 18 juin, on vit l'ennemi travailler avec beaucoup d'activité, entre Staouéli et nos positions, à des ouvrages en terre, évidemment destinés à être armés de batteries pendant la nuit ; on les distinguait parfaitement avec la lunette, et le 18 au soir, le lieutenant général Berthezène écrivait au général en chef pour le prévenir que les Turcs venaient de démasquer deux batteries en face du 20e de ligne [1]. Le général en chef ne pouvait se méprendre sur la portée de ces préparatifs. Il prévit qu'il serait attaqué le lendemain et prit toutes ses dispositions pour bien recevoir l'ennemi. Les généraux des deux premières divisions reçurent l'ordre de défendre leurs positions, mais sans se porter en avant.

Il faut ici se représenter exactement les positions des deux armées. L'armée française, qui n'avait que ses deux premières divisions en ligne, formait, en avant de la presqu'île, un arc convexe obliquement posé, le centre en avant, les deux extrémités de l'arc rentrant et venant s'appuyer, celle de gauche vers la baie de l'est, celle de droite vers la baie de l'ouest. Le général Berthezène occupait, comme on l'a dit, la gauche et le centre, et le général Loverdo occupait la droite dans l'ordre qui suit. A l'extrême gauche, la brigade Clouet,

[1] Nous avons sous les yeux l'original de la lettre du lieutenant général Berthezène, où nous lisons ce qui suit : « Un Arabe donne avis que les Turcs doivent nous attaquer le lendemain. Ce qui peut donner quelque vraisemblance à cela, c'est qu'ils viennent de démasquer deux batteries en face du 20e de ligne. Ces deux batteries changent entièrement la position de ce régiment ; il en serait écrasé, et je demande à Votre Excellence ses ordres. S'il faut évacuer la position, il vaudrait mieux le faire la nuit que demain matin et sous le feu de leurs batteries. Dans ce cas, où faudrait-il l'établir, ainsi que le 28e et le 37e, car celui-ci est aussi exposé que le 20e ? (Documents communiqués par la famille du maréchal de Bourmont.)

composée du 28ᵉ et du 20ᵉ, ainsi placés : le 28ᵉ, colonel Mounier, le plus voisin de la baie de l'est, sur les dunes, et à sa droite le 20ᵉ, colonel Horric, sur un petit mamelon ; sur le même mamelon, le 37ᵉ, colonel de Feuchères, de la brigade Achard ; le 14ᵉ, colonel d'Armaillé, de la même brigade, servait à relier la gauche au centre. Le centre était occupé par la brigade Poret de Morvan, ainsi disposée de gauche à droite : le 3ᵉ de ligne, colonel Roussel, le 1ᵉʳ bataillon du 2ᵉ léger, et le 1ᵉʳ bataillon du 4ᵉ, colonel de Frescheville, se reliant à la droite, formée des brigades Danrémont et d'Uzer, qui appartenaient à la division Loverdo, la brigade d'Uzer formant l'extrême droite de l'armée. Dans la baie de l'est, *le Sphinx* et le brick *le Griffon*, capitaine Dupetit-Thouars, appuyaient notre gauche, qui ne s'étendait pas tout à fait jusqu'à la mer ; dans la baie de l'ouest, le gros de la flotte couvrait notre droite. La troisième brigade de la seconde division formait la réserve, sous le commandement du général Colomb d'Arcines. Elle était placée derrière le centre, entre le camp de Sidi-Ferruch et l'armée.

Ces positions étaient inégalement fortes. La partie la plus faible de notre ligne était notre gauche appuyée sur la baie de l'est. Là le terrain était nu, découvert, légèrement ondulé, et commandé du côté de l'ennemi, dont nous n'étions séparés que par un ravin[1]. C'était là que la veille il avait établi une batterie de canon, et le général Berthezène avait à la hâte fait construire une redoute devant le 20ᵉ. Le centre était couvert par des plis de terrain, des retranchements, des épaulements et une redoute ; l'artillerie, les fusils de rempart, les fusées à la Congrève, tous les moyens de défense avaient été réunis sur ce point. A droite, notre position, assise sur une berge assez élevée, couverte d'un bois et en partie par l'Oued-

[1] Relation du général Berthezène.

el-Bagrass, dont les bords sont escarpés et fangeux, était forte.

Le plan des Turcs était de nous tourner par notre gauche, de nous couper de la presqu'île et de nous cerner en prenant à revers la vallée de Sidi-Ferruch, « plan vaste et bien conçu, mais trop fort pour des Turcs, » dit le général Berthezène, dont la division joua le rôle le plus actif dans cette journée. L'armée ennemie se forma donc comme un croissant aux ailes recourbées, qui débordait les deux ailes de notre ligne et qui, engageant fortement sa droite contre notre gauche, et refusant sa gauche tandis que nous refusions notre droite, devait porter son principal effort contre les brigades Clouet et Achard. Là combattaient la troupe la plus redoutable de la Régence, la milice turque, et le contingent du bey de Titery, fort de 7,000 hommes. Le centre de l'armée turque était couvert par quelques redoutes et quelques batteries.

La nuit du 18 au 19 juin avait été moins agitée que les nuits précédentes. L'ennemi se préparait. Le temps était calme, le ciel magnifique.

Le 19 juin, à la pointe du jour, l'armée algérienne s'avança vers nos positions, dans l'ordre qui vient d'être indiqué, le centre en arrière, les deux ailes en avant, en poussant de grands cris. Les feux des tirailleurs qui, irrégulièrement placés, occupaient quelques points culminants sur les contre-forts, s'étendirent bientôt sur tout le développement de nos avant-postes, et le canon, retentissant sur plusieurs points, annonça une affaire sérieuse. Les officiers, dépêchés au quartier général, par les lieutenants généraux Berthezène et Loverdo, évaluaient à 50,000 hommes les forces de l'ennemi : nous avions à peu près 20,000 hommes en ligne.

L'infanterie turque et le contingent de Titery firent leur attaque contre notre aile gauche avec beaucoup de résolution.

Le général Clouet attendait l'ennemi, qui croyait le surprendre. Il le reçut à cinquante pas par un feu de mitraille, le fit charger de trois côtés à la fois par le 20e et le mit en déroute. Nos soldats, animés par leurs succès, descendirent de leur mamelon et suivirent trop loin l'ennemi. Le général Clouet se trouva séparé de sa division; mais, comprenant l'inconvénient de tout mouvement rétrograde, il se maintint avec vigueur dans la position difficile qu'il avait conquise et attendit des renforts.

Pendant ce beau combat, l'ennemi, qui avait jugé, non sans raison, que notre point le plus faible était à l'extrême gauche, occupée par le 28e, qu'un ravin séparait de sa brigade, sortit tout à coup de derrière les dunes et dirigea contre ce point une formidable attaque. C'est là que les Turcs portèrent leurs plus grandes forces et que donnèrent les soldats de la milice, au nombre de quatre mille[1]. Ils chargèrent de front et en flanc le 28e, qui les reçut par une fusillade à bout portant. Les Turcs couvrirent la terre de leurs morts; mais ils ne reculèrent pas, et ils continuèrent leur attaque de front et de flanc avec une nouvelle furie. L'acharnement de cette attaque, la supériorité du nombre, l'épuisement des munitions, finirent par ébranler le 28e; on le vit, après quelques fluctuations, rompre les rangs et prendre sa course. Il ne resta autour du colonel qu'un petit nombre de soldats et, de la position qu'occupait la réserve du général d'Arcines, on voyait l'intrépide Mounier, à cheval, au centre de son petit bataillon, exhortant du geste et de la voix les braves qui l'entouraient à la défense du drapeau. Les Turcs environnaient de tout côté ce bataillon sacré, qui repoussait leurs attaques avec une inébranlable énergie, mais en perdant à chaque instant quelques-uns des siens. Les quarante hommes qui res-

---

[1] Récit de M. le comte Louis de Bourmont.

taient étaient tous blessés et combattaient à genoux; le colonel Mounier, atteint de trois balles, était encore à cheval.

Dans cet instant critique, le général d'Arcines, commandant la réserve, n'hésita point. Il ordonna au colonel Lachau de se porter, à la tête du 29e, au secours de notre gauche compromise et, comme il fallait se hâter pour arriver à temps, il s'élança lui-même à la tête d'une compagnie de voltigeurs, en précédant le secours qu'il amenait. Mettant son cheval au galop, il arriva le premier, accompagné d'un seul aide de camp, le capitaine Gotchick, au milieu de nos soldats en désordre, et les arrêta en leur annonçant les renforts dont il était suivi. Bientôt après, le 29e arriva. A la vue de ce régiment, le 28e se reforma de lui-même, et tous ensemble marchèrent résolûment à l'ennemi et dégagèrent le drapeau et le colonel. Le général d'Arcines fit battre la charge, prit l'offensive en imprimant un irrésistible élan à sa colonne, et par une charge à la baïonnette rejeta les Turcs dans le ravin. Dans cet instant, le général Clouet, s'élançant à la tête de sa brigade, tandis que le général d'Arcines suspendait son mouvement au bord du ravin, s'écria d'une voix retentissante : « 20e et 28e régiment, cessez le feu. Au pas de charge! à la baïonnette! » On ne tire plus, on marche, on déloge l'ennemi des buissons, des ravins, des roches; le parcours d'une lieue qui séparait la première position du 28e de la première position de l'ennemi est franchi, sans hésiter, au son de la musique et des tambours. Toute la division Berthezène se joignit bientôt à ce mouvement. *La Badine* et *le Griffon* qui, embossés dans la baie de l'est, n'avaient cessé, depuis le commencement de l'action, de soutenir notre gauche de leur feu, aidèrent puissamment ce retour offensif. Les troupes de la deuxième division qui avaient soutenu notre gauche s'étaient, on l'a vu, arrêtées sur le bord du ravin. Mais le général d'Arcines, ayant reçu l'autorisation du général en chef d'attirer à lui le second régiment de sa brigade, et ayant été renforcé par le 46ᵉ, que le duc des Cars lui avait envoyé sur un ordre venu du quartier général, franchit le ravin et continua son mouvement à l'extrême gauche, à peu près dans la zone parcourue par le général Clouet.

Dans ce moment de la journée, le centre avait facilement repoussé l'attaque beaucoup moins vive dirigée contre sa position par le contingent d'Oran, et la droite, dont la position était la plus forte, avait eu facilement raison du contingent de Constantine qui, vigoureusement chargé à l'instant où il s'était engagé dans le ravin de l'ouest, avait dû se retirer en laissant un grand nombre de morts sur le terrain.

Il était six heures du matin. Le 20ᵉ et le 28ᵉ de ligne couronnaient les hauteurs occupées au commencement de l'action par l'ennemi, rejeté un peu au delà de ses anciennes positions, et formaient une pointe en avant de toute l'armée. La division Berthezène, pour laisser la brigade Clouet moins isolée, avait dû enlever les mamelons intermédiaires Alors un feu de tirailleurs commença sur toute la ligne. Le général de Bourmont qui, depuis le matin, suivait les progrès de l'action du haut du marabout de Sidi-Ferruch, comme du haut d'un observatoire, arriva sur le champ de bataille. Son intention avait été, au début de la journée, de se borner à repousser l'attaque. Il était fermement résolu à ne point se laisser entraîner, quoi qu'il advînt, à une pointe sur Alger. La sagesse voulait qu'on n'arrivât devant la ville qu'avec les moyens d'ouvrir le siége ; or les bâtiments qui portaient le matériel n'étaient pas encore en vue ; il fallait, en outre, assurer les communications de l'armée avec la mer, c'est-à-dire relier au rivage, par une route, la position que nous occupions. Nulle chance de succès ne devait faire omettre ces deux points essentiels, auxquels le salut de l'armée et le sort définitif de l'entreprise étaient attachés. Cependant, sans y renoncer en aucune façon, lorsqu'il vit la tournure que prenait la première phase de la journée, l'attaque de l'ennemi repoussée sur toute la ligne, la première division fortement engagée dans une position offensive, l'ardeur de nos troupes, le mouvement de fluctuation des troupes ennemies ébranlées par un premier échec, et surtout les inconvénients d'un tiraillement qui nous faisait perdre du monde et qui enhardissait les Africains, le général en chef résolut de pousser plus loin son avantage et de s'emparer du camp de Staouéli.

Il fit venir le général Valazé et l'intendant en chef Denniée. « — Général, dit-il au premier, vous allez immédiatement ouvrir une route qui suivra notre mouvement. Vous avancerez à mesure que nous avancerons. Ce soir vous arriverez derrière nous à Staouéli. » Le général Valazé se fit apporter des jalons, et commença à poser lui-même, en courant à cheval, les premières indications de la route, que les soldats du génie ouvrirent sous ses yeux. « Monsieur l'intendant, dit alors le commandant en chef au baron Denniée, vous allez réunir tous les moyens de transport. Vous placerez ici vos fourgons attelés et chargés de munitions et de vivres, et vous arriverez ce soir au camp de Staouéli avec la route qu'on commence[1]. »

Ces dispositions prises, le comte de Bourmont expédia aux différents chefs les ordres nécessaires pour que l'armée prît l'offensive. Il prescrivit à la division Loverdo d'opérer une conversion qui le ramenât à la hauteur de la division Berthezène. Afin d'être en mesure de tourner l'ennemi en se lançant en avant, il rendit la brigade d'Arcines disponible et la mit en mesure de continuer à appuyer la division Berthezène, en ordonnant au général des Cars d'envoyer trois régiments pour prendre sa place et servir de réserve, et attendit que ces divers mouvements fussent exécutés. Le général Loverdo mit

---

[1] Détails communiqués par le comte Louis de Bourmont, aide de camp du maréchal.

de la lenteur à opérer son mouvement. Le commandant en chef lui envoya aide de camp sur aide de camp pour le presser[1]. Il n'était pas encore en ligne, quand le général en chef, placé au centre, donna le signal. Vers dix heures et demie du matin, notre ligne de bataille avait changé d'aspect. Nous formions un croissant. Les ailes marchaient toujours, forçant à la retraite les colonnes qui leur étaient opposées ; le centre, dirigé par le général en chef en personne et le général Berthezène, s'avançait sur les redoutes et les batteries ennemies[2].

Le retard qu'avait mis le général Loverdo à exécuter son mouvement ne fut pas sans inconvénients. L'initiative de l'attaque dut, à son défaut, être prise au centre de la ligne par la brigade Poret de Morvan, qui s'ébranla la première. Les brigades Danrémont et Munk d'Uzer, de la division Loverdo, qui formaient la droite, restèrent un peu en arrière du rang qu'elles auraient dû occuper dans ce mouvement offensif ; il en résulta que les échelons, au lieu d'être formés

[1] Le commandant en chef se plaint de cette lenteur dans un rapport que nous avons sous les yeux, et le général Berthezène constate le fait dans les lignes suivantes : « Ce mouvement, long de sa nature, fut retardé par quelques malentendus, et ensuite par les mesures de précautions que le commandant de la deuxième division crut devoir prendre. »

[2] « L'ardeur des troupes était telle, qu'il eût été difficile de la contenir, dit le comte de Bourmont dans sa relation officielle. Le moment décisif était venu ; j'ordonnai l'attaque des batteries et du camp ennemi. Les deux premières brigades de la division Loverdo, conduites par les généraux Danrémont et d'Uzer, marchèrent en avant. La troisième brigade, qui avait été détachée sur la gauche, suivit sous les ordres du général d'Arcines le mouvement du général Clouet. Trois régiments de la division des Cars s'avancèrent pour former la réserve. Il serait difficile de peindre l'enthousiasme que firent éclater les troupes lorsque le signal d'attaquer le camp eut été donné. Malgré les difficultés du terrain, l'artillerie, toute du nouveau modèle, fut constamment en première ligne ; son extrême mobilité dut contribuer puissamment à l'épouvante de l'ennemi. Le feu des batteries qu'avait construites l'ennemi en avant de son camp n'arrêta pas un moment nos troupes ; les huit pièces de bronze qui les armaient furent enlevées. »

par la droite, le furent par le centre, qui arriva bientôt à 200 mètres de la redoute des Africains. Le général Lahitte la battit avec son artillerie, et le général Achard reçut l'ordre de l'enlever. Le 14ᵉ se lança au pas de course, le 20ᵉ et le 28ᵉ abordèrent en même temps cet ouvrage, qui fut emporté en un clin d'œil [1]. Les ennemis lâchèrent pied au premier choc; mais, grâce au retard apporté par le général Loverdo, ils purent s'enfuir dans tous les sens, tandis qu'en suivant les intentions du commandant en chef on refoulait la gauche de l'ennemi sur le centre qui, attaqué par les échelons suivants, se retrouvait rejeté sur la droite, de sorte que cette manœuvre aurait pu acculer l'armée musulmane à la mer [2].

« Les Arabes, continue la relation officielle, avaient pris la fuite de toutes parts ; leur camp tomba en notre pouvoir ; 400 tentes y étaient dressées ; celles de l'aga d'Alger, du bey de Constantine et du bey de Titery sont d'une grande magnificence. On a trouvé une quantité considérable de poudre et de projectiles, des magasins de subsistances, plusieurs troupeaux de moutons et 100 chameaux environ, qui augmentent nos moyens de transport. Nos soldats coucheront sous les tentes de l'ennemi. »

Le général en chef avait traversé le camp de Staouéli et porté quelques bataillons en avant pour précipiter la fuite des vaincus. Il ne s'arrêta que lorsqu'il se fut assuré par ses yeux que les colonnes ennemies gagnaient en désordre et à la hâte les gorges qui conduisent au Boudjaréa. Le général Achard, s'acharnant avec le 14ᵉ à la poursuite des fuyards, arriva jusqu'au mont Caïourt, près de Sidi-Khalef, à 3,000 mètres

---

[1] Le lieutenant-colonel Langlois, peintre d'histoire, qui suivait l'armée comme artiste, entra un des premiers dans la batterie avec le 14ᵉ.

[2] Nous empruntons ces détails à M. Pélissier de Reynaud, qui assistait à cette affaire en qualité d'officier d'état-major. (*Annales algériennes*, t. Iᵉʳ, p. 45 ; 2ᵉ édition.)

en avant de Staouéli. La victoire était complète. Outre les 400 tentes, les munitions et approvisionnements trouvés dans le camp, l'ennemi nous laissait, pour trophées, des canons et des drapeaux. L'armée était dans l'ivresse d'un premier succès. Les troupes, se formant en bataille dans le camp, saluaient de leurs acclamations le général en chef, qui passait au galop devant le front des régiments. Un long cri de : *Vive le Roi!* s'étendait sur toute la ligne, et toutes les musiques faisaient retentir l'air de : *Vive Henri IV!*

Rien ne manqua au prestige de cette journée. Le général Valazé et le baron Denniée avaient ponctuellement exécuté les ordres reçus. Tout marchait à la fois, l'armée, les vivres et les munitions, et la route elle-même. Elle montait derrière nos soldats sur les crêtes, courait sur les plateaux, serpentait dans les pentes. Les chariots et les mulets rejoignaient les travailleurs qui, à peine leur œuvre terminée sur un point, s'élançaient au pas de course pour reprendre la tête des ateliers. Le chemin qui, d'après les instructions du général en chef, marchait derrière notre armée, arriva le soir même à Staouéli, et les fourgons, roulant à mesure que la route était construite, apportèrent aux vainqueurs des vivres frais pour les distributions du soir. Les Arabes ne pouvaient s'expliquer ce prodige. Le capitaine Louis de Bourmont, chargé de mener le jour même au camp de Sidi-Ferruch des voitures contenant un certain nombre de prisonniers, les entendait s'exclamer à la vue de cette route imprévue qui s'ouvrait sur un terrain le matin impraticable. Il demanda à un interprète ce qu'ils disaient. « Ils disent que les Français sont grands, et Dieu aussi, répondit l'interprète. — Demandez-leur pourquoi ils mettent les Français avant Dieu? reprit l'officier français. — Parce que Dieu n'a jamais fait pour nous ce que que les Français ont fait pour eux, » répondit un des prisonniers dont l'interprète traduisit la réponse.

Telle fut la journée de Staouéli, dans laquelle l'armée française, après s'être vigoureusement tenue sur la défensive au début, prit l'offensive à son tour avec un irrésistible élan. Le général Berthezène conduisit sa division, comme l'écrivait le général en chef au ministre de la guerre « avec le talent et le sang-froid qu'on attendait de sa vieille expérience[1]. » Il y eut de beaux traits d'intrépidité militaire dans ce combat. Trois voltigeurs du 37e[2], placé à l'aile gauche, avaient fait le serment d'enlever un drapeau aux Algériens. Ils se jetèrent tête baissée dans les rangs des Turcs. Les deux premiers furent blessés, et le troisième eut la poitrine traversée par une balle, mais il revint à l'ambulance enveloppé d'un drapeau ennemi[3]. C'est au moment où les Turcs attaquèrent avec une rare énergie les retranchements de la brigade Achard et de la brigade Clouet que ce fait d'armes eut lieu. Il y eut un épisode dramatique et touchant dans la même phase du combat. Quand le 29e (colonel de Lachau), de la brigade Colomb d'Arcines, marcha pour dégager le 28e, les deux chefs des deux régiments, les colonels de Lachau et Mounier, vieux compagnons de guerre qui avaient servi ensemble dans les vélites de la garde impériale, s'embrassèrent sur le champ de bataille, heureux du service rendu et reçu[4].

Lorsqu'ils eurent chassé l'ennemi de la position du 28e, nos soldats rencontrèrent un douloureux spectacle, les corps mutilés de leurs camarades tombés aux mains de l'ennemi, et gisants sur le sol, la tête coupée, le cœur arraché, les

---

[1] Rapport du 22 juin 1830.
[2] Colonel de Feuchères, brigade Achard.
[3] *Ruckblick auf Algier*, etc., par le prince de Schwarzenberg.
[4] Détails communiqués par M. Lepipre, officier au 29e, qui assistait à cette action. Le colonel Mounier fut tué par un enfant dans une des insurrections lyonnaises qui suivirent de près la Révolution de 1830. Il était digne d'inspirer à M. Alfred de Vigny la belle figure du capitaine Renaud.

entrailles dispersées. « Les femmes qui se trouvent toujours à la suite des tribus arabes, dit M. de Penhoen, montrèrent le plus de goût pour ces horribles mutilations. L'une d'elles fut tuée à côté d'un cadavre français dont elle venait d'arracher le cœur. Une autre s'enfuyait, portant un enfant dans ses bras quand, blessée d'un coup de feu, elle écrasa sous une pierre la tête de son enfant pour qu'il ne tombât pas dans nos mains. » Les cadavres des Arabes et des Turcs, parsemés çà et là, marquaient la place où ils avaient combattu. Ceux des Turcs étaient partout au premier rang. On en trouva cinq qui, forçant notre ligne, étaient venus se faire tuer ensemble au milieu des nôtres, comme si un serment les eût liés. Un d'eux était un jeune homme d'une figure admirablement belle et dont l'expression était si douce et si reposée qu'il paraissait endormi ; par un contraste frappant, on remarquait à ses côtés un vieillard aux membres musculeux, à la barbe blanche, dont la mâle figure respirait encore la colère et toutes les passions du combat. Ceux qui avaient été témoins de l'action racontaient qu'on avait vu ce vieux lion, blessé à la hanche, au bras, à la cuisse, et sur le point de tomber entre les mains des Français, rassembler ses forces pour s'enfoncer un poignard dans le cœur.

Le moment le plus vif de la bataille avait été celui de l'attaque de nos retranchements. Là les Turcs de la milice montrèrent beaucoup de résolution et de vigueur. C'est dans cette action que nous fîmes nos principales pertes. Quand nous prîmes l'offensive, les troupes irrégulières de la Régence ne tinrent pas devant le feu bien dirigé de notre artillerie et la marche franche et l'élan discipliné de nos colonnes. L'artillerie du nouveau modèle rendit de grands services dans cette journée. L'artillerie de montagne surtout fit des merveilles. Le lieutenant de la Marre, qui commandait deux pièces de 8 sur le front de la brigade Clouet, fit éprouver aux Turcs une perte considérable ; quatre coups de mitraille décidèrent leur fuite. Le capitaine Lelièvre, qui commandait sur la droite la batterie d'obusiers de montagne et qui fut très-bien secondé par le lieutenant en second de Kergorlay, ne contribua pas moins au succès de la division Loverdo. Les mulets destinés au service de cette batterie n'étant pas débarqués, l'ardeur des canonniers y suppléa ; ils portèrent les munitions et traînèrent les pièces à la bricole. Le lieutenant Vernier, qui depuis le 15 juin était attaché à la division Berthezène, marcha constamment avec des obusiers de 24 sur la ligne et même en avant des tirailleurs[1]. Cette artillerie de campagne, appelée à jouer un grand rôle dans les guerres de l'Algérie, datait de la première guerre d'Espagne ; mais elle avait été très-perfectionnée dans la campagne de 1823, et le général Valée, fortement appuyé par M. le Dauphin, l'avait fait adopter. Les pièces de montagne ont le calibre des boulets de 12 ; elles lancent des obus et peuvent tirer à mitraille. La pièce, l'affût et les roues se démontent pour être placés à dos de mulet, et se remontent avec facilité. Cinq minutes suffisent pour cette manœuvre. On comprend l'avantage que notre armée avait

---

[1] Le général en chef disait dans le rapport auquel nous empruntons ces détails : « Le général Berthezène cite avec éloge les colonels d'infanterie Feuchères, Horric et Mounier ; le colonel d'état-major marquis de Brossard, Trémaux, chef de bataillon au 37ᵉ de ligne ; Augis, chirurgien-major, et de Ruffo-Lafare, capitaine dans le même régiment ; Biré et Drogue, officiers du 24ᵉ de ligne ; Survicy, sous-lieutenant au 14ᵉ de ligne. Hans, soldat du 2ᵉ léger ; Rousselin, voltigeur du 37ᵉ, refusèrent, quoique blessés, de quitter le champ de bataille.

« Le général Loverdo recommande à la bienveillance du gouvernement : MM. Jacobi, colonel d'état-major de la deuxième division ; Aupick, chef de bataillon d'état-major ; Perrot et Riban, capitaines du même corps ; MM. les colonels Magnan, Léridan et Mangin ; Boutté, lieutenant-colonel du 6ᵉ de ligne ; Blanchard, capitaine de voltigeurs dans le même régiment ; Delacroix, capitaine de voltigeurs au 49ᵉ ; Lévêque, lieutenant de voltigeurs au 15ᵉ de ligne ; Darricau, sous-lieutenant au 48ᵉ ; Duchatellier, capitaine au 21ᵉ de ligne ; Lavagnac, lieutenant du 29ᵉ. »

tiré, tout d'abord, à Staouéli, de cette artillerie qui pénétrait dans une contrée impraticable à l'artillerie ancienne.

Dans le combat de Staouéli, très-vif au début, nous eûmes, d'après les rapports rectifiés, 530 hommes mis hors de combat, sur lesquels 57 morts et 473 blessés, qui reçurent immédiatement sous les vastes hangars préparés pour les recevoir, les soins les mieux entendus et les plus empressés. La perte principale pesa sur la première division qui, plus fortement engagée, eut à elle seule 44 morts et 344 blessés. Le 20e et le 28e, formant la brigade Clouet, placée à l'extrême gauche, et le 37e, l'un des régiments de la brigade Achard, furent ceux qui souffrirent le plus. On estima que la perte des Algériens s'élevait presque au décuple de la nôtre. L'aga des janissaires, gendre du dey, fut au nombre des morts. Quand, le soir de la bataille, on demanda aux prisonniers restés dans nos mains l'explication du peu de résistance qu'ils nous avaient opposée au moment où nous avions pris l'offensive : « Comment aurions-nous pu vous arrêter ? répondirent-ils, plus on vous envoie de balles et de boulets, plus vite vous avancez [1]. » Du reste, les Arabes ne comprenaient rien à notre marche en ligne. Ils crurent d'abord que nos soldats ne marchaient en ligne que parce qu'ils étaient liés les uns aux autres par le bras : le dey avait accrédité ce bruit [2].

Après la bataille de Staouéli, le général en chef publia l'ordre du jour suivant, portant la date du 20 juin 1830, et écrit au quartier général de Sidi-Ferruch :

« Les troupes de l'armée d'expédition, dans les journées du 14 et du 19 juin, ont répondu à l'attente du roi, et déjà elles ont vengé l'insulte faite au pavillon français. La milice turque avait cru qu'il était aussi facile de nous vaincre que

---

[1] *Campagne d'Afrique*, Fernel.
[2] Détails communiqués par M. le duc des Cars.

de nous outrager ; une entière défaite l'a désabusée, et c'est désormais dans l'enceinte d'Alger que nous aurons à la combattre. Déjà beaucoup d'Arabes retournent dans leurs foyers, d'où la terreur les avait seule arrachés. Bientôt ils reviendront pour nous vendre leurs troupeaux et porter l'abondance dans nos camps. Le général en chef rappelle à l'armée que les Arabes doivent y trouver un accueil amical, et que tous les marchés conclus avec eux doivent être exécutés consciencieusement.

« Les troupes de toutes armes ont rivalisé de dévouement. L'administration, par la sagesse de ses dispositions, par les soins qu'elle donne aux blessés, a aussi droit aux éloges.

« Le général en chef fera valoir auprès du gouvernement les services de tous. Il réclamera les bontés du roi pour ceux qui s'en seront rendus les plus dignes.

« Toutes les fois que l'armée a combattu, le feu des bâtiments du roi a appuyé ses mouvements et a puissamment contribué au succès que nous avons obtenu. »

Le lendemain de la victoire de Staouéli était un dimanche. On célébra la messe sur un autel improvisé dans le camp de Sidi-Ferruch, au pied de la hauteur que couronne le marabout. « Le grand palmier de la fontaine, dit un témoin oculaire[1], était comme une colonne de ce temple illimité, et le ciel en était la voûte. Ce sacrifice semblait sanctionner le retour de la civilisation sur cette plage. »

---

[1] M. d'Ault-Dumesnil.

II

SIDI-KALEF.

Les troupes étaient pleines d'espoir et d'ardeur. Plus que jamais elles tenaient pour certain le résultat de la campagne. Le succès conduit au succès par la confiance qu'il donne au vainqueur et l'épouvante qu'il jette au vaincu. Notre armée avait surmonté les premières difficultés du débarquement ; elle avait repoussé victorieusement une attaque générale de l'armée ennemie ; elle l'avait vaincue et s'était emparée de son camp ; elle occupait maintenant, à 2 lieues du rivage, la seconde position militaire qu'on rencontre sur la route d'Alger.

Staouéli ne ressemblait en rien aux lieux habités de l'Europe ; c'était un beau pays, célèbre par ses fontaines et l'abondance de ses eaux, ce qui engageait les Arabes à y dresser fréquemment leurs tentes ; mais on n'y voyait, sauf quelques ruines romaines, aucun vestige de construction. C'est à Staouéli qu'on entre vraiment en Afrique, comme le disait un des rapports envoyés au ministre de la guerre. Là d'immenses palmiers dont le fût s'élance d'un faisceau de palmes de 15 à 20 pieds, des massifs d'orangers, des groupes de figuiers et çà et là des touffes de lauriers roses interrompaient la monotonie du camp, dans lequel les tentes arabes étaient dispersées sans ordre. Les officiers érudits se mirent à la recherche du bois d'orangers indiqué sur la carte du chef de bataillon Boutin, et le trouvèrent sur la ligne extrême de nos avant-postes. Ce bois, situé dans un ravin profond, donnait une ombre rendue plus délicieuse encore par l'extrême chaleur des journées ; un ruisseau limpide le traverse et y entretient la fraîcheur, et des rosiers et d'autres fleurs odorantes, croissant dans ces beaux lieux, dont ils parfument l'atmosphère, contribuent à en faire une des plus charmantes oasis dont on puisse garder le souvenir. Malheureusement cette espèce d'Éden, qui attirait nos soldats, fut fatal à plusieurs d'entre eux ; il y eut en cet endroit plus d'une surprise, plus d'une tête coupée.

Les divisions Berthezène et Loverdo campèrent sur ce plateau, au point intermédiaire entre Sidi-Ferruch et Alger, attendant avec impatience l'ordre de se porter en avant ; le général en chef retourna à Sidi-Ferruch, afin de presser le débarquement du matériel du siége et d'entretenir des rapports plus faciles et plus prompts avec la flotte.

Tandis que la joie et la confiance étaient dans le camp français, les fuyards de Staouéli allaient porter leur épouvante à Alger[1]. Depuis le matin on attendait avec anxiété des nouvelles, car le bruit du canon et de la fusillade, qui retentissait depuis la pointe du jour, annonçait assez que la lutte avait commencé. A dix heures, un courrier arriva annonçant que l'armée algérienne, sortie de ses lignes, avait vivement attaqué l'armée française : des deux côtés on se battait avec acharnement ; mais le soleil ne se coucherait pas avant que les Français eussent été exterminés. Le dey fit au courrier, porteur de ces bonnes nouvelles, des présents magnifiques. Le message se répandit rapidement dans la ville. Les Algériens célébraient d'avance leur victoire. A onze heures, le bruit lointain de l'artillerie cessa tout à coup et fut remplacé par un silence de mort. Les habitants d'Alger crurent que notre armée était battue et que le massacre commençait ; le jeune captif auquel

---

[1] Nous nous servons ici de la Relation de Pfeiffer.

nous devons ces détails entendit plusieurs Algériens exprimer le vœu qu'on ne tuât pas tous nos soldats, mais qu'on en conservât quelques-uns pour les amener à Alger, leur couper les oreilles et les renvoyer ainsi mutilés au roi de France. Cette confiance dura jusqu'à deux heures environ de l'après-midi. Mais alors les fuyards commencèrent à arriver et apportèrent la nouvelle de la bataille perdue. Ils expliquaient la défaite des Turcs à leur manière. Au plus vif de la bataille, disaient-ils, quand la victoire allait se décider en faveur des musulmans, les Kabyles, irrités d'une injure qu'ils prétendaient leur avoir été faite par les janissaires le jour précédent, avaient tout à coup lâché pied, comme à un signal convenu, et s'étaient retirés sur leurs montagnes, en renversant tout sur leur passage. « Nous sommes vaincus! criaient-ils en courant; sauve qui peut! » Cette fuite, ces cris, avaient jeté le désordre dans l'armée algérienne; les Français avaient saisi l'à-propos de cet instant critique, leurs tambours avaient battu la charge, ils avaient rapidement gravi la hauteur de Staouéli aux cris de : *Vive le roi!* et rien n'avait pu, dès lors, résister à leurs baïonnettes. Tout avait fui. Les batteries turques, conquises par les Français, avaient été tournées contre les vaincus, dont elles avaient augmenté le désordre et précipité la fuite. L'armée algérienne, peu d'heures auparavant nombreuse et redoutable, n'offrait plus que des bandes errantes répandues dans la campagne. Les Arabes et les Kabyles avaient gagné les montagnes, et les Turcs et les Maures consternés rentraient dans Alger.

Telle est la version algérienne de la bataille de Staouéli, acceptée sans contrôle par le jeune captif. Comme il arrive souvent, les vaincus expliquèrent la perte de la bataille par une circonstance extraordinaire et fortuite : la défection des Kabyles. Que les Kabyles aient pu céder au ressentiment d'une injure en se retirant dans leurs montagnes après l'échec éprouvé par l'armée turque dans l'attaque des lignes rançaises, cela est possible; mais cette retraite n'occasionna point l'échec, elle le suivit. Les janissaires et les contingents arabes avaient été victorieusement repoussés quand notre mouvement offensif commença. La défection des Kabyles ne fut donc qu'un des incidents de la déroute, au lieu d'en être la cause. Du reste, on avouait que cette déroute avait été aussi complète que possible. Les Turcs ramenaient quinze cents blessés, mais ils déclaraient que, malgré leur habitude d'emporter ceux des leurs qui tombaient, ils avaient laissé un bien plus grand nombre de blessés, sans compter les morts, sur le champ de bataille. Les évaluations de notre état-major, qui portaient à 5,000 les hommes mis hors de combat dans leur armée, n'étaient donc point exagérées. Pour ces quinze cents blessés aucun secours n'était préparé. Il fallut que le jeune médecin allemand, qui se trouva seul chargé, en l'absence de tout autre homme de son art, de porter secours à toutes ces souffrances, improvisât tout. Appelé le 19 juin, à quatre heures de l'après-midi, par le ministre de la justice, pour être investi de ces fonctions, on lui adjoignit, sur sa demande, comme infirmiers, vingt et un barbiers juifs ou maures, auxquels il fut obligé de faire donner la bastonnade pour stimuler leur zèle et diminuer leur dureté. Le ministre de la justice lui envoya de vieilles toiles déchirées, dont on ne pouvait plus se servir pour en faire des tentes; il en fit des bandages. Sur les vingt et un infirmiers, qu'il faisait garder à vue pour les empêcher de s'enfuir, cinq seulement parvinrent à panser tant bien que mal les plaies, les autres furent employés à faire de la charpie. Quand, à dix heures du soir, le jeune médecin, harassé de fatigues, couvert de sueur, la tête pleine de vertiges, se retira, incapable de continuer son œuvre sans prendre quelque repos, les cris déchirants de plusieurs centaines de blessés auxquels il n'avait pu donner aucun soin le suivirent. Notez que dans la caserne où il avait fait réunir le plus grand nombre possible de ces malheureux, il n'y en avait que 860 ; on en avait répandu 700 autres dans plusieurs bâtiments. Il n'avait pas même pu voir ces derniers.

A la nouvelle de la défaite des musulmans à Staouéli, la consternation avait été grande dans la ville. Plusieurs craignirent de voir arriver les vainqueurs. Pfeiffer, dans son impatience de captif et son inexpérience de jeune homme, ne pouvait s'expliquer le retard qu'ils mettaient dans leur marche. Les musulmans, découragés, répétaient sans cesse : *Allah dan* (cela vient de Dieu), et le témoin oculaire des terreurs algériennes assure que, si notre armée était arrivée sur les pas des fuyards, elle serait entrée dans Alger sans coup férir.

Cela est improbable, sans être tout à fait impossible ; mais, à la guerre comme en politique, on fait rarement tout ce qu'on pourrait faire, parce qu'on ne sait jamais tout ce qu'il faudrait savoir. Le mieux est d'agir avec sûreté. Avant la fin du jour, cette panique était dissipée. Le dey réunissait le soir même ses ministres et ses principaux officiers en divan ; les ulémas turcs et arabes formèrent une autre assemblée, dont il devait prendre l'avis. Le résultat de ces délibérations fut l'envoi de nombreux courriers qui partirent dans toutes les directions, pour commander aux troupes éparses dans la campagne de se réunir. En même temps, on résolut d'achever de mettre en défense le fort de l'Empereur, construit au sud de la ville, et qui par conséquent la protégeait contre les Français. La nuit fut employée à en compléter l'armement. Une garnison de 2,000 hommes alla s'y installer. Toute la ville, excitée par les prédications des ulémas, avait passé de l'abattement à la fureur. Au point du jour, on vit partir plusieurs milliers d'hommes pour marcher au-devant des Français ; ils criaient en sortant d'Alger : « Nous sommes prêts à mourir pour le service de Dieu! » Des troupes de Kabyles et d'Arabes les rejoignirent dans la matinée du 20 juin, de sorte qu'ils formèrent dès lors un corps de 18 à 20,000 hommes qui couvrait Alger; plusieurs milliers d'hommes vinrent bientôt grossir leurs rangs. Ils étaient sous le commandement de Mustapha, bey de Titery, le plus habile des généraux africains qui, bien décidé à éviter une bataille rangée, commença à harceler, nuit et jour, l'armée française, dont il ne pouvait s'expliquer l'immobilité dans sa position de Staouéli.

Cette immobilité s'explique pourtant. Le commandant en chef de l'expédition française avait renoncé avec peine à pousser plus avant la victoire de Staouéli; mais, averti par l'histoire [1], il avait sagement pensé qu'il importait surtout de ne point faire un pas en avant qui pût être suivi d'un pas rétrograde; or les moyens de transport, les vivres, les munitions même, tout lui manquait encore pour entreprendre le siége d'Alger. Sa correspondance officielle et secrète porte la trace du combat qui s'était livré dans son esprit et des motifs qui avaient fixé sa résolution. « Depuis le combat du 19 juin, écrivait-il à la date du 22 juin 1830 au ministre de la guerre, l'ennemi ne montre que quelques détachements épars. Il paraît certain que la plupart des Arabes se sont éloignés, que les Turcs restent enfermés dans les murs d'Alger et qu'une vive fermentation s'est manifestée parmi eux. Dans cet état de choses, je n'aurais pas hésité à porter l'armée en avant si les chevaux de l'artillerie de siége et ceux de l'administration avaient été débarqués. Les bâtiments qui les transportent devaient partir le 13 de la baie de Palma, des vents de sud-ouest les y ont retenus jusqu'au 18; depuis lors le calme a été pres-

---

[1] On se souvient que l'armée de Charles-Quint, après un succès obtenu dans un combat défensif, vit ses efforts se briser contre les remparts d'Alger.

que constant, et ils ne sont pas encore en vue. J'ai pensé que l'investissement ne devait se faire que lorsqu'on aurait la certitude que les travaux de siége ne seraient pas interrompus par le manque de munitions et que les subsistances seraient assurées pour trente jours [1]. » Cette sage détermination du général en chef est justifiée par le témoignage de l'intendant en chef de l'armée d'expédition, qui déclare que « le petit nombre de voitures et de mulets dont l'administration pouvait disposer alors ne permettait pas d'éloigner l'armée de ses magasins [2]. »

Dans sa correspondance intime avec le baron d'Haussez, ministre de la marine, M. de Bourmont laissait voir d'une manière plus claire d'où venait l'obstacle qui arrêtait la marche victorieuse de l'armée. « Monsieur le baron et cher collègue, disait-il, notre débarquement s'est opéré à merveille, et je dois rendre justice au zèle que M. l'amiral et presque toute la marine ont montré en cette circonstance. Cependant je ne puis m'empêcher de vous témoigner mes regrets des retards qu'éprouvent, en ce moment, les convois partis de Palma après nous. Leur arrivée eût réparé, autant qu'il était possible de le faire, la perte de temps que nous avions éprouvée, et le débarquement du 14 juin, qui ne peut être pour nos affaires aussi avantageux que celui que j'espérais faire le 2, aurait eu un bien plus haut degré d'importance par la rapidité du succès. Aujourd'hui peut-être Alger serait investi et les Arabes se déclareraient pour nous. Mais, malgré mes instances, M. l'amiral n'a jamais voulu consentir à faire partir tous les convois avec les escadres de guerre, ni même à

---

[1] Rapport du 22 juin 1830.
[2] M. le baron Denniée constate que l'administration n'avait alors à terre que quarante à cinquante caissons à deux roues, et soixante mulets de bât. *Précis historique et administratif*, etc., par le baron Denniée.

vingt-quatre heures de distance. Aussi, depuis huit jours, nous demeurons à attendre nos approvisionnements, sans lesquels la prudence me défend d'avancer dans un pays coupé, inconnu, et qui n'offre aucune ressource positive. La journée du 19 aurait été plus brillante, plus décisive, et nous aurions poursuivi l'ennemi jusqu'aux portes d'Alger, si j'avais pu faire porter des vivres en quantité suffisante pour nourrir les troupes ; mais les moyens de transport nous manquaient absolument et, comme je ne voulais pas m'exposer au moindre pas rétrograde, parce qu'en diminuant peut-être la confiance des troupes, qui ne comprennent pas toujours le véritable motif d'un mouvement, j'augmenterais infailliblement celle de l'ennemi, j'ai été obligé de m'arrêter. Je suis loin d'accuser les intentions de M. l'amiral, je les crois très-bonnes, et je l'ai vu parfaitement disposé à faire tout ce qui dépendait de lui pour favoriser l'heureux résultat du débarquement. Je n'en puis dire malheureusement autant de quelques-unes des personnes qui l'entourent[1]. »

Ceux qui connaissent l'influence d'une première impression sur un esprit naturellement attaché à ses idées, comme l'était celui de l'amiral Duperré, adopteront le jugement d'une équité bienveillante portée sur cet illustre homme de mer par le commandant en chef, qui, tout impatient qu'il fût des retards causés par les mesures de l'amiral, n'accusa jamais sa loyauté ni ses intentions. Dans cette persistance de M. Duperré à ne point faire partir les convois avec l'escadre de guerre, ni même vingt-quatre heures plus tard, on reconnaîtra la trace du premier plan qu'il présentait au gouvernement, à la date du 2 mars 1830, en partageant la flotte en six divisions qui seraient arrivées successivement à jour nommé, du point du rendez-vous, c'est-à-dire de Palma, sur la côte d'Al-

[1] Lettre du général en chef au ministre de la marine. (Documents communiqués par la famille du maréchal de Bourmont.)

ger, pour opérer six débarquements ; de sorte que le seul débarquement des troupes aurait demandé six jours, et que l'on aurait eu, le vingt-septième jour seulement, la partie du gros matériel d'artillerie, des objets de campement et d'administration qui n'auraient pas été embarqués à bord des bâtiments de guerre. En rectifiant son premier plan, l'amiral Duperré n'avait pu se résoudre à l'abandonner complétement. Le séjour de la flottille du convoi à Palma représentait la part faite à sa première idée. Comme tant d'autres hommes supérieurs, il n'avait pu secouer complétement le joug de ses préventions. Il voyait toujours l'expédition à un point de vue pessimiste, avec une disposition naturelle à s'exagérer ses mauvaises chances et ses obstacles ; c'est ce qui explique la lenteur et l'hésitation de plusieurs de ses mesures.

En outre, il y avait dans son entourage des hommes, possédant sa confiance, qui renchérissaient sur ses dispositions. Dans sa correspondance intime avec le baron d'Haussez, le commandant en chef se plaint formellement d'un de ces officiers, qu'il signale comme « s'étant montré le plus opposé de tous aux mesures qu'il a témoigné le désir de prendre pour le succès de l'expédition. » Cet officier[1] avait l'oreille de l'amiral, qui avait écarté de lui, au début, les hommes de mer favorables à l'expédition et par conséquent ceux qui connaissaient d'une manière pratique la côte d'Alger, surtout le capitaine de frégate Dupetit-Thouars, sur le témoignage et sur les plans duquel l'expédition avait été entreprise[2]. Le cœur humain est ainsi fait : les supérieurs

[1] C'était M. Remquet, major de l'armée.
[2] Au moment du débarquement, c'est-à-dire le 14 juin, il est juste de le constater, le vice-amiral Duperré avait cependant auprès de lui M. Lemarié, lieutenant de vaisseau, premier adjudant du commandant Massieu. « Cet officier, qui avait fait tout récemment un travail d'exploration et de sonde des deux baies à l'est et à l'ouest de Torre-Chica, écrit-il au mi-

ne pardonnent guère à leurs inférieurs le tort d'avoir eu raison contre eux, et ce n'est que par un effort héroïque que les plus grandes âmes parviennent à se vaincre ainsi elles-mêmes.

L'amiral Duperré n'arriva point à cette hauteur. Le capitaine Dupetit-Thouars, qui eût pu rendre tant de services à bord du vaisseau amiral, avait été relégué dans la réserve ; il était dans une sorte de disgrâce. Nous trouvons dans une lettre écrite par le général en chef au ministre de la marine, après la bataille de Staouéli, le paragraphe suivant, qui ne permet pas d'en douter : « J'éprouve le besoin de recommander particulièrement à votre bienveillance M. le capitaine Dupetit-Thouars, car la manière dont il s'est exprimé à Paris sur la possibilité de l'expédition ne lui a pas valu les suffrages des officiers généraux de la marine, et il serait très-possible qu'il ne fût proposé à Votre Excellence pour aucune récompense. Cependant son brick[1] est un des bâtiments qui nous ont le plus utilement servi le jour du débarquement et dans les opérations ultérieures, en appuyant notre gauche de son feu[2]. »

Il suffira d'ajouter que le général en chef ne s'était point trompé dans sa prévoyante sollicitude. En effet, il recevait, à peu de temps de là, du ministre de la marine, une réponse datée du 8 juillet 1830, qui contenait ce qui suit : « Les notes que vous me donnez sur quelques officiers de la marine fixeront mon opinion. L'amiral a affecté de ne faire aucune mention des capitaines de frégate Dupetit-Thouars et Gay de Ta-

---

nistre de la marine, se trouvait détaché près de moi. Les renseignements qu'il m'a fournis n'ont pas peu contribué à l'heureux résultat que nous avons obtenu. » (Rapport du vice-amiral Duperré au ministre de la marine. Baie de Sidi-Ferruch, 23 juin 1830.)

[1] *Le Griffon ;* il avait puissamment contribué au succès de l'aile gauche dans la bataille de Staouéli.

[2] Documents communiqués par la famille du maréchal de Bourmont.

radel ; je ne les proposerai pas moins au roi pour le grade de capitaine de vaisseau. Je mettrai votre lettre sous les yeux de Sa Majesté, afin de lui faire connaître tout ce qu'il y a eu de patience et d'abnégation dans vos procédés avec M. Duperré[1]. »

Ces détails intimes, et jusqu'ici inconnus, éclairent une page d'histoire. Ils serviront à expliquer plus tard la conduite du gouvernement de Charles X envers le commandant en chef de l'expédition et le commandant de l'armée navale, et l'inégalité des récompenses, motivée par l'inégalité des services. C'est là un motif décisif pour les publier. L'amiral Duperré, avec une loyauté réelle, des talents remarquables, mais cependant au-dessous d'un si grand commandement, commit, dans cette circonstance, une faute d'appréciation, parce qu'il jugea théoriquement une question d'exécution, sans réunir les éléments pratiques nécessaires pour former son jugement, et il aggrava cette faute par le tort d'un caractère naturellement rude et fâcheux. Il faut prendre son parti de l'imperfection humaine. Il n'y a que les héros de roman qui soient sans défauts ; les héros de l'histoire sont un mélange d'ombre et de lumière ; on doit les montrer à la postérité tels qu'ils furent.

Obligé de suspendre le cours de ses succès, le général en chef n'omit rien de ce qui pouvait les consolider. Le chemin improvisé sous la direction intelligente du général Valazé, entre Sidi-Ferruch, qui demeura la place de dépôt, et le camp d'opération établi à Staouéli, fut perfectionné dans les cinq jours qui suivirent la bataille. Cette route militaire offrait, du rivage à Staouéli, un développement de 8,000 mètres, sur une largeur de 10 mètres. Les retranchements, destinés à

---

[1] Nous transcrivons littéralement ce passage sur la lettre originale du baron d'Haussez, que nous avons sous les yeux. (Documents et correspondances communiqués par la famille du maréchal de Bourmont.)

fermer la presqu'île, furent achevés et armés de 24 pièces de canon. Deux redoutes s'élevèrent en outre pour protéger le parcours de la ligne qui reliait Sidi-Ferruch à Staouéli. La première occupa une extrémité du rideau qui dominait la plaine en avant du camp retranché; au moyen de petites avancées, réunies en forme de chemin couvert dans la direction de Sidi-Kalef, on obtint un bon flanquement pour la défense de cette route. La seconde redoute, en avant de Sidi-Kalef, tracée dès le 19 juin au soir, fut terminée peu de jours après, et armée par l'artillerie. Cette redoute fut construite par le lieutenant du génie Lamoricière, nom qui devait grandir sur cette terre. Les trappistes ont bâti depuis, sur cet emplacement même, leur couvent. On se voyait d'une redoute à l'autre; mais, comme cependant elles étaient séparées par une distance de 4,000 mètres, on établit, pour les relier, sur l'emplacement d'une batterie ennemie, enlevée dans la journée du 19 juin, un blockhaus qui assura le parcours des convois du camp de dépôt au camp actif[1]. Cette voie, sans cesse parcourue par des soldats de la troisième division, des matelots qui allaient visiter le camp pris sur les Arabes, des artistes empressés de parcourir la côte d'Afrique à la suite de notre armée, des cantinières avec leurs mulets chargés de provisions, produisait l'effet d'une de ces grandes voies de communication qui conduisent à Paris. Ces travaux et la continuation du débarquement des provisions et des munitions remplirent les cinq jours qui s'écoulèrent du 19 au 24 juin.

L'immobilité de l'armée à Staouéli produisit sur les Africains le même effet qu'avait déjà produit sur eux son immobilité à Sidi-Ferruch : elle releva leurs espérances. Après s'être bornés, les premiers jours, à de légères escarmouches, ils s'avancèrent en force le 24 juin, présentant, comme dans le

---

[1] Rapport du général Valazé au général en chef.

combat du 19 juin, un front très-étendu, mais en marchant avec moins d'ordre encore. Toutes les dispositions avaient été prises par le général en chef pour un mouvement offensif qui, succédant à l'attaque de l'ennemi aussitôt qu'il serait repoussé, devait lui faire perdre deux lieues de terrain, et M. de Bourmont s'était porté lui-même aux avant-postes pour diriger ce mouvement.

L'attaque tentée contre nos avant-postes fut repoussée en un instant. Le général Berthezène, qui avait reçu l'ordre de marcher en avant, suivit vivement l'ennemi avec la première division. La brigade Danrémont, de la deuxième division, prit part à ce mouvement. Une batterie de campagne marchait avec nos troupes, et un escadron de chasseurs, dont les chevaux venaient d'être débarqués, suivait l'infanterie pour charger au besoin. L'ennemi traversa en courant la plaine qui se trouve en avant de Staouéli, et ne s'arrêta qu'à une lieue de là, sur les hauteurs qui se lient au mont Boudjaréa et aux collines d'Alger. Au bout de cette plaine, d'une étendue d'à peu près 5,000 mètres, le Sahel s'arrête, et le Fhas commence. Le général en chef, remarquant que le pays changeait d'aspect, que les mouvements de terrain prenaient un caractère plus prononcé, résolut de profiter de l'entrain de ses troupes pour traverser rapidement ce pays de chicane, coupé de ravins et boisé, qui aurait pu être facilement défendu par un ennemi moins découragé. Il lança donc vivement la division Berthezène et la brigade Danrémont au milieu des haies, des vignes, des habitations qui font de cette contrée comme le jardin d'Alger, car là commence le massif des montagnes sur lesquelles sont situées cette ville et ses maisons de campagne.

La première division ne rencontra point de résistance sérieuse et atteignit rapidement la ligne extrême des vergers sur laquelle elle devait s'arrêter, parce que là on arrive à un terrain découvert qui naît avec les premiers coteaux du massif du Boudjaréa. La brigade Danrémont eut à surmonter de plus grandes difficultés de terrain et une résistance plus obstinée. Il lui fallut traverser un ravin profond, des positions boisées, tantôt en tiraillant, tantôt en attaquant la milice turque à la baïonnette. C'est là que devait tomber un jeune officier de grande espérance. Un des quatre fils du général en chef, Amédée de Bourmont, lieutenant de grenadiers au 49ᵉ de ligne, venait de faire observer à son colonel[1] que les voltigeurs avaient continuellement donné depuis l'ouverture de la campagne, et de réclamer un tour de faveur au feu pour ses grenadiers. Le moment vint de satisfaire cette généreuse impatience. On était à la fin de la journée ; le général Danrémont, commandant la brigade détachée de la seconde division, et opérant sur la droite de la brigade Poret de Morvan, avait successivement enlevé, avec le 49ᵉ de ligne, les positions assez fortes que l'ennemi occupait sur sa gauche, en laissant le 6ᵉ en réserve sur sa droite, menacée par un nombreux parti de Bédouins. On était arrivé en face de Dely-Ibrahim. « Pour éviter un tiraillement qui nous fait perdre du monde, beaucoup de munitions, et fait contracter de mauvaises habitudes aux troupes, dit ce général[2], auquel nous laissons la parole, j'ai donné l'ordre au 49ᵉ de se former en colonnes par bataillon, et d'enlever, l'arme au bras, la dernière de ces positions couronnées par un nombre considérable de Turcs et d'Arabes qui paraissaient vouloir la défendre avec opiniâtreté. Ce régiment a parfaitement exécuté ce mouvement, et j'ai beaucoup à me louer des bonnes dispositions

---

[1] M. Magnan, mort récemment maréchal de France et commandant de l'armée de Paris.
[2] Rapport du général de brigade Danrémont au lieutenant général de Loverdo, commandant de la deuxième division. (Documents communiqués par la famille du maréchal de Bourmont.)

prises par le colonel Magnan, de son sang-froid et de sa résolution. Pendant que le 49ᵉ abordait l'ennemi de front, les capitaines Arrighi (Antoine) et Delacroix, qui flanquaient le premier bataillon, ont habilement profité de tous les accidents de terrain et, en débordant l'ennemi par la gauche, ont puissamment secondé le mouvement de leur régiment. Maître de cette position, j'ai fait occuper par les voltigeurs du capitaine Delacroix une maison carrée qui en est la clef. Vers deux heures de l'après-midi, l'ennemi, sentant l'importance de ce poste, reprit l'offensive et voulut s'en emparer. Je fis soutenir la compagnie des voltigeurs par les grenadiers du capitaine Arrighi, qui repoussa l'ennemi et le rejeta dans le ravin. M. Amédée de Bourmont, officier d'une grande espérance, a été grièvement blessé en abordant à la baïonnette, avec sa section, un parti nombreux qui tournait la gauche de cette position. L'ennemi ayant été forcé de repasser le ravin, j'ai couronné les hauteurs et pris position à l'extrême droite de la première division. »

Il fallut de grands efforts aux deux pièces d'artillerie qui marchaient avec cette brigade pour la suivre au milieu des difficultés sans cesse renaissantes du terrain. Le courage, l'intelligence et l'ardeur des artilleurs triomphèrent de tout. Le colonel d'artillerie d'Esclaibes et le capitaine Bonnet, de la même arme, se firent remarquer dans cette affaire. Les troupes françaises poursuivirent l'ennemi dans les quatre directions par lesquelles il se retira. Elles arrivèrent ainsi au delà de l'Oued-el-Call. Leur artillerie, après avoir surmonté tous les obstacles, avait dispersé les groupes armés qui se présentaient encore. Elles allaient continuer leur mouvement offensif lorsqu'une explosion soudaine ébranla le sol sous leurs pieds. C'était une maison fortifiée, située sur la pente des hauteurs dont l'ennemi occupait la crête, en face de laquelle se trouvait la brigade Achard, et où les Turcs avaient établi un magasin de poudre, qui sautait avec fracas. « La détonation fut violente, écrivait le général en chef. Des nuées d'une fumée épaisse, qui s'élevaient à plus de 100 mètres et qui réfléchissaient les rayons d'un soleil d'Afrique, présentèrent à l'armée un magnifique spectacle ; Gudin se trouvait là, il saisit ses crayons[1]. »

La journée avait été vive ; on était dans la plus grande chaleur du jour ; les troupes, harassées de cette ardente poursuite, avaient besoin de repos, et on pouvait craindre, à mesure qu'on se rapprochait d'Alger, de voir les obstacles se multiplier et peut-être des mines ensevelir des compagnies tout entières ; la poudrière avait, en effet, presque éclaté sous les pieds de nos voltigeurs. Le général en chef ordonna aux troupes de faire halte et de prendre position en face de l'ennemi, qu'une dernière journée de combats devait refouler dans la place, car il occupait les hauteurs sur lesquelles elle s'élève. Nous nous logeâmes sur le plateau qui domine l'Oued-el-Call. La gauche de notre armée, formée des brigades Achard et Clouet, était à l'Oued-el-Larens, le centre au bois du marabout Sidi-Bonaza, sur la côte d'Alger ; c'était là que se trouvaient la brigade Poret de Morvan et le général Berthezène ; la brigade Danrémont, formant la droite, était en avant de Sidi-Ibrahim. Le commandant en chef, après avoir présidé à ces dispositions (elles ne purent être prises sans des engagements de tirailleurs qui prolongèrent le feu jusqu'à la nuit), porta son quartier général de Sidi-Ferruch à Staouéli, qu'il occupa avec les brigades Munk d'Uzer et Colomb d'Arcines. On appela cette affaire la journée de Sidi-Kalef, du nom d'un hameau situé sur le plateau où s'était arrêtée notre armée.

Le lieutenant général duc des Cars représentait que, chargée jusque-là de fortifier la presqu'île, de tracer la route mi-

[1] Rapport du commandant en chef au ministre de la guerre, daté du 25 juin.

litaire, d'élever, sous la direction de l'artillerie, les redoutes qui la défendaient, sa division avait eu sa part de fatigues sans avoir sa part de combats et de gloire, et il réclamait l'honneur de se porter en première ligne ; le général en chef, faisant droit à sa demande, lui donna l'ordre de quitter Sidi-Ferruch avec sa division, pour venir occuper la ligne de nos avant-postes, qui avait besoin d'être renforcée. Le 48e de ligne, de la brigade Munk d'Uzer, dut se détacher sous le commandement de son colonel, M. de Léridan, pour aller former la garnison de ce point important, avec des compagnies tirées des équipages de la flotte.

Il fallut d'assez longs pourparlers et de vives instances pour décider le commandant de la flotte à consentir, du moins à moitié, à cet arrangement devenu nécessaire par l'extension croissante des opérations de l'armée : en effet, l'armée occupait à la fois Sidi-Ferruch, Staouéli et la position avancée, conquise dans le combat du 24 juin, et elle devait, en outre, assurer toute sa ligne de communication avec la mer[1]. Le

---

[1] La correspondance du commandant en chef de l'expédition avec le vice-amiral commandant la flotte porte la trace de l'insistance qu'il fallut mettre pour obtenir de celui-ci ce concours nécessaire. La première idée du commandant en chef avait été de confier aux équipages de la marine la défense de cette place de dépôt.

Le vice-amiral Duperré répondit par un refus péremptoire. L'inspecteur de la télégraphie Jinglu transmettait en ces termes le refus du commandant de la flotte au commandant en chef : « Monseigneur, on me charge d'avoir l'honneur de vous rendre compte que l'amiral Duperré refuse la responsabilité de la défense du camp. Il demande deux bataillons et autres troupes pour escorter les convois. » Une lettre de M. Dubreuil, lieutenant de vaisseau, commandant la goélette *la Daphné*, contient le passage suivant relatif au même sujet : « L'amiral a fait débarquer aujourd'hui un bataillon et, demain, il en fera débarquer un autre. Les deux forment de treize à quatorze cents hommes. C'est le maximum de tout ce qu'il peut débarquer, en continuant le débarquement, surtout dans l'état de désastre où le dernier coup de vent a jeté nos vaisseaux, pour leurs ancres, câbles et embarcations. Il ne faudrait pas que semblable temps nous reprît. L'amiral compte vous en écrire demain. On l'a un peu effrayé sur la

23.

comte de Bourmont avait cependant, dès l'origine, compté sur cette combinaison, qui lui assurait la disponibilité de toutes ses forces. En effet, il disait dans son rapport du 17 juin : « Lorsque les retranchements seront terminés, M. l'amiral Duperré les fera garder par 2 ou 3,000 marins. Toutes les troupes expéditionnaires deviendront ainsi disponibles pour les opérations ultérieures. L'union des armées de terre et de mer, l'amour du roi et de la patrie dont ceux qui en font partie sont également dominés, doivent aplanir beaucoup de difficultés et contribuer puissamment à la rapidité de nos succès [1]. » Les hésitations et les objections de M. le vice-amiral Duperré avaient reparu, avec la crainte d'engager sa responsabilité. Le commandant de l'armée de terre et le

quantité d'hommes indispensable pour garder la place, et on l'a fait monter à cinq mille. En sorte qu'il ne se soucie pas de se charger de cette responsabilité. J'ai eu beau lui dire que les Turcs ne quitteraient pas Alger pour venir faire cette diversion; que l'on n'aurait, par conséquent, affaire qu'à la cavalerie arabe, qui viendrait échouer devant les tranchées : il m'a répondu que, certes, mes avis ne valaient pas ceux des officiers généraux qui l'avaient dit. » Le vice-amiral lui-même écrivait au général en chef, à la date du 28 juin 1830, une lettre dont nous avons l'original sous les yeux et qui était ainsi conçue : « Monseigneur, je reçois la lettre de votre chef d'état-major, qui m'annonce que vous rappelez du camp retranché le général d'Uzer avec trois bataillons de sa brigade. En conséquence, le bataillon restant et le peu de marins que je puis fournir restent chargés de la défense du camp retranché, pour laquelle les généraux de l'artillerie et du génie demandaient cinq mille hommes. Dans un pareil état de choses, la marine, ne pouvant répondre de cette défense, tout à fait étrangère, d'ailleurs, à son service, ne peut en accepter la responsabilité. Je dois la récuser en son nom. Elle fera ce qu'elle pourra. Je n'ai mis à terre, hier, qu'un bataillon qui n'est même pas complété à sept cents hommes. Je tâcherai d'en mettre un autre aujourd'hui ; mais vous sentirez qu'il faut au moins y laisser en outre un régiment de ligne. La marine a fait jusqu'ici son devoir et rempli ses obligations ; vous demandez plus que son devoir, et des obligations hors de son service, et qu'elle ne peut que mal remplir. Je me borne à déclarer qu'elle est disposée à faire ce qu'elle pourra, mais les conséquences ne peuvent jamais lui être imputées. »

[1] Rapport du général en chef. Sidi-Ferruch, 17 juin 1830.

commandant de l'armée navale envisageaient naturellement la question au point de vue, l'un des opérations militaires, l'autre de la sûreté de la flotte. Le comte de Bourmont qui, peu de jours après, fut sur le point d'appeler à lui la division de réserve restée à Toulon, considérait son armée affaiblie par l'étendue de ses positions et le nombre d'hommes mis hors de combat, depuis l'ouverture de la campagne, par le feu de l'ennemi ou les maladies. L'amiral Duperré s'exagérait peut-être les dangers d'un retour offensif des Arabes contre le camp de Sidi-Ferruch; il y avait cependant des partis arabes derrière le gros de nos troupes, et dans la nuit du 26 au 27 juin, on crut à une alerte au camp retranché, dont les fortifications n'étaient pas encore complétement terminées; mais on n'avait guère à appréhender, de ce côté, que des partis de cavalerie. Il y avait une objection plus sérieuse, tirée de la faiblesse des équipages. On avait armé la plus grande partie des vaisseaux en flûte, afin de pouvoir porter le plus grand nombre de troupes possible; de sorte que les plus gros vaisseaux n'avaient que 700 hommes d'équipage, dont on avait détaché 50 hommes pour travailler au débarquement du matériel. Il y aurait eu de graves inconvénients à trop diminuer le nombre des matelots nécessaires à la manœuvre dans les gros temps.

Malgré ces contrariétés et ces contradictions, nées à la fois des difficultés inhérentes à l'entreprise et du caractère du commandant de l'armée navale, le comte de Bourmont était plein d'espérance. A la fin du combat qui avait porté l'armée de Staouéli à Sidi-Kalef, on lui avait annoncé que le convoi attendu depuis le 14 juin était en vue : on allait donc enfin avoir le matériel, les moyens de transports et approvisionnements nécessaires pour conduire la campagne au dénoûment.

Le 25 juin, le commandant en chef de l'expédition rendait

ainsi compte au ministre de la guerre de la journée de Sidi-Kalef : « Le nombre des hommes mis hors de combat a été peu considérable. Un seul officier a été blessé dangereusement : c'est le second des quatre fils qui m'ont suivi en Afrique. J'ai l'espoir qu'il vivra pour continuer de servir avec dévouement le roi et la patrie.

« On a pris, le jour du combat, plus de 400 bœufs, ainsi les approvisionnements de l'armée en viande sont assurés pour huit ou dix jours.

« Pendant que l'armée combattait, les vents d'ouest qui retenaient au large le convoi, parti le 18 de la baie de Palma, avaient cessé de souffler ; une brise d'est le poussait vers le mouillage, qu'il atteignit pendant la nuit dernière. Aujourd'hui le débarquement a commencé ; il s'exécute sans obstacle. Depuis le 14, la communication a été constamment libre entre l'armée de terre et l'armée de mer. Elle n'a pas même été interrompue le jour du violent orage dont j'ai rendu compte à Votre Excellence.

« Aujourd'hui le tiraillement a continué. Les Turcs se sont présentés en grand nombre ; les Arabes étaient beaucoup plus disséminés que les jours précédents. Leur objet paraît être maintenant moins de combattre que d'attaquer les individus isolés et de piller les équipages. Les dispositions sont prises pour attaquer à la pointe du jour. »

Il faut ici bien préciser la situation nouvelle de notre armée. Ses succès avaient changé la nature des difficultés qu'elle rencontrait. Sans doute elle n'avait plus affaire aux masses dont elle avait repoussé le choc à Staouéli ; mais, en revanche, elle avait à défendre une ligne de communication de près de 5 lieues d'étendue ; elle était donc contrainte de diviser ses forces, en laissant une réserve à Sidi-Ferruch, des forces importantes à Staouéli, point intermédiaire où était le quartier général, et en formant ses colonnes d'attaque à Sidi-

Kalef. A mesure qu'elle approchait d'Alger, séjour de la domination turque, la proportion entre les troupes arabes et les troupes turques qu'elle avait à combattre se trouvait naturellement changée. Les Turcs, sentant le centre de leur puissance menacé de plus près, défendaient énergiquement les approches d'Alger ; les Arabes inquiétaient les derrières de l'armée avec leur cavalerie et cherchaient à surprendre les détachements faibles et à couper les convois. De tristes accidents avertirent nos soldats de la nécessité de ne marcher qu'en nombre. Plusieurs hommes isolés, entre autres le fils du colonel Amoros, lieutenant d'artillerie qui avait suivi l'armée pour y appliquer l'art de la gymnastique alors à sa naissance, furent ainsi surpris et égorgés par les Arabes, en cherchant à traverser la plaine qui sépare Staouéli des positions occupées par la première division et la brigade Danrémont. Conduit à un cheik, ce fut en vain que le lieutenant Amoros chercha à émouvoir sa pitié : l'Arabe lui appuya froidement la tête sur l'arçon de sa selle et la lui trancha d'un coup d'yatagan.

La position occupée par les quatre brigades les plus avancées de notre armée, et qu'on appelait Chapelle-et-Fontaine, à cause du marabout de Sidi-Abderrahman-Bou-Nega[1], qui s'y élève, et de la source qui y verse ses eaux, offrait de graves inconvénients. C'était un plateau, séparé par un vallon étroit, au fond duquel coule un faible ruisseau, des positions ennemies qui le commandaient de tous côtés. En outre, des portions de terrain boisées venaient aboutir aux flancs de cette position et favorisaient les attaques de l'ennemi, qui pouvait arriver à une faible distance de nos avant-postes sans être aperçu. Cependant le général en chef, ayant été informé que l'armée française trouverait quelques batteries de position sur le plateau et sur d'autres points extérieurs, préféra attendre

---

[1] Abderrahman, *l'esclave du miséricordieux*.

que plusieurs pièces de gros calibre et une partie du matériel de l'artillerie et du génie fussent rassemblés à une petite distance en arrière de la première ligne, c'est-à-dire à Staouéli[1]. A mesure qu'il s'éloignait de la mer, M. de Bourmont était encore plus frappé de l'intérêt capital qui dominait, avec raison à ses yeux, toutes les autres considérations, et ne voulait à aucun prix s'exposer à un mouvement rétrograde qui, affaiblissant le moral de son armée et relevant celui de l'ennemi, eût ramené aux Turcs la totalité des populations indigènes arabes et kabyles qui avaient commencé à les abandonner, et eût rendu l'offensive aux Turcs d'Alger. Il préféra accepter les désavantages de sa position pendant quelques jours, se résigner aux pertes qu'il pourrait y éprouver, et tout préparer pour frapper sûrement un coup décisif.

III

COMBATS DÉFENSIFS DE CHAPELLE-ET-FONTAINE.

Le mouvement annoncé pour le 26 juin fut donc différé. Les positions prises par les divers corps furent seulement rectifiées. Le duc des Cars, mettant sa division en mouvement à une heure du matin, avait traversé Staouéli le 25 juin, dans les premières heures du jour, avec les brigades Berthier de Sauvigny et Hurel, pour venir prendre la direction des avant-postes. Il laissa le général Hurel à mi-chemin et se plaça, avec sa première brigade, en ligne à la gauche du général Clouet. La seconde brigade, ayant été remplacée à 9 heures par la troisième, se remit en mouvement. Elle arriva le

[1] Rapport du général en chef. Sidi-Kalef, 28 juin 1830.

25 juin, à dix heures du soir, à côté du camp occupé par le 20ᵉ et le 28ᵉ de ligne, appartenant à la première division. Il y eut là une fâcheuse méprise. Le 17ᵉ avait déjà dépassé les postes du 28ᵉ ; la nuit était fort obscure ; le 28ᵉ, prompt à prendre l'alarme, comme il arrive quand on est en présence de l'ennemi, dirigea une fusillade à bout portant sur la tête de colonne du 50ᵉ, qui eut quatre hommes tués et onze blessés [1]. En outre, la chaleur était si excessive que la troisième brigade perdit du monde dans le trajet de Sidi-Ferruch à sa nouvelle position. Le chirurgien-major du 34ᵉ (brigade Montlivaut), étant descendu de cheval pour saigner un homme foudroyé par la chaleur, tomba mort sur celui qu'il voulait secourir. La brigade Montlivaut, qui s'était arrêtée à Staouéli pour se rafraîchir, se mit en route pour occuper Dely-Ibrahim et tous les points militaires interposés entre Staouéli et Chapelle-et-Fontaine. Le général Hurel, dont la brigade devenait disponible, alla prendre son rang de bataille à la gauche du général Berthier.

Dès le 26 juin au matin, notre armée était donc ainsi disposée :

A Sidi-Ferruch le 48ᵉ de ligne et 1,400 marins des équipages de ligne, pour garder le camp retranché où étaient les ambulances et les approvisionnements de toute espèce. Le colonel de Léridan commandait ce point important.

Le quartier général à Staouéli, où l'on avait placé le 15ᵉ de ligne, colonel Mangin, détaché de la seconde brigade de la seconde division, et la brigade Colomb d'Arcines tout entière.

Sur le plateau de Chapelle-et-Fontaine, la première division avait porté sa droite en avant de Dely-Ibrahim, en face d'Ain-Gébourgia, sa gauche au chemin de Staouéli. La troisième

---

[1] Journal militaire communiqué par M. le duc des Cars. On y lit ce qui suit : « Parmi les blessés, trois le sont mortellement ; une cantinière du régiment, également blessée, est morte ce matin. »

division avait sa droite au chemin de Staouéli, sa gauche à l'Oued-el-Larens, une brigade à Sidi-Kalef. C'était sur le point le plus menacé et le plus difficile à défendre, c'est-à-dire à sa gauche, que le lieutenant général duc des Cars avait pris place, avec son état-major établi dans une maison crénelée, près du petit bois de Sidi-Abderrahman-Bou-Nega, situé à l'extrémité de notre gauche[1]. Notre armée comptait à peu près 18,000 baïonnettes sur la ligne où l'on allait combattre. Le génie consacra ces journées d'attente et de combats défensifs à élever des redoutes de mille mètres en mille mètres pour assurer nos communications de Staouéli à Chapelle-et-Fontaine. L'artillerie les arma, sous la direction du général Valazé, avec les canons pris sur l'ennemi. Cette route que l'on fortifiait ainsi se développa rapidement en avant de Sidi-Kalef, distant d'à peu près 4,000 toises de Staouéli[2], en offrant aux voitures et aux caissons une voie facilement praticable jusqu'à nos positions avancées. Le débarquement continuait avec activité, et le charriage était incessant, de sorte que les approvisionnements et le matériel du siége s'avançaient vers Alger, pour être disponibles au moment où le siége pourrait s'ouvrir.

Les Turcs occupaient toutes les collines qui dominent le plateau où nous étions placés ; ils avaient pris également position sur les premières hauteurs du Boudjaréa. Ils avaient fortifié et armé les gorges qui les unissent. Nous étions donc, comme à Sidi-Ferruch, sur la défensive ; seulement notre position était moins bonne. Les troupes qui se trouvaient en présence de notre première ligne appartenaient presque exclusivement à la milice d'Alger[3].

A partir du combat du 24 juin, le tiraillement fut continuel. La troisième division, chargée de défendre le point le

---

[1] *Campagne d'Afrique*, par M. Fernel. — *Annales algériennes*.
[2] Rapport de l'intendant en chef. *Précis historiques*, p. 28.
[3] Rapport du général en chef. Sidi-Kalef, 28 juin 1830.

plus vulnérable de notre position, prit la part la plus vive à ces combats journaliers, dans lesquels les Turcs de la milice, tous hommes d'élite, et les Koulouglis montrèrent des qualités militaires qui ne furent surpassées que par celles de nos soldats. Le duc des Cars, commandant de cette division, mérita et obtint dans ces journées laborieuses les suffrages de toute l'armée. L'un des plus brillants des officiers étrangers qui prirent part à cette campagne, le prince de Schwarzenberg, retrace ainsi l'impression que fit sa conduite sur ses compagnons d'armes : « A l'aile gauche, les Arabes dirigeaient des attaques continuelles contre une position couverte par un petit bois et un terrain coupé de murs. Là se trouvait habituellement le général duc des Cars. Ce général méritait complétement l'affection et la considération que chacun lui accordait. Brave devant l'ennemi, aimable dans ses manières, il réunissait les qualités du soldat à celles de l'homme du monde. Dans les combats, et à la manière dont il supportait la fatigue, on l'aurait pris pour un grenadier, si son éducation et ses manières n'avaient révélé un homme du monde. C'était un vrai type de l'ancienne chevalerie française, et il était honoré même de cette partie de l'armée que ses opinions politiques éloignaient le plus de lui. Ce qui méritait particulièrement les éloges, c'était sa sollicitude affectueuse pour ses soldats. Jamais il ne se couchait sans s'être assuré que les blessés et les malades avaient reçu les soins réclamés par leur état. Aussi répétait-on que les blessés de la troisième division étaient déjà depuis longtemps à l'abri sous les baraques improvisées qui servaient d'hôpitaux, quand ceux des autres divisions restaient encore au bivouac, exposés à la chaleur du jour et au froid des nuits, si dangereux dans ces contrées[1]. »

---

[1] *Ruckblick auf Algier*, etc., par le prince de Schwarzenberg, p. 154 (Wien, 1857).

M. Théodore de Quatrebarbes, un des plus brillants officiers de la divi-

Le lieutenant général des Cars eut besoin d'une intrépidité calme et d'un coup d'œil sûr, dans la situation difficile où se trouvait sa division, avec l'ordre de s'y maintenir. La défensive, généralement peu conforme au génie militaire de notre nation, était en outre désavantageuse dans cette position[1]. Le

sion des Cars, parle dans les mêmes termes de son général, dans ses *Souvenirs de la Campagne d'Afrique* : « Le lieutenant-général duc des Cars, dit-il, s'acquit de nouveaux titres à la confiance de l'armée. Quand on le vit, où le péril était le plus grand, donner l'exemple de la plus belle bravoure et les ordres les plus sages, ménager la vie du soldat et exposer la sienne, pleine et entière justice lui fut rendue. L'on ne s'aperçut qu'il était grand seigneur qu'à son excessive politesse, et sa division reconnaissante n'a pas oublié qu'après la victoire le premier soin du général, qui avait partagé tous les dangers, fut d'établir un hôpital pour les blessés et les malades, tandis que ceux des autres divisions bivouaquaient encore sous la tente. »

[1] Le général duc des Cars avait conscience de la difficulté de sa situation. Tout en maintenant son corps avec beaucoup de fermeté au poste qui lui avait été assigné, il écrivait au général en chef, du bivouac en avant de Chapelle-et-Fontaine, dans la soirée du 27 juin 1830 : « Mon général, j'ai l'honneur de rendre compte à Votre Excellence que nous avons été attaqués deux fois aujourd'hui par les ennemis, qui sont venus en assez grand nombre pour enlever le petit bois qui est en face ma gauche. Ils ont réussi à repousser nos tirailleurs, et ont planté leur drapeau sur un épaulement que j'avais fait élever pendant la nuit dernière. Les compagnies de réserve ont marché et les ont repoussés avec perte; mais ils n'en persistent pas moins à nous tirer des coups de fusil toute la journée. Ils ont quelques pièces d'artillerie sur la gauche, auxquelles nous répondons avec avantage. Mais il n'en est pas de même d'une batterie de vingt-quatre qu'ils ont établie dans la journée, et qui, ayant une portée plus longue que celle de nos pièces, ne peut être réduite au silence par elles. Nous en souffrons, et plusieurs hommes ont été tués par son feu. Mon premier aide de camp, le chef de bataillon Borne, a reçu une blessure très-grave: il a eu l'épaule emportée par un boulet de vingt-quatre. Le chirurgien de l'ambulance ne croit pas qu'il existe dans deux heures ; c'est une véritable perte.

« Je ne saurais vous cacher, mon général, que notre position est fâcheuse et que nous perdons beaucoup de monde en la défendant. Il est à désirer que nous en sortions le plus tôt possible. Nos soldats se conduisent à merveille et ne se plaignent pas ; mais ils sont très-fatigués, ayant à tirailler du matin au soir. De plus, ils n'ont pas eu de viande aujourd'hui. J'ai perdu près de cinq cents hommes depuis avant-hier, et j'en perdrai

terrain que le duc des Cars devait conserver était limité par un ravin assez profond ; de l'autre côté du ravin était un bois qui commandait la position de l'armée française, et au delà duquel régnait un second ravin d'une grande profondeur, dominé par une côte beaucoup plus élevée que la première. Le premier de ces ravins court du sud au nord, puis retourne brusquement à l'ouest et se prolonge dans cette direction. C'est vers l'angle qu'il forme en cet endroit que se trouve le petit bois de Sidi-Abderrahman-Bou-Nega, et c'est sur ce point que se dirigèrent, pendant quatre jours, toutes les attaques de l'ennemi. On comprend cette persévérance, car, s'il s'en était emparé, son feu eût promptement obligé les Français à abandonner leur position. Une maison carrée, située de notre côté, à l'angle saillant de notre position, nous servit d'abri pour les réserves des troupes engagées. Cette maison carrée, occupée le 25 juin au matin par le général Clouet, le fut ensuite par le général Berthier, et le 26 par le général Hurel. C'était la gauche de notre position. La droite était également dominée par l'ennemi, mais à une plus grande distance que la gauche. Elle était couverte par un petit bois moins étendu que celui de la gauche, et d'où les tirailleurs ennemis nous faisaient beaucoup de mal. La gauche du général Berthezène se liait à notre position.

« Le 26 juin, continue le duc des Cars, au journal militaire duquel nous empruntons tous ces détails topographiques, les attaques recommencèrent sur toute notre gauche. Elles furent soutenues avec vigueur, mais elles nous firent perdre du monde. Nous occupâmes et fîmes créneler une maison située sur le ravin extérieur, d'où nos troupes incommodèrent beaucoup l'ennemi et lui firent éprouver des pertes considérables.

beaucoup tant que nous resterons dans la position actuelle. » Nous transcrivons cette lettre sur l'original que nous avons sous les yeux. (Documents communiqués par la famille du maréchal de Bourmont.)

Le petit bois en avant de ma droite avait été occupé toute la journée par des tirailleurs turcs qui nous gênaient beaucoup; vers midi, je pris le parti de le faire enlever, ce qui fut exécuté par quatre compagnies du 2ᵉ régiment de marche d'infanterie légère. L'ennemi fut culbuté, chassé du bois, que nous occupâmes et en avant duquel nous fîmes commencer un épaulement pour mettre nos tirailleurs à l'abri. Cet épaulement fut terminé la nuit suivante. Dans la matinée du même jour (26 juin), l'ennemi établit plusieurs batteries. Nous n'avions pas d'abord d'artillerie pour y répondre ; mais, vers deux heures, il en arriva du camp de Staouéli, et M. le commandant Amirault répondit avec succès au feu des pièces ennemies [1]. Nos épaulements furent perfectionnés pendant le nuit du 26 au 27. La deuxième brigade avait souffert pendant la journée du 26, mais elle était maintenant protégée par l'épaulement construit, quoique d'une manière incomplète ; la première brigade pouvait être aussi considérée comme à l'abri d'attaques sérieuses depuis l'attaque et la prise du petit bois.

« Je fis occuper, le 27 au matin, le bois en avant de la gauche par un bataillon du 17ᵉ. L'ennemi avait évidemment l'intention de fortifier son attaque sur ce point. En effet, nous voyions successivement arriver des corps d'infanterie et de cavalerie, et la ligne de ses tirailleurs était considérablement renforcée. En outre, il démasqua sur notre gauche deux batteries de plus et en avant de notre droite une batterie nouvelle, qui prenait d'écharpe la maison carrée située au sommet de l'angle formé par le ravin. Vers huit heures, ses renforts étant réunis, il renouvela à plusieurs reprises ses attaques pour s'emparer de notre épaulement. Des chefs s'avançaient un drapeau à la main ; ils étaient suivis par des

---

[1] La perte monta, le 26 juin, à 11 morts, et à 151 blessés, dont 7 officiers.

bandes de 40 à 50 hommes, Turcs, Kabyles ou Bédouins, qui se lançaient derrière lui en jetant de grands cris. Ils arrivaient ainsi jusqu'à l'épaulement, où le chef plantait son drapeau. Plusieurs attaques avaient lieu simultanément sur notre ligne, et nous entendîmes les cris des réserves prêtes à profiter d'un succès. En présence de ces préparatifs, j'avais fait renforcer la réserve du 17º par six compagnies du 30º. Le reste de la seconde brigade avait en outre deux bataillons réunis et prêts à marcher s'il en était besoin. La première brigade était également en mesure d'envoyer des renforts. Les compagnies qui défendaient l'épaulement firent éprouver beaucoup de pertes à l'ennemi. Cependant sur quelques points il réussit à s'établir sur l'épaulement ; mais il en fut chaque fois rejeté par les compagnies de réserve qui s'avançaient au pas de charge et abordaient à la baïonnette les Turcs, auxquels ils tuaient du monde.

« Après plusieurs tentatives infructueuses, l'ennemi se retira, en laissant beaucoup de morts sur le terrain ; mais, vers les deux heures de l'après-midi, il se disposa à renouveler ses tentatives. Voyant que ses attaques de front n'avaient pas réussi, il voulut d'abord s'emparer de la maison crénelée dans la journée du 26, et qui protégeait la gauche de nos tirailleurs. Il aborda cette maison avec intrépidité ; mais elle fut défendue avec vigueur par M. le capitaine d'Autun, du 30º, qui l'occupait avec sa compagnie. Les Turcs s'avancèrent jusqu'au point de lancer des pierres à nos soldats ; leur attaque fut repoussée, et M. le capitaine Bourgeois, du 30º, à la tête de sa compagnie, s'empara d'une autre maison située dans le ravin, et d'où les Turcs nous faisaient beaucoup de mal. Vers quatre heures, le feu devint beaucoup plus faible, et la nuit se passa tranquillement. Les troupes engagées le 27 se conduisirent très-bien; elles montrèrent beaucoup de courage, et cependant un peu plus de prudence que la veille, l'expérience leur ayant appris à moins s'exposer, sans nécessité, au feu de l'ennemi[1].

« Pendant la soirée et dans la nuit du 27 au 28 juin, l'artillerie construisit quelques embrasures pour répondre au feu de l'ennemi. Deux pièces placées auprès de la maison carrée, et deux autres un peu plus à droite, nous furent le lendemain d'un grand secours. La 2ᵉ brigade, engagée depuis deux jours sans interruption, ayant besoin de repos, je fis relever, le 28 juin à sept heures du matin, les troupes du 30ᵉ qui occupaient le bois en avant de la maison carrée, par un bataillon du 35ᵉ, commandé par le chef de bataillon Ballon, et quatre compagnies du 2ᵉ de marche. Au moment où ce changement allait s'effectuer, l'ennemi, qui était réuni encore en plus grand nombre que la veille, voyant une compagnie du 30ᵉ qui s'était avancée de la droite au delà de l'épaulement, et les réserves du 30ᵉ exécuter leur mouvement rétrograde pour céder la place aux troupes qui les relevaient, crut que nous songions à opérer notre retraite, et saisit cette occasion pour attaquer nos avant-postes avec un grand déploiement de forces. Il était tellement supérieur en nombre que les tirailleurs du 30ᵉ durent se retirer. Les Turcs les suivirent, en jetant de grands cris. Dans cet instant, le chef de bataillon Ballon fit avancer une compagnie de grenadiers, commandée par le capitaine Godard, puis une compagnie de voltigeurs, commandée par le capitaine du Pont-de-Gault. » La compagnie de grenadiers du capitaine Godard était entourée de près de six cents Turcs et avait perdu 44 hommes; le capitaine du Pont-de-Gault reçut l'ordre de la dégager. « Ce brave et brillant officier, dit la relation officielle, s'élança à la tête de sa compagnie sur l'ennemi, le culbuta à coups de baïonnette, et,

---

[1] La perte de la troisième division, pendant la journée du 27 juin, se monta à 19 sous-officiers et soldats tués, et à 120 blessés, dont 7 officiers.

de concert avec les grenadiers qu'il parvint à rejoindre compléta la déroute des Turcs et s'empara de toutes leurs positions. » Ce fut un des plus beaux faits d'armes de la campagne, et sa conduite fit l'admiration de toute l'armée. L'ennemi s'était défendu avec courage. Cette action coûta au 35ᵉ près de 100 hommes hors de combat ; les Algériens avaient perdu beaucoup de monde. « Néanmoins, vers huit heures, ils renouvelèrent leurs attaques avec une espèce de fureur. Ils furent vigoureusement repoussés par trois compagnies du 2ᵉ régiment de marche, qui perdirent beaucoup de monde dans ce vif engagement. A onze heures, les compagnies du 35ᵉ et du 2ᵉ de marche furent relevées par le 17ᵉ. Les Turcs, après avoir reçu ces deux leçons, se tinrent à une plus grande distance. Ils redoublèrent le feu de leur artillerie, mais ce feu nous faisait peu de mal. Les tirailleurs se ralentirent et, vers quatre heures, tout était rentré dans le calme[1]. »

Les journées des 25, 26, 27 et 28 juin se passèrent ainsi pour la troisième division, qui formait notre gauche, en combats défensifs incessants. Pour couvrir notre position, il avait fallu occuper le petit bois de Sidi-Abderrahman-Bou-Nega, situé sur la gauche, à l'angle du ravin. Pour soutenir le poste du petit bois, il avait fallu occuper, à la droite de ce bois, le pont jeté sur le ruisseau qui, coulant dans le vallon, séparait notre position de celle de l'ennemi. Il avait fallu construire, en avant du pont, un redan, pour couvrir ce poste intermédiaire ; il avait fallait occuper, au centre du front de la seconde brigade, une maison crénelée, une autre maison dans le ravin, en avant du bivouac du 36ᵉ, et un petit bois moins étendu que le premier. Toutes ces positions, vigoureusement attaquées à plusieurs reprises par un ennemi nombreux qui,

---

[1] Journal militaire communiqué par M. le duc des Cars. La journée du 28 juin nous coûta 29 morts, dont 1 officier, et 169 blessés, dont 6 officiers.

d'après l'estimation du lieutenant général des Cars, déploya de 7 à 8,000 hommes contre sa brigade de gauche, mais plus vigoureusement défendues, nous restèrent [1], de sorte que le duc des Cars put dire, dans un ordre du jour adressé aux troupes qui avaient combattu sous son commandement : « La troisième division s'est trouvée depuis quatre jours en position de faire preuve de sa valeur et de son dévouement au roi. Elle a marché sur la trace des anciens braves, et sa conduite a prouvé que, dans toutes les occasions, elle saurait ajouter de nouveaux lauriers à la gloire française. Le lieutenant général témoigne sa satisfaction de la bravoure avec laquelle une position en définitive peu avantageuse a été défendue pendant les journées des 25, 26, 27 et 28 juin [2]. »

[1] Dans ces journées se distinguèrent surtout le colonel Rulhières, le lieutenant-colonel Baraguey-d'Hilliers, les capitaines Brusley, Susini et Lélut; les sous-lieutenants de Queilhe, de Morogue, Gré, et le sergent Bazin, des 1er et 9e légers; le chef de bataillon Ballon, les capitaines de voltigeurs Pélissier et du Pont-de-Gault, le capitaine Godard, le lieutenant Massoni, et les sous-lieutenants Foltz, d'Avizard et Denner, du 35e, et, dans le 17e, les capitaines Pelegry, Pourilhou et Vidal; les lieutenants Boudet et de Maleyssie; le sergent-major Rebuffat, le sergent Bardou et le caporal Chaix, qui avait enlevé un drapeau; les capitaines de la Chapelle, d'Autun et Bourgeois; le lieutenant Robbe, le sous-lieutenant de Lastic et le sergent-major Brunet de la Renaudière, du 30e. Ce dernier, se lançant avec sa petite troupe pour enlever un drapeau, reçut trois balles au corps, dix-sept dans ses habits, et survécut à ses blessures. Le capitaine du Pont-de-Gault, qui avait conduit la vigoureuse charge à la baïonnette du 28 juin, en présence de toute la division, fut proposé pour la croix de Saint-Louis, par le général en chef à cause de cette action d'éclat. Le colonel Rulhières écrivait à l'oncle de cet intrépide officier : « Vous n'aurez pas de démarches à faire pour m'aider à obtenir la croix de Saint-Louis pour votre neveu, le capitaine de voltigeurs du Pont-de-Gault. Il a su faire tout à lui seul, il l'a, ma foi, bien gagnée. Je ne connais pas d'officier plus brillant à la guerre ! »

Nous transcrivons ces noms et les mentions honorables qui les accompagnent sur les rapports des chefs de corps et sur ceux du commandant en chef. Le colonel Rulhières, mort depuis, était, en 1850, général de division, membre de l'Assemblée législative, ministre de la guerre. Le lieutenant-colonel Baraguey-d'Hilliers est maréchal de France.

[2] Journal militaire communiqué par M. le duc des Cars.

Pendant que la troisième division repoussait sur la gauche ces attaques réitérées, la première division, quoique moins vivement pressée à droite, avait cependant aussi des efforts énergiques à faire pour se maintenir dans sa position. La brigade Poret de Morvan, qui formait la droite de cette division, occupait, en avant de Dely-Ibrahim, une espèce d'éperon dont les dernières pentes aboutissaient à la route qui conduit de Dely-Ibrahim [1] à Alger. Cette brigade, en raison de la nature du terrain, n'avait aucun point d'appui et elle joignait à ce désavantage celui de manquer de canons. La cavalerie ennemie était sur les hauteurs, de l'autre côté du ravin, au fond duquel court la route. Le 26 juin, dès le point du jour, une ligne de cavaliers arabes descendit de sa position, traversa le ravin, venant décharger ses fusils sur nos avant-postes, et dix minutes après un autre groupe de cavaliers recommença la même manœuvre. Derrière chaque groupe de cavaliers couraient douze ou quinze fantassins kabyles qui venaient se blottir dans un fourré à 150 ou 200 pas de nos avant-postes. Ce manége dura jusqu'à midi. La cavalerie les apportait et ne les remportait pas, de sorte qu'à cette heure il y avait une infanterie de 1,500 à 2,000 hommes embusquée à 150 ou 200 pas du 4e léger. Vers le milieu de la journée, on vit 3,000 chevaux se réunir, traverser en masse un ravin et s'avancer sur notre infanterie, précédés des Kabyles qui, faisant l'office de l'artillerie, ouvrirent à petite distance un feu meurtrier sur le 4e léger, afin de frayer à la cavalerie arabe un chemin dans nos bataillons. A la faveur de ce feu, les Arabes fondirent sur nos lignes, et plusieurs cavaliers pénétrèrent dans les rangs en sabrant les fantassins. Il fallut que le 2e léger, qui formait la réserve, chargeât vivement l'ennemi sur sa droite et sur sa gauche

---

[1] Il y a aujourd'hui sur ce point un village très-peuplé.

pour dégager le 4ᵉ. Cette affaire fit honneur à ces deux régiments[1]. Un bataillon du 4ᵉ éprouva des pertes considérables et eut 8 officiers blessés, 24 sous-officiers et soldats tués, les Arabes les décapitèrent pour porter les têtes à Alger, et 98 blessés. Le bruit se répandit dans l'armée qu'il avait été surpris par l'ennemi au moment où il nettoyait ses armes. L'exactitude de ce bruit a été hautement démentie par le maréchal de camp Poret de Morvan dans un ordre du jour[2]. Voici comment M. Beauquet, aide de camp du général, explique, dans une note qu'il nous a transmise, cet incident militaire : « L'ouragan de cette attaque annoncée par des hurlements sauvages fut tellement rapide, que l'on courut au plus pressé pour la repousser, et qu'au début le bataillon du 4ᵉ léger fut seul engagé ; il porta donc un moment tout le poids de cette masse de 2,000 fantassins et de plusieurs milliers de cavaliers, et il doit ainsi avoir la principale part à l'honneur de la journée. »

Le général en chef, averti par les rapports des chefs de corps et surtout par la lettre du lieutenant général des Cars, des pertes éprouvées par les troupes dans des positions désavantageuses, attendait avec impatience le moment de prendre l'offensive. Tout dépendait du progrès du débarquement du matériel. La marine déployait une intelligence remarquable et un zèle sans bornes pour accélérer cette opération dif-

[1] Le 2ᵉ et le 4ᵉ légers avaient fourni une partie de leur effectif, qui ne formait qu'un régiment sous les ordres du colonel de Frescheville.

[2] « Des bruits injurieux causés par une malveillance indigne de militaires, dit ce général dans un ordre du jour du 30 juin 1830, ont circulé en accusant le 4ᵉ léger de s'être laissé surprendre dans la journée du 28. C'est de toute fausseté. Un quart d'heure avant l'attaque, le sixième des armes au plus qui était à nettoyer était remonté, M. le chef de bataillon Cousin venait de m'en informer. D'ailleurs, j'ai tout vu, et je dois et me plais à rendre justice à ce bataillon ; officiers et soldats ont tous fait leur devoir avec honneur. » (Communiqué par l'ancien aide de camp du baron Poret de Morvan, M. Beauquet, colonel d'état-major en retraite.)

ficile ; mais elle dépendait elle-même de la mer. De deux heures du matin à huit heures du soir, chaque jour, les embarcations remorquaient ou chargeaient de lourds chalands sur une rade très-mauvaise, en face d'une plage dont les abords n'offraient aucun chenal certain. La direction supérieure manquait, ce qui rendit l'opération plus longue et plus pénible ; mais l'intelligence et l'énergie de volonté déployées dans l'exécution suppléèrent à tout. Le 25 juin au matin, les deux dernières divisions du convoi arrivèrent dans la baie de Sidi-Ferruch. Le débarquement des chevaux, sans lesquels le charroi des pièces de siége ne pouvait commencer, se fit dans la journée même. La houle de l'ouest, signe avant-coureur de la tempête du soir, rendait cette opération d'une difficulté inouïe[1]. La marine comprenait si bien la nécessité d'aller vite, qu'elle allait chercher au large les navires chargés de chevaux. On débarqua tous les chevaux, au nombre de 1,400, dans la journée ; chaque chaland en prenait 25[2]. Le remorquage était extrêmement dangereux avec une houle d'ouest de plus en plus forte qui, battant en côte, portait les chalands sur les embarcations qui les remorquaient. A cinq heures, la mer n'était plus tenable, et l'on fut obligé de sacri-

---

[1] Il ne faut pas perdre de vue, en lisant ces détails, que la vapeur, qui a rendu tout facile, était dans son enfance, et que ces débarquements se faisaient avec des bâtiments manœuvrés à la voile et à la rame. Il y a eu, on peut le dire, trois phases dans l'histoire de la vapeur : d'abord, on l'applique à un très-petit nombre de bâtiments et à des bâtiments d'un très-faible tonnage ; c'est la phase de l'essai, de l'épreuve, et l'expédition d'Alger eut l'avantage de montrer le parti qu'on pouvait tirer des navires à vapeur, comme avisos et remorqueurs ; dans la seconde phase, on multiplie les bâtiments à vapeur ; on augmente leur tonnage, et ils rendent déjà de grands services comme transports ; à la fin de cette phase, on trouve l'hélice qui, mettant l'appareil sous l'eau, à l'abri des boulets, permet d'appliquer la vapeur aux navires de guerre. C'est une révolution dans la marine, dont on recueille les avantages aujourd'hui.

[2] Le commandant en chef fit faire, le soir, des signaux de remercîment.

fier le dernier chaland pour ne pas exposer à une mort certaine l'équipage du remorqueur et les conducteurs des chevaux. Il n'y eut que ces 25 chevaux de perdus. Les embarcations ne purent retourner à bord des navires ; elles se mirent à l'abri derrière les récifs de la pointe nord-ouest, et les équipages couchèrent à terre.

A sept heures du soir, le vent, quoique très-frais, de la partie de l'est, sauta à l'ouest, par une révolution extraordinaire et instantanée ; pendant trois heures il souffla avec force, et la mer, comme de coutume, devint très-grosse. Le lendemain, 26 juin, le temps était beau ; mais le vent continuait de l'ouest et ouest-nord-ouest, et la mer était très-houleuse. Le vice-amiral Duperré craignait des avaries pour les bâtiments du convoi qui étaient à peine amarrés ; il n'y en eut pas, ou du moins elles furent très-légères [1].

Le 26 et le 27, le débarquement et le charroi de Sidi-Ferruch à Sidi-Kalef, par Staouéli, continuèrent et, dans la jour-

[1] Nous prenons textuellement dans le rapport adressé par M. le vice-amiral Duperré au ministre de la marine, à la date du 26 juin 1830, ces détails sur le coup de vent du 25 juin. (*Vie de l'amiral Duperré*, page 452.)

Dans sa correspondance du 28 juin avec le comte de Bourmont, le vice-amiral donne des proportions plus grandes à cet événement de mer : « Le vaisseau *le Trident*, dit-il, a cassé deux ancres dans le coup de vent d'avant-hier, qui a de nouveau compromis le salut de l'armée. »

M. le baron Denniée, intendant en chef, en parle dans le même sens : « On ne saurait se dissimuler, dit-il dans son rapport du 26 juin, qu'avec un élément aussi décevant que celui auquel nous sommes soumis pour nos communications avec le continent, on ne peut et on ne doit compter sur rien. Hier soir, une partie du convoi, venant de Palma, était entrée par un vent favorable, et cette nuit un ouragan affreux a mis tout en perdition. Ici, pour obtenir un, il faut demander deux, il faut demander trois. » Le baron Denniée ajoute, dans le *Précis historique et administratif* : « La nuit fut affreuse et, le 27 au matin (c'est le 26 au matin qu'il aurait fallu dire), trois bricks de commerce étaient désemparés et avaient échoué à la côte. » Quarante-cinq bateaux-bœufs avaient échoué, mais ils furent relevés.

née du 27, les généraux Valazé et Lahitte annoncèrent au général en chef que le génie et l'artillerie seraient en mesure pour le 28 juin. Aussitôt le comte de Bourmont se rendit aux avant-postes, conféra avec le lieutenant général des Cars dans la maison crénelée, où était établi le quartier général de la troisième division, et, après avoir longtemps observé les Turcs du haut de la terrasse, il donna des ordres pour que le lendemain, à la pointe du jour, l'armée attaquât les positions ennemies. « Ce fut le 28 juin, vers quatre heures de l'après-midi, dit le duc des Cars, que Son Excellence le général en chef arriva sur notre position. Il annonça que les pièces d'artillerie, les outils du génie et les moyens de transport nécessaires étaient enfin arrivés, et que la position de l'ennemi serait attaquée le lendemain 29. Il me donna des instructions sur l'attaque de l'extrême gauche, que j'étais chargé de diriger. La nouvelle de l'attaque pour le lendemain fut reçue avec transport dans nos bivouacs[1]. »

Le duc des Cars reçut donc l'ordre d'attaquer par la gauche, avec les deux premières brigades de sa division : c'est de ce côté que l'ennemi avait réuni le plus de forces[2]. L'attaque de la droite fut confiée à la 2e et à la 3e brigade de la division Berthezène ; l'attaque du centre à la 1re et à la 3e brigade de la division Loverdo.

Le plan du commandant en chef s'explique de lui-même. Il confiait l'attaque du centre à la division Loverdo, en lui indiquant comme direction le consulat d'Espagne ; l'attaque de droite à la division Berthezène, en lui donnant comme point de direction une ligne passant à droite du même consulat ; l'attaque de gauche à la division des Cars, en lui donnant comme direction le Boudjaréa. L'exécution de ce plan devait avoir pour résultat d'envelopper le fort de l'Empereur, pris à

---

[1] Journal militaire communiqué par M. le duc des Cars.
[2] Rapport du général en chef. Devant Alger, le 1er juillet 1830.

gauche par le duc des Cars qui, maître des hauteurs du Boudjaréa, devait en descendre pour l'investir au nord-ouest, pris de front par le comte de Loverdo qui, se portant par la grande route (l'ancienne voie romaine) et par un terrain formant plateau et presque chaussée, devait l'investir au midi, pris à droite par le baron Berthezène qui, se portant par des chemins de traverse dans la direction de l'est, de manière à couper les routes de Constantine et de la Métidjah, c'est-à-dire les communications principales, devait compléter l'investissement au sud-est.

Pour s'expliquer les événements qui vont suivre, il faut se souvenir qu'on opérait sur un terrain difficile, tout nouveau; que l'état-major général, dirigé par le lieutenant général Després, savant de premier ordre, mais homme de théorie plutôt que d'application, ne connaissait pas suffisamment et avait peu de temps et peu de moyens d'étudier ce pays occupé d'ailleurs par l'ennemi, et qu'enfin on avait exclusivement pour guide la carte de Boutin, trouvée fautive sur plusieurs points, de sorte qu'on pouvait ne pas lui accorder une confiance absolue. Dans cette contrée où la vue était bornée de tout côté, on n'apercevait du point de départ de l'armée ni le fort de l'Empereur ni Alger, et l'état-major conservait quelques doutes sur la position exacte de ces deux points, comme les faits devaient le prouver plus tard. On avait devant soi des plateaux superposés les uns aux autres et séparés par des ravins profonds, de sorte que les colonnes devaient sans cesse gravir des pentes escarpées et les redescendre, pour se retrouver sur des plateaux voisins les uns des autres à vol d'oiseau, mais séparés par la profondeur des gorges creusées comme des fossés entre ces deux sommets, assez semblables à des citadelles. « Ces positions, dit M. Pélissier[1], se rattachaient

---

[1] *Annales algériennes*, t. Ier, p. 55, 2e édit.

au mont Boudjaréa, situé au nord-ouest d'Alger, et dont l'élévation au-dessus de la mer est de 400 mètres. Les pentes du Boudjaréa sont roides, surtout au nord ; des ravins très-profonds et très-escarpés le séparent de la ville ; à l'origine de ces ravins, il se lie aux collines d'Alger, qui s'étendent à l'est jusqu'à l'Aratch, petite rivière qui se jette dans la mer à 2 lieues de la ville. Ces collines sont séparées de la mer par une plaine de 600 mètres de largeur moyenne ; elles sont coupées par de grands ravins. Sur le plateau qui les couronne, et au partage des eaux, serpentait une ancienne voie romaine très-praticable dans les environs d'Alger, et qui se perdait dans la plaine de Staouéli. Ce chemin passait auprès du fort de l'Empereur, bâti au sud de la ville sur les crêtes des hauteurs. Ce fort domine Alger et la vue sur toute la baie ; mais il est lui-même dominé par le prolongement des pentes du mont Boudjaréa. Tout le terrain que nous venons de décrire est couvert de jardins, de vergers et d'une prodigieuse quantité de maisons de campagne, dont quelques-unes sont de fort beaux édifices ; il est coupé par des haies épaisses, ce qui, joint aux difficultés naturelles du sol, en rend l'accès très-difficile ; il est, du reste, d'une admirable beauté et d'une fertilité remarquable. »

IV

MARCHE ET COMBATS DU 29 JUIN.

La journée du 29 juin se divise en deux parties bien distinctes. Dans les premières heures de la journée, les trois divisions marchent à leur but ; tout se fait avec ordre, régulièrement ; chaque corps tient sa place, suit sa route. Vers six heures du matin, il y a de la confusion dans la marche et dans la destination des corps. Plus tard, les mouvements se régularisent et se rectifient. Il faut expliquer successivement ces deux phases.

Le 29 juin, à la pointe du jour, vers deux heures et demie du matin, l'armée s'ébranla en colonnes serrées. « Chaque colonne était formée d'un régiment ; les divisions étaient à leur rang de bataille, c'est-à-dire la première à droite, la deuxième au centre, et la troisième à gauche. L'artillerie marchait dans les intervalles ; une compagnie du génie avait été attachée à chaque division, pour ouvrir le chemin là où cela serait nécessaire[1]. »

Le duc des Cars, — nous commençons par la troisième division, qui eut la tâche la plus laborieuse de la journée, — avait réuni à trois heures du matin ses deux premières brigades en avant de leurs bivouacs. « Elles étaient formées par régiments en colonnes serrées, dit le chef de cette division, auquel nous laissons la parole[2]. Deux pièces de canon et un détachement de sapeurs du génie marchaient avec la première brigade ; quatre pièces de canon et une compagnie du génie marchaient avec la seconde, qui formait l'extrême gauche.

« Deux brigades de la division Loverdo devaient déboucher par le pont et appuyer le mouvement de la brigade Berthier, qui avait ordre de franchir le ruisseau aux premières lueurs du jour, et de suivre le mouvement de la brigade Hurel, chargée de percer la ligne de l'ennemi et d'appuyer sur sa gauche, en coupant de leur retraite sur Alger tout ce qui occupait les ravins et les berges qui dominaient nos positions de la maison carrée.

« A trois heures et demie, la brigade Hurel commença son

[1] *Annales algériennes*, t. Ier, p. 56.
[2] Journal militaire communiqué par M. le duc des Cars.

mouvement. Le 17ᵉ de ligne marchait en colonnes par division, à distance de section. Il était en tête, précédé par deux compagnies de voltigeurs, et flanqué sur sa gauche par une autre compagnie. Le lieutenant de Maleyssie, adjudant-major de ce régiment, officier fort intelligent, était chargé de diriger les voltigeurs sur le mont Boudjaréa. Les quatre pièces de canon suivaient le 17ᵉ. Venait ensuite le 30ᵉ dans le même ordre. La brigade Berthier formait deux colonnes : celle de gauche, composée du 35ᵉ, communiquait avec le 17ᵉ et marchait à sa hauteur ; celle de droite, composée du 2ᵉ régiment de marche d'infanterie légère, marchait à la hauteur du 35ᵉ et devait communiquer avec la division Loverdo. Elles étaient couvertes par les voltigeurs de la brigade.

« Vers quatre heures, nous avions franchi le premier ravin et, le jour commençant à nous éclairer, les trois colonnes débouchèrent dans le meilleur ordre et attaquèrent vigoureusement les Turcs. L'ennemi ne s'attendait pas à notre attaque. Il fut surpris et repoussé dans le plus grand désordre. Il se jeta dans un ravin profond, et fut vivement suivi par la brigade Berthier. La brigade Hurel appuya sur sa gauche, poursuivant sans relâche les Turcs, qui se sauvaient par des chemins creux qui mènent au Boudjaréa. Ce pays est très-difficile, très-coupé de haies épaisses, et si l'ennemi avait eu le temps de s'y rallier, il aurait pu nous faire éprouver une perte considérable. Nous prîmes le parti de le poursuivre avec nos têtes de colonne, et le résultat prouva que nous avions bien fait. Dès cinq heures du matin, l'ennemi ne faisait plus de résistance ; il fuyait dans toutes les directions, et le 17ᵉ occupait la hauteur nommée poste d'observation de la Marine[1], qui domine Alger, le fort des Anglais et celui des Vingt-Quatre-Heures. La brigade Berthier continuait son

---

[1] Sur les cartes, *Vigie de la marine.*

mouvement en chassant devant elle les Turcs, dont la déroute était complète. Vers six heures, toutes nos colonnes étaient en ligne, occupant à gauche le poste d'observation de la Marine, la droite sur un mamelon inférieur, plus rapproché de la ville et à portée du canon de la Casaubah ; nous nous arrêtâmes alors, attendant les ordres ultérieurs du général en chef. L'ennemi avait beaucoup souffert de notre attaque rapide ; il nous abandonna plusieurs pièces de canon, des chevaux, des mulets, des bagages et les tentes d'un camp. »

Pendant que la troisième division, dirigée avec autant d'aplomb que de vigueur, renversait tous les obstacles, surmontait toutes les difficultés de terrain et arrivait victorieuse à son but, la deuxième division, qui, au commencement de sa marche, on s'en souvient, devait combiner son mouvement avec la troisième et opérer au centre, suivait sa route avec succès[1]. Elle traversait à trois heures du matin le petit pont dont il a été plusieurs fois question dans le récit des journées des 25, 26, 27 et 28 juin, et, guidée par le capitaine d'état-major Maumet, elle se dirigea vers le plateau qui faisait face à ce petit pont. La brigade d'Arcines, formée en colonnes d'attaque, suivait à 200 pas de distance le mouvement des tirailleurs du 21ᵉ qui, conduits par le capitaine Maumet, formaient l'extrême droite de la seconde division ; et la brigade Danrémont marchait en colonnes par bataillon, à demi-distance, à 200 pas en arrière, à gauche de la brigade d'Arcines, avec ordre de la soutenir et de la flanquer. A quatre heures du matin, la division Loverdo couronnait les hauteurs au delà du ravin, occupées la veille par l'ennemi. Elle n'avait rencontré d'obstacle armé qu'au début, le mouvement

---

[1] Nous suivons, pour la marche de la deuxième division, le rapport du général Loverdo au commandant en chef, que nous avons sous les yeux.

de la division des Cars ayant décidé la retraite de l'ennemi, et elle s'était emparée de quelques pièces abandonnées. Le général Loverdo fit respirer sur le plateau ses troupes fatiguées de leur rapide ascension, exécutée au pas accéléré. Bientôt après, elles se remirent en mouvement, la brigade d'Arcines tenant toujours la droite, et la brigade Danrémont en arrière et tenant la gauche, devant laquelle se trouvait un terrain beaucoup plus accidenté. Le général d'Arcines, qui conduisait la tête de colonne, poussa devant lui les Arabes, et bientôt il gravit une nouvelle hauteur, du faîte de laquelle il aperçut la mer et le fort Bab-Azzoun. Quelques instants après, il découvrit le château de l'Empereur. A cette vue, les soldats, saisis d'ardeur, précipitèrent leur marche et, en chassant les Arabes, parvinrent à la hauteur des consulats de Hollande et de Suède, sous le canon du fort de l'Empereur[1]. Dans cet instant, le général Loverdo, voyant la division Berthezène faire un mouvement pour remonter vers sa gauche, craignit que la brigade Danrémont ne suivît ce mouvement et l'appela à lui ; elle vint se former à la hauteur du 29e, de la brigade d'Arcines, et envoya ses compagnies de voltigeurs en avant pour soutenir et flanquer ceux de cette brigade. Il était entre cinq à six heures du matin, quand les avant-postes de la division Loverdo couronnèrent, en arrière et un peu à gauche des consulats, les hauteurs qui bordent le ravin de Bab-el-Oued et qui forment une espèce de chaussée qui conduit au fort de l'Empereur, ses deux brigades étant formées en arrière, l'une à gauche, l'autre à droite de la voie romaine[1].

La division Berthezène, dont le parcours était le plus long, accomplissant son mouvement, arrivait vers la même heure à Byr-ben-Atheia, c'est-à-dire à la droite de la voie romaine, au-dessous et à l'est du consulat de Suède, derrière la divi-

---

[1] Détails communiqués par M. le général d'Arcines.
[2] Rapport Loverdo.

sion Loverdo, et en mesure de continuer son mouvement jusqu'à la mer.

C'est ici que commence la seconde phase de la journée. Des ordres, partis de l'état-major général, arrivent à la première et à la seconde division. Ces ordres ont le même objet ; ils tendent à reporter les deux divisions vers la gauche, en imprimant ainsi un mouvement prononcé au gros de l'armée vers la division des Cars et le mont Boudjaréa, dont elle occupe les hauteurs. « Parvenue à Byr-el-Olga[1], dit le général Berthezène, la première division reçut l'ordre de changer de direction à gauche pour soutenir la troisième division, qui se portait vers le Boudjaréa, la seconde n'étant pas encore parvenue au poste qui lui était assigné. » Le général Loverdo, déjà frappé du mouvement qu'il voit faire à la division Berthezène, reçoit un ordre analogue. C'est le général Tolozé, sous-chef d'état-major général, qui le lui apporte. « M. le sous-chef de l'état-major général Tolozé, dit-il, vint me dire que je m'étais trompé de route en me jetant trop à droite, que la reconnaissance Boutin était fautive ; qu'il fallait opérer de suite une retraite et suivre les traces de la division Berthezène[2]. »

Après quelques objections, le général Loverdo se décide à obéir et envoie au général d'Arcines, qui se trouvait en avant à une petite portée de fusil, des ordres précis dans ce sens. Trois aides de camp viennent successivement réitérer ces ordres ; trois fois le général d'Arcines, guidé par son expérience de la guerre et son sens militaire, refuse d'obéir. Enfin il se rend lui-même auprès du général Loverdo, accompagné des colonels Lachau et de Goutefrey, commandant les deux régiments de sa brigade, et devant ces deux témoins,

---

[1] *Dix-huit Mois à Alger*, par M. le baron Berthezène (Montpellier, 1834). C'est la même localité appelée Byr-ben-Atheia sur les cartes.

[2] Rapport du général Loverdo.

dont la capacité militaire et l'intrépidité, éprouvées sur les champs de bataille de l'Empire, sont connues de toute l'armée, il oppose les plus vives et les plus solides objections aux ordres qui lui ont été transmis. « Sa brigade, dit-il, occupait la voie romaine. Si le général Loverdo voulait faire quelques pas, il apercevrait lui-même le fort de l'Empereur. L'ennemi, battu et découragé, ne tenait nulle part. On pouvait commencer l'investissement du fort, mais un mouvement de retraite rendrait à l'ennemi toute sa confiance. » Le général Loverdo répéta, pour la quatrième fois, son ordre : « Général, dit-il, vous allez battre en retraite avec votre brigade et la diriger sur le mont Boudjaréa, pour y remplacer la division des Cars, qui vient elle-même prendre votre place. » En donnant cet ordre, le général Loverdo allégua celui qu'il avait reçu de l'état-major général et qui ne lui laissait pas la faculté d'hésiter.

Alors commença, à travers les ravins qui se succédaient entre la position occupée par la division des Cars, sur le mont Boudjaréa, et la position occupée par la division Loverdo, près de la voie romaine, un mouvement croisé qui mit de la confusion et du désordre dans les deux divisions. La division des Cars, en effet, qui était arrivée, comme on l'a vu, vers cinq heures et demie, à la vigie de la Marine, et dont le général en chef avait visité la position à sept heures du matin, reçut à onze heures[1] l'ordre de se remettre en marche pour descendre les pentes du Boudjaréa, et de se rendre vers les consulats d'Espagne et de Suède, où on lui assignait son poste pour le siège du château de l'Empereur. Le lieutenant général des Cars, jugeant que cette route à travers les ravins serait extrêmement pénible pour les soldats et pouvait entraîner des inconvénients militaires, insista pour contourner les ravins

---

[1] Ces heures sont indiquées par deux fois dans le journal militaire du duc des Cars, que nous avons sous les yeux.

indiqués, en suivant la route par laquelle il était venu; il était sûr, ajoutait-il, d'être rendu en deux heures au poste qu'on lui marquait. Mais le chef d'état-major général lui prescrivit d'entrer dans le ravin, en l'assurant que ce chemin, plus direct, était praticable. Il s'y engagea donc et mit cinq à six heures pour arriver à son nouveau poste, tandis que deux heures et demie lui auraient suffi s'il avait été libre de choisir son chemin. Encore fallut-il qu'il cherchât une issue pour sortir des ravins où sa division était comme perdue, et gagner la voie romaine, qui le conduisît à sa nouvelle position [1].

Le général Loverdo, de son côté, éprouvait de grandes difficultés dans sa marche pour aller se former, comme il en avait reçu l'ordre, sur la position où était déjà établie la division Berthezène, en remontant vers la gauche. Les tirailleurs du général d'Arcines eurent de vifs combats d'arrière-garde à soutenir avant d'y parvenir. Là le général Loverdo s'aboucha avec le général Berthezène et convint avec lui qu'il flanquerait constamment sa droite, dans sa marche, vers les positions occupées par la division des Cars, en faisant successivement occuper par les brigades de la deuxième division les emplacements que quitteraient les brigades de la première. Cette manœuvre eut un commencement d'exécution. La brigade Clouet, de la première division, ayant fait un mouvement sur la gauche, la brigade Danrémont, de la seconde, la remplaça, et fut remplacée par la brigade d'Arcines, qui formait la droite. « Sur ces entrefaites, continue le général Loverdo, au rapport duquel nous empruntons ces détails, M. le général Tolozé reparut sur le terrain avant que tous mes tirailleurs eussent rejoint mes colonnes; il me fit part que c'était par erreur que l'on m'avait fait faire un mouvement rétrograde;

[1] Ce fut le lieutenant-colonel Baraguey-d'Illiliers qui trouva cette issue.

que j'étais, avant de l'exécuter, sur la véritable direction de
la place, quoiqu'un peu trop à droite ; qu'il fallait, par conséquent, redescendre à la position qu'il m'avait fait quitter,
manœuvrer à gauche des maisons qu'avaient occupées, à cinq
heures, mes voltigeurs et, prenant direction sur un arbre
apparent qui se trouvait, disait-il, immédiatement au-dessus
du fort de l'Empereur, aller m'y établir, en ayant soin de
mettre mes troupes à l'abri du boulet. A mon arrivée sur la
gauche de ma première position, je fis reconnaître le seul
ravin que, d'après l'opinion de M. le général Tolozé, j'avais à
traverser pour arriver à l'arbre remarquable qui, disait-il, se
trouvait au-dessus du fort de l'Empereur. Le ravin fut descendu et gravi lentement par le flanc. Au fond de ce ravin,
je rencontrai M. le chef de bataillon Perrin, qui me transmit
l'ordre de le remonter pour occuper la maison consulaire
d'Espagne. Mes brigades m'ayant dépassé, je me trouvai dans
l'impossibilité de m'y conformer immédiatement. En arrivant
au sommet du ravin, j'en vis un second plus profond et plus
difficile devant moi, et je découvris le fort de l'Empereur à
ma droite. J'arrêtai alors la marche de mes brigades, qui
couronnèrent ce second ravin, et je leur prescrivis de se diriger vers les consulats d'Espagne et de Hollande. Elles arrivèrent avec beaucoup de fatigue aux positions qu'elles occupent encore, c'est-à-dire le 49e sur le penchant méridional de
la croupe qui commande le château de l'Empereur, le 6e se
liant par sa droite avec le 49e, et ayant sa gauche en arrière
des maisons consulaires d'Espagne et de Hollande, la brigade
d'Arcines à gauche de la brigade Danrémont[1]. »

Le général Berthezène continua donc seul son mouvement
ascensionnel sur les pentes du Boudjaréa. La brigade Achard
remonta vers la Vigie, et remplaça la division des Cars, tandis

---

[1] Rapport du général Loverdo au commandant en chef.

que la brigade Clouet restait en position sur le plateau où elle avait été rejointe par la division Loverdo, lorsqu'un nouvel ordre la fit bientôt redescendre vers sa première position.

A la fin de la journée, les positions se trouvaient donc ainsi distribuées : le lieutenant général des Cars occupait, à la droite, la position primitivement destinée à la division Berthezène ; le général Berthezène occupait, à gauche, la position primitivement destinée à la division des Cars. Le général Loverdo, après avoir été éloigné un moment de sa position du centre, y avait été ramené par de nouveaux ordres.

On ne saurait expliquer la seconde phase de la journée du 29 juin, avec ses mouvements contradictoires, et les ordres et les contre-ordres donnés par l'état-major général, sans admettre qu'il y eut dans l'esprit du général Després deux opinions successives sur la position du château de l'Empereur et d'Alger. Dans la première phase de la journée, tous les mouvements peuvent s'accorder avec la position véritable de ces deux points. Déjà, cependant, l'ordre donné au duc des Cars de couper l'ennemi dans sa retraite, en appuyant sur sa gauche, qui gravit les pentes du Boudjaréa, indique une disposition à supposer le château de l'Empereur et Alger plus à gauche de l'armée qu'ils ne le sont réellement. Tous les ordres donnés entre cinq et six heures du matin tendent à reporter l'armée vers la gauche, et la division des Cars, qui garnit les hauteurs du Boudjaréa, est le pivot sur lequel s'appuie tout le mouvement. On prescrit au général Berthezène de remonter les pentes du Boudjaréa pour appuyer la troisième division ; on avertit la division Loverdo que, trompée par la reconnaissance de Boutin, elle a trop appuyé sur la droite, et on lui prescrit de suivre le mouvement de la division Berthezène.

Toutes ces prescriptions deviennent motivées, si l'on suppose un moment qu'Alger et le fort l'Empereur sont situés plus à gauche qu'ils ne sont réellement, c'est-à-dire entre le cap Pescade et le Boudjaréa. Le général Berthezène et le général Loverdo sont d'accord sur la circonstance qui put tromper le chef d'état-major général. Un brouillard épais couvrait le cours de l'Arath et la Métidjah. On crut qu'on voyait la mer là où s'étend cette plaine, et qu'au lieu de marcher sur la route d'Alger, en suivant la voie romaine, le général Loverdo suivait la route de Constantine. En un mot, on admit que l'on portait le mouvement général trop à droite et que l'on dépassait Alger. On s'était guidé, dans tout le cours de cette campagne, sur la carte Boutin, qui est fautive en plusieurs endroits; on put supposer, et à la vue de ce brouillard qui dérangeait toutes les idées, on supposa que Boutin, en réalité parfaitement exact pour cette seule portion des environs d'Alger, avait commis une erreur qu'il fallait se hâter de rectifier en faisant opérer aux trois divisions des mouvements qui reportaient la division Berthezène à l'extrême gauche, et la division Loverdo sur la gauche; la division des Cars, que l'on devait supposer naturellement arrivée à un bon point, puisque, formant primitivement la gauche, elle devait être près du but si le mouvement général avait été porté trop à droite, fut destinée, dans la nouvelle combinaison, à former l'extrême droite et à couvrir sur-le-champ la position de droite, qui laissait Alger en communication avec le pays. Ainsi l'on assigna au duc des Cars, auquel on avait commandé, à cinq heures du matin, d'arrêter son mouvement pour laisser à la droite le temps d'achever le sien [1], la tâche d'ouvrir le siège à droite. Le général Loverdo eut à suivre le général Berthezène et à dépasser la division des Cars, pour occuper la position qu'on croyait appartenir à l'attaque du centre. Le général Berthezène, dont on croyait la division hors de voie et inutilisée, dut remonter les pentes du Boudjaréa pour aller

---

[1] Journal militaire communiqué par le duc des Cars.

occuper la position qui devait appartenir à l'attaque de gauche.

A sept heures du matin, le général en chef se rend de sa personne sur le terrain de la vigie de la Marine, où se trouve la division des Cars[1]. Alors il reconnaît que l'état-major général s'est trompé sur la véritable position du château de l'Empereur et d'Alger. La reconnaissance Boutin, qu'on avait crue fautive, est exacte sur ce point[2]. Alors le contre-ordre arrive au général Loverdo, qui est renvoyé à sa première position. Le général Berthezène, dont le mouvement est déjà trop prononcé pour être arrêté, continue seul son mouvement. Il sera remplacé à la droite par la division des Cars. Elle reçoit, en effet, à onze heures du matin, l'ordre de se diriger vers la position de droite; seulement elle aura un parcours beaucoup plus long à faire que ne l'avait supposé l'état-major général, lorsqu'au commencement de la seconde phase de la journée il lui assignait ce poste.

Voilà, ce me semble, l'explication la plus plausible des deux phases de la journée du 29 juin. Les faux mouvements dont est marquée la seconde viennent d'une erreur d'appréciation topographique de la part de l'état-major général. Quand ses idées sont rectifiées, il rectifie ses ordres. Les divisions de droite et de gauche échangent leurs positions; mais les points essentiels pour les opérations du siége sont occupés.

C'est ainsi qu'à travers des malentendus, des confusions, de faux mouvements déterminés par une erreur de l'état-major général, avec plus de fatigues et un peu plus de périls, on arrivait au but. L'armée était devant le fort de l'Empereur. Le

---

[1] Journal militaire communiqué par le duc des Cars.
[2] La reconnaissance Boutin, défectueuse pour toute la partie de la côte nord et du versant nord du Boudjaréa, est suffisamment exacte pour tout le versant ouest et toute la route suivie dans les attaques.

dernier acte de la campagne allait s'ouvrir. Les troupes avaient montré beaucoup de vigueur et d'entrain dans les combats qu'il avait fallu livrer pour débusquer les Turcs de leurs positions. La brigade d'Arcines, vigoureusement conduite, s'était distinguée. La division des Cars avait eu la principale part à ces vifs engagements. Après avoir enlevé la première hauteur, il y eut un effort énergique à faire pour enlever le second ravin. Les Turcs revinrent plusieurs fois à la charge, mais ils furent culbutés. Dans une de ces dernières luttes, qui eut pour théâtre une côte couverte de maisons, les musulmans, après s'être énergiquement défendus, égorgèrent leurs femmes et leurs enfants, pour les empêcher de tomber dans nos mains, indice certain de la passion furieuse avec laquelle ils avaient combattu. Un vif enthousiasme éclata parmi les troupes françaises quand elles aperçurent le fort de l'Empereur et, à quelque distance, Alger la guerrière, ses minarets, son port, ses murailles blanches, ses redoutables batteries. Des acclamations s'élevèrent sur toute la ligne, et l'armée française salua cette proie qu'elle était venue chercher à travers tant de fatigues et de si loin. On apercevait, entre la ville et le fort de l'Empereur, un nombreux rassemblement de troupes. Du côté de la porte Bab-Azzoun, le rivage était couvert d'habitants, qui sortaient en toute hâte de la ville, en emportant leurs effets les plus précieux. Les consuls européens, réunis au consulat des États-Unis, en face de la porte opposée, envoyaient offrir leurs services au général en chef de l'armée française : ils abdiquaient dès lors leurs fonctions auprès d'un gouvernement condamné à mourir. Le comte de Bourmont prescrivit au général Valazé de reconnaître immédiatement le point où l'on pourrait ouvrir la tranchée dans la nuit suivante, et décida qu'on armerait six batteries contre le château de l'Empereur.

Le 1er juillet 1830, le commandant en chef de l'expédition résumait ainsi, dans une lettre écrite devant le fort de l'Empereur et adressée à monsieur le Dauphin, toute la suite de la campagne, la marche victorieuse de l'armée, ses glorieux combats, en exprimant l'espérance d'un succès prochain et définitif :

« Monseigneur, le retard des convois qui portaient nos chevaux, nos vivres, le matériel de l'administration, ne me permit pas de profiter de la déroute de l'ennemi, le 19 juin[1], pour le poursuivre sous les murs d'Alger et investir la place. Nous n'avions pas les moyens nécessaires au transport des vivres, et je ne voulais pas m'exposer à un mouvement rétrograde devant un ennemi dont il est si essentiel de frapper le moral. Je dus donc m'arrêter à la première position passable que je rencontrai. Celle de Staouéli, où l'ennemi avait établi son camp, me parut être la meilleure; nous n'étions qu'à deux lieues de nos magasins, et nous avions sur notre front un terrain découvert. Tous les jours, l'ennemi venait tirailler sur nos postes, et particulièrement sur notre gauche, où le terrain couvert favorisait son approche. Chaque jour nous perdions ainsi quelques hommes; cependant je n'osais m'éloigner de mes magasins : nous n'avions plus que pour quinze jours de vivres, et nos moyens de transport étaient presque nuls.

« Quelques bâtiments arrivèrent enfin et, le 24 juin, nous pouvions atteler 80 voitures des équipages militaires; nous avions, en outre, 100 mulets, et par conséquent de quoi conduire des vivres à 20,000 hommes placés à quatre lieues. Je partis de la presqu'île pour me rendre au camp de Staouéli et préparer un mouvement offensif pour le lendemain. Je trouvai cette position attaquée, et je profitai de cette circonstance pour exécuter le mouvement que j'avais projeté. Je marchai donc à l'ennemi, qui se retira prompte-

[1] A Staouéli.

ment sur un terrain coupé de ravins profonds et couvert de haies très-élevées, de vignes, de jardins et de maisons de campagne.

« L'obligation de trouver une position au moins passable me fit pousser mon mouvement jusqu'à deux lieues en avant de Staouéli, à une lieue du château de l'Empereur.

« Attaqué tous les jours dans cette nouvelle position et sur toute ma ligne de communication, je fus obligé, nos blockhaus n'étant pas arrivés, de couvrir nos communications par une ligne de redoutes, que nous avons armées avec des pièces prises sur l'ennemi.

« Les trois brigades de la 1re division et les deux premières de la 3e tenaient bien dans cette position, mais nous perdions chaque jour des hommes par le feu continuel des tirailleurs et celui des batteries que l'ennemi avait établies dès le 26 juin et dont il accroissait chaque jour le nombre. L'arrivée du convoi, les 27 et 28, me permit enfin de préparer un mouvement en avant, et, le 29, à la pointe du jour, le lieutenant général duc des Cars marcha sur l'ennemi à la tête des brigades Berthier et Hurel, échelonnées par régiments, la gauche en avant. A sa droite marchait le lieutenant général Loverdo avec les brigades Danrémont et d'Arcines ; tout ce mouvement était appuyé en arrière à droite par le lieutenant général Berthezène, à la tête des brigades Achard et Clouet.

« Toutes ces troupes marchèrent l'arme au bras, précédées de leurs voltigeurs. L'ennemi, surpris, essaya vainement de se défendre et prit la fuite dans toutes les directions, abandonnant ses batteries de position et ses magasins. Dès six heures du matin, nous avions planté le drapeau blanc sur la vigie de la Marine : nous occupions les plateaux du mont Boudjaréa, et la tête du 49e régiment occupait le point où nous projetions d'ouvrir la tranchée, à moins de 300 mètres du château de l'Empereur.

« Je crois qu'après deux heures de feu nous aurons rasé les défenses de l'ennemi, et que la brèche sera praticable vingt-quatre heures après ; qu'en conséquence nous serons, le 5 juillet, maîtres du fort de l'Empereur.

« Je ne saurais exprimer à quel point je suis satisfait du courage des troupes; je n'en ai jamais vu qui marchassent à l'ennemi avec plus de confiance et d'ardeur. Nombre d'officiers, sous-officiers et soldats se sont distingués : j'aurai l'honneur de les faire connaître à votre Altesse Royale aussitôt que j'aurai pu moi-même recueillir des renseignements bien certains sur tous. Ce que je puis dire dès à présent, c'est que, de ma vie, je n'avais vu l'artillerie servir aussi bien, et que le génie est dirigé en perfection ; les sapeurs ont fait en quinze jours une route de cinq lieues, sept redoutes, un blockhaus et trois fronts de fortifications pour couvrir le point de débarquement, et enfin ouvert la tranchée devant le fort de l'Empereur. Cela me paraît prodigieux [1]. »

Le fort de l'Empereur, Soultan-Calassi, c'est le nom que lui donnaient les Arabes, se dressait comme une sentinelle avancée au sud d'Alger, et presque au sommet du promontoire au pied duquel se trouve la ville. La voie romaine, passant sur le front du fort de l'Empereur, conduisait à l'angle inscrit que forme Alger en s'éloignant du rivage, et au sommet duquel s'élève la citadelle de la Casaubah ; car cette ville, du côté où elle regarde la terre, ayant à sa gauche le faubourg de Bab-Azzoun, et à sa droite le faubourg de Bab-el-Oued, affecte à peu près la forme d'un triangle dont la large base s'appuie sur la mer. Ce triangle était protégé à droite, du côté du rivage, par le fort des Vingt-Quatre-Heures, et plus loin, dans la même direction, par le fort des Anglais ; à gau-

---

[1] Documents communiqués par la famille du maréchal de Bourmont.

che, du côté du rivage, par le fort de Bab-Azzoun. Le fort de l'Empereur, éloigné de 800 mètres de la ville, était le seul ouvrage avancé qui défendît la Casaubah.

V

PRISE DU FORT DE L'EMPEREUR.

La forme de ce fort était un carré long. Ses murailles, en maçonnerie, offraient à peu près 40 pieds d'élévation sur 10 pieds d'épaisseur, et n'étaient point entourées d'un fossé régulier. Un retranchement en maçonnerie, formant réduit, protégeait le côté ouest. Une tour ronde, s'élevant au centre de la plate-forme, dominait l'ensemble des fortifications armées de cent vingt bouches à feu. La ville même d'Alger avait pour défense un mur à l'antique, haut de 25 pieds, terme moyen, garni de distance en distance de tours de forme carrée, et couronné d'ouvertures à meurtrières qui présentaient un peu plus de deux cents embrasures de canon. Le fossé, creusé en forme à peu près triangulaire, pouvait avoir de 6 à 8 mètres de profondeur. Il était bordé, à l'extérieur, d'un mur de 2 à 3 mètres de haut sur 12 à 15 pouces d'épaisseur. Depuis la porte Neuve jusqu'à celle de Bab-Azzoun, et un peu au-dessus et au-dessous de la porte de Bab-el-Oued, ce fossé était partagé en deux par un mur presque parallèle à la contrescarpe, surmonté de petits massifs détachés dans lesquels on avait pratiqué des créneaux pour fusil[1]. Alger avait trois

---

[1] Ces détails sont empruntés à la description de Boutin, rectifiée d'après les *Annales algériennes*. Depuis la conquête, Alger a été fortifié à la moderne, et son enceinte s'est agrandie.

portes conduisant dans la campagne : au sud, la porte Neuve dans le haut de la ville, et la porte Bab-Azzoun dans le bas ; au nord, la porte Bab-el-Oued, également dans le bas. Le côté de l'enceinte appuyé à la mer était percé de deux portes, dites de la Marine et de la Pêcherie. C'était au bord de la mer, à 900 mètres de la porte Bab-Azzoun, que s'élevait le fort du même nom. Le fort Neuf couvrait la porte Bab-el-Oued. A 300 mètres de celui-ci était le fort des Vingt-Quatre-Heures, et à 1,500 mètres plus loin, le fort des Anglais. Tous ces forts étaient hérissés de canons.

La citadelle de la Casaubah, résidence du dey, lieu où il enfermait le trésor de la Régence, s'élevait, comme on l'a dit, au sommet du triangle que forme la ville qu'elle domine ; car Alger, bâti en amphithéâtre, descend vers la mer. Il semble que l'esprit du gouvernement algérien se retrouvât empreint jusque dans la construction de cette forteresse. La Casaubah menaçait encore plus Alger qu'elle ne le protégeait. Dominant la ville, et dominé lui-même par le petit plateau et les crêtes en arrière, cet instrument de pouvoir absolu semblait plutôt destiné à foudroyer la ville, dans le cas d'une révolte intérieure, qu'à repousser une attaque du dehors. La Casaubah était entourée d'un mur d'enceinte formé d'une espèce de terre-plein, et bâti en triangle comme la ville elle-même. La Casaubah une fois prise, on était maître d'Alger ; mais si l'on s'emparait d'Alger, d'un autre côté on avait encore à réduire la Casaubah.

La marche des opérations se trouvait donc indiquée. Il fallait d'abord réduire le fort de l'Empereur. Si la réduction de ce fort n'entraînait pas la reddition de la ville, on aurait à faire le siége de la Casaubah.

Alger, on le voit, n'était pas à la merci d'un coup de main, et ceux qui voulaient qu'après la bataille de Staouéli on marchât droit à la ville, sans s'inquiéter de savoir si le génie et

l'artillerie seraient en mesure, cédaient à cette impatience
téméraire qui, à la guerre, provoque plus de revers qu'elle
ne surprend de succès. On avait affaire à des adversaires
inexpérimentés, mais d'une rare intrépidité. S'ils avaient eu
quelque expérience militaire, ils auraient établi les principaux
points de leur défense sur le sommet du mont Boudjaréa et
sur les plateaux qui dominent le fort de l'Empereur; la
science leur manquait : ils nous laissèrent prendre l'avantage
des positions; mais il ne faut jamais mépriser un ennemi
brave, nombreux et aguerri qui peut trouver des ressources
dans son désespoir.

Le général en chef procéda donc avec toutes les précautions
usitées dans les opérations de cette nature. La journée du
29 juin avait rappelé l'inconvénient d'opérer sur un terrain
mal connu; aussi le chef d'état-major général fut-il envoyé
en reconnaissance, le 30 juin au matin, avec deux bataillons
d'infanterie légère et deux obusiers de montagne, commandés
par le lieutenant de Kergorlay, pour observer, dans la direction du chemin de Constantine, les abords de la place, et
juger par ses propres yeux des mesures à prendre pour l'investissement. Il déboucha par le consulat de Suède, sous le
feu du fort de l'Empereur, dont il était environ à 600 mètres,
et, après une marche pénible, couronna les hauteurs qui dominent la maison de campagne de l'aga des janissaires, située
sur les bords de la mer. Le fort Bab-Azzoun et les batteries
de la baie tirèrent sur notre détachement; les murs qui leur
servaient d'arrière-clôture avaient été percés de manière à
servir d'embrasures aux batteries exclusivement tournées du
côté de la mer.

Le chef d'état-major général Després, après avoir suffisamment étudié cette partie des environs de la place, donna le
signal de la retraite à sa petite troupe, et retourna au camp,
en maintenant à distance les partis ennemis qui voulurent le

suivre. Pendant cette retraite, opérée avec ordre, une des deux pièces ayant été arrêtée au fond d'un chemin creux par des racines engagées dans ses roues, et les clameurs des cavaliers arabes qui galopaient derrière le corps expéditionnaire commençant à retentir de plus près, le lieutenant de Kergorlay, qui voyait les derniers voltigeurs se replier, donna à ses hommes, avec autant de présence d'esprit que de sang-froid, l'ordre de démonter la pièce; ils la portèrent à bras jusqu'à ce qu'on fût arrivé sur un terrain plus facile, où l'on put la remonter.

Le résultat de cette exploration militaire fut la résolution prise de renoncer à l'investissement complet de la place. Il aurait fallu 8,000 hommes de plus pour compléter cet investissement; or on ne pouvait songer à détacher aucun corps de l'armée de siége, qui ne comptait que trente bataillons. La porte Bab-Azzoun demeura donc libre comme le chemin de Constantine. L'inconvénient qui pouvait en résulter n'était pas grave : on ne songeait point à prendre Alger par un blocus, et l'on comprenait que, les Français une fois maîtres du fort de l'Empereur, cette porte pourrait servir à laisser sortir des fuyards, mais non à laisser entrer des secours, car les Arabes et les Kabyles ne viendraient point se placer sous le feu de l'artillerie française qui commanderait la place. On avait seulement à surveiller les rassemblements de cavalerie qui se montraient de ce côté, sur les bords de la mer, vers l'endroit dit des Réservoirs.

Dès la nuit du 29 au 30, on l'a vu, le général Valazé avait fait commencer les approches, mais on ne put faire rien de considérable dans cette première nuit. Cependant, au lever du soleil, on était établi sur un développement de près de 1,000 mètres. Le point de la tranchée le plus rapproché du fort ayant attiré l'attention de l'ennemi, il dirigea de ce côté un tir si violent et si soutenu, que l'on dut l'évacuer, pendant quelques heures, pour donner aux tirailleurs le temps de rendre leur logement tenable. Là tomba un officier de grande espérance, le chef de bataillon du génie Chambaud, de service dans la tranchée ; le commandant en chef le recommanda à la bienveillance du roi, comme un des officiers qui avaient le mieux mérité, mais il ne survécut pas à sa blessure.

Les Turcs prirent cette retraite partielle, accomplie par ordre, pour une fuite, et ils exécutèrent une sortie; ils furent repoussés vigoureusement par les compagnies de garde. En même temps ils avaient vivement attaqué la maison du consulat de Suède, où l'on construisait une batterie, et, pendant un moment, ils en demeurèrent maîtres. Un bataillon du 49ᵉ les aborda à la baïonnette, les en chassa et les précipita dans le ravin. On s'occupa aussitôt de créneler les murs de cette maison qui couvrait la droite de l'armée, et on l'entoura d'abatis d'arbres et de tranchées.

Le général Lahitte et le général Valazé ayant, chacun dans les limites de sa spécialité, examiné la place et les positions d'où l'on pouvait la battre, le plan d'attaque fut ainsi arrêté. Le fort ne présentait que deux faces aux assaillants, celle du sud-ouest et celle du nord-ouest ; les deux faces intérieures, protégées par le feu de la Casaubah et le fort de Bab-Azzoun, étaient inattaquables. Les premières tranchées ouvertes à 600 mètres entouraient d'un cercle irrégulier la face nord-ouest; on y construisit, à l'extrémité nord, la batterie de Saint-Louis, qu'on arma de six pièces de 16, et, du côté opposé à l'angle rentrant, la batterie Duquesne, armée de quatre mortiers, pour lancer des feux courbes sur la même partie du bastion. On construisit contre la face sud-ouest la batterie du Roi, de six pièces de 24, et celle du Dauphin, de quatre pièces du même calibre ; ces deux batteries étaient placées des deux côtés de la route ; la batterie du duc de Bordeaux, de deux obusiers de 8, placée près de la batterie du Roi, et la batterie de Henri IV, de quatre obusiers de 24, placée à la maison du consulat de Suède, durent faire converger leurs feux sur le même point des fortifications. C'était en tout vingt-six pièces de canon de gros calibre qui allaient battre la place. En outre, la brigade Achard avait quatre pièces de position placées sur un mamelon, en arrière de la batterie Saint-Louis, et dont le feu portait dans l'intérieur du fort de l'Empereur et commandait ses communications avec la Casaubah. Cette batterie, qui soutenait la batterie Saint-Louis, la plus menacée de toutes parce qu'elle était la plus rapprochée du fort, dont elle prenait la face en enfilade, devait faire beaucoup de mal à l'ennemi.

Le quartier général s'était établi sur la droite de la voie romaine, en arrière des consulats de Hollande et d'Espagne. Cinq brigades étaient employées au siège, une de la première division, deux de la deuxième, deux de la troisième. Quatre brigades étaient employées à la chaîne d'observations. La première et la deuxième brigade de la division des Cars se trouvaient à la droite du quartier général, qui était la partie la plus menacée par les troupes qui pouvaient venir de la porte ou du fort de Bab-Azzoun. La brigade Danrémont, détachée de la deuxième division, était placée en avant de la division des Cars, presque immédiatement derrière le consulat de Suède, et par conséquent derrière la batterie de Henri IV. La brigade Achard, détachée de la première division, occupait dans la direction opposée, c'est-à-dire sur l'extrême gauche de l'armée de siège, une position d'où elle dominait le fort des Vingt-Quatre-Heures, le faubourg et le fort de Bab-el-Oued, et couvrait la batterie de Saint-Louis. Le reste de l'armée assurait les communications de Sidi-Ferruch à la nouvelle position. Une brigade de la deuxième division occupait le camp de Sidi-Ferruch ; une brigade de la première, Staouéli, en portant sa gauche à Aïn-Mahmoud, près de l'Oued-el-Call ; une brigade de la troisième observait la route de Coléah et les débouchés de Hidra. Les parcs du génie, de l'artillerie, des vivres, étaient en arrière du quartier général, les deux premiers à droite, le troisième à gauche de la voie romaine qui conduisait aux batteries. Les difficultés que rencontrait l'administration augmentaient : il fallait franchir une distance de cinq lieues pour approvisionner l'armée. La consommation journalière exigeait 30,000 rations de pain, 30,000 de riz, 15,000 litres de vin, 1,000 litres d'eau-de-vie et 3,000 rations de fourrages. Le poids total des subsistances à transporter de Sidi-Ferruch à la position occupée par l'armée, devant le château de l'Empereur, était de 72,000 kilogrammes par jour, c'est-à-dire le chargement de 82 voitures et de 300 mulets de bât, indépendamment de l'approvisionnement des redoutes qui protégeaient le parcours [1]. L'eau, qu'on avait craint, avant la campagne, de ne trouver nulle part, se rencontrait partout avec abondance. C'est vers le point où nous étions arrivés que l'aqueduc qui la conduit à Alger commence. Nos soldats, qui joignaient aux vertus de notre caractère national les défauts qui leur servent d'ombre, abusaient de cette abondance avec une imprévoyance et une légèreté contre lesquelles toutes les recommandations demeurèrent inutiles. Combien de fois ne vit-on pas les fantassins percer les tuyaux des fontaines afin de remplir les bidons, sans faire quelques pas de plus qui auraient conduit à la source ! Plus d'un cavalier brisa les conduits d'un aqueduc pour faire boire son cheval [2]. Il en résulta que l'eau manqua sur quelques points à force d'être prodiguée. Cette imprévoyance et la négligence à se

---

[1] *Précis historique et administratif de la campagne d'Afrique*, par le baron Denniée, p. 33.
[2] Voir les relations du prince de Schwarzenberg, du chef de bataillon Fernel et de M. Barchou de Penhoen.

garder furent les deux seuls défauts qui ternirent les grandes qualités militaires déployées par nos soldats dans cette campagne.

Tandis qu'en avant du quartier général on travaillait activement à creuser la tranchée et à construire les batteries, la route qui conduisait de Sidi-Ferruch au camp était sans cesse sillonnée par des convois protégés par de fortes escortes, qui amenaient au camp actif des vivres, des munitions et le matériel du siége. Tous les services rivalisaient de zèle et s'entr'aidaient pour arriver plus vite et plus sûrement au but.

L'établissement des tranchées et la construction des batteries furent contrariés par des attaques fréquentes des Turcs. Ces travaux préliminaires du siége exigèrent quatre jours, pendant lesquels l'armée eut à souffrir d'un tiraillement continuel et de quelques attaques corps à corps. Pendant le jour, l'artillerie ennemie tirait peu; la nuit seulement elle nous lançait des bombes, en faisant précéder chaque projectile de cris sauvages; presque toutes ces bombes éclataient en l'air. Mais les tirailleurs turcs et arabes se glissaient, à la faveur des broussailles, dans les ravins qui se trouvaient à la gauche des attaques, et ils nous blessèrent un assez grand nombre d'hommes. On peut évaluer, pendant ces quatre jours, notre perte à 200 hommes par jour.

La batterie Saint-Louis surtout, la plus rapprochée de la place, fut vivement attaquée. Les Turcs, qui paraissaient comprendre l'importance de cette position, entreprirent plusieurs fois de détruire nos travaux. Ils y entrèrent deux fois le sabre au poing. Un jeune officier d'infanterie faillit, par sa fougue, compromettre cette position importante. Ennuyé de rester embusqué avec ses hommes, pour protéger les travaux des artilleurs, et de recevoir des balles sans les rendre, il sauta sur le parapet et se précipita vers l'ennemi, en criant : « A moi, mes amis ! Chassons cette canaille ! » Tous les buissons cachaient des ennemis. Aux premiers pas qu'il fit en avant, il fut accueilli par une vive fusillade partie des haies environnantes, et se replia en désordre avec ceux de ses hommes qui ne restèrent pas sur le terrain. L'instant était critique. Le capitaine Mocquart, homme de tête et de résolution, chargé de la construction des batteries, fit prendre les armes à ses canonniers, et contint par la fermeté de son attitude les Turcs, qui se contentèrent de jeter des pierres à nos soldats, sans essayer de pénétrer plus avant [1].

La seconde attaque fut plus vive encore. Le prince de Schwarzenberg, qui recherchait avec une curiosité héroïque les postes périlleux, raconte ainsi un des épisodes les plus émouvants de cette attaque, le plus propre en même temps à faire comprendre contre quels hommes nos vaillants soldats avaient à lutter : « Dans l'une des attaques dirigées contre la batterie Saint-Louis, dit-il, je fus témoin d'un trait d'intrépidité romaine. Une troupe de Turcs arrive jusqu'à la contrescarpe de la batterie, sans se laisser ébranler par un feu de mousqueterie très-vif. Son chef, homme de haute mine et de complexion vigoureuse, monta sur le parapet, le sabre au poing, et y planta un petit drapeau. Un officier du 39e, je crois, sauta sur le parapet et transperça de son épée le Turc, qui alla rouler dans le fossé. A cette vue, ses compagnons s'enfuirent. Le blessé sortit en rampant du fossé, se redressa, cria et appela de la main ses hommes ; ce fut en vain. Pendant qu'il faisait ces efforts, un biscaïen, parti de la batterie, lui fracassa le genou ; il retomba ; mais, s'appuyant sur une de ses mains, il se souleva de nouveau, et de l'autre main il rappelait encore les fuyards au combat. Voyant son appel rester inutile, il vomit contre les Français les plus violentes im-

---

[1] Campagne d'Afrique, par M. Fernel, chef de bataillon.

précations et, s'enfonçant jusqu'à la garde son yatagan dans la poitrine, il rendit son âme avec une dernière malédiction. »

Dans cette attaque, le chef de bataillon du génie Vaillant[1], qui avait remplacé le chef de bataillon Chambaud, tué dans la nuit du 29 au 30, fut atteint d'un biscaïen à la jambe et mis hors de combat.

Le moment approchait où l'armée française serait en mesure de prendre l'offensive. Les travaux avançaient rapidement ; le 3 juillet ils étaient presque achevés. On avait pratiqué un chemin sur le versant du rideau opposé à l'ennemi, pour le transport de l'artillerie de siége. Chaque jour le général en chef venait visiter les travailleurs, et sa présence redoublait leur ardeur. Le comte de Bourmont avait écrit au commandant de l'armée navale pour l'inviter à faire opérer une diversion ou une fausse attaque sur la ville d'Alger, et à y jeter quelques bombes au moment où l'armée de terre investirait le fort de l'Empereur. Le vice-amiral lui répondit, à la date du 28 juin 1830, une lettre dans laquelle il déclarait que le concours de la flotte se bornerait à une simple démonstration, jusqu'au moment où la prise du fort de Bab-Azzoun par l'armée de terre permettrait à l'armée navale d'approcher plus près du littoral sans une compromission certaine : « La seule position à prendre par des bombardes, disait l'amiral, serait dans l'est de la ville, mais après la reddition du fort de Bab-Azzoun, et c'était mon intention de la faire prendre. Dans toute autre, il est bien reconnu que, sous le feu des batteries, les bombardes y seraient sacrifiées sans nul effet ; elles ne pourraient s'en retirer, surtout avec les courants violents qui existent dans ce moment. J'ai été obligé d'envoyer, la nuit dernière, deux bateaux à vapeur retirer de

---

[1] En 1855, maréchal de France et ministre de la guerre.

dessous la terre, sous le cap Caxine, une corvette et surtout le vaisseau *le Trident* qui, après avoir cassé deux ancres dans le coup de vent d'avant-hier, qui a de nouveau compromis le salut de toute l'armée, avait déradé et était en dérive. Quant à faire exécuter la fausse attaque par des vaisseaux et frégates qui, presque tous armés sur le pied de paix, sont aujourd'hui désarmés par suite des sacrifices faits en hommes et en embarcations, si utiles pour les relever de la côte en cas de besoin, je dois encore vous dire que la marine fera, dans cette circonstance, tout ce qu'elle pourra[1]. »

Cette lettre faisait assez pressentir que la marine ne pourrait pas donner contre Alger un concours efficace, et qu'elle se bornerait à une démonstration faite à distance. C'est ce qui eut lieu en effet. L'ordre donné pour le 30 juin ne put être exécuté, à cause du calme profond qui régna toute la journée. Mais, le 1er juillet, une brise maniable de l'ouest permit le mouvement[2]. Le contre-amiral de Rosamel, avec sa division, défila devant les batteries depuis la pointe Pescade jusqu'au Môle, en ripostant à leur feu. Ce spectacle ne fut qu'un spectacle, mais il fut beau. « Toutes les terrasses des maisons de campagne et les points élevés du pays, dit un témoin oculaire, furent couverts de curieux, qui jouirent pendant une heure et demie d'un spectacle remarquable. L'escadre de bataille était sous voiles, et tous les bâtiments qui la composaient passaient successivement devant les forts de la côte, lâchaient leurs bordées de tribord et regagnaient la pleine

---

[1] Nous transcrivons cette lettre sur l'original que nous avons trouvé parmi les pièces et documents qui nous ont été confiés par la famille du maréchal de Bourmont. La dernière phrase est un retour vers la réponse que le commandant en chef de l'armée navale avait adressée au commandant en chef de l'expédition, à l'occasion de l'appel fait par celui-ci à la marine, afin qu'elle se chargeât de la défense du camp retranché de Sidi-Ferruch.

[2] Rapport de l'amiral Duperré.

mer quand ils les avaient dépassés, afin d'éviter les feux redoutables des batteries du Môle. C'est dans le prolongement d'une des vallées qui environnent la ville, et dans un encadrement formé par les hauteurs sur lesquelles l'armée était campée, que cette scène se passait pour nous ; elle nous rappelait les exercices de la marine dans la rade de Toulon, lorsque les bâtiments essayaient la portée de leur artillerie, car, ici comme en France, la mer engloutissait tous les boulets et, à l'exception d'un très-petit nombre, aucun n'arrivait à sa destination [1]. »

Cette canonnade se renouvela dans la journée du 3 juillet sans plus de résultats matériels. La lettre de l'amiral Duperré faisait pressentir que le concours de la flotte se bornerait à une démonstration, et un officier étranger, dont le témoignage est naturellement impartial, s'est placé dans la limite exacte de la justice et de la vérité en disant à ce sujet : « Le feu de la flotte ne pouvait avoir pour but qu'une diversion : empêcher les Turcs de porter toute leur attention contre les batteries de terre. C'eût été une faute de vouer la flotte à la destruction sans effet possible en faveur du siége. Lord Exmouth avait réussi, mais contre des batteries moins puissantes, et seulement grâce à la ruse qui lui avait permis de les enfiler en prenant position sous pavillon parlementaire [2]. »

Le vice amiral Duperré ne commit pas cette faute. La flotte défila à distance, en échangeant une vive canonnade avec les forts. Deux faits établissent que l'on était, des deux parts, à peu près hors de portée. L'un est constaté par l'amiral lui-

---

[1] Fernel, *Campagne d'Afrique*, p. 109.

[2] *Rückblick auf Algier*, etc., pages 162 et 163. Encore faut-il ajouter que lord Exmouth ne réussit qu'en partie et que, sans l'insurrection qui força le dey à traiter, il aurait été obligé de s'éloigner sans rien obtenir.

même, dans son rapport au ministre de la marine : « Le feu, dit-il, vient de cesser à cinq heures avec le dernier bâtiment de l'armée. Aucun n'a d'avarie apparente et ne doit avoir de pertes notables par suite du feu de l'ennemi, si j'en juge par le vaisseau amiral. Mais, par une fatalité inouïe, le funeste événement arrivé, il y a près de deux ans, à bord du vaisseau, s'est renouvelé : une pièce de 36 a crevé dans la batterie. Dix hommes ont été tués, et quatorze ont été blessés [1]. » Ce furent les seules pertes que la marine eut à déplorer dans cette journée. Le rapport du vice-amiral, daté du 3 juillet 1830, et les rapports subséquents n'en mentionnent pas d'autres. Le second fait fut constaté par le général Valazé et les officiers de l'armée de terre, qui visitèrent plus tard les forts qui servaient de point de mire à cette canonnade. « Nous les avons vus, dit un de ces officiers, et nous n'y avons pas compté plus de douze à quinze boulets. » Le général Valazé ajoutait, avec une brusquerie toute militaire, « qu'il se chargeait de réparer, pour 7 francs 50 centimes, toutes les avaries causées par la marine aux fortifications. »

Quand une flotte formidable et des batteries également formidables échangent, pendant plusieurs heures, une furieuse canonnade sans se faire plus de mal, la seule conséquence raisonnable qui en ressort, c'est qu'elles n'ont point tiré à portée. Le vice-amiral remplit son devoir en n'exposant pas inutilement à un désastre la flotte que le roi lui avait confiée. Son seul tort fut d'avoir donné, dans quelques parties trop pompeuses de son rapport, les proportions d'une attaque sérieuse à une simple démonstration [2]. Le vaillant homme de

[1] Rapport du 3 juillet 1830. *Vie de l'amiral Duperré*, p. 458.
[2] Voici un passage de ce rapport : « A deux heures cinquante minutes, le vaisseau amiral, à demi-portée de canon, a commencé le feu, et successivement tous les bâtiments de l'armée, je dirai même jusqu'aux bricks, ont défilé, à demi-portée de canon, sous le feu tonnant de toutes les bat-

mer qui avait dans sa vie de grandes pages militaires comme celles du combat du 3 juillet 1810 contre le *Windham*, le *Ceylan* et l'*Astell*, et celle du combat du Grand-Port (23

teries, depuis celles des Anglais (le fort des Anglais) jusqu'à celles du Môle inclusivement. Les bombardes ont riposté sous voiles aux bombes nombreuses lancées par l'ennemi. Quand j'aurai reçu les rapports particuliers des commandants de vaisseau, je pourrai citer à Votre Excellence les traits de courage qui ont pu plus particulièrement fixer leur attention. La mienne n'a pu s'arrêter plus sur un bâtiment que sur un autre. J'étais cependant à même de suivre tous les mouvements et de juger du feu de chacun pendant deux heures qu'a duré la canonnade à demi-portée, sous un front de peut-être trois cents pièces d'artillerie. »

On voit que ce récit prête à une simple démonstration la portée d'une attaque sérieuse.

J'ai reçu, depuis la première édition, au sujet de ce passage du rapport de l'amiral Duperré, la lettre suivante de M. le baron Chefdebien, datée de Perpignan, 6 mars 1859 :

« Je crois me souvenir que l'amiral Rosamel avait demandé par signal à attaquer les fortifications d'Alger ; il fallut bien faire quelque chose.

« En conséquence, signal de branle-bas de combat et ordre de tirer sur les fortifications. Mais la division commandée par la *Perle*, commandant Villeneau, et dont les bombardes faisaient partie, reçut l'ordre de défiler en seconde ligne. Impossible à cette seconde ligne de faire feu, puisqu'elle aurait tiré sur la première, et si la première ligne était déjà trop loin, la seconde ligne était encore plus éloignée. La portée des bombes était de 2,200 toises.

« A tort ou à raison, je croyais que les bombardes ne pourraient pas tirer cent bombes sans de graves avaries ; l'occasion était belle d'en faire l'essai et j'obtins du capitaine, sous ma responsabilité, l'autorisation de lancer quelques bombes ; les premières passèrent par-dessus une frégate de la première ligne et tombèrent à la mer.

« Évidemment nous étions trop loin.

« Nous coupâmes donc la première ligne et, nous étant ainsi rapprochés à une distance d'environ 1,500 toises, nous continuâmes d'envoyer nos bombes (douze en tout). Les deux bombardes qui nous précédaient, n'ayant pas plus que nous reçu l'ordre de faire feu, s'abstinrent, et à ce moment il était trop tard pour qu'il leur fût possible de nous imiter.

« Mais celle qui nous suivait, poussée d'une généreuse émulation, parvint, par ses efforts inouïs, à envoyer quelques bombes.

« Ordre de rallier, et nous filâmes au large ; de huit bombardes, quatre étaient revenues à Toulon, l'une d'elles, commandée par M. Mallet, le fils du major général.

« Qui croira que ce jeune et brillant officier serait revenu à Toulon

SIÉGE DU FORT DE L'EMPEREUR.

et 24 août de la même année) dans les mers des Indes, n'avait pas besoin de cette gloire d'emprunt pour illustrer sa carrière.

Cette canonnade, qui avait commencé par frapper Alger d'une terreur profonde, produisit un effet contraire quand les Algériens virent que ce bruit formidable n'était suivi d'aucun résultat et que les boulets n'arrivaient pas jusqu'à eux. L'impuissance de la flotte et l'inaction apparente de l'armée de terre, qui achevait les travaux d'approche, leur rendirent encore une fois la confiance; on les entendit s'écrier que, puisque nous manquions de canons, ils nous en enverraient, et, dans la nuit du 3 au 4 juillet, ils assaillirent en grand nombre la batterie du Dauphin [1]. On se battit corps à corps, et après un court et vif engagement, dans lequel le lieutenant d'artillerie Daru fut blessé à la main, les artilleurs les contraignirent à la retraite.

sans s'être assuré auprès de son père que les bombardes ne feraient rien. On peut dire la même chose de ses trois camarades absents.

« Il résulte de là que le *Volcan* a fait feu sans ordre. Cette bombarde était commandée par M. Bret, lieutenant de vaisseau. M. Gasquet, enseigne, était second; j'étais le troisième officier chargé de l'artillerie; M. Courot, enseigne, commandait la manœuvre ce jour-là. M. Goiraud, auxiliaire, était chargé du passage des poudres et des bombes; mais vu l'importance de la chose, M. Gasquet voulut bien y veiller lui-même. Il y avait de plus, à bord, un capitaine d'artillerie, M. Durber, mais il était chargé des fusées à la congrève, qui ne furent point utilisées.

« Je lus à cette époque dans les *Annales maritimes* que la flotte avait défilé sous les fortifications d'Alger à la distance du but en blanc, environ 600 mètres; je n'ai pas compris le motif de cette fanfaronnade, il suffisait d'opérer une diversion.

« La marine a assez montré, en diverses circonstances, ce qu'elle sait faire. Je vous citerai notamment l'attaque de Rio-Janeiro par Dugay-Trouin.

« Veuillez agréer l'assurance de ma très-haute estime.

« Le baron DE CHEFDEBIEN. »

[1] *Histoire d'Alger*, par Ch. de Rotalier, tome II, page 43 (Paris, 1841).

L'illusion que leur ignorance entretenait ne pouvait durer plus longtemps ; les faits allaient se charger de la dissiper. Le 4 juillet 1830, à la pointe du jour, tout était prêt pour l'attaque. Les compagnies étaient à leur poste ; 10 pièces de 24, 6 pièces de 16, 4 mortiers de 10 pouces, 6 obusiers de 8 pouces, étaient en batterie. A quatre heures du matin, une fusée, partie du quartier général, donna le signal de l'attaque ; à l'instant les batteries furent démasquées et le feu commença sur toute la ligne. Dès les premières volées, les boulets de 16 et de 24 firent voler en éclats les pierres des murailles et des embrasures. Le fort de l'Empereur riposta vigoureusement. La milice turque ne démentit pas son vieux renom de vaillance. Nos officiers eux-mêmes, si bons juges en matière d'intrépidité militaire, admirèrent le courage impassible de ces canonniers, que l'élargissement des embrasures mettait presque à découvert [1]. « Nous admirâmes, dit un témoin oculaire, le courage de ces braves gens, qui auraient mérité un meilleur sort. L'équipage des pièces était mitraillé, mais à la place du mort se mettait un vivant, et le feu continuait [2]. »

Les sacs de laine dont les Turcs avaient garni les merlons qui séparent les embrasures furent en effet bientôt emportés par les feux croisés de nos batteries et, l'épaulement en maçonnerie s'écroulant en plusieurs endroits, leurs canonniers se trouvèrent exposés comme une cible à nos boulets Les mêmes hommes ne tiraient pas deux coups. N'importe, il se présentait de nouveaux canonniers à chaque coup, et le feu ne se ralentissait pas. Pendant trois heures, le tir continua de part et d'autre avec la même vivacité. Nos officiers pointaient eux-mêmes les pièces, et l'on remarqua le sang-froid

---

[1] Rapport du général en chef, 4 juillet 1830.
[2] *Rückblick auf Algier*, etc., page 168, par le prince de Schwarzenberg.

du colonel d'Esclaibes, qui resta pendant tout le feu dans une des batteries de 24, pour donner des leçons de tir aux pointeurs [1].

Les Turcs tiraient non-seulement du fort de l'Empereur, mais du fort Bab-Azzoun et de la Casaubah. A sept heures du matin, le feu du fort commença à se ralentir sensiblement. Les batteries turques, jonchées de cadavres, étaient presque désertes. Quelques pièces seulement tiraient encore. A huit heures, le feu de l'ennemi était complétement éteint. Le nôtre continua de ruiner les défenses. L'ordre de battre en brèche allait être donné, lorsqu'à dix heures une explosion épouvantable fit disparaître une partie du château; des flammes, des nuages de fumée et de poussière s'élevèrent à une hauteur prodigieuse, et des pierres furent lancées dans toutes les directions. Quand ce nuage immense retomba avec la poussière et la fumée qui obscurcissaient l'horizon, on vit que la tour principale était détruite de fond en comble [2]. Le général Hurel, commandant de la tranchée, ne perdit pas un moment pour franchir l'espace qui séparait nos troupes du château. Trois compagnies du 35ᵉ, s'élançant sous sa conduite au pas de course, y entrèrent par la brèche et en prirent possession. Le général Valazé et le général Lahitte les y suivirent de près avec les troupes d'artillerie et du génie, animées par l'ardeur de leurs chefs. Les ruines fumantes du fort offraient l'image du chaos. La face nord-ouest était entièrement écroulée, ainsi que la plate-forme et la tour; les murailles restées debout présentaient de larges fentes, semblables à des cicatrices. Çà et là des débris de toutes espèces, entremêlés de membres humains, car tous les défenseurs du fort ne s'étaient pas retirés à temps; partout des flocons de laine qui, dispersés par l'explosion, couvraient au loin les arbres et le

[1] Fernel, *Campagne d'Afrique*.
[2] Rapport du général en chef, 4 juillet 1830.

sol. Un de nos soldats, impatient de voir le drapeau blanc flotter sur la forteresse, ôta sa chemise et la hissa au sommet de la tige brisée d'un dattier qui s'élevait dans l'intérieur du fort et qui, vue de loin, grâce à sa position aérienne, servait de point de repère aux bâtiments qui approchaient de la terre. C'est par l'apparition de ce pavillon, improvisé avec une gaieté française, que l'armée apprit l'occupation du château de l'Empereur.

On attribua, dans les premiers moments, l'explosion qui avait fait sauter ce fort à la chute de quelques-unes de nos bombes. Mais l'on sut bientôt, par les rapports des officiers placés sur les pentes du Boudjaréa, que la place avait d'abord été évacuée et que les Algériens eux-mêmes avaient fait sauter le fort. C'est ce qui avait eu lieu en effet. Le khaznadji qui commandait dans la forteresse, voyant sa troupe réduite de moitié et les murailles s'écroulant de toutes parts, avait donné ordre de cesser le feu, et ses troupes, d'après son commandement, avaient abandonné l'édifice[1]; un seul resta pour exécuter un projet désespéré; sans doute il pensait qu'une partie de l'armée française resterait ensevelie sous les ruines du Soultan-Calassi. Cette espérance fut déçue. Les accidents, dans l'armée française, ne furent pas nombreux, et quatre ou cinq soldats français seulement furent grièvement blessés. Il n'en fut pas ainsi dans la ville[2]. Une grande quantité de pierres énormes y tombè-

---

[1] Nous tenons ce fait de M. le chef d'escadron d'artillerie baron de Foucauld, qui commandait à gauche de la place une batterie de pièces de gros calibre et une batterie de mortiers. Quelque temps après l'évacuation du fort par la garnison (nous reproduisons ici son récit), un chef algérien, qu'on pouvait reconnaître pour Turc à son turban, et qui portait un drapeau à la main, rentra lentement dans le fort, s'y promena plusieurs minutes et disparut. Une partie des fortifications ayant sauté un instant après, M. de Foucauld et tous les hommes des deux batteries sous ses ordres n'ont jamais douté que le feu eût été mis par cet homme à un magasin à poudre.

[2] Relation de Pfeiffer. Nous adoptons la version algérienne sur tous les

rent et tuèrent ou blessèrent beaucoup d'habitants. Personne ne s'attendait à cette catastrophe. La terreur fut à son comble. De tout côté, on entendait les hurlements des blessés. Les femmes et les enfants effrayés montaient sur les toits en jetant des cris d'épouvante, les hommes se précipitèrent vers la Casaubah pour obtenir du dey qu'on entrât en négociation avec l'ennemi. Hussein-Pacha répondit fièrement : « Aussi longtemps que mon palais sera debout, je ne traiterai point ; j'aime mieux faire sauter la Casaubah et toute la ville que de me soumettre. »

C'était précisément là l'appréhension des habitants. On répétait que les commandants des forts avaient reçu l'ordre d'imiter l'exemple du khaznadji, quand ils ne pourraient plus tenir ; et l'on craignait que le dey ne se laissât ensevelir sous les ruines de sa domination. Le dey lui-même s'était élancé, disait-on, un pistolet au poing, vers la poudrière de la Casaubah pour se faire sauter, et ses serviteurs ne l'en avaient qu'à grand'peine empêché.

Les batteries de la ville et celles des forts tiraient sur les débris du château de l'Empereur, que l'artillerie et le génie mirent en quelques instants à l'abri d'une surprise. Des gabions et des sacs à terre y furent portés à la hâte ; on rendit la brèche impraticable, et le général Lahitte fit mettre en batterie plusieurs pièces de canon. Deux compagnies de grenadiers furent envoyées par le général Hurel, sous les ordres du commandant de Lachau [1], pour s'emparer de la

---

points où elle doit être l'expression de la vérité. On devait mieux savoir à Alger que dans le camp comment le Soultan-Calassi avait sauté. Mais nous rectifions, d'après les rapports officiels, les détails qui concernent l'armée française. Ainsi Pfeiffer dit que pas un seul Européen ne fut atteint ; le rapport officiel du général en chef dit, en propres termes, que « les accidents qui en résultèrent ne furent pas nombreux, et que quatre « ou cinq soldats seulement furent grièvement blessés. »

[1] Frère du colonel de ce nom

batterie en avant du fort de Bab-Azzoun et explorer le fort lui-même. Le général Hurel cédait ici à cette témérité héroïque qui nous a coûté tant de sang à la guerre. Les moyens manquaient au brave commandant de Lachau pour enfoncer la porte ; sa troupe fut obligée de battre en retraite, et elle perdit du monde dans ce mouvement rétrograde. Au moment même où nos troupes prenaient possession du château de l'Empereur, des nuées d'Arabes se répandirent sur nos derrières, s'emparèrent des maisons que nous venions d'abandonner et essayèrent de couper la ligne de nos communications. Ils tentèrent même des attaques sérieuses, l'une contre le parc d'artillerie et de génie, l'autre contre les bivouacs de la troisième division. Sur le premier point, ils furent vigoureusement repoussés par le 3e de ligne (colonel Roussel, brigade Poret de Morvan), et l'on remarqua dans cet engagement la belle conduite du sous-lieutenant de grenadiers Bouat[1]. Sur le second point, le général Montlivaut les fit charger par le colonel de Roucy qui, à la tête de quatre compagnies de son régiment et des voltigeurs du 34e, les mit en fuite. Ce fut leur dernier effort. Quand ils virent en notre pouvoir le Soultan-Calassi, qu'ils regardaient comme le meilleur rempart d'Alger la Guerrière, ils cessèrent de croire à la fortune du dey, et leur rapide cavalerie, s'éloignant à toutes brides, alla porter sur tous les points de la Régence la nouvelle de notre victoire, avec celle de la chute de cette domination redoutée qui avait si longtemps pesé sur les tribus.

[1] En 1855, lieutenant général, commandant une division en Crimée.

IV

CAPITULATION D'ALGER.

Avant deux heures de l'après-midi, le commandant en chef de l'armée française s'était rendu dans le château de l'Empereur, afin d'observer la position de l'armée, celle de la place, et de donner les derniers ordres pour continuer l'attaque. A deux heures, on lui annonça qu'un parlementaire venait de se présenter aux avant-postes et demandait à être introduit auprès de lui. C'était le secrétaire du dey, Mustapha. Ici nous laissons la parole au comte de Bourmont lui-même : « A deux heures, dit-il, un parlementaire me fut conduit dans le château de l'Empereur. C'était le secrétaire du dey. Il parut supposer que son maître obtiendrait la paix sous la condition que la France serait indemnisée des frais de la guerre. Je répondis que la reddition de la Casaubah et des forts était la première condition imposée. Après avoir exprimé des doutes sur son acceptation, il avoua que l'obstination du dey avait été funeste : « Lorsque les Algériens, dit-il, sont en « guerre avec le roi de France, ils ne doivent pas faire la « prière du soir avant d'avoir conclu la paix [1]. »

Belle et sage parole, mais tardive comme l'expérience, cet oracle paresseux dont la sagesse stérile enseigne beaucoup moins ce qu'il faut faire que ce qui aurait dû être fait !

Il convient d'ajouter à la relation officielle quelques détails qui n'étaient pas de nature à y trouver place. Pendant que le

[1] Rapport du général en chef, *Devant Alger, le 4 juillet* 1830.

parlementaire négociait sur les ruines du château de l'Empereur, les batteries algériennes continuaient à tirer. Un boulet passa en sifflant aux oreilles du parlementaire Mustapha qui, fort ému, se laissa tomber à terre. Le général Lahitte le releva brusquement et, le remettant sur ses pieds, lui dit avec l'entrain de la gaieté française : « Parbleu, monsieur, de quoi vous occupez-vous? cela ne vous regarde pas, ce n'est pas sur vous que l'on tire. »

Le colloque avait été court. Mustapha se retirait à peine pour rentrer dans Alger, quand deux des plus riches Maures de cette ville se présentèrent de la part du dey pour traiter de la paix. C'étaient Ahmed-Bou-Derbah et Hassan-Ben-Othman-Khodja. Tous deux parlaient français. La conversation devint par là même plus familière. Croyant apercevoir que la rigueur des conditions imposées par le commandant en chef tenait aux torts du dey envers la France, Bou-Derbah dit au général de Bourmont que, « si cela lui faisait plaisir, on irait lui chercher la tête du dey et qu'on la lui présenterait sur un plat. — Cela ne me ferait pas le moindre plaisir, » répliqua en souriant le comte de Bourmont, un peu surpris de cette brusque proposition empreinte des idées et des mœurs de l'Orient[1]. On eut quelque peine à faire comprendre à cet étrange plénipotentiaire qui, chargé de traiter de la paix par et pour son maître, proposait de la signer sur son cadavre, que le roi de France prenait les villes et non les têtes de ses ennemis.

Après cet épisode, la conférence continua. « Les deux Maures, dit le général en chef, ne dissimulèrent pas que l'effroi était à son comble parmi les habitants, et que tous faisaient des vœux pour que l'on traitât sur-le-champ. Ils demandèrent que je fisse cesser le feu et promirent dès lors que

---

[1] Raconté par M. le duc des Cars, présent à l'entretien.

l'artillerie de la place se tairait. Cette cessation d'hostilités eut lieu en effet. Le général Valazé la mit à profit pour ouvrir des communications en avant du fort de l'Empereur. A quatre heures, le secrétaire du dey revint, accompagné du consul et du vice-consul d'Angleterre; il demanda que les conditions fussent écrites ; elles le furent[1]. »

Cette scène se passait à l'ombre des arbustes, dans un repli de terrain, à la gauche du château de l'Empereur et de la voie romaine. Les principaux chefs militaires de l'armée étaient présents. Là se pressaient, autour du lieutenant général de Bourmont, le chef d'état-major général Després, les lieutenants généraux Berthezène, des Cars ; les généraux Valazé, Lahitte, Tolozé ; le baron Denniée, et un nombreux état-major, où se trouvait le capitaine d'état-major Pélissier, qui commençait sa carrière militaire[2].

Le général Després tenait la plume. Il écrivit, sous la dictée du général en chef, la capitulation dont voici le texte :

« Le fort de la Casaubah et tous les autres forts qui dépendent d'Alger, et le port de cette ville, seront remis aux troupes françaises le 5 juillet à dix heures du matin (heure française).

« Le général en chef de l'armée française s'engage envers S. A. le dey d'Alger à lui laisser sa liberté et la possession de toutes ses richesses personnelles.

« Le dey sera libre de se retirer avec sa famille et ses ri-

---

[1] Dans les nombreuses relations de cette mémorable journée, les heures où se sont passés les différents incidents ne sont pas indiquées de même. Le baron Denniée fait intervenir cette troisième conférence à deux heures ; le chef de bataillon Fernel la place à la même heure. Nous avons dû naturellement suivre la version du rapport officiel du 6 juillet.

[2] En 1855 maréchal de France et commandant en chef de l'armée de Crimée, mort gouverneur général de l'Algérie.

chesses dans le lieu qu'il aura fixé. Tant qu'il restera à Alger, il y sera, lui et sa famille, sous la protection du général en chef de l'armée française. Une garde garantira la sûreté de sa personne et celle de sa famille.

« Le général en chef assure à tous les soldats de la milice les mêmes avantages et la même protection.

« L'exercice de la religion mahométane restera libre ; la liberté des habitants de toutes les classes, leur religion, leurs propriétés, leur commerce, leur industrie, ne recevront aucune atteinte. Leurs femmes seront respectées, le général en chef en prend l'engagement sur l'honneur.

« L'échange de cette convention sera fait le 5, avant dix heures du matin. Les troupes françaises entreront aussitôt après dans la Casaubah et dans tous les autres forts de la ville. »

Sur l'invitation du général en chef, le baron Denniée copia le texte de la capitulation, et cette copie fut remise à l'envoyé du dey pour être soumise à sa signature. Mais, en même temps, et pour être plus sûr que son ultimatum serait fidèlement traduit au pacha, à qui ses secrétaires, tremblant toujours pour leur vie, pouvaient craindre de faire connaître la vérité, le comte de Bourmont proposa au plus ancien des interprètes, Bracevitz, de se rendre à Alger et de lire au dey les conditions qui lui étaient imposées. Bracevitz avait fait, trente-deux ans auparavant, la campagne d'Égypte, en qualité de premier interprète de France ; il avait été honoré de l'estime de Kléber, et avait connu Mourad-Bey, qui lui donna le nom d'ami. Sans se dissimuler le péril qu'il allait courir, il accepta la mission qui lui était confiée. « Étant dans un âge avancé, dit-il dans la lettre où il raconte lui-même ces détails[1], je désirais vivement terminer ma carrière d'une ma-

---

[1] Cette lettre est adressée au prince de Polignac, ministre des affaires

nière honorable, et donner une marque éclatante de mon dévouement au meilleur des rois ; la fortune m'a souri, elle m'a procuré ce bonheur. Après avoir recommandé ma famille au général en chef, pour le cas où je serais victime de mon dévouement, je suis monté à cheval à six heures du soir, accompagné d'un seul Turc et, avec ce modeste cortége, je suis entré à Alger, et je me suis présenté au dey, que j'ai trouvé entouré de plusieurs centaines de ses miliciens. Le moment était critique. Ce n'était pas du dey, c'était plutôt des janissaires, qui ne raisonnent pas et sont toujours prêts à se révolter, que j'avais une juste appréhension. Pendant que je lisais à haute voix les conditions fatales qu'on leur imposait, le dey restait impassible ; mais les miliciens ne cessaient de me lancer des regards effrayants. J'avoue, monseigneur, qu'il y a eu des moments où je voyais rouler ma tête avec celle du dey lui-même. Heureusement la Providence en avait autrement ordonné. Après la lecture et l'explication des articles, le dey fit retirer tout le monde. Je suis resté en conférence près de trois quarts d'heure avec lui et, à la nuit tombante, j'ai rejoint seul les avant-postes français, qui étaient bien charmés de me revoir. »

Dans la soirée du 4 juillet, le comte de Bourmont savait donc que les conditions de la capitulation seraient acceptées.

Tandis que ces démarches étaient faites auprès du commandant en chef des forces de terre, des démarches analogues étaient tentées aussi auprès du commandant de l'armée navale, chose toute naturelle, puisque l'ennemi se décidait à

étrangères et datée du *quartier général d'Alger*, le 6 *juillet* 1830. Nous la transcrivons sur la copie conforme écrite de la main de Bracevitz lui-même, et transmise le 12 juillet du même mois au comte de Bourmont. En la soumettant ainsi au contrôle du général en chef, Bracevitz lui a donné la valeur d'un document authentique.

traiter. Quand le château de l'Empereur eut sauté en l'air, et que nos troupes en eurent pris possession, ce fait décisif fut suivi de l'envoi d'un canot parlementaire qui aborda le vaisseau amiral[1]. Le commandant de la flotte écrivait, à ce sujet, au commandant en chef de l'expédition : « Monseigneur, l'amiral de l'escadre algérienne vient en parlementaire, au nom du dey, demander à traiter de la paix. Je le renvoie à vous, et je ne puis suspendre les hostilités que lorsque j'aurai connaissance de vos intentions. Je suis en position de les recommencer. Je l'ai signifié à l'envoyé du dey. Ainsi donc, tant que je ne connaîtrai pas vos intentions, je continuerai mes dispositions. Je ne les suspendrai que si je reçois avis officiel de Votre Excellence, ou si elle fait arborer, avec le pavillon blanc, à un angle du château de l'Empereur, le pavillon algérien à un autre angle. »

Cette lettre, dont le ton contraste avec celle que l'amiral écrivait au commandant en chef de l'expédition, lorsque celui-ci lui demandait le concours de l'armée de mer pour l'attaque dirigée contre Alger, fut suivie, le lendemain 5 juillet, alors que tout était terminé, d'une note dont le ton, plus belliqueux encore, était de nature à exciter quelques froissements dans l'armée de terre qui, ayant la conscience d'avoir payé la prise d'Alger de son sang, était jalouse de sa gloire, et voyait avec peine M. le vice-amiral Duperré agrandir la part de l'armée navale dans le dénoûment de la campagne. Le 5 juillet 1830, au matin, le vice-amiral Duperré envoyait au commandant en chef communication de la note suivante, par laquelle il avait répondu, disait-il, aux communications qu'il avait reçues : « L'amiral soussigné, commandant en

---

[1] Le vice-amiral Duperré dit, dans son rapport, que l'envoi des deux parlementaires fut simultané, et qu'on apercevait l'un se mettre en marche pour se rendre au château de l'Empereur, au moment où l'autre se dirigeait vers la flotte.

chef de l'armée navale de Sa Majesté Très-Chrétienne, en réponse aux communications qui lui sont faites au nom du dey d'Alger, et qui n'ont que trop longtemps suspendu le cours des hostilités, déclare que, tant que le pavillon de la Régence flottera sur les forts et sur la ville, il ne peut recevoir aucune communication et se considère toujours comme en état de guerre. »

Cette note, écrite à bord du vaisseau *la Provence*, portait la date du 5 juillet 1830.

Pour qui ne connaîtrait point tous les documents de cette histoire, la marche des opérations militaires, la lettre écrite par l'amiral Duperré le 28 juin 1830, et ne serait pas en mesure de faire la part à chacun dans le succès, la conséquence à tirer du dernier rapport de l'amiral Duperré et surtout de la note du 5 juillet, c'est que la reddition d'Alger aurait eu lieu sous le coup de l'attaque navale, et que si cette attaque n'avait point été suspendue, la flotte, impatiente de reprendre les hostilités, eût réduit la ville de vive force. Les rôles entre l'armée de terre et de mer se trouvaient ainsi intervertis. On produisait un effet d'opinion dans lequel la vérité historique ne trouvait pas son compte. Nous avons dû la rétablir.

Quand le vice-amiral Duperré écrivait cette note tardivement menaçante, le sort d'Alger était décidé. Dans la soirée du 4 juillet, le dey avait fait savoir, on l'a vu, au comte de Bourmont, par l'interprète Bracevitz, qu'il souscrivait à son ultimatum. Ce ne fut cependant que dans les premiers moments de la matinée du 5 que, après avoir en vain cherché à obtenir un délai de vingt-quatre heures pour l'entrée des troupes françaises, il échangea la capitulation. Aussi le général en chef, plein d'une défiance prudente, justifiée par le souvenir des fausses négociations souvent engagées par les Algériens avec les chefs des expéditions précédentes pour gagner du temps, prescrivait toutes les mesures propres à réduire Alger par les armes, si la capitulation n'était pas exécutée. Le général Valazé conduisit les cheminements pendant la nuit jusqu'au petit mamelon des Tagarins, qui domine de très-près la Casaubah [1]. Ainsi le comte de Bourmont, après avoir accordé au dey, en politique habile, en négociateur sage et humain, une capitulation honorable pour épargner le sang français et ne pas jeter les Turcs dans un désespoir qui nous aurait coûté cher et aurait pu amener la destruction d'Alger et du trésor de la Casaubah, prenait ses mesures, en général vigilant et expérimenté, pour que, d'une manière ou d'une autre, de gré ou de force, le drapeau blanc flottât le lendemain sur les murs d'Alger.

Le dey avait sincèrement accepté les conditions imposées. Son premier mouvement, on l'a vu, avait été de s'ensevelir sous les ruines de sa domination et sous les débris de sa ville, et il est vraisemblable que, si on l'avait poussé à bout, il l'eût fait. Quand il vit que notre victoire était humaine, qu'elle n'atteignait en lui que le souverain et qu'elle ménageait l'homme, il se résigna à sa mauvaise fortune et, avec le fatalisme musulman, il accepta loyalement son sort.

Dans la soirée du 4 juillet 1830, le gouvernement algérien,

---

[1] Nous trouvons dans les papiers et les documents qui nous ont été communiqués par la famille du maréchal de Bourmont la lettre suivante, qui établit ce fait. Elle était adressée par le général en chef au comte de Montlivaut, maréchal de camp, commandant devant Alger : « Mon cher général, l'ordre a été donné ce soir de faire les cheminements vers le petit mamelon qui domine de très-près la Casaubah, et de couvrir les troupes qui doivent occuper ce mamelon. Ce travail continuera pendant la nuit ; mais je désire qu'il ne soit pas continué pendant le jour, et que vous teniez la main à ce qu'aucun homme ne se montre sur le petit mamelon aussitôt qu'il fera jour. Les troupes qui devront l'occuper se placeront sur les revers opposés à la Casaubah, et ne devront se montrer, sous aucun prétexte, avant que l'ordre de recommencer les hostilités ait été donné. » (Documents communiqués par la famille du maréchal de Bourmont.)

qui avait si longtemps bravé l'Europe, tomba en dissolution [1]. Vaincu par la guerre au dehors, il abdiqua tacitement au dedans. Il n'y avait plus ni maîtres ni sujets ; il y avait une ville prise qui attendait ses vainqueurs. Le dey restait enfermé dans son palais ; tous les fonctionnaires avaient quitté leurs postes, les prêtres mêmes avaient déserté leurs mosquées. La ville offrait la physionomie étrange et troublée des jours de révolution. On sentait que quelque chose d'ancien tombait, et que quelque chose de nouveau allait venir. Des esclaves qui, depuis plusieurs années, n'avaient pas franchi le seuil des habitations circulaient librement dans les rues. Partout régnaient l'indépendance et l'égalité ; le joug séculaire sous lequel se courbaient toutes les têtes était brisé. Ici l'étonnement, l'inquiétude ; plus loin la curiosité ; presque nulle part le regret, excepté chez la population dominatrice, la population turque, qui seule au fond était vaincue.

Dans ce désordre universel, on voyait de nombreuses embarcations sortir du port et se diriger vers le cap Matifou. Par la porte Bab-Azzoun, demeurée libre, des Turcs, des Bédouins, des Kabyles, se retiraient d'une ville qu'ils regardaient comme perdue, et des familles entières s'enfuyaient précipitamment, avec leurs effets les plus précieux, dans la direction de Constantine. Les janissaires qui veillaient à la porte des hôpitaux avaient aussi quitté leur poste ; les infirmiers qu'on avait adjoints d'autorité au jeune médecin allemand, auquel nous devons des détails précieux sur les dernières heures d'Alger, n'ayant plus à redouter le bâton, s'enfuirent aussitôt. Il demeura sans auxiliaire, seul au milieu des malheureux blessés dont le siége du château de l'Empereur avait augmenté le nombre. Mais l'espoir de voir arriver le lendemain les Français le soutint. On comprend quels étaient, dans ces

---

[1] Nous empruntons ces détails à la relation de Pfeiffer.

dernières heures d'attente, les sentiments des esclaves chrétiens et en particulier ceux des naufragés des bricks *le Silène* et *l'Aventure*, au nombre desquels étaient les lieutenants d'Assigny, Bruat [1] et Bonnard [2].

A une heure avancée de la soirée, les ulémas convoquèrent les janissaires dans une grande caserne. C'était le dernier divan qui devait être tenu à Alger. La délibération fut confuse et tumultueuse. Deux mille Turcs assistaient à ce parlement armé. Après des débats confus, le grand muphti demanda à la réunion si, au lieu de rendre les armes et de se livrer aux Français, il ne vaudrait pas mieux tenter une sortie et chercher un refuge dans l'intérieur des terres. Une partie des janissaires applaudit à ce coup de désespoir héroïque, mais ce fut la minorité ; la majorité se rangea au parti de la prudence, et repoussa cette proposition extrême, en alléguant que l'on compromettrait ainsi la vie des femmes et des enfants et les propriétés, que les Français s'étaient engagés à respecter. En eût-il été de même si le commandant en chef de l'expédition eût imposé des conditions moins humaines et moins généreuses ? Cette proposition du muphti tendant à faire violer toutes les clauses de la capitulation et dont le pacha n'avait aucune connaissance, ou même quelque proposition plus violente encore, n'aurait-elle pas été accueillie si au fanatisme turc était venu s'ajouter le désespoir [3] ?

---

[1] En 1855, amiral et commandant la flotte française dans la mer Noire.

[2] En 1855, gouverneur de la Guyane française.

[3] Le baron Denniée, quoiqu'il ne connût point les détails donnés par Pfeiffer, qui sont décisifs, a jugé avec sa sagacité ordinaire cette question, résolue contre le général en chef par les passions du temps.

« La capitulation a-t-elle été trop facile? dit-il. Pouvait-on, devait-on pénétrer sur-le-champ dans la Casaubah? Est-ce une faute de ne pas s'être opposé à la fuite des Turcs, des Kabyles et des Bédouins qui, le 4, abandonnaient la ville?

« Il est difficile de se faire une idée de l'absolutisme du dey et de la

Tandis que cette nuit suprême s'écoulait pour les Turcs dans ces débats, ces angoisses, et dans cette attente fiévreuse d'un événement que l'on maudit sans pouvoir l'empêcher, notre camp était dans l'enivrement de la victoire. Cette vaillante armée se réjouissait d'avoir bien mérité du roi et de la patrie. On échangeait des récits sur les différents épisodes de cette journée décisive, selon les points sur lesquels on s'était trouvé ; et les jeunes officiers, le temps passe sur le caractère des peuples sans le changer, commentaient à leur manière le chevaleresque propos du bon sire de Joinville : « Nous parlerons encore de cette journée ès chambre des dames. » On se serrait la main en courant, on se félicitait : où Charles-Quint avait échoué, Charles X venait de réussir ! Demain le noble drapeau de la France flotterait sur ces murailles, au lieu du

terreur qu'il inspirait; un geste faisait sur-le-champ tomber à ses pieds l'homme le plus puissant de ses États ; son ignorance et sa vanité étaient poussées à ce point, que les Maures qui avaient voyagé en Europe et qu'il interrogeait n'auraient jamais eu l'audace de lui dire que Londres et Paris étaient plus beaux que sa capitale. Plein d'orgueil et de confiance dans ses murailles et dans les deux mille canons qui les protégeaient, il regardait le château de l'Empereur comme imprenable ; et pourtant, après cinq heures d'attaque, la plupart des pièces avaient été démontées et les embrasures démolies. A la nouvelle de ce désastre, le dey, ne connaissant plus de ménagement, ordonna la destruction complète du fort, et se précipita lui-même vers le magasin à poudre de la Casaubah (il renfermait deux cent trente milliers de poudre) pour le faire sauter, et faire sauter avec lui indubitablement la Casaubah et la ville tout entière. Il fut arrêté par ceux de sa maison, qui lui firent comprendre qu'il pouvait y avoir une capitulation possible. Ici un doute s'élève : Si l'on eût demandé au dey 200 millions, en admettant qu'ils existassent dans Alger, les aurait-on obtenus? Ou bien les Turcs, poussés au désespoir, ne se seraient-ils pas défendus à outrance? Ne se seraient-ils pas fait enterrer sous leur trésor? On sait que chaque maison a son trésor et que, dans ce pays, les richesses s'enfouissent et ne circulent pas. Dans cette hypothèse, je laisse à ceux qui connaissent la construction de la ville (surnommée par les Maures et les Turcs *Al-gezirs*, *Alguzi*, Alger la Guerrière) à juger ce qu'aurait pu devenir cette nouvelle Saragosse, et ce que le fanatisme oriental aurait enfanté, en un mot, si des conditions trop rudes n'expo-

drapeau de la piraterie[1]! Tels étaient les propos qui circulaient dans les bivouacs, tels étaient les sentiments, les émotions, les joies de l'armée. C'est chose si belle que la victoire, qu'elle illumine de ses rayons les lointaines perspectives de l'avenir. Comment désormais résister à la France, qui venait d'accomplir si rapidement une entreprise jugée impossible par l'Angleterre ? Où ne conduirait-on pas cette jeune armée qui déployait, à son début, toutes les qualités de ses devanciers : le courage que rien n'étonne, l'intelligence qui déjoue les obstacles, l'élan qui les surmonte, de sorte que les vétérans de nos vieilles guerres reconnaissaient et avouaient en elle, dès ses premiers pas, la race héroïque venue de Rocroy à Fontenoy, de Fontenoy aux Pyramides et à Austerlitz, d'Austerlitz à Alger, toujours la même sous tous les drapeaux ? Il y avait, dans cette soirée, un homme dont tout le monde admirait le bonheur, envié par quelques-uns : c'était l'habile et heureux général qui venait de conduire à bien cette grande entreprise. Il acquérait une gloire immortelle ; il espérait le rétablissement de celui de ses quatre fils présents sous les armes, qu'une balle ennemie avait atteint ; les trois autres avaient noblement fait leur devoir ; il venait de conquérir Alger à la France et au roi dont il était le ministre ; où ne monterait pas cette fortune militaire et politique que ce triomphe plaçait si haut ? Si la prévoyance résistait à l'enivrement d'un jour de victoire, peut-être se serait-il trouvé, parmi les prophètes de bonheur qui tiraient de cette destinée de si brillants horoscopes, quelque esprit plus avisé pour rappeler l'adage oriental : « Ne juge pas le voyage d'un pèlerin avant la fin de sa course, ni la vie d'un homme avant sa mort. »

---

saient pas à perdre entièrement le fruit de la conquête. » (*Précis historique et administratif de la campagne d'Alger*, pages 39 et 40.)

[1] M. Fernel nous a conservé, dans son intéressant récit de la *Campagne d'Afrique*, un fidèle souvenir de ces impressions.

Le 5 juillet, dès la pointe du jour, l'armée fit ses dispositions pour entrer dans Alger. Les corps qui devaient former l'avant-garde avaient reçu l'ordre de se mettre en grande tenue. La première division fut destinée à prendre possession du fort des Anglais et de la porte de Bab-el-Oued ; la seconde, de la Casaubah et de la porte Neuve, qui y conduit ; la troisième, de la porte de Bab-Azzoun, du fort de ce nom et des établissements de la marine. En même temps la flotte se rapprochait pour occuper la rade et le port. Dans les jours qui avaient précédé la prise du château de l'Empereur, le commandant en chef de l'armée avait arrêté, sur la proposition de l'intendant en chef, toutes les mesures à prendre pour régulariser l'occupation d'Alger : grâce à cette prévoyance, il y avait des commissions spéciales instituées d'avance pour la reconnaissance de tous les objets que renfermaient la ville et la Casaubah, pour étudier les habitudes, les mœurs, les institutions locales, les besoins du pays, et proposer toutes les mesures administratives nécessitées par la situation nouvelle[1]. On n'était donc pas pris au dépourvu.

A neuf heures l'armée commença à se mettre en mouvement. L'avant-garde, conduite par le général en chef, se dirigea vers la Casaubah. Mais la difficulté du chemin (on avait à traverser un ravin couvert d'aloès que jamais la roue d'une voiture n'avait foulé) et un encombrement causé par l'artillerie qui, devançant l'heure marquée, s'était entassée dans ce ravin, produisirent quelque confusion et amenèrent quelques retards. En outre, le 6ᵉ de ligne[2], qui devait marcher en tête de colonne, se fit attendre. Il fallut que les sapeurs

---

[1] La commission de gouvernement était ainsi composée : baron Denniée, intendant en chef, président ; le maréchal de camp Tolozé, gouverneur d'Alger ; Firino, payeur général ; Deval, consul de France ; d'Aubignosc, lieutenant général de police de la ville d'Alger.

[2] Colonel de la Villegille. Il faisait partie de la seconde division.

du génie frayassent plusieurs routes à la troupe, qui cheminait lentement et difficilement. Le général Lahitte, par suite de l'avance que ce malentendu lui avait fait prendre sur l'avant-garde, entra le premier dans la ville avec deux compagnies d'artillerie, précédé seulement de quelques soldats qui s'étaient aventurés à entrer isolément. Peu d'instants après, le général en chef arriva et se dirigea vers la Casaubah. Il croyait trouver le dey dans son palais ; mais celui-ci l'avait quitté, le matin même, pour aller chercher un asile dans une des maisons qui lui appartenaient en propre au bas de la ville.

Comme il arrive, même au sein des capitales les plus civilisées, dans les journées de révolution, quelques scènes de désordre suivirent son départ. Dans la journée et la nuit précédentes, il avait fait emporter la plus grande partie de ses effets les plus précieux ; à peine avait-il quitté son palais, que des juifs et quelques Maures commencèrent à piller, tandis que les esclaves du dey continuaient à transporter les meubles qu'ils purent soustraire aux pillards. Dans ce moment, les soldats isolés qui s'étaient aventurés à entrer dans la ville arrivèrent à la Casaubah et, à leur vue, les esclaves du dey jetèrent leurs fardeaux et s'enfuirent. Presqu'aussitôt après arrivèrent les deux compagnies d'artillerie. Il y avait quelques effets gisant sur le sol, dans les appartements du dey et dans ceux de ses femmes : c'étaient des coussins brochés d'or, des cassettes élégantes, quelques beaux vases, des pendules, des pantoufles de femme, des bijoux, la plupart de peu de prix [1] ; les premiers arrivants se les partagèrent, plutôt comme un souvenir de la prise d'Alger, une médaille à montrer en France, que comme un butin.

C'est ce qu'on appela, quelques jours plus tard, le pillage du trésor de la Casaubah.

---

[1] Relations du baron Denniée et du chef de bataillon Fernel.

Pendant le temps très-court rempli par cette scène de désordre, le général en chef et l'avant-garde cheminaient par l'étroite et tortueuse ruelle qui de la porte Neuve conduisait à la Casaubah. Alger ne ressemblait alors en rien à la ville qui a été construite depuis. Cette cité, dont les voyageurs ont reproduit assez exactement la physionomie en la comparant à une voile latine, présentait mieux encore l'aspect d'une carrière de pierres d'une blancheur éblouissante, ayant pour base le port et pour sommet la Casaubah. Ses seules communications étaient des ruelles étroites et tourmentées, dont la pente rapide était adoucie par des marches de pierre, espacées de deux en deux mètres. La plupart de ces ruelles étaient voûtées et tellement resserrées, que de distance en distance on avait ménagé des retraites pour que deux bêtes de somme marchant en sens inverse pussent y trouver passage. Aucune maison n'avait de jour extérieur. Toutes étaient closes par de hautes murailles, et n'offraient pour issue qu'une poterne basse et enfoncée, à laquelle on ne parvenait souvent qu'en descendant deux ou trois degrés. La peur qui se cache, l'avarice qui dissimule ses richesses, la jalousie qui se voile, toutes les passions de la servitude respiraient dans cette architecture.

Toutes ces ruelles aboutissaient vers la partie inférieure de la ville, à une ruelle parallèle au port, un peu plus large que les autres, et qui mettait en communication la porte Bab-Azzoun avec la porte Bab-el-Oued. Cette voie transversale, qu'on aurait pu appeler la rue marchande d'Alger, ce qu'est Oxford-Street à Londres et la rue Saint-Honoré à Paris, était encombrée par des échoppes ouvertes devant chaque maison, de sorte qu'elle devenait elle-même si étroite que les porteurs avaient peine à y marcher.

Pendant que nos troupes traversaient ces espèces de corridors, où deux ou trois hommes peuvent à peine marcher de front, les sons de la musique militaire et le roulement des tambours, pour ainsi dire étouffés dans cet étroit espace, prenaient une expression lugubre[1]. Pour la première fois on y entendait le pas cadencé de l'infanterie européenne et le piétinement des chevaux. Alger et l'armée française se donnaient mutuellement en spectacle l'une à l'autre, et la curiosité des vaincus était surpassée par celle des vainqueurs. « Alger, dit le capitaine Pélissier, était loin de présenter, au moment où les Français y entrèrent, l'aspect désolé d'une ville où la victoire vient d'introduire l'ennemi. Les boutiques étaient fermées ; mais les marchands, assis tranquillement devant leurs portes, semblaient attendre le moment de les ouvrir. On rencontrait çà et là quelques groupes de Turcs et de Maures, dont les regards distraits annonçaient plus d'indifférence que de crainte. Quelques musulmanes voilées se laissaient entrevoir à travers les étroites lucarnes de leurs habitations. Les juives, plus hardies, garnissaient les terrasses de leurs demeures, sans paraître surprises du spectacle nouveau qui s'offrait à leurs yeux. Nos soldats, moins impassibles, jetaient partout des regards avides et curieux, et tout faisait naître leur étonnement dans une ville où leur présence semblait n'étonner personne[2]. »

Pendant cette marche de nos troupes qui, entrant par les trois portes, occupaient peu à peu toutes les positions importantes d'Alger, il y eut un assez touchant épisode. Pfeiffer, qui nous a conservé des détails intimes si précieux sur les dernières journées de l'histoire de la Régence, était debout sur le seuil de son hôpital, lorsque le général Daurémont vint à passer, entouré de son état-major et suivi de sa brigade. Il s'arrêta un moment comme pour examiner l'architecture de ce monument. Le jeune médecin s'avança vers lui, et lui dit que cette

[1] Relation de Pfeiffer.
[2] *Annales algériennes*, t. Ier, p. 69.

construction avait été une caserne de janissaires, mais qu'elle renfermait, dans cet instant, mille blessés. Il ajouta qu'il était l'unique médecin de ce vaste hôpital ; que, né en Allemagne, il avait été pris sur un vaisseau, et qu'il était depuis cinq ans esclave à Alger. Le général Danrémont mit la main à son chapeau, salua gravement le jeune homme et lui dit : « Monsieur, j'ai du respect pour vous. » Sur d'autres points, il y eut des scènes plus émouvantes encore. Quand les marins du *Silène* et de *l'Aventure* virent arriver nos soldats, ils les reçurent comme des libérateurs. Le salut de ces braves gens, si vivement souhaité par le roi Charles X[1], était le plus précieux trophée de notre victoire. Le lieutenant Bruat, qui avait soutenu le courage de ses compagnons dans cette circonstance difficile, était l'objet de l'admiration générale de l'armée[2].

Vers midi, le général en chef passait sous le porche sombre au centre duquel s'élevait une coupe en marbre blanc d'où coulait une eau limpide : c'était l'entrée de la Casaubah[3]. Ce porche, grossièrement décoré de lignes rouges et bleues, était

---

[1] Le prince de Polignac écrivait à ce sujet au comte de Bourmont, à la date du 16 juin 1830, une lettre dont nous transcrivons le passage suivant : « Le roi désire, monsieur le comte, que vous employiez tous les moyens possibles, soit pour faire rendre la liberté aux officiers et soldats qui sont actuellement détenus au bagne d'Alger, et dont la position deviendra si critique au moment de l'attaque de la ville, soit pour adoucir au moins leur position. En conséquence, Sa Majesté vous autorise à faire proposer au dey un échange de prisonniers, lorsque les chances de la guerre en auront fait tomber en notre pouvoir, ou une somme d'argent, quelque forte qu'elle soit, pour leur rachat, ou toute autre compensation qui pourrait être agréée par lui. Je vais prendre les mesures nécessaires pour que le consul général de Sardaigne ait les moyens de continuer aux sujets de Sa Majesté les secours qu'il leur a déjà procurés. » (Communiqué par la famille du maréchal de Bourmont.)

[2] Fernel, *Campagne d'Afrique*.

[3] Nous empruntons ces détails à un rapport adressé, le 18 juillet 1830, par M. le baron Denniée au ministre de la guerre.

le poste avancé où se tenaient les nègres qui formaient, dans les derniers temps, la garde fidèle du dey. La Casaubah était à la fois un palais et un antre. Elle présenta aux regards étonnés de nos soldats son enceinte irrégulière, formée par des murailles d'une grande élévation, blanchies à la chaux, sans issues, sans jours, crénelées à la moresque, et desquelles s'échappaient par de profondes embrasures ouvertes sans symétrie, sans alignement, de longs canons dont l'embouchure était peinte en rouge. Le porche franchi, une seconde ruelle conduisait d'un côté au magasin à poudre, et de l'autre à l'entrée de la cour intérieure, où le dey avait coutume de résider. Cette cour, dallée en marbre, était carrée; elle offrait, sur trois de ses côtés, des galeries soutenues par des colonnes torses. Sous l'une de ces galeries était une espèce de retraite, indiquée par une longue banquette couverte en drap écarlate, où le dey se tenait quelquefois. C'est dans cette cour que les négociants étaient obligés de venir déposer la cargaison de leurs navires, pour que le dey choisît lui-même le 5, le 6, ou le 10 pour 100 qui lui convenait. Cette manière sauvage de lever l'impôt sur le commerce avait donné naissance à des amoncellements d'objets de toute espèce, entassés pêle-mêle, qui donnaient à ces lieux l'aspect du magasin d'un recéleur.

C'était encore sous cette galerie, et de plain-pied, que se trouvaient les salles renfermant le trésor.

Le premier se composait de quatre galeries. Dans l'une de ces galeries était placé une espèce de palanquin, sous lequel le dey venait entendre la musique. Ce meuble bizarre était adossé à de petites chambres, où se trouvaient encore, après le départ du dey, quelques harnachements de chevaux. L'une des galeries du premier étage communiquait à une longue galerie qui commandait la ville, et aussi par une espèce d'échelle de moulin à une galerie supérieure, où venaient aboutir les quatre longues chambres, sans glaces ni tentures, mais blanchies à la chaux, dont se composait l'appartement du dey; cette galerie supérieure conduisait, par une porte incroyablement basse, au quartier des femmes, composé de six petites pièces et clos par de hautes murailles. Ces appartements n'obtenaient de jour que par une cour intérieure dont le sol était à la hauteur du premier étage.

D'un côté, cette triste demeure, qui réveillait dans l'esprit l'idée de l'aire d'un vautour, était appuyée par les canons qui commandaient la montagne dans la direction du château de l'Empereur, et de l'autre, c'est-à-dire du côté de la cour principale, par une épaisse muraille. Dans quelques-unes des chambres on avait pratiqué, sans doute pour satisfaire la timide curiosité des femmes, des espèces de meurtrières longues et étroites, projetées diagonalement, et à travers lesquelles leur œil pouvait interroger un espace restreint de la galerie supérieure, où le dey, seul objet de leurs regards, comme il devait être le seul objet de leurs pensées, venait quelquefois se délasser. Dans le voisinage de l'appartement des femmes, morne cloître imaginé par l'austère jalousie de l'Orient, et que ne vivifiait point l'amour de Dieu, se trouvait un espace décoré du nom de jardin, et dans lequel on ne parvenait, après avoir traversé une sorte de chemin contourné en labyrinthe, qu'en descendant soixante à quatre-vingts degrés. Ce jardin, comme enterré entre de hautes murailles d'une blancheur éblouissante, et présentant pour tout ombrage un long berceau de jasmin, était le seul lieu dont l'accès fût permis aux femmes.

Lorsque, peu de temps après l'arrivée du premier détachement, le général en chef, à la tête de l'avant-garde, se présenta devant la Casaubah, l'ordre se rétablit aussitôt. L'intérieur de la Casaubah fut occupé par un bataillon; un autre forma les faisceaux en dehors de la porte d'entrée; le général

Tolozé, sous-chef de l'état-major général, nommé commandant de la place, organisa le service.

Au milieu du désordre qui avait précédé l'arrivée du commandant en chef de l'armée, un homme était resté impassible dans la cour principale, assis sous la galerie, tenant en main les clefs du trésor, imposant, par sa présence, à ceux des juifs et des Maures qui pillaient les menus effets, et les empêchant d'oser davantage : c'était le khaznadji, ministre des finances[1]. On ne saurait s'étonner de la froide intrépidité de cet homme au milieu de la panique universelle : c'était le même qui avait vaillamment défendu le fort de l'Empereur[2]. Il se mit immédiatement en communication, par l'intermédiaire des interprètes, avec la commission nommée d'avance, qui se composait du baron Denniée, intendant en chef de l'armée ; de M. Firino, payeur général, et du maréchal de camp Tolozé, gouverneur de la place. La commission des finances lui adressa quelques questions qui donnèrent lieu aux réponses consignées dans le procès-verbal d'inventaire du trésor.

Ces déclarations, au nombre de cinq, furent ainsi formulées dans dans le procès-verbal :

« Le khaznadji déclare :

« 1° Que le trésor de la Régence est resté intact ;

« 2° Qu'il n'a jamais existé de registres constatant ni les recettes ni les dépenses faites par le trésor ;

« 3° Que les versements de fonds s'opéraient sans qu'aucun acte en constatât l'objet ou l'importance ;

« 4° Que les monnaies d'or étaient entassées pêle-mêle, sans acception de valeur, de titre ni d'origine ;

« 5° Que les sorties de fonds ne s'opéraient jamais que sur

---

[1] Nous empruntons tous les détails sur la remise du trésor au *Précis historique et administratif* du baron Denniée.
[2] C'est à Pfeiffer que nous devons ce détail.

une décision du divan, et que le dey lui-même ne pouvait pénétrer dans le trésor qu'accompagné du khaznadji. »

La comptabilité algérienne, on le voit, était sommaire et barbare comme le reste du gouvernement.

Ces renseignements obtenus, le khaznadji conduisit la commission à l'extrémité de la galerie, où il ouvrit la porte d'une salle basse située diagonalement à l'opposé de l'entrée principale.

« Cette salle était coupée vers le milieu par une cloison de trois pieds de haut, divisée en deux compartiments, contenant des doubles boudjouks ou douros (monnaie algérienne de 3 fr. 60 c.)[1].

« Cette porte ayant été refermée, et les scellés y ayant été apposés, le khaznadji ouvrit une seconde porte formant équerre avec la première, et située également sous la galerie.

« Après avoir traversé trois salles de plain-pied, il ouvrit une troisième porte donnant entrée dans une salle transversale éclairée par une fenêtre à barreaux en fer ouvrant sur la galerie.

« Cette salle transversale, de la longueur de vingt à vingt-quatre pieds sur huit de largeur, renfermait trois coffres formant banquettes. Ces coffres contenaient des boudjouks, de la monnaie de billon, et l'un d'eux des lingots d'argent.

« Trois portes, également espacées, s'ouvrant au moyen d'une même clef, fermaient trois pièces obscures, coupées, comme la première salle, par des compartiments en bois.

« La pièce du milieu renfermait les monnaies d'or jetées pêle-mêle, depuis le *roboa soltani*, 3 fr. 80 c., jusqu'au quadruple du Mexique, 168 fr. en or.

---

[1] Ces détails et ceux qui suivent sont tirés de l'*Extrait de l'inventaire du Trésor*, cité par le baron Denniée dans son *Précis historique et administratif*.

« Les deux caveaux latéraux, l'un, des mokos ou piastres du Portugal; le second, les piastres fortes.

« La commission, après s'être assurée qu'il n'y avait pas d'autre issue que la porte principale, referma toutes les portes soigneusement, y apposa de triples scellés, et fit placer dans la galerie un poste permanent de gendarmerie, commandé par un officier. »

Jamais prise de possession, on le voit, ne fut entourée de précautions plus minutieuses; jamais les formalités protectrices des intérêts publics ne furent plus strictement observées. Aussi l'intendant en chef de l'armée, qui avait assisté dans les guerres de l'Empire, à l'entrée de nos troupes dans un grand nombre de villes, et qui avait, comme il le dit lui-même, « cent fois transcrit et souvent exécuté les instructions que l'Empereur dictait pour régulariser la prise de possession de tant de villes, » ajoute-t-il, après avoir donné ces détails précis qui réfutent des rumeurs malveillantes : « Je le dirai, parce que ma voix a l'autorité d'une longue expérience, jamais, dans aucune de nos campagnes, une ville n'a été occupée avec autant de ménagement. Pas un seul officier, pas un soldat n'a franchi le seuil d'un Maure, d'un Turc ou d'un juif, et la ville d'Alger n'a pas même subi la charge d'un logement militaire. Enfin un ordre du jour du chef d'état-major général ayant invité chacun à remettre au trésor les objets d'or ou d'argent qui auraient pu se trouver dans les quartiers occupés, quelques versements eurent lieu, et plusieurs personnes apportèrent des vases et des ustensiles précieux qui ont été envoyés en France, et dont la nomenclature se trouve dans l'inventaire du trésor de la Régence[1]. »

---

[1] Le chef de bataillon Fernel dit, après avoir rapporté de même tous ces détails : « A quelques époques de nos guerres, je le dis à regret, nous avons vu s'élever de grandes fortunes dont on ne pouvait avouer l'origine; mais, aux yeux de tous les hommes de bonne foi, les vain-

Pfeiffer, cet Allemand que cinq ans de captivité avaient mis en relation avec tant d'Algériens, parle de même : « Je dois déclarer à la gloire de l'armée française, dit-il, que cette armée victorieuse, en prenant possession d'Alger, se conduisit plus noblement que ne l'eussent fait les troupes de n'importe quel autre peuple. »

De la flotte on avait pu suivre tous les mouvements de l'armée de terre faisant son entrée dans la ville. A midi, nos marins avaient vu disparaître le drapeau algérien du faîte de la Casaubah et de quelques forts voisins. A deux heures cinquante minutes, ils avaient vu le pavillon du roi déployé sur le palais du dey, et successivement arboré sur tous les forts et batteries. Aussitôt l'armée navale le salua de vingt et un coups de canon, au milieu de cris répétés de : *Vive le roi*[1] !

Le général commandant en chef l'expédition établit son quartier général à la Casaubah. Le général Montlivaut, commandant la 3º brigade de la troisième division, et qui occupait la porte de Bab-Azzoun depuis le matin, logea en ville un de ses régiments, le 34ᵉ (colonel de Roucy), afin de procéder à l'occupation de la caserne des janissaires. Le 35ᵉ (colonel Rulhières), même division, brigade Berthier, occupa la Marine. L'artillerie établit son parc général sur les plateaux qui dominent de plus près la ville. Le reste de l'armée fut groupé autour d'Alger. Le lieutenant général Berthezène se logea, avec la brigade Achard, dans la belle maison de campagne du dey, au nord de la ville. Le lieutenant général Loverdo s'installa en ville, et le lieutenant général des Cars resta, avec

---

queurs d'Alger resteront purs et sans reproche. En Afrique, comme en Espagne en 1823, le plus noble désintéressement n'a pas cessé de briller dans nos rangs à côté des vertus inhérentes au caractère du soldat français. »

[1] Extrait du rapport du vice-amiral Duperré au ministre de la marine. Vaisseau *la Provence*, baie d'Alger, le 6 juillet 1830.

une partie de sa division, dans sa position première, en arrière des consulats de Hollande et d'Espagne.

Au milieu de toutes ces dispositions, la nuit était venue. Le général en chef dicta, avant de prendre un peu de repos, l'ordre du jour suivant, qui fut publié le lendemain, avec cette date :

« Au quartier général de la Cassambah [1], 6 juillet 1830.

« La prise d'Alger était le but de la campagne : le dévouement de l'armée a devancé l'époque où il semblait devoir être atteint ; vingt jours ont suffi pour la destruction de cet État, dont l'existence fatiguait l'Europe depuis trois siècles. La reconnaissance de toutes les nations civilisées sera pour l'armée d'expédition le fruit le plus précieux de ses victoires. L'éclat qui doit en rejaillir sur le nom français aurait largement compensé les frais de la guerre ; mais ces frais mêmes seront payés par la conquête. Un trésor considérable existait dans la Cassambah. Une commission, composée de M. l'intendant en chef, de M. le général Tolozé et de M. le payeur général, a été chargée par le général en chef d'en faire l'inventaire. Elle s'occupe de ce travail sans relâche, et bientôt le trésor conquis sur la Régence ira enrichir le trésor français. »

Le même jour, c'est-à-dire le 6 juillet 1830, le vaisseau *la Provence*, sur lequel était monté le consul général Deval, après avoir éprouvé l'insulte, origine première de cette guerre ; sur lequel le brave contre-amiral Collet avait fait sa dernière campagne en commandant le blocus d'Alger ; sur lequel le commandant la Bretonnière était venu proposer en vain une transaction, et avait vu son pavillon parlementaire

---

[1] Nous transcrivons cette pièce sur l'un des ordres du jour distribués à Alger, en maintenant le mot de *Cassambah*, substitué par inadvertance à celui de Casaubah.

devenir le point de mire des boulets algériens, mouillait triomphalement sous les murs d'Alger[1]. Les autres bâtiments de l'armée navale, partagée en deux divisions sous le commandement du contre-amiral de Rosamel et du capitaine de vaisseau Bouée, croisaient à l'entrée des baies d'Alger et de Sidi-Ferruch, et le bateau à vapeur *le Sphynx*, commandé par le lieutenant de vaisseau Sarlat, qui avait déjà porté en France la nouvelle du débarquement, partait en toute hâte avec les dépêches du commandant en chef de l'expédition et celles du commandant de l'armée navale, pour annoncer la prise d'Alger au roi et à la France.

[1] Rapport de l'amiral Duperré, 6 juillet 1830.

LIVRE SEPTIÈME

L'ARMÉE FRANÇAISE A ALGER

I

NOUVELLE DE LA PRISE D'ALGER EN FRANCE. — DERNIERS RAPPORTS DIPLOMATIQUES AVEC L'ANGLETERRE.

L'expédition d'Alger avait complétement réussi par la parfaite appropriation des moyens aux obstacles, la rare prévoyance qui avait présidé aux préparatifs, la vigueur intelligente, mêlée de prudence, avec laquelle les opérations militaires avaient été conduites, le concours dévoué de tous les services. Jamais grande entreprise ne prouva mieux la part importante que la sagesse humaine peut avoir au succès.

Quand le bateau à vapeur qui portait la nouvelle de notre victoire arriva au port de Toulon, l'enthousiasme des provinces méridionales fut universel. C'était pour elle une victoire à la fois locale et nationale. Tout ce qui regarde la Méditerranée applaudit avec ivresse à la chute d'Alger, dont l'ombre menaçante s'était projetée longtemps sur le littoral.

La nouvelle de la prise d'Alger n'arriva à Paris que le 9 juillet 1830, dans la matinée. Le baron d'Haussez, qui avait pris une large part au succès par la fermeté d'esprit et la décision de caractère qu'il déploya dans sa lutte contre les préventions du conseil de l'amirauté, et par l'impulsion puissante qu'il imprima à l'administration de la marine, en dépassant toutes les prévisions par la célérité des préparatifs, eut l'honneur de porter cette grande nouvelle au roi. « Apportée par un bâtiment à vapeur et transmise par le télégraphe, dit-il dans ses notes, cette nouvelle m'arriva le 9 juillet. Je m'empressai de la porter au roi qui, en l'apprenant, s'avança vers moi en me tendant les bras. Comme je m'inclinais respectueusement pour lui prendre la main et la baiser : « *Aujourd'hui*, me dit-il, *on s'embrasse;* » et Sa Majesté me pressa sur son cœur avec une effusion, avec une bonté dont le souvenir me sera toujours cher et glorieux. C'était, hélas ! le dernier moment de bonheur que cet excellent prince devait éprouver. »

A midi, la nouvelle télégraphique commençait à circuler dans Paris ; à deux heures, elle fut affichée à la Bourse. Elle était ainsi conçue : « Alger s'est rendu à discrétion le 5 juillet à midi ; à deux heures, le pavillon du roi flottait sur le palais du dey. Tous nos prisonniers naufragés sont sauvés. »

Cette dernière nouvelle, ajoutée à la nouvelle de la victoire, était une réponse adressée à la tendre sollicitude que le roi n'avait cessé de témoigner pour le sort des naufragés du *Silène* et de *l'Aventure*, et dont on retrouve la trace dans la correspondance officielle du temps.

Ce ne fut point sans émotion qu'on apprit à Paris la nouvelle de la conquête d'Alger. Les bruits de gloire sont toujours les bienvenus en France, et les esprits les plus prévenus ne sauraient se défendre d'un premier mouvement de joie, à la vue d'une belle page ajoutée à notre histoire militaire par l'héroïsme de nos soldats. Mais ce sentiment ne dura qu'un moment, et les passions politiques prirent aussitôt le dessus. La Bourse, ce thermomètre financier qui marque les oscillations de l'opinion, demeura à peu près immobile[1], et, deux jours après, quand le *Te Deum* fut chanté à Notre-Dame, l'impression produite par cet événement avait disparu. Plus tôt encore, le jour même où le canon des Invalides annonça la nouvelle, la candidature de l'amiral Duperré échoua dans Paris, et celle du baron d'Haussez qui, comme ministre de la marine, avait préparé le succès, fut repoussée dans neuf départements.

Le roi avait écrit aux évêques la lettre suivante, à l'occasion du *Te Deum* qui devait être chanté dans toutes les églises du royaume, pour remercier Dieu de la conquête d'Alger : « Monseigneur l'évêque, notre ferme espérance dans la protection divine n'a pas été trompée ; le ciel a béni nos armes ; la justice, la religion, l'humanité, triomphent : Alger est tombé ! Grâces immortelles en soient rendues au Tout-Puissant, qui a couronné, par cette éclatante victoire, notre glorieuse expédition d'Afrique ! »

Le dimanche, 11 juillet 1830, le roi se rendit, à quatre heures de l'après-midi, à Notre-Dame. Le cortége se composait de douze carosses à huit chevaux. « L'effet produit par notre conquête était déjà amorti, dit tristement le baron d'Haussez dans ses notes. Tout était morne et silencieux autour du cor-

---

[1] Plusieurs historiens ont dit qu'il y eut une baisse à la Bourse le jour où la nouvelle de la prise d'Alger fut affichée. C'est une erreur. Nous avons vérifié les cotes du vendredi 9 juillet 1830, jour où la nouvelle fut affichée à la Bourse. Le 5 pour 100, ouvert à 105 40, ferma à 105 45. Le 3 pour 100, ouvert à 78 60, ferma à 79. Le premier de ces fonds était, la veille 8 juillet, à 105, et le second à 78 65.

tége. Quelques cris, évidemment achetés, partis de groupes isolés, au milieu d'une population impassible, firent seuls les frais de la joie publique. Dans une telle occasion le silence du peuple était significatif. Le roi le comprit et en fut affecté. Ses yeux cherchèrent vainement des figures sur lesquelles on pût surprendre quelque apparence de l'enthousiasme que devait exciter un tel événement. A son retour, il était triste ; on voyait qu'il aurait volontiers donné les palmes que son armée venait de cueillir pour les acclamations si franches, si unanimes, que son retour excitait en 1814. »

Le roi accorda le bâton de maréchal de France au commandant en chef de l'expédition, et la dignité de pair de France au commandant en chef de l'armée navale[1]. Il décida en outre qu'on élèverait, dans la rade de Toulon, un phare auquel on donnerait la forme d'une colonne rostrale, et que les rostres, les ornements et les plaques destinés à recevoir les noms des officiers, des généraux et des corps de terre et de mer, seraient exécutés avec le bronze des canons pris dans

---

[1] Le baron d'Haussez, alors ministre de la marine, énumère ainsi, dans ses notes politiques, les fautes commises par l'amiral Duperré dans le cours de l'expédition et qui motivaient, selon lui, la différence qu'il y eut entre les récompenses accordées à des services inégaux : « L'amiral Duperré aurait pu faire manquer l'expédition par son hésitation à aborder la côte à sa sortie de Palma. Il l'a compromise par son obstination à tenir éloignée de la division qui portait les troupes de débarquement celle qui naviguait avec l'artillerie et les chevaux, et par les mauvaises dispositions qu'il a faites pour le débarquement, lequel ne s'est opéré que grâce à l'intelligence et au zèle des commandants des vaisseaux, qui furent obligés d'agir d'après leurs propres inspirations Averti au moment où l'armée attaquait la place, il a borné la diversion qu'il devait opérer à une inutile canonnade, qui n'a pas fait tomber un seul boulet dans les fortifications. » (Papiers politiques du baron d'Haussez, communiqués par madame la duchesse d'Almazan.)

Cette canonnade, qui était tout ce que la marine pouvait faire, ne fut pas inutile, en ce qu'elle retint une partie des canonniers turcs aux batteries qui regardaient la mer.

la place; le vaisseau *la Provence* dut désormais, d'après la même ordonnance, s'appeler *l'Alger*.

Après la prise d'Alger, reparaissait la question diplomatique. Après comme avant la conquête, nous ne devions avoir de difficultés sur ce point qu'avec le cabinet anglais; les autres cabinets se bornaient à nous envoyer des félicitations. Que ferait-on d'Alger ? telle était la grave question qui venait se poser devant le gouvernement royal.

Il ne se hâta pas de la résoudre. Fidèle à la politique qu'il avait suivie jusque-là, le ministère se borna, dans les premiers moments, à maintenir la complète indépendance de la France. Nous trouvons dans le journal secret des délibérations du conseil, tenu par deux ministres, MM. d'Haussez et de Guernon de Ranville, la note suivante : « Le conseil, ayant à examiner la question de savoir si le roi avait pris des engagements, déclara, à l'unanimité, qu'aucun engagement n'avait été pris, et que, tout en disant qu'il ne faisait pas la guerre par ambition, le roi ne s'était nullement obligé à renoncer à une conquête incidente, puisque, tout au contraire, il avait réservé les droits de la France, en déclarant qu'il suivrait la politique indiquée par la dignité et les intérêts du pays. »

Ainsi, après la victoire, ce doute sur le parti définitif qu'on prendrait à l'occasion de la conquête d'Alger se prolongea plusieurs jours dans les conseils du roi, avec la même résolution de ne pas prendre d'engagement.

La question était assez grave pour être soigneusement examinée, et tandis qu'à Paris le ministère prenait cette attitude d'expectative et de réserve, M. de Bourmont suivait une conduite plus tranchée à Alger envers le consul d'Angleterre, M. Saint-Jones, qui le poursuivait de ses incessantes réclamations[1].

---

[1] « Pour échapper aux demandes d'explications continuelles de cet agent

Proposerait-on au sultan d'occuper une partie de la Régence, en donnant des garanties à l'Europe, tandis que la France occuperait l'autre?

Essayerait-on un établissement mixte?

Ferait-on un établissement exclusivement français?

Tous ces projets furent successivement débattus sans qu'aucun fût définitivement adopté dans la première quinzaine de juillet.

Le prince de Polignac, ministre des affaires étrangères, eut un moment la pensée d'ouvrir une négociation à Constantinople, pour savoir si, dans le cas où il nous conviendrait de remettre la ville d'Alger à la Porte, elle pourrait faire les dépenses et envoyer les forces nécessaires pour assurer à l'Europe la sécurité du pays. Il est difficile de dire si cette négociation avait pour objet réel la remise d'Alger dans les mains du sultan, ou si elle était seulement destinée à ôter une objection à l'Angleterre, en obtenant du reïs-effendi la réponse évasive qu'il fit à cette ouverture. Notre ambassadeur, M. de Guilleminot, qui avait pour instruction de ne rien conclure et de ne rien signer, avait eu soin d'établir, en effet, d'une manière formelle, « que le droit de guerre entraînait celui de conquête et que la France n'avait besoin du consentement de personne pour garder le prix de sa victoire[1]. »

Quoi qu'il en soit, cette proposition n'eut pas de suite, et la question d'Alger resta entière. Le ministère, préoccupé de la situation intérieure, qui devenait de jour en jour plus menaçante, se borna, pendant quelques jours encore, à maintenir

---

anglais qui, après comme avant la conquête, se posa toujours en ennemi de la France, dit M. Thierry Dufougeray, dans une note manuscrite, M. de Bourmont me chargea du rôle d'intermédiaire entre lui et les consuls étrangers qui doivent faire passer par mes mains toutes leurs communications ou réclamations. »

[1] Détails communiqués par l'ancien directeur de la division politique au ministère des affaires étrangères, en 1830, M. de Bois le Comte.

la liberté d'action de la France. Cependant il prenait les mesures nécessaires pour achever la conquête de la Régence d'Alger. Le baron d'Haussez, autorisé par le roi, chargea l'amiral Duperré de s'entendre avec le général en chef pour s'emparer d'Oran, de Bône et des autres ports de la Régence. Il ordonnait, en outre, à l'amiral Rosamel de se présenter amicalement devant Tunis, dont le bey était bien disposé, et avec des formes menaçantes devant Tripoli, où nous avions à craindre de la résistance, afin d'exiger de ces deux États la signature de traités par lesquels ils s'engageraient à abolir à jamais l'esclavage des chrétiens, à rendre les esclaves qu'ils auraient, et à n'augmenter ni les fortifications de leurs places ni le nombre et la force de leurs bâtiments de guerre [1]. C'est ainsi que le gouvernement royal donnait toute son extension à la victoire de la France.

Le 19 juillet 1830, il prit une attitude plus tranchée. Ce jour-là même, le duc de Laval lut à lord Aberdeen une dépêche dans laquelle le cabinet des Tuileries annonçait au cabinet de Londres « que M. de Bourmont, en prenant possession d'Alger, avait rétabli les consuls européens dans leurs attributions, et rouvert les relations commerciales interrompues depuis plusieurs mois entre cette ville et les pays étrangers. »

Cet acte de souveraineté annonçait, d'une manière qui n'avait rien d'équivoque, que le gouvernement royal n'était pas disposé à renoncer à son droit de conquête, et cette signification, adressée par le cabinet de Paris au cabinet de Londres, équivalait à une prise de possession. Ce fut, en effet, vers le 20 juillet 1830, que le gouvernement français prit la résolution définitive de conserver Alger. Toutes les dépêches, tous les actes publics du maréchal de Bourmont, que nous

[1] Papiers politiques du baron d'Haussez.

allons avoir à exposer, étaient dans ce sens, et le moment des demi-mesures était passé pour un ministère qui se préparait, à cette heure même, à lancer les ordonnances de juillet. Il fut donc décidé, dans le conseil des ministres, que la France conserverait sa conquête d'Alger [1].

L'Angleterre, avertie à la fois par les actes publics du maréchal de Bourmont et par les refus persistants du cabinet des Tuileries de prendre aucun engagement relativement à Alger, ne conservait plus aucun doute sur la résolution de la France. Voici les dernières paroles qu'échangèrent, le 25 juillet 1830, dernier jour de la Restauration, lord Aberdeen et le duc de Laval qui se disposait à faire un voyage en France. « Le ministre anglais déclara que jamais la France, ni sous la République ni sous l'Empire, n'avait donné à l'Angleterre des sujets de plaintes aussi graves que ceux qu'elle avait reçus de nous depuis un an. » Puis, au moment de lui dire adieu : « Je me sépare de vous, dit-il, avec plus de peine que jamais, car peut-être ne sommes-nous plus destinés à nous revoir. — J'ignore, milord, ce que vous pouvez espérer de la générosité de la France ; mais ce que je sais, c'est que vous n'obtiendrez jamais rien par les menaces [2]. »

C'est la veille de la chute de la Restauration, il faut s'en souvenir, que l'Angleterre, alléguant les graves sujets de plainte que la Restauration lui avait donnés, la déclarait plus coupable envers le cabinet de Londres que la République et l'Empire, qui cependant lui avaient fait une rude guerre, et laissait apercevoir la probabilité d'une rupture. Si l'Angleterre se plaignait le 25 juillet 1830, c'est qu'à cette époque

---

[1] Un diplomate distingué, alors directeur de la division politique au ministère des affaires étrangères, et dans la confidence intime du ministre, M. de Bois le Comte, nous a garanti l'exactitude de cette date et de ce renseignement.

[2] Notes diplomatiques publiées par M. le duc de Valmy.

la Restauration ne l'avait pas satisfaite. Si le dernier jour de la Restauration voyait lord Aberdeen se séparer de notre ambassadeur par un menaçant adieu, c'est que le dernier jour de la Restauration arrivait sans qu'elle eût souscrit cet engagement que le cabinet de Londres n'avait cessé de réclamer. Ce fait a tous les caractères de l'évidence aux yeux de l'histoire.

II

ACTES ET CORRESPONDANCES DU COMMANDANT EN CHEF.

Le maréchal de Bourmont agit, presque le lendemain de son entrée à Alger, en homme assuré que la conquête de l'armée française demeurait acquise à la France. Il prit possession non-seulement de la ville, mais du territoire de la Régence, accrédita les consuls étrangers, reçut la soumission des beys, leur donna l'investiture, promulgua, au nom du roi, les lois et règlements qui constituent l'exercice de la souveraineté.

Sa correspondance, dans ces premières journées, est pleine d'un curieux intérêt. Elle offre un reflet animé des faits et aussi des idées, des préoccupations, des embarras, des soucis, des émotions, des impressions, des projets, des espérances, quelquefois des mécomptes, des douleurs qui se succédaient rapidement. Ce n'est plus un froid récit du passé, c'est la vie même, surprise dans son mouvement et dans son ardente activité.

Le commandant en chef de l'expédition écrivait de la Casaubah, à la date du 8 juillet 1830, au ministre des affaires étrangères :

« La prise d'Alger paraît devoir amener la soumission de toutes les parties de la Régence. Plus la milice turque était redoutée, plus sa prompte destruction a élevé dans l'esprit des Africains la force de l'armée française. Les miliciens eux-mêmes ont donné l'exemple de l'obéissance. Dans chacune de leurs casernes, quelques soldats ont suffi pour les désarmer. Au premier ordre qu'ils ont reçu, tous ont apporté leurs fusils et leurs yatagans dans le lieu qui leur avait été désigné. On leur a fait connaître que les pères de famille seraient autorisés à rester dans Alger, mais que les célibataires seraient transportés par mer sur les points qu'ils auraient choisis. Cette décision ne parut produire sur eux que peu d'impression. La plupart sont nés dans l'Asie Mineure. Ils ont demandé qu'on les y conduisît. Le nombre des miliciens réunis dans les casernes est de 2,500 environ. Ceux-là sont tous célibataires. Beaucoup sont vieux et impropres au service militaire. Les plus braves et les plus vigoureux ont péri dans la dernière campagne. Les militaires mariés sont logés dans des maisons particulières. Leur nombre ne paraît pas s'élever à plus de 1,000. Depuis trois ans, le blocus rendait le recrutement presque impossible. Une réduction considérable s'en était suivie dans la force de la milice. Le dey est venu me voir hier dans la Casaubah. C'est à Livourne qu'il a témoigné le désir d'aller s'établir. Une frégate va l'y transporter. M. l'amiral Duperré prend des dispositions pour que les Turcs célibataires partent en même temps. Les Maures et les juifs attendent leur départ avec une vive impatience. C'est alors seulement qu'ils croiront leur joug brisé pour toujours.

« Le bey de Titery a reconnu le premier l'impossibilité où il était de prolonger la lutte. Le lendemain même du jour où les troupes françaises eurent pris possession d'Alger, son fils, à peine âgé de seize ans, est venu m'annoncer qu'il était prêt à se soumettre, et que, si je l'y autorisais, il se présenterait lui-même. Son jeune envoyé remplit sa mission avec une naïveté qui rappelait les temps antiques. Je lui remis un sauf-conduit pour son père, qui, le jour suivant, se rendit à Alger. Je le laissai à la tête du gouvernement de sa province, à la condition qu'il se reconnaîtrait sujet du roi de France, et qu'il lui payerait le même tribut qu'au dey. Cette condition fut acceptée avec reconnaissance. Les habitants paraissent convaincus que les beys d'Oran et de Constantine ne tarderont pas à suivre l'exemple de celui de Titery.

« Déjà la confiance commence à s'établir. Beaucoup de boutiques sont ouvertes ; les marchés s'approvisionnent. Le prix des denrées est plus élevé que dans les temps ordinaires, mais bientôt la concurrence aura fait cesser cette cherté éphémère. J'ai confié la direction de la police à M. d'Aubignosc, Français qui a longtemps habité l'Orient. Une commission, présidée par M. l'intendant en chef Denniée, a été chargée d'indiquer les modifications que les derniers événements devaient apporter dans l'administration et la forme du gouvernement. M. le général Tolozé a été nommé commandant de la place. Son caractère ferme et honorable le rend éminemment propre à ce poste important.

« La ligne de communication, dont Sidi-Ferruch est le point de départ, va devenir inutile, et désormais les approvisionnements de l'armée seront dirigés vers le port d'Alger : une grande économie doit en résulter dans le service des transports. Dans quelques jours, on désarmera les redoutes qui avaient été construites entre Sidi-Ferruch et le camp de siége. Enfin la place de dépôt elle-même devra être abandonnée aussitôt que les hôpitaux auront été transférés ailleurs, et que les subsistances qui s'y trouvent auront été consommées ou embarquées.

« Déjà des ordres sont donnés pour que le matériel qui

n'aurait point été mis à terre soit transporté en France. L'équipage de siége reste presque en entier. On a trouvé ici une immense quantité de poudre et de projectiles, et plus de 2,000 bouches à feu, presque toutes en bronze. La valeur de ces objets, celle des laines et des fers qui appartiennent au gouvernement, et surtout celle du trésor, dont M. le payeur général fait l'inventaire, paraissent devoir suffire pour payer les frais de la guerre.

« La chaleur est vive depuis quelques jours. Plusieurs fois le thermomètre de Réaumur a marqué 28 degrés. Quoique le siége n'ait duré que six jours, l'activité avec laquelle les travaux ont été conduits a fait éprouver aux troupes de grandes fatigues. Les dyssenteries sont devenues plus nombreuses ; mais ceux qui en sont atteints ne le sont point assez gravement pour quitter leur corps. On compte à peine 250 fiévreux dans l'armée. Le nombre des hommes mis hors de combat depuis le 14 est de 2,300 ; sur ce nombre, 400 sont morts ; 1,900 blessés ont été envoyés aux hôpitaux. Ici, comme en Égypte, ils se guérissent promptement.

« Des pères de ceux qui ont versé leur sang pour le roi et la patrie seront plus heureux que moi.

« Le second de mes fils avait reçu une blessure grave dans le combat du 24 juin. Lorsque j'ai eu l'honneur de l'annoncer à Votre Excellence, j'étais plein de l'espoir de le conserver. Cet espoir a été trompé : il vient de succomber.

« L'armée perd un brave soldat ; je pleure un excellent fils. Je prie Votre Excellence de dire au roi que, quoique frappé par ce malheur de famille, je ne remplirai pas avec moins de vigueur les devoirs sacrés que m'impose sa confiance.

« Tous les prisonniers français qui se trouvaient à Alger m'ont été remis le 5 juillet au matin. »

C'est ainsi que les premières joies de la victoire étaient attristées, pour le vainqueur d'Alger, par une perte cruelle.

Après quelques jours de souffrance, Amédée de Bourmont, dont la blessure avait d'abord laissé des espérances, était mort le 7 juillet. Ses dernières paroles, rapportées par ses compagnons d'armes [1], avaient eu un caractère touchant : « Qui de vous, avait-il dit à ceux qui entouraient son lit, ne voudrait avoir ainsi payé la victoire? » Puis il avait ajouté avec ce sentiment de piété filiale, si vif dans cette famille : « Espérons que mon sang servira à apaiser les ennemis de mon père! » Enfin, dans ses derniers moments, il disait encore, en montrant sa blessure : « Avouez qu'elle est bien placée, là, près du cœur. » Cette perte fut ressentie par l'armée entière. Le colonel Magnan, qui commandait le 49e de ligne, où servait Amédée de Bourmont, se rendit l'interprète des regrets de son corps [2].

Cependant le commandant en chef, fidèle à sa parole, consacrait toutes ses journées aux besoins du service. Ces besoins étaient nombreux. Il fallait pourvoir à l'organisation administrative dans une ville où tout tombait avec le gouvernement turc; assurer les approvisionnements de l'armée et ceux de la population ; prendre les mesures sanitaires pour

[1] Le prince de Schwarzenberg et le chef de bataillon Fernel.
[2] Voici la lettre qu'il adressa au commandant en chef :
« Monseigneur, vous avez été frappé dans vos affections, au milieu de vos succès. Les officiers du régiment que je commande sentent toute l'étendue de la perte que vous avez faite; ils me chargent d'avoir l'honneur de vous l'exprimer. L'excellent jeune homme, le bon officier que nous pleurons avec vous, avait toute notre estime, toute notre amitié; il en était digne. Il n'avait pas eu besoin, pour être aimé de nous, d'être le fils de notre général en chef; ses bonnes qualités, son instruction, son aménité, sa bravoure, l'avaient placé haut dans l'opinion du corps, aussi le corps tout entier partage-t-il vos regrets.
« Quant à moi, monseigneur, à qui vous l'avez confié, je suis tout entier à la douleur de n'avoir pas su vous le conserver ; mais c'était chose impossible que de modérer au feu une bravoure aussi brillante.
« Puisse l'expression de nos regrets et de notre estime pour le fils que vous pleurez être un adoucissement à votre chagrin!
« J'ai l'honneur, » etc.

les malades et les blessés ; se mettre en rapport avec les divers éléments de la population, les Turcs qui restaient à Alger, les Koulouglis, les Maures, les Arabes, les juifs ; amener ou préparer la soumission des populations du dehors et, sans parler du trésor, faire prendre possession des nombreux magasins encombrés de marchandises appartenant au dey.

Il était impossible que, sur un terrain si nouveau et dans la précipitation des premières journées de la conquête, il n'y eût pas quelques méprises et quelques fautes commises. Il y en eut en effet. La défiance naturelle qu'inspiraient les Turcs aux vainqueurs et la haine qu'ils inspiraient aux populations disposèrent la commission, nommée par le commandant en chef et présidée par le baron Denniée, à composer de Maures et de juifs le conseil municipal qui remplaça l'organisation détruite par le fait de notre victoire. Ce conseil, improvisé le lendemain de l'entrée des Français, qui ne connaissaient ni les hommes ni les lieux, comptait parmi ses membres ceux qui étaient allés au-devant de la nouvelle domination, plutôt que ceux qui avaient une influence acquise sur les populations. Les juifs, qui la veille étaient sous les pieds des musulmans, prirent tout à coup, à cause de leur activité, de leur savoir-faire, de leur docilité empressée, une prépondérance dont plusieurs abusèrent avec les rancunes du passé, et ces vices inséparables d'une longue servitude, qui devenaient intolérables dans le pouvoir ; les populations indigènes souffrirent particulièrement d'avoir à craindre ceux qu'elles avaient si longtemps méprisés.

Il faut expliquer ici l'ancienne organisation d'Alger, qui croula avec la domination turque [1]. Alger était organisé par catégories d'intérêts. « Chaque métier formait une corporation qui avait à sa tête un syndic, appelé *amin*, chargé de sa

[1] Nous empruntons ces détails aux *Annales algériennes* de M. E. Pélissier.

police et de ses affaires. Tous les amins étaient placés sous les ordres d'un magistrat appelé *cheik-el-belad* (chef de la ville). La surveillance des marchés était confiée à un magistrat nommé *moktab*, qui avait le droit de taxer les denrées. Deux magistrats étaient chargés de la police générale. Le premier, appelé *kiaïa* (lieutenant), exerçait pendant le jour ; il était chef de la milice urbaine et pouvait être pris parmi les Koulouglis ; le second, qui ne pouvait être choisi que parmi les Turcs, exerçait pendant la nuit : on le nommait *agha-el-koul*. Un fonctionnaire particulier, nommé *mezouar*, avait la police des maisons de bains et des lieux suspects ; il était en outre chargé de faire exécuter les jugements criminels. Un employé supérieur, appelé *amin-el-aïnou*, veillait à l'entretien des fontaines, au moyen de revenus affectés à ces sortes d'établissements de première nécessité. Tous ces magistrats étaient sous les ordres immédiats du khaznadji, ministre des finances et de l'intérieur. »

Cette espèce de gouvernement municipal fut remplacé, tant bien que mal, par la commission mixte qu'on venait d'instituer. Cependant on conserva la corporation des *biskiris* et celle des *mozabites*, avec leurs syndics, qui furent nommés par l'autorité française. Les premiers, comme leur nom l'indique, étaient des habitants de Biskara venus à Alger pour y exercer la profession de portefaix et de commissionnaire ; ce sont les Savoyards de l'Afrique. Les Mozabites ou Beni-Mozab appartenaient à une tribu du désert, à qui le monopole des bains et des moulins d'Alger fut concédé, au seizième siècle, à l'occasion des services qu'elle rendit aux deys à l'époque de l'expédition de Charles-Quint. M. d'Aubignosc, lieutenant général de police, conserva sous ses ordres le mezouar, qui garda une partie de ses attributions et disposa de vingt agents maures.

Cette administration, qui était loin d'inspirer la même terreur que l'administration turque, qui ne connaissait pas, comme elle, le terrain, et qui avait affaire à des populations dont la chute des Turcs avait remué les passions, réussit difficilement et incomplétement à faire régner l'ordre dans Alger. Dans ces premiers moments, la perception des impôts et des droits de douane demeura suspendue.

Cependant on pourvut au plus pressé. Le départ du dey était nécessaire pour convaincre les populations que sa domination était tombée sans retour. Ce fut le 7 juillet 1830 qu'il vint rendre visite au commandant en chef de la Casaubah. L'amiral Duperré avait été invité à cette entrevue, qui eut un caractère touchant. Une compagnie de grenadiers fut envoyée à Hussein-Pacha comme garde d'honneur, et plusieurs officiers de l'état-major du général en chef allèrent au-devant de lui pour le mener aux portes du palais. La curiosité des assistants était extrême, et quand les tambours battirent aux champs il se fit un silence respectueux. Le dey, si récemment dépouillé de sa puissance, venait, dans son propre palais, visiter son vainqueur, qui, le matin même, avait perdu son fils. Il y avait dans ce spectacle des vicissitudes humaines quelque chose qui remuait profondément les cœurs.

Hussein-Pacha était un homme d'environ soixante-cinq ans. Sa taille était petite, ses formes musculeuses ; sa figure avait ce caractère de dignité que donne l'habitude du commandement. Il portait un costume d'une simplicité élégante : le burnous des Arabes jeté négligemment sur ses épaules, et pour coiffure un cachemire cramoisi contourné en turban. Son cortége se composait de Turcs et de Maures de distinction. Il s'avança avec noblesse au-devant du général en chef, qui fit quelques pas à sa rencontre. Ses manières respiraient cette dignité résignée qui sied au malheur. L'entrevue fut amicale. Le dey demanda à être transporté à Livourne avec une suite qui se composait de cent et quelques personnes.

M. de Bourmont lui dit qu'une frégate allait être mise à sa disposition, et qu'il pourrait y faire charger ce qui lui appartenait. Il réclama alors son mobilier, resté à la Casaubah, avec une somme d'argent, et le général en chef le conduisit lui-même dans les appartements, pour qu'il indiquât les objets qu'il désirait. Mais, pendant ce temps-là, des gens de bas étage, entrés à sa suite, se mirent à piller et volèrent la montre du général Després et son nécessaire. En voyant celui-ci entrer vivement dans la pièce où se trouvait le commandant en chef et raconter avec humeur sa mésaventure, le dey, qui suivait cette scène d'un œil curieux, sans la comprendre, en demanda l'explication. Quand il sut ce dont il s'agissait, il demanda qu'on fît fouiller tous les Maures présents ; on trouva sur eux une partie des objets volés. « Alors le dey, ajoute le général en chef, sur les notes manuscrites duquel nous transcrivons ces détails, me dit qu'il ne m'enverrait que des hommes de confiance dont il me dirait les noms et que, s'il s'en présentait d'autres, il me priait instamment de leur faire couper immédiatement la tête. »

Le général en chef eut quelque peine à se défendre contre cette insistance polie, et à faire comprendre au dey que la justice française n'admettait pas les procédés sommaires de la justice turque. Après quoi on se sépara, et le dey fut reconduit avec les honneurs qui lui avaient été rendus à son arrivée. Il monta sur une mule d'assez pauvre apparence, et traversa sa ville, escorté par une garde française, au milieu du silence de la population. Le lendemain, le général en chef lui rendit sa visite. La conversation entre ce souverain tombé et ce père malheureux fut touchante. Le dey commença par remercier le général en chef de ses bons procédés, et le pria d'assurer le roi de France de sa reconnaissance éternelle pour la générosité avec laquelle il usait de la victoire. « J'avais été toujours persuadé de la justice de ma cause, dit-il, mais je reconnais que je m'étais trompé, puisque j'ai été vaincu ; je dois me résigner à la volonté de Dieu. On m'a représenté comme un homme cruel et féroce : que l'on consulte mes sujets, et surtout les plus pauvres, l'on aura la preuve du contraire, car je leur ai fait du bien. Je vous les recommande. Je sais que vous avez perdu un fils ; je vous plains, et j'apprécie d'autant plus votre douleur, que la fortune de la guerre ne m'a pas non plus épargné, et qu'un neveu que j'aimais tendrement m'a été enlevé ; mais nous devons nous résigner à la volonté de Dieu. C'est à Naples que je désire me retirer. Je pars avec la conviction que le roi de France ne m'abandonnera pas. Il est généreux, puisqu'il vous a commandé tout ce que vous faites. »

Les assistants, auxquels on traduisait ces paroles à mesure qu'elles étaient prononcées, ne cachaient pas leur attendrissement. Cette scène, d'une beauté antique, rappelait quelques traits de celle où Homère peint le roi Priam pleurant son fils Hector dans la tente d'Achille, qui pleure lui-même sur Patrocle, enlevé à sa tendresse.

Quand il fallut pourvoir à l'embarquement du dey, le général en chef éprouva quelques difficultés de la part de l'amiral Duperré, qui, une fois encore, était retombé sous l'influence de ces appréhensions et de ces hésitations qui avaient paralysé plus d'une fois l'activité de la marine depuis le commencement de la campagne.

L'amiral écrivait au général en chef, à la date du 10 juillet 1850 :

« Monseigneur, je reçois une lettre de votre chef d'état-major, qui m'annonce que le dey a changé d'avis ; qu'il désire être transporté à Naples, et que vous avez consenti à ce changement. Il ajoute que le consul général de France à Mahon est prévenu que c'est dans le port de cette ville que les passagers de *la Jeanne-d'Arc* passeront leur quarantaine.

Je ne sais si je dois inférer de cette lettre que le dey doit être d'abord conduit à Naples, sa destination réelle, pour revenir à Mahon, puis retourner ensuite à Naples, où il sera toujours soumis à une quarantaine, ou bien s'il doit être en premier lieu conduit à Mahon pour y faire sa quarantaine, puis être conduit à Naples. Dans une affaire qui me paraît d'un si haut intérêt pour la France, et auquel la direction que suit le dey me semble si contraire (c'est là, du moins, l'opinion que j'ai l'honneur d'exposer à Votre Excellence, et dont je la prie d'excuser l'expression en faveur du motif), c'est dis-je, dans une circonstance qui me paraît si importante, que je dois donner au capitaine des instructions claires et précises.

« Le dey sera-t-il conduit directement à Naples pour revenir ensuire faire sa quarantaine à Mahon et, de là, retourner enfin à Naples ?

« Ou sera-t-il conduit à Mahon pour y faire sa quarantaine et, de là, ramené à Naples ?

« La présence de l'escadre anglaise sous voiles devant la Sicile et la mort récente du roi d'Angleterre me semblent d'une haute considération dans le délai que tous ces mouvements vont apporter à la destination fixe du dey. M. le chef d'état-major dit encore, dans sa lettre, que, « dans le cas où « l'ambassadeur de France n'obtiendrait pas à Naples l'asile « qu'il demande pour lui (dey), la frégate pourrait faire voile « pour Livourne. Enfin, si le dey n'était pas reçu à Livourne, « ce serait à Marseille qu'il faudrait le conduire. Il y atten-« drait que le gouvernement français eût pris des mesures « pour fixer le lieu définitif de sa retraite. »

« Toutes ces démarches me paraissent mettre un terme bien éloigné à la mission de la frégate.

« Je me permettrai encore une double observation : c'est que Naples est pourvu d'un bon lazaret sur l'île de Nizita, et que, peut-être, celui de Mahon est déjà en partie occupé par les malades ou convalescents de l'armée d'Afrique [1]. »

Cette lettre de l'amiral Duperré provoqua, de la part de M. de Bourmont, la réponse suivante : « Monsieur l'amiral, je viens de recevoir la lettre que vous m'avez fait l'honneur de m'écrire au sujet du départ du dey, et je m'empresse d'y répondre. Si j'ai parlé de Mahon, c'est que j'ai entendu assurer qu'il n'y avait pas de lazaret à Naples, et que j'ai pensé qu'il était alors tout naturel de faire faire à *la Jeanne-d'Arc* une quarantaine de dix jours à Mahon. Mais jamais je n'ai voulu dire qu'il fallait aller à Naples d'abord, pour ramener le bâtiment en quarantaine à Mahon, puis, de là, retourner à Naples pour y débarquer le dey. Si vous êtes certain, monsieur l'amiral, qu'il y ait un lazaret à l'île de Nizita, il me paraît beaucoup mieux d'y conduire directement le dey et sa suite. Je ne partage pas l'idée que vous émettez relativement à l'Angleterre. La circonstance d'un changement de règne me paraîtrait assez mal choisie pour agir d'une manière hostile contre nous, et surtout lorsqu'il ne se pourrait agir que de nous enlever un dey détrôné qui ne laisse après lui ni légitimité, ni amis, ni famille. Cependant, comme je fais grand cas de votre opinion, monsieur l'amiral, je vous prie d'être assez bon pour vouloir bien m'expliquer pourquoi la direction que suit le dey vous semble être contraire aux intérêts de la France, car c'est sûrement dans ces intérêts que je veux agir, et j'avoue qu'il m'avait paru préférable, sous tous les rapports, de l'envoyer là où règne un prince de la maison de Bourbon, dont tous les rapports avec la France ne peuvent être que ceux de l'amitié, que dans un État gouverné par l'Autriche ou l'Angleterre. »

Après cet échange de lettres, le dey partit. *La Jeanne-d'Arc*

---

[1] Nous avons sous les yeux la lettre autographe de l'amiral Duperré ; nous mettons la copie sous les yeux de nos lecteurs.

navigua sans obstacles, malgré les sinistres pronostics de l'amiral Duperré, et arriva à sa destination [1].

Le général en chef écrivait au président du conseil, à la date du 10 juillet 1830 :

« Le dey a changé d'avis sur le lieu de sa retraite, et c'est à Naples qu'il a exprimé le désir d'être transporté. J'ai cru devoir accéder à sa demande. S'il n'existe point de lazaret à Naples, il ira d'abord en quarantaine à Mahon. Cent dix personnes partent avec lui ; plusieurs appartiennent à sa famille. Tous sont embarqués aujourd'hui. Le dey parait heureux d'avoir vu se terminer ainsi une crise dont la solution semblait devoir lui être fatale.

« L'embarquement des soldats non mariés de la milice a commencé aujourd'hui ; 1,300 sont à bord ; chacun d'eux a reçu cinq piastres d'Espagne. Cette somme équivaut pour eux à deux mois de solde ; ils ont exprimé, en la recevant, une vive reconnaissance. Ils ne s'attendaient qu'à de mauvais traitements. Plusieurs miliciens mariés n'ont pas voulu profiter de l'autorisation qu'on leur accorde de rester à Alger. Ils sentent que la haine des Maures et des Juifs y rendra leur position pénible.

« Une commission municipale a été installée ; parmi les hommes qui la composent, il y en a d'éclairés. La part qu'on promet de leur accorder dans l'administration de leur pays leur cause une vive satisfaction. La confiance s'accroît tous les jours ; aujourd'hui tous les marchés étaient abondamment pourvus, et déjà les prix sont beaucoup moins élevés.

« Pendant quelques jours encore des convois se dirigeront

[1] Nous trouvons dans les documents communiqués par la famille du maréchal de Bourmont la lettre du chargé de France à Naples qui, à la date du 9 août 1830 (la date est remarquable), annonce au général en chef l'arrivée du dey à Naples. Il ajoute que « Hussein-Pacha témoigne hautement sa reconnaissance pour les bons procédés de son vainqueur. »

de Sidi-Ferruch vers Alger ; ils pourraient maintenant cheminer sans escorte, pas un Arabe ne se montre sur la route.

« Les dyssenteries continuent, mais sans être accompagnées de symptômes alarmants. On a doublé la ration de farine et celle de riz. »

Le 13 juillet 1830, le commandant en chef de l'expédition écrivait encore au président du conseil :

« Depuis la prise d'Alger, pas un coup de fusil n'a été tiré dans le pays qu'occupent les troupes françaises. Ces Arabes, dont les bandes armées couraient la campagne et harcelaient sans cesse nos colonnes, ont repris leurs habitudes pacifiques. Tous les jours on les voit en foule conduire vers la ville leurs bêtes de somme chargées de denrées. Chaque jour fait mieux apprécier les ressources que retirerait une sage administration du pays où nous avons porté la guerre. Le blé et la viande abondent ; un troupeau de 1,200 bœufs vient d'être envoyé par le bey de Titery. La Régence d'Alger offre presque toutes les productions qui font la richesse des plus fertiles contrées de l'Europe. Beaucoup de plantes coloniales y sont cultivées avec succès.

« Les bâtiments sur lesquels on avait embarqué le dey et la milice ont mis à la voile. Cet événement a achevé de rassurer les Maures. Dans l'intérieur du pays, comme à Alger, les indigènes aspirent à être affranchis du joug des Turcs. Le bey de Constantine était resté, pendant quelques jours, à cinq journées d'Alger, avec les débris de son armée. En butte à la mousqueterie des Arabes, il a été obligé de se rapprocher du chef-lieu de sa province. Les scheiks de la province de Titery paraissent peu disposés à obéir au bey. Plusieurs ont demandé de payer directement leurs contributions aux agents du gouvernement français. L'état sanitaire de l'armée est toujours le même.

« Hier et aujourd'hui j'ai passé les troupes en revue. Elles sont aussi belles qu'à l'ouverture de la campagne. Malgré la longueur de la traversée et l'activité avec laquelle l'artillerie a été employée aussitôt après le débarquement, ses chevaux sont en bon état : on n'en a perdu qu'un petit nombre. Les officiers de cette arme s'occupent des détails de leur métier avec autant de scrupule qu'ils montrent de bravoure sur le champ de bataille. »

Dans une lettre plus confidentielle, le comte de Bourmont appréciait, avec une grande justesse de coup d'œil, les difficultés inévitables de la situation où se trouvait la France dans sa nouvelle conquête. Les Maures et les Arabes manifestaient leur antipathie contre les Turcs, auxquels ils demandaient à ne plus être soumis, et, d'un autre côté, on ne pouvait prendre des hommes de commandement que parmi les hommes de guerre. « Je destine les principaux emplois civils aux Maures, disait-il ; mais, dans un pays où l'habitude d'obéir au plus fort existe, on ne peut confier l'autorité première qu'à des gens de guerre, et je me trouve ici obligé de choisir parmi les Koulouglis et les Arabes, les principaux chefs du pays, si j'en exclus les Turcs. »

Le 17 juillet 1830, le comte de Bourmont annonçait que le corps expéditionnaire que le gouvernement du roi avait ordonné de diriger sur Bône, s'apprêtait à s'embarquer sous les ordres du maréchal de camp Danrémont. Il était composé de deux régiments, le 6e et le 49e de ligne, d'une batterie de campagne et d'une compagnie de sapeurs. Quelques bâtiments du roi, destinés à faire voile vers Tripoli, afin d'obtenir du dey de justes réparations, devaient suivre jusqu'à la hauteur de Bône le corps expéditionnaire. « On a lieu d'espérer, ajoutait M. de Bourmont, que l'occupation de Bône décidera le bey de Constantine à se soumettre, et qu'il demandera à traiter aux mêmes conditions que le bey de Titery. J'ai l'honneur d'adresser à Votre Excellence une copie de l'engagement pris par ce dernier. Je la prie de me faire savoir si je dois, comme représentant du roi de France, recevoir des autres beys le même hommage. Dans le cas où la conquête devrait amener la chute du mode actuel de gouvernement, peut-être les changements devraient-ils ne s'opérer qu'avec lenteur. Il est dangereux de faire cesser brusquement l'empire de la crainte dans un pays où, depuis plusieurs siècles, n'existent pas d'autres moyens d'autorité. »

Puis venaient des détails sur le trésor de la Casaubah.

« L'inventaire du trésor est à peu près terminé, écrivait le comte de Bourmont. Une somme en or de 13,200,000 francs a été chargée sur *le Marengo*. *Le Duquesne* va porter en France 11,500,000 fr. en monnaie du même métal. Tout le reste est en lingots ou en monnaie d'argent, dont la valeur est de 27,000,000 environ. Ainsi une somme de 52,000,000 aura été trouvée dans le trésor. Dix-neuf cents bouches à feu, dont plus de la moitié est en bronze, d'immenses approvisionnements en poudre, plomb et projectiles, des magasins de laine considérables; les maisons et les métairies dont le gouvernement est propriétaire représentent une valeur à peu près égale. »

Ainsi la guerre d'Alger, contre l'usage de toutes les guerres, se soldait, non par une dépense, mais par un produit net en espèces, indépendamment des avantages de la conquête.

Les dépenses du ministère de la guerre s'élevaient, au mois d'octobre 1830, à 20,000,000; celles du ministère de la marine, à 23,500,000 francs; total général : 43,500,000 francs.

Quand l'inventaire fut terminé, on reconnut que le trésor seul s'élevait, en monnaies d'or et d'argent, à 48,684,527 francs.

Il y avait donc une différence en faveur du trésor de plus

de 5,000,000, sans tenir compte du matériel de guerre, qui, en ne mentionnant que les 700 pièces de bronze, évaluées par le commerce de Marseille à 4,000,000, portait le profit du trésor, en valeurs mobilières, à 9,000,000. Les projectiles, les poudres, les magasins de denrées, les biens domaniaux, demeuraient en dehors de ce calcul[1]. C'était donc plus qu'un triomphe gratuit, c'était une victoire lucrative.

Le commandant en chef de l'expédition avait voulu demeurer en dehors de toutes les opérations financières[2]. Mais il avait pris des mesures pour qu'elles fussent faites avec toute la régularité désirable. Le baron Denniée, intendant général, M. le maréchal de camp Tolozé, et M. Firino, payeur général, n'omirent aucune des précautions et des formalités qui pouvaient servir de garanties.

« Le trésor fut pesé, dit le premier, et non compté, comme on peut le croire[3]. Cette opération a eu lieu par des officiers d'état-major et de la trésorerie, sous la surveillance de la commission des finances, qui a employé d'une manière permanente six à huit sous-officiers d'artillerie pour fermer et clouer les caisses. Ces caisses, ficelées et cachetées, recevaient une série de numéros d'ordre, et étaient placées méthodique-

---

[1] Nous empruntons tous ces chiffres à l'écrit publié par M. l'intendant général Denniée sous ce titre : *Précis historique et administratif de la campagne d'Afrique* (pages 53, 54, 89, 90, 93).

[2] Nous lisons ce qui suit dans une lettre de M. de Bourmont au président du conseil : « Prince, le trésor, dont j'ai fait prendre possession au payeur général de l'armée, n'est pas encore inventorié ; je ne l'ai point vu, et je ne serai d'ailleurs point en état d'évaluer les sommes qu'il peut contenir. » (Documents communiqués par la famille du maréchal de Bourmont.)

[3] Le poids d'un million en or est de 660 livres, et le poids d'un million en argent est de 10,000 livres. C'est-à-dire qu'il faut 7 à 8 hommes pour porter un million en or, et 100 ou 120 pour porter un million en argent. Il aurait donc fallu 192 hommes pour porter l'or pris à Alger, et 2,880 pour porter l'argent ; ou 3,072 pour porter le trésor tout entier.

ment dans l'un des caveaux, d'où elles ne sortaient que pour être transportées au port par des militaires de corvée, commandés par des officiers et sous la conduite du payeur général et des agents de la trésorerie. »

Quand le maréchal de Bourmont vit ainsi la conquête payer, et au delà, les frais de la victoire, il conçut la pensée de faire accorder à l'armée une part du trésor. Jamais, répétait-il dans ses correspondances, une prise aussi considérable n'a été faite sans qu'une part fût assignée aux troupes, et il insistait vivement sur cette idée, qui revenait dans toutes ses lettres. Non content d'en écrire au président du conseil, il en écrivait à M. le Dauphin.

Avant l'inventaire, et lorsque ce prodigieux amas d'or et d'argent évalué à l'œil avait fait croire que le trésor s'élèverait à 80 millions, il disait au président du conseil : « Si le roi me permettait d'avoir un avis sur l'emploi de cette somme, je proposerais de prélever : 1° tous les frais de l'expédition, 37 millions ; 2° l'arriéré dû aux membres de la Légion d'honneur ; 3° une gratification de trois mois de solde pour l'armée d'Afrique ; 4° une dotation pour l'ordre de Saint-Louis. Je pense que ces dispositions seraient justes et politiques. Il serait juste que les prises faites par l'armée du roi profitassent à l'ancienne et à la nouvelle armée. Il serait politique de payer un arriéré de traitement qui semblait avoir été garanti par le roi lors de la promulgation de la Charte, et de satisfaire ainsi un grand nombre de familles sans qu'il en coûtât une obole aux contribuables. Il est encore une disposition que je souhaiterais voir agréer par le roi : ce serait de voir donner des terres dans le royaume d'Alger à tous les officiers généraux et supérieurs de l'armée d'Afrique. Le roi est, par le droit de la guerre, substitué aux droits de la Régence ; il peut donc disposer de toutes les terres qui lui appartenaient. »

Puis, en s'adressant à M. le Dauphin, le maréchal faisait valoir les droits de la belle armée dont il avait l'honneur d'être le chef, aux grades qu'il avait demandés pour récompenser tant de glorieux services militaires.

« J'ai reçu par M. de Bois-le-Comte, écrivait-il, la lettre pleine de bonté que Votre Altesse Royale a eu la bonté de m'écrire le 14 de ce mois (14 juillet 1830). J'ai fait connaître à l'armée toute la satisfaction du roi et celle de Monseigneur, et sais le bon effet que produit sur elle ce témoignage de haute approbation donné à sa conduite. J'ai reçu aussi l'état des grâces que le roi a l'intention d'accorder, et je prie Monseigneur de me permettre quelques observations à ce sujet. Depuis le 14 juin jusqu'au 5 juillet, des combats ont eu lieu tous les jours. Chaque matin, l'ennemi nous attaquait dans nos positions et continuait son feu jusqu'à la nuit, quand nous ne marchions pas en avant. Dans cette suite non interrompue de combats, une foule de mes sous-officiers et de soldats se sont distingués, et je puis affirmer à Monseigneur qu'autrefois on n'aurait pas accordé moins de dix croix de la Légion d'honneur par bataillon. J'en avais demandé moins, parce que je connaissais les intentions du roi ; mais il serait dans l'intérêt de son service d'accorder sur-le-champ, par bataillon, trois décorations pour les sous-officiers et soldats et, pour les officiers, deux croix de Saint-Louis et trois croix de la Légion d'honneur. Jamais guerre n'a été plus active que celle que nous venons de faire. Toujours au bivouac, dans une espèce de désert où nous ne trouvions pour toute ressource que du bois et de l'eau, pas d'habitants, les officiers n'ayant pour subsister que leurs rations, les officiers supérieurs d'état-major faisant leur service à pied, parce que les chevaux étaient retenus en mer, tout ce qu'a eu de pénible une situation pareille ne mérite-t-il pas d'être pris en considération, et Monseigneur ne daignera-t-il pas en parler au roi ?

« Je crois essentiel de récompenser d'abord les sous-officiers et soldats, et les officiers des compagnies : cependant les officiers supérieurs, et même les officiers généraux, ont été presque tous les jours aux coups de fusil. Comment pourrais-je ne pas solliciter les grâces du roi pour ceux qui les ont si bien méritées ?

« Monseigneur verra, par le tableau ci-joint, que, si le roi ne voulait pas nommer quatre lieutenants généraux, il faudrait retrancher le général Achard, qui s'est distingué par son zèle, ne voulant pas quitter sa brigade, quoiqu'il ne pût chausser de bottes. Le général Achard a donné partout l'exemple du courage et montré toujours une capacité remarquable.

« Pour le grade de maréchal de camp, je ne puis manquer de proposer le colonel d'Esclaibes, qui a servi admirablement et mérité à tous égards. De même les colonels Goutefrey, Horric, d'Armaillé, de Lachau, etc. (il faudrait les nommer tous), ont montré tant de zèle, de capacité et de dévouement, que je serais injuste de ne pas demander de l'avancement pour eux. »

Dans une autre lettre, le commandant en chef de l'expédition d'Afrique revenait encore à l'idée qu'il n'avait cessé d'exprimer, dans sa correspondance, sur la convenance de donner une gratification de plusieurs mois de solde à l'armée. Il regardait cette récompense comme tellement équitable, qu'il demandait que, dans le cas où le ministère ne se croirait pas en droit de prélever la somme nécessaire sur le trésor de la Casaubah, le roi la prît sur les fonds de sa liste civile. Il avertissait en même temps qu'il était inutile de conserver un effectif militaire aussi considérable en Afrique, et invitait le président du conseil à prendre les ordres du roi pour le rappel d'une partie considérable des troupes, et pour son propre retour. Il considérait sa mission comme terminée, et jugeait sa présence plus utile en France qu'en Algérie. Le général semble, de temps à autre, faire place au ministre du roi, qui jette un regard inquiet de l'autre côté de la Méditerranée. Que se passe-t-il dans cette France, pour laquelle il vient de faire une glorieuse et utile conquête? Les nouvelles sont rares, et la gravité de la situation intérieure de notre pays prête à de sombres pronostics.

Du côté du maréchal de Bourmont, la correspondance est active, presque incessante; du côté du gouvernement français, elle se ralentit de jour en jour. C'est que le gouvernement s'enfonçait de plus en plus dans la crise qui allait aboutir aux ordonnances de Juillet. Sous le coup de cette fièvre morale qui précède et précipite les résolutions décisives, il n'accordait plus qu'une attention distraite aux affaires d'Algérie, remettant après la solution des affaires intérieures le soin des mesures à prendre pour l'armée d'expédition. Dans les époques de trouble et de révolution, il ne faut jamais remettre au lendemain les affaires, encore moins la justice. Le gouvernement royal aurait dû se hâter d'être équitable envers l'armée, comme il s'était hâté d'être victorieux.

Le commandant en chef écrivait lettres sur lettres, comme s'il avait pressenti que les moments étaient courts, et que, si l'on attendait encore, la dette de la France envers sa valeureuse armée ne serait point payée. Nous transcrivons, avec une émotion religieuse, et pour qu'au moins la dette de l'histoire soit payée, une dernière lettre dans laquelle le comte de Bourmont résumait les demandes qu'il faisait pour ceux qui avaient bien mérité du roi et de la patrie. Les tombeaux de ceux qui sont morts ont droit à la justice que les vivants n'ont point obtenue, et le patrimoine d'honneur, qui passe de génération en génération dans les familles, est la plus sainte des propriétés. C'est pour cela que nous avons cru devoir rapporter à chacun les titres perdus dans le désordre d'une révolution.

La lettre suivante, adressée à M. le Dauphin par le maréchal commandant en chef l'expédition, et que nous transcrivons sur la minute écrite de la main de M. de Bourmont, portait la date du 23 juillet 1830 :

« Monseigneur, disait-il, je n'ai pu lire sans verser des larmes la lettre si pleine de bonté que Votre Altesse Royale a daigné m'écrire le 4 de ce mois. Mon cœur est plein de reconnaissance et de douleur.

« D'après l'ordre de Monseigneur, je lui adresse le tableau des grâces que je sollicite pour l'armée. Quelques-unes de ces demandes avaient été adressées, avant la prise du château de l'Empereur, pour les officiers, sous-officiers et soldats qui se sont distingués dans les affaires journalières que nous avons eues, ou à la bataille du 19 juin, ou aux combats des 24, 25, 26, 27, 28 et 29 du même mois. Je ne crois pas avoir demandé une seule de ces grâces sans qu'elle fût méritée par une conduite distinguée sous le feu de l'ennemi. Mais je n'avais pu, au milieu d'une campagne aussi active, alors que tous les officiers étaient au bivouac et aux coups de fusil, je n'avais pu, dis-je, apprécier qu'une partie des mérites, et ce n'a été qu'au premier repos que j'ai pu recueillir des informations pour tous.

« Je prie Votre Altesse Royale de considérer que les officiers généraux et supérieurs ont en général très-bien servi, et qu'il était de mon devoir d'appeler la bienveillance sur ceux qui se sont le plus distingués. Elle trouvera dans ce nombre le général Berthier, qui, malgré son âge, a montré une activité prodigieuse et toutes les qualités désirables dans un officier général. Il en est de même des généraux Danrémont et Achard. J'espère que Monseigneur daignera leur être favorable auprès du roi.

« Au nombre des colonels proposés pour maréchaux de camp, se trouve celui du 14e, d'Armaillé. Il a été l'exemple de la première division. Son régiment, toujours bien conduit, sous tous les rapports, a été un de ceux où la discipline s'est le mieux conservée. Enfin personne n'a plus mérité sous tous les rapports. J'aurais été injuste de ne pas le faire connaître à Votre Altesse Royale.

« Les colonels Léridan, Horric et Feuchères ont eu des affaires brillantes, et ont montré une véritable capacité. Ils ont été proposés les premiers, parce que leurs régiments avaient été les premiers aux prises avec l'ennemi. Ils ont, ainsi que d'Armaillé, mérité plus encore que les quatre derniers; mais Monseigneur connaît ces quatre derniers. Goutefrey et Lachau seront de très-bons maréchaux de camp, et ils ont véritablement servi à merveille dans toutes les affaires auxquelles ils ont eu part. MM. de Montboissier et de Neuchèze ont été proposés par le duc des Cars, dont la conscience est bien connue. Sans cette considération, j'aurais proposé de préférence les colonels de Roucy et Rulhière, qui m'ont paru de meilleurs colonels, capables de faire d'excellents officiers généraux. M. de Frescheville a été blessé à la tête de ses tirailleurs, et il mériterait aussi. Le colonel Mounier, du 28e, a été blessé en ralliant au drapeau le premier bataillon de son régiment, qui avait beaucoup souffert d'une attaque très-vive de 2,000 miliciens d'Alger. C'est un brave homme qui mérite et pour lequel je n'ai demandé que la croix de commandeur de la Légion d'honneur. Le colonel Roussel a pleinement justifié, par un courage brillant et la manière dont il a conduit son régiment, la bonne opinion qu'en avait Monseigneur.

« Les lieutenants généraux Berthezène, des Cars et Després m'ont si bien secondé, que je ne saurais trop les recommander aux bontés de Monseigneur. J'en dois dire autant du général Lahitte et du colonel d'Esclaibes; jamais je n'avais vu l'artillerie si bien conduite.

« J'ai demandé des décorations pour de jeunes officiers attachés à mon quartier général. Si Monseigneur les avait vus au feu, il ne me pardonnerait point de les avoir oubliés [1]. »

Cette lettre et les dépêches qui suivirent n'étaient point destinées à arriver à leur adresse. Le vapeur qui les portait marchait vite, mais il y avait quelqu'un qui marchait plus vite encore : la révolution. Les choses étaient donc en cet état vers les dernières journées de la Restauration. Tout restait en suspens. On ne saurait dire que la justice du gouvernement royal manqua à l'armée; on doit dire que le temps manqua à cette justice.

Le général en chef, auquel ses collègues avaient laissé ignorer le coup d'État qu'ils préparaient, ne pouvait s'expliquer ces retards et ce long silence. Il souffrait de ne pouvoir annoncer à l'armée les récompenses impatiemment attendues. Il avait défendu à un de ses fils de porter la croix de Saint-Louis qu'il avait reçue, jusqu'à ce que l'état général des récompenses fût arrivé à Alger [2].

---

[1] Dans d'autres lettres, le général en chef cite avec éloge le général Danrémont, les colonels Magnan et de la Villegille, le lieutenant-colonel Baraguey-d'Hilliers. Dans une lettre particulière, il insiste sur les services rendus par le général Valazé : « Quoiqu'il fût malade dès le 25 juin dernier, dit-il, il n'en a pas moins servi avec un zèle et une activité admirables jusqu'à ce jour. C'est à la bonne direction et à la promptitude des travaux qu'il a dirigés que nous avons dû la courte durée du siége du château de l'Empereur. Je le recommande à Votre Excellence, et vous prie de dire au roi que je n'avais jamais vu servir les officiers et les soldats du génie mieux qu'ils ne l'ont fait dans cette courte campagne sous les ordres du général Valazé. »

[2] « Le roi, voulant donner encore un témoignage de satisfaction à M. de Bourmont, sans attendre que le travail des récompenses fût achevé, avait envoyé en Afrique M. de Vezins, parent du maréchal, pour remettre de sa part la croix de Saint-Louis à ses deux fils Amédée et Charles. Quand arriva M. de Vezins, Amédée n'existait plus, et par un sentiment de délicatesse qui fut apprécié de tous, M. de Bourmont ne permit pas à Charles de porter cette décoration, ne voulant pas que son fils fût le pre-

Cependant il s'occupait activement des mesures qu'il croyait propres à amener la soumission générale du pays. C'est dans cette intention qu'il entreprit une espèce de promenade militaire vers Blidah, ville située environ à 12 lieues d'Alger, au pied du petit Atlas. Cette ville avait été le théâtre de grands désordres ; les Kabyles l'avaient pillée au commencement de la campagne, et semblaient se disposer à la piller de nouveau, et la partie maure réclamait la protection de la France. Le commandant en chef crut qu'il n'était pas inutile de faire voir aux populations de l'intérieur que les troupes françaises ne craignaient point de s'éloigner du littoral, et cette considération le décida à se porter à Blidah avec 12 ou 1,500 hommes, tant d'infanterie que de cavalerie, et quatre pièces de campagne, la nature du terrain qui sépare cette ville d'Alger permettant d'y conduire de l'artillerie. La veille même du départ (22 juillet 1830), le comité municipal d'Alger, formé d'indigènes, écrivit à la commission du gouvernement pour l'avertir que la nouvelle de la promenade militaire du maréchal produisait une grande agitation parmi les Arabes placés entre Alger et les premiers chaînons de l'Atlas. Le maréchal n'en persista pas moins dans son dessein.

III

EXPÉDITIONS DE BLIDAH, BONE, ORAN, TUNIS, ETC.

Cette expédition ne fut pas heureuse[1]. Le général Hurel commandait la colonne, composée d'un bataillon du 2ᵉ régi-

mier officier de l'armée qui jouit de la récompense de ses succès. » (Fernel, *Campagne d'Afrique*, p. 176.)

[1] Nous avons consulté, pour l'expédition de Blidah, la relation offi-

ment de marche d'infanterie légère, de huit compagnies de voltigeurs des deuxième et troisième brigades de la troisième division, d'un escadron de chasseurs à cheval, conduit par le colonel Bontemps-Dubarry, de vingt-cinq sapeurs, de deux pièces de 8 et de deux obusiers de montagne. Vingt Arabes ou Maures s'étaient joints aux troupes françaises sous la conduite du syndicat des Arabes. Le duc des Cars accompagnait M. de Bourmont, et le prince de Schwarzenberg avait demandé à faire partie de l'expédition.

En allant, la colonne expéditionnaire ne rencontra aucun obstacle sur la route de Blidah. Elle traversa sans coup férir la plaine de la Mitidja dans toute son étendue, depuis les limites du terrain montueux sur lequel s'élève la ville d'Alger, jusqu'au pied du petit Atlas. Tout, dans cette plaine, respirait la soumission et la paix. Un grand nombre d'Arabes conduisaient à Alger des bêtes de somme chargées de vivres, et la campagne, formant une immense prairie, était couverte de troupeaux de bœufs et de moutons surveillés par des pâtres arabes à pied ou à cheval. En approchant des montagnes au pied desquelles est située Blidah, à l'entrée d'une gorge de l'Atlas, le terrain offrit aux regards de nos soldats un nouveau spectacle; la pente septentrionale de ces montagnes était couverte d'une riche végétation ; les eaux des ruisseaux nombreux qui en descendent, réparties avec art, arrosaient des jardins couverts d'orangers, de citronniers et de lauriers-roses. Là s'élevaient des oliviers dont les proportions colossales égalaient celles des chênes de France. Blidah avait éprouvé en 1825 un tremblement de terre qui renversa un grand nombre d'habitations, de sorte que l'espace entouré par l'enceinte présentait de nombreuses ruines.

cielle de M. de Bourmont, en la contrôlant par les récits du chef de bataillon Fernel et M. d'Ault-Dumesnil, qui, tous deux, faisaient partie de l'expédition.

Une députation vint au-devant des troupes françaises jusqu'à une lieue et demie de la ville, en demandant qu'on ne pénétrât point dans ses murs. Une heure après leur arrivée, un marché était établi auprès du camp. Les troupes campèrent en dehors des jardins pour éviter une surprise. Quelques habitants dirent aux Arabes qui avaient accompagné les nôtres, que la veille, les Kabyles avaient tenté de pénétrer dans la ville et que nous devions nous attendre à être attaqués par eux. Nouveaux dans le pays, à peine initiés à cette organisation singulière des populations par race et par agrégation, qui fait que la bonne réception faite par l'une n'engage pas les autres, nous allions payer pour la première fois un tribut souvent renouvelé depuis, sur cette terre d'Afrique où le sang français devait longtemps couler dans une guerre d'escarmouches, d'embûches et de surprises.

La nuit fut cependant tranquille. Le lendemain, 24 juillet, le maréchal monta à cheval pour reconnaître le terrain en avant et à l'ouest de la ville et la gorge de l'Atlas d'où s'échappe l'un des affluents du Mazafran. Il était accompagné de quatre compagnies d'infanterie et d'un peloton de chasseurs. Le général Després, suivi de quelques officiers d'état-major, s'engagea dans cette gorge pour herboriser, selon sa coutume; ils rencontrèrent bon nombre de Kabyles armés qui les observaient et qui prirent la fuite à leur approche. L'ordre du départ avait été donné pour deux heures après-midi, afin d'aller bivouaquer à 3 ou 4 lieues sur la route d'Alger. Il était midi, le général Després avait fait la faute de faire relever les sentinelles, malgré les avis qu'il avait reçus. Chacun, en attendant le départ, goûtait le charme de ces beaux lieux à l'ombre des orangers et des arbres de toute espèce qui y abondent, lorsque plusieurs coups de fusil donnèrent l'alarme. Le premier aide de camp du maréchal, le chef d'escadron d'état-major Trélan, qu'il aimait comme un fils, venait d'être mortellement atteint d'un coup tiré presque à bout portant derrière une haie, et peu d'instants après il expira en tournant sa dernière pensée vers sa jeune femme et ses deux enfants en bas âge. L'alerte était donnée : tout le monde courut aux faisceaux. Les coups de fusil commençaient à retentir de toute part. Les Kabyles, sortant en grand nombre des jardins, entouraient nos bivouacs, avec le projet évident de fermer la retraite à notre colonne. Le capitaine d'état-major Chapelié, qui avait reçu l'ordre de la devancer avec deux compagnies du 2ᵉ régiment de marche d'infanterie légère et vingt-cinq chasseurs à cheval, afin de reconnaître un emplacement favorable au bivouac de la nuit suivante, fut vivement attaqué. L'ennemi s'approcha à portée de pistolet. Les compagnies le chargèrent à la baïonnette et tuèrent dix ou douze Kabyles ; le prince de Schwarzenberg, ramassant le fusil d'un voltigeur qui venait d'être tué, le remplaça dans le rang, prit part à cette charge vigoureuse, et tua un Kabyle de sa main. Les vingt-cinq chasseurs fournirent alors une charge contre les fuyards et en jetèrent 30 ou 40 sur le terrain.

Pendant ce vif engagement, le maréchal de Bourmont, formant ses troupes en colonnes, les mettait en mouvement et suivait de près son avant-garde en chassant devant lui les Kabyles.

« La principale colonne, dit-il, poursuivit sa marche, et bientôt elle aperçut, dans toutes les directions, des groupes de cavaliers. Il est vraisemblable que, connaissant la force du détachement avec lequel je marchais, l'ennemi avait espéré intercepter notre communication avec Alger. Plusieurs fois il s'approcha de nos flancs. Chaque fois le colonel Bontemps-Dubarry le chargea et le mit en déroute. Le jeune Poniatowsky, maréchal des logis des chasseurs, rapporta les armes d'un Kabyle qui était tombé sous ses coups. Il est fils du prince de ce nom dont la mémoire sera toujours honorée dans les armées fran çaises. Les chasseurs montrèrent dans cette charge une bravoure digne des plus grands éloges : deux cents Arabes au moins furent tués à coups de sabre ou de lance. Il n'y eut dans l'escadron qu'un homme tué et deux blessés. Cette disproportion n'étonnera pas ceux qui savent que c'est surtout dans la cavalerie que la supériorité du nombre ne peut suppléer au défaut d'ordre et de discipline.

« Notre artillerie tira toutes les fois que les cavaliers arabes se groupaient en assez grand nombre pour que son feu produisit son effet. Bientôt l'ennemi, intimidé par les charges de notre cavalerie, par le feu de l'artillerie et par celui des tirailleurs qui couvraient nos flancs, ne se présenta plus qu'à une distance considérable.

« Le nombre des Français tués dans la journée du 24 est de huit ; cinq le furent dans les jardins ; il y eut trente hommes blessés qui, presque tous, le sont légèrement [1].

« Le général Hurel se montra homme de guerre expérimenté. Il retrouvait là une journée d'Égypte. Le lieutenant général duc des Cars m'avait accompagné. La confiance et l'affection qu'il inspire aux troupes de sa division contribuèrent à leur donner le calme qu'elles montrèrent au milieu du cercle d'ennemis dont elles étaient environnées [2]. »

[1] Dans les relations particulières, les pertes sont portées plus haut, mais données approximativement et sans détails précis. Le chef de bataillon Fernel (page 172, *Campagne d'Afrique*) les fait monter à soixante hommes, dont quinze tués et quarante-cinq blessés. M. d'Ault-Dumesnil, officier d'ordonnance du maréchal, donne le même chiffre. Le capitaine d'état-major Pélissier dit d'une manière générale : « Le feu bien nourri des Arabes et des Kabyles nous mit beaucoup de monde hors de combat. » (*Annales algériennes*, tome I, page 101.) Nous avons maintenu le chiffre du rapport, parce que partout nous avons trouvé le maréchal exact dans ses rapports, et qu'il avait sous la main les documents officiels que les autres n'avaient pas.

[2] Ce rapport, daté du 28 juillet 1830, se termine ainsi : « Outre les militaires déjà cités, je dois recommander à Votre Excellence le lieutenant d'artillerie Kergorlay, le capitaine Cambray et le caporal Maurières,

Les relations particulières ajoutent quelques détails. Les deux premières heures de marche furent les plus laborieuses, parce que la colonne parcourait un terrain couvert de haies, de broussailles et de massifs d'arbres, ce qui rendait les charges des chasseurs difficiles. Le général Hurel eut l'heureuse inspiration d'éviter un chemin encaissé, par lequel on était arrivé la veille à Blidah, et d'en prendre un qui fit entrer plus directement la colonne expéditionnaire dans la plaine. Les Kabyles qui l'attaquaient étaient au nombre de plusieurs milliers [1]. Il y eut un moment où le lieutenant général Després, qui s'était aventuré seul en avant pour explorer le pays, courut des dangers ; les Kabyles se dirigeaient vers lui ; un cri s'éleva : « Le général Després va être enveloppé ! » Aussitôt le maréchal de Bourmont mit l'épée à la main et, se lançant de toute la vitesse de son cheval, avec quatre ou cinq officiers et un peloton de chasseurs, assura la retraite de son chef d'état-major vers la colonne. Plusieurs fois le maréchal conduisit lui-même les colonnes d'attaque. Le feu ne cessa qu'à la nuit, et les Kabyles ne disparurent qu'à Sidi-Haïd, à une lieue en deçà de Bouffarick. On mit sept heures à faire 4 lieues. Pendant cette marche, qui fut un long combat, la colonne conserva l'ordre le plus parfait, et s'avança sans être un instant entamée, sans laisser un traîneur en arrière, et en emportant avec elle ses morts et ses blessés [2].

Un peu avant d'arriver à Bir-Touta, à une fontaine voisine

---

du 2ᵉ régiment de marche d'infanterie légère ; le lieutenant Habary et le sergent Grobot, du 30ᵉ de ligne ; le sergent-major Lamy, du 25ᵉ ; le sous-lieutenant Herbinger, du 34ᵉ ; les sergents Merclé et Bataille, et le voltigeur Huet, du même régiment ; les capitaines des chasseurs Duez et Cazin ; le maréchal des logis Chauvat et le chasseur Yung, qui a tué quatre Arabes de sa main.

[1] Nous empruntons ces détails à la relation de M. d'Ault-Dumesnil, *Expédition d'Afrique en 1830*, page 138, et à celle de M. le capitaine d'état-major Pélissier.

[2] Fernel, *Campagne d'Afrique*, p. 172.

de quelques figuiers, où le syndicat des Arabes avait conseillé d'établir le bivouac pour la nuit, le commandant en chef rencontra M. de Bois-le-Comte, major de cavalerie, envoyé en courrier par le président du conseil pour lui porter des dépêches et les insignes du maréchalat. Les deux grandes joies de la campagne, la prise d'Alger et l'arrivée de la récompense de sa victoire, le surprenaient dans la douleur d'un deuil domestique. Amédée de Bourmont était mort le lendemain de l'entrée de l'armée française à Alger, et le commandant en chef rapportait le cadavre de M. de Trélan, qu'il aimait comme un fils, quand on lui remit les insignes de sa nouvelle dignité militaire. « Ainsi ce malheureux général, dit le capitaine Pélissier, n'a pu éprouver un seul instant de satisfaction pure dans le cours de cette campagne si glorieuse pour lui[1]. »

Telle fut l'expédition de Blidah. Elle fut entreprise, si l'on veut, d'une manière inopportune, après un avis trop tardif, cependant, pour qu'on pût le suivre, car il n'arriva que la veille du jour où l'expédition devait partir et, si on l'eût brusquement contremandée, les Arabes et les Kabyles auraient considéré comme un acte de faiblesse et de peur l'abandon subit d'une expédition publiquement annoncée depuis longtemps[2]. On s'exagéra beaucoup, à cette époque, les inconvénients de cette journée, et cette impression est restée aux hommes qui, depuis, ont été à portée de bien connaître l'Algérie[3]. Au fond, l'expédition de Blidah mit plutôt en lumière notre situation véritable en Algérie, qu'elle ne fut la cause de cette situation. Nous avions pris la ville d'Alger, nous y avions détruit la domination turque, nous n'étions

---

[1] *Annales algériennes*, t. Ier, p. 102.
[2] Cette observation est du baron Denniée, intendant général. Voir son écrit, p. 77.
[3] Le capitaine d'état-major Pélissier.

pas les maîtres de la Régence et des tribus arabes et kabyles de l'intérieur, qui ne pliaient qu'avec peine sous l'organisation turque, détruite par le fait de la conquête. Nous l'apprîmes ce jour-là, parce que nous sortîmes d'Alger pour nous avancer dans l'intérieur du pays ; mais, un jour ou l'autre, il aurait bien fallu l'apprendre. La prise d'Alger était un fait accompli ; la guerre d'Afrique commençait. Dans cette marche vers Blidah, suivie d'une retraite rapide, opérée en ordre, et dans laquelle la supériorité de la discipline donna au courage exercé d'une poignée d'hommes l'avantage sur une multitude d'ennemis l'image de la longue guerre qui nous attendait sur la terre où nous venions de descendre, apparaissait à la France.

Seulement la rapidité de cette retraite enfla la confiance des Kabyles et des Arabes, qui la prirent pour une fuite, et les hommes qui avaient cru que tout était fini avec et par la prise d'Alger s'attristèrent en apercevant des obstacles qu'ils n'avaient point soupçonnés. Ce fut là le sentiment qui domina dans l'armée : elle voyait se rouvrir la carrière qu'elle croyait avoir fermée.

Le commandant en chef, qui, malgré les rares qualités de son esprit, ne pouvait connaître l'Algérie comme nous la connaissons aujourd'hui, revint de cette expédition avec un sentiment de vive irritation, qui se traduisit en mesures justifiées peut-être par les renseignements qu'il reçut, mais dans l'exécution desquelles les subalternes, et surtout les indigènes maures et juifs, mirent une violence et une avidité sans excuse. Il crut que les Turcs laissés à Alger n'avaient point été étrangers à l'attaque éprouvée par nos troupes à Blidah ; il regarda cette attaque comme un guet-apens, lorsque peut-être elle était tout simplement une de ces agressions subites, inévitables dans un pays habité par des tribus indépendantes, ombrageuses et guerrières. Il décida donc que les Turcs mariés seraient transportés en Asie, comme les Turcs célibataires l'avaient été. Jusque-là c'était le droit de la conquête et le devoir du chef de l'expédition, du moment où il jugeait cette mesure nécessaire à la sécurité de l'armée ; l'exécution gâta tout, et le commandant en chef, au caractère duquel la dureté et la violence répugnaient, fut obligé d'intervenir pour mettre un terme à des actes intolérables [1].

---

[1] Pour éclairer le jugement de l'histoire sur cette affaire diversement présentée par les écrivains contemporains, nous avons relu avec attention les rapports secrets de M. d'Aubignosc, lieutenant général de police, au maréchal de Bourmont. Voici un passage de ce rapport, daté du 31 juillet 1830 :

« Les affaires des Turcs ont occupé hier presque exclusivement tous les instants et tous les agents de la police. Elles ont fait naître plusieurs questions d'exécution, de nature à être soumises à la décision de Votre Excellence.

« La mesure d'expulsion a été mise en mouvement à six heures du matin. Au moyen d'une ruse imaginée par l'aga Mazouard, près de deux cents Turcs sont venus se faire prendre au trébuchet, et ont été conduits à la Marine sous escorte, en quatre détachements.

« C'est pendant que cette translation s'exécutait que je fus à la Casaubah recevoir les ordres de M. le maréchal.

« A Marcloux, je trouvai une grande émotion, généralement partagée, produite par les plaintes des Turcs et les cris des femmes, les unes abandonnées de leurs maris, les autres expulsées de leur logement.

« Ce fut dans ce moment que je fis faire la première publication permise par Son Excellence. Elle portait que les femmes et les enfants pourraient suivre leurs maris et que, dans tous les cas, les Turcs pourraient recevoir tous les effets que leurs familles pourraient leur envoyer. Cette première publication fit un heureux effet sur le public. La grève de la Marine fut à l'instant couverte de bagages et de femmes et d'enfants.

« Une heure après, une seconde publication eut lieu sur une communication envoyée à la police par l'état-major. Celle-ci portait que « les femmes expulsées d'abord de leur domicile pourraient y rentrer et y faire un triage dans ce qui leur appartenait. » Ce fut une nouvelle sensation agréable au public.

« Peu de temps après, une troisième publication fut répandue dans la ville. Sa nécessité résultait du défaut d'intelligence des exécuteurs subalternes de la Marine, qui avaient transporté à bord ou qui promenaient dans la ville, sur des cadres, des amputés, des paralytiques, etc. Il fut

L'expédition de Blidah eut un autre inconvénient, qui ne se manifesta qu'un peu plus tard. La confiance revint au bey de Titery, qui avait fait sa soumission, et qui cependant nourrissait, dit-on, un secret mécontentement contre la France, parce que, dans la cérémonie de son investiture qui eut lieu le 15 juillet 1830, on n'avait pu lui remettre le sabre d'honneur qu'on lui destinait, et qui fut volé dans la Casaubah peu d'instants avant la cérémonie. Il est vraisemblable que le bruit accrédité de l'échec de nos troupes à Blidah, et les événements de la politique générale, qui obligèrent le commandant en chef à faire évacuer Bône et Oran, eurent plus de part à la résolution de Mustapha. Il s'était soumis à la force ; quand il nous crut faibles, il leva contre nous le drapeau.

L'expédition de Bône avait eu un plein succès. Le général Danrémont, au talent déjà éprouvé duquel cette expédition avait été confiée, fut précédé devant cette ville par *la Bellone*, commandant Gallois, détachée de l'escadre de l'amiral Rosamel, chargé de faire une démonstration contre Tunis et Tripoli. M. de Lesseps, consul général de France à Tripoli, donna au commandant Gallois son fils, M. Jules de Lesseps [1],

annoncé au public, ainsi que Son Excellence avait bien voulu le permettre, qu'elle admettait des exceptions en faveur des octogénaires, des blessés, des aveugles. »

Dans le même rapport, M. d'Aubignosc constate que les réclamations avec ou sans recommandation des généraux, du corps consulaire, de la municipalité, ont donné lieu à une foule d'intrigues. Le nommé Kaïd Jussuf, dit-il, offrait une somme importante aux interprètes pour un délai de deux heures. Un autre Turc proposait cent vingt colonnades à un gendarme auxiliaire, pour obtenir d'être ramené chez lui pour un quart d'heure seulement. Deux individus disent que pour cent piastres données à des *quidams* qu'ils ne purent ou ne voulurent désigner, il leur avait été promis un permis de séjour. (Documents communiqués par la famille du maréchal de Bourmont.)

[1] C'est celui qu'on a vu, au commencement de cet ouvrage, rendre, comme agent consulaire à Tabarque, des services à l'armée d'expédition.

pour l'aider dans sa mission. Arrivé sur la rade de Bône, le commandant Gallois trouva le bey de Constantine devant la ville, qui avait fermé ses portes et se maintenait dans une sorte d'indépendance en attendant les événements. M. de Lesseps offrit au commandant Gallois de descendre à terre, pour connaître l'état exact des choses et négocier avec les habitants. On le débarqua sur le quai, en avant des portes de la ville ; il s'avança seul, et ne fut admis qu'après une délibération d'une demi-heure.

L'accueillerait-on ou livrerait-on sa tête au bey? Cette double proposition fut débattue, et le cadi avoua depuis qu'il avait craint de le voir massacrer au moment où il mettait le pied sur le rivage. Entré dans la ville, M. de Lesseps annonça à la municipalité assemblée la prise d'Alger, l'envoi de la brigade Danrémont et la mission pacifique du commandant de *la Bellone*, qui la précédait. Ces nouvelles déterminèrent les habitants de Bône à reconnaître la souveraineté de la France. Néanmoins, comme *la Bellone* ne pouvait mettre à terre qu'une force insuffisante pour occuper et défendre la place, et que l'introduction des Français eût vraisemblablement engagé le bey à changer le blocus en attaque ouverte, il fut convenu que la capitulation par laquelle les habitants reconnaissent la souveraineté de la France ne serait mise à exécution que lorsque le général Danrémont arriverait avec les troupes de débarquement.

C'est ce qui eut lieu en effet.

Un agent français, dont le nom s'est déjà rencontré dans cette histoire, M. Raimbert, ancien agent des concessions françaises en Afrique, était à bord de l'escadre ; il avait conservé des intelligences dans la ville, et contribua, avec M. Jules de Lesseps, à persuader aux habitants de recevoir les troupes françaises dans leurs murs. Le général Danrémont prit aussitôt toutes les dispositions nécessaires pour s'établir militairement dans la ville. La soumission des habitants de Bône n'entraînait en aucune façon la soumission des tribus du voisinage qui la bloquaient. Il mit un bataillon à la Casaubah de Bône, citadelle qui s'élève à 400 mètres de l'enceinte de la ville, et plaça le reste de ses troupes dans la ville même et dans deux redoutes, construites à droite et à gauche de la route de Constantine. L'événement justifia ces précautions. Les 6, 7 et 8 août 1830, il fut très-vivement attaqué ; enfin, le 11, il y eut une attaque générale exécutée avec la plus grande vigueur, sous la conduite du cheik de la Calle, et que nos troupes ne repoussèrent qu'avec de grands efforts et après une lutte acharnée. Les Arabes vinrent se faire tuer jusque dans nos redoutes, où ils abordèrent les nôtres à l'arme blanche. Cette rapide campagne fit le plus grand honneur au général Danrémont[1], à qui sa conduite intelligente, modérée, prudente et ferme, concilia en outre les sympathies des indigènes, dont il respectait les usages et ménageait les intérêts.

Pendant que nos troupes combattaient à Bône avec un courage couronné de succès, le contre-amiral Rosamel paraissait devant Tripoli avec son escadre, et obtenait la satisfaction demandée. Le capitaine Louis de Bourmont, fils aîné du maréchal, envoyé à Oran pour recevoir la soumission du bey, terminait sa mission avec un égal bonheur. Il trouva en arrivant, le 24 juillet 1830, à six heures du soir, le bey bloqué par les tribus arabes, qui voulaient profiter de la chute du dey d'Alger pour conquérir leur indépendance. Chargé d'années et fatigué du pouvoir, ce bey ne demandait qu'à abdiquer entre nos mains, pour aller finir ses jours en Asie en y emportant ses richesses.

Le capitaine Louis de Bourmont, entrant en rapport avec

---

[1] Général de division et gouverneur de l'Algérie en 1837.

lui, reçut de sa bouche cette assurance, et il lui remit une déclaration dans laquelle il reconnaissait que « le seigneur bey, ses officiers, les soldats composant les troupes d'Oran, ainsi que les autorités, les principaux habitants de la ville, jouiraient de la faculté de se retirer où bon leur semblerait ou de demeurer, sous la domination du roi de France, dans le pays qu'ils habitaient aujourd'hui. » Pendant cette conférence, le capitaine Leblanc, commandant le brick *le Voltigeur*, mit à terre 110 hommes tirés de son équipage et de celui de *l'Endymion*, en leur prescrivant de s'emparer du fort Mers-el-Kébir, situé à 3 lieues de la ville vers l'ouest, et qui était mal gardé par sa garnison. Ce fort, maîtrisant une des meilleures rades de la côte septentrionale de l'Afrique, offrait à la croisière un refuge assuré, et mettait en mesure de resserrer le blocus de la ville, dans le cas où l'ennemi serait maître d'Oran. La garnison n'opposa pas la moindre résistance. Le capitaine Louis de Bourmont retourna à Alger sur le brick *le Dragon*, pour faire part au commandant en chef de cet événement, des résolutions du bey, et laissa la garnison française en possession du fort et appuyée par la présence des deux bâtiments qui restèrent en rade. Sur le rapport de son fils, le maréchal de Bourmont dirigea sur Oran le 21ᵉ régiment de ligne, une compagnie d'artillerie et 50 sapeurs, deux obusiers de montagne, et donna le commandement de cette petite division à M. de Goutefrey, colonel au 21ᵉ de ligne, auquel il prescrivit de mettre à la voile le 6 août pour se rendre à Oran.

Le même jour, une expédition partait pour Bougie, sous les ordres de M. de Quatrebarbes, lieutenant d'état-major. Le commandant en chef avait cédé aux instances d'un habitant de cette ville nommé Mourad, qui s'était dit envoyé par ses compatriotes disposés à se soumettre à la France, et qui avait demandé pour lui-même le titre de kaïd, en assurant que la présence d'un bâtiment de guerre suffirait pour faire arborer le drapeau français sur les murs de Bougie. Le résultat ne répondit pas aux espérances conçues. Pendant l'absence de Mourad, une de ces révolutions si fréquentes parmi ces populations mobiles et divisées en partis contraires s'était opérée dans les esprits; son parti avait eu le dessous. Quand il descendit à terre avec un autre Maure, tous deux furent saisis et décapités, et l'on fit feu sur notre bâtiment.

Sauf cet accident, qui tenait à des circonstances particulières, la situation générale se dessinait d'une manière assez nette en Algérie. Dans les villes où la domination turque avait son siége, et surtout dans celles qui, situées sur la côte, étaient accessibles à nos vaisseaux, il y avait une disposition évidente à accepter la souveraineté de la France. Bône, Oran, se soumettaient; le bey de Titery avait donné l'exemple de cette soumission; mais les Turcs et les habitants des villes, surtout des villes maritimes, montraient seuls cet empressement à nous appeler. A Blidah, à Bône, comme à Oran, nous avions trouvé les tribus de la campagne, arabes ou kabyles, prêtes à se lever en armes contre nous. Cela se comprend. Les Turcs considérèrent, dans les premiers moments, la chute d'Alger comme l'arrêt de mort de leur puissance dans toutes les provinces de la Régence; les Maures, ou Hadars, habitants des villes, populations peu belliqueuses, cherchaient une protection; mais les tribus arabes et les tribus kabyles surtout, races guerrières et indépendantes, qui n'avaient jamais accepté qu'à demi la domination turque, regardaient sa chute comme le signal de leur émancipation et levaient le drapeau contre nous.

Les nouvelles qui venaient d'Oran, de Bône, etc., donnaient, vers les premiers jours d'août 1830, au commandant en chef, l'espoir d'étendre la domination française aux principaux centres de la Régence d'Alger. On rédigeait, dans le style de l'Orient, les brevets d'investiture des chefs qui se reconnaissaient sujets et vassaux du roi de France, et on recevait leur acte de soumission et leur serment. Voici deux de ces pièces, qui suffiront pour donner une idée de ces protocoles :

« Au nom du Dieu tout-puissant, créateur du monde,

« Je déclare reconnaître de bon cœur le roi de France pour mon souverain seigneur ; promets de lui être fidèle et de le servir contre les ennemis qu'il a et qu'il pourrait avoir, et de lui rendre hommage dans la même forme et de la même manière que les beys de Titery avaient coutume de faire au pacha, dey d'Alger.

« Je reconnais recevoir du roi de France, Charles X le Victorieux, l'investiture du beylik de Titery, et je promets de lui faire, en ma qualité de bey de Titery, tous les services, et de lui payer tous les tributs que moi ou mes prédécesseurs dans cette charge avions coutume de payer à la Régence d'Alger.

« Je prends l'engagement de maintenir les peuples habitants le beylik de Titery dans l'obéissance et la fidélité qu'ils doivent au roi de France, de maintenir le bon ordre et de faire bonne justice à tous, suivant les lois et coutumes du pays.

« Je compte sur l'engagement qu'a pris, au nom du roi de France, le général en chef commandant son armée en Afrique, que l'exercice de la religion musulmane restera libre, et qu'en ma qualité de bey de Titery je recevrai au besoin du roi de France toute la protection qu'un vassal peut attendre de son souverain. »

De son côté, le général en chef, agissant « au nom de Sa Majesté le roi de France, Charles X le Victorieux, » déclarait recevoir l'hommage et la promesse de fidélité du seigneur Mustapha, et le nommer à la charge de bey de Titery, à condition que le seigneur Mustapha maintiendrait les peuples de son gouvernement dans l'obéissance qu'ils doivent au roi de France.

L'acte d'investiture du bey d'Oran et celui dans lequel il prêtait foi et hommage au roi Charles X étaient rédigés d'après la même formule.

C'était dans les derniers jours de juillet 1830 que le bey d'Oran reconnaissait recevoir du roi de France, Charles X le Victorieux, l'investiture du beylik. Toutes les dérisions de la fortune, cet aveugle instrument de la clairvoyante Providence, et toutes les vanités des choses humaines sont écrites dans ce rapprochement que l'histoire rencontre sans le chercher, au détour d'un récit de guerre et d'administration, comme une de ces croix qui, placées au bord d'une route, font songer le voyageur ému aux choses qui passent et aux choses qui demeurent.

IV

L'ARMÉE APRÈS LA NOUVELLE DE LA RÉVOLUTION DE 1830.

Pendant que, sur le sol de l'Algérie, tout était plein de la victoire et de la gloire du roi Charles X, les événements de juillet 1830 s'accomplissaient en France. Dès les dernières journées du mois de juillet, les correspondances entre le gouvernement et le commandant en chef s'étaient ralenties. On eût dit qu'il se faisait un de ces silences précurseurs des orages et des grands événements. Une vague tristesse régnait dans l'armée. A ses yeux, la prise d'Alger avait terminé sa mission militaire : elle ressentait cette fatigue qu'on éprouve quand, arrivé au but, on n'est plus animé par l'excitation de la lutte. Désormais l'idéal qui fait faire les grands efforts et les grandes choses lui manquait. L'absence de nouvelles de France achevait de causer à tous un étonnement mêlé d'inquiétude. Les vents n'étaient pas contraires, le temps avait été constamment beau, et les bâtiments qui arrivaient d'Espagne et d'Italie entraient sans obstacle dans la baie. Pourquoi ne voyait-on paraître aucun bâtiment venant des côtes de France? Cette question était sur les lèvres de tous ceux qui pouvaient parler, dans la pensée de ceux que les devoirs de leur position obligeaient à se taire.

Nous trouvons, dans une des dernières lettres écrites par le commandant en chef au prince de Polignac, président du conseil, des traces marquées de cette disposition des esprits. Cette lettre confidentielle offre d'ailleurs de l'intérêt, parce qu'elle contient l'expression de la pensée intime du comte de Bourmont sur la situation de l'Algérie, sur celle de l'armée et sur les mesures à prendre envers l'une et envers l'autre.

Le commandant en chef commence par répondre à quelques questions qui lui avaient été posées : « Je ne connais pas assez, dit-il, le caractère des peuples et surtout celui des hommes qui exercent une influence plus ou moins grande dans l'étendue de l'ancienne Régence d'Alger, pour pouvoir juger de leurs véritables dispositions à notre égard. Les Maures et les Arabes paraissent contents d'être délivrés de l'autorité des Turcs; mais il ne s'ensuit pas que, dans les montagnes surtout, les Kabyles montrent le désir de se soumettre à l'autorité française. Cependant les cheiks les plus puissants dans les montagnes à l'est du cap Matifou m'ont envoyé dire qu'ils étaient disposés à reconnaître l'autorité du roi, et qu'ils viendraient me trouver pour m'en donner l'assurance. Je les attends demain. »

Après avoir donné quelques détails sur les mesures prises pour Oran et Bône, sur la nécessité de remplacer le bey d'Oran, qui veut se retirer, et sur l'embarras de lui trouver un successeur dans un pays où l'on ne connaît ni les hommes ni les choses, sur l'effectif militaire nécessaire pour garder ces deux positions, le commandant en chef continue ainsi :

« Les six autres régiments et tout l'état-major de deux divisions pourraient rentrer en France sans inconvénient pour le service du roi. Cette mesure diminuerait d'autant les dépenses, et je regrette beaucoup de n'avoir pas encore été autorisé à la prendre. Parmi les régiments de l'armée d'Afrique il en est qui, depuis longtemps, ont été retenus hors de France pour le service du roi : je pense qu'il serait juste de les faire rentrer les premiers. De ce nombre sont : 1° le 1er et le 9e d'infanterie légère; 2° le 49e ; 3° le 15e; 4° le 48e ; 5° le 35e.

« La différence du langage et des mœurs s'oppose à toute communication sociale entre les troupes du roi et les habitants de ce pays. Il en résulte de l'ennui pour les militaires et un désir très-général de retourner en France. La rareté des nouvelles de France contribue encore à accroître ce désir de quitter l'Afrique. Je croirais utile de pouvoir annoncer aux régiments qui formeront les garnisons d'Oran, d'Alger et de Bône, qu'ils y seront relevés successivement par d'autres régiments venant de France, et que chacun peut compter qu'il retournera en France à des époques qu'on déterminerait de façon à ce que le dernier régiment revît la France au mois de mai prochain. C'est, je crois, le seul moyen de garantir les troupes d'un découragement très-fâcheux et de la nostalgie.

« Je pense aussi qu'il serait à propos de faire venir ici quelques troupes de comédiens et de procurer à la garnison quelques-unes des distractions qu'on rencontre dans toutes les villes d'Europe. Ce désir de retourner en France se fait sentir dans tous les rangs de l'armée. Les officiers généraux n'en sont pas plus exempts que les autres, et je crois utile de les remplacer presque tous. Le lieutenant général baron Berthezène, les maréchaux de camp Achard et Munck-d'Uzer sont les seuls qui demeureraient volontiers à Alger. Le général Danrémont m'a paru convenir pour Bône; mais, s'il est nommé lieutenant général, il sera bon, je pense, de le faire remplacer dans ce commandement. Il y aurait donc utilité à envoyer ici quatre nouveaux maréchaux de camp pour commander des brigades, soit à Alger, soit à Bône, soit à Oran. Les colonels de Goutefrey, Horric, de Lachau, conviendraient à ces commandements, s'ils étaient nommés maréchaux de camp[1]. »

Telle était la situation de l'armée le 9 août 1830, lorsque le maréchal fit partir son fils aîné, le capitaine Louis de Bourmont, pour porter au roi les drapeaux pris sur l'ennemi, et les derniers millions du trésor de la Casaubah. On ne savait rien des événements de France; mais l'absence même de nouvelles répandait une inquiétude générale. Tous les soirs, les officiers, montés sur les terrasses des maisons, interrogeaient avec leurs longues-vues les profondeurs de l'horizon, et y cherchaient une voile qui ne paraissait pas.

Le 11 août 1830, dans la matinée, un bâtiment de commerce de la maison Seillères apporta à Alger une lettre de commerce écrite de Marseille par un Arabe, à la date du 2 août 1830, et que le juif Jacob-Cohen-Bacri communiqua

---

[1] Nous trouvons dans la correspondance du maréchal de Bourmont plusieurs lettres autographes qui viennent à l'appui de ces détails. Le général Valazé demande à rentrer en France, en motivant cette demande sur sa santé altérée depuis le 25 juin. Les généraux de brigade Poret de Morvan, de Montlivaut, écrivent dans le même sens. Le même sentiment de lassitude se fait sentir dans l'administration. Le baron Denniée, après avoir déployé une activité remarquable dans cette campagne, réclame l'autorisation de rentrer en France. « Le misérable état de santé dans lequel il est tombé, dit-il dans sa lettre datée du 9 août 1830, le force à quitter l'armée. Il ajoute que tout le personnel administratif est fatigué, et qu'il importe au service qu'il soit renouvelé. »

sur-le-champ au maréchal. Nous avons cet extrait sous les yeux, il est ainsi conçu : « Par suite de l'ordonnance contre la presse et contre les électeurs, il y a eu beaucoup de troubles. Nous ne sommes pas très-tranquilles ici non plus. Dans ce moment l'on organise à Marseille la garde nationale. Ils sont restés à Paris sur le pavé près de 20,000 hommes, et le duc d'Orléans est proclamé régent. Le roi a quitté Saint-Cloud avec toute sa famille. Un événement aussi extraordinaire nous laisse, mon cher ami, dans un grand embarras. Les fonds ont essuyé une baisse de quatre francs. »

Telles furent les premières nouvelles de la révolution de juillet 1830 qui arrivèrent à Alger. Le brick avait apporté quelques lettres qui ajoutaient un petit nombre de détails. Le drapeau tricolore, disait-on, était arboré à Paris et à Marseille. C'était une révolution. L'émotion de l'armée fut profonde. On demandait de tous côtés des explications sur des nouvelles aussi extraordinaires. On s'étonnait que le maréchal commandant en chef ne parlât point.

Le maréchal ne savait, dans la matinée du 11 août 1830, rien au delà de ce qu'avait appris l'armée. Aucune nouvelle officielle, on le comprend, ne lui était encore arrivée. Pour calmer l'agitation des esprits, il fit paraître, dans la journée, l'ordre du jour suivant, écrit à la Casaubah et portant la date du 11 août 1830 :

« Des bruits étranges circulent dans l'armée : le maréchal commandant en chef n'a reçu aucun avis officiel qui puisse les accréditer. Dans tous les cas, la ligne des devoirs de l'armée lui sera tracée par ses serments et la loi fondamentale de l'État. »

Cet ordre du jour ne contenta personne : les uns le trouvèrent trop laconique et trop calme, les autres trop net et trop tranché. Malgré la loyauté de l'armée, les sentiments qui agitaient le pays se retrouvaient dans son sein. C'était une des difficultés de la situation du commandant en chef de l'expédition. Ce n'était pas la seule. On discutait beaucoup alors, parmi les officiers, sur ce qu'il y avait à faire dans cette grave circonstance ; on a beaucoup disserté depuis sur le même sujet, et cette question vient aujourd'hui encore retentir dans l'histoire. Les plus ardents auraient voulu qu'on formât une division d'élite, qu'on l'embarquât avec l'assentiment de l'amiral, si on pouvait l'obtenir, et s'il le refusait, sans son assentiment, en se servant des bâtiments de commerce de la maison Seillières. On irait débarquer en France à la grâce de Dieu et du vent. D'après les nouvelles les plus fraîches, le roi et la famille royale avaient quitté Paris avec les débris des troupes fidèles. Il fallait courir à son aide. L'apparition inopinée d'une division de l'armée d'Afrique sur un point du territoire français rallierait tous les royalistes, et M. de Bourmont, à la tête d'une armée, sauverait la monarchie française.

Tel était le projet, le plan qui était accueilli avec le plus de faveur par les jeunes et ardentes imaginations d'un grand nombre d'officiers dévoués. Mais il y en avait d'autres, et en grand nombre aussi, qui, peu favorables à la politique du ministère, étaient loin d'être dans ces dispositions. L'armée, suivant eux, devait suivre le mouvement et la fortune du pays. En essayant de prendre un parti tranché, on pouvait craindre de faire éclater un conflit dans l'armée, en présence de l'ennemi. C'était le premier obstacle que rencontrait le maréchal de Bourmont.

Le second était dans les dispositions de la marine. Les officiers supérieurs de ce corps étaient, à part quelques exceptions, peu favorables au gouvernement royal. L'amiral Duperré, outre un esprit d'opposition prononcé, n'avait cessé, depuis le commencement de la campagne, de témoigner une antipathie marquée pour le maréchal de Bourmont. Ainsi, aux divergences politiques venaient s'ajouter les dissentiments personnels. L'armée ne devait donc pas compter sur le concours de la marine dans cette occasion.

Enfin il y eut bientôt une cause plus générale encore qui acheva de paralyser les résolutions du commandant en chef. Le roi Charles X, en se retirant, avait donné un caractère légal à l'intervention de M. le duc d'Orléans dans les affaires, puisqu'il l'avait désigné comme lieutenant général du royaume. Par cette espèce de sanction accordée aux événements de 1830, il avait ôté à la situation le caractère tranché d'une révolte tentée d'un côté, repoussée de l'autre, qui était nécessaire au maréchal pour enlever son armée. Les esprits prudents, qui sont nombreux partout, même dans les camps, trouvèrent dans cette circonstance des objections très-plausibles contre tout ce qui pouvait être proposé d'énergique et de fort. La lieutenance générale de M. le duc d'Orléans était un fait légal, et ce principe de légalité se communiquait à tous les actes qu'il faisait en cette qualité. De sorte que le commandant de l'armée française en Algérie pouvait être accusé, s'il levait le drapeau contre le pouvoir nouveau, d'entrer en révolte contre une autorité instituée par le roi Charles X lui-même.

La question discutée à cette époque dans l'armée, et bien souvent reprise depuis, nous semble donc résolue pour l'histoire. Ceux qui objectent que le maréchal de Bourmont, ayant des pleins pouvoirs qui permettaient de destituer l'amiral Duperré et de prendre le commandement de la flotte, était maître de saisir la dictature, nous semblent ne pas mesurer la distance qu'il y a entre le droit et la faculté de faire une chose. Tant que Charles X était sur son trône, ces pleins pouvoirs étaient efficaces, ils eussent été obéis. Charles X tombé, ce n'était plus qu'une lettre morte ; la branche périt avec le tronc d'où lui vient la séve. Dans ces circonstances, le commandant en chef résolut d'attendre des nouvelles plus positives sur l'état des choses pour prendre un parti décisif. Il avait de grands devoirs comme chef d'armée ; il ne pouvait oublier que l'honneur, la vie de trente mille Français lui avaient été confiés ; il en répondait à la patrie. Les nouvelles officielles vinrent bientôt. Un bâtiment commandé par le capitaine Dupetit-Thouars arriva dans l'après-midi du même jour 11 août 1830 et, après avoir communiqué avec l'amiral, repartit le jour même pour la France.

Le soir, à dix heures, le maréchal, au lieu du paquet énorme qu'il recevait ordinairement, ne reçut qu'un simple pli. C'était une lettre du général Gérard, qui l'invitait, au nom du gouvernement provisoire, à rester à Alger, en ajoutant « que, d'heureuses circonstances l'ayant séparé de ses collègues, il n'avait pas à redouter leur sort ; que la France lui savait gré de ses succès et que le gouvernement saurait le récompenser de ses services [1]. »

Le maréchal fit assembler le lendemain, à huit heures du matin, un grand conseil ; il invita l'amiral Duperré à s'y rendre. « Monsieur l'amiral, disait-il dans sa lettre, dont la minute est sous nos yeux, les dépêches que je viens de recevoir exigent que j'aie l'honneur d'avoir un entretien avec vous le plus tôt possible, et je vous prie de vouloir bien me faire savoir si vous pourriez venir à terre. Comme il s'agirait de traiter jusqu'au détail des mesures à concerter, peut-être jugeriez-vous convenable d'amener M. l'amiral major général de l'armée navale, qui s'entendrait avec nous et avec le lieutenant général Després. »

L'amiral Duperré déclina cette proposition. La réunion eut lieu, sans lui, le lendemain. Le maréchal, commandant en chef ; les trois généraux commandant les divisions, Berthezène, Lo-

---

[1] Ce ne fut que le 10 avril 1832 que le maréchal de Bourmont fut déclaré démissionnaire pour refus de serment. Il dépendait donc de lui de conserver la dignité de maréchal.

verdo, des Cars; le chef d'état-major général Després, les généraux Valazé et Lahitte, tous les chefs de corps, assistaient à ce grand conseil. L'amiral Duperré, absent, s'était fait représenter par le contre-amiral Mallet. Le maréchal de Bourmont ouvrit l'avis de rembarquer l'armée, à l'exception de 12,000 hommes, qui resteraient pour garder Alger, d'aller retrouver à Toulon la division de réserve de 12,000 hommes, de marcher sur Lyon avec ces troupes et toutes celles qu'on pourrait réunir, et de mettre cette force à la disposition du roi. La majorité se rallia à ce plan, et l'on décida qu'il serait communiqué à l'amiral Duperré, dont le concours était nécessaire. Trois officiers furent chargés de cette mission : le général Després, le général Munck-d'Uzer et le général Lahitte, qui avait quelque ascendant sur l'esprit de l'amiral, à cause de la faveur bien connue dont il jouissait auprès du Dauphin.

Quand on fit la communication à l'amiral Duperré, il répondit, comme il était facile de le prévoir, qu'il ne pouvait prêter le concours de la marine. Après trois heures de discussion, il motiva son refus en disant qu'il ne le pouvait pas, parce qu'une partie de sa flotte était à Bône et à Oran; qu'il ne le voulait pas, parce qu'il avait déjà envoyé son adhésion au gouvernement provisoire[1]. Tout fut dit. En dehors du concert des armées de terre et de mer, il n'y avait que des aventures impossibles, sans profit pour la cause royale qu'on aurait voulu servir, et pleines de compromissions pour l'armée et la France. Arrêter l'amiral Duperré au milieu de sa flotte, c'était, dans tous les temps, un coup bien hasardeux. Il devenait impossible dans ce moment, car l'amiral, tenant *la Provence* à un kilomètre de tout autre bâtiment, se gardait militairement et ne laissait monter personne sur son bord. D'ailleurs, cette tentative de violence aurait révolté

---

[1] Détails communiqués par la famille du maréchal de Bourmont.

l'armée navale, et n'aurait point trouvé de concours dans une partie de l'armée de terre [1]. Il y avait là une force des choses contre laquelle on se débattait en vain. Les mêmes causes qui avaient fait prévaloir la révolution en France empêchaient, à plus forte raison, qu'on pût trouver à Alger des moyens efficaces de lutter contre elle. Il était impossible de faire à Alger ce qu'il était déjà difficile de faire à Paris. Cette révolution s'était opérée en trois jours ; mais elle avait été préparée pendant des années. Elle était dans le courant des passions et des idées, et tous les partis y avaient travaillé par leurs préventions, par leurs prétentions, par leurs malentendus, leur inexpérience du gouvernement représentatif, et leurs fautes.

A mesure que l'émotion passionnée qui suit de pareils événements tomba, et quand la froide raison vint contrôler les premiers mouvements de l'imagination, le commandant en chef, dont l'esprit était aussi juste qu'élevé, comprit son impuissance. Il sentit qu'au milieu de sa douleur il lui restait un grand devoir à remplir envers son pays. On ne pouvait rompre avec la flotte sans exposer l'armée expéditionnaire à un désastre. Les derniers millions de la Casaubah étaient partis avec le capitaine Louis de Bourmont pour la France ; on n'avait qu'un mois de solde en caisse, deux mois de vivres dans les magasins. Il fallait maintenir les deux armées unies, entretenir l'harmonie dans l'armée de terre, sous peine de provoquer un retour offensif des Arabes, faibles devant notre union, mais prêts à profiter de nos démêlés, et assez forts contre nous si nous avions deux drapeaux.

Le maréchal de Bourmont, tout en se promettant dans son

[1] Nous lisons dans la première édition des *Annales algériennes* de M. le capitaine d'état-major Pélissier : « Un parti s'était formé pour résister à toute scission entre nous et la France. Nous voulions qu'on reconnût la révolution. Un grand nombre d'officiers devaient se rendre chez M. de Bourmont, » etc. T. Ier, p. 368. (Paris, 1836.)

cœur de sacrifier sa fortune militaire à ses convictions, immola sa douleur à l'intérêt du pays. Il ne fut plus dès lors qu'un noble gardien aux scellés de la dernière conquête de la monarchie. Il travailla à conserver Alger à l'armée française, et l'armée française à la France. Il fut convenu entre lui et l'amiral Duperré que l'armée navale et l'armée de terre agiraient de concert, et qu'elles ne quitteraient point l'une sans l'autre leur drapeau. Cependant le commandant en chef rappela en toute hâte les expéditions d'Oran et de Bône. Le temps où l'on pouvait songer à étendre la puissance de la France sur tous les points de l'Algérie était passé ; une situation nouvelle imposait une nouvelle conduite. On ne savait si l'on resterait en paix avec l'Europe. Il y avait à craindre surtout une attaque de l'Angleterre, irritée de notre conquête. Or Bône et Oran ne pouvaient être ravitaillés que par mer, et des hostilités commencées par l'escadre anglaise de la Méditerranée auraient rendu extrêmement critique la situation des corps détachés dans ces deux villes maritimes[1]. La prudence ordonnait de concentrer toutes les forces de l'armée française dans la ville d'Alger. C'est ce que fit le maréchal.

Le colonel de Goutefrey reçut l'ordre de faire sauter les forts d'Oran du côté de la mer, afin qu'on pût occuper de nouveau la ville, quand on le jugerait à propos[2]. Cet ordre fut exécuté sans que les habitants y missent opposition, quoiqu'ils vissent cette destruction avec peine. Le bey d'Oran, à qui on offrait de le transporter en Asie, suivant la promesse qu'on lui en avait faite, préféra rester dans son beylick. L'arrivée des Français ayant déterminé les tribus arabes à lever le blocus,

---

[1] Ce sont les motifs donnés par le maréchal de Bourmont dans sa dépêche au ministre de la guerre, à la date du 15 août 1830.

[2] « Il sera toujours facile de s'emparer d'Oran, de Bougie, de Bône et de la Calle, qui, après Alger, sont les points de la côte les plus importants pour le commerce. » (Lettre de M. de Bourmont au ministre de la guerre, à la date du 15 août 1830.

il exprima l'espérance de pouvoir s'arranger avec elles, et protesta qu'il continuerait à se regarder comme le sujet du glorieux roi de France, comme il continuait à l'appeler, pendant que l'infortuné roi Charles X, plus malheureux dans sa victoire que les vaincus dans leur défaite, allait chercher sur un rivage étranger un asile, et ne l'obtenait qu'avec peine.

Le général Danrémont évacuait presque en même temps (le 18 août 1830) la ville de Bône. « Pendant cette courte mais laborieuse expédition, ce sont les termes du maréchal, il avait montré autant de sagesse dans les dispositions que de vigueur sur le champ de bataille. » Il avait fallu, en effet, autant de sagesse que de vigueur pour se maintenir contre les Kabyles qui, à plusieurs reprises, assaillirent nos positions. Vainqueur dans la journée du 6 août, où il avait pris l'offensive, le général Danrémont dut repousser le 7 août une attaque très-vive des troupes du bey de Constantine, qui avaient reçu des renforts; et enfin, dans la nuit du 11 au 12 août, il eut à repousser deux assauts successifs, dans lesquels l'infanterie kabyle déploya une énergie remarquable, et vint se faire tuer à coups de baïonnette sur les parapets et dans les embrasures de nos redoutes. M. de Bourmont ajoutait : « Je renouvelle la demande que j'ai déjà faite en faveur du général Danrémont, du grade de lieutenant général. Je demande le grade de maréchal de camp pour le colonel Magnan, dont j'ai plusieurs fois cité la brillante conduite. » Le général Danrémont recommandait, en effet, de son côté, le colonel Magnan, le lieutenant-colonel Boulle, du 6e de ligne ; le chef de bataillon d'artillerie Foucaut, qui s'était déjà distingué dans le commandement d'une des batteries armées contre le fort de l'Empereur et qui, cette fois, avait été blessé ; le chef de bataillon Buart, du 49e de ligne ; les capitaines Arrighi et de Lacroix, du même régiment ; le capitaine d'état-major Foy et l'officier d'ordonnance Ruffo de Lafare ; puis, dans le rapport qui suivit son retour à Alger, et pour des engagements ultérieurs, le chef de bataillon Carsenac, du 6ᵉ de ligne ; le capitaine Renaud, du 49ᵉ de ligne, qui commandait la redoute la plus vivement attaquée ; le capitaine Denoyelle, du même régiment ; le capitaine d'artillerie Oby, le lieutenant aide-major de Crény.

Nous mentionnons ces combats, ces noms cités à l'ordre du jour, ces faits d'armes, avec une émotion dont nous ne pouvons nous défendre. C'étaient les derniers coups de fusil de la campagne qui devaient être tirés sous le drapeau blanc. Le jour était arrivé où les suprêmes délais indiqués par l'amiral Duperré, pour l'exécution des ordres reçus de Paris, étaient expirés. Il annonça au général en chef que, passé le 17 août, il n'attendrait plus. Le maréchal de Bourmont tint la parole qu'il avait donnée. Le 17 août 1830, un peu moins d'un mois et demi écoulé depuis le jour où il avait ombragé de ses plis la Casaubah conquise, et annoncé au loin la Méditerranée affranchie et ses côtes délivrées, le drapeau blanc disparut au milieu de l'émotion de tous et des larmes de plusieurs. Pour des hommes de cœur, quels que soient d'ailleurs leurs sentiments politiques, c'est quelque chose de grave et de solennel que la disparition, la mort d'un drapeau. Ce symbole de la nationalité, cette image militaire de la patrie absente, autour de laquelle les combattants se sont si souvent ralliés pour vaincre, et que les mourants ont saluée de leurs derniers regards, est une relique à jamais vénérable et sacrée. L'amiral Duperré, et ce fait sera toujours cité à son honneur, naviguant en 1819 sous le pavillon blanc, et commandant la frégate *la Gloire*, exigea une réparation publique du capitaine anglais Huskisson de la frégate *l'Euryalus*, parce que le 23 avril, en célébrant la fête du prince régent, l'équipage de celui-ci s'était permis de placer le drapeau tricolore à la poulaine, d'une manière insultante et ignominieuse. La Restauration donna une haute approbation à cette belle conduite. C'est ainsi que pensent et qu'agissent les hommes d'honneur. Parmi toutes les funérailles, il n'en est pas qui doivent être accomplies avec plus de respect que celles d'un drapeau. Le drapeau blanc disparut donc, au milieu des marques du respect général. En cédant la place au drapeau tricolore, ce glorieux nouveau venu de notre histoire, le vieux témoin de tant de journées héroïques qui, depuis Jeanne d'Arc jusqu'à Suffren, avait abrité tant de faits d'armes éclatants, tant de dévouements sublimes, tant de triomphes historiques, eut du moins une consolation : lorsque pour la première fois, en 1789, il légua la France au drapeau tricolore, il lui laissa le territoire national formé tout entier; et si celui-ci, en disparaissant dans un désastre, en 1815, laissa au drapeau blanc le patrimoine moral de l'honneur et de la gloire militaire agrandi, il ne lui transmit aucune conquête territoriale ajoutée à la vieille France; après avoir tout gagné, il avait tout perdu. Le drapeau blanc, au contraire, en disparaissant, en 1830, dans une journée de victoire, laissait à son successeur la France agrandie par la conquête d'Alger, glorieuse porte ouverte sur un monde.

L'ordre du jour suivant, à la date du 16 août 1830, avait annoncé à l'armée ce changement de drapeau :

« Sa Majesté le roi Charles X et monseigneur le Dauphin ont, le 2 août 1830, renoncé à la couronne en faveur de M. le duc de Bordeaux. Le maréchal commandant en chef transmet à l'armée l'acte qui comprend cette double abdication, et qui reconnaît monseigneur le duc d'Orléans comme lieutenant général du royaume.

« Conformément aux ordres de monseigneur le lieutenant général, la cocarde et le pavillon tricolores seront substitués à la cocarde et au pavillon blancs.

« Demain, à huit heures du matin, on arborera le pavillon tricolore. Les drapeaux et les étendards des régiments demeureront enfermés dans leurs étuis. Les troupes cesseront de porter la cocarde blanche. La cocarde tricolore la remplacera lorsqu'on en aura reçu une assez grande quantité pour que toutes les troupes puissent la prendre à la fois. »

Les journées qui suivirent furent mornes et tristes. Le commandant en chef se borna à maintenir les choses, en attendant le général Clausel, son successeur désigné. Ses lettres étaient encore plus pressantes que celles de l'amiral Duperré, pour hâter l'arrivée du nouveau commandant en chef[1]. L'abattement, la nostalgie, augmentaient chaque jour dans l'armée, resserrée dans la ville par les Arabes de la Mitidja ; ils égorgèrent, à une demi-lieue du fort Bab-Azzoun, le colonel de Frescheville, qui s'était aventuré dans la campagne. Presque tous les officiers demandaient à rentrer en France, les soldats languissaient et remplissaient les hôpitaux devenus trop étroits pour les recevoir.

Il ne pouvait en être autrement après la Révolution de 1830, qui changeait toutes les situations. Un commandant en chef, suspect au gouvernement nouveau, et attendant son successeur, des officiers qui voyaient leurs services méconnus, et même leur probité calomniée par les journaux, soupçonnée par le gouvernement[2], et une armée qui sentait que son

---

[1] « J'appelle l'arrivée du général Clausel de tous mes vœux, convaincu que, dans les circonstances actuelles, elle doit exercer une heureuse influence sur le moral des troupes. » (Lettre du maréchal de Bourmont au ministre de la guerre, à la date du 28 août 1830.)

[2] La lettre suivante, de M. l'amiral Duperré au ministre la marine, donne une idée des préventions qu'on avait à Paris contre l'armée :

« Monseigneur, vous me prescrivez, par votre dépêche du 7 de ce mois, de hâter, autant que possible, le transport en France des valeurs inventoriées provenant du trésor d'Alger, et de faire surveiller les enlèvements illicites qui seraient tentés. Toutes les valeurs inventoriées du trésor et expédiées en France sont déjà rendues. Je crois qu'on a beaucoup exagéré en France les désordres qui ont eu lieu à l'entrée de l'armée à Alger. J'ai

triomphe pesait aux hommes de la nouvelle révolution, ne pouvaient accomplir ce qu'ils auraient accompli, si les conditions dans lesquelles la conquête avait été entreprise n'eussent pas été changées.

Cependant le maréchal de Bourmont, aussi loin d'un désespoir pessimiste que de l'optimisme de l'espérance, jugeait sa situation et celle de l'Algérie avec un esprit ferme et clairvoyant. Il comprenait ce qu'il y avait à faire, et il sentait qu'il n'était plus l'homme de la tâche à remplir. Il ne surfaisait pas, il ne dissimulait pas les périls au gouvernement nouveau. Il voulut aller au fond des intentions du bey de Titery, dont l'attitude était équivoque depuis que la position de notre armée en Algérie était affaiblie par les événements intérieurs de la France. Celui-ci jeta le masque, refusa de venir à Alger pour conférer avec le maréchal, et le menaça de marcher bientôt contre lui à la tête d'une armée de 200,000 hommes. Le commandant en chef s'émut peu de cette fanfaronnade africaine. Il répondit au bey avec dédain que les Français iraient le chercher lui-même, et le rejetteraient sur les Kabyles, qui feraient justice à la France de son parjure et de sa trahison. Cette remarquable prévision devait se réaliser sous le gouvernement du général Clausel. En même temps le maréchal écrivait au ministre de la guerre : « Les attaques du bey de Titery sont peu redoutables, et l'armée les attend avec une confiance qui ne s'est jamais démentie [1]. »

·u que les clefs du trésor avaient été remises à une commission qui l'a trouvé intact. L'opération de l'inventaire et de l'expédition des fonds a été principalement confiée à un homme dont la réputation de la plus austère probité est hors de toute atteinte : je veux parler de M. le payeur général Firino, homme de probité et d'ordre par excellence. » Cette lettre est du 21 août 1830. (Voir la *Vie de l'amiral Duperré*, par Chassériau, page 470.)

[1] Lettre du commandant en chef au ministre de la guerre, 21 août 1830.

Dans une des dernières lettres écrites au ministre de la guerre, le commandant en chef de l'expédition d'Afrique exprimait ainsi ses idées sur l'Algérie, qu'il allait quitter : « La milice turque doit être considérée comme détruite, et il serait impossible que l'ancien état de choses se rétablît. 5,000 Turcs à peine se trouvent maintenant dans toute l'étendue de la Régence. Il est vraisemblable que les Arabes, cessant de les craindre, leur feront la guerre, ne fût-ce que pour les dépouiller. Des intelligences pratiquées dans l'intérieur du pays pourront hâter le moment où la division éclatera parmi eux. On pourrait même, dès à présent, y trouver des auxiliaires. Il existe dans les montagnes situées à l'est d'Alger une peuplade considérable qui donne des soldats aux gouvernements d'Afrique qui veulent les soudoyer. Les hommes dont elles se composent se nomment Zouaves. Deux mille m'ont offert leurs services ; cinq cents sont déjà réunis à Alger. J'ai cru devoir suspendre leur organisation jusqu'à l'arrivée de mon successeur[1]. »

C'est la première fois que ce nom de Zouaves, qui devait avoir un glorieux retentissement, est prononcé dans notre histoire.

Le 2 septembre 1830, le général Clausel arriva. Le maréchal de Bourmont avait rempli jusqu'au bout son pénible devoir. Il remit le commandement à son successeur, et adressa, dans ce dernier ordre du jour, daté du 2 septembre, ses adieux à l'armée à la tête de laquelle il avait vaincu :

« M. le lieutenant général Clausel vient prendre le commandement en chef de l'armée. En s'éloignant des troupes dont la direction lui a été confiée dans une campagne qui n'est pas sans gloire, le maréchal éprouve des regrets qu'il a

[1] Lettre écrite au ministre de la guerre par le commandant en chef de l'expédition, à la date du 25 août 1830.

besoin de leur exprimer. La confiance dont elles lui ont donné tant de preuves l'a pénétré d'une vive reconnaissance : il eût été heureux qu'avant son départ, ceux dont il a signalé le dévouement en eussent reçu le prix ; mais cette dette sera acquittée, le maréchal en trouve la garantie dans le choix de son successeur ; les titres qu'ont acquis les militaires de l'armée d'Afrique auront désormais un défenseur. »

Le maréchal de Bourmont avait demandé à l'amiral Duperré un bâtiment pour quitter l'Afrique. Ce bâtiment lui fut refusé. « Il se rendit alors sur le rivage, dit un témoin de cette scène, avec quelques personnes de sa suite, et chercha longtemps un navire marchand qui voulût le recevoir[1]. » Il réussit enfin à trouver un brick autrichien qu'il nolisa à ses frais ; c'était *l'Amatissimo*, commandé par le capitaine Gagrizza. Il s'y embarqua le 3 septembre, à la tombée du jour.

« J'étais à terre, présent à son embarquement, écrivait, trois mois plus tard, le capitaine de ce petit brick ; il était accompagné de deux de ses fils[2] et de deux domestiques. Leur bagage était si peu de chose, que deux de mes marins suffirent à le porter. Un de ses fils avait sous le bras un petit coffret : je lui offris de m'en charger, il refusa mon offre, ce qui me fit soupçonner qu'il contenait quelque objet de grand prix. Voyant cependant que, quelques jours après, ce coffret n'était pas renfermé, j'en fis l'observation au maréchal, qui me répondit en me montrant le contenu : « Ce que renferme ce « coffret, quoique bien précieux pour moi, ne tentera la cupi- « dité de personne. Voilà le seul trésor que j'emporte d'Alger : « c'est le cœur du fils que j'ai perdu[3]. »

---

[1] Le capitaine d'état-major Pélissier, dans les *Annales algériennes*. t. Ier, p. 112. Deuxième édit. (Paris, 1854.)

[2] MM. Charles et Adolphe de Bourmont. M. Louis de Bourmont était allé porter en France les drapeaux algériens.

[3] Cette lettre fut insérée, à la fin de 1830, dans *la Gazette du Midi*, publiée à Marseille.

Du moins ce noble cœur évita l'outrage infligé au corps qu'il avait animé : les agents du fisc de Toulon ouvrirent, en vertu d'ordres venus de Paris, on voudrait l'oublier, le cercueil d'Amédée de Bourmont, rapporté en France par son frère Louis pour être déposé dans le caveau funéraire de sa famille, et fouillèrent ses entrailles afin d'y chercher l'or qu'ils supposaient y avoir été caché [1].

Le bâtiment qui emportait le maréchal de Bourmont rasa quelque temps le rivage. Ceux qui l'auraient vu se glisser ainsi en serrant la côte l'auraient volontiers pris pour un de ces bâtiments de corsaires qui, au temps du blocus, cherchaient à tromper la vigilance de la croisière. Une batterie de la marine, rompant seul le silence universel, le salua de quelques coups de canon. Après quoi, le petit brick se leva au vent et disparut à l'horizon. C'est dans ce triste appareil que le général qui, deux mois et demi auparavant, traversait la mer à la tête d'une armée puissante, et sur une des plus belles flottes qu'ait équipées la France, s'éloignait de cette terre d'Afrique, théâtre de sa gloire et aussi d'une inconsolable douleur. Au lazaret de Palma, où il fit sa quarantaine avant de se rendre en Angleterre, il rencontra les Turcs qu'il venait de faire expulser d'Alger. Par un des plus frappants exemples des vicissitudes humaines que la Providence ait donnés en spectacle dans l'histoire, les vaincus et les vainqueurs se rencontraient confondus dans une commune infortune : le maréchal de Bourmont se retrouvait à Palma avec les débris de la milice d'Alger ; le baron d'Haussez, qui avait préparé cette grande expédition, se dérobait sous un déguisement à la mort qui le menaçait, et passait la mer sur une

---

[1] Le journal *l'Avenir* écrivait à ce sujet, dans son numéro du 8 mars 1831 : « L'indignation publique a fait justice de cette violation du sanctuaire de la mort, et les profanateurs ne peuvent pas même compter sur le silence de l'histoire. »

barque; enfin presque le même jour où le dey vaincu, abordant à Naples, déclarait à l'ambassadeur qu'il se mettait sous la protection du roi Charles X son vainqueur, ce prince embarqué à Cherbourg, et lui-même errant et fugitif, faisait voile vers l'Angleterre.

L'armée victorieuse à son tour se trouva sous le coup d'une injuste défaveur. « Le lendemain de l'arrivée du général Clausel, dit le capitaine Pélissier, parut un ordre du jour où une courte phrase laudative servait d'introduction à l'annonce de la formation d'une commission d'enquête, chargée de constater la vérité au sujet des soustractions coupables que la rumeur publique reprochait à l'armée d'Afrique. Cet ordre du jour, dont la rédaction était plus hostile que bienveillante, produisit en général une impression pénible. Certes, les bruits fâcheux répandus par les journaux au sujet des dilapidations commises à Alger avaient pris assez de consistance pour qu'il fût du devoir du général Clausel d'examiner s'ils étaient fondés ; mais il aurait été à désirer qu'il ménageât un peu plus l'armée qu'il venait commander et qu'il ne mît pas en quelque sorte trente mille hommes en état de suspicion, pour des délits de nature à n'avoir pu être commis que par un petit nombre d'entre eux[1]. »

La commission était naturellement formée d'hommes qui apportaient les préventions que la presse avait répandues en France[2]. Le 21 octobre, après un mois et demi d'investigations, *le Moniteur* proclamait ainsi le résultat de l'enquête :

---

[1] Pélissier, *Annales algériennes*, tome II, page 114. (Deuxième édit. Paris, 1854.)
L'indignation fut vive dans l'armée, et un de ses plus honorables chefs, le maréchal de camp d'Arcines, qui s'était distingué dans cette campagne, protesta, au nom de ses compagnons d'armes, dans une lettre pleine de dignité et d'énergie.
[2] Cette commission se composait de MM. Delort, Fougeroux, Cadet de Vaux, Pilaud de Bit et Flandin.

« La prise d'Alger et de son trésor, disait-il, a été pendant longtemps le sujet des rapports les plus propres à flétrir la réputation d'hommes honorables employés à l'armée d'Afrique. Le gouvernement ne pouvait rester indifférent à ces clameurs. Une commission d'enquête a été nommée. Cette commission a procédé avec un ordre, une exactitude et une impartialité remarquables. Elle s'est livrée aux opérations les plus minutieuses pour connaître la vérité, et cependant elle a déclaré que, dans sa conviction profonde, il n'y a eu aucun détournement de fonds, aucune dilapidation du trésor de la Régence, et la commission proclame hautement que tous les bruits de soustraction et d'infidélité qui ont circulé dans le public sont autant de fables dénuées de fondement, et, dans le sentiment profond de son devoir, elle se fait un devoir de les démentir de tout le poids de l'autorité de sa mission. »

Le général Clausel adressa à l'armée l'ordre du jour suivant, daté du 22 octobre 1830, pour lui communiquer le résultat de l'enquête administrative :

« Le général en chef éprouve une grande satisfaction en faisant part à l'armée du résultat de l'enquête faite à Alger sur le prétendu pillage du trésor de la Casaubah. La déclaration expresse de la commission est que rien n'a été détourné du trésor de la Casaubah, et qu'il a tourné tout entier au profit du trésor de la France. »

Ainsi fut dissipé le nuage qui, formé par l'esprit de parti, téméraire dans ses soupçons, implacable dans ses haines, et grossi des préventions accréditées par une presse hostile et passionnée, avait obscurci la gloire si pure de l'armée d'Afrique. Les Arabes qui avaient combattu cette armée l'avaient trouvée sans peur ; les adversaires politiques qui l'avaient un instant méconnue, ayant pu tout examiner, tout contrôler, tout approfondir, la déclarèrent sans reproche. Ces murmures injurieux qui bourdonnaient autour de son succès sont tombés, et l'histoire ne doit porter aux oreilles de la postérité que le bruit de sa gloire, en faisant la part de ceux qui conçurent, préparèrent, accomplirent cette belle conquête, qui fut, comme on l'a dit, le testament de la Restauration. Le 15 février 1830, l'expédition était résolue ; trois mois après, les préparatifs étaient terminés ; et, le 15 mai, la flotte mettait à la voile ; le 14 juin 1830, l'armée toucha le sol d'Afrique, et le 5 juillet de la même année, elle avait atteint le but de sa mission, après vingt jours de campagne ; le pavillon français vengé flottait sur les murs d'Alger, la Méditerranée était affranchie, la piraterie détruite, la civilisation triomphante ; l'œuvre que trois siècles avaient appelée de leurs vœux se trouvait accomplie.

FIN

PIÈCES JUSTIFICATIVES

— 1 —

TRAITÉ DE PAIX
ENTRE LA RÉGENCE D'ALGER ET LA FRANCE.
17 décembre 1801.

Le gouvernement français et la Régence d'Alger reconnaissent que la guerre n'est pas naturelle entre les deux États, et qu'il convient à la dignité comme aux intérêts de l'un et de l'autre de reprendre les anciennes liaisons.

En conséquence, Mustapha-Pacha, dey, au nom de la Régence, et le citoyen Charles Dubois-Thainville, chargé d'affaires et commissaire général des relations commerciales de la République française, revêtu des pleins pouvoirs du Premier consul à l'effet de traiter la paix avec la Régence, sont convenus des articles suivants :

Article premier. Les relations politiques et commerciales sont rétablies entre les deux États, telles qu'elles existaient avant la rupture.

Art. II. Les anciens traités, conventions, stipulations, seront revêtus, dans le jour, de la signature du dey et de celle de l'agent de la République.

Art. III. La Régence d'Alger restitue à la République française les concessions d'Afrique, de la même manière et aux mêmes conditions que la France en jouissait avant la rupture.

ART. IV. L'argent, les effets et marchandises dont les agents de la Régence se sont emparés dans les comptoirs seront restitués, déduction faite des sommes qui ont servi à payer les redevances dues à l'époque de la déclaration de guerre, le 1er nivôse an VII (10 décembre 1798). Il sera, en conséquence, dressé de part et d'autre des comptes qui devront être mutuellement consentis.

ART. V. Les limes [1] ne seront exigibles que du jour où les Français seront établis dans leurs comptoirs.

ART. VI. A partir de cette époque, le dey, pour indemniser la Compagnie d'Afrique des pertes qu'elles a éprouvées, lui accorde une exemption générale de limes d'une année.

ART. VII. Les Français ne pourront être retenus comme esclaves dans le royaume d'Alger, en quelque circonstance et sous quelque prétexte que ce soit.

ART. VIII. Les Français saisis sous un pavillon ennemi de la Régence ne pourront être faits esclaves, quand même les bâtiments sur lesquels ils se trouveraient se seraient défendus, à moins que, faisant partie de l'équipage ou soldats, ils ne fussent pris les armes à la main.

ART. IX. Les Français passagers ou résidant dans le royaume d'Alger seront soumis à l'autorité tout entière de l'agent du gouvernement français. La Régence ne peut et ses délégués n'ont aucun droit de s'immiscer dans l'administration intérieure de la France en Afrique.

ART. X. Les capitaines des bâtiments français, soit de l'État, soit particuliers, ne pourront être contraints de rien embarquer sur leur bord contre leur gré, ni d'être envoyés là où ils ne voudraient pas aller.

ART. XI. L'agent du gouvernement français ne répond d'aucune dette pour les particuliers de sa nation, à moins qu'il ne se soit engagé par écrit à les acquitter.

ART. XII. S'il survient une contestation entre un Français et un sujet algérien, elle ne pourra être jugée que par les premières autorités, après toutefois que le commissaire français aura été appelé.

---

[1] Les limes étaient les redevances que les Français payaient au dey en raison des concessions dont ils jouissaient sur la côte d'Afrique.

Art. XIII. Son Excellence le dey s'engage à faire rembourser toutes les sommes qui pourraient être dues à des Français par ses sujets, comme le citoyen Dubois-Thainville prend l'engagement, au nom de son gouvernement, de faire acquitter toutes celles qui seraient également réclamées par des sujets algériens.

Art. XIV. Les biens de tous Français morts dans le royaume d'Alger sont à la disposition du commissaire général de la République.

Art. XV. Le chargé d'affaires et les agents de la Compagnie choisissent des drogmans et leurs censaux.

Art. XVI. Le chargé d'affaires et commissaire général des relations commerciales de la République française continue à jouir de tous les honneurs, droits et prérogatives stipulés par les anciens traités. Il conservera la prééminence sur tous les agents des autres nations.

Art. XVII. L'asile du commissaire général français est sacré. Aucune force publique ne peut s'y introduire, s'il ne l'a lui-même requise du chef du gouvernement algérien.

Art. XVIII. Dans le cas d'une rupture (et à Dieu ne plaise qu'un pareil événement puisse jamais arriver!) les Français auront trois mois pour terminer leurs affaires et, pendant ce temps, ils jouiront de toute l'étendue de liberté et de protection que les traités leur accordent en pleine paix. Il demeure entendu que les bâtiments qui aborderaient dans les ports du royaume pendant ces trois mois participeront aux mêmes avantages.

Art. XIX. Son Excellence le dey Sabah-Kodja désignera quelqu'un pour se rendre à Paris en qualité d'ambassadeur.

A Alger, écrit le 7 nivôse an X (17 décembre 1801) et le 22 de la lune de Chaban, l'an 1126 de l'hégire.

Signatures :

MUSTAPHA-PACHA, DEY. — DUBOIS-THAINVILLE.

— 2 —

LETTRE DE MUSTAPHA-PACHA, DEY D'ALGER

Au Premier consul, le 13 août 1802.

« Au nom de Dieu seul, de l'homme de Dieu maître de nous, illustre et magnifique seigneur, Mustapha-Pacha, dey d'Alger, que Dieu laisse en gloire.

« A notre ami Bonaparte, premier consul de la République française et président de la république italienne :

« Je vous salue, la paix de Dieu soit avec vous.

« Ci-après, notre ami, je vous avertis que j'ai reçu votre lettre datée du 29 messidor ; je l'ai lue. Elle m'a été remise par le général de votre palais et votre vékil Dubois-Thainville. Je vous réponds article par article.

« 1° Vous vous plaignez du rais Ali-Tatar ; quoiqu'il soit un de mes joldachs, je l'ai arrêté pour le faire mourir. Au moment de l'exécution, votre vékil m'a demandé sa grâce en votre nom, et pour vous je l'ai délivré.

« 2° Vous me demandez la polacre napolitaine prise, dites-vous, sous le canon de la France; les détails qui vous ont été fournis à cet égard ne sont pas exacts ; mais, selon votre désir, j'ai délivré dix-huit chrétiens, formant son équipage, que j'ai remis à votre vékil.

« 3° Vous me demandez un bâtiment napolitain qu'on dit être sorti de Corfou avec des expéditions françaises ; on n'a trouvé aucun papier français ; mais, selon vos désirs, j'ai donné la liberté à l'équipage, que j'ai remis à votre vékil.

« 4° Vous me demandez la punition du rais qui a conduit ici deux bâtiments de la République française ; selon vos désirs, je l'ai destitué ; mais je vous avertis que mes rais ne savent pas lire les caractères européens ; ils ne connaissent que le passe-port d'usage et, par ce motif, il convient que les bâtiments de guerre de la République française fassent quelque signal pour être reconnus par mes corsaires.

« 5° Vous me demandez cent cinquante hommes que vous dites être dans mes États; il n'en existe pas un. Dieu a voulu que ces gens se soient perdus, et cela m'a fait de la peine.

« 6° Vous dites qu'il y a des hommes qui me donnent des conseils pour nous brouiller; notre amitié est solide et ancienne, et tous ceux qui chercheront à nous brouiller n'y réussiront pas.

« 7° Vous me demandez que je sois ami de la république italienne; je respecterai son pavillon comme le vôtre, selon vos désirs. Si un autre m'eût fait pareille proposition, je ne l'aurais pas accordée pour un million de piastres.

« 8° Vous n'avez pas voulu me donner les deux cent mille piastres que je vous avais demandées pour me dédommager des pertes que j'ai essuyées pour vous; que vous me les donniez ou que vous ne me les donniez pas, nous serons toujours bons amis.

« 9° J'ai terminé avec mon ami Dubois-Thainville, votre vékil, toutes les affaires de la Calle, où l'on pourra venir faire la pêche du corail. La Compagnie d'Afrique jouira des mêmes prérogatives dont elle jouissait anciennement; j'ai ordonné au bey de Constantine de lui accorder tout genre de protection.

« 10° Je vous ai satisfait de la manière que vous avez désiré pour tout ce que vous m'avez demandé, et pour cela vous me satisferez comme je vous ai satisfait.

« 11° En conséquence, je vous prie de donner des ordres pour que les nations mes ennemies ne puissent pas naviguer avec votre pavillon, ni avec celui de la république italienne, pour qu'il n'y ait plus de discussions entre nous parce que je veux toujours être ami avec vous.

« 12° J'ai ordonné à mes raïs de respecter le pavillon français à la mer. Je punirai le premier qui conduira dans mes ports un bâtiment français.

« Si à l'avenir il survient quelque discussion entre nous, écrivez-moi directement, et tout s'arrangera à l'amiable.

« Faites-moi le plaisir de donner des ordres pour faire payer à Bacri et Busnach ce que leur doit votre gouvernement, puisqu'une partie de cet argent m'appartient, et j'attends d'être satisfait, comme l'a promis en votre nom votre consul Dubois-Thainville.

« Je vous salue, que Dieu vous laisse en gloire.

« Alger, le 13 de la lune de Rabiul-Ewel, l'an de l'hégire 1217. »

— 3 —

TRANSACTION

SUR LES RÉCLAMATIONS DES SIEURS BACRI ET BUSNACH D'ALGER

ET A LA SUITE

Loi du 24 juillet 1820 qui en ordonne l'exécution.

Le Roi, voulant mettre un terme aux réclamations de la Régence d'Alger, relativement aux créances dont les sieurs Jacob Coën Bacri et Michel Busnach, négociants algériens, sollicitent depuis longtemps le payement, et prouver à la Régence son désir de maintenir la bonne intelligence qui existe entre les deux États;

S'étant fait rendre compte, à cet effet, de la nature et de la situation desdites réclamations, et ayant reconnu que le payement des sommes dues aux sujets algériens a été formellement stipulé par le traité conclu entre la France et la Régence, le 17 décembre 1801, et que l'exécution de cette stipulation, réclamée et annoncée à plusieurs reprises par le gouvernement françois, a encore plusieurs fois été promise depuis le rétablissement de Sa Majesté sur le trône, et notamment par la déclaration que son consul général à Alger a été autorisé à faire à la Régence, le 29 février 1816 ;

Considérant qu'il est juste et convenable de réaliser ces promesses, qui ont amené le rétablissement des rapports de bonne intelligence et d'amitié entre les deux États;

Sa Majesté, sur la proposition de son ministre secrétaire d'État

PIÈCES JUSTIFICATIVES.

au département des affaires étrangères, a chargé les sieurs Mounier et Hély d'Oissel, ses conseillers d'État, de négocier et de conclure avec les sieurs Bacri et Busnach, ou leur fondé de pouvoirs, un arrangement pour satisfaire à leurs réclamations ;

En conséquence, les sieurs baron Mounier et baron Hély d'Oissel s'étant réunis avec le sieur Nicolas Pléville, ancien directeur général de la caisse d'escompte, fondé de pouvoirs desdits sieurs Jacob Coën Bacri et Michel Busnach, ainsi qu'il en a été justifié par la procuration de chacun d'eux, trouvée en bonne et due forme, il a été reconnu, après un mûr examen, que les réclamations présentées par ledit sieur Nicolas Pléville, au nom et dans les intérêts respectifs des sieurs Bacri et Busnach, s'élevaient, déduction faite des à-compte délivrés aux réclamants à diverses reprises, depuis 1801 jusqu'à 1809, à la somme de treize millions huit cent quatre-vingt-treize mille huit cent quarante-quatre francs (13,893,844 fr.) ;

Que, s'il est dans l'intérêt du gouvernement français de terminer, par un arrangement à l'amiable, toute contestation avec la Régence d'Alger, en raison des réclamations de ses sujets, il n'est pas moins dans l'intérêt des sieurs Bacri et Busnach d'éviter, par une réduction convenable de leurs prétentions, les retards qu'entraînent une liquidation régulière et la nécessité de produire à l'appui de diverses créances des pièces justificatives que l'éloignement des temps et des lieux rendent difficiles à réunir ;

Les soussignés, d'après ces motifs, ont résolu de fixer, par une transaction à forfait, une somme au moyen de laquelle seraient éteintes toutes les réclamations des sieurs Bacri et Busnach, et sont convenus des articles suivants :

ARTICLE PREMIER. Le gouvernement français payera aux sieurs Jacob Coën Bacri et Michel Busnach, entre les mains du sieur Nicolas Pléville, leur fondé de pouvoirs, la somme de sept millions de francs en numéraire.

ART. II. Cette somme sera payée au trésor royal de Paris, en douze payements égaux de cinq cent quatre-vingt-trois mille trois cent trente-trois francs trente-trois centimes (583,333 fr. 33 c.), chacun de cinq en cinq jours, à partir du 1er mars prochain, sauf les retenues ou prélèvements qui seront ci-après déterminés.

Art. III. Au moyen de ladite somme de sept millions de francs, toutes créances ou prétentions des sieurs Bacri et Busnach sur le gouvernement français, soit en raison d'indemnité réclamée, soit pour toute autre cause, tant pour le capital que pour les intérêts, sont et demeureront éteintes, de sorte qu'aucune réclamation quelconque, et à quelque titre que ce soit, desdits sujets algériens, antérieure à la signature de la présente transaction, ne puisse être présentée.

Art. IV. Il est bien entendu que, sur la somme à délivrer au sieur Nicolas Pléville, en sa qualité de fondé de pouvoirs des sieurs Jacob Coën Bacri et Busnach, le trésor royal retiendra le montant des oppositions et transports de créances signifiées au trésor, à la charge de ses deux commettants, jusqu'à ce que ledit sieur Pléville ait obtenu à l'amiable ou devant les tribunaux français la mainlevée desdites oppositions ou le règlement des droits des cessionnaires; de même qu'il est entendu que la partie de la somme non grevée d'oppositions ou de significations de transports lui sera immédiatement délivrée.

Art. V. Il est, de plus, convenu que le sieur Jacob Coën Bacri, en exécution de la promesse faite par lui au consul de France, dans le Divan, le 29 février 1816, payera, à la décharge de l'hoirie de David Coën Bacri, d'Alger, son neveu, les créances du sieur Isaac Tasna, s'élevant à quatre cent soixante-dix-neuf mille trois cent soixante et un francs (479,361 fr.); celles du sieur François Aiguillon, de Toulon, s'élevant à trente-neuf mille deux cent soixante-neuf francs (39,269 fr.), et celle du sieur Joseph Aiguillon, s'élevant à quarante-cinq mille cinq cents francs (45,500 fr.); ensemble, cinq cent soixante-quatre mille cent trente francs (564,130 fr.), sauf déduction des à-compte qui auraient été payés depuis; lesquelles créances provenant des fonds remis à feu David Coën Bacri par la chancellerie du consulat de France à Alger, en 1810.

Il est bien entendu qu'en raison de ce payement les créanciers ci-dessus nommés seront tenus de subroger le sieur Jacob Coën Bacri à leurs droits sur l'hoirie du sieur David Coën Bacri, pour le recouvrement desdites créances acquittées à sa décharge, et que l'obligation spéciale consentie par le sieur Coën Bacri dans le présent article ne peut, en aucun cas, être considérée comme s'étendant aux autres créanciers de feu David Coën Bacri.

Art. VI. Il est, au surplus, entendu que les payements faits en vertu de l'article précité, par le sieur Jacob Coën Bacri, ainsi que tous les autres payements faits par ledit sieur Bacri ou par le sieur Michel Busnach, pour dettes personnelles à l'un d'eux, seront imputés sur la part afférente à chacun dans la somme totale des sept millions, lors du règlement de leurs intérêts respectifs.

Art. VII. Les effets et marchandises dont les agents de la Régence se sont emparés dans les comptoirs des concessions d'Afrique, à l'époque de la guerre déclarée à la France, le 20 décembre 1798, ayant été mis à la disposition des sieurs Bacri et Busnach, il est convenu que, sur la somme dont le payement est stipulé par l'article Ier, il sera retenu par le trésor royal, sur le dernier douzième à délivrer, celle de cent onze mille soixante-dix-neuf francs (111,079 fr.), qui sera versée à la caisse des dépôts et consignations pour servir à indemniser les ayants droit au remboursement de la valeur desdits effets et marchandises.

Au moyen du prélèvement de ladite somme de 111,079 francs, le gouvernement français reconnaît qu'il n'a plus aucune répétition à former pour l'exécution de l'article IV du traité du 1er décembre 1801.

Art. VIII. Le présent arrangement ne sera exécuté qu'après avoir été approuvé par le Roi, et après que le dey aura déclaré, au nom de la Régence, qu'au moyen de l'exécution de la présente transaction il n'a plus aucune demande à former envers le gouvernement français, relativement aux créances des sieurs Bacri et Busnach, et qu'en conséquence il reconnaît que la France a pleinement satisfait aux obligations du traité du 1er décembre 1801.

Fait double à Paris, le 28 octobre 1819.

Signé : Mounier, Hély d'Oissel, Nicolas Pléville.

LOI DU 24 JUILLET 1820.

Article unique. Le ministre des finances est autorisé à prélever sur le crédit en rentes affecté, par la loi du 18 mai 1818, au payement de l'arriéré de 1801 à 1810, la somme nécessaire pour acquitter celle de sept millions en numéraire, dont le payement a été stipulé par l'arrangement conclu le 28 octobre 1819, pour l'exécution du traité du 17 décembre 1801 entre la France et la Régence d'Alger.

— 4 —

RAPPORT SUR ALGER

Remis à Son Excellence le comte Chabrol de Crouzol, Pair de France, ministre de la Marine et des Colonies, le 21 septembre 1827, par le capitaine de frégate A. Dupetit-Thouars.

Paris, 20 septembre 1827.

RAPPORT A SON EXCELLENCE LE MINISTRE DE LA MARINE ET DES COLONIES SUR ALGER.

« Monseigneur,

« Je vais essayer de répondre à la confiance dont Votre Excellence a bien voulu m'honorer en daignant me demander mon opinion sur les moyens que je crois propres à amener la réduction d'Alger, dans l'hypothèse où il entrerait dans les vues du gouvernement d'agir contre cette place avec une armée combinée de terre et de mer.

« Il est hors de mon sujet d'entretenir Votre Excellence des nombreux griefs de la France contre Alger, de la grande publicité qu'a eue la demande de réparations formée par le gouvernement, de la réponse qui y a été faite par le dey, enfin de l'attente inquiète de tous les États barbaresques sur les suites de la rupture de la France avec Alger.

« Je prie Votre Excellence de me permettre d'examiner par quels différents moyens on pourrait penser à amener la Régence à faire à la France les réparations auxquelles elle a droit de prétendre.

« 1° La première idée qui se présente naturellement est celle d'avoir recours à l'intervention de la Porte Ottomane ; mais cette voie, dont le résultat serait aussi long à obtenir qu'incertain, convient peu à la dignité de la France, qui semblerait renoncer par ce fait à un de ses priviléges stipulés dans les capitulations avec la Porte, qui est de *châtier la Régence d'Alger toutes les fois qu'elle croira devoir le faire.*

« 2° On ne peut penser qu'un blocus, quelque rigoureux qu'il puisse être, amène les Algériens à des concessions.

« Ils n'ont aucun commerce maritime par bâtiments nationaux, fort peu ou point par navires étrangers ; leurs grands bâtiments de guerre ne sortiront pas; mais, en tout cas, ils ne sont guère à craindre. Rencontrés par nos vaisseaux, ils seraient bientôt pris. Il n'en est pas de même des bateaux qu'ils peuvent armer : ces petits bâtiments sont les plus dangereux pour le commerce ; inaperçus, n'ayant ni œuvres-mortes ni gréement, ils peuvent facilement tromper la vigilance des croiseurs en se glissant le long des rochers pendant la nuit, pour tomber ensuite à l'improviste sur les bâtiments qu'ils reconnaissent n'être point armés. Quand ils sont chassés, et dans les mauvais temps, ils se réfugient partout dans les roches; dans les temps de calme, avec leurs avirons, ils trouvent encore un moyen de se soustraire aux chasses qui peuvent leur être données.

« Cependant un blocus bien fait avec des bateaux à vapeur armés qui parcourraient la côte en sens opposé, de l'est à l'ouest, et *vice versâ*, rendrait la course algérienne infructueuse.

« Ce serait à tort que l'on compterait lasser leur patience : l'état de guerre est l'état de vie pour les Algériens ; ils ne reçoivent de rations que pendant ce temps seulement, et la course est la seule ressource d'un peuple qui n'est ni industrieux ni agricole. La Régence aussi n'en a pas moins besoin : l'impôt levé chaque année s'élève à peine à six millions de francs, tandis que les dépenses dépassent huit millions ; la différence est puisée dans le trésor de la Régence, et c'est toujours à regret qu'elle se voit forcée d'y recourir.

« Une émeute ne peut plus avoir dans Alger le même résultat

que par le passé, depuis que le dey a quitté le palais intérieur de la ville, pour établir sa résidence dans la citadelle de la Casaubah, qui domine la ville.

« Après la proposition faite à plusieurs reprises dans le conseil de la Régence, de déclarer inopinément la guerre aux États-Unis d'Amérique et à la Hollande à la fois, proposition qui n'a été repoussée que par les objections faites sur le peu de commerce que ces deux puissances font dans la Méditerranée et le peu de produits qu'en retirerait la Régence, il est probable que les insultes faites à la France n'ont pas été irréfléchies, et cette opinion est d'autant plus fondée, que leur confiance dans leur force et leur supériorité est imaginable. Elle se base sur leur profonde ignorance, sur le mépris qu'ils font des chrétiens, et principalement sur leurs dernières affaires avec la Grande-Bretagne.

3° Il parait démontré par le résultat de l'expédition de lord Exmouth, en 1816, qu'une attaque de vive force contre la ville par une escadre n'obtiendrait aucun succès ; car, lors de cette expédition, quoique tous les vaisseaux eussent eu la facilité de se placer sans être inquiétés, après une canonnade de dix heures consécutives faite par six vaisseaux et dix-sept frégates ou corvettes, le seul vaisseau qui ait fait éprouver aux Algériens une perte notable fut celui de l'amiral, qui s'était placé à l'embouchure du port, d'où il foudroyait les quais, qui étaient couverts de monde, ainsi que les batteries de la Marine, qu'il prenait à revers.

« Plusieurs des bâtiments de l'armée combinée furent très-maltraités, et quoiqu'ils eussent fait un feu aussi bien nourri que dirigé, à peine endommagèrent-ils les forts et les batteries.

« On sait que le dey ne céda alors qu'à une émeute qui eut lieu.

« De nouvelles fortifications formidables ont été construites depuis dans les positions reconnues les plus faibles, et des fours à boulets rouges ont été établis sur plusieurs points.

« Un bombardement bien dirigé, appuyé par quelques frégates et deux ou trois brûlots à explosion, sans entraîner à des dépenses considérables, amènerait *peut-être* la Régence à traiter et à faire des réparations, surtout si l'on concédait quelque chose de *la rigueur* de celles qu'on a demandées.

« Mais, en supposant qu'on obtînt ce succès, ce qu'on ne peut regarder comme certain lorsqu'on se rappelle que les Espagnols, en 1783, bombardèrent infructueusement Alger pendant neuf jours, avec quarante bâtiments, il n'aurait pour résultat que de replacer les choses sur le pied où elles étaient avant la rupture; leur confiance dans leurs forces n'en serait pas moins grande, et on serait toujours à la veille d'être obligé de recommencer.

« Une expédition combinée de terre et de mer paraît être le seul moyen infaillible d'obtenir une réparation aussi éclatante qu'honorable pour le gouvernement. Le résultat en serait immense : il détruirait ce dernier repaire de la piraterie, affranchirait toute la chrétienté de tributs humiliants, que les petites puissances n'acquittent, en quelque sorte, qu'à la honte de l'Europe entière ; enfin un long et glorieux souvenir historique récompenserait la France de ce bienfait.

« Cette expédition, qui, au premier aperçu, effraye l'imagination, perd beaucoup de ses difficultés à l'examen.

« Il y a, dans tous les États de la Régence d'Alger, 8,000 Turcs, dont 6,000 en état de porter les armes ; 2,000 sont employés dans les places d'Oran, Bône et Constantine. Restent sous les armes, à Alger, 2,000 Turcs.

Pour composer l'infanterie et armer les batteries	4,000 Turcs.
8,000 Koul-Oglou, dont 6,000 enrégimentés dans les artilleurs.............	6,000 Koul-Oglou
8,000 Arabes enrégimentés, formant la cavalerie et composant le camp de l'Aga........	8,000 Arabes.
En tout........	18,000 hommes.

« Il est à présumer qu'à ces forces connues se joindraient une assez grande quantité d'Arabes du dehors, qui se présenteraient plutôt par crainte des vengeances ultérieures du dey que par fanatisme, pour défendre le territoire; il n'en existe aucun parmi les Arabes. Portant leur nombre à 12,000, cela ferait un effectif de 30,000 hommes, dont 10,000, c'est-à-dire les Turcs et les Koul-Oglou, ne sortiraient pas d'Alger ; il resterait donc 20,000 hommes pour défendre la ville par terre, mais 20,000 hommes indisciplinés, sans tactique, et dont le nombre même nuit à la force.

« On ne peut se dissimuler cependant qu'à ces troupes pourraient se joindre encore les camps des beys de Constantine et d'Oran, tout composés d'Arabes ; mais il serait facile de les tenir éloignés en employant une diversion.

« Si nous nous emparions trois semaines à l'avance de Bône, les Algériens supposeraient naturellement que ce coup est le seul que nous aurions intention de porter pour nous rétablir dans les concessions de pêche ; peut-être même dégarniraient-ils Alger ; mais dans tous les cas, et à coup sûr, tous les efforts du bey de Constantine seraient dirigés de ce côté.

« On pourrait également faire diversion de deux côtés à la fois, sur Bône et Oran ; cependant une seule diversion sur Bône aurait peut-être plus d'effet.

« En admettant toutes les chances défavorables réunies contre nous, le maximum des forces que l'on pourrait rencontrer serait de 35 à 40,000 hommes, et en calculant sur un débarquement de 25,000 hommes de troupes régulières, dont 1,200 à 1,500 chevaux de cavalerie légère, avec un parc d'artillerie de campagne, et tout ce qui est nécessaire pour une opération semblable, on serait assuré du succès le plus complet.

« Ce n'est point ici le lieu d'établir les facilités qu'offre la côte pour un débarquement, ni l'excellence des points d'appui pour la retraite, pour les dépôts de vivres et les munitions, pour les communications, etc.

« L'armée navale n'étant destinée qu'à canonner la place et à bombarder, pour occuper les batteries et y retenir les canonniers, il n'est pas nécessaire qu'elle soit nombreuse. Elle devra aussi être employée à transporter une partie des troupes de débarquement, qu'elle versera sur les bâtiments de la division de débarquement avant l'action générale ; car, dans l'intérêt de l'expédition, pour assurer la réunion de tous les bâtiments à point nommé, les maintenir ralliés pendant le mauvais temps (si on en éprouve), et éviter cette espèce de confusion qui résulte inévitablement d'une trop grande affluence de bâtiments de commerce, souvent assez mal armés et mauvais marcheurs, il serait très-important que le transport de l'armée pût être fait par des bâtiments de guerre armés en flûte. Les frais de l'expédition ne seraient pas du moins en pure perte pour la marine.

« Dans la supposition du transport des troupes par les bâtiments du roi, l'escadre pourrait être divisée en trois : une division d'attaque et deux divisions de débarquement, l'une destinée pour l'ouest, à la pointe de Sidi-Ferruch, et l'autre pour la baie d'Alger, où elle opérerait son débarquement sur la rive droite de l'Aratch. Ces deux divisions, en protégeant le débarquement par leurs batteries, ne s'occuperaient qu'à l'effectuer avec tout l'ordre et toute la célérité possibles. Chacune d'elles serait composée de bâtiments destinés spécialement et munis d'avance de tous les moyens de guerre nécessaires à chacune des colonnes de l'armée qu'elle porterait.

« Je pense qu'il serait utile que la colonne destinée pour l'ouest fût la plus nombreuse, par la raison que le débarquement dans cette partie est plus facile, que la route pour gagner les hauteurs d'Alger est meilleure et beaucoup plus courte. Elle pourrait être, par exemple, de 15,000 hommes, tandis que l'autre ne serait que de 10,000.

« A un signal convenu, les trois divisions de l'escadre pourraient être disposées à l'avance, agir simultanément ; les brûlots lancés dès le commencement de l'action auraient vraisemblablement pour résultat de jeter la consternation dans la place et parmi les Arabes, s'ils n'avaient même une plus grande efficacité ; mais il est en tous cas douteux qu'ils puissent ébranler par la commotion des batteries assises sur le roc vif et construites avec des murs de 20 à 30 pieds d'épaisseur et en pierres de granit.

« Les vaisseaux, frégates, flûtes et autres bâtiments de l'expédition seraient nécessairement approvisionnés d'un plus grand nombre d'embarcations que d'usage ; les bateaux à vapeur seraient de la plus grande utilité pour accélérer le batelage.

« Je ne crois pas, monseigneur, devoir entrer dans les détails de cet armement ; ils sont dépendants du matériel à embarquer, de la force de l'une et de l'autre des divisions de débarquement, ainsi que des modifications qu'on jugera utiles d'y apporter.

« Si ce rapport abrégé nécessitait quelques éclaircissements, je m'empresserais de les donner à Votre Excellence.

« Je suis, etc.

« *Pour copie conforme à mon projet de 1827.*

« Le capitaine de frégate,

« A. Dupetit-Thouars.

« J'ai remis ce projet à M. le comte de Chabrol, ministre de la marine, lorsque je fus envoyé d'Alger, en 1827, pour donner des renseignements sur le blocus. Ce projet d'expédition a été lu et examiné en conseil présidé par le roi. Il fut alors apprécié très-favorablement pour moi. »

— 5 —

MINISTÈRE DE LA MARINE ET DES COLONIES

Corps du Génie, 3ᵉ trimestre, 1808.

RECONNAISSANCE GÉNÉRALE
DE LA VILLE, DES FORTS ET BATTERIES D'ALGER

PAR LE CHEF DE BATAILLON DU GÉNIE BOUTIN

Faite en conséquence des ordres et des instructions de S. Ex. Mgr Decrès, ministre de la Marine et des Colonies, en date des 1ᵉʳ et 2 mars, pour servir au projet de descente et d'établissement définitif dans ce pays.

De tous les objets à examiner pour l'établissement du projet en question, les deux principaux sont le point de descente et la résistance qu'on aura ensuite à surmonter. La solution du premier article se trouvera dans un examen détaillé du terrain, et la deuxième sera éclaircie par la description des fortifications et l'évaluation des forces du dey. Nous allons donc parler d'abord du terrain, puis des forts et des batteries ; nous passerons ensuite aux diverses autres questions.

ENVIRONS D'ALGER.

L'enceinte d'Alger forme un quadrilatère irrégulier, qui peut assez exactement se comparer à un triangle presque équilatéral, dont un côté s'appuie à la mer, et dont les deux autres s'élèvent, par différents ressauts, sur l'extrémité d'une colline dont l'inclinaison fait avec l'horizon des angles de 15, 20, 25 degrés. Cette colline appartient à un massif de petites montagnes ou coteaux très-prononcés, dont le point le plus élevé est le poste d'observation de la Marine, et dont la pente générale s'étend au sud, circulairement par des rayons de 3 à 6 lieues, jusqu'à la plaine de Mitidjah ; à l'est, au cap Matifou, en faisant une chute assez marquée sur la rive gauche de l'Aratch ; et, à l'ouest, jusqu'au-dessous de Sidi-Ferruch, et insensiblement jusqu'à la plaine de la Mitidjah, en s'abaissant presque tout à coup au cap Caxines.

La partie de ce massif qui fait face à la mer, et qui n'en est éloignée que de 150 à 700 mètres au plus, est d'une pente quelquefois à pic et généralement impraticable aux mouvements militaires. Ainsi le massif dont on vient de parler est borné en long par la mer, et circulairement par la plaine de Mitidjah, qui a de 2 lieues 1/3 à 3 lieues 1/2 de large. Cette plaine est terminée de l'autre côté par une chaîne du second ordre au moins, qui, des hauteurs d'Alger, paraît uniforme et tout à fait continue, mais qui se compose de différentes parties ayant différents noms, formant des rentrants et des saillants, et contenant différentes gorges transversales, telles que celles par où passent les chemins d'Alger à Constantine, Oran, etc.

La plaine de la Mitidjah est coupée par différents marais, qui vont toujours s'agrandissant par l'insouciance et l'ignorance des habitants, et par différents ruisseaux ou petites rivières qui se jettent dans la mer par ses deux extrémités, c'est-à-dire à l'est et à l'ouest.

Le lieu de débarquement doit être le plus près possible des points à attaquer et de l'endroit où l'on doit camper, soit à cause des chemins, qui ne sont presque partout que de mauvais et difficiles sentiers, soit à cause du grand avantage qu'il y a à tomber à l'improviste sur l'ennemi et à ne pas lui laisser le temps de venir à notre rencontre.

Ce même lieu, d'un autre côté, doit être hors la portée des défenses préparées de l'ennemi, afin que le débarquement se fasse avec le moins de perte et le plus promptement possible.

D'après les premières considérations, on ne peut songer à débarquer en deçà de la grande montagne qui borde la plaine de la Mitidjah, puisqu'il faudrait traverser cette chaîne ou passer entre ses deux extrémités à la mer, ce qui serait également impossible avec le plus mince attirail de guerre.

Les deux extrémités de la plaine de Mitidjah ne conviendraient guère mieux, à cause des marais et courants dont nous avons parlé, et parce qu'il y aurait encore loin de là aux points d'opérations, parce qu'on rencontrerait un terrain fangeux, si les pluies d'hiver avaient été abondantes, et surtout parce qu'on s'exposerait trop à ce que l'ennemi peut nous opposer de plus redoutable, c'est-à-dire à sa cavalerie. C'est, en effet, dans la plaine de Mitidjah que viennent aboutir et se réunir les contingents de Constantine, Titery et Oran.

La chaîne est presque nulle entre le cap Matifou et le fort de l'Eau ; elle ne se compose que de mamelons détachés, entre lesquels il serait facile de passer dans la plaine de la Mitidjah ; mais, pour marcher ensuite sur la ville, il faudrait passer l'*Artabatach* et l'*Aratch*, qui pourraient être grosses après des pluies abondantes. La première de ces petites rivières est sans pont ; la seconde en a un en pierres que l'ennemi pourrait garder ou avoir coupé ; il ne serait pas difficile d'en jeter un autre, la rivière n'étant pas large ; mais il faudrait ensuite marcher entre la chaîne et la mer, et par conséquent aborder toutes les batteries établies entre la rivière et la ville, ou il faudrait passer à gauche de la chaîne, ce qui n'est pas praticable.

L'espace entre le fort de l'Eau et l'Aratch présente les mêmes difficultés et, de plus, celles d'une petite plaine de sable et des collines en arrière, qui sont impraticables, à cause de leur pente et des fortes broussailles dont elles sont hérissées.

Tout l'intervalle entre l'Aratch et le cap Caxines ne présente aucun point convenable ; depuis la rivière jusqu'au chemin de Constantine, la chaîne n'est pas encore très-élevée ; mais elle n'est point praticable, surtout aux mouvements par masses ; elle ne présente point de plateaux où l'on puisse se déployer, et de là on ne peut aller nulle part. Les arbres et les fortes haies qui sont au pied de la pente et dans la petite plaine fourniraient à l'ennemi des couverts redoutables. Ce sont, sans doute, toutes ces raisons qui firent échouer les Espagnols en 1775, et qui feraient apparemment éprouver le même sort à toute entreprise formée sur ce point. Il ne faut pas qu'en sortant de la barque, le soldat se trouve en face d'un obstacle trop grand et capable de tuer tout à coup son ardeur et sa confiance.

Le chemin de Constantine et celui qui longe le Jardin de France ne sont point de véritables débouchés, puisqu'ils ne mènent ni au lieu de campement ni au point d'attaque.

Le grand ravin entre la ville et le Jardin du dey est sans issue commode. L'intervalle entre le chemin de Constantine et Alger est coupé d'une dizaine de ravins profonds, qu'un homme à pied traverse assez difficilement en s'accrochant aux broussailles. Ce qui avoisine la maison de Suède est un rocher à pic.

Depuis la ville au cap Caxines, la chaîne est généralement impraticable, et, de plus, sur tout ce développement, il y a, de distance en distance, de 40 à 100 mètres en mer, de petites masses de rochers qui pourraient occasionner de grands accidents si, pendant le débarquement, il survenait un vent un peu frais.

POINT DE DÉBARQUEMENT.

Reste donc l'espace entre le cap Caxines, Sidi-Ferruch et au-dessous, et c'est vraiment là qu'il faut opérer. Depuis le cap Caxines jusqu'à la rencontre de la plaine de la Mitidjah, à l'ouest, le terrain peut être considéré comme uni, sauf quelques ondulations assez peu élevées, et d'une pente généralement douce. Elles sont quelquefois séparées par des ravins étroits, peu profonds, praticables pour un homme à pied et souvent même pour un cavalier, et sur lesquels il serait facile de faire des rampes.

Le rivage, dans ce même espace, est partout accessible ; il est sablonneux ou de terre très-meuble ; il n'a presque pas de commandement ; il y règne dans certains endroits un petit cordon de dunes de 4 à 6 mètres d'élévation ; mais l'atterrage est partout facile, et les rampes, s'il en fallait, seraient l'ouvrage d'un moment.

Le point de Sidi-Ferruch forme un cap de 300 à 1,000 mètres au moins. On n'a pu aller jusqu'au bout, le gardien du tombeau ayant fait des observations, tirées de la sainteté du lieu, auxquelles il convenait tout à fait de se rendre, d'autant qu'on n'est point accoutumé à voir des chrétiens à une pareille distance de la ville.

De chaque côté du cap est un enfoncement formant golfe, dont le fond est tout sable et d'une pente fort douce. Il paraît qu'un vaisseau de ligne ne pourrait guère s'y avancer à plus de 2/3, 1/2 et 1/3 de lieue, surtout si la mer était un peu agitée ; mais les chaloupes auraient toujours suffisamment d'eau.

Dans toute cette partie, il n'y a ni fortifications ni batteries, excepté la seule tour de Sidi-Ferruch, qui ne mérite guère d'être comptée. Elle est carrée ; son élévation est de 16 à 20 mètres au plus ; chaque face, de 3 à 5 mètres de large, est armée d'une mauvaise petite pièce de canon. Cette tour est vieille et ne résisterait pas à la plus légère canonnade.

Les deux baies de Sidi-Ferruch ne présentent aucun motif de choix ; on se déciderait pour l'une ou pour l'autre, selon le vent, contre lequel on s'abriterait un peu par le cap ; cependant celle de gauche est plus près de la route à tenir après le débarquement.

Le terrain en arrière et à quelque distance de Sidi-Ferruch permettrait de se former par masses.

On peut objecter contre le point indiqué : 1° le peu de profondeur d'eau ; 2° que l'espace de plaine entre le cap Caxines, les hauteurs en arrière et la plaine de la Mitidjah est généralement couvert de broussailles, de lauriers, myrtes, grenadiers, etc., ce qui embarrasserait beaucoup la marche ; 3° que l'ennemi pourrait se trouver formé sur les légères collines en avant et en arrière de la fontaine.

La première objection est à peu près commune aux autres points. Le chemin à parcourir du Château de l'Empereur à Sidi-Ferruch, tel qu'il se trouve, est encore le meilleur des environs, excepté celui de Constantine, dont on ne peut profiter. Il est très-bon de la fontaine au fort; il est presque passable de la même fontaine à Sidi-Khalef; de là à la mer il y a quelques parties cultivées ou en herbes ; enfin les broussailles ne sont pas, à beaucoup près, impénétrables : on y a passé à cheval. Une avant-garde de sapeurs pourrait couper les broussailles sur une largeur nécessaire, adoucir les pentes de deux ou trois petits ravins qu'il faudrait traverser, et abattre quelques légères pointes de rochers qu'on rencontre ensuite. Quant aux positions que l'ennemi pourrait prendre contre nous dans cette direction, elles n'ont rien de comparable à celles dont il est maître contre un débarquement tenté entre Sidi-Ferruch et le cap Matifou.

Ainsi, en débarquant à Sidi-Ferruch, on n'aurait ni batteries à combattre, ni probablement d'ennemis en présence, ni de hauteurs à gravir : on suivrait un chemin d'une pente presque imperceptible, tout à la fois éloigné de la vue des forts et de la plaine où la cavalerie est à craindre, et qui conduit droit à l'emplacement du camp et du point qu'il faut attaquer le premier. La raison de la nouveauté est encore à mettre en ligne de compte. Plusieurs tentatives ont été faites et ont échoué dans la rade; il faut donc s'adresser ailleurs. Les Turcs sont routiniers et superstitieux ; ils ne manqueraient pas de dire : On voit bien que ce sont des Français, ils ne s'y prennent pas comme les autres.

Néanmoins, en faisant tout pour voir en détail et du plus près possible, notre but a été bien moins de pouvoir émettre une opinion que de faire connaître les choses d'une manière assez précise pour qu'on pût décider d'après elles seules.

FORTIFICATIONS, LIEU ET MODE D'ATTAQUE.

Si la configuration seule du terrain indique si fortement qu'on ne peut débarquer et surtout pénétrer dans l'intervalle compris entre le cap Matifou et le cap Caxines, on en sera bien plus convaincu encore si l'on fait attention aux nombreux ouvrages établis sur la côte, depuis le premier de ces caps jusqu'à la pointe Pescade, et dont presque tous les feux sont dirigés du côté de la mer. Les Algériens prétendent avoir 1,743 pièces en batterie. Quoique nous soyons loin de ce compte, il faut convenir qu'il y en a un nombre très-imposant et généralement de gros calibre, surtout les pièces du rez-de-chaussée de la Marine, qui sont de 24, 36, 48 et au-dessus.

Attaquer par la rade est donc affronter à la fois tous les dangers et toutes les difficultés : le feu des batteries, les troupes de l'ennemi qui auraient vu de loin notre manœuvre et qui auraient eu le temps de se préparer, enfin les obstacles du terrain, qui ne sont peut-être pas moindres que les précédents. La manière d'attaquer les forts et batteries se déduit facilement de leur position et de leur disposition.

Le château de l'Empereur domine de près de 40 à 60 mètres le point le plus élevé de la ville. La pente de l'un à l'autre est assez douce, sauf la chute de l'extrémité du dos d'âne sur lequel le fort est établi ; il commande de près de 100 mètres le fort neuf de Babasson. La pente entre les deux est fort roide, surtout à partir du sommet ; mais il se trouve dans l'intervalle des points propres à l'établissement des batteries.

Le château de l'Empereur est donc le point dominant de toutes les fortifications. Il est commandé lui-même par les crêtes et petits plateaux en arrière ou qui, au moins, sont de niveau avec ses parapets et surtout par le sommet qu'occupe le poste de la Marine ; mais cette hauteur est trop éloignée.

C'est donc le château de l'Empereur qu'il faut attaquer le premier ; on pourra de là battre la ville et le fort Babasson, et descendre à une distance convenable pour établir des batteries de brèche contre l'une et l'autre.

Le camp, pour cette raison, doit venir s'établir le plus près possible ; il doit occuper les points dominants et d'un accès facile, afin d'être en sûreté contre la cavalerie ennemie. Or le terrain compris entre le château de l'Empereur, les maisons de Suède, d'Espagne, de Hollande, et en arrière, semble remplir ces conditions. Dans cette position, le camp aurait son front couvert par les ouvrages faits contre le fort, ses deux flancs par des ravins et escarpements, et son derrière par un abatis défendu, qu'il serait facile de faire perpendiculairement à la grande route, cette partie étant assez garnie de bois et de haies, et le terrain étant de nature à permettre les excavations.

Le dispositif précédent ne formerait pas blocus complet ; il faudrait donc prendre d'autres mesures, quoique cette rigueur de blocus soit ici moins nécessaire qu'en Europe ; car ce qu'on a le plus à craindre, c'est l'armée de secours amenée par les beys. Or on voit par les feuilles de dessin (10, 12, 13) que les batteries, depuis le numéro 1 jusqu'au numéro 18, sont ouvertes à la gorge, ou seulement closes par un mur de jardin, et que le fort Anglais n'a que trois pièces tirant du côté de la campagne. Il conviendrait donc d'avoir une petite masse de troupes, détachée momentanément sur le plateau 39, et une autre sur celui 55. La première pourrait aller par le chemin du pont 36, et il ne lui serait pas même difficile, sur la plus grande partie de cette distance, de faire passer quelques pièces d'artillerie. La deuxième suivrait le chemin 57, suffisant pour l'infanterie et la cavalerie. L'artillerie serait difficile à conduire, même en faisant des détours ; il faudrait la démonter. La tâche de ces deux petits camps serait d'enlever, par la gorge, les batteries simples et de canonner le fort des Anglais, dont le plateau 39 est à bonne portée et le plonge tout à fait. Avec cet ouvrage, le blocus se trouverait à peu près fait, la marine se chargeant de ce qui la concerne.

Ces deux détachements seraient peut-être un peu éloignés de la masse principale, surtout les chemins étant difficiles ; mais on ferait place nette partout où cela pourrait rendre la communication meilleure. Le camp pourrait aussi s'étendre sur sa droite (58) et avoir une batterie d'enfilade en (59), ce qui lierait davantage. Cette batterie est à une grande portée ; elle pourrait néanmoins produire quelque effet, et elle empêcherait l'ennemi de venir s'établir là pour inquiéter la gauche de notre camp. Le détachement de droite pourrait tirer parti du Jardin de France ; c'est une espèce de petit fort.

Il faudrait aussi occuper le poste de la Vigie, comme point de découverte sur terre et sur mer.

Les chemins de Belida ou Beleeda, ou de Constantine, et celui du pont de l'Aratch, sont aussi essentiels à bien observer.

Les autres dispositions générales d'attaque seraient un détachement déjà fait sur Oran ; que le bey de Constantine fût aux prises avec celui de Tunis; que notre marine, pendant le débarquement à Sidi-Ferruch et à mesure qu'il y aurait des bâtiments disponibles, vînt faire de fortes démonstrations devant le port et la rade, afin d'attirer les Algériens dans leurs batteries, où ils se complaisent beaucoup.

Nous allons faire connaître plus particulièrement les moyens de défense établis. Nous observerons, une fois pour toutes:

1° Que tous les parapets, excepté ceux de quelques batteries isolées, sont en pierre, n'ont que 3 à 4 pieds d'épaisseur, et ne s'élèvent que de 4 à 6 pieds au-dessus du terre-plein; ils sont donc aussi faciles à détruire que dangereux pour les garnisons.

2° La ville, le fort Anglais et celui du cap Matifou ont seuls un fossé, encore celui de ces deux derniers ouvrages ne mérite-t-il pas d'être compté.

3° Il n'y a nulle part de chemin couvert, ni aucune espèce d'ouvrage avancé.

4° Tous les parapets, excepté ceux de la ville, sont exclusivement disposés pour l'artillerie et sont à embrasure.

5° Toutes les plates-formes qui font partie du terre-plein sont pavées en pierres plates ou briques de champ.

6° Les profils des dessins indiquent le massif présumé du rempart et non l'épaisseur réelle de la maçonnerie; l'intervalle entre les deux murs doit être occupé par des souterrains, ou plutôt rempli par des décombres ou de la terre battue, comme cela se pratique dans le pays et comme nous l'avons vu à la nouvelle enceinte qu'on construit à Tunis.

Tous les forts paraissent pourvus de logements ou autres établissements nécessaires, et de puits et citernes qui fourniraient aux besoins, au delà même de la durée de la défense.

FORT DU CAP MATIFOU.

C'est un octogone à peu près régulier, ayant trois embrasures et trois pièces sur chaque face, excepté celle du côté de la porte, où il n'y en a qu'une.

Le fossé, comme on le voit au profil, est à peu près nul. Le rideau voisin serait très-favorable pour une attaque par terre; mais le cap

Matifou est trop éloigné du lieu de la scène pour mériter une descente, car il faudrait y en faire une, ne fût-ce que pour éviter le transport de l'artillerie. Le mieux serait de le faire attaquer par deux ou trois bâtiments qui, sans doute, en auraient bientôt raison. Sa forme circulaire rend nulle la moitié de son artillerie. La différence du tir de mer et de terre est au moins compensée par le peu de prestesse et d'habileté des canonniers algériens.

Ce fort fut mis en état de défense en 1685, lorsque les galères de France, venues pour bombarder Alger, jetèrent l'ancre dans une petite baie qui est au-dessous.

FORT DE L'EAU.

Sa forme est irrégulière ; il est beaucoup plus petit que le précédent ; il n'a qu'une embrasure du côté de terre. Quatre sont dirigées contre la mer, les autres battent le rivage. Le rideau en arrière fournirait des emplacements favorables à l'artillerie; mais les observations de l'article précédent semblent s'appliquer également à celui-ci.

FORT NEUF DE BABASSON.

Il a été reconstruit sur un nouveau plan par le dernier dey ; il était à peine fini quand ce prince fut massacré, il y a trois à quatre ans. Mustapha aimait à bâtir ; il avait déjà rassemblé quantité de matériaux pour la construction du nouveau fort à côté de celui des Anglais.

La partie détachée à droite, sur le bord de la mer, est un reste de l'ancien ouvrage. On se proposait sans doute de la démolir, car, selon toute apparence, elle doit masquer une partie des embrasures basses du nouveau fort.

Ce fort a 19 embrasures basses et 19 hautes du côté de la mer, 18 hautes et point de basses du côté du chemin, 18 hautes et 5 basses au S. E., 3 basses et 12 hautes au N. O. La masse détachée en a 11.

La petite fontaine lui fournit de l'eau ; il y en a une autre dans le mur même attenant au bastion S. O.

Ce fort doit être amusé et non attaqué sérieusement par mer ; les vaisseaux pourraient souffrir beaucoup, sans rien faire de bien utile.

La partie la plus voisine de la pente en arrière n'est que du rocher nu; quoiqu'il soit assez tendre, la construction des batteries n'y serait pas moins difficile et très-dangereuse. D'ailleurs, on serait mal placé. On trouvera à la distance de 300 à 450 mètres des emplacements suffisants pour 8 à 12 pièces, sur un terrain meuble et de quelque profondeur, d'où l'on découvre tous les terre-pleins; mais il faut être maître du château de l'Empereur. On n'a rien à craindre de la ville; les feux en sont masqués par la hauteur en arrière et sur la gauche de l'assiégeant.

CHATEAU DE L'EMPEREUR.

Ce fort prend le nom de l'empereur Charles-Quint, qui en fit bâtir l'intérieur en 1541. Le reste fut fini par Assen-Pacha en 1545.

Il a la forme d'un carré long; ses flancs produiraient peu d'effet; ce fort est inattaquable du côté de la mer, à cause de la roideur de sa pente.

Il ne l'est guère plus du côté opposé, le ravin et le chemin creux obligeant l'assiégeant à s'établir loin, et lui opposant de grandes difficultés pour arriver à la brèche; l'attaque du côté de l'ouest serait prise à dos par la ville; en s'établissant dans le bas, l'artillerie ne produirait aucun effet, et il est impossible d'aborder tout de suite le plateau où l'on serait à portée de pistolet.

On peut battre directement le côté du sud-est des points (n°s 31, 52 et 53); ils sont, surtout le dernier, à peu près au niveau de ses parapets; du second, on aurait moins loin pour aller à la brèche, mais il y a peu de profondeur de terre.

La configuration du terrain ne permet point un développement régulier de tranchées; il faudrait arriver par des communications défilées comme on pourrait, à l'extrémité desquelles on ferait des espèces de redoutes, dont le côté opposé au fort serait la véritable batterie. Le reste servirait à se fermer pour être à l'abri de toute surprise.

Ce fort n'a point de batteries basses.

VILLE.

L'enceinte d'Alger consiste en un mur à l'antique, de 11 à 13 mètres de hauteur, couronné d'ouvertures à meurtrières et en tout de 214 embrasures à canon, garni généralement, à petites distances, de tours à peu près carrées, sans saillies et sans capacité. Il n'y a que les parties FFF qui puissent être regardées comme véritablement flanquantes. Le fort est creusé en forme à peu près triangulaire, en sorte qu'il y a en général de chaque côté un talus en terre, depuis le niveau du terrain environnant jusqu'au fond. Cette profondeur peut être de 6 à 8 mètres. Le fossé est bordé, à l'extérieur, d'un mur de 6 à 8 pieds de haut, sur 12 à 15 pouces d'épaisseur ; depuis la porte Neuve jusqu'à celle de Babasson, un peu au-dessus et au-dessous de la porte de Babalouet, il est partagé en deux par un mur presque parallèle à la contrescarpe, surmonté de petits massifs détachés, dans lesquels on a pratiqué des créneaux pour fusils. L'espace entre ce mur et l'escarpe est plus élevé que le reste et forme une espèce de baie fausse.

Toute la partie supérieure, c'est-à-dire les deux tiers de la ville, sont interdits aux Européens. C'est une espèce de merveille que de passer par la porte Neuve; on s'est hasardé cependant à parcourir les rues RRR, ce qui a donné moyen d'observer un peu la Casaubah et la forme du rempart.

Le mur d'enceinte se compose d'une espèce de terre-plein de 3 à 5 pieds de large, au-dessus duquel s'élève, de 3 à 4 pieds au plus, un parapet de 1 à 3 pieds d'épaisseur qui, comme nous l'avons dit, est percé d'ouvertures pour la fusillade et le canon ; elles sont toutes à peu près de la même grandeur. Le rempart tombe presqu'à pic des deux côtés; ainsi son épaisseur totale est de 5 à 6 pieds au plus. Il y a, de distance en distance, des escaliers pour monter au terre-plein, dont l'élévation au-dessus du sol de la ville peut varier de 8 à 20 pieds.

On a passé devant la porte de la Casaubah, mais on n'a pu voir l'enceinte, devant laquelle sont des maisons ; on en a découvert le sommet de la mer et du port. La Casaubah forme un triangle dont deux côtés lui sont communs avec la ville ; le troisième, qui fait face à la mer, a un fossé et un mur semblables au reste et même plus forts.

Le côté nord-ouest de la ville n'est point attaquable, au moins sur les deux premiers tiers de son développement à partir du bas. La première portion est couverte par le faubourg et l'on serait pris à dos par le fort des Vingt-Quatre-Heures. Sur la deuxième, la pente est extrêmement rapide, couverte de maisons, d'arbres, et entrecoupée de murs. Le dernier tiers est plus accessible; on pourrait s'établir en (38), mais il serait difficile d'aller à la brèche; on arriverait avec beaucoup de peine en (38), et il faudrait donner une hauteur considérable aux cavaliers de tranchée ou plutôt batteries de brèche. Le fossé est là assez grand, et l'on aurait quelque chose à craindre des petits flancs. D'ailleurs, en entrant dans la ville, au-dessous de la Casaubah, il faudrait, en quelque sorte, faire un second siége, puisque ce lieu est la citadelle de la ville et qu'on y renferme le trésor et tout ce que l'on a de plus précieux. Ce siége ne serait pas aisé à faire à cause de la pente du terrain, des maisons et des chicanes qu'on pourrait éprouver de la part des habitants.

L'autre côté de la ville est à peu près dans le même cas que le précédent, surtout depuis la porte de Babasson jusqu'à la porte Neuve.

La gorge n'est point attaquable à cause des forts de la Marine. Il faudrait s'attacher à l'angle de l'est, où l'on serait encore tourmenté; il resterait toujours à prendre la Casaubah.

On peut s'établir en (37) contre le saillant du sud; là on commande au lieu d'être commandé; on descend à la brèche par une pente douce; on aurait passablement de la terre, ce qui est à considérer, autour de la ville; on n'a point de feux de flanc à craindre, et l'on passerait la partie la plus étroite et la moins profonde du fossé; enfin la prise de la Casaubah doit entraîner tout le reste par l'avantage qu'on aurait sur le palais du dey, sur toute la ville et sur la Marine, qu'on prendrait à dos.

Cette attaque pourrait être secondée par une autre ou plutôt par un prolongement sur le cimetière, à droite du chemin; mais il faudrait bien se donner de garde de découvrir les morts.

Dans cette attaque, on a à battre en brèche la partie probablement la plus épaisse de l'enceinte; mais cette considération est bien petite auprès de tous les avantages qu'on a d'ailleurs. Les pièces basses de la Casaubah deviendraient nulles par le seul fait de la brèche, et le terrain ne leur permettrait guère de tirer auparavant.

On voit encore que, pour cette attaque, il faut être maître du château de l'Empereur.

FORT DE L'ÉTOILE OU DES TAGARINS.

Il n'existe plus; il fut, dit-on, détruit par une esclave qui, de dépit amoureux contre son maître, qui en était gouverneur, mit le feu au magasin. Il avait été construit par Assan-Pacha.

MARINE.

C'est la partie la plus forte. L'armement est considérable (180 pièces), et du canon du plus gros calibre : il y en a de 36, 48 et même au-dessus. Les pièces du rez-de-chaussée sont bien couvertes; c'est là que les Turcs se complaisent dans leur confiance et croient pouvoir défier toutes les puissances de l'Europe; tous se jettent à la Marine en cas d'alerte. Il faudrait donc paraître devant ce point pour les y attirer; mais on croit qu'il serait aussi dangereux qu'inutile d'y former une attaque réelle, à moins d'avoir une flottille exprès pour cela.

La possession des forts de la Marine serait sans doute très-avantageuse dans le cas qu'il arrivât une flotte de secours à l'ennemi; mais, si la nôtre peut, en peu d'heures et presque sans danger, s'emparer des forts Matifou et de l'Eau, et se mettre ensuite sous la protection de l'un et de l'autre, des batteries voisines et de celles qu'on pourrait faire encore, il faudrait peut-être se consoler de ne pas occuper la Marine, puisque notre flotte n'en recevrait pas une protection suffisante, ne pouvant entrer dans la darse, où il n'y a que 15 à 20 pieds d'eau, et dans le voisinage de laquelle la flotte de secours pourrait toujours tourmenter notre droite. Il faut remarquer encore que nous ne pourrions profiter de la darse qu'autant que nous fussions maîtres de la ville, dont la prise peut bien ne pas suivre immédiatement.

Dans tous les cas, le mieux serait que la flotte revînt le plus tôt possible; sa présence sur ces parages serait toujours une amorce pour les Anglais.

FORT NEUF A L'ANGLE NORD-OUEST DE LA VILLE.

Il est à peine achevé et n'est pas encore armé. Il appuie la droite de la Marine (par rapport à nous); il y a entre lui et le môle 8 pièces en batterie; à la droite sont quatre autres batteries. C'est donc encore un point dont il faut s'approcher avec circonspection.

FORT DES VINGT-QUATRE-HEURES OU DE BABALOUET.

C'est un petit carré long, bastionné d'un côté et irrégulier des autres; il n'a point d'embrasures basses : il doit tomber après la prise de la ville. L'attaque du côté de la mer serait difficile, il faudrait avant tout prendre les batteries du rivage. Les attaques de l'est à l'ouest seraient prises à dos, la première par la ville, la seconde par le fort des Anglais. Au nord et à l'ouest, on aurait de la peine à monter à la brèche à cause des rochers qui sont au pied du revêtement.

S'il fallait en venir à une attaque, on battrait de la ville et de la hauteur d'où l'on plonge et prend à dos les batteries en avant du fort et le fort lui-même.

FORT DES ANGLAIS.

Il se compose d'une espèce de carré long ayant quelques saillies en forme de flancs, et d'une partie circulaire du côté de la mer. Il n'a point de batteries basses; 3 pièces seulement sont dirigées contre la terre. Le point d'attaque, comme on l'a déjà dit, est sur le plateau en arrière, par où passe le chemin de la ville à la maison d'Amérique, etc.

Les batteries qu'on y établirait, quoique à une certaine distance, obligeraient le fort à se rendre, et on serait dispensé de faire des cheminements pour arriver à la brèche.

Ayant le fort, il serait facile de s'emparer des batteries de droite et de gauche, où plutôt l'ennemi les aurait déjà évacuées.

Quoique maître du château, il n'en faudrait pas moins garder la colline en arrière pour empêcher l'ennemi de venir nous attaquer à son tour.

FORTS DE LA POINTE PESCADE.

Ils ont l'un et l'autre la forme d'un fer à cheval; ils n'ont point d'embrasures basses. Le bas de la chaîne en arrière n'est que du rocher nu ; on pourrait s'établir dans le champ de vigne pour les battre par la gorge, surtout celui de droite. Il n'y a en tout que deux pièces dirigées contre terre. On aurait de la peine à placer de l'artillerie; mais on regarde cette attaque comme tout à fait inutile, excepté le cas où l'on aurait des raisons de craindre que les Anglais ne vinssent s'emparer de ces ouvrages. Si l'on ne voulait pas attendre que l'issue du siége de la ville forçât l'ennemi à évacuer, on pourrait charger la marine de venir en bonne force et avec précaution en faire l'attaque.

La garnison de tous ces petits forts n'est composée que de quelques douzaines de canonniers, et même, en la supposant aussi forte que le comportent les localités, on n'aurait jamais à craindre de sorties un peu sérieuses.

Ces ouvrages sont les derniers vers l'ouest.

BATTERIES SIMPLES.

Celles n°ˢ 6, 12, 13, 15, 16, 17, 18, ont le parapet tout en pierre. Ce parapet n'a jamais plus de 5 à 7 pieds de haut et 3 à 4 d'épaisseur ; sa forme circulaire dans le plan vertical l'affaiblit encore dans la partie supérieure. Celles n°ˢ 2, 4, 5, 6, 7, 8, 9, 10, 14, 17, ont un petit rapaississement en terre ; celles n°ˢ 3, 4, 6, en partie, 7, 9, 12, 15, sont tout à fait ouvertes à la gorge. Les autres sont fermées par un mur de 6 à 7 pieds de hauteur sur 12 à 18 pieds d'épaisseur. Celles n°ˢ 5, 6, 7, 8, 12, 13, 17, sont plus basses que le terrain en arrière, de manière que l'artillerie ne pourrait pas être tournée contre ceux qui attaqueraient par la gorge.

La plupart de ces batteries suivraient le sort des forts qui les avoisinent. Toutes doivent être attaquées par la gorge, à moins qu'on ne préférât de charger la marine de venir, quand on serait débarqué, les détailler les unes après les autres en réunissant des forces très-supérieures contre chacune.

On trouvera à la fin de ce mémoire un tableau de l'armement de tous les ouvrages dont on vient de parler.

POINTS FORTIFIÉS, OUTRE LES PRÉCÉDENTS, ET AUXQUELS ON N'AURAIT AFFAIRE QUE PAR LA SUITE.

» Titterie ou Tittery, entouré de murailles, ayant quelques pièces de canon, qui sont là moins comme moyen de défense que pour saluer le dey lors de son entrée. Une centaine d'hommes en garnison.

Sabaun, à 4 lieues de Tedelis, fort de 8 à 10 pièces pour contenir les Kabyles des montagnes.

Hamesan, en deçà des Portes de Fer, à deux journées d'Alger, fort de 6 à 8 canons et 40 hommes de garnison.

Constantine, entouré de murs à l'antique, armés de 20 canons et mortiers, 500 hommes de garnison. Il n'y a point de forts ni batteries extérieures. Cette ville est située sur une hauteur assez considérable, sur la rive gauche de la Rusumel, qui est là extrêmement encaissée. Il y a un beau pont en pierre communiquant avec la ville.

Tremecen ou Tlemsen, entouré d'un mur armé d'une vingtaine de pièces. Il y a deux forts détachés portant chacun 20 pièces et situés sur des collines peu élevées et très-accessibles : 100 à 150 hommes de garnison.

Maskar, entre la partie supérieure de la Zeitowne, Hammam et Mina, murs armés de 3 ou 4 canons, petit fort portant une dizaine de pièces. Les habitants ne veulent pas souffrir une garnison turque.

El-Callah, un peu plus près du cap Tenes que la rivière Scheliff, petite vilaine ville avec un fort et une garnison.

Bourgh Sawary, sur la rive droite du Scheliff, à quelque distance et presque à la hauteur du lac de Tittery. Petit fort avec garnison.

Bourgh Haniza, sur la rive droite de la partie supérieure de la Zeitowne. Un suffrah de garnison, c'est-à-dire une compagnie ou 25 hommes, sur lesquels il n'y a que 20 à 22 combattants.

Koukou, sur la rive droite de la partie supérieure de la Bouberah, qui débouche à l'ouest de Tedelis, petit fort bâti par les Algériens, qui furent ensuite obligés de l'abandonner.

Collah, beaucoup au sud de Koukou, sur la rive droite et à quelque distance de la branche orientale du Zowah ou Summam, qui débouche à l'est de Bougie. Les Kabyles y font des armes à feu.

Zammarah, beaucoup au sud-est de Collah, sur la rive gauche et à quelque distance de l'Ayebbi, qui se jette dans la Summam. Petite garnison.

Messelah, près de l'extrémité occidentale du lac Shott, ville frontière, à l'ouest, sans fort. 3 compagnies de garnison.

Niskouse, garnison d'un suffrah : 3 canons, remparts de boue.

Biskara, frontière du sud, entre l'extrémité orientale de la Schott et un grand affluent de la rivière de Chevreau ; petit fort, 6 pièces de canon, quelques mousquets sur des espèces d'affûts.

Tipsa, au sud, sur la rive droite de la Melagge. Petite garnison. On y voit les restes de l'ancienne ville de ce nom.

Pour éviter les répétitions on renvoie à l'article Ports et Rades, à parler de l'armement et des points situés sur les bords de la mer.

CHEMINS.

Ce ne sont en général que des sentiers étroits et tracés sur un terrain plus ou moins difficile, et ce n'est, pour ainsi dire, que par exception qu'on rencontre çà et là quelques parties praticables à l'artillerie de campagne.

Nous avons déjà fait connaître le chemin de Sidi-Ferruch au château de l'Empereur. Il est encore carrossable jusqu'à un peu au delà de la campagne du dey. De là au cap Caxines, ce n'est plus qu'un sentier traversé par plusieurs ravins, bon pour un homme à cheval. Du cap à Sidi-Ferruch, il n'existe pour ainsi dire plus : il faut aller comme au hasard à travers les broussailles.

Du café situé sur le chemin du château de l'Empereur ou chemin Romain, part un embranchement qui, pendant un quart de lieue, est praticable aux voitures ; mais au pont (63), il se divise en différentes branches qui ne sont plus que des sentiers.

L'artillerie pourrait aller de la ville jusqu'aux ruines auprès du cap Matifou, quoique souvent il n'y ait pas de chemin fait et qu'il fallût traverser plusieurs parties sablonneuses ou embarrassées de broussailles. Des ruines au château il faudrait absolument quelques réparations.

Le chemin de Constantine est praticable à l'artillerie jusqu'à son débouché dans la plaine de la Mitidjah, et même à travers cette plaine jusqu'à Belida ou Beleeda. Là il se divise en différentes branches qui conduisent à Oran, Tittery, etc., et ne sont plus que des sentiers, surtout à travers la montagne en arrière de Beleeda.

Ce chemin est, comme on voit, tout en faveur de l'ennemi, surtout jusqu'à la prise d'Alger; il faudrait l'observer soigneusement.

Tous les autres chemins qui aboutissent à Alger, ou se trouvent circulairement entre la ville et la plaine de la Mitidjah, sont beaucoup plus mauvais que ceux dont nous venons de parler ; il n'y a aucun parti à en tirer.

Il ne serait ni difficile ni bien coûteux de faire des chemins passables ; mais les habitants n'en sentent pas le besoin ; tous les transports se font à dos de bêtes de somme. Les Turcs vont à cheval, et ceux à qui cette monture est interdite voyagent patiemment sur de petites mules. Ces gens-là ne savent pas être pressés.

ÉTAT MILITAIRE DU DEY EN TEMPS DE PAIX.

L'infanterie se compose de Turcs fins ou nobles, c'est-à-dire de Turcs immédiatement venus du Levant, de Koul-Oglous, ou fils de soldats turcs, à qui l'on a permis de se marier à Alger, et d'un peu de Zoualis ou Maures. Le tout ensemble peut monter à 15,000 hommes, au grand maximum, savoir : 10,000 hommes turcs fins, et 5,000 Koul-Oglous et Zoualis.

Ces 15,000 hommes doivent fournir garnison à Constantine, Tittery, Oran, et dans les différents points de ces provinces; il n'en peut rester à Alger plus de 10,000. Dans cette campagne contre Tunis, pour laquelle on avait annoncé un grand développement de moyens, on n'a fait partir que 8,000 fantassins, et il restait fort peu de troupes à Alger. Tout le monde en a fait l'observation.

FORCES DU DEY EN TEMPS DE GUERRE ; TEMPS NÉCESSAIRE POUR LES RÉUNIR ; PRÉCAUTIONS A PRENDRE A CE SUJET.

Le nombre de l'infanterie ne varie point ; quant à la cavalerie, il est réellement impossible d'en faire l'évaluation. Lorsqu'on doit faire la guerre, la Régence somme les tribus soumises de lui fournir tel nombre de cavaliers. Cette levée se fait avec plus ou moins d'exactitude et de célérité, selon le plus ou moins d'harmonie qui règne entre le dey et les beys, selon les dispositions particulières des cheiks, ou chefs de tribu, etc. Généralement le nombre fourni est inférieur au nombre demandé. Certaines circonstances peuvent produire un effet contraire. Par exemple, le fanatisme religieux contre une nation chrétienne, l'espoir d'un grand butin, etc.

Voici cependant une donnée approximative, au moins. Les préparatifs de la descente des Espagnols, en 1775, furent connus un mois ou deux d'avance à Alger. La Régence, sachant les Espagnols en paix avec l'Angleterre, ne douta point qu'il fût question d'elle. D'ailleurs, les consuls des autres nations prirent, dit-on, le soin de l'en avertir. De plus, la flotte resta huit jours en rade d'Alger avant d'opérer son débarquement. Le dey eut donc tout le temps de se préparer. Or, selon ce que les Algériens dirent alors, il avait réuni 80,000 hommes ; mais l'esprit d'exagération de ces gens-là, l'espèce d'impossibilité où ils sont de rien vérifier à ce sujet, permettent, sans crainte d'erreur, de réduire ces 80,000 hommes à 60,000. 60,000 serait donc le maximum des troupes que le dey pouvait rassembler, en supposant les circonstances les plus favorables pour lui.

Il est fort à désirer que la guerre continue entre les Régences d'Alger et de Tunis ; cela occuperait le bey de Constantine, dont le contingent est seul plus considérable que ceux d'Oran et de Tittery. Il n'est point impossible d'avoir une certaine influence sur la résolution qui sera prise à ce sujet. Le bey de Tunis aime l'or par-dessus tout ; il hait mortellement les Algériens, et veut absolument s'affranchir de tout tribut. De son côté, le dey d'Alger est, en quelque sorte, obligé de faire la guerre, pour occuper ses troupes et trouver le moyen de les payer. A son avénement au trône, il leur promit double solde, et commence à se trouver embarrassé pour remplir sa promesse.

Un autre moyen de diminuer les forces du dey serait de faire, au moment de l'expédition, un détachement sur Oran, ne fût-ce que pour fournir au bey un prétexte de ne pas envoyer son contingent, ou de l'envoyer très-faible. On pourrait aussi parlementer avec lui et gagner du temps.

Il y a, d'Alger à Constantine, 80 fortes lieues ; à Oran, 70 et 80 à Tittery. — Le contingent de cette dernière ville est peu de chose. Un courrier ne mettrait guère moins de trois jours pour arriver de Constantine à Oran. L'expédition des ordres du bey et la réunion des troupes par canton demanderaient au moins cinq à six jours ; le temps de la marche pour se rendre à Alger peut être évalué à huit ou dix. Ainsi le rassemblement des troupes emporterait quinze à vingt jours. Mais nous supposons la plus grande diligence possible ; il s'en faut bien que les Algériens soient habituellement aussi lestes. Ils ont mis, cette campagne, cinq à six semaines pour aller à Constantine. Il est vrai que c'était de l'infanterie, et qu'il est question de la cavalerie.

Il est donc de la plus haute importance que nos préparatifs soient secrets, et d'arriver le plus possible à l'improviste. Si l'on surprend les Algériens, tout promet le succès le plus prompt et le plus complet. On sent facilement que les difficultés seront en raison des préparatifs qu'ils auront pu faire.

On a déjà fait connaître l'esprit de la légation espagnole et de huit à dix individus qui composent cette nation à Alger. Le rappel de cette légation paraît une précaution indispensable.

L'infanterie algérienne est armée d'un fusil, de deux pistolets et d'un yatagan, ou long couteau. Les spahis, ou cavaliers (ils sont tous Maures), ont à peu près le même armement. Ils se battent isolément ; ils arrivent à toute bride sur l'ennemi, tirent leur coup de fusil le plus souvent sans ajuster, retournent en arrière, chargent et reviennent de nouveau.

La Régence a établi depuis peu une compagnie composée de Turcs et de Koul-Oglous, qu'on appelle artillerie volante. Ce sont des cavaliers dont la barde ou selle est surmontée par devant d'un

PIÈCES JUSTIFICATIVES.

pivot d'environ un pied et demi de haut, sur lequel on fixe une espèce de gros tromblon. Cette arme, qui se meut à peu près comme un télescope, se charge de côté pour la commodité du cavalier. On devait en faire l'essai dans cette campagne.

MARINE ALGÉRIENNE.

Elle est nulle pour nous. Elle consiste en :
3 frégates de 50, 46, 44 canons ;
7 chebeks de 12 à 32 ;
10 chaloupes canonnières pontées et capables de tenir la mer ;
50 chaloupes canonnières non pontées et d'ancienne construction, pour la défense du fort. Elles sont mises à la mer dans le courant de mai, et replacées dans les magasins en octobre. On n'en a pas vu un si grand nombre dehors cette année. Cette petite flottille serait une difficulté de plus. Tout ramène au point de Sidi-Ferruch ;
2 galères pour la défense du fort ;
Quelques petits corsaires de 4 à 6 canons.

MUNITIONS DE GUERRE DES ALGÉRIENS.

On pourrait dire qu'on ne fait à Alger ni canons, ni fusils, ni sabres, ni pistolets, ni poudre, ni pierres à fusil. Il y a environ six ans, on fondit quelques canons par forme d'expérience. On avait dernièrement acheté du bronze pour en faire d'autres, mais on n'en a point fait usage. Le fondeur est mort et n'a point été remplacé ; c'était un Espagnol.

On fait un peu de poudre ; elle est mauvaise.

Dans quelques endroits, des Kabyles, ou Maures des montagnes, font des fusils pour leur usage ; ils sont d'une très-mauvaise qualité.

Une petite partie des armes et munitions vient de Constantinople ; le surplus est fourni par les puissances étrangères, ou acheté d'elles.

Si l'époque de l'opération était un peu éloignée, il ne serait pas sans importance de traverser ces dons, ou achats de poudre, fusils et pierres à fusil. Quant aux autres objets, et surtout aux canons, la Régence en a de reste.

L'artillerie de campagne est, à ce qu'il paraît, peu considérable. Elle est servie par des esclaves européens.

TROUPES NÉCESSAIRES A L'EXPÉDITION.

Dans les suppositions les plus favorables à l'ennemi, et qui sont les seules que la prudence permette de faire, les Algériens pourraient avoir 60,000 hommes, à peu près dans cette proportion :

Infanterie composée de Turcs fins et Koul-Oglous. .	10,000
Contingent de Constantine.	30,000
Contingent d'Oran.	15,000
Contingent de Tittery.	5,000

Les campagnes d'Égypte doivent fournir des données sur ce que peuvent valoir ces 60,000 hommes. L'infanterie serait à peu près la même ; mais il s'en faut de beaucoup, à ce qu'on assure, que la cavalerie vaille celle des mameluks.

Quoi qu'il en soit, il ne paraît pas qu'on puisse s'embarquer avec moins de 35 à 40,000 hommes. Si l'on parvient au château de l'Empereur sans aucune rencontre ou sans rencontre désavantageuse, et qu'on puisse tout de suite établir des batteries, on n'aura pas besoin de tant de monde ; mais, s'il fallait avoir plusieurs affaires avant d'être maître du terrain d'où l'on peut battre en brèche, on ferait nécessairement quelques pertes ; la prise des forts et surtout de la ville les augmenterait encore. Enfin il ne faut pas moins de 10,000 hommes pour garder Alger et ses dépendances. Il y a loin du cap Matifou à la pointe Pescade. Il faudrait même davantage si l'on avait à craindre quelques tentatives de la part des Anglais et, par suite, des mouvements parmi les habitants. D'un autre côté, on ne peut guère s'en tenir à Alger et à la banlieue, quoique les environs, jusqu'à la plaine de la Mitidjah exclusivement, pussent suffire à la nourriture de la ville et de l'armée. On aurait sans cesse à craindre les incursions des beys, les obstacles qu'ils pourraient mettre aux approvisionnements, etc.; il faudrait donc, dès qu'on serait maître d'Alger, songer à s'emparer de Constantine, Tittery, Oran, et surtout du premier point. Il resterait pour cela 20 à 25,000 hommes au plus, ce qui ne serait pas sûrement trop, si l'on considère les distances, le disséminement et tout ce qui peut arriver d'imprévu.

La cavalerie est embarrassante à transporter; les environs d'Alger ne lui permettraient guère de donner, sauf dans l'intervalle de Sidi-Ferruch au camp.

Il paraît aussi que, soit pour le bien de la chose, soit pour la singularité, il vaudrait mieux opposer de l'infanterie aux Maures.

La cavalerie serait pourtant nécessaire dans plusieurs cas, surtout dans les marches un peu longues à travers les plaines; il faudrait en avoir en tête et sur les deux flancs, pour n'être pas surpris trop à l'improviste. On suppose donc 2 à 3,000 hommes de cette arme.

La face du château de l'Empereur qu'il faudra battre en brèche est armée de 10 canons; on ne peut guère lui en opposer davantage directement; on établirait une autre batterie oblique contre l'angle méridional du même côté. Celle-ci serait particulièrement armée de mortiers et d'obusiers. Une troisième d'enfilade serait placée un peu plus loin, sur un point d'où l'on découvre parfaitement les terre-pleins, ou très-près, sur un emplacement un peu bas; en comptant ce qui pourrait être mis hors de service ou pris, on voit qu'il ne faudrait pas moins d'une quarantaine de pièces de position de toute espèce, d'autant qu'après la prise du château on pourrait attaquer à la fois la ville et le fort de Babasson.

Presque toute l'artillerie algérienne est de calibre européen; on pourrait s'en servir, en cas de besoin; mais il faut être pourvu de leurs affûts, ceux du pays sont en général mauvais. Ce sont des affûts de mer ou à roues pleines, d'un petit diamètre et qui ne sont point roulants.

Il faut une artillerie de campagne, et de la plus légère; un peu d'artillerie à cheval est aussi nécessaire. On l'opposerait à cette compagnie de nouvelle formation dont nous avons parlé.

On parle ici de brèche et non d'assaut. Avec les Algériens, l'assaut ne doit être tenté que dans un cas bien clair; il faut éviter toute entreprise qui pourrait donner, par son résultat, du cœur à l'ennemi et produire un effet contraire parmi nos troupes. Une marche sûre finira toujours par être la meilleure. Cependant, si nous arrivions assez à l'improviste pour pouvoir tenter ce moyen, il ne faudrait pas manquer de le faire, car, on le répète, le château de l'Empereur pris, le plus difficile, et presque tout, est fait.

Il sera donc bon d'avoir un approvisionnement d'échelles ; elles doivent être faites dans la supposition d'un revêtement de 30 pieds de haut. Elles iront bien en les appliquant contre les embrasures, dont le bas se trouve à 3 ou 4 pieds au-dessous de la crête intérieure du parapet. On pourrait en mettre deux jointières par embrasure. Ainsi la face en question serait assaillie par 20 hommes à la fois.

Il faut un nombreux personnel d'artillerie et du génie ; à moins de circonstances tout à fait heureuses, il sera très-sage de fortifier un peu le camp. La nature du terrain obligera à morceler les attaques, et tout cela exige un plus grand nombre d'officiers. Quant aux hommes propres au service du canon, on n'en peut trop avoir, puisque toutes les fortifications d'Alger, la ville exceptée, ne sont que des batteries.

Les outils, ustensiles, matériaux, et même les gabions et fascines, sont des choses à avoir en abondance.

On ne parle point de la force à donner à la flotte de transport, car, si on voulait l'établir relativement à la force de l'ennemi, il faudrait connaître celle-ci au moment du départ. On a dit tout ce qu'on savait de particulier à ce sujet en parlant des croisières anglaises.

TEMPS NÉCESSAIRE POUR S'EMPARER D'ALGER ET DE SES DÉPENDANCES.

Cet article est soumis à trop de chances pour qu'on puisse en parler autrement que par approximation. Mais si l'armée déblaye le terrain de manière que l'artillerie et le génie puissent tout de suite se livrer à leurs opérations, on pense que dans le courant d'un mois, à compter de ce moment-là, on doit être maître d'Alger et de ses dépendances, la marine pouvant être chargée de prendre les forts isolés, dont elle aurait peu à craindre, tels que les forts de Matifou, de l'Eau et de la pointe Pescade. Quant aux forts des Vingt-Quatre-Heures et des Anglais, ils se rendraient sans doute, tout le reste étant pris. Nous avons dit comment les attaquer dans le cas contraire.

Célérité et vigueur doivent être la devise de l'expédition. L'unité de commandement et aussi indispensable. Il faut aussi être pourvu, avec une certaine abondance, des choses nécessaires.

Une fois maître d'Alger, on ne pourra être trop attentif à établir une police sévère, mais juste, envers les habitants. D'un autre côté, respecter les mosquées, les femmes, les jardins ou maisons de campagne, et surtout payer exactement, sont des articles de rigueur. La violation d'un seul pourrait entraîner de grands malheurs.

Quant à l'intérieur du pays, dans la direction du sud, il faut songer à y pénétrer bien plus par la persuasion que par la force des armes ; c'est surtout l'affaire du temps, et nous ne devons espérer ce résultat qu'en nous faisant aimer sur le littoral. Il faut que les gens qui viendront aux marchés et dans les ports soient, pour ainsi dire, nos précurseurs et nos avocats dans leurs tribus. En brusquant, en violentant, nous travaillerons contre nous-mêmes. Toutes les fois que la Régence envoie des troupes dans ces contrées pour faire razia ou rafle, ou pour tout autre objet qui contrarie les habitants, ceux-ci cachent leur grain, plient tentes et bagages, et se retirent sur des montagnes inaccessibles, où ils cultivent sur des terres rapportées, s'il le faut, tout juste le nécessaire pour leur subsistance. C'est une chose très-remarquable que, depuis neuf ans, les troubles occasionnés par les vexations du dey, des beys, etc., ont porté un si grand nombre de cultivateurs dans les montagnes, que ce pays, qui auparavant exportait une quantité immense de grains, n'en récolte presque plus que pour sa propre consommation.

— 6 —

INSTRUCTIONS DE L'AMIRAL DUPERRÉ

A M. L'AMIRAL BARON DUPERRÉ, COMMANDANT EN CHEF DE L'ARMÉE NAVALE A TOULON.

Paris, le 3 avril 1830.

« Le roi, monsieur l'amiral, en conférant à M. le comte de Bourmont, lieutenant général et ministre de la guerre, le commandement en chef de l'expédition d'Afrique, vous a confié le commandement de l'armée navale qui doit concourir à cette opération.

« Je joins ici l'état détaillé des 84 bâtiments de la marine royale qui composeront cette armée, à laquelle seront réunis des navires de transport jaugeant environ 70,000 tonneaux, et une flottille de débarquement de 200 grands bateaux plats.

« Indépendamment de ces forces, il y a devant Alger et les autres ports de la Régence 4 frégates et 8 corvettes ou bricks, sous le commandement de M. Massieu de Clerval, capitaine de vaisseau, qui se trouve maintenant placé sous vos ordres.

« Vous aurez pour principaux coopérateurs : M. le contre-amiral Mallet, comme major général ; M. le contre-amiral de Rosamel, dont le pavillon flotte sur le vaisseau *le Trident;* le baron Hugon, capitaine de vaisseau, à qui, sur votre proposition, et avec l'autorisation du roi, j'ai donné le commandement de la flotte de transport.

« Vous savez qu'il s'agit de conduire et de débarquer une armée de 32,000 hommes, avec les chevaux et le matériel nécessaires pour entrer en campagne et faire le siège de la ville d'Alger.

« Il est à désirer que cette armée soit embarquée et prête à partir pour sa destination dans les premiers jours de mai.

« C'est pour hâter les préparatifs de cette expédition, et pour prévenir toute espèce de difficultés dans leur exécution, que Sa Majesté a voulu que vous eussiez à Toulon, jusqu'à votre départ, l'autorité supérieure dans le port comme en rade. En présidant à tout, vous aurez la certitude qu'aucune mesure ne sera prise sans qu'elle doive conduire au but, et vous ne rencontrerez point d'obstacle que vous ne puissiez faire cesser immédiatement.

« M. le contre-amiral Mallet devra s'entendre avec M. le lieutenant général Després, major général de l'armée de terre, pour régler tous les détails relatifs au placement de chaque corps et de chaque partie du matériel de l'expédition à bord des bâtiments de guerre et de transport, de telle sorte que le débarquement puisse en être opéré dans l'ordre que vous aurez arrêté à l'avance, de concert avec M. le comte de Bourmont. Si, comme j'ai lieu de le croire, la cour d'Espagne répond favorablement aux ouvertures qui lui ont été faites au nom du roi, vous aurez la faculté de désigner un point quelconque des îles Baléares comme lieu de rendez-vous pour la majeure partie des navires de transport de l'expédition, et pour les 200 bateaux de la flottille de débarquement. Vous diminuerez ainsi les difficultés et les lenteurs de l'appareillage en partant de Toulon. Vous pourrez d'ailleurs assigner le même mouillage comme rendez-vous à tous les bâtiments de l'armée, dans le cas où ils seraient séparés par un coup de vent. Je vous ferai connaître bientôt les réponses du cabinet de Madrid à ce sujet.

« Aussitôt que tous vos préparatifs seront terminés, que l'armée expéditionnaire sera embarquée, et que les vents seront favorables, vous donnerez le signal du départ, et vous ferez route vers la côte d'Alger.

« Je ne vous prescris rien relativement à la marche que vous aurez à suivre. Je vous laisse entièrement libre de déterminer si l'armée navale et la flotte de transport devront se présenter tout à la fois, ou par grandes divisions, devant le lieu du débarquement. Ce sont des détails d'exécution qui doivent nécessairement se lier avec ceux du plan d'opérations qui aura été arrêté pour l'armée de terre; je n'ai rien autre à vous dire ou commander sous ce rapport, que de régler tout à l'avance, de concert avec M. le comte de Bourmont.

« Le point de la côte d'Afrique où l'on a projeté d'opérer le débarquement est la plage située à l'ouest de Torreta-Chica, ou Sidi-el-Ferruch, à deux lieues dans l'ouest du cap Caxines. Mais si les circonstances fortuites de temps, la direction des vents, l'état de la mer, la force des courants, vous faisaient juger préférable de débarquer dans le voisinage du cap Matifou, soit à l'est de ce cap, soit dans la baie même d'Alger, vous consulteriez M. le général en chef de l'armée, et vous agiriez ensuite dans le plus grand intérêt de l'expédition, en ne perdant pas de vue que, pour réussir, il importe de coordonner autant que possible les moyens d'obtenir les chances les plus favorables aux opérations maritimes, avec les combinaisons qui tendront à diminuer les difficultés que l'armée de terre devra surmonter après son débarquement.

« Des circonstances graves, contre lesquelles vous jugerez impossible de lutter avec quelque apparence de succès, devront donc seules vous déterminer à ne point débarquer à Sidi-el-Ferruch, et à choisir un autre point d'opération, puisque aucun autre ne semble offrir à l'armée de terre autant de moyens de réussir.

« Vous serez naturellement, et sous votre responsabilité personnelle, le seul juge de ces circonstances.

« Si, lorsque vous vous présenterez devant Sidi-el-Ferruch, l'état de la mer, la direction et la force des vents sont tels qu'on doit le désirer pour le débarquement, vous prendrez toutes les dispositions nécessaires pour que cette importante opération s'exécute avec toute la célérité possible, et dans l'ordre dont vous serez convenu à l'avance avec M. le général en chef.

« Les obstacles que l'ennemi opposera au débarquement des troupes ne seront probablement pas de nature à tenir longtemps contre les moyens avec lesquels vous pourrez les combattre. Ceux de vos bâtiments qui seront armés en guerre, les bombardes, les chaloupes des vaisseaux et les frégates, suffiront sans doute pour balayer la plage et faire taire le feu des forts et les batteries qui auraient pu être élevées depuis peu, pour en défendre les approches.

« Après le débarquement des troupes et leur établissement à terre, il sera de la plus haute importance de mettre à leur disposition, dans un très-court délai, les vivres de campagne et tout le matériel nécessaire pour qu'elles soient en mesure de se porter en avant. Cette partie de l'opération éprouvera sans doute des contrariétés, parce qu'elle exigera un laps de temps trop long pour qu'on doive compter que la mer et les vents y seront constamment favorables. C'est alors, monsieur l'amiral, que votre habitude du commandement, votre sang-froid dans les circonstances difficiles, et la persévérance avec laquelle vous saurez y apporter les ressources d'une habile tactique, deviendront des gages de succès, et j'ai l'intime conviction que vous parviendrez à vaincre des difficultés que d'autres jugeraient peut-être insurmontables. Je m'abstiens d'ailleurs de tout développement au sujet d'une suite d'opérations qu'il faudra régler sur l'opportunité de chaque moment, et pour lesquelles, par conséquent, je n'ai rien de mieux à faire que de m'en rapporter entièrement à votre zèle et à votre expérience.

« Le débarquement achevé, le rôle de la marine sera loin d'être fini ; il importera que vous teniez toujours autant de bâtiments que vous le pourrez à la proximité de l'armée, pour lui prêter, à tout événement, l'assistance dont elle aurait besoin et qu'il dépendrait de vous de lui assurer. Ses blessés devront trouver asile à bord de vos vaisseaux, toutes les fois que l'état de la mer vous permettra de communiquer avec la terre, et vous ferez en sorte d'organiser un service permanent de transport pour les malades, qu'il faudrait envoyer soit à Mahon, soit à Toulon.

« Il est, d'ailleurs, extrêmement probable qu'au moyen de vos bâtiments armés en guerre, de vos bombardes et des barques disposées pour lancer des fusées incendiaires, vous aurez à tenter contre Alger, du côté de la mer, une attaque qui fera une utile diversion, alors que les batteries de l'armée de terre seront en mesure de battre en brèche les murs de cette ville. A cet égard aussi, tout devra être réglé entre vous et M. le général en chef, et vous ne ferez rien qui n'ait été préalablement concerté avec lui.

« Il sera indispensable que, pour vos communications avec M. le comte de Bourmont, vous établissiez à l'avance un système de signaux au moyen duquel l'armée navale et l'armée de terre agiront toujours d'intelligence. Peut-être même conviendrait-il que quelques officiers de la marine suivissent à terre l'état-major général de l'armée expéditionnaire, afin d'être particulièrement chargés de transmettre et d'expliquer les signes convenus pour cette correspondance.

« Rien, monsieur l'amiral, n'a été épargné pour assurer le succès de l'expédition à laquelle vous allez prendre une part aussi importante. L'affrétement des transports a été fait largement et sans qu'on ait été arrêté par la dépense considérable qu'il doit occasionner. Il s'agit d'être prêt pour l'époque de l'année qu'on sait être la seule favorable à un débarquement sur la côte d'Afrique, et, faute d'un délai suffisant, il a fallu, avant tout, aller vite. Mais il dépendra de vous de réduire beaucoup les frais de ces affrétements en ne gardant avec vous, après le débarquement de l'armée, que ceux des navires de transport qu'il vous paraitra indispensable de retenir. Cette observation s'applique aussi aux bateaux qui composeront la flottille de débarquement.

« Vous aurez, à Toulon, l'état nominatif de tous les navires affrétés, avec l'indication du temps pour lequel la marine est engagée à en payer le nolis ; vous jugerez, d'après cela, quels sont ceux qu'il importera le plus de renvoyer les premiers à Marseille, afin de ne pas prolonger le fret au delà du temps nécessaire.

« La plupart de ces navires vous deviendront inutiles après la prise d'Alger, parce qu'ayant alors la facilité de communiquer avec l'armée de terre par l'intérieur du port de cette ville, vous n'aurez plus à faire que des mouvements sans urgence et pour lesquels les bâtiments de la marine royale suffiront en grande partie.

« Dans tout ce qui précède, monsieur l'amiral, je n'ai admis que la seule hypothèse à laquelle j'aime à m'attacher, c'est celle du succès complet du débarquement à Sidi-el-Ferruch, ou sur tout autre point très-voisin d'Alger. Il faut cependant prévoir le cas où, après une longue attente devant la côte, aucune circonstance favorable ne s'étant présentée pour débarquer, la saison paraîtrait trop avancée pour entreprendre une opération de cette nature.

« Deux partis s'offriraient alors, entre lesquels il s'agirait de choisir : ce serait de ramener toute l'armée en France et d'ajourner l'expédition en 1831, ou bien de se porter soit sur Oran, soit sur Bône, avec une partie seulement de cette même armée, et de renvoyer le reste à Toulon.

« Je ne vous donne à ce sujet aucune instruction positive ; je veux, d'ailleurs, espérer toujours qu'elles seraient sans objet. Mais si, par malheur, un semblable cas venait à se présenter, vous devriez venir d'abord mouiller aux îles Baléares et y attendre les ordres du roi, que je ne tarderais pas à vous transmettre.

« Parmi les bâtiments mis à votre disposition se trouvent six bateaux à vapeur ; j'ai inutilement cherché à en augmenter le nombre par des affrétements en Angleterre. Ces bateaux, dont quatre sont de la force de 160 chevaux et les deux autres de 80 chevaux, vous seront fort utiles pour aider à relever de la côte les bâtiments de guerre ou de transport qui s'y trouveraient affalés par les vents ou portés par la violence des courants ; mais vous pourrez aussi les employer à vos communications avec Toulon, si vous le jugez convenable. Il serait bien désirable que ces communications pussent être en quelque sorte quotidiennes ; vous disposerez pour cela d'un grand nombre de petits bâtiments qui pourront n'avoir point d'autre destination que celle d'aller et venir entre la côte d'Alger et celle de la France.

« Je crois, monsieur l'amiral, n'avoir rien omis d'essentiel dans ces instructions; ma correspondance avec vous y ajoutera, s'il le faut, des détails que je ne saurais prévoir en ce moment, et sur lesquels vous aurez peut-être des explications à me demander avant votre départ. Pour tout le reste, je m'en rapporte à vous sans réserve, et je vous laisse toute liberté de suivre les directions que vous croirez les meilleures pour assurer le succès de la mission dont vous êtes chargé. Ce succès ne peut avoir lieu qu'autant qu'il régnera la plus parfaite intelligence entre l'armée de terre et l'armée navale. Je ne saurais trop vous recommander de tenir la main à ce qu'en vous voyant marcher constamment d'accord avec M. le général en chef de l'armée expéditionnaire, les commandants des bâtiments et les officiers sous leurs ordres sentent la nécessité de suivre un tel exemple, et s'appliquent à former avec leurs passagers des liaisons de confraternité qui, dans la suite de l'expédition, pourront avoir les plus heureux résultats.

« Vous ne perdrez pas de vue que l'intention du roi est que la direction de l'ensemble de l'expédition appartienne au ministre de Sa Majesté, commandant de l'armée de terre, et que les opérations de l'armée navale soient subordonnées au plan arrêté par M. le comte de Bourmont, aux invitations et réquisitions duquel vous voudrez bien obtempérer dans toutes les circonstances où il jugera utile le concours de la flotte.

« Le roi connaît vos anciens services, monsieur l'amiral ; il sait qu'après les plus glorieux combats pendant la longue guerre qui a précédé la Restauration, vous avez coopéré avec autant de dévouement que d'habileté au succès de la guerre d'Espagne ; Sa Majesté met aujourd'hui toute sa confiance en vous, et je n'ai pas hésité à lui garantir que personne ne pouvait mieux justifier cet auguste suffrage.

« Recevez, etc.

« Baron d'Haussez. »

A l'occasion de ces instructions si prévoyantes, si nettes et si complètes, nous croyons devoir donner au lecteur une explication.

On a peut-être remarqué que, dans le récit du débarquement de l'armée française, en 1830, sur la côte de l'Algérie, page 354, nous avons suivi le récit officiel du commandant en chef de l'expédition, qui présente cette opération comme ayant été faite d'une manière satisfaisante, et que cependant nous reproduisons en note, à la page 492, une critique sévère, exprimée par M. le baron d'Haussez, ministre de la marine, sur la conduite de M. Duperré dans cette circonstance. Nous devons expliquer cette contradiction apparente. Le général en chef n'avait à demander qu'une chose à l'amiral, un débarquement prompt et heureux. Le débarquement ayant réussi, il avait l'esprit trop bienveillant et trop raisonnable pour chercher querelle au succès obtenu. Il nous a semblé que l'histoire devait imiter cette réserve. Quand il y a eu un revers, elle en cherche les causes ; mais lorsque le succès couronne une entreprise, elle aurait mauvaise grâce à trouver qu'on n'a pas fait tout ce qu'il fallait pour réussir. M. d'Haussez, comme ministre de la marine, avait le devoir et les moyens de contrôler de plus près les opérations de M. l'amiral Duperré. Nous avons dû faire connaître son opinion, appuyée par les récits d'un grand nombre de ceux qui assistèrent à ce débarquement, d'autant plus que cette opinion, qui a un grand poids, explique la différence qu'on mit entre la récompense décernée à M. de Bourmont et celle donnée à l'amiral. L'équité nous oblige d'ajouter que l'opinion de M. le baron d'Haussez est celle de tous les militaires et es marins qui prirent part à l'entreprise, et que nous avons pu consulter. La direction manqua au débarquement de l'armée, comme au débarquement du matériel. Il en résulta de la confusion ; mais l'habileté et le zèle de l'exécution suppléa à tout. La marine fut admirable d'intelligence et de dévouement.

FIN DES PIÈCES JUSTIFICATIVES.

TABLE DES MATIÈRES

Préface. v

LIVRE PREMIER. — Coup d'œil rétrospectif sur les origines historiques de l'Algérie.

I. Établissement des Turcs à Alger. — Barbarie. — Piraterie. . . 1
II. Alger sous le second Barberousse. — Son histoire mêlée à l'histoire générale. 14
III. Suite de l'histoire d'Alger après les Barberousses — Expulsion des Espagnols. 48
IV. Organisation de la puissance turque à Alger. — Le dey. — La milice. — Les corsaires. — Les Kouloughis. — Les beys. — Les Maghzen. 55
V. Rapports d'Alger avec les puissances européennes. — Courses. — Prises. — Esclaves. — Charité catholique. 75

LIVRE DEUXIÈME. — Rapports, traités et guerres de la France avec Alger avant 1827.

I. Établissements français sur la côte septentrionale de l'Afrique. — Traités avec les puissances barbaresques. 89
II. Expéditions françaises contre Alger sous le règne de Louis XIV. 103

LIVRE TROISIÈME. — Rupture de la France avec Alger en 1827.

I. Alger dans les premières années du dix-neuvième siècle. — Ses rapports avec l'Europe. — Expédition américaine. — Expéditions anglaises. — L'amiral Exmouth. — L'amiral Neal. 123

II. Derniers rapports du gouvernement français avec Alger. — Rupture. — Délibération dans le conseil du roi 139
III. Blocus de 1827 à 1830. 158
IV. La question d'Alger dans les conseils du roi, devant les chambres, dans la presse. 184

LIVRE QUATRIÈME. — Expédition de 1830. — Préparatifs, missions secrètes, diplomatie.

I. Préparatifs. 229
II. Missions secrètes et informations. 261
III. Communications diplomatiques. 275
IV. Derniers jours passés à Toulon. 296

LIVRE CINQUIÈME. — Départs de Toulon, navigation, débarquement.

I. Embarquement. 303
II. Navigation. 316
III. Débarquement. 346

LIVRE SIXIÈME. — Campagne d'Afrique, prise d'Alger.

I. Sidi-Ferruch. — Staouéli. 361
II. Sidi-Kalef. 389
III. Combats défensifs de Chapelle-et-Fontaine. 410
IV. Marche et combats du 29 juin. 427
V. Prise du fort de l'Empereur. 443
VI. Capitulation d'Alger. 463

LIVRE SEPTIÈME. — L'armée française a Alger.

I. Nouvelle de la prise d'Alger en France. — Derniers rapports diplomatiques avec l'Angleterre. 489
II. Actes et correspondances du commandant en chef. 497
III. Expéditions de Blidah, Bône, Oran, Tunis, etc. 521
IV. L'armée après la nouvelle de la Révolution de 1830. 536

FIN DE LA TABLE DES MATIÈRES

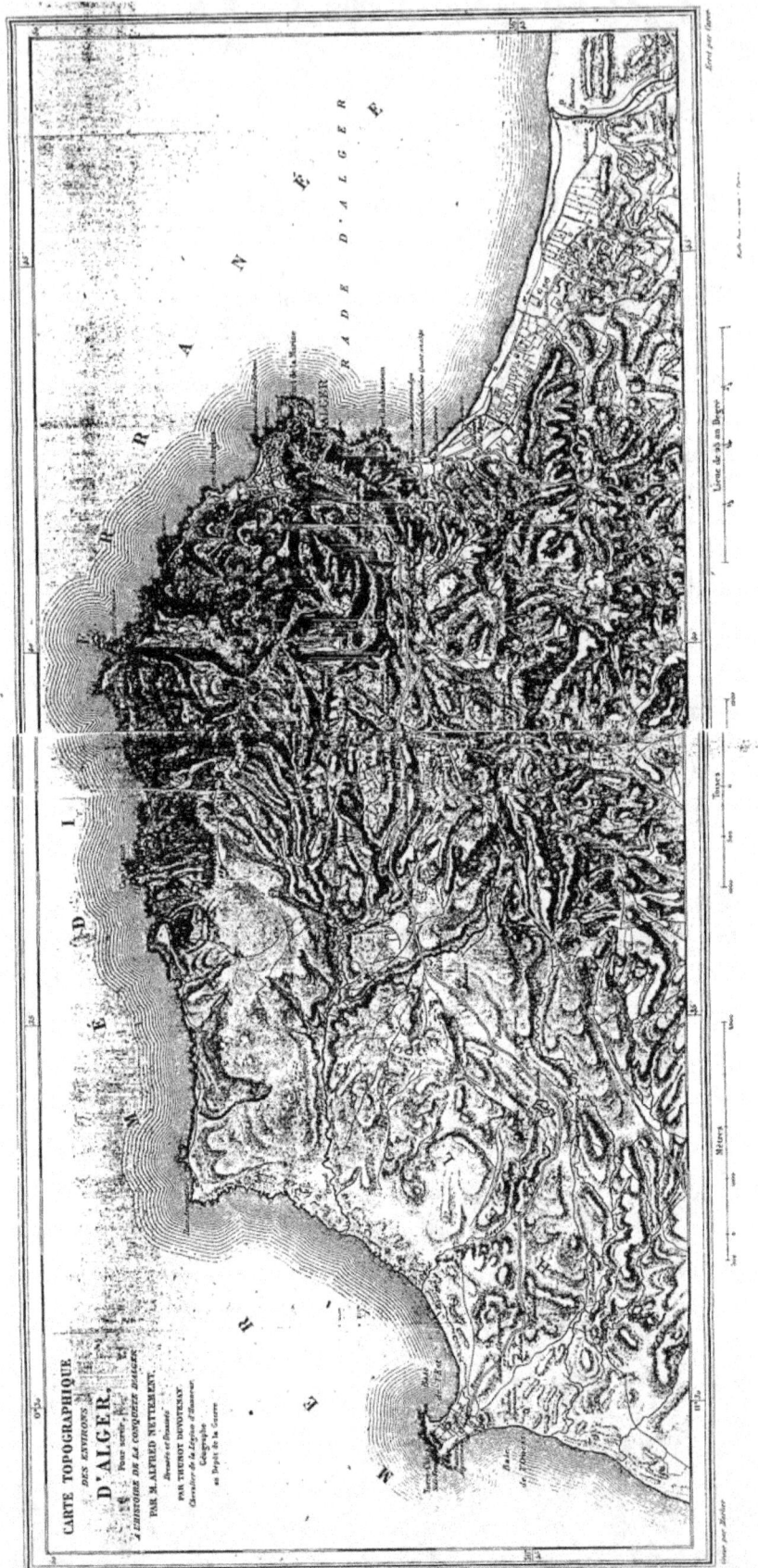

MÊME LIBRAIRIE

AUTRES OUVRAGES DE M. ALFRED NETTEMENT

APPEL AU BON SENS, AU DROIT ET A L'HISTOIRE.
In-8... 0, 80
— In-18 raisin....................................... 0, 50
MADAME LA DUCHESSE DE PARME. 1 vol. in-18 raisin. 0, 60
ÉTUDES CRITIQUES SUR LE FEUILLETON-ROMAN. 2 vol.
in-8... 5, 00
HISTOIRE DE LA CONQUÊTE D'ALGER. 1 vol. in-12.. 4, 00
**HISTOIRE DE LA LITTÉRATURE FRANÇAISE SOUS LA
RESTAURATION.** 2 vol. in-8........................... 10, 00
**HISTOIRE DE LA LITTÉRATURE FRANÇAISE SOUS LE
GOUVERNEMENT DE JUILLET.** 2 vol. in-8............... 11, 00
HISTOIRE DE LA RESTAURATION. 8 vol. in-8. — *En vente:*
tomes I, II, III, IV, V............................... 35, 00
NOTRE SAINT-PÈRE LE PAPE. In-8.................... 2, 50
POËTES ET ARTISTES CONTEMPORAINS. 1 vol. in-8. 5, 50
LE ROMAN CONTEMPORAIN. 1 vol. in-8................ 5, 50
DE LA SECONDE ÉDUCATION DES FILLES. 1 v. in-12. 5, 00
SOUVENIRS DE LA RESTAURATION. 1 vol. in-12....... 2, 50
VIE DE MADAME DE LA ROCHEJAQUELEIN. 1 v. in-12. 2, 00
VIE DE MARIE-THÉRÈSE DE FRANCE. 1 vol. in-8... 6, 00

A ANNOTÉ:

DISCOURS SUR L'HISTOIRE UNIVERSELLE DE BOSSUET.
1 vol. in-12.. 1, 80
LES EMPIRES DE BOSSUET. 1 vol. in-12.............. 0, 60
ORAISONS FUNÈBRES DE BOSSUET, FLÉCHIER, etc. 2 forts
vol. in-12.. 3, 00

www.ingramcontent.com/pod-product-compliance
Lightning Source LLC
Chambersburg PA
CBHW051324230426
43668CB00010B/1133